郑新立论消费

1980—2020

郑新立 ◎ 著

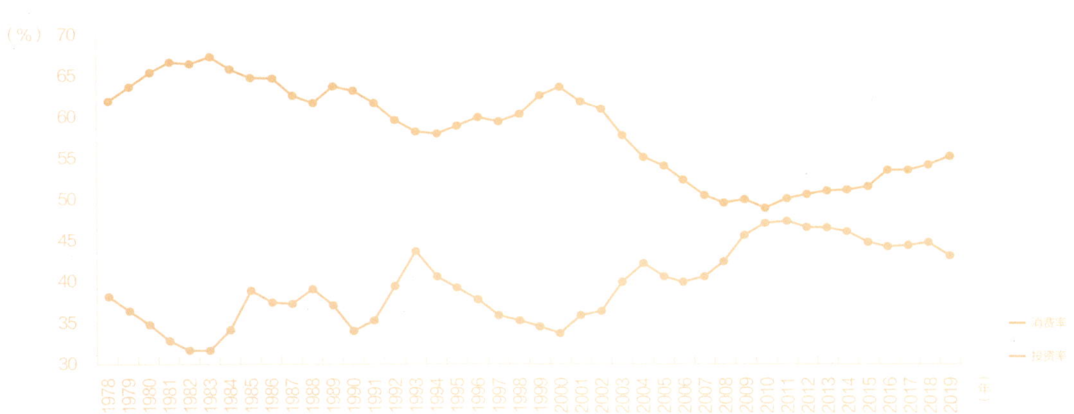

中国旅游出版社

前　言

消费是生产的目的。人类正是为了满足不断升级的消费需求，才有了不断提高生产能力的动力。随着生产技术的进步，人类的消费经历了从生存型消费、享受型消费到发展型消费的转变。中国改革开放 40 多年来，我们创造了巨大的生产力，从而为消费的升级提供了越来越充足的条件。

20 世纪 80 年代，随着农村改革的成功，农产品供给迅速增加；乡镇企业崛起，提供了丰富多彩的轻纺产品，使得以解决温饱为主要特征的生存型消费需求得以满足，中国从此结束了商品匮乏的短缺时代。

20 世纪 90 年代，随着社会主义市场经济体制和现代企业制度的建立，电子信息、石油化工、汽车制造和建筑业四大支柱产业的振兴，满足了人们对住、行、用的需求，汽车迅速进入家庭，居住条件不断改善，中国人第一次进入享受型消费阶段。

进入 21 世纪以来，随着改革的全面深化和经济发展方式的转变，经济发展质量不断提高；人民收入不断增加，对教育、医疗、社会保障、生态环境、文化旅游等的消费意愿不断增强，社会事业发展不断加快，生态环境不断改善，发展型消费正成为当前消费的增长点。

党的十九大提出，我国社会的主要矛盾已经转化为人民日益增长的美好生活需要和不平衡不充分的发展之间的矛盾，揭示了消费需求升级的规律，提出了新时代发展的主要任务。紧紧抓住和尽快解决这个主要矛盾，就能激发巨大的经济增长潜能，保持经济的持续、健康、高质量发展。

解决这个主要矛盾，必须贯彻城乡融合发展战略，实现乡村振兴。因为发展的不平衡、不充分，集中体现在城乡发展的不平衡和农村发展的不充分上。主要矛盾的提出分析了战略依据，城乡融合发展提出了战略举措，乡村振兴提出了战略任务，党的十九大提出了一个完整的战略组合。我们要在党的十九大精神指引下，加快农业农村发展，增加农民收入，尽快使农业的劳动生产率赶上社会平均水平，使农民的人均收入赶上城镇人口的收入，使农村人口的消费水平赶上城镇人口的消费水平，实现城乡协调、共同富裕的发展目标。

改革开放 40 多年来，消费问题始终是我关注的重点问题之一。不同时期都围绕消费写了许多文章。石培华教授建议我出版一部论消费的文集，我欣然同意。收入本书的文章，都是在《人民日报》《求是》《经济日报》《光明日报》等报纸杂志上公开发表过的。从中可以看出最终消费率、居民消费率和投资率变化的历史曲线，从经济参数的波动中发现不同发展阶段的特点与规律，了解宏观调控对结构优化、经济稳定的重要作用，为进一步改善宏观调控、实现经济持续健康发展提供经验借鉴。

2021 年 4 月，我和石培华、宋亚平、耿健鑫、刘森、徐伟等同志共同策划建立了三亚国际消费研究院。同时我还担任现代旅游业发展省部共建协同中心学术委员会主任。按照计划，我们还将在海南建立国际旅游研究院，致力于研究国际旅游消费发展的有关问题，为落实习近平总书记提出的把海南建成国际旅游消费中心贡献力量。

根据测算，到 2022 年，我国将跨入高收入国家行列，人均 GDP 将达到 1.2 万美元以上。人民的消费水平、消费结构都将发生大的变化，消费对经济增长的贡献将越来越大。中国共产党从成立算起，用 100 年时间，把一个半封建半殖民地的旧中国带入高收入国家之列，这将是中国共产党对中国人民做出的最大贡献。到 2035 年，我国将基本实现社会主义现代化。到 21 世纪中叶，把我国建成富强、民主、文明、和谐、美丽的社会主义现代化强国。中国人的消费能力不断提高，不仅成为拉动中国经济持续增长的强大引擎，而且将成为拉动世界经济增长的最大引擎。

郑新立

2021 年 2 月

目 录

消费是生产的目的

论最终产品与最终产品率①

中华人民共和国成立以来，我国国民经济的发展之快是举世少有的。1950—1978年，工农业总产值年平均增长速度为9.5%。其中，农业为4.3%、工业为13.5%，主要产品产量，如煤炭、石油、钢铁、机床等成几倍、几十倍地增长。而同时期，我国国民收入年平均增长7.3%，全民所有制职工实际工资，1978年与1952年相比，年平均增长不到1%；与1957年相比，则下降了0.25%。人民基本的生活资料，像粮食、布、住宅等，还满足不了需要；其他日用消费品，像自行车、缝纫机、电视机等，始终供不应求。经济发展速度同宏观经济效果之间出现了尖锐的矛盾。

经济效果差的原因是什么呢？有的认为主要是因为积累率过高，基本建设规模过大；有的认为主要是因为生产、建设中消耗高、质量差、浪费大；有的则认为主要是因为人口增长太快，生产的发展跟不上需要。我觉得这些说法都有道理，因为是从不同的方面找出了造成经济效果差的重要原因。但是，所有这些还并非影响经济效果的最根本原因。

马克思的再生产理论告诉我们，两大部类的比例是社会产品最基本的比例关系，两大部类的比例以及由它所决定和影响的各比例是否协调，关系到社会产品能否实现和社会再生产过程能否正常进行。任何对比例的破坏，必然导致社会产品的巨大浪费。在实行统一的计划经济的条件下，比例更是直接决定宏观经济效果的基本因素。我国长期以来经济效果差的总的根源，正是在于生产资料优先增长所造成的两大部类严重失调。与消费资料的紧张状况形成鲜明对照的是一部分生产资料的闲置、积压。人们辛辛苦苦、克勤克俭的劳动成果，最后凝结为既不能吃又不能用的钢锭、机床堆放在那里，造成巨大的浪费。有人说，如果一项生产、施工中的浪费可以以万元计，一项设计中的错误可以以百万元计，那么，一种产品的计划比例上的失调所造成的浪费则要以亿元来计。此话讲得并不夸张。

① 本文原载于《经济研究参考资料》1981年第143期，《中国人文社会科学博士硕士文库》（经济学卷），第1521-1579页。

讲究宏观经济效果，是社会主义计划经济的客观要求，也是社会主义制度优越性的本质体现。过去，我们曾用不同的指标从不同角度来考察宏观经济效果，比如考察劳动成果的劳动生产率；考察资金、设备、能源利用效果的资金利润率、单位固定资产和单位能耗创造的产值；考察基本建设经济效果的投资回收年限、交付生产能力等。但是，我们还没有一个从经济比例的角度来考察宏观经济效果的指标。这也是造成宏观经济效果差的原因之一。社会最终产品率就是反映社会产品的比例同效果的关系的一个指标，它能够弥补上述缺陷，非常有助于比例与效果关系的考察和研究。

在此拟就最终产品、最终产品率的质的规定性及其在经济调整和计划工作中的具体应用加以初步探讨。

一、关于最终产品

为了研究最终产品率，必须首先对最终产品的概念进行严格的规定。作为一个经济学的范畴，最终产品可能是目前我国经济学界最混乱的一个概念了。仅据近期国内报刊发表的对最终产品含义的不同观点已有五种。我们把凡是提到的产品分为以下六类：（1）用于折旧补偿的劳动资料；（2）用于扩大再生产的劳动资料；（3）个人消费品；（4）社会集体消费的物品；（5）行政管理和国防战略需用的物品；（6）出口的产品。按照最终产品包括内容的多少对各种观点进行排队，其情况是：

第一种观点，包括（1）~（6）的全部产品，即国民收入加折旧的实物[①]；

第二种观点，包括（1）以外的全部产品，即实物形态的国民收入[②]；

第三种观点，包括（3）~（6）四类产品[③]；

第四种观点，包括（3）、（4）、（5）三类产品加上生活资料进出口差额[④]；

第五种观点，仅包括第（3）、（4）类产品，即全部生活资料[⑤]。

---

① 王思华认为：社会生产的最终产品总额，是一定时期内社会最后的有使用价值的物质财富的总和，它是社会总资本的产品。参见王思华《关于工业总产值的商榷》，《统计工作》1957 年第 13 期。

② 钱伯海认为：最终产品是“一定时期生产而在同期不再加工可供最终消费和使用的产品，除了全部固定资产产品外，还包括个人、社会集团的全部消费品，以及作为增加储备、后备的产品和净出口产品”。参见钱伯海等《略论最终产品与最终产值》，《中国经济问题》1979 年第 6 期。

③ 乌家培认为：部门联系平衡表中的“最终产品应该是实物形态的国民收入，包括全部消费品和一部分用于积累的生产资料”。参见乌家培《试论部门联系平衡表的基本思想》，《经济数学方法研究》，生活・读书・新知三联书店 1980 年版，第 235 页。

④ 刘宗时认为：最终产品应包括“（一）个人消费品；（二）社会集体消费品；（三）武器和国防设施；（四）生活资料进出口差额”。参见刘宗时《序列结构与综合平衡》，《工业经济管理丛刊》1980 年第 1 期。

⑤ 梁文森、田江海认为：直接用于人民生活消费，即用于个人消费和社会共同消费的资料是最终产品。参见梁文森等《论从最终产品出发制定国民经济计划》，《中国社会科学》1980 年第 5 期。

从国际上看，最终产品的概念虽然应用比较广泛，但含义也并不一致。西方资产阶级经济学家，例如里昂惕夫，把最终产品（或最终需求）列为四种：一是投资需求；二是消费需求；三是政府采购；四是出口需求，并广泛应用于西方国家的投入产出表中。

苏联、东欧国家对最终产品有自己的解释，认为社会最终产品是“以成品的形式归社会主义社会支配，用于劳动者消费、更新全年磨损掉的固定资产和用于积累”的产品[①]。

马克思在《资本论》和其他经济学著作里，多次使用过最终产品这一术语，但是对马克思怎样使用最终产品的概念，国内学者也有不同看法。

在马克思主义经济学的社会主义经济范畴中，最终产品应当是一个有着严格规定意义的科学概念，也应当同马克思本来的含义相一致。当前，国内对于最终产品的争论主要集中在以下四个问题：

（1）劳动资料算不算最终产品？马克思所说的最终产品包不包括机器设备在内？

（2）最终产品的概念同投入产出表的关系。

（3）行政管理和国防战备需用物品算不算最终产品？

（4）进出口产品怎样在最终产品中得到正确反映？

在第一个问题上的分歧最大，可以根据对最终产品包不包括劳动资料问题，把所有各类观点分为广义和狭义两派。即是说，第一、二两种观点为广义最终产品，第三、四、五种观点为狭义最终产品。为了统一认识，我们先来看看马克思是怎样使用最终产品概念的。

有些同志认为，马克思使用最终产品这个名词时，指出它是可供消费的产品，但是没有明确是仅限于生活消费的产品，还是同时包括生产消费与生活消费的产品，因此，可以理解为包括生产消费品[②]。这是对马克思原意的一种误解。

事实上，马克思非常明确地指出了最终产品，即“可消费产品”，是“最终加入个人消费”的产品（注意：马克思在许多地方使用过“消费品”这个词，在没有明确指明包括生产消费品时，一般泛指生活消费品）。在谈到最终产品的实现时，马克思指出：“虽然最终产品（麻布，在这里代表全部可消费的产品）由新加劳动和不变资本构成，以致这种消费品的最后生产者只能消费产品中归结为最后阶段上加进的劳动，即归结为工资和利润总额，归结为他们的收入的那一部分，但是，一切不变资本的生产者也都只是以可消费的产品形式来消费即实现自

① ［苏联］鲁缅采夫主编：《政治经济学（社会主义部分）教科书》，人民出版社1975年版，第13章。
② 熊大风等著：《关于最终产品和社会主义经济目标的探讨》，《湖北财经学院学报》1980年第2期。

己的新加劳动。”[①] 显然，马克思这里所说的可消费产品，是对生活消费而言的。在另一处地方，马克思更明确地说：“为生产最终加入个人消费的产品提供原料和劳动工具的一切生产者，都不是以自己产品的形式来消费自己的收入……他们只能以这里所说的可直接消费的产品形式来消费他们的产品中归结为收入的那部分价值。原料和劳动工具的生产者的新加劳动，作为价值组成部分加入最终产品，只有以最终产品的形式才被消费掉，而从使用价值来看，这个新加劳动则作为原料或消费了的机器包含在最终产品中。”[②]

为了澄清斯密把社会产品的全部价值归结为收入的错误，马克思反复以麻布为例，说明“最终加入个人消费的产品”的价值和使用价值的实现过程，并对麻布的含义做了严格规定：“为了切断各种遁词的后路，我们假定，这是一种专供个人消费的麻布，而不是供生产消费（如制帆）的麻布。”[③] 在论述从中间产品到最终产品的价值转移过程时，马克思多次使用“最终产品”这一术语，含义很明确，都是指个人消费品。

还有的同志混淆了在社会生产过程中可以最终使用的产品同能够最终加入个人消费的产品之间的本质区别，把马克思阐明的最终产品的成本价格包含全部中间产品的生产价格和劳动资料向最终产品价值转移的特殊方式作为两个论据，想以此证明马克思并不反对把当作固定资产的产品视为最终产品[④]，这同样违背了马克思的原意。

在《资本论》第 3 卷里，马克思为了阐明平均利润率的形成，把社会生产看成一个个连续的产业部门，“如果有 n 个生产部门……从总的计算来看，只要一个生产部门的利润加入另一个生产部门的成本价格，这个利润就已经算在最终产品的总价格一方，而不能再算在利润一方。如果这个利润算在利润一方，那只是因为这个商品本身已经是最终产品，它的生产价格不加入另一种商品的成本价格”。[⑤] 当作固定资产的产品即劳动资料是不是最终产品，关键在于它的生产价格是否加入另一种商品的成本价格。回答是肯定的。劳动资料在作为生产的物质要素被逐渐消耗的时候，它的生产价格将随着折旧期的长短逐步加入产品的成本价格。“劳动资料从进入工作场所那天起到被扔进废品库那天止发挥作用的整个时期……它的使用价值已经完全被劳动消耗了，因此它的交换价值也完全转移

① 《马克思恩格斯全集》第 26 卷第 1 册，人民出版社 1974 年版，第 132 页。
② 同①，第 129 页。
③ 同①，第 97 页。
④ 《中国经济问题》1979 年第 6 期。
⑤ 《马克思恩格斯全集》第 25 卷上册，人民出版社 1974 年版，第 179-180 页。

到产品上去了。"[①] 劳动资料和其他原材料、燃料、辅助材料，随着生产、交换过程，其生产价格完全加入新产品的成本价格，这一点并无不同之处，所区别的不过是一次全部加入还是逐年部分地加入。所以，从这里不仅不能得出当作固定资本的产品是最终产品的结论，恰恰相反，倒从利润转移的角度证明了它属于中间产品。

持上述观点的人还想从劳动资料转移其价值的特殊方式找到论据。它们引用了马克思下面的话："在生产可消费的产品所必需的一切中间生产阶段，除原料和某些辅助材料之外，很大一部分产品从来不加入消费品的使用价值，而只是作为价值组成部分加入消费品。"[②] "只有作为原料加入最终产品的那些产品，才可以说它们是作为产品被消费的。"[③] 从马克思的这些话里我们可得出与原引用者的意图完全相反的结论。这是因为：

第一，马克思在上述两段话及大量的论述中，都明确地把"个人消费的商品""可消费的商品""可直接消费的产品""最终加入个人消费的产品""消费品"等，称为"最终产品"，而把生产最终产品"所必需的不变资本"的生产称为"中间生产阶段"。"就这些中间生产阶段由于社会分工而作为单独的部门出现来说，它们事实上都只是为下一阶段生产不变资本"[④]。作为形成最终产品的两个物质要素，劳动资料和劳动对象所处的地位与作用是相同的。不可能设想，马克思会把处于同一生产过程中的生产要素和产品同时称为最终产品，或者把两个生产要素中的其一称为最终产品。

第二，马克思在分析社会再生产时使用了最终产品、中间产品的术语，它们是相对于社会生产过程而言的，有着特定的含义。最终产品应是社会最终产品，而不是一个企业、部门的最终产品。劳动资料要继续投入生产过程，虽然它是产品的最终使用形式，但从社会生产过程来讲，它们应当是中间产品。这里，有的人可能会提出疑问，既然最终产品同生活资料是一致的，为什么又要使用最终产品这个名词呢？我认为，生产资料和消费资料是依据社会产品的不同用途所做的基本分类，而最终产品和中间产品，是按照社会产品在社会生产过程中所处的不同阶段所做的划分。生产的终极目的与社会生产过程是统一的。最终产品与生活消费品虽然包含的内容相同，但是，它们是从不同角度，按照不同的分类标准进行的归集。这种既相一致又相区别的关系，正说明了社会生产过程是统一于生产的终极目的的。

---

① 《马克思恩格斯全集》第 23 卷，人民出版社 1972 年版，第 229 页。

② 《马克思恩格斯全集》第 26 卷第 1 册，人民出版社 1974 年版，第 131 页。

③ 同②，第 133 页。

④ 同②，第 131 页。

认为最终产品应当包括劳动资料的同志还持有另外的理由，如认为扩大再生产、增加社会财富是社会主义生产目的的重要方面，因此，从社会主义生产目的看，最终产品不能单指消费品。

这牵涉到另外一个问题，即扩大再生产的需要是不是社会主义生产的目的。这是目前关于生产目的讨论中争论较大的一个问题。我认为，社会生产无疑包括简单再生产和扩大再生产，而扩大再生产的需要也就是社会生产的需要。把扩大再生产的需要说成是社会主义生产的目的，等于说生产的需要即生产的目的之一。这个结论显然是荒谬的。马克思指出："在古代，尽管处在那样狭隘的民族宗教政治环境里，毕竟还是把人看作生产的目的；因为现代世界总是把生产看成人的目的，又把财富看成生产的目的。"[①] 如果把生产资料形态的财富看成社会主义生产的目的，那么，社会主义的生产目的同资本主义的生产目的区别又在什么地方呢？资本家正是在发财的内在冲动和外界压力下，最大限度地增殖资本价值，把攫取更多的剩余价值作为生产的直接目的和决定性动机。社会主义固然需要增加财富，但财富不是目的，而是达到目的的手段。

对最终产品的概念争议较大的第二个问题，是它同投入产出表的关系。最终产品这个概念今天在国际上的广泛运用，完全是由投入产出法的广泛传播而引起的。20 世纪 30 年代美国经济学家里昂惕夫发明了投入产出法，20 世纪 50 年代资本主义国家曾出现一个编制投入产出表的热潮，以后苏联、东欧国家也开始重视这个方法。目前，全世界已有 91 个国家编制了投入产出表。联合国统计局 1968 年正式规定投入产出为国民经济核算的一个重要组成部分，并制定了投入产出表的标准分类目录、指标解释和计算方法。目前西方国家的投入产出表的最终产品（需求）栏内，一般分为家庭消费、投资、非投资性开支、出口四项。我国编制的 1973 年 61 类主要产品实物型投入产出表，最终产品包括：生活消费、增加库存、增加国家储备、新增固定资产、进口（-）、出口（+）。在国内外的投入产出表中，把新增固定资产（或投资）列为最终产品，从社会总产品的投入与产出上进行平衡，是一种统计计算上的处理方法。投入产出法产生于资本主义国家，虽然就其反映社会活动的内在联系上有科学性的一面，但不能否认，它是以资产阶级经济理论为指导的，他们之所以把投资、政府非投资性开支均列为最终产品，正是资本主义生产以剩余价值为目的的必然做法。社会主义生产以满足人民需要为目的，能够反映社会主义全部经济活动的最终目的的最终产品，是不能包括作为劳动手段的扩大再生产的资料的。而我们的工作，正是要依据马克思主义的经济理论，按照社会主义的经济目标，对资本主义国家通用的投入产出表

① 马克思：《政治经济学批判大纲（草稿）》第 3 分册，人民出版社 1964 年版，第 104 页。

加以科学地改造，使之适应于从最终产品出发制订计划的需要。

争议的第三个问题是用于行政管理、国防战备的物品算不算最终产品。马克思在两大部类的分类中舍掉了这一部分。不同意列入最终产品的同志的主要理由，一是它们不能用于直接的生活消费，二是同消费品是此消彼长的关系。我觉得，回答这个问题，主要应当看它符不符合社会主义的生产目的。既然社会主义生产的目的是满足人民的需要，就应当既包括个人又包括社会的需要。国家管理是维护社会正常的生产、生活活动必不可少的。随着大规模的阶级斗争基本结束，国家管理的职能对内将主要转到经济管理和维护社会安定团结上。所以，国家管理的需要应当是社会集体消费的需要。至于军事工业，从设备、工艺、技术特点上看与重工业相近，似应划入生产资料工业。而按产品的经济用途，军工产品又属于一种集体的非生产消费，目的在于保卫人民的集体安全，又应划入消费资料。根据最终产品同生产目的的一致性，国防战备用品应当是一种特殊的最终产品。

争议的第四个问题，即进出口产品与最终产品的关系。把出口产品列为最终产品，同社会主义的经济目标理论是自相矛盾的。因为我们总不能把出口说成社会主义的经济目标之一。一个国家在一定时期内所拥有的最终产品的总量，应当等于同时期国内生产的非生产消费的产品总量。如果把进出口作为一个生产环节纳入社会生产的总过程，那么，一个国家一定时期内拥有的最终产品总量，应当等于同时期国内生产的非生产消费品总量减去非生产消费品的净出口。在投入产出表中，按产品分类把进口列为投入，把出口列为最终产品，主要是能够求得产品的生产与消费的平衡。所以，不能因此而笼统地把出口产品都称为最终产品。准确的说法应当是：最终产品包括非生产消费品的进出口差额，即非生产消费品的净进口。只有这样，才能使最终产品的含义同社会主义的生产目的完全一致起来。

综上所述，我认为最终产品应当包括：（1）个人消费品；（2）发展社会教育、科学、文化、卫生保健等事业需要的物品；（3）进行社会管理需要的物品，（4）国防战备用品；（5）非生产性消费品的进出口差额。

以上五类产品中，第一、二类属于生活消费品，它决定着人民的物质文化生活水平，应当尽可能增加这类产品的生产。第三、四类产品属于集体的非生产消费品，应在保证需要的前提下，尽可能压缩它们的生产。第三类产品之所以被单独列出来，因为它在经济用途上完全不同于前两类产品；在生产方式上，又显著地不同于军工产品。

在对最终产品的物质内容进行了严格规定之后，我们就可以计算它的价值。这里，有两种方法可以采用：

（1）最终产品法。即以整个社会所消费的各类最终产品的数量，分别乘以该类产品的最终价格（即零售价格），其价值的总和即为最终产品的产值。它包括所有生产部门为生产最终产品所消耗的活劳动和物化劳动的价值，加上商业、运输、邮电部门为实现产品最终消费追加的价值之和。对混合用途的产品，即既可用作生产资料，又可用作消费资料，应根据实际使用方向分类统计。由于最终产品产值指标，只是用于国家计划工作掌握的指标，并不是要求企业完成的，所以只需要计算全国、地区或部门的指标即可。这就可以利用商品流转表、物资平衡表等统计资料，在商品零售总额中减去农业、工业生产资料，再加上自给性消费、非生产性建筑、武器和国防设施等来计算。此外，还可以按照产品的实际用途，根据历年的统计资料计算出最终产品系数，即用以最终消费的产品所占比例，然后根据按部门统计的各类产品的总量，乘以相应的最终产品系数，再计算其价值总和即得最终产品产值。

（2）分配要素法。按照最终产品的价值形成过程，把全国物质生产部门对产品的追加价值汇总起来，包括物质生产部门的工资、利润、税金、向银行交付的利息，然后减去扩大再生产使用的全部生产资料的价值（v+m−m'，m'为第Ⅰ部类用于扩大再生产的生产资料的价值）。实质上，它等于国民收入（v+m）减去再分配中的生产性积累基金。

由于最终产品产值在实物构成上代表着全部可消费的产品，在价值构成上相当于消费基金和非生产性积累基金，这就使得它成为统计计划工作中的一个具有独特作用的重要指标。它的作用主要表现在以下三个方面：

第一，最终产品的价值代表了人民可以得到实惠的劳动成果，是人民可以直接用于消费的物质资料的总量。按人平均的最终产品价值，直接反映了人民的物质生活水平。对某一种最终产品的人均消费量，则反映了对该类产品的消费水平。把社会最终产品的价值指标和一些重要的最终产品产量及人均消费量指标列入国民经济计划，对人民将会产生多么巨大的鼓舞作用！人们将会从这些不断提高而且能够兑现的计划指标中切实感受到社会是在为自己谋福利，切实感受到社会主义制度的优越，进而激起高度的劳动热情。

第二，最终产品的价值同消费基金和非生产性积累基金的平衡，在国民经济的综合平衡中具有十分重要的意义。马克思指出：“一切进入消费基金的商品的价值总额，最大限度也只能等于分解为v+m的那部分社会产品价值”[①]。在安排国民收入的消费与积累的比例关系和积累中生产性积累与非生产性积累的比例时，必须使消费基金和非生产性积累基金同最终产品的生产能力相适应，使消费基金

① 《马克思恩格斯全集》第24卷，人民出版社1972年版，第486页。

同消费资料的生产相适应，搞好社会购买力同商品可供量的平衡。不仅要有价值的平衡而且要有实物的平衡；不仅要有总量的平衡，而且要有构成的平衡。

在我国的经济生活中，由于“左”的指导思想的影响，消费基金和非生产性积累基金的总额同最终产品的价值之间的平衡常常受到破坏。一方面，非生产性积累基金的比重，无论是同生产性积累相比，还是同最终产品的其他构成部分相比，都显得过低，即用于教育、卫生、住宅、城市公用事业等方面的基本建设投资太少，造成“骨头”和“肉”的关系失调，教育事业落后、城市平均居住水平下降、生活不便等问题。出现这种情况，主要是由于过去在安排基本建设投资时重生产、轻生活，建设单位拿到投资以后，只管建工厂，不管福利设施和市政建设。另一方面，由于它又不属于消费基金，不能纳入消费渠道统一考虑，致使用于城市、工矿集体消费的非生产性基本建设越来越落后于生产建设、落后于生活。

虽然这一部分集体消费问题已经十分严重，但是，由于它不是通过商品流通的渠道来实现的，还没有反映到市场上，不致引起大的波动。而消费基金同消费资料，购买力同商品可供量之间失去平衡，就会立即反映到市场上，影响到群众生活的安定。过去，我们曾有过这方面的沉痛教训。“二五”初期，由于大办钢铁挤占了最终产品生产，尤其是农业的人力、物力、财力，职工人数一下子增加200多万，使购买力同商品可供量之间出现巨大差额，最后不得不精减职工，卖高价商品。只是由于全党、全国人民团结一致，同甘共苦，才渡过了难关。过去，在解放战争时期，我们党解决解放区的经济问题就得出一条经验，“任何解放区货币流通总量如果等于平均每人20斤小米的货币量，物价就稳定；如果超过平均每人20斤小米的货币量，物价就要上涨；涨到平均每人只有20斤小米的货币量的时候，物价又会稳定下来。”[①] 这个简单事实告诉我们，要想控制物价，稳定市场，安定人民生活，必须一方面控制购买力增长，一方面增加最终产品。在通常情况下，消费基金和非生产性积累基金的总和同最终产品的价值不一定完全吻合，前者可能会大于、等于或小于后者。当前者大于后者时，要么需要动用库存和储备；要么就出现商品短缺，物价上涨。当前者小于或等于后者时，社会储备增加，日子就好过。当然，社会购买力不仅是由消费基金决定的，还要受到工资政策、货币发行量的控制，同时，社会拥有的购买力同实际实现的购买力之间还有一定的距离。未实现的购买力，即人们手存现金、储蓄的多少，决定于人民的生活水平、政治形势的稳定和人民对国家经济前景所抱的信心。1980年我国城乡储蓄额达406亿元，比1979年增长30%多，说明了人民生活水平有所提

① 薛暮桥:《关于购买力与商品平衡问题》,《统计工作》1957年第13期。

高，对四化建设充满乐观和必胜的信心。

总之，利用最终产品产值指标，能够有效地进行积累与消费、消费基金和消费资料、社会购买力同商品可供量之间的平衡。

第三，用最终产品的价值指标反映国民经济的发展水平和速度，较之总产值和净产值，更接近实际。

总产值指标虽然反映一定时期社会产品总量，并能借以反映各个部门的比例关系，但是由于包括生产资料转移价值的重复计算，所以从绝对量上反映不出劳动成果的大小和经济发展的实际水平。此外，总产值指标以工厂法计算，受体制变动影响较大，用以反映发展速度就不够准确。用最终产品产值指标可以避免这些弊病。

净产值或国民收入，虽然不包括重复计算，代表着一定时期新创造的价值（$v+m$），但是，在采用新技术的条件下，虽然投入的活劳动量不变，即净产值不变，但产品产量会大大增加，用净产值指标就反映不出生产的实际水平及发展速度。其次，净产值指标受价格因素影响较大，在价格偏离价值的情况下，难以反映不同行业的实际贡献。而最终产品产值在一定程度上可以弥补其不足。

最终产品产值指标虽然在考察国民经济的水平、速度、效果方面有着独特作用，但是也有缺陷。主要是不能用于对企业和所有部门进行考察，特别是生产生产资料的部门和企业。考察它们的贡献大小，还要用总产值、净产值、产量、品种、质量等指标。我们应当逐步建立以净产值为主的总产值、净产值、最终产品产值三个指标并用的体系，互相取长补短，才能全面反映国民经济的内部联系及发展现状。

二、关于生产结构和最终产品率

用最终产品来反映国民经济的经济效果和社会产品结构比例的变化对经济效果的影响，不能离开社会最终产品率这个指标。所谓社会最终产品率，即一定时期内的社会最终产品在社会总产品中所占的比例。它既是一个评价宏观经济效果的指标，反映社会生产的最终成果与消耗的全部活劳动和物化劳动的关系；同时，它又是一个反映社会产品中最终产品与总产品的比例关系的指标。显然，在社会总产品中，最终产品所占的比例越大，所消耗的作为生产资料的产品越少，最终产品率就越高，社会经济效果也就越好。反之，则说明经济效果越差。但是，最终产品率并不是越高越好，它还有一个最优化的问题。由此可见，我们要探讨最终产品率，只了解最终产品是远远不够的，还要弄清总产品中除最终产品以外的部分以及它们相互之间的关系。

社会生产是一个连续的物质流的运动过程。从人把自己的劳动作用于自然界开始，直到生产出可供生活消费的产品，整个生产过程随着生产技术和社会分工的发展而日趋复杂，为生产最终产品所需要的原材料和劳动工具的生产作为独立的生产部门越来越发达。如果把最终产品看作是社会生产流程中最后阶段的产品，那么，与此相对应，就应当把燃料、原材料和劳动工具的生产分别看作是社会生产流程中的初期阶段和中间阶段的产品，称为初级产品和中间产品。这种把社会总产品划分为初级产品、中间产品和最终产品的分类，是按照产品的生产和消费在社会再生产过程中所处的阶段来划分的，我们把这种结构关系称为社会产品的生产结构。

生产结构与我们熟悉的部门结构是分别从社会生产的纵向和横向两个不同角度来研究社会生产的比例关系的。对于国民经济这样一个庞杂的体系，只有从不同角度观察、分析、研究，才能得到正确、全面的认识。关于初级产品、中间产品的用语，如同最终产品一样，虽然国外应用已经比较广泛，但缺乏准确的内容。既然，我们对最终产品的概念已经作为政治经济学的科学范畴加以规定，同样，对于初级产品和中间产品也应当作为政治经济学的范畴加以规定。

所谓初级产品，是通过劳动从自然资源取得的和经过加工后充当劳动对象的产品。用 C_1 表示。

所谓中间产品，是以初级产品为原料，经过加工后充当劳动资料的产品。用 C_2 表示（见图 1）。

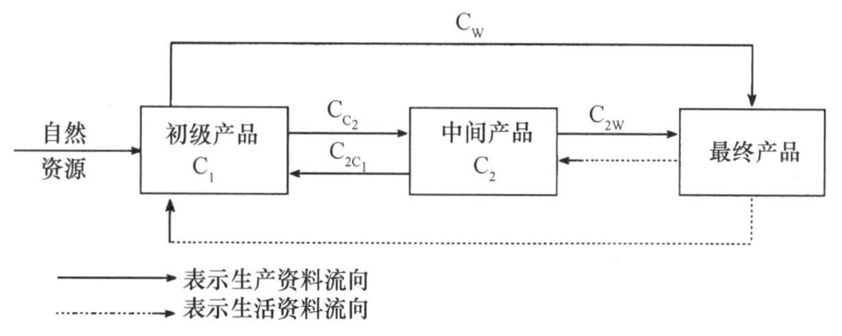

图 1　初级产品、中间产品、最终产品生产流向

初级产品是劳动过程中消耗的产品。主要来自农业和采掘工业。在化学成分上，它包括其他两类产品。按照生产程序，它还可以再分为直接从自然资源取得的产品，如农产品、矿产品和经过加工使之成为合乎需要的劳动对象的产品，如电力、金属材料、化学纤维等。按照它的流向，还可以分为：为生产最终产品提供劳动对象的产品和为制造中间产品提供劳动对象的产品。初级产品作为原材料，它构成中间产品和最终产品的物质实体；作为燃料、动力，它为生产过程提供能源，被劳动资料消费；作为辅助材料，或是加在原料上，使原料发生物理或化学变化，如催化剂、染料等，或是“帮助劳动本身的进行，例如用于劳动场所的照明和取暖的材料”①。

中间产品是在生产过程中被使用的产品。在生产中与产品保持着相对独立的形态，反复被使用而保持其形态不变。按照流向，中间产品可分为三类：为生产初级产品提供劳动资料的产品、为自身的再生产提供劳动资料的产品和为生产最终产品提供劳动资料的产品。其中，前两类中间产品又叫作为制造生产资料提供劳动资料的产品。

需要加以说明的是，有些人把初级产品（或叫原始产品）的划分局限为从自然资源取得的产品，或“虽经初步加工，但基本上没有改变原来的使用价值”的产品②，而把经过加工以后，仍然当作劳动对象使用的产品划入中间产品。我觉得这样划分虽有一定道理，但并不恰当。因为：

（1）从自然界取得的产品，经过加工以后，其使用价值是否改变标准，应该看它是继续作为劳动对象，还是能够作为劳动资料或消费资料。若继续作为劳动对象使用，应当说它的使用价值基本没变。如采出来的矿石，经过破碎、富选、烧结、炼铁、炼钢、轧钢等多道工序，但始终只是作为下道工序的劳动对象，应当说它的使用价值基本没变，所以矿石、钢材都应列为初级产品。

（2）随着工业技术的发展，有一些人工合成材料虽经复杂加工，但使用价值与同类初级产品一样，如化纤与棉花、棉纱的作用相同。所以像化纤一类产品也应叫作初级产品。事实上，在国际贸易中，许多国家已经把钢材、化纤等原料算作初级产品而与制成品相区别。

（3）在统计计算上，把虽经加工，但仍然充当劳动对象的产品划入初级产品，可使初级产品的概念与马克思所说的劳动对象相一致，使中间产品与劳动资料相一致，这就可以方便地运用马克思的再生产公式进行各类产品比例关系的计算。而这种划分对其他问题又毫无影响。

马克思在研究社会再生产时，把社会生产划分为两大部类，并对各类产品在简单再生产和扩大再生产中的互相适应的关系进行了科学分析，揭示了社会生产必须依据的原则和规律。社会主义的计划工作，应当是在按照两大部类对社会生产进行分类统计的基础上，通过对两大部类比例关系的分析、比较，制订出国民经济的长远规划和近期计划，从而保证经济建设的有计划、按比例、高速度。但是，在实践中，我们并没有这样做。为了管理方便，我们以现行产业部门的分类

① 《马克思恩格斯全集》第23卷，人民出版社1972年版，第206页。

② 参见宋则行《关于搞好国民经济综合平衡的几个理论问题》，《人民日报》1981年3月2日。刘宗时《序列结构与综合平衡》，《工业经济管理丛刊》1980年第1期。

代替了两大部类的科学划分[①]，以农、轻、重的比例近似地表示两大部类的比例。而且，由于这种近似的说法越来越流行，有些人干脆以假充真，把重工业说成是甲类，把轻工业说成是乙类。如新近出版的两本工业经济管理教科书都是这样写的[②]。类似这样的提法在现在的经济文章、文件、报告中比比皆是。经济部门的分类，是统计计划工作的基础，是研究分析比例关系的出发点。分类标准上的混乱，给理论和实践都带来许多危害。

首先是它混淆了在社会分工基础上自然形成的产业部门同按产品经济用途划分的两大部类的界限。现行的社会生产中农业、工业、建筑、运输、商业五大物质生产部门，以及工业中的轻工业与重工业，农业中的农、林、牧、副、渔等，是社会分工发展的结果，社会生产的组织管理，应当按照这样的划分来进行。但是，各部门之间产品交换和依赖关系错综复杂，马克思把社会生产划分为两大部类，揭示了各个生产部门之间内在的经济联系，为研究和正确确定部门比例提供了科学依据。如果说，在资本主义社会不可能根据马克思揭示的原则对国民经济的比例、速度进行统一计划，那么，在我们今天的社会主义条件下，则完全可以，而且应当使马克思的理论、公式、原则付诸经济管理、计划工作的实践。而以现行的、自然形成的产业部门划分取代两大部类的科学划分，就等于从理论上把马克思已经分清的界限又混淆起来。

其次，从实践上看，把农业、轻工业简单地划为乙类，把重工业划为甲类，已经越来越不能确切地反映国民经济内部各项比例关系，给经济研究和计划工作带来极大的不便和混乱，使我们无法正确判断经济结构的合理程度。

在经济结构的调查中，我们就常常遇到这样的问题：同是一个地区农业在工农业总产值中比重降低这一事实，有的同志说这是结构合理化的标志，因为随着工业化进程，社会生产从劳动生产率低的部门向劳动生产率高的部门转移是一种必然规律。农副产品中，用于直接的生活消费的比重将逐渐减少，为工业提供原料和经过工业加工后的消费品的比重将逐渐增加。另外，有的人认为这是结构不合理的证据，因为违背了“农轻重”为序的原则，粮食还没有过关。对于这类问题，离开了两大部类的比例关系，是说不清楚的。农业的比重和发展速度，怎样才算合理，只有在保证人民生活对农业消费资料的基本需求得到满足的前提下，

① 国家统计局编《工业部门分类标准目录说明》规定：“划分工业部门的标准有三：1.工业生产上所使用的原料；2.生产技术过程的性质；3.生产品的经济用途。各种工业生产是否属于同一个门类，应以它们在这三个标准上的共同性来确定。”

② 中国工业经济管理研究会编《中国工业经济管理》中写道：“按工业产品的经济用途把整个工业分为生产生产资料的工业与生产消费资料的工业，这两类工业通常也称之为重工业（甲类）和轻工业（乙类）。”参见该书第152-153页。又中国人民大学编《工业经济管理专题教材》（上册）亦有相同提法，见该书第27页。

才能根据工业发展对农业原料的需求和农业生产能力的实际可能加以确定。连农产品中的工业原料和消费资料的比例都没搞清楚，怎么能判断它的合理与不合理呢？轻工业历来是被认为生产消费资料的，但实际情况并非如此。1978 年，我国轻工业产品中生产资料的比重达到 32%，比 1965 年提高了 5%。以手工业为主的二轻工业中，为工农业生产服务的比重超过了生活服务的比重。此外，按部门隶属关系的轻工业产值中，包括轻工采掘原材料的产值；纺织行业中，包括纺织机械的产值。所以，把轻工业笼统称为生产消费资料的乙类工业问题很多。

随着生产和消费水平的提高，重工业制造的消费资料，像电视机、录音机、洗衣机等耐用消费品的比重逐年增加。传统的以重工业为甲类的观念已经不能成立。以苏联为例（见表 1）：

表 1　消费品生产（乙类）构成

	1970 年（%）	1975 年（%）	1977 年（%）
消费品生产（乙类）	100	100	100
轻工业产品	28.8	27.0	27.8
食品工业	48.6	46.8	43.9
重工业部门产品	22.6	26.2	28.3

资料来源:《苏联国民经济 60 年》。

在工业发达的资本主义国家，重工业制造消费资料的比重更高。世界汽车产量的 70%~80% 是小轿车，作为一个主要的重工业部门的汽车制造业，已经变为一个重要的消费品生产部门。还有一些新兴的工业部门，如化工、电子、合成材料工业，无论从工艺技术特点，还是从原材料及产品使用方向上看，都很难说它是轻工业还是重工业。所以，“农轻重”同两大部类是两种不同性质的划分，两者之间不能互相混淆，更不能互相取代。经济计划工作必须以精确的分类统计为依据，而不能置于似是而非的基础上。

生产结构对社会总产品的划分，是严格按照马克思的再生产理论进行的。对于初级产品、中间产品、最终产品之间互相依存的产品交换关系和生产联系，能够按照马克思再生产公式提出的原则，进行精确的计算。它是对马克思再生产公式的具体化，也是在经济计划和管理中真正运用马克思再生产公式所揭示的各项原则的尝试。

按照生产结构，社会产品应作以下分类（见图 2）：

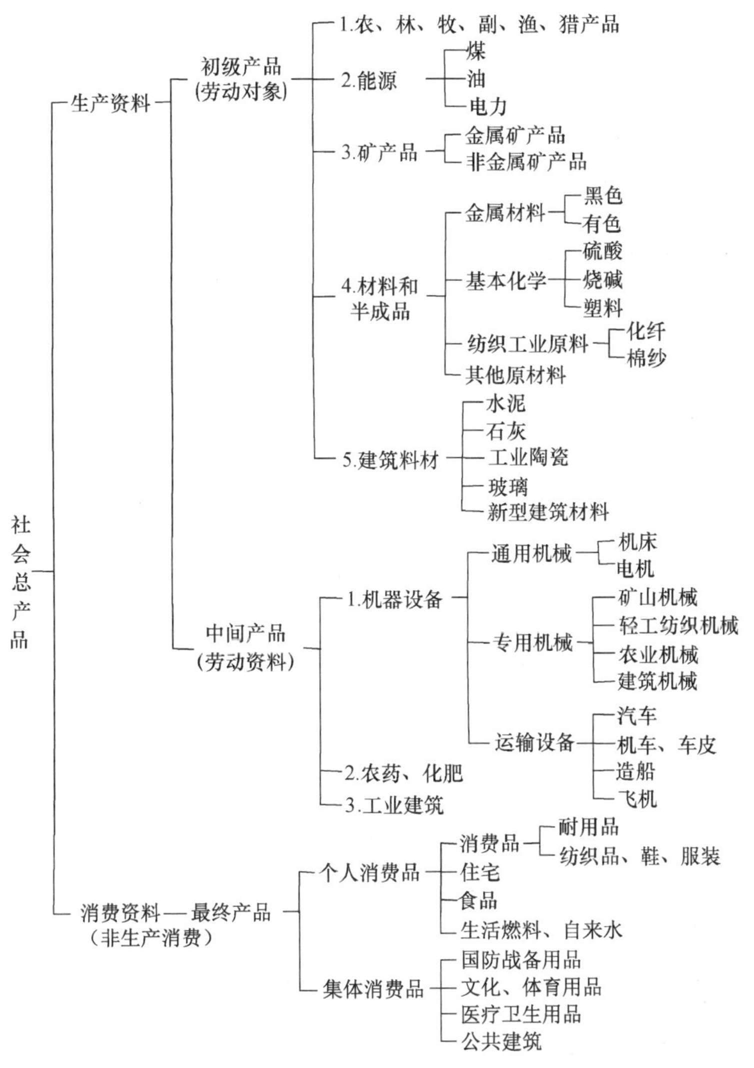

图 2　生产结构的部门分类图

对初级产品、中间产品的价值的计算，可参照最终产品的计算方法。除了可以通过流通部门和生产单位进行统计计算以外，还可以通过各部门、企业、生产单位计算劳动对象的消耗和新增固定资产，再分别加上库存和储备的增减额，即为当年生产的初级产品和中间产品的产值。

在按照上述分类取得了统计资料之后，我们就可以对社会最终产品率和各种需要的指标、比例进行计算。并从逐年的对比中，看出各类产品产值及比例关系、使用方向上的增减变化情况，分析其原因，参照各种约束条件，求得国民经济的最佳比例和最优的最终产品率。

通过按生产结构取得的统计资料，可以计算的社会经济效果和比例关系指标如下：

（1）生产基金的最终产品率：

$$\frac{\text{最终产品产值}}{\text{生产基金}}=\frac{\text{最终产品产值}}{\text{年平均固定资金占用额}+\text{年平均流动资金占用额}}=\frac{W}{P}$$

（2）活劳动最终产品率（即劳动生产率）：

$$\frac{\text{最终产品产值}}{\text{职工工资总额}+\text{农民收入}}\text{或}\frac{\text{最终产品产值}}{\text{劳动者人数}}$$

$$\frac{\text{工业最终产品产值}}{\text{工业劳动者工资总额}}\text{或}\frac{\text{工业最终产品产值}}{\text{工业劳动者人数}}$$

（3）三类产品各占比例：

$\dfrac{\text{最终产品产值}}{\text{社会总产值}}=\dfrac{W}{W'}$，即通常所讲的社会最终产品率

$$\frac{\text{初级产品产值}}{\text{社会总产值}}=\frac{C_1}{W'},\quad\frac{\text{中间产品产值}}{\text{社会总产值}}=\frac{C_2}{W'}$$

社会总产值（W'）= 初级产品产值（C_1）+ 中间产品产值（C_2）+ 最终产品产值（W）

（4）①生产资料总产值 = 初级产品产值 + 中间产品产值

即：$\text{I}(c+v+m)=C_1+C_2$

②消费资料总产值 = 最终产品产值

即：$\text{II}(c+v+m)=W$

③$\dfrac{\text{消费资料产值}}{\text{生产资料产值}}=\dfrac{\text{II}(c+v+m)}{\text{I}(c+v+m)}=\dfrac{W}{C_1+C_2}$

（5）①为生产生产资料提供的中间产品产值（$C_{2\text{I}}$）

= 为生产初级产品提供的中间产品产值（C_{2C_1}）+

为生产中间产品提供的中间产品产值（C_{2C_2}）

②$\dfrac{\text{为生产最终产品提供的中间产品产值}}{\text{为生产生产资料提供的中间产品产值}}$

$$=\frac{C_{2W}}{C_{2C_1}+C_{2C_2}}=\frac{C_{2W}}{C_{2\text{I}}}$$

③$\dfrac{\text{为生产最终产品提供的初级产品产值}}{\text{为生产中间产品提供的初级产品产值}+\text{为生产初级产品提供的初级产品产值}}$

$$=\frac{\text{为第II部类提供的初级产品产值}}{\text{为第I部类提供的初级产品产值}}$$

$$=\frac{C_{1W}}{C_{1C_2}+C_{1C_1}}=\frac{C_{1W}}{C_{1\text{I}}}$$

④在第Ⅰ部类内部实现的产品产值

= 为第Ⅰ部类提供的初级产品产值

+ 为第Ⅰ部类提供的中间产品产值

即：Ⅰ（$c+\triangle c$）$=C_{1\mathrm{I}}+C_{2\mathrm{I}}$

其中，$\triangle c$ 为第Ⅰ部类扩大再生产需要增加的生产资料。

（6）第Ⅰ部类同第Ⅱ部类相交换的产品价值

= 为生产最终产品提供的初级产品产值

+ 为生产最终产品提供的中间产品产值

Ⅱ（$c+\triangle c$）$=C_{1W}+C_{2W}$

根据马克思提出的扩大再生产时产品实现条件的两个不等式

$$\mathrm{I}\,(v+m) > \mathrm{II}\,c$$

$$\mathrm{II}\left(c+m-\frac{m}{x}\right) > \mathrm{I}\left(v+\frac{m}{x}\right)$$

我们可以得出一个扩大再生产时两大部类产品全部能够实现的综合平衡公式：

$$\mathrm{I}\left(v+\triangle v+\frac{m}{x}\right)=\mathrm{II}\,(c+\triangle c)\text{，或写为：}$$

$$\mathrm{I}\left(v+\frac{m}{v}+\frac{m}{x}\right)=\mathrm{I}\left(c+\frac{m}{c}\right)$$

这个公式的含义是，在扩大再生产时，只有使第Ⅰ部类总产品中相当于工人（包括扩大再生产需要增加的工人）的工资加上工人为社会创造的价值中由集体消费的部分的总和，等于第Ⅱ部类总产品价值中相当于补偿和追加生产资料的部分，两大部类的产品才有可能全部实现。

上述扩大再生产的综合平衡公式，能够用初级产品、中间产品、最终产品之间的交换关系来加以具体化。

因为：$\mathrm{I}\left(v+\triangle v+\frac{M}{X}\right)=W_{c1}+W_{c2}+\triangle(W_{c1}+W_{c2})=W_C+\triangle W_C$

$W_C+\triangle W_C$ 表示最终产品生产者为初级产品、中间产品生产者（包括扩大再生产需要增加的劳动者）提供的消费资料。

又因为：Ⅱ（$c+\triangle c$）$=C_{1W}+C_{2W}+\triangle(C_{1W}+C_{2W})=C_W+\triangle C_W$ 中

$C_W+\triangle C_W$ 表示初级产品、中间产品生产者为最终产品扩大再生产提供的全部生产资料。

根据公式 $\mathrm{I}\left(v+\frac{m}{v}+\frac{m}{x}\right)=\mathrm{I}\left(c+\frac{m}{c}\right)$ 可得：

$$C_W+\triangle C_W=W_C+\triangle W_C$$

上述公式即扩大再生产时综合平衡的具体化公式。它的含义同公式 $\mathrm{I}\left(v+\frac{m}{v}+\frac{m}{x}\right)=\mathrm{I}\left(c+\frac{m}{c}\right)$ 一样，只是用初级产品、中间产品代替了第Ⅰ部类，用最终产品代替了第Ⅱ部类，使生产结构同两大部类结构一致起来，便于计划统计工作中具体应用。

三、最终产品率的最优化标准及其影响因素

社会主义国家全部经济活动的最终成果应该具有两方面的内容：一是保证最终产品和劳务的总量与结构同不断增长的人民物质、文化生活需要的总量和结构相适应；二是提高社会上人力、物力、财力的利用效果。这两方面的内容都体现着马克思主义的一个基本原理：社会主义的生产计划决定于以各种消费品的效用和生产它们所必需的劳动量的衡量。[①] 社会最终产品率基本上反映了这两方面的内容（除劳务部分以外），所以，它是评价宏观经济效果的综合性较强的指标。

从劳动成果与劳动消耗之间的相对关系来看，自然是成果越大越好，消耗越少越好，因此，最终产品率的高低，反映着社会经济效果的大小。但是，由于社会再生产是一个连续回转的运动过程，为了保证人民消费水平稳步提高，最终产品应当保持长期稳定增长。因此，社会总产品中必须有一定比例的初级产品、中间产品保证扩大再生产的需要，在必要时，初级产品和中间产品还要超前发展。最终产品率过高，挤占了初期生产阶段和中间生产阶段的生产资料，势必影响到以后各年最终产品的生产。反之，最终产品率过低，就会使过多的初级产品、中间产品在社会生产的初期、中间阶段循环而不进入最后生产阶段，脱离最终产品生产的需求而孤立发展，就会出现初级产品、中间产品大量积压，社会再生产过程中间堵塞，引起两大部类的严重脱节和社会财富的巨大浪费。从短时期看，社会总产品的增长速度可能很快，但是这种高速度是以低效果为代价的。长期下去，必然出现消费品不足，初级产品、中间产品之间的循环也难以为继。在社会主义生产中，则不得不通过调整来解决。苏联从 1922—1975 年的 50 多年中，大的调整就经历了 5 次，其中斯大林领导时期进行了 3 次，赫鲁晓夫、勃列日涅夫上台后进行了两次。每次调整都是适当降低生产资料生产的发展速度，加快消

① 参见《马克思恩格斯全集》第 20 卷，人民出版社 1971 年版，第 334 页。

费资料的发展。我国20世纪60年代初期的调整和这次正在进行中的调整，其主要内容都是把过“重”的结构调得“轻”一些。这些教训产生的思想根源和历史根源，应当很好总结。

理论和实践都证明，寻求并保持一个最优的社会最终产品率，是国民经济能否按比例地持续稳定增长的关键，是提高社会经济效果的基本途径。我们社会主义的经济计划工作应当把它作为努力达到的目标之一。

什么是最优的最终产品率？归纳起来，大致有以下三个标准：

（1）应能保证在经济合理的前提下，用最少的初级产品和中间产品生产出最多的最终产品，使最终产品率达到极大值。

（2）应能保证最终产品持续、稳定增长，使产品、品种、质量能够满足人民日益增长的物质、文化生活需要。

（3）应能保证初级产品、中间产品的产量和结构同不断扩大的最终产品的生产互相适应，协调发展。

实现最终产品率的最优化，必须考虑多方面因素的影响，要研究它的约束条件。在目前统计资料不足的情况下，我们还不可能对最终产品率进行确切计算，从而在历年的对比中找出一个较好的比例数字。但是，我们可以把各种约束条件看成自变量，把最终产品率看成因变量，通过对各种自变量的变化所引起的因变量变化趋势的定性与定量的分析研究，为确定最优的最终产品率提供一些依据和参考。

（一）生产力发展水平对最终产品率的影响

生产力发展水平是决定最终产品率的基本因素。在生产力水平较低时，劳动工具的制造不发达，人们以简陋的工具直接取得生活资料，社会最终产品率当然比较高。随着工业化的进程，制造工具和燃料、原材料的生产迅速发展，最终产品率可能有所下降，但最终产品的绝对量无疑会大大增加。而随着工业化的高度发达，电子、化工等知识密集型产品的发展，对原材料、燃料的利用率和机器设备效率的大大提高，消费领域扩大，最终产品率又呈现提高的趋势。所以，最终产品率是随着生产力的发展呈曲线运动。

首先看初级产品，它是整个生产过程的起点，中间阶段、最后阶段的生产都是对初级产品的再加工。初级产品的生产规模从物质总量上决定着中间产品、最终产品，乃至社会总产品的产量。所有资本主义国家工业化的过程，都经历了初级产品迅速发展的阶段。列宁指出：“大机器工业发展的必要条件之一（也是大机器工业发展的极具特征的伴侣），是提供燃料和建筑材料的工业以及建筑业的发展。”[①] 工业发展对初级产品提出的要求，一方面由于生产规模的扩大和产业门

① 《列宁全集》第3卷，人民出版社1959年版，第479页。

类的增加要求提供的初级产品数量更多、品种更全、质量更高，特别是要求提供更多具有多种特殊性能的原材料；另一方面，由于科学技术和工艺水平的发展，对劳动对象更加节约，可以利用的自然资源的范围进一步扩大。所以，初级产品的发展趋势一般表现为农副产品所占的比重越来越小，工业品比重越来越大；在工业初级产品中，从自然资源取得的矿产品及其加工品的比重将有所下降，而人工合成材料和废旧物资、退役设备的回收利用所占比重将有所增加；直接从自然资源取得或稍微加工的劳动对象所占比重将会降低，经过复杂加工的劳动对象比重将会增加。以钢材生产为例（见表 2）。

表 2　各国历年钢产量

单位：万吨

年份	美国	苏联	英国	法国	日本	德国
1870	7		22	8		17
1900	1035		498	159	0.1	665
1930	3180		778	469	26	1758 联邦德国
1950	8785	2733	1655	865	484	1212
1960	9007	6529	2470	1928	2214	3410
1970	11931	11589	2832	2377	9332	4504
1975	10582	14133	2020	2153	10231	4041
1978	12389	15100	2023	2322	10210	4126

由表 2 可以看出，作为主要原材料的钢铁，在各国工业化过程中，都经历了一个迅速发展时期，但近十年来，除了苏联由于急于扩军备战，钢产量迅速增长外，其他国家处于徘徊不前或下降趋势。有人预测，到 20 世纪末，由于能源紧张，一些主要资本主义国家的钢铁产量还有可能下降。与此同时，合成材料的产量却不断增加。如美国 1975 年生产合成材料 1100 万吨，可以代替钢材 6000 多万吨。

另外，根据世界银行的统计，初级产品产值与工业总产值和国内生产总值的相对增长速度，随着工业化程度的提高，初级产品的增长速度相对降低。如果以人均国民收入水平作为工业化程度的标志，那么，对许多国家（如日本、巴西等）的统计表明，在人均国民收入水平低于 300~400 美元时，初级产品的增长速度高于工业增长速度；当高于 300~400 美元时，初级产品增长速度低于工业增长速度。即收入水平越高，工业化程度越高，速度相差越大。下面是世界银行统计的各种类型国家初级产品与国内生产总值的年增长率对照表（见表 3）。

表 3　初级产品和国内生产总值的年增长率

		A. 老发达国家		B. 新发达国家		C. 发展中国家				D. 不发达国家				市场经济型国家	E. 中央计划型国家	
时间	项目	美国	合计	日本	合计	大国	小制造业国家	小初级产品生产国	合计	小国	小制造业国家	小初级产品生产国	合计	总计	苏联	合计
1950—1960 年平均增长率	国内生产总值	3.3	3.9	9.0	6.9	5.6	5.4	5.5	5.6	4.1	4.8	4.0	4.2	4.4	6.1	5.8
	初级产品产值	1.6	1.4	3.2	3.6	4.3	5.4	6.6	5.0	4.0	4.4	3.7	4.0	2.9	3.7	3.6
	国内生产总值 / 初级产品产值	2.1	2.8	2.8	1.9	1.3	1.0	0.8	1.1	1.0	1.1	1.1	1.1	1.5	1.6	1.6
1960—1973 年平均增长率	国内生产总值	4.3	4.4	10.3	8.1	6.9	7.0	6.4	6.8	4.4	3.5	3.7	4.3	5.2	4.9	4.6
	初级产品产值	1.7	2.1	3.5	3.1	4.8	4.1	6.6	5.3	2.9	2.7	2.5	2.9	3.1	2.9	2.6
	国内生产总值 / 初级产品产值	2.5	2.1	2.9	2.6	1.4	1.7	0.97	1.3	1.5	1.3	1.5	1.5	1.7	1.7	1.8

资料来源:《过渡性增长和世界工业化》,《世界银行》再版丛书，第 61 页。

由表 3 可知，在绝大多数国家里，初级产品的增长速度同国内生产总值相比，是逐渐减慢的，而且越是在工业发达国家，如美国、日本等，这种趋势表现越明显。只有在小的以生产初级产品为主的国家，初级产品的增长速度才高于国内生产总值的增长速度。这在近 20 多年来，发展中国家出口产品中工业制成品的比例普遍提高的情况下，发达工业国家初级产品增长速度远远落后于国内生产总值的增长速度，说明随着技术进步，燃料、原材料的加工深度和利用率迅速提高，使用同样多的初级产品，可以生产出比过去多很多的使用价值。

我国是一个人口多、技术落后的发展中国家，工业生产虽然有了一定基础，但是，按人口平均的国民收入和工业产值与先进工业国相比，还处于工业化初期阶段，在人民的消费品构成中，农副产品仍然占相当大的比重。为了建立强大的现代化工业，必须大力发展原材料、能源生产，而且，也应当利用资本主义国家已经达到的先进技术，力求能源、原材料的节约。我国制定的开发与节约并重的能源生产方针，是完全正确的，它适用于整个初级产品的生产。

中间产品的生产，主要指机器业，是为整个国民经济提供技术装备的，它的发展水平决定着国民经济各部门的装备水平。正如马克思所说："生产方式的变革，在工场手工业中以劳动力为起点，在大工业中以劳动资料为起点。"① 当代机械工业发展的突出特点是，由于技术进步很快，社会扩大再生产一般以集约型为主，设备更新期缩短，要求机械工业不断以效率高、消耗低、重量轻的新型设备淘汰陈旧落后设备。以机床制造业为例：美国 1960 年以前，机床拥有量同机械产品产量成比例增长。1960 年以后，机械产品年增长 4%，机床拥有量增加很少。1973 年到 1978 年拥有量由 292 万台下降到 254 万台，减少 14%，但数控机床增长一倍，加工中心增长一倍，自动生产线增长 26%。日本 1963—1972 年共生产机床 162 万台，机床拥有量只增加 26 万台。英国"二战"后每年生产机床 20 万台，拥有量却逐年减少。近年来，国外还大力发展精铸、精锻、精冲等少切削、无切削新工艺，简化了加工过程，节省了原材料。这种技术进步所引起的对初级产品和中间产品的损耗和占有的减少，使进入最终产品的物质成分的比重增加，有助于社会最终产品率的提高。

我国机械工业的主要问题，一方面是由于货不对路，大量积压，开工不足；另一方面又由于技术落后，设备陈旧，许多大型成套和精密设备又不能制造。我国机床拥有量同美国、苏联差不多，可是质量较好和具有一般水平的只占 40% 左右，1978 年机床利用率只有 55.56%。机床产量不仅与后向比，较之消费资料生产显得过分突出，而且同前向比，加工能力也超过钢铁生产能力。下面，是我国钢材产量与机床拥有量同先进工业国对比的情况（见表 4）。

表 4　1978 年我国钢材产量和机床拥有量同国外对比情况

	中国	美国	苏联	日本	联邦德国	英国	法国
成品钢材产量（万吨）	2208	10109	10311	10040	7218	1911	2190
机床拥有量（万台）	243.62	236.2	445.1	93.5	130	72.8	56.8
成品钢材产量 / 机床拥有量（吨 / 台）	9.1	42.8	23.2	107.4	55.5	26.3	38.6

注：外国钢材产量与机床拥有量为 1973—1978 年中某一年的数字。

从表 4 可以看出，即使扣除我国机床构成落后、加工能力低的因素，机床拥有量也是过剩的。设想，若能把积压的 500 多亿元机电设备所耗费的人力、电力、材料投入到最终产品生产，设备利用率提高到 80%，按每 100 元中间产品可以转变为 50 元的最终产品这个最保守的数字计算，每年就至少可以多提供 200 亿～

① 《马克思恩格斯全集》第 23 卷，人民出版社 1972 年版，第 408 页。

300 亿元的个人消费品，这不仅能弥补当前市场商品可供量同购买力之间的差额，而且还有能力进一步提高人民的消费水平。如果能够把我们的机床加工能力提高到现代化水平，现有机床可以淘汰 80% 以上；如果我们的冶金、化工、轻纺、运输机械通过更新、改造都达到或接近现代化水平，并把它们节省下来的原材料、燃料投入最终产品生产或其他薄弱环节，社会最终产品率将会显著提高。

在生产力的发展过程中，随着人民消费水平的提高，最终产品包括的物质内容不断扩大。因为生产决定消费，“它为消费提供材料、对象”，“决定消费的方式”，同时，消费又反过来刺激生产的发展，“消费创造出新的生产的需要……创造出生产的动力”①。生产力发展引起最终产品结构，即消费结构的变化，具有以下特点：

（1）吃的、烧的比重下降，穿的、用的比重上升。根据对上海市的调查，中华人民共和国成立以来居民的消费构成中，吃的方面已经由 1952 年的 52.9% 降为 1978 年的 49%；烧的方面由 4% 降为 3.3%；穿、用方面则由 43% 上升为 48.2%。粉碎“四人帮”以后才三四年，我国人民的消费结构又有显著改变，农村朝住的方向、城市朝用的方向发展。

（2）经过工业加工的消费品比重上升，直接消费的农副产品比重下降。目前我国人民的消费品中，吃的、烧的方面工业品比重还不高，特别是 8 亿农民吃的、烧的，基本上是自给。如何用社会化大生产的方式发展成品和半成品的食品加工，把人们从烦琐的劳动中解放出来；如何利用我国丰富的煤炭资源和发展沼气，解决农民烧柴问题，使秸秆还田，改善土壤肥力，这都是改善消费结构，提高消费效果，即提高最终产品的使用价值的重大问题。

（3）在吃的构成中，粮食的比重将下降，果、肉、蛋、鱼等高蛋白的食品比重将上升。我国有大面积的山区、湖泊、草原还没有充分利用，应在发展粮食生产的同时，充分利用我国的人力资源，发展林、牧、副、渔业，逐步改变我国人民以粮食为主的食物构成。

（4）物质生活资料的比重将下降，社会劳动服务将增加。在基本生活资料得到满足以后，社会就业人口从物质生产部门向劳动服务部门转移，这是工业发达国家普遍发生的现象。劳动服务创造使用价值，需要一定的设备、物品，具有最终消费的性质，它应该属于另一类型的“社会最终产品”。我国目前对劳务所创造的价值还没有进行统计，但是随着人民消费水平的提高和社会服务的增加，服务部门所创造的价值是应该计入社会最终产品产值的。

（5）属于个人消费的部分将减少，属于集体消费的部分将增加。马克思在谈

① 《马克思恩格斯选集》第 2 卷，人民出版社 1972 年版，第 94、95 页。

到社会主义社会属于共同享用的生活资料时，曾写道："和现代社会比起来，这一部分将会立即显著增加，并将随着新社会的发展而日益增加。"[①] 这个属于集体消费的部分，是社会主义不断发展的标志，是成长着的共产主义因素，代表着社会前进的方向。

总之，生产力发展的不同水平，对初级产品、中间产品、最终产品及其相互之间的数量关系会产生不同的影响。对于最终产品率的影响方向和作用力的大小，取决于各种影响作用的综合。一般来说，在工业化初期和积累资金的阶段，最终产品率会有所降低；在整个工业化的过程中，最终产品率会随着生产资料和消费资料的交替上升而在较低的水平上不断波动；随着工业化的完成和向高度现代化的阶段前进，最终产品率会有所提高。而最后决定最终产品率变化趋势的根本原因，是技术进步和生产发展的速度。

（二）社会制度对最终产品率的影响

社会主义同资本主义在生产领域中的根本区别就在于生产目的不同。社会主义为满足人民需要，为使用价值而生产，资本主义是为归资本家所有的剩余价值，为价值而生产。两种不同的目的分别决定和影响着生产的全过程，影响着最终产品率水平。

这种影响作用通过社会生产两大部类主从地位的变化集中地反映出来。以剩余价值作为生产目的的资本家，把资本的扩大和先进机器的采用看作攫取更大利润的手段，必然把生产资料的生产放在首位，至于消费品的生产，只有在它能取得高额利润时，才会引起重视。与生产资料相比，它处于从属地位。基于这一基本认识，"资本主义社会把它所支配的年劳动大部分用来生产生产资料（即不变资本）"[②]，使新形成的资本越来越多地转入制造生产资料的社会经济部门。"因而，这一部门必然比制造消费品的那个部门增长得快……个人消费品在资本主义生产总额中所占的地位日益缩小。这是完全符合资本主义的历史、使命及其特殊的社会结构的：前者正是在于发展社会的生产力（为生产而生产）；后者则使居民群众不能利用生产力。"[③] 马克思和列宁的论述都证明，不变资本比可变资本增长得快，生产资料脱离消费资料而孤立发展，造成社会最终产品率低，正是资本主义发展的客观规律。

马克思利用再生产公式分析资本主义生产过程时，完全是按照上述规律进行的。他从第Ⅰ部类的生产出发，首先规定了第Ⅰ部类的积累率，即增长速度，然

① 《马克思恩格斯选集》第3卷，人民出版社1972年版，第10页。
② 《马克思恩格斯全集》第24卷，人民出版社1972年版，第489页。
③ 《列宁全集》第2卷，人民出版社1959年版，第122页。

后根据第Ⅰ部类扩大再生产对第Ⅱ部类提出的消费资料的要求，亦即第Ⅰ部类可以提供给第Ⅱ部类的扩大再生产的生产资料的数量，从而决定了第Ⅱ部类的积累率和增长速度。以后各年两部类的积累率和增长速度，都由这种方法确定。如果作为一种计划方法来看，这是从生产资料出发制订的计划。这种方法绝不是马克思随意采用的，而是资本主义生产目的所决定的，真实地反映了资本主义社会再生产的客观规律。

列宁把技术进步的因素引入再生产公式，把马克思假定为始终不变的有机构成，即第Ⅰ部类为4∶1，第Ⅱ部类为2∶1，分别改变为第一年的9∶1和5∶1，第二年20∶1和8.3∶1，第三年25.9∶1和10.8∶1，第Ⅰ部类的积累率仍按每年50%，从而计算出第四年各类产品的增长率，得出结论："增长最快的是制造生产资料的生产资料生产，其次是制造消费资料的生产资料生产，最慢的是消费资料生产。"① 这里，列宁假定第Ⅰ部类的有机构成比第Ⅱ部类提高得快，一方面反映了技术发展的必然现象；另一方面反映了资本家总是把投资和先进设备优先使用于第Ⅰ部类这一客观事实。所以，列宁发展了的马克思再生产公式，进一步证明了用极力压低工人的消费水平，即牺牲第Ⅱ部类的办法突出第Ⅰ部类，是资本主义生产发展的客观规律。正如列宁所讲："生产资料（生产消费）的增长，远远超过个人消费的增长……这个特点是从资本主义社会中产品实现的一般规律所产生的，是与这个社会的对抗性质完全适应的。"②

社会主义完全不同于资本主义的生产目的，使两大部类的主从地位发生了根本的变化，根据有计划、按比例的规律，我们应当从不断提高人民生活水平的需要出发，首先确定消费资料的总需要量及增长速度，然后根据消费资料扩大再生产的需要，决定生产资料生产的增长速度。由于消费资料和生产资料的需要量及增长速度，还要受到已经达到的生产力水平、生活水平、人口、资源、国内外政治形势等多种因素的影响和制约，所以，经过综合平衡以后的生产资料的增长速度，可以高于、等于或低于消费资料的增长速度。这种比例和速度，是从客观存在的实际出发，而不是主观臆定的。两大部类的关系是一种适应与不适应的关系，而不是优先与不优先的关系。所谓优先，并不是一个严谨的科学用语，它既没有质的规定性，也没有量的规定性；既可以理解为时间上的超前，规模的扩大，也可以理解为各种条件的重点保证。多年来，由于我们不顾各种客观条件的制约，一味地讲生产资料的"优先"或"以钢为纲"，造成两大部类的严重失调。我们应当摒弃"优先""为纲"等不科学的口号。

① 《列宁全集》第1卷，人民出版社1959年版，第71页。

② 《列宁全集》第3卷，人民出版社1959年版，第547—548页。

（三）人口对最终产品率的影响

首先，人既是生活资料的生产者，又是生活资料的消费者。人口对最终产品率的影响首先表现为人口数量直接决定着基本生活资料需要量的大小。在经济落后、人口又多的国家，为维持低水平的消费不得不耗去相当大的一部分社会产品，这类国家的最终产品率可能会高于工业发达国家，但这是落后的标志，并不说明经济效果的好坏。

其次，作为劳动者的人需要一定数量的劳动对象和技术装备。由于一定技术条件下自然资源所能提供的劳动对象总是有限的，而经过加工的劳动对象和技术装备的增加，又必须以足够的社会积累为前提。所以，从这个角度看，人口的增加又必须伴随着初级产品、中间产品的扩大而对最终产品率具有降低的影响作用。

最后，人是生产力中最活跃的因素，人的思想意识、技术水平、劳动态度等，是在一定的物质、文化生活的基础上形成的，它常常决定着社会生产的进程。所以，经济计划工作必须把人口数量和质量作为基本内容，制定最优的最终产品率必须以人口和人的需要为出发点，人口的增长应当按照社会生产所能提供的新增劳动力的需要与可能实行计划控制。

（四）积累与消费的比例对最终产品率的影响

积累与消费的比例，是国民收入经过分配和再分配以后形成的最终使用的比例。由于最终产品代表着可消费的实物总量，中间产品、初级产品在扣除当年消耗和库存、储备之后，代表着可以用于扩大再生产的机器设备和新增流动资产，所以，消费与积累的比例同最终产品率之间的关系，在一定程度上反映出新创造的社会产品的价值与实物之间的平衡关系。消费与积累的比例是由最终产品率所决定的，但是，它能够对最终产品率起反作用。我们要寻求最优的最终产品率，只有通过不断调整消费与积累的比例和积累基金的使用方向加以解决。

中华人民共和国成立以来，在积累与消费的分配上，积累过高。30 年中，有 13 个年头积累在 30% 以上，最高为 1959 年的 43.8%。在生产性积累与非生产性积累的分配上，生产性积累比重过高。生产性积累与非生产性积累的比例“一五”时期为 2.5∶1，而 1967—1976 年期间为 6.9∶1。在生产性积累的分配上，生产资料生产，尤其是冶金、机械工业所占据的比重，远远超过消费资料生产所占的比重。这样的分配比例，同我国的生产力水平和消费水平相比，是很不协调的。由于积累率过高而且积累基金的使用方向不合理，造成基本建设战线长，浪费惊人，积累效果很差。积累系数（每增加 100 元国民收入需要的积累资金）跳跃性增加（见表 5）。

表 5　各个时期积累系数

时期	“一五”时期平均	“二五”时期平均	1963—1965年平均	“三五”时期平均	“四五”时期平均
积累系数	286	10000	175	385	625

上述问题是导致我国长期以来最终产品率低、经济效果差的根本性原因。如果我们把商业部门收购的工业品（扣除农业生产资料）近似地看作工业最终产品，把它与同期工业总产值之比看作工业最终产品率，就可以看出各个时期的积累率、工业增长速度同经济效果，即工业最终产品率之间的因果关系（见图 3、表 6）。

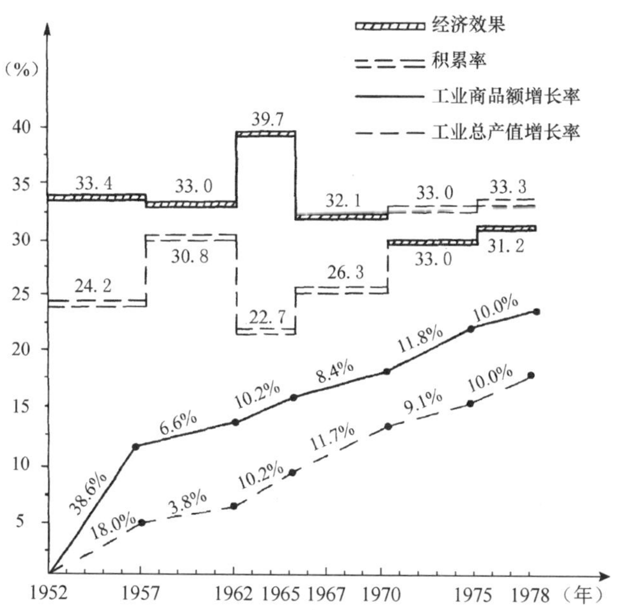

图 3　积累率、速度、效果关系示意图

表 6　积累率、速度、经济效果对照表

时期	积累率（%）	工业总产值年增长率（%）	商业购进工业品年增长率（%）	商业购进工业品 / 工业总产值
“一五”	24.2	18.0	38.6	33.4
“二五”	30.8	3.8	6.6	33.0
1963—1965 年	22.7	17.9	10.2	39.7
“三五”	26.3	11.7	8.4	32.1
“四五”	33.0	9.1	11.8	30.0
1976—1978 年	33.3	10.0	10.0	31.2

从图表中可以看出，在“一五”“二五”“三年调整”三个时期中，积累率同工业增长速度和经济效果之间增减方向总是相反的。“一五”时期，积累率并不高，但增长速度最快，经济效果也好。“二五”时期，积累率猛增，但速度和效果却事与愿违地明显下降。三年调整时期，积累率降低了，工业增长速度恢复了，经济效果最好。从“三五”以后，又重犯了“二五”时期的毛病，工业增长速度虽能保持较高的水平，但积累率却是不断提高的，说明要保持同样的增长速度需要的积累资金越来越多，积累效果和社会经济效果越来越差。只有在粉碎“四人帮”后的三年，经济效果才随着积累的增长稍有提高。

（五）进出口对最终产品率的影响

进出口是调整国内经济结构的重要杠杆。我国出口产品只占国民生产总值的5%，这同我们引进国外先进技术对外汇的需要以及大国地位是很不相称的。出口产品中又以矿产品、农副产品、轻纺工业产品为主。其中有一部分是国内市场的紧缺物资。进口则以成套设备为主。这种落后的进出口结构在短期内是无法根本改变的。如何根据国内外经济条件的差别，发挥我国人力资源和自然资源的优势，扩大深加工产品的出口，进口有利于提高我国技术水平和最终产品率的技术和产品，应当成为生产和外贸战线的一项战略性任务。

（六）流通环节对最终产品的影响

一个可供最终消费的最终产品，从初级生产阶段进入到生活消费，中间要经过许多流转过程，要占用一定量的资金、时间，还要造成损耗。流通环节是否畅通，关系到产品能否实现。生产的分工、协作越是发达，流通环节就显得越是重要。

过去，我们不重视流通环节对社会生产的重要作用，不承认生产资料是商品，生活消费品也是由商业部门一家统购包销，许多流通渠道被堵死，加之我国面积大，运输落后，工业布局、布点上的不合理，商品周转缓慢、积压、损失、浪费，已经成为降低经济效果的重要因素之一。所以，加强商业、运输工作，加速资金周转，降低流通损耗，是提高最终产品率的重要措施。

四、在经济调整和计划工作中如何根据最终产品率进行综合平衡

当前，生产结构上的突出问题是在初级产品、中间产品和最终产品的关系上，初级产品、中间产品的比重过大，最终产品的比重过小；在初级产品内部，冶金生产能力过大，采掘、能源生产能力过小。在初级产品、中间产品的分配方向上，为初级产品、中间产品生产服务的部分比重过大，为最终产品生产服务部

分比重过小。总的趋势是中间比重较大，两端比重较小。具体表现为能源、原材料紧张，钢材、机电产品积压，消费资料不足。反映在国民经济的宏观效果上，集中表现为社会最终产品率低。

由于我们没有按照产品的经济用途进行分类的统计数字，只好借用现有按工业部门和重要产品产值分类的统计数字，以采掘、建材、森工、冶金类比初级产品，以机械工业产品类比中间产品，以农业、轻工业产品类比最终产品，从而对我国历年来生产结构的变化，近似地加以说明。

透过农、轻、重比例和工业生产结构的变化，我们可以看出，农业在工农业总产值中所占的比重由 1952 年的 56.9% 降为 27.8%，轻工业、重工业的比重分别由 1952 年的 27.8%、15.3% 上升为 31.1% 和 41.1%，重工业上升的幅度最大。在工业总产值中，最终产品所占比重由 1952 年的 64.5% 下降为 43.1%，而初级产品和中间产品的比重分别由 20.6% 和 14.9% 上升为 27.0% 和 29.9%，中间产品上升的幅度最大。这种不同的趋势，一方面说明我国正处在迅速发展的工业化过程中，产业比重在从劳动生产率低的部门向劳动生产率高的部门转移，从简单的农副产品加工工业向基础工业转移；同时，也反映出由于这种转移过急，使两大部类之间，第 I 部类的劳动对象同劳动资料之间不断发生脱节（见表 7）。

表 7　农、轻、重比例与工业生产结构变化

年份	在工农业总产值中			在工业总产值中		
	农业（%）	轻工业（%）	重工业（%）	初级产品（%）	中间产品（%）	最终产品（%）
1952	56.9	15.8	15.3	20.6	14.9	64.5
1957	43.3	25.2	25.5	23.7	21.3	55.0
1960	19.9	27.0	52.1	31.0	35.6	33.4
1962	38.8	32.9	32.3	29.3	23.5	47.2
1965	37.3	32.3	30.4	24.6	23.3	51.6
1970	33.7	35.6	35.7	25.0	28.8	46.2
1978	27.8	41.1	41.1	27.0	29.9	43.1
1952—1978 年平均增长率	3.2	13.1	13.6	11.8	15.3	9.1

1957—1970 年，国民经济的比例关系经历了由适应到不适应，由不适应到适应，再到新的不适应的不寻常的变化。“一五”计划的提前完成，使我们头脑开始发热。从 1957—1960 年，重工业比重像发了疯一样一下子从 25.5% 上升

到 52.1%。相反，农业则由 43.3% 降到了历史上的最低点 19.9%；工业中初级产品、中间产品分别从 23.7% 和 21.3% 上升为 31.0% 和 35.6%，最终产品由 55.0% 下降为 33.4%。一个大上，一个大下，把国民经济正常的比例关系打乱了，一场结构性危机也就不可避免地产生了。经过三年调整，到 1965 年，农业比重上升到 37.3%，轻工业由 1960 年的 27.0% 上升为 32.3%，重工业下降为 30.3%，国民经济才达到了新的平衡。但是随着“文化大革命”的开始，长时间的“左”倾严重错误，国民经济又沿着 1958 年突出重工业的道路发展起来。从 1965—1970 年，以致到 1978 年，工业与农业、重工业与轻工业、工业中的初级产品与中间产品之间的比例，前者在提高，后者在降低。所不同的只是这次结构转移，延续时间更长。直到党的十一届三中全会恢复了党的实事求是的思想路线，才摆脱了“左”的影响，再次进行国民经济的调整。

在中华人民共和国成立 30 年的经济发展历史上，有一些比较好的年份。比如 1957 年和 1965 年，各方面比例比较协调，社会经济效果比较好，人民精神状态和生活水平都是向上的。1965 年同 1962 年相比，工业总产值中，初级产品比重降低了 4.7 个百分点，中间产品比重仅提高了 0.3 个百分点，最终产品比重提高了 4.4 个百分点。这表明，由于初级产品、中间产品中有更多的部分用于最终产品生产，社会生产的初期阶段和中间阶段占用的原材料和设备减少，在社会总产品的数量不变或增加不多的情况下，最终产品可以较大幅度地提高，经济效果大大改善。

当前，我们正在进行经济调整工作。与 20 世纪 60 年代的调整相比，这次调整是主动的，内外部条件也好。从生产结构来看，调整就是要压缩中间、充实两头，改变生产结构中两头小、中间大的局面。要加强初级产品中除冶金以外的能源、原材料生产，冶金工业要狠抓质量、品种，加强矿山、轧钢的生产。通过按专业化协作原则改组机械行业，把多余的生产能力直接转移为生产最终产品和初级产品的加工，从为自身服务为主转移到为生产最终产品的服务为主。努力扩大最终产品，尤其是住宅和工业消费品的生产，提高最终产品生产率。

从 1978 年开始调整以来，由于压缩了基建战线，关停了 4000 多个消耗高、亏损大、产品无销路的企业，加快了消费品生产的发展，1980 年轻工业增长 17.4%，重工业增长 1.6%，轻工业在工业总产值中的比重由 1978 年的 43.1% 上升为 46.7%，手表、自行车、电视机等耐用消费品增长 30% 以上，使国家能拿出较多的消费品投放市场，把更多的建筑材料用于住宅建设，才使得我们能够在最近几年内增加职工工资、提高农副产品价格、大量安排就业、增发奖金、兴建宿舍，连续地为人民办了这么多好事！试想，如果没有经济结构的调整，上述这些好事，恐怕一件也办不了。

但是，由于“左”的思想影响根深蒂固，对调整的认识并不一致。该退的还没有退够，压缩基建战线还不够有力，加之行政、国防费用增加，财政收支出现了赤字。有的人把赤字出现的原因归咎于调整，或归咎于消费增长过快，这都是站不住脚的。应当看到，经济结构的调整才刚刚开始，有些作用会在今后几年才能发挥出来。仅就近三年来看，在工业总产值中，轻工业比重仅上升了 3.6 个百分点，工业消费品就大大增加，社会商品零售额平均每年增加 216 亿元。据估计，即使工业总产值保持不变，只要使轻工业的比重增加 1%，就可使轻工业产值约增加 50 亿元，使工业消费品收购额约增加 40 亿元。1965 年经过调整后的轻工业比重为 51.6%，如果能使现在轻工业比重再调整到 50%，就可使市场工业消费品供应量约增加 200 亿元，加上重工业中生产的耐用消费品增加，将会使市场工业消费品有更大的增长，人民的消费水平将可以进一步提高。所以，解决赤字问题的关键，在于对经济结构的调整能否彻底，控制滥发奖金是完全必要的，但重要的是压缩国防、行政费用。应当着手解决工资水平低的问题，设法提高没有奖金的职工和部分贫穷地区农民的收入。

农业是提供初级产品和最终产品的最重要部门。生产结构中“两头小”的问题，主要由于农业生产落后，劳动生产率低，能够为工业提供的原材料和商品粮太少，所以，调整中首先应当加强农业。发展农业的潜力主要在于 8 亿农民的积极性。在目前工业还不能以足够的、适用的、先进的机械设备来装备农业的情况下，在农业生产主要还得依靠手工劳动和畜力的情况下，实行各种联产到户的生产责任制，是与目前我国农业生产力发展水平相适应的，是调动八亿农民积极性，把农业搞上去的最重要措施。

调整的重要内容之一，是把能源生产搞上去。能源在国民经济中具有十分重要的地位。目前，由于能源不足，30% 的设备生产能力不能发挥出来，能源不足已成为工业发展的严重障碍。能源生产的一个特点是对自然资源的依赖性强，所以，发展能源生产必须根据我国自然资源的特点。要扭转过去那种违背自然规律，不讲经济效果的所谓“扭转北煤南运”的口号影响，在石油生产近期内不可能有较大发展的情况下，应充分利用我国丰富的煤炭资源，建立一批强大的煤炭能源基地，从根本上改变能源短缺的局面。我国按人平均的能源储量只占世界人口平均占有量的 1/2，要广开能源生产门路，大力发展太阳能、沼气、农村水电等，逐步发展原子能发电。能源生产的另一个特点是产品不能储存，所以，必须实行高度集中管理，从发展方向上看，应逐步做到除边远地区外的全国统一联网，统一调剂余缺。

当前解决能源问题的一个重要途径是狠抓节能措施。1978 年我国一次能源耗量已达 5.7 亿吨标准燃料，仅次于美国、苏联而居世界第三位。但是，能源利用率不到 30%，而工业发达国家为 40%~50%。1979 年我国亿美元产值耗能为

23.8 万吨标准煤，而美国、英国、苏联为 12.9 万 ~16.3 万吨，同法国、日本、联邦德国相比，多耗能 2.53 倍以上。能源消耗高的主要原因是设备、工艺落后。近两三年来，由于狠抓了节能工作，能源生产增长不多，国民经济有了较大的增长。1980 年，能源生产降低 2.6%，工业总产值增长 8.4%。充分说明节能潜力很大。

原材料不足，特别是水泥、木材等建筑和农牧副业原料缺乏，也是当前突出矛盾之一。解决这一问题比解决能源问题要容易一些。因为，这类产品生产一般要求投资不多，技术较简单，只是需要投入较多的人工和具有丰富的资源，这些条件我们都具备，只要组织得好，国家稍微予以扶持，调动多方面的积极性，问题就不难解决。

此外，要切实加强采掘工业。采掘工业生产周期长，条件艰苦，而且生产能力不断消失，要保持均衡生产，稳步增长，必须肯花本钱，掘（剥）先行。并应根据国内外市场对比，进口一部分矿石原料。

调整中要围绕的一个中心问题，是如何扩大最终产品的生产，建立轻型结构。要根据最终产品率是否有所提高、提高多大幅度来检验调整的成效。国家经委提出的对轻工业的“六个优先”① 的原则是积极有效的，应继续实行。此外，还应解决以下几个问题：

（1）要从思想认识上切实纠正优先发展重工业和“以钢为纲”的思想影响，把颠倒了的两大部类的主从关系再颠倒过来。有的人把加强轻纺工业看成调整时期的权宜之计，好像调整期一过，钢铁照样要当元帅，机械照样要大上。这种认识是错误的。过去讲钢铁元帅，轻工业摆在无足轻重的位置，这是一种本末倒置。实际上，真正居于元帅地位的是最终产品，钢铁作为一种距离最终消费还有相当一段距离的初级产品，同其他初级产品和中间产品一样，理应听命于最终产品生产的需要，为最终产品生产服务，并把服务质量的好坏，作为衡量冶金工业工作成绩的尺度。这绝不是权宜之计，而是长远的经济方针。

（2）加强市场预测，不断调整最终产品结构，使之同人民的消费需求结构相适应。当前，住宅，中高档耐用消费品，名牌产品，农民需要的大批量、经济实惠的产品，如凤凰牌自行车、竹皮暖水瓶一类产品，应组织协作，进行大批量生产，而一些技术不过关、产品销路不好或无销路的企业，应甘心情愿地为畅销的名牌产品配套服务。初级产品、中间产品生产应根据最终产品生产的需要，随时调整自己的产品结构，做到以需定产。

（3）机械工业要为消费品生产服务，为老企业的更新、改造服务，使先进的

---

①“六个优先”即优先提供能源、原材料、运力、进口所需外汇、建设项目资金和银行贷款。

技术装备和革新成果，迅速在轻纺工业中铺开。由于长期以来投资分配不均，轻纺系统设备陈旧、年久失修、场地拥挤、人员紧张、加班加点的状况相当严重，与机械行业的人浮于事、设备闲置形成鲜明对比。通过调整，一定要扭转这种状况，尽快把轻纺工业装备起来。

（4）调动社会一切可以调动的力量，扩大消费品生产的规模和范围，包括各种形式的劳动服务在内。首先是要挖掘军工生产的潜力，扩大民品生产，军工企业应同民用企业一样实行独立的经济核算。其次是积极发展城镇集体所有制企业，生产适销对路的产品，满足人民各方面的需要。

调整中，要继续压缩基本建设战线。过去对什么是基本建设，没有统一口径。有的认为只有扩大再生产才算基建，有的认为凡是固定资产再生产都是基本建设。我同意后一种观点。过去，由于口径不统一，管理不统一，所以，年年喊压缩，结果是“按下葫芦漂起瓢”。1980 年用于固定资产再生产的投资共 719 亿元，其中措施项目占 30.3%，贷款占 16.3%，由地方和各部门安排的占 47.4%。在建的大中型项目到全部建成，共需投资 1500 亿元，即使今后一个新项目不上，要七年才能完成；特别是引进的 22 项，多数是重、化工设备，仅冶金设备几乎占用外汇额的一半，而且许多项目没有经过技术上可行性与经济上合理性的论证，投产使用遥遥无期，而现汇年息又高达 13%~14%。基本建设占用的大量人力、物力、财力，加剧了经济比例的失调和财政收支的不平衡。所以，要继续狠压基本建设战线，特别是冶金、机械行业的投资，增加能源、原材料、消费品生产的投资比重，促进经济结构的合理化。

从最终产品出发，根据最终产品率组织综合平衡，不仅在调整时期是非常必要的，而且应当成为我们进行经济计划工作的重要方法。目前，在计划方法中，我们主要采用部门法，即首先确定几种主要重工业产品速度和产量，然后由此计算出与之相适应的其他部门的产品产量，把人民消费的安排放在次要的从属地位。这种方法同社会主义的基本经济规律相违背。实践证明，它的最大弊病是忽视消费品生产，多年来安排计划上的重重轻轻，与此计划方法是密切相关的。其次，还有资源法，即根据生产资源提供的可能来安排计划，它的优点是从生产程序出发，能够使本国资源得到更经济合理的利用，但是容易忽视外部条件的作用。正确的方法应当是根据社会主义的经济目标，从满足人民需要的最终产品出发来安排计划，这种计划方法叫最终产品法。应用最终产品法制订计划时应辅之以部门法和资源法。

从最终产品出发制订计划，要求首先对人民的消费结构和增长趋势进行科学的预测统计，在保证人民吃、穿、住、用等基本生活资料的需求的基础上，再安排能够提高人民文化教育水平、改善生活条件和环境需要的享受生活资料。要随着国民经济的增长，在不遇到重大自然灾害或战争的情况下，使人民的生活水平逐年有所提高，提高的幅度应不低于3%~5%，这个比例应当作为一项立法规定下来，明确载入五年计划和年度计划，并以此来衡量政府的工作是否称职。在确定了最终产品的需要量之后，根据最终产品对初级产品和中间产品的直接消耗系数和完全消耗系数，计算出初级产品和中间产品的需要量。再根据现有生产能力，确定需要扩大再生产的规模。这里，有一个基本建设周期问题，亦即外国人所说的"时滞"问题[①]，要根据各类产品的建设周期，提前开始基本建设，以保证生产所需。如果某类产品的生产建设周期为五年，那就应当提前五年投入建设。这样从实际出发，根据生活需求、生产需求到基本建设需求，一环扣一环地计算出各类产品的产量、速度、比例和最终产品率，通过几种不同设想编制几套计划方案，再经过反复比较其经济效果，从中选择出最优的计划方案。

用最终产品法制订计划，应当借助于投入产出表和现代化的计算方法。根据不同目的的编制的不同类型的投入产出表能够详细地、完整地反映国民经济各部门之间的联系和比例，它能够使经济计划工作更加科学、严密。但是，现在资本主义国家和苏联、东欧国家运用的投入产出表，从产品分类到计算方法，反映的是各自不同的经济理论和计划指导思想。要使投入产出表符合我们从最终产品出发制订计划的要求，必须对它加以改造。

下面，就是根据我们所说的最终产品和生产结构的概念，根据从最终产品出发制订计划的需要，设计的一种半动态的投入产出模型。

这是一种介于静态模型和开启式动态模型之间的具有特殊作用的投入产出模型。它能够反映社会总产品按纯部门（即生产同类产品的部门）和社会生产的初期阶段、中间阶段和最后阶段所形成的生产与分配相互交错的周转过程，按照不同的编制目的，可分为货币和实物表现两种。货币表现如表8所示。实物表现与静态的实物投入产出表大体相同。[②]

按价值表现的投入产出表，主栏反映了社会总产品的价值构成，包括劳动对象消耗、劳动资料消耗和活劳动消耗（新创价值 $v+m$）。横栏从产品的分配和使用上，反映了社会生产过程不同阶段上的不同产品形态。纵栏第一部分同横栏第一部分组成平衡表的第Ⅰ象限，反映了物质资料生产和劳动对象、劳动资料消耗上的技术经济联系。从价值总量上看，在扣除折旧补偿之后，它反映了生产过程中消耗的劳动对象的总和，即完整地表示出初级产品产出量。因此，第Ⅰ象限所

① 所谓"时滞"，即以投资期各年投资比重分别乘以该投资时间到投产时间的间隔年数之和。"时滞"的长度决定于建设周期和投资在各年分配的比例。在反映投资与投资效果的关系上，"时滞"较之建设周期更确切一些。

② 参见乌家培：《经济数学方法研究》，生活·读书·新知三联书店1980年版，第199页。

表 8　各生产阶段与部门间产品生产、分配平衡表（按价值表现）

社会产品的分配使用 社会产品的生产费用			初级产品（日常生产）							中间产品（基本建设）											最终产品（非生产消费）									出口	基建新创价值	总产品
			燃料	左	黑色金属	左	机床制造	左	合计	燃料	左	黑色金属	左	机床制造	左	生产性固定资产	流动资产	生产性积累	非生产性积累	总积累	居民个人消费	社会集体消费							合计			
			1	2	3	4	5	…		1	2	3	4	5	…							住宅公用事业	旅客运输	文教卫生	科研	行政管理	其他	小计				
物质消耗	燃料	1																														
	……	2																														
	黑色金属	3																														
	……	4																														
	机床制造	5	Ⅰ							Ⅱ											Ⅲ											
	……	…																														
	劳动对象消耗小计																															
	折旧																															
	物质消耗合计																															
国民收入	职工工资																															
	社员劳动收入																															
	其他生产劳动报酬		Ⅳ							Ⅴ											Ⅵ											
	利润																															
	税收																															
	合计																															
进口																																
总产值																																

代表的社会产品，称为初级产品。第Ⅱ象限反映了固定资产再生产，包括固定资产更新改造和新建在内的全部基本建设所使用和消耗的设备、物资及新增流动资产。在扣除流动资产和非生产性积累之后，它在价值上完整地反映了全部的劳动资料，即中间产品的全部产出量。因此，把第Ⅱ象限所代表的社会产品，称为中间产品。第Ⅲ象限反映最终产品的使用构成，在价值形态上，代表着最终产品的总量。第Ⅳ象限反映了各部门创造的国民收入的价值构成及在各部门间生产的比例。其价值总量加上折旧等于基本建设和非生产消费的物资的总价值。第Ⅴ象限反映基本建设新创造的价值构成及其在各部门所创造的比例。第Ⅵ象限反映国民收入再分配的有关问题。

同静态的投入产出模式相比，它有以下几个特点：

（1）把原来的四个象限改为六个象限，即把固定资产投资从原来的最终产品消费中分离出来，单独列为一个象限，可以更加具体地反映出社会扩大再生产过程中各类产品之间生产与分配的物质技术联系；同时，由于最终产品中不再包含劳动资料，使之同社会主义的经济目标相一致。通过投入产出表，使生产的出发点和所要达到的终极目的之间的联系，连贯、简捷、明确、直观地表达出来。

（2）按生产程序划分的初级产品、中间产品和最终产品，能直接反映出劳动对象、劳动资料和最终产品的生产联系，反映出简单再生产同扩大再生产、生产资料同生活资料的关系，使马克思的再生产公式得以具体表达和应用于计划工作的实践。

（3）把固定资产的更新、改造同新建捆在一起考虑，既符合目前我国的实际，又有利于对固定资产再生产的统一计划管理。过去把挖、革、改项目和新建项目分开，不算基本建设，但实际上，挖、革、改项目总是同使用价值的扩大再生产，而且常常包括固定资产的扩大再生产连在一起，在对设备和建筑物资的需求上，同新建项目没有什么区别。由于缺乏统一计划管理，挖、革、改项目常常缺乏物资保证，固定资产再生产资金同设备、物资之间每年形成很大的缺口，造成基本建设战线越来越大，胡子工程、尾巴工程到处皆是，降低了投资效果。在投入产出表中，我们把挖、革、改同新建统一作为基本建设处理，反映了固定资产再生产的客观实际，有利于统一掌握基建规模，统一进行资金和物资的平衡，有效地防止战线过长的问题。

（4）第Ⅴ象限，反映基本建设的新创价值，这同目前我国对基本建设考核的建安工作量和购买设备的价值两个统计指标的口径相一致。过去，我们把建筑单位看成是吃投资，不创造价值，是不正确的。美国的建筑业能够成为三大产业之一，我们的建筑业同样应成为重要的物质生产部门，因为建筑施工单位为新形成的固定资产投入了大量的活劳动，在机器、设备、建筑材料上附加了许多新的价值。特别是民用建筑，更是直接创造出最终产品。这里对基本建设新创价值加以统计，并计入社会总产品的价值，对于正确计算社会产品及其劳动耗费，研究和提高社会经济效果是完全必要的。

这个投入产出表之所以称为半动态的投入产出表，除了由于上述它与静态投入产出表相比具有的特点外，还因为与里昂惕夫的开启式动态模型相比，反映不出基本建设投资同新增产量之间的关系，即反映不出投资效果，这需要有另外的新的模型来解决。但是，它却能解决开启式动态模型所不能解决的从最终产品出发制订计划的问题，这也是半动态投入产出模型的主要特点和功能。

半动态投入产出模型，或者叫各生产阶段与部门间产品生产、分配平衡模型的基本公式是：

$$X_i - \sum_{j=i}^{n} X_{ij} - \sum_{j=i}^{n} I_{ij} = Y_j$$

式中：X_i 为第 i 个物质生产部门年产品总量或年产品总值；

X_{ij} 为第 i 个物质生产部门在一年内分配给第 j 个物质生产部门补偿日常生产消耗的劳动对象的产品，即 i 部门的初级产品；

I_{ij} 为第 i 个部门用于 j 投资部门的固定资产再生产的产品，即 i 部门的中间产品；

Y_i 为 i 部门用于非生产性消费的产品，即 i 部门的最终产品。

根据上述公式，可以计算出最终产品 Y_i 对初级产品 X_{ij} 和中间产品 I_{ij} 的直接消耗系数：

$a_{ij} = \dfrac{X_{ij}}{y_i}$，$b_{ij} = \dfrac{I_{ij}}{Y_i}$，或写为：$X_{ij} = a_{ij}y_i$，$I_{ij} = b_{ij}y_i$，代入上述方程式，可得到：

$$X_i - \sum_{j=i}^{n} a_{ij}y_i - \sum_{j=i}^{n} b_{ij}y_i = Y_j$$

用这种模型从最终产品出发制订计划的步骤，是先根据人民消费水平提高的需要，参照报告期生产发展情况等其他条件，确定各部门最终产品的计划产值指标和增长速度，然后利用直接消耗系数，计算出生产中的物质消耗和各部门投资所需的各类物资的产量、产值计划指标和增长速度，从而制订出各个部门的物质保证计划，包括燃料、电力、设备、原材料、运输等物质供应和生产性服务计划，在此基础上制订出各部门总产品生产计划。再以总产品生产计划和各部门物资供应计划为基础，编制出相应的劳动计划、财务计划、设备维修计划等。这时，仅凭投入产出表内的资料就不够了，还必须有各方面的详细统计资料，以投入产出表为基础进行编制。

表 9　各生产阶段与部门间产品、分配平衡报告表（按价值表现）

社会产品的分配使用 / 社会产品的生产费用		初级产品（日常生产）					中间产品（基本建设）									最终产品（非生产消费）									出口	基建新创价值	总产品
																居民个人消费	社会集体消费							合计			
		能源原材料	机械制造	消耗品	流通部门	合计	能源原材料	机械制造	消费品	流通部门	生产性固定资产合计	流动资产合计	生产性积累	非生产性积累	积累总额		住宅公用事业	旅客运输	文教卫生	科研	行政管理	其他	小计				
物质能源（C）	能源、原材料	3100	60	40	500	3700	270	115	104	45	534	230	764	75	839	1420	340	75	93	21	257	50	836	2256	15		6810
	机械制造	—	—	—	—	—	46	8	2	25	81	—	81	18	99	12	3	2	1	5	—	—	11	23	1		123
	消费品	—	—	5	—	5	5	1	2	3	11	—	11	6	17	7	40	—	3	3	2	1	49	56	—		78
	流通部门	400	10	15	200	625	11	3	2	4	20	—	20	5	25	320	75	12	3	4	14	12	120	440	—		1090
	劳动对象消耗小计	3500	70	60	700	4330	332	127	110	77	246	230	876	104	980	1759	458	89	100	33	273	63	1016	2775	16		8101
	折旧	10	2	1	2	15	—	—	—	—	—	—	—	—	—	—	—	—	—	—	—	—	—	—	—	169	8270
	物质消耗合计	3510	72	61	702	4345																					
国民收入	劳动报酬（V）	1800	29	10	250	2089	50	8	2	15	—	—	75	21	96												
	纯收入（m）	1490	16	7	138	1651	15	4	1	20	—	—	40	5	45												
	合计	3290	36	17	388	3740	65	12	3	35	—	—	115	26	141												
进口		10	6	—	—	16	2	10	—	—	—	—	12	16	28												
总产值		6810	114	78	1090	8101	399	149	113	112	—	—	603	146	1149												

编制用于计划的投入产出表，可以假设几种不同的最终产品的提高速度和构成，制订出几套不同的计划方案，根据最终产品率的最优化标准，考虑影响最终产品的各种约束条件，通过比较，选择最优的计划方案。此外，还可以编制反映计划实际执行结果的投入产出表，通过与计划的投入产出表互相对比，发现问题，分析原因，可大大提高计划的准确性、科学性。

计划工作的质量常常取决于对消耗系数的修正。因为生产的物质、技术条件是不断变化的，根据报告期的资料所计算出的消耗系数往往不能反映计划期实际情况，这就需要对计划期的技术组织措施以及各种生产条件的变化对消耗系数的影响进行科学的测算，对消耗系数进行合理的修正。有的同志以消耗系数需要修正为理由，怀疑消耗系数和这一计划方法的科学价值，是不足为据的。

下面，根据假设的数字，编制一个五年的投入产出表。为简便起见，我们把社会生产部门归纳为四大部门，报告期实际执行的投入产出如表 9 所示，根据表 9 计算出最终产品对初级产品、中间产品的直接消耗系数（见表 10）。根据预定的计划期最终产品的增长速度的产值指标（见表 11）和直接消耗系数，计算出计划期各部门初级产品、中间产品的产值指标。再计算出计划期各类产品的增长速度和产值，以及最终产品率、积累率、两大部类比例等重要的比例关系和经济效果指标，并与基期相比较。

以上，对从最终产品出发制订计划的方法进行了探讨。然而，它并不仅仅是计划方法上的一项改革，而是关系到我们的经济计划工作能否真正按社会主义基本经济规律办事，关系到我国工业化道路的大问题。

中华人民共和国成立以来，我们探索中国工业化的道路大体上经历了三个阶段。

表 10　最终产品对初级产品、中间产品的直接消费系数

最终产品	初级产品				中间产品			
	能源原材料	机械制造	消费品	流通部门	能源原材料	机械制造	消费品	流通部门
能源、原材料	1.374	0.027	0.018	0.2216	0.120	0.051	0.046	0.020
机械制造	0	0	0	0	2.000	0.348	0.087	1.087
消费品	0	0	0.089	0	0.089	0.018	0.036	0.054
流通部门	0.909	0.023	0.034	0.455	0.025	0.007	0.005	0.009

注：直接消耗系数根据表 9 计算得出。

表 11　预定最终产品计划指标

（单位：亿元）

最终产品（按生产部门划分）	基期产值	计划期增长速度（%）		五年计划产值指标
		年平均增长率	五年增长率	
能源、原材料	2256	105	127.63	2879.33
机械制造	23	108	146.93	33.79
消费品	56	115	201.14	112.64
流通部门	440	110	161.65	708.62
合计	2775		134.57	3734.38

注：1. 设对各类最终产品的消费水平在计划期均提高 5%;
2. M/V 不变；
3. 以表 9 为报告期数字。

早在第一个五年计划期间，毛泽东同志就总结苏联经济建设的经验，指出他们“片面地注重重工业，忽视农业和轻工业，因而市场上的货物不够，货币不稳定”[①]的教训，针对我国人口多、底子薄、技术落后等具体特点，提出“工业化道路的问题，主要是指重工业、轻工业和农业的发展关系问题。我国的经济建设是以重工业为中心，这一点必须肯定，但是同时必须充分注意发展农业和轻工业”[②]。这些正确的指示，显然是力图要我们摆脱斯大林所提出的优先发展重工业是社会主义经济建设不可怀疑的规律的束缚，但是，在理论上还没有完全跳出斯大林所提出的“优先规律”的框子，在阐述重工业、轻工业和农业的关系时，把重工业看成是经济建设的目标，而多发展一些轻工业、农业最终还是为了发展重工业。如果仅仅是从积累建设资金的角度这样讲，是完全对的，但是这种说法，特别是毛泽东同志反复说到“真想”“假想”重工业的问题，容易使人发生错觉，似乎认为发展消费资料的生产仅仅是一种手段，而发展生产资料的生产才是目的。正是由于这种理论上的不彻底，所以到了 1958 年，“以钢为纲”的口号就应运而生了。由于全民大办钢铁而严重地损害了农业、轻工业的发展，现实的情况同毛泽东同志 1956 年、1957 年提出的正确方针背道而驰了，苏联“片面注意重工业”引起的教训也忘记了。这是认识的第一阶段。

经济计划工作必须以农轻重为序，从人民的基本生活需要出发，这比“一五”时期对重、轻、农的认识前进了一大步，说明我们对工业化道路的认识提高到了一个新的阶段。

① 《毛泽东著作选读》（下册），人民出版社 1986 年版，第 722 页。
② 同①，第 796 页。

正在我们刚刚恢复了元气、沿着“农轻重”的道路扎扎实实、稳步前进的时候，“文化大革命”开始了。由于“左”倾错误以及林彪、“四人帮”的破坏，调整时期的正确方针被当成反革命修正主义路线加以批判，综合平衡被冲垮了，经济建设处于半计划、无计划状态。钢铁工业十年徘徊、五年踏步，耗费了大量财富；机械工业由于价值规律的自发调节，急剧膨胀。国民经济几起几落。粉碎“四人帮”后，出于大干快上的急切心情，经济建设上的“左”的思想不但没有纠正，反而有所发展。

党的十一届三中全会重新确立了马克思主义的思想路线，使我们能够实事求是地研究我国的经济问题。邓小平同志提出要走中国式的现代化的道路，标志着我们对工业化道路的认识开始进入第三个阶段。两年来，我国经济理论界关于生产目的的讨论，关于生产资料优先增长是不是社会主义经济建设的客观规律的讨论，使我们对于农、轻、重关系，对工业化道路的认识提高到了新的水平。如果说，过去两次反复的经验教训，使我们认清了经济计划工作必须根据我国的特点，把满足人民吃、穿、用、住、行的需要作为基本的经济目标，从满足市场和人民需要出发，量力而行，量入为出，那么，探讨从最终产品出发制订计划的全部意义就在于，为中国式的现代化道路提供一个切实可行的、科学的计划方法。虽然困难很多，但是，既然中国经济建设的实践已经把这个问题提到了经济计划和理论工作者面前，我们就一定能解决它，经济计划工作的科学化，应当走在四个现代化的最前头。

在发展生产的基础上逐步改善人民生活[①]

在国民经济的各类比例关系中，积累与消费、生产建设与人民生活的关系，是对经济全局具有决定性影响的基本比例关系。《宪法》第十四条第三款规定：“国家合理安排积累和消费，兼顾国家、集体和个人的利益，在发展生产的基础上，逐步改善人民的物质生活和文化生活。”认真执行这一规定，对于保证国民经济的健康发展和人民生活的稳步提高，具有极为重要的意义。

积累与消费的比例，是国民收入经过分配和再分配之后，所形成的最终使用的比例。积累基金是社会扩大再生产的源泉，它在各个生产部门的合理分配和使用，能够使国民经济中不合理的比例和生产力的不合理的布局得到改善，从而促进国民经济的协调发展。消费基金主要用于满足社会成员个人的物质、文化生活的需要和共同需要。通过消费基金的合理分配和使用，有助于正确处理城乡之间、工农之间、体力劳动和脑力劳动之间的关系，使人民的生活水平随着生产的发展得到提高。因此，从分配关系上看，积累部分代表着国家利益和集体利益，消费部分代表着劳动者的个人利益。前者是为了人民长远利益和整体利益的需要，后者是为了满足人民的当前利益的需要。积累与消费的关系，体现着国家、集体和个人三者之间的利益关系。在国民收入总量既定的情况下，积累与消费此消彼长，用以发展生产的积累的部分多了，就会影响人民生活的改善，反之，用于改善人民生活的消费部分多了，又必然影响生产的发展。为了合理安排生产建设和人民生活，把人民的长远利益和当前利益，国家利益、集体利益和个人利益很好地结合起来，就必须通过正确处理积累与消费的关系来解决。

陈云同志提出：第一要吃饭，而且要吃饱，不能吃得太差，但是也不能吃得太好。第二要建设。一个国家吃光用光，那这个国家就没有希望。只有吃饭后，国家还有余力来建设，这才有希望。这个精辟的论断，是对中华人民共和国成立以来我们在处理生产建设和人民生活关系上经验教训的深刻总结，并为今后正确处理两者的关系提出了明确的原则。党的十一届三中全会以来，党和政府彻底纠

① 本文原载于《经济日报》1983年4月18日。

正了过去的一些错误，采取了一系列措施来提高人民的生活水平。其中包括降低过高的积累率，压缩基本建设规模；大幅度提高农副产品收购价格，适当减免贫困社队的税收；大量安排城镇劳动就业；提高部分职工的工资级别，实行奖励制度，增加用于文教、卫生、住宅和城市公用设施等非生产性建设投资，等等，因而改变了长期以来生产建设与生活比例失调的状况，调动了人民群众的积极性，促进了经济的发展。

但是，正确处理积累与消费、生产建设与人民生活的关系，是一个非常复杂的问题，不容易一下子就解决好。根据当前经济工作中存在的实际问题，尤其需要掌握好以下三个原则：

第一，严格按照计划控制固定资产投资规模。1982 年，主要由于地方、企业自筹建设资金的增加，全国固定资产投资大大突破了计划，致使建筑材料再度出现紧张状况，投资效果明显下降。为了避免重犯过去高积累的错误，必须根据量力而行的原则，使固定资产投资规模同国家的财力、物力相适应，严格控制预算外的基本建设投资，搞好积累基金同生产资料生产的平衡。在生产建设同人民生活的关系上，首先保证满足人民基本生活的需要和适当改善生活的需要；在生产和建设的关系上，首先保证维持简单再生产的需要，然后，有多大余力，就安排多大的建设规模。要把重点放在能源、交通建设和现有企业设备的更新和技术改造上。这样，才能既保证生产发展和新增劳动力对技术装备的需要，又不致影响人民目前生活水平的提高。

第二，消费基金的增长速度不能超过经济增长和劳动生产率的增长速度。近年来，在改善人民生活方面，有些地方步子迈得急了点。人民消费水平的提高速度超过了工农业总产值和劳动生产率的增长速度。这种情况如果继续下去，就会带来许多问题。它将使整个社会无力进行扩大再生产，甚至连简单再生产也难以维持，这就会出现生产的萎缩，最终导致消费水平的下降。所以，消费水平应当随着生产发展和劳动生产率的提高逐步提高。

第三，每个企业和生产者应自觉地把国家利益放在首要地位。我国是实行计划经济的社会主义国家，每个生产单位都是国民经济的一个有机组成部分，企业应自觉服从国家计划，遵守各项政策，按照规定向国家交纳税金和利润。决不可以靠挖国家财富或牺牲消费者的利益，来满足企业的集体利益或个人利益。在国家利益、集体利益和个人利益发生矛盾时，应无条件地服从国家利益。

通过改善民生拉动经济发展[①]

2009年是我国经济经受严峻考验并取得显著成绩的一年。面对国际金融危机冲击，我们通过实施扩大内需的一揽子经济刺激计划，有效弥补了出口大幅下降对经济的影响，国民经济回升向好，保持了平稳较快发展的势头。取得这一骄人成绩，充分体现了我国经济抗御风险的能力，体现了党中央、国务院正确决策的能力和高超的调控艺术。在即将到来的2010年，我们要按照中央经济工作会议的要求和部署，继续坚持扩大内需的方针，提高宏观调控的针对性和灵活性，注重经济发展方式转变，增强改善民生对经济发展的拉动力，形成内生型增长机制，把又好又快的发展局面长期保持下去。

一、保持宏观经济政策的连续性和稳定性

2009年，我们贯彻落实中央的决策部署，实施积极的财政政策和适度宽松的货币政策，在世界各大经济体中率先实现经济形势总体回升向好，但应清醒地看到，这种回升仍然不巩固、不稳定、不协调。未来两三年，作为我国主要出口市场的发达国家，其经济增长和进口需求都将处于低迷状态，我国出口不可能恢复到前几年的增长速度，对经济增长的贡献不会出现明显变化。2009年投资的迅猛增长主要靠国有投资拉动，在非国有投资增速没有明显加快的情况下，如果失去国债资金的支持，国有投资增速必然下降，这势必影响经济回升向好的态势。居民消费2009年虽然有了较快增长，但单靠消费不足以弥补出口下降的影响。如果当前鼓励消费的各项政策明年取消或减小力度，消费的增长速度也必然下降。所以，如果当前刺激经济增长的各项政策退出或减小力度，经济回升的势头就可能发生逆转；如果经济增长速度滑落，我们就不得不面临第二次启动的任务，届时可能要付出更大代价。同时，由于2009年新开工建设项目比上年增加80%以上，如果减少资金供给，就有可能形成一批“半拉子”工程。因此，明年要继续实施积极的财政政策和适度宽松的货币政策。只有当经济增长的内生动力

① 本文原载于《人民日报》2009年12月28日。

形成、经济平稳较快发展的内生机制重新确立，扩张性的经济政策才能退出。

当然，2010 年实施积极的财政政策和适度宽松的货币政策，也不能是 2009 年政策的简单重复，而要根据经济运行的新情况，适时适度加以微调。财政政策的实施应着眼于在拉动居民消费、拉动社会投资、拉动贷款结构优化、拉动出口四个方面发挥作用，实现“四两拨千斤”，促进经济发展方式转变和经济结构优化。而适度宽松的货币政策也应不断完善，既要保持一定的贷款规模，又要优化贷款结构，着力增加对小型、微型企业的贷款和对农户的贷款，保持对在建项目的支持力度，增加消费信贷，防止信贷资金流入股市，抬升资产价格过快上涨。

二、把增加居民消费摆在扩大内需的突出位置

提高居民消费水平，是贯彻落实科学发展观的重要体现，也是经济增长的根本动力。党的十七大提出转变经济发展方式，其中第一个转变就是促进经济增长由主要依靠投资、出口拉动向依靠消费、投资、出口协调拉动转变，扩大消费对经济增长的拉动作用。这抓住了我国经济结构中最突出的矛盾，指明了实现经济长期、持续、协调发展的根本途径。从 2003 年到 2008 年的 6 年间，我国投资率平均高达 42.5%，成为历史上最高的时期，其中 2008 年高达 43.5%。2009 年的投资率预计又将超过去年，再创新纪录。而同期居民消费率则降为年均 37.7%，为历史上最低的时期，其中 2008 年降为 35.3%。与国外相比，我国消费与投资失衡的情况更显严重。发达国家居民消费率一般为 70% 左右，比我们高一倍。投资率偏高、居民消费率偏低有多方面原因，在工业化、城镇化快速推进时期具有一定的必然性。但是，主要原因还是在于我们对社会主义市场经济条件下经济运行规律的认识和把握能力有待提高。在传统计划经济体制下，宏观经济管理面临的主要矛盾是供给不足、需求膨胀，而市场经济条件下的主要矛盾则是需求不足、供给过剩。投资仅仅是中间需求，从短期来看是需求，从长期来看则是增加供给。长时期的高投资率必然导致生产能力过剩，在出口受阻的情况下，生产能力过剩的矛盾会更加突出。因此，党的十七大高瞻远瞩地提出从调整需求结构的角度来转变发展方式。国际金融危机的冲击，使完成这一转变的任务变得更加紧迫了。

提高居民消费率需要采取综合性对策，根本举措是调整国民收入分配结构，提高居民收入占国民收入的比重，提高中低收入者的收入。如果能用 3 年左右的时间，将城乡居民收入占 GDP 的比重由 2008 年的 43% 提高 10 个百分点，达到 53%；把居民消费率由 2008 年的 35% 提高 15 个百分点，达到 50%，分别接近改革开放以来的最高水平——1985 年的 56% 和 52%，那么，消费与投资比例失

衡的局面将会有一个根本性改变，每年将有 5 万亿元左右的国民收入由现在用于投资和出口改变为用于居民消费，全社会消费品零售总额将增加 45%~50%，居民的消费水平将会有一个大的提高，我国经济增长将真正转到依靠内需支撑的轨道。中央经济工作会议对于增加居民收入特别是中低收入者的收入，对于提高居民消费率，做出了具体部署。只要认真贯彻落实这些部署，需求结构必将出现一个大的变化。

三、把扩大公共服务作为改善民生的战略重点

公共服务包括医疗卫生、教育、社会保障、信息、文化、公共交通、供水、供电、供气、环保等领域，在我国仍是一个突出的薄弱环节。由于这些方面发展滞后，远远满足不了广大居民的需求，扩大内需和消费结构升级受到制约。从发展阶段来看，目前我国居民消费正处在由生存型消费向发展型、享受型消费升级的时期。特别是发展型消费目前正处于快速成长期，这主要是指人们在解决温饱问题之后，提高自身文化和健康素质方面的需求非常旺盛。但目前这方面的供给能力严重不足。这就需要在一段时间内，把扩大消费的战略重点放在发展社会事业、增加公共服务上。中央经济工作会议特别强调，明年要把改善民生、发展社会事业作为扩大内需、调整经济结构的重点，坚定不移地加以推进。要按照城乡经济社会发展一体化的要求，把社会事业和公共服务发展的重点放在农村，使城乡居民逐步享受到大体均等的基本公共服务。

发展社会事业，增加公共服务供给，是实现科学发展、社会和谐的重要基础。医疗卫生事业发展应以“病有所医”为目标，把重点放在农村，改变偏僻农村缺医少药的状况。扩大医疗保险覆盖面，使城乡居民人人享有基本医疗卫生服务，解决看病难、看病贵问题，教育的发展应以满足社会对人才的需求为目标，调整优化教育结构，做到社会上需要什么人才，学校就培养什么人才；居民希望接受哪方面的教育，就提供哪方面的教育，推动教育结构适应社会需求结构。同时，大力加强职业教育。把完善社会保障体系作为扩大公共服务的重点。由于社会保障体系不完善，大家都增加储蓄，以备不测之需，影响了居民的即期消费。应按照低水平、广覆盖的要求，尽快建立全覆盖的社会保障体系，以形成社会安全网。信息、文化服务是公共服务的新增长点。应以 3G 通信设施建设为契机，扩大网络服务内容，并尽快实现三网融合，降低通信成本，为居民提供快捷、方便、价廉的信息服务。以现代信息传播工具为载体，扩大健康文化服务，传播、普及科学知识，提高人民的文化生活水平。城乡交通、供水、供电、供气、垃圾处理和环境保护等基础设施服务，目前处于供不应求的状态。应加大这方面的投

入，使人们能够方便出行、喝上干净的水、呼吸新鲜空气，在良好的环境中工作和生活。

四、加快推进社会管理体制改革

与经济管理体制相比，社会管理体制更加复杂、涉及面更广。过去 30 年，我们在经济管理体制改革上取得了重大进展，但社会管理体制改革相对滞后，这是社会事业发展滞后于经济发展的根本原因。贯彻落实中央经济工作会议精神，应加快社会领域的各项改革，通过改革促进各项社会事业发展。

社会管理体制与经济管理体制的不同之处在于，经济主体可以普遍适用市场竞争、优胜劣汰机制，而社会服务主体则需要分为公益型、经营型、半公益半经营型等。这就需要按照各个行业、各个服务主体的不同特点，制定不同的管理体制和改革方案。以教育和医疗为例，这两大行业既不能笼统地全部归入公益型，也不能全部归入经营型。基础教育、基本医疗卫生事业应以财政投入为主，提供公益性服务；专业性、多样性的教育和医疗卫生服务可以社会投入为主，提供经营性服务；而相当多的教育和医疗服务主体，则可能需要采用财政投入与社会投入相结合的办法，提供公益性与经营性相结合的服务。这就需要具体问题具体分析，根据实际情况制订针对性强的改革方案。在社保体系建设、城乡基础设施建设等方面，也应根据不同情况和财力可能，制定切实可行的改革措施，以吸引社会资金投入，加快建设速度。现在许多领域都存在有需求但资金投入不足、同时大量富余资金又找不到投资出路的问题，其症结在于没有形成合理的投入机制。在这方面，可以借鉴发达国家的成熟经验。各级政府部门和各方面研究机构应加强有关改革方案的研究论证，在取得社会共识之后，加快付诸实施，通过改革，为社会事业发展提供体制机制保障。如果说前 30 年的经济体制改革为经济发展提供了动力之源，那么，社会管理体制改革也必将为社会事业发展提供动力支持。相信到 2020 年实现全面建成小康社会目标时，社会事业将与经济建设实现同步协调发展，广大居民不仅个人消费将有一个大幅度提高，而且公共服务消费也将达到较高水平，从而创造更加美好的生活。

消费是经济增长引擎

启动经济的着力点应放在市场①

从1989年年初开始的双紧政策，经过一年零五个月的努力，已经取得明显成效。对照党中央、国务院提出的治理整顿六项目标，我们至少在三个目标上赢得了无可争议的成功：物价指数降下来了；货币的超经济发行已经扭转；粮食生产突破了四年徘徊。市场、经济和人心都趋向于稳定。但是，双紧政策也带来了一些负效应。主要是从1989年下半年开始出现市场疲软，企业资金紧缺。9月出现了工业生产负增长。虽然从第四季度开始对国有大中型企业倾斜性发放贷款，1990年以来又对流通环节注入了部分资金，但是由于市场疲软的问题没有解决，致使产成品积压大幅度上升。对企业增加的流动资金贷款，很大一部分又转化为商品资金沉积下来，造成企业效益下降，财政困难加剧。我认为，经济启动缓慢的原因，除了当经济运行部分停滞或减缓速度以后，需要的启动资金会远远大于正常运行所需要的资金，信贷投入到发挥作用需要一定的滞后期，此外，关键在于启动的着力点，从开始重点放在生产企业，继而放在商业企业，均未抓住市场这个牛鼻子。市场销售一活，产成品积压可以解决，企业资金短缺的局面自然会缓解，财政困难的局面也将迎刃而解。

启动市场就是要适当刺激市场购买，使市场商品零售额在适度买方市场的前提下保持稳步增长，为此，实行双紧政策的注意力不仅要放在防止和解决总需求膨胀上，更要严密注视总需求中现实需求和潜在需求的比例，重点放在控制现实需求上。影响现实需求的因素很多，除了受潜在需求的大小、产品结构、居民商品储备、消费同步化、价格水平等因素影响外，社会心理是一个影响比较大的因素。它包括人们对降价预期、收入预期，特别是居民的紧张心理。克服市场疲软的措施，除了适当降低利率，适当增加一些贷款和投资以外，重要的是要向人民群众做好经济形势的宣传解释工作，解除群众不必要的担忧，同政府配合，顺利度过治理整顿时期。

正确启动市场，要认识市场变动，特别是价格结构变化的规律。在我国社会

① 本文是郑新立1990年6月2日在一个形势报告会上的讲话摘编。

商品零售总额中，消费品占 88%，其中吃、穿的商品又占 71%。当居民收入增加之后，将注重于吃、穿、住的改善。而这类消费增加的势头必然受到农副产品供应的限制，因此，随着人民收入水平的提高，农副产品及其加工品价格水平的提高是不可避免的；而工业消费品随着生产批量的增加，成本降低，从而其价格不断降低，也是一个必然趋势。如果为了达到稳定农副产品价格的目的而过分抑制群众购买力的增长，将会使工业消费品市场限制在一个很小的低速增长的范围内。

我国居民储蓄率比较低，一般在 10% 以下，1989 年最高也只有 13.2%；而日本的储蓄率保持在 20% 以上。从国际经验看，我国现有 5000 多亿元的储蓄余额并不算大，只相当于国民生产总值的 1/3；而日本的储蓄余额已超过其年国民生产总值。通过调节居民储蓄，可以达到调节现实需求与潜在需求比例的目的。目前金融调节手段太少，应适当开放多种证券市场。

启动市场必须理顺价格体系。价格结构不调整，治理整顿的目标难以全面实现。当前市场疲软为价格结构的调整提供了契机。应当用改革的办法，从理顺价格体系着手，促进产业结构、产品结构调整，走出困境，为 20 世纪 90 年代经济振兴奠定良好的基础。

动员各方力量发展第三产业[①]

第三产业的发展水平是衡量一个国家经济社会发展程度的重要标志。中华人民共和国成立后的20多年，我国第三产业有所发展，但基本上处于被抑制状态。党的十一届三中全会以后，才获得了新的生机。1979—1991年，第三产业平均每年递增10%，高于同期国民生产总值的增长速度。第三产业的迅速兴起，对方便人民生活、促进生产发展、吸收劳动力就业发挥了重要作用。但是，我国第三产业还处于比较落后的状态。为了适应加快改革开放和经济发展的新形势，党中央、国务院做出了加快发展第三产业的决定，江泽民同志在党的十四大报告中提出要大力促进第三产业的发展，这是意义深远的重大战略决策。

加速发展第三产业，首先需要解决思想认识问题。长期以来，我们把现代化建设主要理解为多建工厂、多生产产品，而第三产业则被认为是不创造社会总产品和国民收入的部门，对第三产业发展经常采取“管、卡、压、清、整”等限制措施，以致第三产业长期得不到应有的发展。应当看到，第三产业劳动也是一般人类劳动，它同物质产品的生产过程一样，在消耗物化劳动和活劳动的同时，创造出使用价值和价值。所不同的是，第三产业以第一、第二产业所创造的产品为基本物质条件，主要通过服务的形式生产非物质形态的产品，满足生产和生活的多种需要。还应看到，随着科学技术进步并成为第一生产力，生产过程中的智力因素越来越具有决定性作用。第三产业作为国民经济运转的“润滑剂”和“增效剂”，渗透到第一、第二产业，物化于各物质生产要素之中，成为推动第一、第二产业发展的强大动力。

发展第三产业，还需要破除从事第三产业特别是商业、服务业劳动低人一等的陈腐观念。历史上重农抑商、重工抑商的传统观念，曾对我国商品经济的发展起过阻碍作用。在改革开放的今天，我们要彻底摈弃旧观念，树立新的择业观念，树立第三产业职业荣誉感。

党中央、国务院提出的发展第三产业的目标是：争取用10年左右或更长一

① 本文原载于《人民日报》1992年3月5日。

些时间，逐步建立起适合我国国情的社会主义统一市场体系、城乡社会化综合服务体系和社会保障体系。第三产业的增长速度要高于第一、第二产业，第三产业增加值占国民生产总值的比重和就业人数占社会劳动者总人数的比重，力争达到或接近发展中国家的平均水平。

当前，我们要紧紧围绕建立社会主义市场经济体制，从培育社会主义统一市场、城乡社会化综合服务和社会保障三大体系入手，重点加快发展投资少、见效快、效益好、就业容量大、与经济发展和人民生活关系密切的行业；与科技进步相关的新兴行业；农村第三产业和对国民经济发展具有全局性、先导性影响的基础行业。

放宽政策，是加快第三产业发展的首要条件。第三产业大多数行业具有面广分散、流动性大、投资规模小和以劳务为主等特点，最适合集体、私营和个人投资兴办。除铁路、公路、重要港口、机场、邮电通信、科研、教育、城市公用设施等以国家投资经营为主，同时动员社会力量去办以外，对服务性、娱乐性、社会公益性行业，如商业、饮食服务、托幼、清洁、修理、搬运、出租车、社会咨询、家庭服务等，要广泛动员和依靠社会各个方面的力量，放手让各类国有企业单位、城乡集体经济组织和个人兴办。

要坚持国家、集体、个人一起上，坚持谁投资、谁所有、谁受益的原则，充分调动各方面兴办第三产业的积极性。要简化开办第三产业企业的登记手续。要打破行业、地方对市场的垄断，保护公平竞争。同时，抓紧制定和完善有关第三产业，特别是有关市场管理的法律、法规，完善市场竞争规则，维护市场秩序，使第三产业的发展纳入健康的法制化的轨道。

以企业化、社会化为方向，建立充满活力的第三产业自我发展机制，是发展第三产业的重要一环。要改变目前第三产业中的一些行业按福利型、公益型和事业型兴办并长期靠财政拨款和补贴过日子的状况。要赋予国有第三产业企业以经营自主权，允许他们采取各种灵活的经营方式，扩大经营范围。积极创造条件，逐步实现企事业单位、机关后勤服务和福利设施的社会化、市场化。

积极鼓励第一产业、第二产业的人员、资金和设备向第三产业转移。一方面要鼓励第二产业和行政机关的人员从工厂和机关分离出来，从事为生产和生活服务的第三产业；另一方面，要鼓励第三产业企业跨部门、跨地区兼并应当关停并转的工业企业。要在财产、人事等管理制度上为这种转移创造方便条件。鼓励大专院校毕业生和转业军人到第三产业企业工作。要特别重视农村第三产业的发展，积极建立农村社会化服务体系。引导乡镇企业和农民到小城镇兴办第三产业、建设小城镇市场和基础设施，促进农业劳动力向非农产业转移。同时，鼓励农民在农村兴办第三产业。

积极利用海外资金、技术和销售渠道发展第三产业。吸收外商投资建设交通运输设施。在部分有条件的城市，利用外资试办自然科学、经营管理、职业培训等教育事业。鼓励第三产业企业走出去，实行国际化经营。

发展第三产业，是直接造福人民的宏伟事业，关系到我国经济发展第二步、第三步战略目标的实现。让我们在党的十四大精神指引下，紧紧抓住历史机遇，利用各种有利条件，加快第三产业发展步伐，为推动国民经济跃上新台阶做出贡献！

保持国民经济稳定增长是计划工作的首要职能①

在社会主义市场经济条件下，计划和市场都是经济调节的手段。保持宏观经济的稳定，弥补市场自发性、盲目性的不足，实现国民经济的均衡增长，是国家计划的重要职能。“九五”时期，能否把“八五”经济发展的良好势头保持下去，避免出现大的波动，是经济计划工作面临的严峻考验。

一、实现经济稳定增长是宏观调控的基本任务

经济的增长即社会扩大再生产是一个连续的不间断的过程。前期的生产为后期的生产创造条件，后期的生产是前期生产的直接延续。保持经济增长的连续性、节奏性、均衡性，是社会扩大再生产的内在要求，是实现经济良性循环、提高宏观经济效益的根本途径。

中华人民共和国成立后的一个长时期内，我国经济增长始终未能摆脱周期性波动的困扰。经济增长速度大的起伏已经历过五次。第一次是1958年，工农业总产值比上年增长32.2%，而1961年则下降为负31%。第二次是1965年，增长速度达到20.4%，而1967年则下降为9.6%。第三次是1970年，增长速度为25.7%，到1974年下降为1.4%。第四次是1978年，增长速度达12.3%，1981年下降为4.6%。第五次是1985年，增长速度达到16.5%，1990年又下降到4%以下。从“一五”到“八五”时期，各个五年计划年度经济增长速度的离散系数分别为0.33、6.88、1.38、0.54、0.45、0.40、0.43、0.16。各个五年计划时期年度最高增长速度与最低增长速度之间相差的百分点分别为9.9、63.9、35.3、10.8、10.6、11.9、7.2、3.5。从这三组数字可以明显看出，经济增长速度大起大落，是我国经济发展中一个十分突出的问题。

① 本文原载于《经济改革与发展》1996年第5期。

经济增长不稳定，对国民经济和社会发展带来的主要危害：一是建设工程上上下下，造成了资源的巨大浪费；二是市场物价时起时伏，给人民生活和社会安定带来许多不利影响；三是宏观经济忽热忽冷，挫伤广大干部群众的积极性。

造成经济增长速度大起大落的原因是多方面的。从宏观经济管理的角度来看，主要是经济总量没有管住管好。在经济上升期，投资规模迅速扩大，大批工程纷纷上马，信贷规模增长过快、货币超量发行，以致引发通货膨胀。在经济调整期，紧缩财政、信贷，投资规模急剧压缩，正在建设的项目被迫停下来，施工力量闲置，留下大量半拉子工程。究其原因，是影响社会需求总量的源头即财政支出和货币供给失去控制，在需求总量的管理上缺乏科学性，主观随意性往往占了上风。

历史的经验教训证明，为了避免经济的大起大伏，必须搞好经济总量的管理。只有按照经济发展的实际需要和客观规律，合理把握和适时适度调节社会需求总量，才能把握好经济发展的势头，既避免需求过旺，经济过热，为后几年的发展埋下隐患，又避免刹车过猛，引起社会经济生活震荡。在需求总量的把握上，必须树立科学的实事求是的态度，必须排除各种非经济因素的影响，必须精心测算，精心调整，慎之又慎。

发达市场经济国家，都把需求总量的管理作为宏观经济管理的重要内容，并积累了丰富的经验。如原西德在战后几十年的时间内既保持了经济的高速增长，又保持了市场物价的稳定，在总需求的调控特别是对货币发行量的调控上，是很成功的。东亚一些新兴工业化国家和地区在某些时期内也成功地做到了这一点。对总需求的调控是随时进行的，供求总量的平衡只能是一种动态的平衡，包括潜在需求总量和可实现的需求总量，都是随时变化的，在一定条件下是可调控的，为此，需求调控又可称为即期调控。调控手段除了货币供应量以外，还有财税、外汇、投资、价格等经济的和法律的、行政的手段，以及运用舆论导向等。

社会主义市场经济体制的建立和完善，特别是计划、金融、财政相互配合的宏观调控体系的建立和完善，为有效地进行总需求的管理提供了前提条件。克服经济增长大的波动，走上持续、快速、健康发展的轨道，应成为宏观调控的基本任务。

二、“八五”时期为保持经济的稳定增长创造了成功经验

“八五”计划是历史上执行得最好的五年计划之一。年均经济增长速度达到 12%，是各个五年计划中最高的，而波动幅度又最小。这是宏观调控取得的成效。

回顾“八五”走过的历程，有许多经验值得认真总结。经济增长速度基本保持了连续、稳定、均衡，应当说是最成功的。1991年经济增长速度从上年的3.9%跃升为9.5%。1992年春，在邓小平视察南方重要讲话的鼓舞下，全国掀起了改革开放和经济建设的热潮，当年经济增长速度达到13.4%。江泽民在1993年年初全国计划会议上，提出要用点刹车的办法控制投资规模膨胀，强调要把人民的积极性引导好、保护好。从1993年下半年开始加强和改善宏观调控，重点是控制房地产热、开发区热，纠正乱集资、乱拆借、乱设金融机构等不良现象，限期收回银行违章拆借的资金。当年经济增长速度被控制在14%，低于1984年高峰时14.7%的水平。1994年继续加大宏观调控的力度，实行适度从紧的财政货币政策，投资增长速度明显下降，当年国内生产总值的增长速度降为11.8%，而商品零售价格上升到21.7%。1995年实行松紧有度的财政货币政策，在着力抑制通货膨胀的同时，保持了经济的适度增长。全年社会商品零售物价总指数上升14.8%，比上年回落6.9个百分点，国内生产总值保持了10.2%的较高增长速度。从五年的实践可以看到，当经济运行出现过热苗头和不良现象的时候，党中央、国务院及时果断地采取了加强宏观调控的决策，调控的力度把握得比较适宜，因而经济增长比较平稳，避免了出现大的起伏。特别是当宏观调控面临着抑制通胀和保持适度增长这两个互相矛盾的调控目标时，在年度计划的制订和实施中，把保持经济的稳定增长作为宏观调控的基本任务，通过计划的综合协调、总体指导，选择了最优的指标组合，使两个目标都得到兼顾。

“八五”宏观调控的成功给我们的启示主要是：①由于我国资源和市场方面存在着巨大的潜力，只要善于发挥这种潜力，在一个较长时期内保持经济的快速增长是完全可能的；②在总量的调控上，不能仅仅着眼于当期或近期的经济增长，还要着眼于为长远的经济增长创造条件；③在体制转轨时期，对各种常常发生的影响经济健康运行的不良因素，必须采取坚决、有力的措施予以消除和纠正；④宏观调控要把控制需求与增加供给结合起来，把国内经济循环与国际经济循环结合起来，把经济手段同行政、法规、舆论手段结合起来；⑤正确发挥计划在宏观调控中的作用，积极主动地同银行、财政等部门配合，以形成宏观调控的合力。

三、“九五”期间继续保持经济稳定增长面临的主要困难

八届人大四次会议通过的《国民经济和社会发展“九五”计划和2010年远景目标纲要》提出，“九五”经济增长速度控制在8%左右，努力使物价上涨幅度低于经济增长速度。这两个目标体现了“九五”期间保持经济稳定增长的要求。实现这两个目标，具有一定的难度。

第一，我国国民经济出现的这一轮新的快速增长，从 1991 年开始，已经持续了 5 年。如果能把这种增长势头再保持 5 年，不出现大的起伏，那就将在中国经济发展史上创造一个新的奇迹。然而，支撑今后经济发展速度的增长点在哪里？靠什么需求拉动经济增长速度？这是需要首先考虑解决的问题。

第二，要把目前仍然过高的物价上涨幅度降到正常水平，还有一段艰巨的路程。在牺牲经济增长速度的情况下降低物价是容易做到的，只要把总需求降下来就行了。但经济增长速度降得过多，又会产生许多新的不亚于通货膨胀的矛盾和困难。难就难在既要保持经济的快速增长，又要把物价降下来。为此，不仅要在控制需求上做文章，更要在增加供给、提高投资效益上下功夫，使之达到既支撑经济增长又改善供求关系双重目标。

第三，今后几年物价能否继续明显下降，很大程度上取决于农业的状况。目前各地重视和加强农业的积极性比较高，这是一个有利条件，但对实现农副产品增长的难度要有足够估计。东南沿海地区近几年粮食产量持续下降的趋势能否得到有效抑制，大片中低产田的改造能否落实，农业科技能否真正推广应用等，这些工作都需要各级干部和广大农民真正动员起来，认真落实各项政策措施。总之，农业的好坏取决于我们工作的成效。

第四，国有企业的改革必须取得突破性进展，国有企业困难的状况应当明显改观。目前，国有企业亏损面和亏损额扩大，负债率过高，资金互相拖欠严重，这些问题已反映到财政和银行资产质量上。面对三资企业和进口商品竞争压力，改善国有企业生产经营状况显得更为紧迫、更为重要。

第五，转变经济增长方式和调整经济结构必须迈出大的步伐。“八五”期间经济的快速增长，主要是靠生产要素的大量投入支撑的，投入产出率低的局面并未改善。每百元投资新增国民生产总值仅为 50 元，这样的投资效益只会导致通货膨胀加剧。只有从根本上改变粗放的经营方式，优化经济结构，才能实现低通胀下的快速增长。而转变增长方式，加快技术进步，强化管理，降低消耗，促进产业结构和产品结构优化升级等，都需要下苦功夫才能取得进展。

四、经济计划工作要为实现“九五”经济稳定增长做出新贡献

实现“九五”期间国民经济的稳定增长，应当吸取“八五”的宏观调控经验，针对影响“九五”经济稳定的因素，采取有效对策。要在继续搞好对总需求短期调控的同时，把更多的精力用到研究并采取长期供给政策上，改善供给结构，提高供给能力。20 世纪 80 年代由于农产品和轻纺产品供给增长较快，对支持经济的快速增长和抑制通货膨胀发挥了关键性作用。应当看到，“八五”以来，

由于投资向基础设施、基础工业倾斜，市场的有效供给能力失去了80年代的增长势头。在国有单位新增固定资产中，基础设施的比重迅速提高。与此同时，居民收入仍保持较快增长，市场商品供应量与购买力之间的比例下降，这不能不说是目前仍然存在新一轮通货膨胀的原因之一。因此，实现“九五”稳定增长的目标，应当主要从增加市场有效供给入手。

要围绕市场需要，大力增加适销的消费品和生产资料的生产，提高市场占有率。目前在一些重要的消费品和生产资料市场上，进口商品和外资企业的产品所占比重迅速提高，不少国有企业的产品逐渐被挤出市场。进口商品和外资企业产品在占领市场的同时，也把价格抬了起来。如洗涤剂、饮料、化妆品、方便食品、无线电话、轿车、机床、电脑、电子产品等，进口商品和外资企业产品的市场占有率已达60%以上。国有企业应当大力开发和生产出比进口和外资企业质量更好、成本价格更低、售后服务更周到的商品，特别是吸纳货币能力强的耐用消费品，以发挥国有企业在增加供应、抑制通胀中的主力军作用。

要加快支柱产业的振兴。支柱产业产品的市场需求量大，产业关联度高，可以成为新的经济增长点，并能有效地分流社会购买力，在抑制通胀中发挥重要作用。20世纪80年代对轻纺工业实行“六个优先”的政策，使轻纺工业迅速发展，一举解决了工业消费品短缺的局面。“八五”时期，为了打破基础设施和基础工业对国民经济发展的“瓶颈”制约，对铁路、公路、电力、通信等建设赋予了新的资金筹集机制，使之迅速形成了自我发展的能力，使“八五”基础设施和基础工业有了迅速的发展。“九五”时期，应当按照中央五中全会《建议》的精神，为支柱产业的发展找到一种新的机制和政策，使之迅速地通过各种渠道筹集到自身发展所需的资金，通过支柱产业的振兴，带动产业结构升级和国民经济整体素质的提高。

要大力推进经济增长方式转变。无论是资金、技术密集型产业还是劳动密集型产业，无论是第二、第三产业还是第一产业，无论是沿海地区还是中西部地区，都要切实把转变经济增长方式提到议事日程，在资金的投入上从热衷于铺新摊子转移到依靠现有基础上来，大力提高技术进步对经济增长的贡献度，强化经营管理，努力降低能源和原材料消耗，发展规模经济，对现有企业进行战略性改组和技术改造，改进对地方政府的考核指标。积极运用市场竞争机制，推动增长方式的转变。

要狠抓各项农业增产措施的落实，调动农民种粮的积极性。把农业投入的重点放在增产潜力大的地区，大力增加供求缺口大的稻谷和饲料粮的生产。狠抓农业科技推广，提高农民的文化技术水平，真正使广大农民掌握科学的施肥、栽培等新技术。

重视流通领域的建设和发展。目前，由于流通不发达，既制约了生产的发展，又抬高了市场零售价格。要搞好批发市场建设，发展连锁店、直销、配送中心等现代流通组织形式。在这方面，上海、深圳都创造了好的经验，在抑制物价上涨中发挥了重要作用。

实现“九五”经济的稳定增长，涉及经济工作的各个方面。经济计划工作应充分发挥组织、协调、指导、服务作用，加强对重大问题的研究，搞好年度计划、专项计划和产业政策的制定和实施，为圆满完成“九五”计划做出应有的贡献。

启动四个消费“发动机”拉动经济增长①

——答新华社记者李安定问

国家计委政策研究室主任郑新立日前提出，近十年来，我国居民消费已积蓄起结构升级的一定势能，在消费领域全面开动吃穿用、住房、汽车、旅游四个“发动机”，将能使我国经济在世纪之交保持高速、持续增长。

郑新立说，在目前发达国家居民消费结构中，一般用于吃穿用消费和用于住房、汽车、旅游的消费各占1/4。这四个消费领域可以比作拉动经济增长的四个“发动机”。改革开放以来，仅率先开启“吃穿用”一个“发动机”，就支撑了我国经济持续20年的高速增长。如果再启动住、行和旅游三个“发动机”，开足马力，四个“发动机”完全可以在更长的时间内拉动经济快速增长。

20世纪80年代初期，围绕解决吃的问题，实行土地家庭联产承包责任制，出现了农业的持续快速增长，为整个经济的高速增长奠定了基础。同期，围绕解决穿、用问题，对轻纺工业实行“六个优先”政策，轻纺工业出现了持续多年20%以上的高速增长，从而支撑了国民经济的高速增长。90年代以来，围绕解决人们出行难、打电话难和电力供不应求的问题，国家对交通、通信和电力工业加大了投资力度，将使多年来困扰消费结构升级的瓶颈制约得到缓解。

郑新立说，随着全面买方市场的出现，我国已告别短缺经济。同时市场机制对需求的约束作用不断增强。1997年以来，出现了市场清淡、销售不畅的新情况。大批生产能力闲置，商品积压严重。我国第一次遇到了过去只有在教科书中才看到的生产过剩，确实出现了需求不足的问题。有没有旺盛的市场需求，决定着经济增长速度的快慢。

我国的人均国民生产总值只有800多美元，在世界上仍处于中低收入国家的行列。为什么在这样低的消费水平下却出现了需求不足，值得我们深入思考。

吃穿用住行，是人类最基本的物质生活消费。目前在城镇，居民吃穿用的需求基本得到满足。按吃穿用结构升级的一般规律，消费热点从千元级的家电向万

① 本文原载于新华通讯社《国内动态清样》1998年11月11日。

元级的住和行的消费需求将不断扩大，围绕满足住行需求的相关产业将出现一个高速增长时期，从而成为新的经济增长点。1992 年以来，我国居民储蓄存款余额从 1.1 万亿元猛增到 5 万亿元，加上金融证券，. 居民个人金融资产已达 8 万亿元。这说明，有相当一部分家庭已经具备了从吃、穿、用为主向住、行为主的消费结构升级的条件。

郑新立认为，由于体制和政策等因素，在城镇住、行的消费方面，福利型、供给型和集团型消费方式至今仍未打破，用于住、行的消费品和消费行为仍未完全纳入个人商品消费领域，使这两个方面的消费需求处于被压抑的畸形发展状态，从而围绕住、行的相关产业不能得到正常的充分的发展。

以用于住房的消费占整个消费支出的比重为例，1997 年，城镇居民仅为 8.6%，农村居民则为 14.4%。而城乡居民的收入差距为 2.5∶1。照道理，城镇居民的消费结构中用于居住的消费应当高于农村居民。问题的症结在于农村居民的住房是个人消费品，城镇住房商品化改革推进迟缓，已成为城镇住宅业健康发展的主要障碍。在发达国家，不动产业作为国民经济的重要组成部分，其增加值占国内生产总值的 10% 以上。由于我国尚未形成完善的住房市场，因而住宅业在国内生产总值中的比重仅为 2.6%。如果住宅业在国内生产总值中的比重每年增加 1 个百分点，将对经济增长产生巨大的拉动作用。

又以汽车为例，我国目前汽车保有量为 1219 万辆，其中私人汽车占 29.4%，私人汽车大部分在农村，其中主要是用于营运的卡车，用于个人出行的家庭轿车为数甚少。1997 年，我国农用车销售量达 180 万辆，超过全国正规汽车的销售量。而汽车市场受各地土政策和乱收费的影响，从 20 世纪 90 年代初 20% 以上的增长率下降到不到 5% 的低迷状态。目前我国正在修筑公路，这需要有发达的汽车工业与之相适应。特别是城镇和沿海发达地区农村，人均国内生产总值已达 2000 美元以上，从购买力上看，已具备了必要的市场条件。近年来，通过有计划地大规模投入和引进国外先进技术与管理，我国汽车工业已经具有较好的发展基础。以改善居民出行条件为目标，汽车工业以及铁路、航空、水运等运输设备工业面临着难得的发展机遇。

改善居民住行条件，应当统筹考虑解决。目前大城市房地产价格过高，主要是由于缺乏快捷的交通工具，居住过于集中，引起地价过高所致。如果在城市郊区依山傍水的地方修建起配套齐全的住宅区，用轻轨或高速公路与市区连接，居民会自愿选择住在空气清新、安静幽雅的郊区。这将有效地抑制城市中心过高的地价，使围绕住行的各个产业在相互依托中健康发展。

休闲旅游类消费已在我国悄然兴起，1997 年，国内旅游收入就达 2112 亿元，据北京、上海、广州的抽样调查，80% 的市民曾到市外旅游。其中人均旅游投入

1000 元到 1 万元的占 29%。

目前，在住行消费领域，各种收费过多、过滥，是扩大住行消费和发展住行相关产业的重要制约因素。各个行业都把住房和汽车当作“唐僧肉”，都想伸手捞一块。对住房的收费，尽管已取消了 40 多种，但只占不合理收费的 2% 左右。在汽车的零售价格中，多种价外收费约占零售价格的 30%~40%。应当逐步改费为税，建立规范透明的管理制度，从而为住行消费的扩大创造良好体制和政策环境。同时，消费模式从自我积累型向信用支持型的转变也要同步进行。

重视消费需求的拉动作用[①]

全面认识和继续贯彻扩大内需的政策，是今后一段时期保持国民经济持续快速健康发展的关键所在。

保持经济持续快速增长，已经是我国长期的基本政策，要达到目的，1999年要在保持投资继续快速增长的同时，着重于增加消费。1999年，国家将把促进消费需求的增长，作为拉动经济增长的一项重大措施，使投资和消费双向启动。启动国内消费市场是扩大国内需求的重要组成部分。消费需求是社会再生产的终点和新的起点，只有扩大消费需求，才能从根本上促进生产规模的扩大，保证增加的投资取得预期效益。只有按照消费需求配置资源，把经济增长建立在实实在在的有效需求之上，才能充分发挥消费需求对经济增长的拉动作用和对结构调整的导向作用。只有在增加投资的同时，积极促进消费需求增长，推动消费结构升级，才能为经济增长提供持久的动力。因此，我们贯彻落实扩大内需的政策，必须在增加投资的同时，高度重视消费需求对经济增长的拉动作用，努力扩大消费，千方百计来启动国内市场。

目前，我国城乡市场平淡，消费需求不旺，成为影响实现1998年经济增长目标的重要因素。其原因主要是：城乡居民收入增长缓慢，特别是城镇部分职工下岗，低收入群体逐渐扩大，收入结构不合理的矛盾突出；消费结构正在转型，新的消费热点的形成需要有一个积蓄期；在扩大住、行消费方面，还存在着一些体制和政策方面的障碍，一些产品的消费政策还不利于扩大消费；商品结构不适应居民需求变化的要求；消费领域比较狭窄；城乡消费环境需要改善等。要针对这些制约因素，采取有效措施，引导和刺激消费较快增长，活跃市场，充分发挥消费对经济增长的拉动作用。中央经济工作会议已经明确提出，1999年，要千方百计地开拓城乡市场，特别是农村市场。要培育新的消费热点，拓宽消费领域，鼓励和引导城乡居民增加消费支出。要达到扩大需求、激活市场的目的，应当注意以下几点：完善收入分配结构和分配方式，努力提高城乡居民购买力；消

① 本文原载于《上海证券报》1998年12月25日。

除消费领域的体制障碍，制定鼓励合理消费的政策；适应居民不同层次的消费需求，加快调整产品结构；积极创造条件，尽快把城镇住宅培育成新的消费热点；改善消费环境，有效开拓农村市场；大力推进旅游、体育、非义务教育、医疗保健和社区服务的产业化，深度开发服务消费市场。

积极启动消费市场①

一、改革福利型、供给型消费体制，培育新的消费热点

吃穿用住行，是人类最基本的物质生活消费。目前城镇居民吃穿用的需求已基本得到满足。按消费结构升级的一般规律，消费热点应从满足吃穿用向满足住行转变，从千元级的家电向万元级的住房和汽车等高价值的商品转移。住和行的消费需求不断扩大，是一个必然的趋势。与吃穿用的消费相比，住和行的消费有着更为广阔的空间。在发达国家的居民消费结构中，吃穿用和汽车、旅游、住房的消费支出大体各占 1/4，而且随着消费水平和不动产价格的提高，用于旅游和住房的支出比重呈上升趋势。

我国消费体制改革的滞后，制约了消费结构的转变，割裂了巨大的市场消费需求潜力与现有供给能力之间的联系。在城镇住、行的消费方面，福利型、供给型和集团型的消费方式至今仍未彻底打破，用于住、行的消费品和消费行为，仍未完全纳入个人商品消费领域，使这两个方面的消费需求处于被压抑的状态，从而围绕住、行的相关产业不能得到充分发展。

以用于住房的消费占整个消费支出的比重为例，1997 年，城镇居民仅为 8.6%，农村居民则为 14.4%。而城乡居民的收入差距为 2.5∶1。按道理，城镇居民的消费结构中，用于居住的消费比重应当高于农村居民。问题的症结在于农村居民的住房是个人消费品，城镇住房商品化改革推进迟缓，已成为城镇住宅业健康发展的主要障碍。在发达国家，不动产业作为国民经济的重要组成部分，其增加值占国内生产总值的 10% 以上。由于我国尚未形成完善的住房市场，因而住宅业在国内生产总值中的比重仅为 2.6%。如果住宅业占国内生产总值的比重每年增加一个百分点，就将对经济增长产生巨大的拉动作用。

又以汽车为例，我国目前汽车保有量为 1219 万辆，其中私人汽车 29.4%；而私人汽车又大部分在农村，其中主要是用于营运的卡车，用于个人出行的家庭

① 本文原载于《人民日报》1999 年 6 月 17 日。

轿车为数甚少。1997 年，我国农用车销售量达 180 万辆，超过全国正规汽车的销售量；而汽车市场受各类限制政策和乱收费的影响，从 20 世纪 90 年代初 20% 以上的增长率下降到不足 5%。目前我国正在大力加强公路建设，这需要有发达的汽车工业与之相适应。特别是城镇和沿海发达地区的乡村，人均国内生产总值已达 2000 美元以上，具备了必要的购买力。近年来，通过有计划的大规模投入和引进国外先进技术与管理，我国汽车工业已经具备较好的发展基础。以改善居民出行条件为目标，汽车工业以及铁路、航空、水运等运输设备工业面临着难得的发展机遇。

为启动住行消费，使住房、汽车成为消费热点，首先必须减少乃至取消福利型、供给型和集团型消费方式，加快推进城镇住房制度改革，促进住房消费货币化、私人化。其次还应当统筹考虑解决其他配套问题。如在城市郊区依山傍水的地方修筑起配套设施齐全的住宅区，用轻轨铁路或高速公路与市区连接，使广大居民自愿选择住在空气清新、环境幽雅的郊区。这将有效地改变居住环境过于拥挤的状况，抑制城市中心过高的地价，从而促进围绕住行的各个产业在相互依托中健康发展。

在启动住行消费的同时，应促进非义务教育、医疗保健的产业化，不断开拓和培育新的消费领域。1999 年 3 月在北京举办的国际教育展吸引了 16 个国家的百余所教育机构。此前，110 多所英国高等院校在沪举办的展览会，也引起了人们的很大兴趣。外国教育机构纷纷来华，说到底是图个“利”字。据计算，一些国家招收一名他国学生大约可以赢利 1 万多美元。对于 12 亿多人口的我国来说，如果实现教育产业化，其收益是极其巨大的。要加快教育体制改革，在不要或少要国家投入的前提下，鼓励民间办学，放手发展各级各类教育，使所有愿意学习的人都能有学习的机会；愿意学什么专业，就能学什么专业。社区服务是一个亟待发展的领域。发达国家社区服务的从业人员一般占全社会从业人员的 30% 左右，而我国才刚刚起步。要使社区服务市场有更大的发展，必须使社区服务逐步实现由福利型向经营型转变，加速产业化、实体化进程，建立适应市场经济体制的社区服务运行机制。同时促进居民消费观念转变，使服务性消费由自给型向社会化转变。

二、调整消费政策，由抑制消费向鼓励消费转变

现有的许多消费政策，还是短缺经济时代为防止过度膨胀的消费需求拉动通货膨胀而制定的抑制性政策。例如用电收费制度，有些地区还在沿用超额用电附加收费的办法。这在电力紧张时期，的确有利于保证生产建设的需要。随着国家

不断加大对基础设施、基础工业的投入，交通、能源、通信等基础设施制约国民经济发展的“瓶颈”已经被打破，目前部分地区已出现发电量用不完的情况。适应新形势的发展，同时为进一步增加城乡居民对电视机、冰箱、洗衣机等耐用品的消费需求，应该改革抑制性的消费政策，采取多消费、少收费的鼓励政策。例如，安徽省已实行居民每户每月用电超过 100 度，电费降低 10% 的鼓励政策。

加快费改税步伐，建立规范、透明的管理体制，千方百计降低住房、汽车等高价值商品的价格。现在各方面都向住房、汽车伸手，各种收费过多、过滥，造成房价和轿车价格过高。对住房的收费项目多达几百种，尽管目前已取消了 40 多种，但只占不合理收费的很小一部分。在汽车零售价格中，各种价外收费约占 30%~40%。仅其中的 260 项收费，年收取额就高达 1200 亿元，养路费达 800 亿元，很大一部分流失在各个环节中。要彻底整顿土地转让价格和拆迁补偿费，清理各种摊派和收费，规范住房成本构成，切实降低房价。放开住房二级市场。取消对汽车的各种不合理收费，积极推进燃油税改革进程。为迎接我国加入世界贸易组织的挑战，应尽快放开轿车价格，鼓励企业竞争。

促使商品消费模式从自我积累型向信用支持型转变。目前我国消费信用与生产信用不对称，既影响了消费结构升级，也影响到产业结构升级和生产规模的扩大。发展信用消费，使购买高价值商品有提前实现的可能，能够解决目前普遍存在的“购上不足，购下有余”的消费断层问题，使有稳定收入、有一定支付能力的居民可以通过分期付款提前实现消费愿望。在市场需求约束强化的情况下，消费者持币观望将严重影响产业的发展，信用消费对消费需求的刺激作用将激活相关产业，进而带动经济的回升。目前，发展信用消费，一是应在总结前一阶段商业银行住房抵押贷款经验的基础上，进一步扩大住房消费信贷规模，增加品种和形式。二是抓紧研究制定有关消费信贷的法律法规，使信用消费规范、健康地发展。三是拓宽消费信贷领域，创新消费信贷的金融工具，确定合理的消费信贷利率。四是建立健全抵押担保机制。

三、调整分配结构，增加中低收入者的购买力

目前城乡居民收入增长明显放慢。“八五”时期，城镇居民家庭人均可支配收入年均增加 554.6 元，年均增长 23.2%，扣除价格因素，实际增长 7.9%；农村居民家庭人均纯收入年均增加 178.3 元，年均增长 18.1%，扣除价格因素，实际增长 4.3%。而 1998 年，城镇居民家庭人均可支配收入仅增加 294 元，增长 5.7%，考虑价格下降、购买能力相应增强的因素，实际增长 6.6%；农村居民家庭人均纯收入增加不到 60 元，增长 2.9%，考虑价格因素，实际增长 4%。

在居民收入增长放慢的同时，不同阶层的收入差距也在扩大。据对 1997 年城镇居民家庭收入的调查统计：20% 的高收入户的收入占全部收入的 34%；20% 的低收入户的收入占全部收入的 11%，比上年减少 1 个百分点。城镇居民以及城乡居民之间收入分配逐步拉开档次，在消费水平、消费内容和消费行为上出现较大的差异。总的来说，高收入者家庭的生活必需品的消费需求早已满足，住行消费的需求也基本饱和，这一阶层收入的边际消费倾向较低。而低收入阶层的潜在消费需求，因收入增幅下降而难以转化为现实消费，使得总体边际消费倾向下降。

为了增加中低收入者的消费需求，应做好建立健全社会保障制度的工作。完善下岗职工基本生活保障、失业保险和城镇居民最低生活保障“三条保障线”制度。各级财政预算要优先打足国有企业下岗职工基本生活保障资金。继续办好企业再就业服务中心，加强劳动力市场建设和再就业培训，开拓新的就业渠道。完善养老金省级统筹制度，扩大覆盖面，提高收缴率，确保养老金按时足额发放。积极推进城镇职工医疗保险制度改革。

坚持效率优先、兼顾公平的原则，充分发挥税收对居民收入进行再分配的作用。依法保护合法收入，允许和鼓励一部分人通过诚实劳动和合法经营先富起来，允许和鼓励资本、技术等生产要素参与收益分配。同时，调节过高收入，完善个人所得税制，开征遗产税、赠予税等新税种。研究探索以间接税为主逐步向以直接税为主过渡的税制改革，增强国家调节收入分配的能力，增加对中低收入者的转移支付，使初次分配充分体现效率原则，再分配体现公平原则。

在加快住房商品化进程中，配套进行工资制度改革。将职工住房消费中的各项福利性支出逐步纳入工资。把鼓励购房、提高房租和增加工资结合起来，通过发放住房补贴等办法，增加购、租房支出在工资中的含量。逐步将目前实际用于职工建房、维修费的大量暗补贴转为明补贴，纳入职工工资，使目前住房的实物分配转变为货币分配。

四、调节心理预期，提高即期消费欲望

短缺经济时代，受心理预期的驱动，容易导致盲目购物、冲动消费，形成排浪式消费热潮，构成很大的通货膨胀压力。随着买方市场的形成，居民消费心理预期也发生了明显转变，越是市场销售疲软，居民消费欲望越是不强。同时，医疗保险制度、养老制度、住房制度、教育制度改革力度不断加大，下岗、失业人员增多，增强了居民为支付未来的集中消费支出而进行强制性储蓄的倾向，减少了即期消费。目前居民储蓄存款数额庞大，增长迅速。近几年来，每年的居民储

蓄存款增加额都保持在7000亿元至9000亿元。1998年，居民储蓄存款余额已达53407.5亿元，比上年又新增7127亿元，增长17.1%。1999年前三个月，居民储蓄累计增加4446亿元，比上年同期多增1551亿元，相当于上年全年新增额的58.4%。

鉴于上述情况，要重视心理预期对经济增长的影响，加大正面宣传力度。应向人民群众充分说明医疗保险制度、养老制度、住房制度、教育制度改革的好处，消除人们的后顾之忧，增强信心，提高即期消费欲望。同时，加大扩大内需、促进经济增长的各项政策措施的实施力度，保持经济的繁荣、稳定，使人们看到未来收入是有充分保证的，营造适宜的消费气氛。

增强消费对经济发展的拉动作用[①]

一、引言

消费是生产的目的，是社会生产过程的终点和起点。人类正是为了不断提高消费水平的愿望，才产生了发展生产力的强大动力。现代科技进步大幅度提高了劳动生产率，从而使人类许多消费的梦想有可能变为现实。

党的十七大报告提出，坚持扩大国内需求特别是消费需求的方针，促进经济增长由主要依靠投资、出口拉动向依靠消费、投资、出口协调拉动转变。在当前出口增长受国际金融危机影响的情况下，实施扩大内需的方针，特别是扩大居民消费，对于化危机为机遇，保持经济平稳较快发展，有着特别重大的意义。

面对国际金融危机的冲击，扩大居民消费对保持经济平稳较快发展意义重大。

通过采取多种措施，如能用 3 年左右的时间，将居民收入占 GDP 的比重和居民消费率分别提高 10 个和 15 个百分点，就意味着每年将有 5 万亿元以上的商品由投资和出口转为居民消费，从而实现经济增长由主要依靠投资、出口拉动向依靠消费、投资、出口协调拉动转变。

现阶段应当把房地产市场、汽车市场和股票市场联动作为扩大内需特别是扩大消费的战略重点，进一步完善促进三大市场的相关政策。

二、提高居民消费率是当前宏观调控面临的一项重大任务

2007 年，我国居民消费率为 35.4%。与历史最高水平 1985 年的 52% 相比，下降了 17 个百分点。与发达国家相比，则相差 30 个百分点左右。居民消费率过低，对国民经济的健康运行带来了负面影响。

提高居民消费率，降低投资率，增强消费对经济增长的拉动作用，应当作为

① 本文原载于《经济日报》2009 年 3 月 30 日。

当前宏观调控的一项重大任务。在近期调控措施和长期发展政策上，应研究和采取综合性对策。

在 GDP 使用中，用于最终消费特别是居民消费的比例，是衡量宏观经济效益的重要指标。改革开放前，由于片面理解生产资料优先增长理论，在经济建设上急于求成，长期实行高投资、低消费的政策，使人民的生活水平长期得不到应有的提高。1978 年以后，我们调整了这一政策，最终消费率明显提高，人民从经济发展中得到了较多实惠，在 20 世纪 80 年代，出现了消费与经济增长良性循环的局面。然而，从 20 世纪 90 年代开始，最终消费率又开始缓慢下降，虽然 1998 年至 2001 年曾出现过短暂的低幅回升，但伴随着重工业的高速增长，最终消费率和居民消费率又出现了下滑的趋势。

与低消费率相对应，20 世纪 90 年代以来，投资率出现了两个 40% 以上的高峰期，即 1993 年至 1995 年的年均 41.1% 和 2003 年至 2007 年的年均 42.4%，其中 2004 年高达 43.2%，成为改革以来最高的一年。特别是钢铁、水泥、电解铝、房地产等行业的投资过快增长，出现了生产能力过剩的局面。如果消费市场不能相应扩大，由此形成的无效投资和银行呆坏账必然增加，将直接影响到经济的持续、平稳、较快发展。出口的连年大幅度增长，使贸易摩擦增加，顺差扩大，国际收支不平衡也影响着宏观经济的稳定。从 2001 年到 2007 年，消费、投资、净出口三大需求对经济增长的贡献率平均分别为 40.6%、48.4% 和 11.1%，经济增长过度依赖投资和出口，消费的贡献率偏低，包括工业消费品在内的大批生产能力闲置，消费制约着经济增长。

提高居民消费率，降低投资率，增强消费对经济增长的拉动作用，应当作为当前宏观调控的一项重大任务。在近期调控措施和长期发展政策上，应研究和采取以下综合性对策：

1. 调整收入分配结构，着力提高中低收入者特别是农民的收入

对国民收入分配结构应当进行大的调整。在初次分配中，提高劳动报酬所占比重，降低资本所得比重；在再分配中，提高居民收入比重，降低国家收入所占比重。着重提高中低收入者的收入，扩大中等收入者比重，逐步形成两头小、中间大的橄榄型居民收入结构。建立企业工资协商机制，逐步提高最低工资标准。降低中低收入者税收负担。完善社会保障体系，增加财政对社会保障、教育、医疗等公共服务的投入。可以考虑将国有企业实现利润的一定比例用于社会保障基金的投入。通过采取多种措施，有可能用 3 年左右的时间，将居民收入占 GDP 的比重和居民消费率分别提高 10 个和 15 个百分点，达到 55% 和 50%，接近改革以来最高水平 1985 年的 56% 和 52%。如能实现这个目标，就意味着每年将有 5 万亿元以上的商品由投资和出口转为居民消费，人民的消费水平将有一个较大

幅度的提高，从而实现经济增长由主要依靠投资、出口拉动向依靠消费、投资、出口协调拉动转变。

近几年来，随着连续几个中央一号文件的贯彻落实，解决“三农”问题的力度加大，农民收入增长速度明显加快，2003 年到 2007 年分别增长 4.2%、6.8%、6.2%、7.4% 和 9.5%，同期城镇居民人均收入分别增长 9.0%、7.7%、9.6%、10.4% 和 12.2%。与城镇居民相比，农民收入的增长速度仍明显偏低。平均起来，5 年间农民收入增速比城镇居民低 3 个百分点，而且由于城乡居民收入基数相差 3 倍多，农民收入增长 3.3 个百分点的绝对量才相当于城镇居民增长 1 个百分点。因此，要把增加农民收入作为社会主义新农村建设的主要目标，作为关系经济全局的大事，切实抓紧抓好。农民收入的较快增长必然带来农村市场的活跃，对消化过剩的工业生产能力、拉动城市经济发展必将起到重要作用。

2. 扩大消费领域，促进消费结构升级

2005 年，城镇居民消费的恩格尔系数已降为 36.7%，用于改善住、行条件和医疗、教育、通信、休闲等服务性的支出已占消费支出的 60% 以上。农村居民消费的恩格尔系数也下降为 45.5%。城乡居民消费都在由生存型向发展型、享受型转变。宏观经济政策要有利于推动这种转变。要通过适时修改税收、价格等政策，调整财政支出结构，积极培育新的消费热点。要把加强社区服务作为扩大消费的重点之一，既满足居民多层次多方面的消费需求，又为扩大城镇就业提供条件。实践证明，社区服务发展比较好的地方，吸纳的就业人数可达到社区全部从业人员的 50% 以上。

3. 扩大消费信贷，完善社会保障体系

我国消费信贷发展很快，目前已占银行信贷余额的 15%~20%。根据发达国家的经验，消费信贷的比重可以提高到 30% 左右。因此，我国消费信贷还有发展的潜力。扩大消费信贷的关键是要建立和完善个人消费贷款征信体系、消费贷款抵押担保体系，鼓励住房建设公司和汽车生产销售企业发展贷款金融业务，降低消费贷款风险，优化消费信贷市场环境。为了解除居民消费的后顾之忧，应逐步增加财政对教育、医疗类公用事业的投入，加快医院管理体制、医药流通体制和医疗保险制度改革，降低过高的药品价格，减轻居民个人的教育、医疗负担，扩大养老保险、工伤保险、失业保险的覆盖面，尽快解决农民工保险账户可转移接续问题。

4. 调整投资结构，改善消费环境

要围绕消费结构升级的要求，调整投资结构，注重增加能够改善消费环境、有利于扩大新的消费热点方面的投资。如我国居民目前的消费结构中，用于住房、交通、通信等方面的比重偏低，具有很大的发展潜力。要针对影响扩大消费的主要问题，采取有效对策，努力改善消费的硬环境和软环境。要加快以铁路为重点的现代综合运输体系建设，改善居民出行条件。搞好文化、旅游基础设施建设，为扩大居民文化、休闲、旅游消费创造条件。适应消费结构从生存型向发展型升级的要求，鼓励各方面增加对教育的投入，办好各级各类教育，充分满足人民受教育的需求，提高全民族的文化水平。加快新一代互联网基础设施建设，促进互联网、通信网、广播电视网三网融合。大力提高农村自来水普及率，完善农村电网和乡村道路，推广利用太阳能和沼气，扩大“家电下乡”财政补贴品种，除彩电、冰箱、洗衣机、手机外，应根据各地情况，增加摩托车、热水器、电脑、电磁炉、空调等，把农村巨大的消费潜力发挥出来。

5. 整顿市场秩序，保护消费者权益

良好的市场环境和商品服务质量，是扩大消费的前提条件。要继续打击假冒伪劣商品，确保食品、药品质量安全，防止价格欺诈行为，使人民能放心大胆地消费。抓紧建立食品质量安全生产技术保障体系、质量检验监测体系、品牌标识认证体系、社会监督举报体系、质量监管责任体系、质量安全法规体系。凡是在市场出售的商品，应能通过商标或电子标签，迅速查明该商品的主要信息，以便于消费者的监督。要倡导建立诚实守信的商业道德，形成统一、公平、竞争、有序的市场体系。

6. 合理引导消费预期，倡导健康文明的消费方式

我国经济长期保持快速健康发展的势头，使广大消费者对未来充满了信心，这是建立良好的市场预期的重要前提。当前面对国际金融危机的影响，更要使广大居民树立信心。要通过良好的市场预期促进消费市场的稳步均衡发展，避免出现市场的大幅度波动。要通过对市场各类商品供求态势的分析预测和正确舆论引导，使广大消费者养成良好的消费习惯，鼓励节能型消费、无害型消费、文明型消费，避免炫耀型消费、跟风型消费、奢侈型消费。大力推广节能住宅、节能汽车和无污染产品，促进资源的循环利用，提高消费的经济效益和社会效益。要使消费的扩大能有力地促进广大人民的身心健康、智力开发和社会和谐，使消费者在改善生活质量的同时，自身的素质也能得到全面提高。

三、把促进房市、车市、股市联动发展作为扩大消费的战略重点

住房和轿车消费是现阶段我国居民消费的增长点，对拉动市场消费具有举足轻重的作用。房地产市场、汽车市场和股票市场，是现阶段拉动我国经济发展的三大引擎。三大市场联动发展，对于保证经济增长的活力和持续平稳较快发展至关重要。为此，应当研究三大市场的内在规律，完善促进三大市场健康发展的

相关政策，把促进三大市场联动发展作为当前扩大内需特别是扩大消费的战略重点。

1. 保持房地产市场持续繁荣

改善住房条件，是广大城乡居民的迫切愿望。在居民消费意向调查中，改善住房条件总是排在第一位，住宅业产业链条长，对相关产业拉动作用大。我国住宅业的发展，必须以满足广大居民特别是中低收入者的住房需求为主要目标，这就应当把城镇住房价格控制在与广大居民收入水平相适应的合理水平上，决不能通过炒作住房价格，制造泡沫。大量事实证明，以制造房地产泡沫刺激经济发展，必然是饮鸩止渴。美国由房地产次贷危机引发国际金融危机，就是一个例证。我们应当学习新加坡、德国等稳定住房价格、保障广大居民住房需求的成功经验，通过政府调控房地产市场，实现居者有其屋的目标，同时通过房地产市场的稳定为整个市场的稳定和经济的稳定奠定基础。

通过增加中小户型住宅和保障性住房的土地供应，能有效抑制住房价格的过快上涨。2008 年 11 月中央决定实施扩大内需的十大举措，其第一项任务就是加快建设保障性安居工程。这项措施的实施，将使几千万群众的居住条件得以改善，从而分享到改革发展的成果，而且对扩大住房市场、稳定住房价格、拉动建材业的发展将发挥重要作用。国务院有关部门对降低住房交易税收、增加住房贷款等政策的逐步落实，将进一步增强房地产市场活力。

当前，应研究如何放开搞活二手房市场，鼓励更多的二手房进入市场交易；研究如何扩大住宅租赁市场，以适应劳动力流动和低收入者的需要；研究如何按照统筹城乡发展的要求，建立城乡一体化的住宅市场等。总之，通过住房政策的调整和体制改革，增强房地产业发展活力，满足多层次的住房需求，充分发挥房地产业对国民经济的拉动作用。

2. 鼓励扩大轿车消费

轿车进入家庭，曾是中国多少代人的梦想。随着居民收入的增加和汽车工业的发展，到 2009 年 1 月，我国已成为全球最大的汽车销售市场，全年汽车产销量将双双突破 1000 万辆。看到越来越多的人圆了轿车梦，实在令人高兴。2008 年下半年，受国际金融危机影响，国内汽车销售量增速下降，这只是经历了连续几年井喷式增长之后的一个短暂休整。随着国家以燃油税代替养路费等各项鼓励汽车消费政策的出台，汽车销量增长速度已开始加快。2008 年我国人均 GDP 所达到的水平，标志着已进入轿车消费大众化时代，而我国人均汽车保有量仍远远低于世界平均水平，因此汽车销售必将在一个较长时期内保持快速增长态势。

轿车消费与住房消费相互影响，联系紧密。随着轿车进入家庭，人的活动半径扩大，带来了城市布局的改变。我国目前市区房价高于郊区，而发达国家正相反。由于郊区人口密度低、居住环境好，郊区房价理应高于城市中心区，关键在于交通条件。在郊区依山傍水的地方修建住宅区，用高速公路或轨道交通与市区连接，将能有效改变市区房价过高、交通拥堵等问题。

当前鼓励汽车消费应研究采取以下政策。一是扩大汽车消费信贷。前几年由于缺乏管理经验，一些贷款购车者恶意逃避还贷，形成大批银行呆坏账，一些银行不得不急剧收缩或停办汽车贷款业务。在这方面要学习国外成熟的经验。发达国家汽车信贷占销售额的80%左右，我国目前仅占8%。通过信贷支持，将能为汽车销售注入强劲动力。二是改善汽车使用环境。城市发展规划应考虑轿车进入家庭的新情况，新建住宅区、商业区应考虑停车场所。国外停车场建设已发展为一个独立的新行业，我国一些大城市应及早引进技术和管理经验，把城市发展、住宅建设与轿车进入家庭统筹考虑。要减少对汽车的不合理收费，降低汽车使用成本。三是鼓励购买电动汽车、混合动力汽车和中小排量轿车，以利于节约能源和保护环境。在电动汽车技术的研发上，我国汽车企业已取得突破，走在全球汽车工业的前沿。要加大政策支持力度，不断扩大其在国内外市场的占有率，努力走出一条节能环保型汽车工业发展道路。四是延长汽车产业链，充分发挥汽车产业对就业和消费的带动作用。根据发达国家经验，汽车生产环节的实现利润在汽车产业链条的总盈利中不到10%，其余利润分散在销售、维修、金融、保险、燃料、零部件、停车、洗车等各个环节，对相关行业产出和就业的带动效应达到1∶6左右。要通过积极发展汽车的上下游产业，为汽车的生产和消费创造良好条件，扩大汽车进入家庭的经济社会效应。

3. 促进资本市场平稳健康发展

随着我国证券市场的发展，越来越多的人开始拥有财产性收入。证券市场主要是股市的行情，越来越多地影响着房市和车市的繁荣程度。当股市处于上升时期，住房和汽车销售就旺盛。股市低迷，也波及房市和车市。我国资本市场的发展历史不长，发育不充分，许多制度和运行机制尚不健全，管理上也缺乏经验，股市出现大的波动是难以避免的。为了保持股市的稳定健康发展，一方面要加强基础性制度建设，另一方面要改善对股市的宏观调控。近几年政府有关部门在制度建设上做了大量工作并取得成效，在对股市的宏观调控上尚需进一步把握好规律，提高调控水平。一般来说，应通过对股市供求总量的调控，实现股市的稳定健康发展，避免大起大落。当股市处在上升期，为了避免过热，应适当增加供给；当股市处在下行期，为避免跌幅过大，应适当增加需求。要把对股市供求总量的调控同行政干预区别开来，作为政府的一项重要职责。要强化对股市的监管，依法查处各种违法行为，促进股市规范发展。要发展多层次的资本市场，适时推出创业板市场，培育壮大证券投资机构，实现专家理财和理性投资，使我国资本市场真正发挥对企业的评价、优选功能，培育出具有国际竞争力的企业，同时使广大投资者能够分享到企业发展的成果，不断增加财产性收入。要通过资本市场的稳定和繁荣支撑房市、车市的持续繁荣，努力使房地产业和汽车产业成为拉动国民经济增长的长盛不衰的支柱产业。

着力扩大消费对经济增长的拉动作用①

消费不仅关系到我国经济2009年实现“保8”的目标，而且关系到今后一个时期能不能保持平稳较快的增长，关系到十七大提出的转变经济发展方式能不能落到实处，也关系到科学发展观能不能落到实处。

消费是生产的目的，是社会生产过程的终点和起点，人类正是为了实现不断提高消费水平的愿望，才产生了发展生产力的强大动力。现在科技进步大幅度提高了劳动生产率，从而使人类许多消费的梦想有可能变为现实，如果说在农业社会，在计划经济时期，人们消费水平的提高主要是受制于供给能力增长，那么当我们学会了用现代的机器大工业来制造各类产品之后。当社会主义市场经济体制确立之后，制约消费水平增长的一个重要的因素，已经转变为广大人民有支付能力的消费需求。

改革开放极大地激发了我国人民的劳动热情，形成了强大的现代生产能力，而当前广大居民的现实消费需求明显不足，严重制约着我国经济的发展。党的十七大提出要转变经济发展方式，实现三个转变，其中第一个转变就是要扩大消费对经济增长的拉动作用，实现经济增长由主要依靠投资和出口拉动向消费、投资、出口协调拉动转变。在当前受全球经济危机影响，我国的出口增长受阻的情况下，实现扩大内需的方针，特别是扩大居民消费，对于化危机为机遇、把经济平稳较快增长的势头保持下去，有着特别重大的意义。

一、居民消费率过低是当前国民经济中很不协调的比例

我们的居民消费率在2007年已经降到了35.4%，2008年比35.4%还要低，降到了改革30年来的最低点。2007年生产了30万亿GDP，老百姓消费才占1/3多一点，这个比例确实太低了，不仅跟我们历史最高水平1985年的52%相比低了17个百分点，与发达国家相比，也相差了30个百分点。在宏观经济的各个参数里面，这是最不协调的一个参数，所以应当引起高度的重视。

① 本文原载于《财经界》2009年第9期。

（一）居民消费率过低，给国民经济的健康运行带来了严重的负面影响

第一个负面影响是，它使广大居民的生活水平不能随着经济的快速增长同步提高，降低了国民经济的宏观效益。消费是衡量宏观经济效应的重要指标，由于我们改革开放前的30年片面理解生产力，在经济建设上急于求成，使人民的生活水平长期得不到应有提高。我们在20世纪80年代初期改变了政策，对轻化工业实现六个优先，调整了过高的投资率，所以在20世纪80年代是效益最好的时候，到1985年，居民消费率达到了52%，是改革开放以来的最高水平。但是，从2003年起，伴随着重工业的高速增长，最终消费率和居民消费率出现了连年下滑的趋势，2007年甚至比改革初期的1978年还分别低了13个和14个百分点。

居民消费率过低的第二个负面影响是，经济增长过多依赖投资和出口，引起生产能力的过剩。与消费率降低相对应的，就是投资率过高或者储蓄率过高，所以经济增长过度依赖投资和出口。特别是最近几年钢铁、水泥、房地产这些行业投资增长得比较快。现在我们形成了6.5亿吨钢铁的生产能力，全世界一共有多少生产能力呢？一共有13亿吨，中国正好占了50%，2007年我们生产了5亿吨钢，粗钢，还有1.5亿吨的生产能力在那儿闲着，大量的制造业生产能力也是闲置，开工率不足，降低了国民经济的效率。

消费率过低的第三个负面影响是政府消费支出比重不断增加，助长了奢侈、浪费，在最终消费支出当中，政府占比，在20世纪80年代是21.6%，20世纪90年代是24.2%，2001年到2006年上升到26.8%，2007年上升到27.3%，也是改革开放以来的最高水平。政府开支比重过大，进一步压低了居民的消费需求。

（二）造成目前居民消费率过低的原因有多方面，我们要进行综合的、历史的分析才能找到症结所在

第一个原因，城乡居民收入的增长速度与经济的增长速度不同步，这是制约居民消费增长的根本原因。过去30年，城乡居民收入的增长没有能够随着经济的增长而得到同步提高，因此广大居民有支付能力的消费需求就不能随着经济的增长而同步增长，这是造成居民消费率低的一个根本原因，简单来说就是口袋里面没有钱，看到东西买不成，有消费欲望也白搭。

第二个原因，城乡和地区个人之间收入差距不断拉大，制约着广大中低收入群体购买力的提高。居民收入占GDP的比例，30年来不断下降，在农村人均纯收入是城镇居民收入的30%。30年来，农村人口下降的比例充其量是转移出来2亿多人，现在还有7亿人口生活在农村，他们只购买了1/5的商品，城镇人口购买了4/5的商品。如果对各地区城乡居民收入进行对比，东部最高，其次是东北，再次是中部，最后是西部，西部的农民人均收入与东部相比是0.59∶1。

居民收入增长慢的第三个原因，我分析是外资企业通过各种手段转移了大部分利润，使职工收入和国家税收处于较低水平。外资对我们国家经济增长做出了重大贡献，在工业增加值里面占30%，在出口里面占58%，在高新技术产品出口里边占88%。我比较了两个企业，一个是华为，一个是另外一家外资企业，就销售额来看，华为年销售额700亿元，另一个公司是它的2倍达到1400亿元人民币，华为一年交了50亿元的税，外资企业一年只交1亿元的税，职工人数华为是6万人，外资企业是20万人，月工资华为是6000元钱左右，新去的大学生一年到那儿能拿到四五千，而外资企业一个月收入1000元钱左右，看得出来，外资企业对我们经济增长贡献很大，在某种意义上出口GDP也算到我们国内，但真正赚的利润大部分在外商的口袋里。

第四个原因，目前我国正处于重化工业和基础设施加快发展的工业化阶段，较高的投资率是经济发展的阶段性要求。我们的城市化率水平在不断提高，到2008年已经接近45%，大批的人口由农村转入城市，对基础设施的需求要求一个较高的投资率，以上是我对我国居民消费率过低的负面影响和产生的原因所做的一个分析。

二、提高居民消费率是当前宏观调控面临的一项重大任务

提高居民消费率首先应当增加居民的收入，特别是提高中低收入者收入和农民的收入。对国民收入分配结构要进行大的调整，在初次分配当中要提高劳动报酬的比重，降低资本所得的比重，改变目前的初次分配资本所得偏多，劳动所得偏少的局面。

在再分配当中要提高居民收入的比重，降低国家和企业所得的较多收入，降低他们的收入比重，要着重提高中低收入者的收入，扩大中等收入者的比重，逐步形成两头小、中间大的“橄榄型”的收入分配结构。按照我们统计局的定义，家庭年收入6万元到20万元算成是中等收入者，20万元以上的算高收入者，那么中等收入者和高收入者加在一起，到2020年能够占到我们城乡居民的50%以上，这样能够初步形成一个“橄榄型”的收入分配结构。中等收入者占多数以后，这对拉动我们消费增长会起到一个重要的作用。

我提一个设想，就是我们能不能够用3年左右时间，通过采取综合性的措施，把居民收入占GDP的比重和居民消费率分别提高10个和15个百分点，分别达到55%和50%，接近改革以来最高水平的1985年的56%和52%，应当说这个目标通过努力，通过收入分配结构大的调整是可以做到的，实现了这个目

标，我测算了一下，每年拿出大体有 5 万亿元的商品，原本用于投资和出口的转变为广大居民消费，就可以让我们全国居民的消费水平有一个较大幅度的提高。将 5 万亿元的商品变成老百姓的消费，人民的生活水平会有明显的变化。我们实现了这样一个调整，就可以实现发展方式转变的第一个转变，就能够真正地把科学发展观提出的以人为本的要求落到实处。

提高居民收入的重点也是第一个措施是提高农民的收入。在改革开放初期，城镇居民的人均收入和农村居民的人均纯收入差不太多，最近几年差距越来越大，特别是城镇居民人均收入的绝对额已经是农村居民人均收入的 3 倍多了，城市居民人均收入和农村居民人均收入如果以相同的速度提高的话，那么他们的差距会越来越大，绝对额会越来越大。就是说农民收入增长 3.3 个百分点的绝对额，才相当于城镇居民增长 1 个百分点的绝对额，而且目前农民收入的增长速度继续慢于城镇居民收入的增长速度，所以怎么样把农民的收入提高得快一点，就成为我们增加居民收入的重中之重。党的十七届三中全会已经指出了尽快提高农民收入的方向，这就是加快农业劳动力向二、三产业的转移，加快农村人口向城市的转移，现在农业的劳动生产率只有二、三产业的劳动生产率的 1/6，农业劳动力占了所有劳动力的 43%，农业的增加值占 GDP 的比例只有 10% 多，所以农民收入低，关键是劳动生产率低，没有创造出财富来，仅靠财政转移支付，靠支农作用，效果必然寥寥，所以根本来讲还是要提高农民的劳动生产率，而这又受制于土地的经营规模。假设一个农民平均种 5 亩地，按照现在的家庭条件，在平原地区可以种几百亩甚至几千亩，但是没有那么多地可种，所以劳动生产率不高，怎么办？要向集约化的方向发展，一个是提高单位面积的产量，再一个就是在劳动力转移的前提条件下来推进土地的规模经营。

第二个措施是扩大消费领域，促进消费结构升级。2005 年，我们城镇居民的恩格尔系数为 36.7%，用于改善住、行条件和医疗、教育、通信、休闲等服务性的支出已经占消费支出的 60% 以上。农村居民消费的恩格尔系数也下降到 45.5%。整个来看中国居民的消费正在从温饱型消费向发展型消费过渡。马克思讲的消费的三种类型为：生存型、发展型、享受型，所以在向发展型过渡时期用于教育、医疗、通信和休闲特别是住和行的消费的支出，将会有一个较快的增长。

第三个措施是扩大消费信贷、完善社会保障体系。目前，我们消费信贷占整个信贷余额的比例是 15%~20%，根据发达国家的经验，消费信贷的比重可以提高到占整个贷款的 30% 左右，所以还有很大的空间。以汽车消费来看，发达国家汽车消费 80% 都是靠消费信贷，中国现在只有 8%，我听说前些年刚开始搞汽车贷款的时候，一部分人恶意逃避还贷，形成了一大堆不良资产，所以银行后来就收缩了汽车的消费贷款，那么，现在我们通过建立居民个人的征信体系，建立担保这种制度，我相信消费信贷会有一个较大增长空间。

第四个措施是调整投资结构，改善消费环境。与韩国、日本、美国作比较，中国居民目前的消费结构用于食物的消费占比最高，在这样一个消费阶段，我国的消费热点或者说增长点是要增加居民住、行的消费，即是以改善居民的居住条件和出行条件，作为增加消费的重点。

第五个措施是整顿市场秩序，保护消费者权益。良好的秩序和服务质量是扩大消费的前提条件，要打击假冒伪劣商品，防止价格欺诈行为，让人民放心大胆地消费。三鹿事件使牛奶的生产受到了沉重的打击，到现在为止，我们奶的生产量才恢复到最高水平的 80% 左右，前几天看一些材料，有些地方还在宰杀奶牛。国外的牛奶大量进口，因为新西兰跟我们签订了自由贸易合同，新西兰的牛奶因此可以大量地占领中国的市场。

第六个措施是合理引导消费预期，倡导健康文明的消费方式。要鼓励节约型消费、无害型消费、发展型消费、文明型消费，避免炫耀型消费、跟风型消费与奢侈型消费。

三、房市、车市、股市联动，促进消费持续、健康发展

房地产市场、汽车市场和股票市场，现阶段是拉动我国经济增长的三大引擎，这三大市场之间相互联系、相互依存、相互促进。促进这三大市场稳定健康的发展是提高居民消费率的一个关键之处，所以要研究这三大市场的内在规律，完善促进三大市场健康发展的相关政策，把促进三大市场联动发展作为当前扩大内需特别是扩大消费的战略重点。

（一）促进与保持房地产市场的持续繁荣

改善住房条件是广大城乡居民的迫切愿望，在居民消费意向的调查中，改善住房条件总是排在第一位，住宅的产业链条长，对相关产业拉动作用大。从 2008 年以来，城镇住宅价格涨幅下降，这是前年国务院出台的关于稳定住房价格若干政策意见的结果，符合广大消费者的意愿，也是保证住宅业长期健康发展的客观要求。

我国住宅业的发展必须以满足居民，特别是中低收入者的住房需求为主要目标，实现党的十七大报告提出的住者有其居的要求，就应当把城镇住房价格控制在与广大居民收入水平相适应的合理水平上，不能通过炒作来提高房价，制造泡沫。很多地方政府收入的 50% 左右来自批租地的收入，所以房价越高，批租土

地的收入就越多，批租土地的收入成为地方政府的第二财政，因此助长地方政府抬高房地产的价格。2007 年出台的国务院的文件就明确了稳定城镇住房价格责任的主体在地方政府，要强化地方政府在稳定城镇住房价格方面的责任。在这方面我们应当吸取日本、中国香港的教训，日本和中国香港制造了房地产的泡沫，当这个泡沫形成的时候，各个方面收入都增加，经济发展又快，大家都很高兴，但是一旦这个泡沫破裂了，它对经济的破坏性影响也是非常严重的。日本到现在的房价也只恢复到最高价格的 50% 左右，香港也在恢复，远远没有达到价格最高时候的水平，所以企图通过制造房地产泡沫来刺激经济发展，实际上是饮鸩止渴。

我们应当学习新加坡、德国等稳定住房价格、保障广大居民住房需求的成功经验。过去我在国家计委政策研究室的时候，有幸作为国务院住房领导改革小组的成员研究过这个问题，我曾到日本、新加坡、德国、荷兰专门做过房地产的考察，通过比较，我觉得我们绝不能走日本、中国香港的路，而要学习德国、荷兰的经验。德国的房价直到现在还跟“二战”后 20 世纪 50 年代的水平差不多，而现在通过住宅的储蓄银行，当人口刚一出生的时候，就存一笔钱，每年存进去，政府给予奖励，是固定利率，然后到成人结婚的时候，需要买房子了，除了把你存的钱全部贷给你，另外还要给你增加一倍的贷款，住宅储蓄银行的资金相当于德国买房子的资金的 1/3，德国人就是通过房地产市场价格的稳定，进而保持了德国整个市场的稳定，从而保持了整个经济的稳定，而且据他们介绍，德国的住房问题在欧洲是解决得最好的，住房水平也是比较好的。荷兰是把住宅的贷款和住宅保险结合起来，有一套完整的制度，已经运行了 100 多年，也是稳定住房的价格，这些国家住宅问题都解决得比较好，通过房地产价格的稳定来促进整个经济的稳定。所以国务院出台的这个政策，用以稳定城镇住房价格的目标是正确的。

当前，搞活房地产市场，重点是应当增加经济适用房的供给，廉租房的供给，也就是说保障型住房的建设，在这一次扩大内需中，用政府国债的投入在 3 年的时间内，要建设近 1000 万套保障型住房，这对拉动城市的住宅建设和建材工业的发展，活跃房地产市场能起到重要的作用。改革开放 30 多年了，还有一部分人住在棚户里面，他们的住宅没有得到改善，有一部分游牧民也需要定居，所以通过建设 1000 万套保障型住房使这部分人的居住条件得到改善，这也是全体人民共享改革发展成果的一个重要举措。

另外，就是要搞活二手房市场，扩大住宅的租赁市场。现在我们经改革后的住房已成为个人的私有财产，但是这些住房进入市场还是有这样那样的障碍，我们可以通过搞活二手房市场，让年轻人收入比较低的先买旧房，然后随着收入水平的提高，再逐步扩大面积。另外要扩大住房的租赁市场，我想最终还是要建立城乡一体化的住宅市场，这方面目前还没有突破，今天我们不妨作为一个问题来研究。城乡住宅市场分割大概就剩中国一个国家，城市人不可以到农村买房子，农民可以到城市买房子。韩国前些年实行一个政策，鼓励那些演员和城市高收入者到农村买房子，政府甚至给他们补贴，给予鼓励，为什么实行这个政策呢？因为他们到农村去了以后，把文明带到了农村。还有一个例子是德国，德国农村劳动力占全社会劳动力的比例只有1%~2%，但德国人62%住在农村和小镇，城里人住到乡村了以后，不仅把现代的生活方式、现代文明带到农村，而且他住到哪儿都会想办法把基础设施加以改善，把道路、供水、供电各个方面搞好，使高速公路、轨道交通与市区连接，上班的距离也不会太远。同时，这些人住到农村以后，生活的环境大大地改善了。

咱们提出来的城乡一体化包括六个方面，分别是城乡规划一体化，城乡产业发展一体化，城乡基础设施一体化，城乡公共服务一体化，城乡就业市场一体化，城乡社会管理一体化。我想，能不能还有一个城乡住宅市场一体化，作为第七个一体化，咱们可以就这样一个问题来探讨、研究，现在好多地方实际上已经有所突破。

（二）扩大轿车消费

2008年我国人均GDP达到3200美元，标志着已经开始进入轿车消费大众化的时代。轿车进入家庭是多少代中国人的梦想，随着居民收入的增加和汽车工业的发展，到2009年1月、2月，我国汽车销售已经成为全球最大的消费市场，2009年全年汽车产销将双双突破1000万辆，我们看到越来越多的人圆了轿车梦，实在令人高兴。

2008年下半年，受全球金融危机的影响，我们国内汽车销售量增速下降，应当说这是经历了连续几年井喷式的增长以后的一个短暂休整，随着各项鼓励汽车信贷以及各项利好措施的出台，汽车销量的增加开始加快。汽车生产的利润占整个汽车产业的利润只有10%，零部件的供应占到20%，销售占20%，整个汽车的服务占到50%，就是包括汽车的修理、加油、美容、保险、信贷等，汽车对整个社会的拉动作用，对就业的拉动作用非常大，发达国家大概每6个就业人口里面就有1个人在汽车行业就业。所以可以说没有汽车就没有现代化，过去长期有人讲，汽车不适合中国，中国人应当骑自行车，我看你要骑自行车的话，GDP怎么能搞到1万美元？

鼓励汽车消费，第一个是扩大汽车消费信贷。前些年我们银行汽车信贷的呆坏账大量增加，因此汽车贷款萎缩，应当通过建立一个汽车贷款的信用体系，配合卫星定位系统，来为扩大汽车信贷创造条件。

第二个是改善汽车的使用环境。城市的发展规划应当考虑轿车进入家庭的新情况，新建商业区应当考虑停车场建设，国外的停车场的建设已经发展成为独立的行业，我国一些大城市应该及早引进相关技术和管理经验。国外地下停车场还有空中停车场建设的技术已经很发达了，所以我们要及早把城市的发展、住宅建设和轿车进入家庭统筹加以考虑。要减少对汽车消费不合理的收费，降低汽车使用成本。

第三是鼓励购买电动汽车、混合动力汽车和中小排量的汽车。我们最近出台的汽车消费政策有了明确的规定，特别值得高兴的是，在电动汽车技术上，现在中国跟国外比，我们是很先进的，并不落后，深圳比亚迪搞了一个铁电池，申请了国际专利，一次充电可以行驶 300 公里，充电 15 分钟就可以达到负荷 80% 以上，白天使用，晚上利用低价电来充电，电动汽车对城市没有任何污染，可以说是零排放，很有发展前途。

第四个是延长汽车的产业链，充分发挥汽车产业对就业和消费的带动作用，根据发达国家的经验，我们要从销售、维修、金融、保险、燃料、零部件、停车、洗车各个环节来发展上下游产业，为汽车的生产和消费创造条件，扩大经济社会效益。

（三）促进资本市场平稳健康发展

随着我国证券市场的发展，越来越多的人拥有了财产性收入，证券市场尤其是股市的行情越来越多地影响着房市和车市，这跟香港地区和台湾地区一样。台湾地区股市一上升，消费马上就上来了，股市一下跌，消费也下来了。所以要促进资本市场的稳定、健康发展。我国资本市场的发展时间不长，发育不充分，许多运行机制还不健全，管理上缺乏经验，所以股市出现大的波动是难以避免的。

为了保证股市的稳定健康发展，一方面要加大基础性制度建设，另一方面要改善对股市的宏观调控，近几年政府有关部门在制度建设上已经做了大量的工作，也取得了成效，在对股市的宏观调控上还需要进一步把握规律，提高调控水平。一般来讲，可以通过对股市供求总量的调控来实现股市的稳定健康发展，避免大起大落。当股市处在上升期的时候，为了避免过热，应当适当增加供给，当股市处在下行期，为避免跌幅过大，应适当增加需求，针对这一次大的波动好多经济学家做了分析，我觉得分析也非常对，主要还是供求结构出现了变化。我们国家股票市场处在发展期，要进行总量的调控，认为政府对股市就是要不管、不干预，这个说法是不负责任的。要强化对股市的监督，要把对股市总量调控同行政干预区别开来，总量的调控不一定就是行政干预，要把这种调控作为政府的一项重要职责。要依法查处各种违法行为，促进股市的规范发展。要发展多层次的资本市场，及时推出创业板市场，培育壮大证券投资机构。

完善多层次的资本市场，要实现专家理财和理性投资，壮大证券投资机构，使我国的资本市场真正发挥出对企业的评价优选功能，培育出具有国际竞争力的企业，同时使广大投资者能够分享到企业发展成果，不断增加财产性收入。要通过资本市场的稳定和繁荣来支撑房市、车市持续繁荣，努力使房地产市场和汽车产业成为拉动国民经济的长久不衰的支柱产业。

市场稳定是经济社会稳定的前提

实现20世纪90年代经济稳定发展的若干对策[①]

20世纪90年代，对中国人民来说，是具有决定意义的10年。在这10年内，我们不仅要建成计划经济与市场调节相结合的经济体制，而且要实现小康水平的发展目标，从而证明社会主义制度的优越和自我完善的强大生命力。

一、20世纪90年代经济持续稳定增长的起点和目标

进入20世纪90年代，我国经济面临着复杂的局势和困难的抉择：改革与发展的任务互相交织；有利条件中潜藏着不利因素；治理经济的对策在发挥正效应的同时也带来了强烈的负效应。概括起来，存在以下矛盾的情况：

（1）一年来治理通货膨胀已取得显著成效，物价指数恢复正常，但通货膨胀的病灶尚未根除。在双紧政策下，市场销售疲软，工业产成品积压和财政收支困难，成为经济生活中新的焦点。

（2）钢铁、煤炭、石油、电力、水泥等重要能源、原材料产量已居世界前列，为发展深加工工业提供了雄厚的基础。但是，由于价格扭曲，导致利益驱动机制与生产力发展规律相悖，一方面助长了能源、原材料的浪费，刺激粗加工工业的膨胀，使相同的能源、原材料消耗只能生产出相当于发达国家20%~30%的价值；另一方面制约了对能源、原材料工业投资的增长，以致基础工业部门的瓶颈制约越来越严重，整个经济陷入结构失衡—调整—再失衡的恶性循环。

（3）消费品工业在改革开放的11年来发展最快，特别是普通家电产品产量已居世界第一、二位，成为家电生产大国。而目前受市场疲软的打击也最为严重。如何提高质量、降低成本，实现关键零部件的国产化，适应国内外市场需要开发新产品，把引进的成百上千条生产线开动起来，成为亟待解决的问题。

① 本文原载于国家信息中心《专题研究报告》1990年第73期。

（4）部分沿海地区由于乡镇企业、中外合资企业、外商独资企业、私营企业和个体经济的发展，已提前跨入小康水平，对全国城乡发挥着极大的激励作用；同时，产生了收入悬殊的问题。城镇居民收入实物化和小工资、大福利趋向日益严重。全国职工平均实际工资已连续两年下降。

（5）11 年来利用外资 570 多亿美元，引进技术和设备几万项，已经和正在开始发挥作用。但是到 1992 年，外债还本付息进入高峰，“八五”期间债务将由 80 年代的净流入变为净流出。引进技术、设备的消化、吸收、创新以及在全国同行业企业中的普及、推广，需要投入大量人力、物力和强有力的组织领导。

（6）我国人民已初步解决了温饱问题，粮食生产 1989 年突破 4 年徘徊，出现新的良好开端。到 20 世纪末，随着人口增长，耕地减少，而人民收入增加后对农副产品供应会提出更高的要求，农业的压力将会越来越大。

综上所述，实现 90 年代经济持续稳定增长的基本条件是具备的，但同时面临着一系列困难。制定 20 世纪 90 年代发展规划应当把近期矛盾的解决和中长期发展结合起来。在时间上应分为三个阶段：

第一阶段，“八五”前两年，继续完成治理整顿的任务，集中调整价格、税收和工资，理顺分配和交换关系，调整产业结构，国民生产总值的增长速度可控制在 5% 左右。

第二阶段，“八五”后 3 年，基本完成结构调整任务，建立起新经济体制的框架，国民生产总值的增长速度可控制在 7% 左右。

第三阶段，“九五”时期，继续完善经济体制，国民经济在计划经济与市场调节相结合的轨道上协调发展，国民生产总值的增长速度可达到 8% 以上。

综合计算，20 世纪 90 年代国民生产总值增长 0.984 倍，年均增长 7.1%。按 1990 年价格计算，2000 年可达 33083 亿元，预计人口达到 12.8 亿，人均 2585 元，按 1980 年价和汇率折算，为 944 美元，按 1990 年价和汇率折算为 548 美元。实现这个目标，20 世纪末国民生产总值将比 1980 年增长 3.668 倍，年均增长 8%，超额完成 20 年翻两番的目标。

上述指标在执行中可能突破。作为控制指标，国民生产总值在三个阶段的增长速度最高不应超过 6%、7%、9%。超过这个指标，就有可能再次出现过热。实现这个上限指标，90 年代国民生产总值可增长 1.178 倍，年均增长 8.1%。2000 年比 1980 年增长 4.125 倍，年均增长 8.5%，人均国民生产总值按 1980 年价和汇率计算，可达 1062 美元。

国民收入增长速度一般低于同期国民生产总值 0.3 个百分点，按上述低限指标安排，则 90 年代国民收入增长 0.96 倍，按 1990 年价计，2000 年可达 28461 亿元，年均增长 6.8%。三个阶段的增长速度分别为 4.7%、6.7%、7.8%。

预计工业总产值90年代增长1.79倍，2000年达54211亿元，年均增长10.9%，三个阶段的增长速度分别为8%、10.8%、12%。农业总产值增长0.37倍，2000年达9938亿元，年均增长4%。

按照从最终产品出发制订计划的要求，应根据计划期可能达到的供给总量，确定2000年居民消费水平、消费结构，然后再依次确定所需能源、原材料及投资品的产量。

若20世纪90年代最终消费率定为70%，居民消费率为57.3%，2000年人均消费水平按1990年价计可达1359元，比1990年提高0.852倍，年均提高6.4%，略低于1979—1988年的平均7.6%，高于1953—1988年的平均3.7%的水平。

在消费结构上：

（1）吃的方面，在消费构成中的比重将从1988年的51.4%下降为44%，支出的增加将着重用于改善饮食质量。粮食人均占有量由1989年的367公斤增加到400公斤。肉禽蛋奶鱼的人均消费量由1988年的28.2公斤增加到52公斤，增长84.4%，其中农民家庭人均消费量接近目前城镇的消费水平。全国人均日摄取食物中蛋白质含量由目前约70克提高到75克，脂肪由约52克提高到60克，基本改变了我国居民食物构成中动物蛋白偏低的状况，达到营养学家设计的我国人民比较理想的食物构成。基本消除人均收入250元以下的贫困地区。

（2）穿的方面，在消费结构中的比重将从1988年的13.9%下降为13.2%，人均布消费量由1989年的11.6米增加到18米。

（3）住的方面，城镇人均居住面积由1988年的8.8平方米增加到12平方米，一般不少于6平方米，基本上消除无房户、拥挤户和不方便户，使新婚青年都能得到住房。农村由16.6平方米增加到20平方米。城乡居住环境将进一步改善。

（4）用的方面，在消费构成中的比重将由1988年的13.46%增加到18%，按1990年价计，用的商品社会零售额到2000年将达到2741亿元，比1990年增加1596亿元。电视机的家庭普及率由1988年的52%提高到80%，洗衣机由27%提高到35%，电冰箱由7%提高到20%。空调机、微电脑、热水器、组合音响、地毯、吸尘器等将陆续进入居民家庭。农村用电覆盖率达到90%。

（5）行的方面，城市公共交通拥挤的状况将基本改变。农村公路交通有大的改善，力争做到95%的行政村通汽车。目前部分先富裕起来的地区和居民已具备了购置轿车的能力。截至1988年年底，全国已拥有私人汽车60万辆，占民用汽车拥有量的13%。随着国产轿车的发展，20世纪90年代后期轿车将开始进入家庭。

（6）医疗、文化、娱乐设施将进一步增加，医疗保险制度进一步完善，看病难、入托难、优生优育等问题将得到解决。职工将有更多的自由支配时间用于学习和娱乐。

上述目标不是脱离实际的许愿，而是经过努力完全可以达到的。达到这些目标，我们就可以理直气壮地宣布，中国人民达到了小康水平。它将证明中国共产党确有能力领导全国人民建设美好生活，党在群众中的威望将重新树起。

二、价税薪联动，理顺分配和交换关系

市场疲软、产品积压和企业资金短缺是当前经济生活中的表层矛盾；其背后原因是产品结构不合理和企业经济效益低；而更深层次的原因则是分配和交换关系不合理，违背了价值规律和物质利益规律，以致多年来年年强调调整结构、提高效率，结果总是事与愿违。理顺分配和交换关系，才能抓住整个经济问题的症结，既使改革有所突破，又能为发展创造良好的条件。

理顺分配和交换关系的主要任务，一是在分配上解决国民收入初次分配中国家财政和中央财政的收入比重过低，由于分配方式不规范造成企业苦乐不均、扶劣限优，以及再分配中工资外收入比重过大、个人收入悬殊和分配实物化问题；二是在交换上解决价格偏离价值和地区市场分割的问题；三是解决分配杠杆与交换杠杆功能紊乱，把价格当作分配工具，把税收、补贴、工资、福利等分配杠杆当作交换杠杆的补偿器，以致自身功能均不能很好发挥的问题。

由于分配关系和交换关系不合理，而且又错综复杂地交织在一起，在理顺经济关系时，就不能单就价格领域里的问题改革价格，单就财税方面的问题改革财税制度，单就工资方面的问题改革工资制度，而需要通盘考虑，制定一个价、税、薪联动，综合配套的改革方案。

（一）调整价格体系，改革价格形成机制

建立合理的价格体系和价格形成机制，才能为经济良性循环奠定基础。理顺经济关系必须把价格改革放在首位。价格改革应坚持“调、放、管”结合，分步实施的原则。

第一阶段，1990—1992年，应以理顺生产资料价格为主，为企业创造合理的竞争环境。应利用市场疲软之机，集中调整能源、原材料、交通运输、城市土地价格，在接近社会平均资金利润率的基础上实行计划控制价格，防止垄断价格；同时放开加工产品价格；对少数生活必需品和服务价格实行严格控制和必要的补贴。通过这一阶段的调整，基本上解决生产领域政策性亏损问题，使各个行业得到大体平均的资金利润率。同时建立市场公平交易委员会，颁布市场法、反垄断法、反暴利法、保护消费者法等，为企业公平竞争、优胜劣汰创造大体合理

的外部环境。

第二阶段，1993—1995年，以理顺消费品价格为主，废除带有供给性特点的实物分配。调整粮食、棉花、油料和其他经济作物之间的比价，建立健全农副产品的国家合同定购制和地区间的期货贸易制。逐步使粮棉油肉的国家收购价接近或高于市场价，逐步减少直至取消粮食经营补贴。着手进行住房制度的改革，逐步使住宅业成为一个可以自我发展的行业。

第三阶段，"九五"前两年，以理顺国内市场与国际市场价格的关系为主，使重要生产资料价格接近国际市场价格，放开对国内生产资料价格的控制，取消对进出口产品的价格补贴，使进出口贸易建立在国际比较成本对我有利的基础上。到1997年，全面理顺价格体系和价格形成机制。

有种观点主张先调生活资料，包括农副产品的购销价格，后调生产资料价格。我认为这样做有两点不妥：一是当前治理整顿迫切需要加强基础产业，先调能源、原材料价格对生产有利，推迟生产资料价格调整出台时间，将失去当前的时机；二是治理整顿期间主要矛盾是抑制通货膨胀，先调生活资料价格有悖于抑制物价上涨的要求，且不利于启动市场，解决销售疲软问题。

（二）改革财税制度

财税制度改革与价格改革同步进行。改革的方向：①加强宏观调控能力，建立复式预算；②以分税制代替地方包干制，划分中央与地方的财权和事权；③对企业实行规范化的税收政策。

在治理整顿阶段，财税体制改革的重点应放在以下几个方面。①配合生产资料价格调整，完善税收制度，清理以致取消各种减免税和亏损补贴，使涨价收入大部分收归国家财政。推行固定资产付费制度，改进所得税，减少重复征税，逐步推行税后还贷、税后承包，使国家与企业的利益分配规范化，纠正"鞭打快牛"、保护落后的现象。②把财政收入占国民收入的比重由1988年的22.5%提高到25%；把中央财政预算收入占预算收入的比重由1988年的36.4%提高到38.5%；把部分预算外收入划入预算内，使预算外收入相当于预算内收入的比重由1988年的91.2%降低到90%，三项合计可使中央财政收入增加600多亿元。③加强全民纳税义务教育，严格税收征管工作，坚决制止偷漏税行为。同时禁止对企业的乱摊派、乱罚款。通过上述改革，扭转财政连年赤字的局面。

"八五"后三年，建立新的财政体制；与调整消费品价格相配合，逐步减少价格补贴。财政资金应分为三部分：一是经常项目基金；二是财政建设基金；三是国债基金。其中，经常项目基金来源于税收，不再打赤字预算；财政建设基金和国债基金作为来源与用途各有区别的国家建设基金，有多少钱，办多少事。新财政体制将从制度上保证吃饭与建设的需要，把好财政收支平衡这一关。

（三）改革工资制度

在调整价格、减少财政对居民生活补贴的同时，工资制度要相应进行改革。当前应重点解决收入悬殊、实物分配和财政补贴负担过重三个问题。解决收入悬殊问题，应从两头入手，一是限制过高的收入。对私营企业主、个体户、国营和集体企业承包人、外资及合资企业职工、演员、出租汽车司机等的收入要制定具体的收入申报和调节政策，严格限制工资外的收入。对已经出现的一小部分百万富翁要研究妥善对策，鼓励其发展生产的积极性，缩小其同一般群众的生活差距。二是分步骤地增加低工资者的收入，提高行政、事业单位人员的基础工资，通过正常晋级，在同一级别、职称中拉开工资档次，缩小行政事业单位人员与企业职工工资的差距，改变简单劳动同复杂劳动收入倒挂的现象。

收入分配实物化主要指机关、企事业单位向职工滥发实物。据浙江省信息中心典型调查，这部分收入已相当于工资收入的40%，其中物资、外贸、金融企业已超过工资收入的一倍以上。“八五”期间应逐步缩小实物分配，提高职工的工资收入，坚持收入货币化的方向，以利于实现商品生产的良性循环，杜绝不正之风。

在减少财政对居民生活补贴的同时，要相应提高职工和离退休人员的收入，增强居民对物价上涨的承受能力。应当看到，在我国，随着工业化和现代化的进程，工农业产品价格剪刀差将逐步缩小，这是一个不可逆转的客观趋势。继续把压低农产品价格和抬高加工工业品价格作为增加财政收入、积累建设资金的手段，必将阻碍生产的正常发展，最终将影响财政收入的增长。应当向人民讲清楚，提高农副产品购销价格符合经济规律。只要价格上涨的幅度低于工资增长的幅度，居民生活必需品的支出在消费结构中的比重不上升而且有所下降，人民是会接受的。

抑制工资特别是各类奖金、补贴的过快增长，是一个需要认真解决的问题。除了要严格执行奖金税、工资收入调节税外，对某些企业利用双轨制价格、不充分竞争的环境等特殊条件谋取的超额利润和收入，国家要加以限制。鉴于通货膨胀使固定资产严重贬值，国有资产的一部分价值转化为企业和个人收入而被吃掉，建议尽快实行通货膨胀会计制度，使固定资产及其在产品中的转移价值得到正确评价。

三、围绕适销的消费品和出口商品的生产调整产业结构

治理整顿期间乃至整个“八五”时期，调整产业结构是一项重要任务。调整产业结构应围绕适销的消费品和出口产品的生产来进行。合理的产业结构和产品结构的客观标准应当是：市场需要的产品能够得到充分的迅速的发展，生产适销产品的能源、原材料和设备能充分保证供应。

农业是消费品及其原料的主要提供部门，现有社会商品零售总额中，来自农业及其加工品的占近 70%，仅吃的商品就占 54.2%。农业的好坏决定着市场形势以至整个经济形势。调整产业结构的重点之一是大力加强农业。20 世纪末实现小康水平，饮食质量的改善是一个重要标志，这又必须以人均粮食占有量的增加为前提。粮食总产量应达到 5.12 亿吨，比 1989 年增长 10445 万吨，平均每年增产 950 万吨，比前 11 年年均增长 934 万吨还要多 16 万吨。这个目标，必须动员全党和全国人民共同努力才能达到。

实现粮食增产，必须在提高粮食单产上下功夫，努力改造中低产田，推广良种、薄膜覆盖和科学施肥，扩大水浇地面积，实行规范化栽培技术。动员多种力量，增加对农业的资金、技术和物质投入。

要把养殖业的发展提到重要地位。充分利用水面、草原、山地、庭院，重点发展料肉比低、投入产出率高的家禽、鱼类饲养业，用有限的饲料，生产出尽可能多的动物蛋白。与国外相比，养殖业是农业中突出落后的产业。我国现有饲料消耗总量同法国差不多，但生产的肉蛋禽奶只及法国的一半，原因在于养殖结构、良种培育、饲料配比、饲养方法落后。为适应我国养殖业发展的需要，要改变现有农业院校中过分偏重于种植业的倾向，扩大养殖专业的比例，并通过各类培训方式培养技术人才，推广养殖技术。要迅速地把养殖业从原始的分散的粗放的生产方式转移到科学的集约化的现代化的技术基础上来，这是一项关系到 11 亿人口身体素质的具有战略意义的大事。

扩大适销工业消费品的生产，是调整工业生产结构的出发点。“六五”初期确定的这一方针是正确的。十年来我国的工业消费品市场出现繁荣景象，摆脱了所谓“短缺”经济的窠臼，是计划经济的一大成功。问题在于，由于加工业同基础工业的产品比价不合理，使消费品工业同相关基础产业之间出现了断层，消费品工业的蓬勃发展未能形成对相关基础产业的强大拉力，两者的发展脱节，一部分消费品生产不得不长期依赖国外。当然，像山东省那样，运用地区经济调节功能，实行“以轻养重、以轻促重”，保证了地区内消费品工业同相关基础产业的协调发展，在近两年宏观紧缩的情况下仍显示出较强的适应能力，是一个例外。“八五”期间调整工业结构，加强基础产业，切忌回到改革前“重重、轻轻”的

老路上去。要通过价格调整，建立灵活有效的产业转换机制，使基础产业跟上消费品工业发展的步伐，并通过一些财政、金融政策，扶持带头产业的发展，特别是出口的拳头产品的发展，努力提高出口产品的加工深度和技术含量。

"八五"时期在交通运输上，应把发展公路和水路运输放在重要地位。利用我国丰富的劳动力资源，通过以工代赈，进行劳动积累，加快公路网建设。其资金来源应主要依靠汽车的轮胎税和燃料税。这是发达国家公路建设资金筹集普遍采用的方式。轮胎和油料应由国家专营，价格随行就市，取缔私人加油站。同时，放开汽车的价格和购买控制，扶持国产汽车的发展。要利用内陆江河和沿海海域，大力发展水上运输。运用水运成本低的优势，让其同公路、铁路运输竞争，振兴船舶工业。利用国产飞机，发展航空运输。力争到2000年使货物周转量构成中公路运输的比重由1988年的13.5%提高到18%~20%，水运比重由1988年的42.3%提高到48%~50%；民用航空由0.03%提高到0.06%。在旅客周转量构成中，力争使公路客运的比重由1988年40.7%上升到50%，民用航空客运的比重由3.5%上升到5%。铁路建设应重点放在卡脖子地段和现有紧张线路的改造上，以扩大通过能力。新线建设应调动地方积极性，动员受益地区的群众提供半义务劳动积累，以降低铁路造价，同时积极争取国外长期贷款。

四、健全积累机制，把预算外资金和居民剩余购买力引导到对瓶颈部门的投资上来

实现20世纪90年代后两个阶段的增长速度，"八五"必须保证一定的投资强度。"六五"和"七五"前四年的平均积累率为32.2%，"八五"积累率以30%为宜。为此，需要建立健全资金积累机制。

国家用于固定资产投资的资金，按其来源和投资方向，大体应分为三个部分：一是财政建设基金，主要来源于税收和国有资产收费，用于非营利性社会基础设施的建设；二是国债基金，用国家信用的形式，向社会发行股票、债券，利率可略高于银行储蓄存款利率，略低于贷款利率，既向企业、个人发行，也向银行、保险公司等发行，以吸收社会上可以长期占用的资金，主要用于基础工业和国家扶持产业的重大工程项目的建设，该基金单独核算收支，以项目投产后的收益返还，不断滚动使用；三是银行贷款，其来源主要是居民储蓄存款，贷款规模决定于吸收存款的数额，主要用于能在短期内见效益的建设项目和出口项目的投资。对企业招股集资，近期应适当加以限制，规定其股息率和分红不能超过国家债券利率，以避免通过职工入股，把国家收入转化为个人收入以及同国家争夺资金。

“八五”时期，要把建立农村积累机制作为重点抓好。经验证明，依靠国家增加对工业的投资，吸收农业劳动力，实现农业工业化的历史进程，是极其缓慢的，目前甚至连城市新生劳动力的就业都难以完全满足。而依靠农民自己提供原始积累，通过办乡镇企业，逐步实现劳动力转移和农业的工业化，是一个可行的途径。目前大部分地区农民的积累能力还很低，但即使这点积累能力，又被无休止的造房和婚丧嫁娶花掉，非常可惜。县、乡、村级政府应加强对农村积累的领导，按照经济和自愿的原则，通过信用社、各种合作社把农民手中分散的资金集中起来，利用当地的资源、劳动力，兴办工商企业和其他经济开发事业，走苏南农村的发展道路。

在资金投向上，鉴于目前国家预算内投资占全社会固定资产投资的比重已低于10%，预算外资金已构成投资的主体，实现“八五”调整产业结构的目标，必须制定有效地引导资金投向的政策。除了前述调整价格，以行业资金利润率来吸引投资外，还应进一步利用差别贷款利率，中央和地方联合投资，以中央投资带地方投资等办法，集中更多的资金投向短线部门。要通过政府的组织协调和资金市场吸收、积聚资金，克服投资分散化、建设规模小型化、技术工艺倒退的倾向。“八五”时期能否把预算外资金和居民剩余购买力吸引到国民经济瓶颈部门的建设上来，将决定着20世纪90年代经济建设的成败。

五、大力推动沿海向内地、城市向乡村的产品扩散和技术转移

改革开放以来，沿海地区的发展快于内地，城市经济的发展快于农村，原有的差距拉大了。实现20世纪90年代经济的增长，沿海和城市应更好地带动内地和乡村的发展。

过去一个长时期内，我们一直把内地和农村当作沿海和城市的原材料供应地和工业品的销售市场。随着内地和农村工业的发展，这种基本经济格局逐渐被打破。沿海地区和城市应因势利导，主动把一般工业品、高耗能产品和零部件的制造以及原材料初加工，转移到内地、农村，转移到原材料产地或能源基地，腾出人力、场地，干那些内地和乡镇企业干不了的事情，集中发展高精尖产品、出口产品、大型成套设备的生产。这样做，对沿海地区和城市来说，虽然会在财政收入上有些损失，但是由于减少了往返运输，推动了内地和农村经济的发展，并使自己也甩掉了一些包袱，从宏观上算账，是非常合理的。应有计划、有组织地推动这种产品的扩散和转移。

在产品扩散的同时，在技术、管理和信息上也应推动内地和农村两个方向的转移。沿海地区和城市近几年引进了大批先进技术和设备，拥有雄厚的技术力

量，具有管理经验，信息比较灵通，这些技术、管理和信息应当转移到内地和农村，使之发挥更大的作用。

推动上述产品扩散和技术转移，需要有强有力的组织领导，要按照等价交换、互惠互利的原则，促进各种形式的横向联合。应继续鼓励人才的流动，动员沿海和城市的一些企业管理人员、技术人员、推销人员和离退休人员到内地和农村承包企业和领办乡镇企业。通过人才流动带动生产要素的优化组合。90 年代应当是沿海带动内地、城市带动乡村共同发展的 10 年，是发掘内地经济增长潜力的 10 年。中国经济的振兴最终将决定于广阔的内地走上工业化道路。

六、控制总需求中现实需求与潜在需求的比例，保持适当的现实购买力

从 1988 年 9 月的抢购风潮，到 1989 年下半年开始市场疲软，前后仅差 9 个月。这一情况说明，在一定的总供求状态下，通过各项政策改变总需求中现实需求同潜在需求的比例，市场就可能表现为两种截然不同的情况。为了保持市场的稳定，进而实现生产的稳定发展，必须正确把握现实需求与潜在需求的比例，使现实购买力保持稳定增长。

这个比例主要取决于以下因素：①总需求与总供给的差额；②居民储蓄额的变化；③居民购买欲望；④宏观政策和居民心理预期；⑤投资额的变化。

在不同时期，上述因素对现实购买力的影响作用是不一样的，因而调控杠杆的选择应视具体情况决定。一般来说，当市场销售过旺引起经济过热时，应提高居民储蓄率，降低购买欲望，压缩投资，减少涨价预期。当市场销售疲软，引起生产下滑时，应采取相反的措施。根据当前的经济形势，为了启动市场，保持经济的适度增长，应当在继续控制总需求增长的前提下，运用存贷款利率和价格政策，配合舆论宣传，适当降低储蓄率，增加投资，减少降价预期，刺激市场购买，减少商品积压，使生产、流通、消费正常运转起来。目前水泥工业开工不足，可考虑增加一些基础工程和新开发区的建设。

现有 7000 多亿元剩余购买力，相当于 10 个月的社会商品零售额。作为潜在需求，既不能掉以轻心，防止它跑出来冲击市场，再次造成物价上涨，也不能把它看得过于严重，一味地压缩消费，强调增加储蓄，以致造成市场现实购买力不足，出现抑制型产品过剩。保持现实需求与潜在需求的合理比例，如同把总需求的泄洪闸门开得大小适当，始终保持适量的现实购买力，形成适度的买方市场。对企业来说，既让其感到有一定压力，又让其感到市场的容量很大，督促其改进技术、加强管理、降低成本、不断开发出市场需要的新产品。

20世纪90年代，随着经济的发展，居民收入和储蓄率都将进一步提高，剩余购买力将继续增加。在避免出现新的总需求膨胀、控制居民货币收入过快增长的前提下，保持总需求中现实需求的合理比重，把握好市场的冷热程度，是宏观调控的一个重要任务。应当从国民收入的分配入手，调动价格、税收、利率等多种杠杆，通过宣传舆论工作使广大群众对经济前景充满信心，从而保持适当的稳定增长的现实购买力。按照90年代国民生产总值低限增长速度，参照历史情况，“八五”前两年、“八五”后三年、“九五”时期三个阶段现实购买力的增长速度扣除物价因素分别应控制为：6.7%、8.7%、9.7%。

展望20世纪90年代的国际环境，有利因素很多。亚太经济的崛起，为我们提供了发展的契机。日本为了对付西欧共同市场和北美自由贸易区，需要同中国发展经济合作。美国市场对中国的日用消费品正表现出巨大的吸纳力。西欧国家对中国市场的垂涎应成为我们从这些国家引进资金和技术的杠杆。亚洲“四小龙”正进行着的结构调整和资金转移，为我们发展加工品出口和引进资金提供了难得的机会。对苏贸易也大有发展余地。我们要紧紧抓住时机，善于利用有利条件，进一步扩大对外开放，促进中国经济的振兴。

1991 年：市场回升加快但难以突破①

我们认为，1991 年我国市场总的趋势是：市场疲软走出低谷，市场回升速度比 1990 年下半年将有所加快，但离正常年份还有一定的距离。据我们初步测算，1991 年全社会商品零售总额将增长 11% 左右，高于 1990 年 2% 的增长水平。

市场回升速度加快的主要依据是：

1. 社会商品购买力将有所上升，表现为：

（1）由于全国行政、事业单位调整工资已全部兑现，部分企业从去年年底开始也陆续调整工资，城市居民收入将有所增加。去年全年工资及其他对个人支出比上年增长 12% 左右，全国职工工资总额增长 7% 左右，1991 年由于工业生产逐步回升，停工停产，半停工停产企业大量减少，企业职工收入会继续增加，初步预测 1991 年职工工资总额将比去年增长 10% 左右。

（2）农民货币收入增加。1990 年农业全面丰收，农业总产值比 1989 年增长 6.9%，粮食产量达 8700 亿斤，比大丰收的 1989 年增长 6.7%，棉花产量达 8940 万担，比上年增长 18.1%。在此基础上，国家同时适当调整农副产品收购价格，并出台粮食仓储措施，成立粮食储备局，设立粮食储备基金，将保证粮食市场的价格稳定和增加农民收入。据测算，1990 年农民从农业和非农业生产中得到的收入比 1989 年增长 4.7%，而 1991 年农民的总收入将比 1989 年增长 9% 左右。

（3）社会集团购买力回升。自 1990 年第二季度以来，国家陆续放松了对部分专控商品的限制，从而使社会集团购买增长率回升，1990 年 6—11 月累计集团消费品零售额比上年同期增长 9.2%，大大超过居民消费品零售额的回升速度。预测 1991 年社会集团购买消费品的需求为 14% 左右，高于 1990 年 6% 的水平，仍将快于全社会商品零售额的增长速度。

（4）投资需求逐步回升，直接和间接地增加了消费需求。自 1990 年下半年以来，国家适当调整了紧缩力度，全民固定资产投资增幅逐步提高，1990 年比上年增长约 8.3%，而初步预测 1991 年将比 1990 年增长 13%，如果投资转化为

① 本文原载于《数量经济技术经济研究》1991 年第 6 期，与刘永强合写。

消费的比重按40%计算，转化的消费需求比上年增加210多亿元。经验数据表明，固定资产投资反映到市场上来的滞后期为2~3个月，1990年下半年追加的投资，在1991年第一季度就能明显反映为市场需求的增加。

2. 物价水平看涨趋势

市场疲软或见旺与物价涨势减缓或增加有着十分密切的关系。一般说来，当价格稳定或下降时，居民储币待购、买涨不买落的心理较为强烈，因而消费者的购买热情不高。相反当物价看涨时，居民会增加购买甚至出现抢购。1988年的抢购和1989—1990年的疲软这两种截然不同的市场表现，正是公众对不同的价格预期的结果。

3. 消费心理逐步转向正常的因素

除了上述消费者降价预期心理逐步消除之外，还有就是1990年4月和8月银行两次调低储蓄存款利率（平均约3.1个百分点）作用。由于利率连续下调，居民从储蓄存款中获得的利息收入更少，因而储蓄将由1989年以来的高速增长转为正常增长，居民收入中转化为消费的比重将有所增加。此外，1988年居民超前超量抢购的商品中，除耐用消费品以外，其他商品已基本消耗掉，因而有利于1991年转入正常购买，增加即期消费的比重。

4. 遵循市场周期的波动规律

据有关部门测算，我国消费品市场存在高低相间的周期性波动规律，大体四年左右出现一次高峰。去年我国市场恰好处在1988年8月和1992年8月两个高峰之间的低谷区，当前市场运行已爬出谷底，正处于由低谷向正常区上升的阶段。

但是，我们认为，完全扭转市场疲软还需要一定的时间，1991年很难出现大旺，主要是因为：

（1）1989—1990年我国市场波动下降坡度过于陡峭，而我国经济运行节奏相对较慢，滞后期较长，市场疲软的情形在1991年内仍会有一定的表现，启动市场仍有一定的过程。

（2）1991年内居民消费心理不会有较大的变动，就目前我国的实际情况看，要使居民消费心理发生突变，必须具备下述几个条件：①较大动作的一系列价格改革措施出台；②储蓄存款利率继续下调，且幅度较大；③商品尤其是关系到人民群众生活的必需品严重供应不足；④货币供给大大超过经济增长的正常需要量。由于政府所推行的各项政策都比较认真、慎重，估计不会同时出现上述情况，因此不会引起居民消费心理的突变。

（3）整体物价仍保持在较高水平上，在一定程度上制约了消费的增加如前所述，物价上涨既可以刺激居民的购买行为，但也是制约居民消费的因素之一。

1990 年我国社会商品零售物价指数上涨 2.1%，低于 1989 年 17.8% 的水平，涨幅明显回落，但这只是 1988 年、1989 年物价上涨较高基础上的涨幅回落，大多数商品价格的绝对水平并不低，或只是在过去涨得过高情况下有所回落。从单纯的物价指数看，我国确实已消除了明显的通货膨胀，但目前价格水平仅是从高水平的下降，实际上与国外相比我国目前仍存在中度的通货膨胀，并随时可能转化为超过两位数的通货膨胀，只是在市场疲软的经济环境中感觉不特别明显而已。正因为物价在整体上仍保持较高的水平，从而在一定程度上制约了消费。

针对当前的市场情况及其走势，我们建议继续做好下述三方面的工作：

（1）当前宜松动能源、交通、原材料等基础产业的固定资产投资，扩建职工宿舍楼与推行住宅商品化同步进行，在防止乱占耕地的同时，鼓励城乡居民营建住宅等。对集团消费要根据不同对象有所区别，对能提高办公效率、资金来源有保证的企业单位的购置用品，仍可适当放宽限制。

（2）保证农副产品收购资金，活跃农村市场。1990 年农业丰收，有关部门要切实搞好农副产品的收购，仓储工作，把收购资金安排落实，特别是对主要产区需要的资金要给予充分的保证，杜绝收购打白条的现象，稳定粮食市场，解决猪、粮卖难的问题，避免谷贱伤农，保证农民实际收入的稳步增长，以增加农民购买力，活跃农村市场。

（3）拓宽消费面，增加居民消费支出。为了增加居民的商品和非商品支出，应适时调整消费政策和消费结构，加快住宅商品化的步伐，同时，应对医疗卫生、教育、社会保险等制度进行改革，改变目前居民消费面过窄的状况。

20 世纪 90 年代市场日趋成熟①

我认为经过 20 世纪 80 年代的急剧发展和前几年的波折，我国的市场在进入 20 世纪 90 年代时已经成熟多了。可以预料，今后几年内总供给和总需求将会继续保持基本平衡；城镇居民老的消费热点已经降温，新的热点的形成尚处于能量积聚阶段，近两三年内不可能达到高潮；农村购买力的增长缓慢，电力供应等基础消费环境短期内难以有较大改变；生活消费品价格绝大部分已经放开，形成了某种相对稳定的均衡状态；住房、医疗、保险等制度的改革，将把相当大一部分潜在购买力稳定下来；人民对经济前景充满信心，市场预期对市场的稳定将产生不可估量的巨大影响。

具体来说 1992 年的市场，将呈现什么样的态势？我的看法是，目前的适度买方市场将继续存在下去，消费者对商品品种、花色、功能、服务的选择性进一步增强，生产者之间的竞争将更趋激烈，整个市场趋势可以概括为：择优汰劣，平稳增长。

1992 年整个经济工作将围绕着调整结构，提高效益这个中心来展开，增量的调整，重点是增加能源、交通、通信、农业、水利、建筑等基础产业和基础设施的投资。在近期内，这方面投资的增加将主要表现为需求的增长，这是拉动市场销售额平稳增长的一个重要因素。存量的调整，随着改革步伐的加快今年将迈出实质性的步骤。20 世纪 80 年代形成的过大的加工工业生产能力，不可避免地要通过市场竞争，来决定哪些可以继续存在下去，哪些则可被淘汰。国内市场的需求总量是有限的，谁能以自己的产品和服务赢得消费者，谁就有生存和发展的权利。

市场销售额的稳定增长，是经济持续、稳定、协调发展的前提。为了使我国经济步入良性循环，如何开拓市场，创造出人民群众乐意购买的产品和服务，是生产、流通乃至整个经济发展的关键所在。在这方面，应打破种种陈旧观念。发达资本主义国家住房、汽车、旅游三大消费领域，在我国都处在未开发阶段。如

① 本文原载于《中国商报》1992 年 3 月 5 日。

果我们不从这些消费领域开拓市场出路，20 世纪 90 年代要实现经济再翻一番的目标将是困难的，除非再回到中华人民共和国成立后 30 年重工业自我循环的老路上去。那将会使我国经济再次走上脱离人民消费的畸形发展的方向。

在积极开发新的商品和服务领域的同时，对目前低水平过剩的一般消费品不能满足于数量，而要切实在质量、花色品种上有较大变化，努力朝质的方向发展。

抑制通胀　事关大局①

1994年，将作为改革之年载入史册。

在这一年，出台的改革措施之多，改革的力度之大，是过去所没有的。由于改革措施准备比较充分，在实施中注意及时研究和处理各种矛盾，实现了向新体制的平稳过渡，在建立社会主义市场经济宏观调控体系方面迈出了决定性步伐。随着时间的推移，这些重大改革对中国经济的深远影响将会逐步显现出来。

在改革措施酝酿出台的时候，不少人曾担心经济能否承受得住。然而结果比预料要好。1994年国民经济继续保持较快增长。全年国内生产总值预计比上年增长11%左右，其中第一产业增长4%，第二产业增长16%，第三产业增长9%。农业生产取得较好收成。国家大幅度提高粮棉收购价格，有效地调动了广大农民的生产积极性。尽管遇到严重的水旱灾害，全年粮食总量仍预计可达到8900亿斤，是历史上的高产年份。工业生产持续发展，工业增加值预计比上年增长17%左右。固定资产投资增长过猛的势头得到初步遏制，全年全社会固定资产投资总规模预计达到15500亿元，比上年增长24.4%，增幅回落26个百分点。投资结构有所改善，重点建设资金到位情况好于往年。财政金融形势保持平稳，全年城乡居民储蓄存款预计新增5000亿元以上，国家信贷规模和货币发行得到较好控制。对外开放继续保持良好势头。外汇外贸体制改革有力地促进了外贸出口，预计全年出口总额可达到1050亿美元，进口总额1100亿美元，增长5.8%。年末国家现汇结存450亿美元左右，比上年年末增加200多亿美元。利用外资的领域继续拓展，资金实际到位超过1993年。预计全年借用国外贷款123亿美元，外商直接投资超过300亿美元。城乡人民生活继续改善。农民收入增长缓慢的状况有所改变。人均年纯收入预计可达到1170元，扣除价格因素，实际比上年增长4%左右；城镇居民人均生活费收入达到3150元，实际增长7%左右。社会消费品零售总额预计达到15900亿元，扣除价格因素，实际增长7%左右，居民生活质量有所提高。

① 本文原载于《现代市场经济周刊》1995年第2期。

当前经济生活中的突出问题是：物价涨幅居高不下，通货膨胀已相当严重；农业发展滞后，对整个国民经济发展的制约日益突出；相当一部分国有企业生产经营困难较大。这些问题如不能及时加以解决，将会影响到国民经济的持续、健康发展。

通货膨胀率过高，影响到改革、发展和全局的稳定。消费基金过快增长，导致货币过量发行，从需求拉动和成本推动两个方面推动物价上涨。1994 年投资增长幅度虽然比 1993 年有所回落，但固定资产投资率仍将达到 38% 左右。这还没有包括 2000 多亿元的外商直接投资，如果包括进去，投资率还要高一些。消费基金基本处于失控状态。1994 年 1—10 月工资性现金支出比 1993 年同期增长 41.3%。从中华人民共和国成立以来到 1994 年，累计发行货币 7500 亿元左右，其中近三年发行货币即达 4200 亿元左右，占 56%。二是农产品价格改革和财税、外汇等项改革必须付出的代价。1994 年，国家大幅度地提高了粮食、棉花、油料的收购价格，这是缩小工农业产品价格剪刀差，调动农民种粮积极性的重大措施。但从 6 月 10 日粮食提价后，引起肉类、蔬菜、食品价格上升，使 3 月以来一度涨势趋缓的物价水平又出现反弹，在 1994 年整个价格上涨因素中，仅食品类涨价就超过 60%。此外，外汇改革使人民币汇率下降，税制改革调整了企业的税收负担，也在一定程度上对物价产生了推动作用。三是投入不足，加之部分地区受灾严重，一些重要农产品供应紧张，造成市场价格上升。四是流通秩序混乱，价格调控体系没有建立起来。在绝大部分商品价格和经营都已放开的情况下，流通体制改革和市场监督工作没有相应跟上，国合商业对一些关系群众基本生活需要的重要商品经营比重过低，没有发挥平抑市价的作用。对于抑制通胀的紧迫性应当给予足够的认识，并根据产生通胀的主要原因，采取有针对性的措施。

刚刚闭幕的中央经济工作会议提出了 1995 年经济工作的指导思想，要求我们继续把握“抓住机遇、深化改革、扩大开放、促进发展、保持稳定”的全党全国工作大局，进一步处理好改革、发展和稳定的关系，继续加强和改善宏观调控，抑制通货膨胀，保持国民经济发展的好势头，提出 1995 年要把深化国有企业改革作为重点，推进各项配套改革，完善宏观管理体制。会议提出要把抑制通胀作为 1995 年宏观调控的首要任务，尽快把过高的物价指数降下来，使国民经济走上健康发展的轨道。

按照中央提出的要求，1995 年要下大力气抓好农业，增加农产品供应。为此，必须确保粮食、棉花播种面积。特别是东南沿海六个省区，由于乡镇企业和各种经营比较发达，种粮的比较效益较低，出现了土地撂荒半撂荒现象，近两年粮食调入量大量增加，影响到内地粮食市场的平衡。应落实重要农产品的基本农田保护区制度。中央、地方政府和农民个人都应增加对农业的投入。继续搞好

“菜篮子”工程，发展机械化养猪场，建立稳定的肉禽蛋生产基地。过去我们解决城市鸡蛋供应问题，靠的是机械化养鸡场，归根到底是现代技术解决了问题。同样，增加肉类生产特别是食草类家禽的比重，也要靠技术进步。东南沿海省份应充分发挥经济比较发达，光、热、水等自然条件好的优势，加强对农业的保护和支持，使粮食和主要副食品立足于本地生产、供应。

工业生产应适当控制增长速度，把重点放在调整结构、提高效益上。当前工业生产的关键不是速度上不去，而是品种、结构、质量不适应市场需求，经济效益不好。应适当降低一下增长速度，1995 年国内生产总值控制在 8%~9% 比较合适。速度稍低一些，各方面的关系不致绷得过紧，有助于实现经济的“软着陆”。应当把主要注意力放在转变经济增长方式上，即由粗放式数量型增长转变为集约式质量效益型增长，这是改变历史上多次出现的“膨胀—收缩—膨胀”的不良循环、避免通货膨胀的根本途径。进入 20 世纪 90 年代，由于城镇居民正处于消费转型期，缺乏新的消费热点，经济的增长很大程度上依靠投资需求的拉动。近两年来，投资的过猛增长带动了经济的快速发展。1995 年，为了有效抑制通货膨胀，必须严格控制全社会固定资产投资，在此前提下，着力调整投资结构，按照经济规模和合理布局的要求，加强能源、交通、通信、原材料等基础产业、基础设施和机械、电子、汽车制造、石油化工等支柱产业以及科技、教育等重点建设。严格控制新开工项目。中央和地方的投资都将按照保投产、保收尾、保重点的原则来安排。房地产投资近三年来已翻了三番。房地产投资过分超前，不利于把财力集中使用于上述重要产业的骨干项目上，与经济发展新阶段振兴支柱产业的战略任务相背离。控制房地产投资的重点是高档建筑。对普通居民住宅，应当加快其商品化改革和建设速度，以分流社会购买力。

为了抑制通胀，1995 年应整顿流通秩序，加强流通体制改革。严格执行各项市场法规，包括《反不正当竞争法》《中华人民共和国价格管理条例》《国务院关于加强对居民基本生活必需品和服务价格监审的通知》以及《关于商品和服务收费实行明码标价的规定》等，依法维护正常的市场秩序，坚决查处违法行为，促进公平、公开、有序的市场竞争。与此同时，进一步完善 1994 年出台的流通体制改革措施。以粮食、棉花、食油、肉类、蔬菜和化肥等 6 种商品为重点，整顿流通秩序，深化流通体制改革，确保这些重要商品价格的稳定。抓紧实行政策性经营与商业性经营分开，建立健全重要商品的储备制度，发挥国合商业的主渠道作用，适时进行吞吐调节。据调查，目前有些城市蔬菜的生产价格、批发价格和零售价格为 1:2:4，菜农和消费者都没有得到好处，大量利润流入中间商手中。地方政府应当管好蔬菜的批发交易市场，有重点地完善和新建一批骨干市场，加强对蔬菜批零差率和市场价格的指导监督。

目前，全国上下对抑制通胀的重要性已统一认识，并开始采取一致行动。事实上，通过经济、法律和行政手段并用，全国各地各部门共同努力，1995 年把物价降到 13% 左右，再经过一年的努力，把价格指数降到 6% 左右，从而为改革开放创造一个稳定的环境，实现国民经济持续、快速、健康发展，是完全能够做到的。

1995 年中国市场走势展望①

一、1994 年：通货膨胀严重

1994 年，将作为改革之年载入史册。这一年，财税、金融、外贸外汇、投资、物价和流通体制改革顺利实施。改革的措施之多、力度之大，是过去所没有的。这些多年向往的改革取得成功，使我们在建立社会主义市场经济宏观调控体系方面迈出了决定性的步伐。然而，作为改革的代价之一，通货膨胀达到了相当严重的程度，全年社会商品零售物价总水平比上年上涨 21.7%，是改革以来最高的年份。

二、1995 年能把物价指数降到 13%

新的一年，将是国民经济走向健康发展轨道的一年。不久前召开的中央经济工作会议，确定了 1995 年经济工作的指导方针和主要任务。为了实现改革、发展、稳定的相互协调、相互统一，抑制通货膨胀将成为加强和改善宏观调控的首要任务。由于各级政府统一了思想认识，并将采取一致行动，抑制通货膨胀一定能够取得成效。预计今年物价指数将会比 1994 年有明显回落。据许多专家预测，1995 年把物价指数降到 13% 左右是完全可能的。其主要依据是：

（一）总需求的膨胀得到有效控制

总需求的膨胀将继续得到有效控制。1994 年全社会固定资产投资规模比上年增长 28.5%，增幅比上年回落 30 个百分点。1995 年，根据宏观调控的要求，国家计委又将采取一系列具体措施严格控制固定资产投资规模，投资的增长将进入正常状态。在财政和信贷上，也将采取适度从紧的政策。中国人民银行决定，从 1995 年 1 月 1 日起，适当提高固定资产投资贷款利率，就是一个信号。对消

① 本文原载于《中国社会》1995 年第 2 期。

费基金增长失控的状况，1995 年也将会采取措施加以解决。所有这些，将从经济总量上为抑制通货膨胀创造一个有利的环境。

（二）不会再出台大的调价措施

1995 年将不会再出台大的调价措施。鉴于近几年价格改革的步子迈得较大，原油、煤炭、粮食、棉花价格和铁路运价等已经进行了不同程度的调整，加大了生产成本，对推动整个商品零售价格的上升起了重要作用，1995 年价格改革的重点将转向规范价格行为，建立健全价格管理调控体系上。目前我国社会商品中，由市场决定价格的比重已经达到 90% 左右。这是多年来进行渐进的累积式改革的结果。在价格改革的主要任务已经接近完成的情况下，对剩下的尚待理顺的部分，更没有必要操之过急。所以，1995 年价格改革措施同物价的关系与 1994 年相反，可能有助于降低物价。

（三）增加对农业的投入，有效供给将会增加

有效供给将会进一步增加。1994 年的价格上涨，主要由食品价格上涨带动。食品价格中，首先是由于粮食特别是稻谷价格的上涨引起的。而稻谷价格的上涨，主要在于沿海地区近几年粮食播种面积逐年下降，稻谷产量减少。仅东南沿海六省区粮食调入量近几年就增加了 200 多亿斤。1995 年，由于 1994 年大幅度提高粮食收购价格，农民种粮的积极性普遍提高，加之各地政府普遍重视粮食生产，增加对农业的投入，只要不遇到大的自然灾害，粮食产量将会有较大的增加。由于各个城市都重视“菜篮子”工程建设，城市副食品供应也将改善。这是抑制通胀的物质基础。

（四）改善流通秩序，加强对市场价格的监督

流通秩序的改善有助于充分竞争。1995 年，将以粮食、棉花、食油、肉类、蔬菜和化肥等六种商品为重点，整顿流通秩序，完善和深化流通体制改革，以确保这些商品价格的基本稳定。国有商业和供销社掌握必要的货源，发挥吞吐调节、平抑物价的作用。强调要管好城镇批发交易市场，加强对蔬菜批零差率和市场价格的指导和监督。依法维护正常的市场秩序，促进公平、公开和有序的市场竞争。这些措施对抑制通胀将发挥有效作用。预计全年物价指数将呈逐月降低的趋势。虽然年初受 1994 年翘尾因素影响，物价指数仍然较高，但只要各项措施能够按照要求真正到位，抑制通胀的目标就必然能够实现。在年度中，由于受各种因素影响，价格指数可能会有一些波动，然而物价指数的逐步降低则是必然的趋势。

三、1995年：市场销售平稳增长不会出现经济波动

在价格上涨幅度明显回落的同时，市场销售将会平稳增长，从而支持国民经济的适度增长。与以往改变经济过热状态时采取的措施不同，这次没有采取大砍固定资产投资、使总需求大幅度压缩的办法，而是通过“点刹车”，把过高的经济增长速度适当降低一些，力求避免经济增长速度出现大的滑坡，避免出现经济的波动。

1995年消费品市场将继续保持去年的增长趋势，社会商品零售总额扣除价格因素，将增长7%~8%。1994年城乡居民储蓄存款大幅度增加，全年新增约6000亿元，年末存款余额约2万亿元，加上居民手持现金和各种证券，个人金融资产总额约达3万余亿元，几近当年社会消费品零售总额的两倍。居民的购买力是相当强的。问题在于要有适销对路的商品。目前，轻纺产品供应充足，滞销和平销的商品占90%以上。能否开发并生产出居民乐意购买、回笼货币能力强的商品，决定着市场的前景。食品市场，由于农村人口逐步改善饮食结构，流动人口有增无减，将继续保持旺销。

投资品市场仍将保持较快增长。以投资需求为主拉动经济增长，是今后一个时期我国经济增长的主要特点。1995年对固定资产投资规模虽然加强了控制，但预计仍将保持15%以上的增长速度。投资结构调整的力度将加大。重点是压缩高档建筑的投资，普通居民住宅的建设要加快。近几年房地产投资增长过猛，使固定资产投资的有机构成下降，投资中用于技术装备的投资降低较多，而其他用于一般劳务支出的比重增加。这种情况与新的经济发展阶段所面临的任务，即振兴支柱产业和发展交通、通信、能源等“瓶颈”部门的要求是相背离的。改变这种现象，增加那些能够带动结构升级的重点建设项目的投资，是1995年的一项重要任务。投资的持续增长和结构调整，将带动和影响投资品市场。

由于西方经济普遍复苏，1995年扩大出口贸易是一个有利的时机。但由于换汇成本上升，汇率并轨对出口的促进作用逐渐减弱。综合考虑各方面的因素，1995年出口仍将会保持一定的增长速度。

展望1995年的中国市场，既面临着挑战，又充满了发展的机遇。在总结前几年宏观调控经验的基础上，继续加强和改善宏观调控，把目前过高的物价上涨幅度降下来，保持市场的稳定，实现国民经济的持续、快速、健康发展，是能够做到的。对此，我们充满着信心。

用法律维护市场竞争秩序[①]

社会主义市场经济的本质特征，主要是通过市场竞争来提高效率，实现资源的优化配置。维护一个公开、公平、公正的竞争秩序，是社会主义市场经济的生命所系。而竞争秩序只能建立在完备的法律的基础之上。

市场竞争主要是价格的竞争。价格既要反映价值规律，又要反映供求关系的变化。为此，要建立主要由市场形成价格的机制，不仅各种消费品的价格，而且所有生产要素的价格，都应主要由市场来决定。目前正在抓紧制定的《价格法》，就是力求把价格行为纳入法制化的轨道。要在国家的统一管理下，通过市场竞争形成各种商品的交换价格。作为一个社会主义国家，为了保证人民基本生活的需要，维护市场的稳定，对于少量生活必需品和重要原材料及服务价格，国家将规定浮动比例，或运用国家储备和风险基金，实行调节，平抑市价。

反对对市场的垄断，是实行平等竞争的一项重要要求。特别是在生产集中和社会化高度发展的情况下，防止少数大企业垄断市场，坐享垄断利润，强化市场竞争，具有特别的重要性。因此，发达市场经济国家都制定了非常严格的反垄断法。如美国的法律规定，一个行业的企业不能少于 3 家，一家企业的产品对市场的占有率不得超过 1/3。德国政府设有反卡特尔局，专司反垄断事宜。随着我国市场的发育和外商的增多，为了促进竞争，保护民族工业，制定反垄断法应当尽快提上日程。

市场竞争机制是靠利益机制驱动的。合理的利润应受法律保护。但是，过高的利润率即暴利则有悖于社会公平原则，需要通过法律来加以调节。在由计划经济体制向市场经济体制过渡时期，在经济高速增长、供求关系剧烈变化时期，容易出现一些商品在局部地区短时间内获得暴利。为了制止暴利行为，去年国务院和一些地方政府颁布了反暴利的行政法规，对制止乱涨价、滥收费，抑制通货膨胀，发挥了重要作用。我们应在逐步完善这些法规的基础上，需要制定全国统一的反暴利法。

① 本文原载于《光明日报》1996 年 2 月 8 日。

为了维护正常的市场秩序，制止价格欺诈行为，保持人民生活必需品价格的稳定，近两年来，国务院或国家计委颁发了关于明码标价的规定、关于对若干种重要商品的提价实行监审的规定等，同时加大了打击假冒伪劣商品的力度，动员广大消费者对市场进行监督。仅在 1995 年，国务院就组织了两次物价大检查，主要是就市场物价法规的执法情况进行检查，增强了国家法律的严肃性。

应当看到，目前我国的市场发育程度还很不完善，市场竞争秩序还比较混乱，市场法规也不够健全。运用法律促进统一、完善、竞争有序的市场体系的建立，还有许多艰巨的工作要做。

积极发展和完善市场体系[①]

发展和完善市场体系是建立社会主义市场经济体制的本质要求。按照中共中央《中共中央关于制定国民经济和社会发展“九五”计划和2010年远景目标的建议》提出的“发展和完善商品市场，培育和规范要素市场，逐步形成统一开放、竞争有序的市场体系”的要求,《国民经济和社会发展“九五”计划和2010年远景目标纲要》（以下简称《纲要》）提出了“九五”期间发展和完善市场体系的目标，加快流通领域改革，提高流通效率。建立公开、公平和公正的市场交易秩序，打破各种封锁和垄断，形成统一开放、竞争有序的流通体系。建立新型流通组织和交易形式，减少流通环节，降低流通费用，促进流通企业的有序竞争，提高流通企业经济效益和社会效益。这是建立社会主义市场经济体制的重要内容和任务，必须认真贯彻落实。

一、发展和完善商品市场

“八五”期间我国流通体制改革步伐加快，商品市场体系逐步发展，流通产业现代化水平提高。目前，商品市场已基本实现由市场调节，资源配置方式由行政分配到市场调节转换程度大幅度提高，国家直接计划管理的范围大幅度缩小。消费品由市场调节的比重已达到95%，超过了某些发达国家。国家已基本放开消费品价格的指令性计划管理，商品价格、品种和数量完全由企业根据市场确定。生产资料由市场调节的比重达到85%，国家定价比重约占14%。国家仅控制少数原材料和能源等产品价格。全国已建成各类市场近10万个。全国拥有商业网点达1350万个。初步建立了粮、棉、油、糖、肉等重要商品的中央与地方储备制度与部分重要生产资料的国家储备制度，同时建立了粮食与副食品风险基金制度。市场对企业生产经营活动的引导作用越来越大。维护公平竞争等市场秩序的法律法规正逐步建立，如制定实施了《反不正当竞争法》《明码标价法》等法律法规，还有如《价格法》《反垄断法》等一些基本法规正抓紧制定。

① 本文原载于郑新立主编的《学习全国人大八届四次会议〈政府工作报告〉辅导》（中共中央党校出版社1996年版）。

“九五”期间是我国流通体制改革与流通产业发展的关键时期，要按照建设大市场、发展大贸易、搞活大流通的基本思路，强化宏观调控。巩固和完善主要由市场形成商品价格的机制，除少数产品和服务价格由政府管理外，其他产品和服务价格由市场决定。在商品市场发育中，也存在一些问题。一是商品市场主体发育不充分，流通企业经营机制的转换还不彻底；流通组织化程度低，基本处于小型化分散化状态。二是市场分割现象严重，出现地区封锁、城乡割据、行业壁垒和部门垄断现象。因此，进一步发展和完善商品市场需要进一步采取积极有效的措施。

第一，通过完善重要商品储备制度和风险基金，健全商品价格调节机制。建立健全完备有效的价格调控体系是市场价格形成机制正常运行、使价格结构趋向合理的重要保证。一是要建立和完善有效的价格总水平监测、预警和调控体系，及时掌握商品信息和价格信息，定期发布指导价格，为舆论监督和社会监督提供依据。同时，继续把物价总水平列入国民经济计划。二是建立和完善包括粮食、棉花、化肥、石油等重要商品的政府储备制度，实行中央、地方两级储备，用于吞吐调节、平抑市场需求矛盾和价格波动。建立和完善价格调节基金制度，实行中央和地方两级风险基金，用于支付调控市场过程中发生在流通环节的费用和风险补偿；价格调节基金是为扶持生产、培育市场以及必要时实行政府限价的经济后盾。三是进一步完善关系国计民生的重要商品的购销体制改革，把一部分重要商品的货源掌握在国家手中；根据国内市场的需求状况，组织进口商品的投放，利用两个市场、两种资源进行调控。要进一步抓好粮、油、肉、菜、糖等重要生活资料和钢材、煤炭、有色金属、木材、水泥、汽车、重油等重要生产资料的供需总量平衡，基本建立起有效的商品流通宏观调控体系。

第二，以批发市场为重点，积极发展现代流通组织形式。发展现代流通组织形式，就是要在重要商品的产地、销地或集散地，形成大宗农产品、工业消费品和生产资料批发市场；积极发展配送中心、产需间的直达供货、代理制、连锁经营等形式，提高规模效益，更好地为生产和生活服务。

现货批发市场是商品市场体系的基础，除了进一步完善日用工业品和生产资料批发市场外，要把建设农副产品批发市场作为重点，特别是在重要销区和产区建立辐射面宽的大型鲜活农副产品中心批发市场。要根据各自的实际情况，改造和新建一批农副产品批发市场。粮食主产区要建立县以上粮食批发市场。增加对流通产业的投入，对现有的流通设施进行改造，发展配送、加工、信息中心和计算机管理系统，提高流通的现代化水平。实现科教兴贸。加大流通生产力中的教育、科技含量，提高流通效率与流通效益，降低流通费用，从而提高国民经济的质量。发展现代流通组织的实质，是把现代大工业、大生产的组织原则应用于商品流通领域，达到协调运作能力和规模效益的目的。针对近几年内贸系统市场占有率逐年下降，经营网点散、小、差、低等问题，内贸部门在保证城镇居民供应的同时，努力建立国有商业、粮食、物资的规模化市场体系，其中开展连锁经营是一项重要改革措施。到1995年年底，内贸系统已建立了大约300家连锁公司，拥有6000多个连锁门店。连锁经营的出现，在国际流通业的发展中被广泛采用和成为一条普遍成功的经验。我国在生产与销售脱节、流通秩序混乱、流通效益低下的现实状况下，及时采用这一先进的商业组织形式，一方面为我国国营商业企业改革提供了一条有效的途径，有利于企业的改组、改制和改造；另一方面，也可促进我国流通现代化，实现与国际接轨，提高流通的规模经济，增加流通企业的效益和竞争能力，最终实现流通业的增长方式的转变。

1995年内贸部门主要在汽车和钢材两个行业试点代理制，生产企业和流通企业在自愿的基础上，通过代理制结成利益共同体，解决工商之间长期存在的“产品好销时生产企业自销、产品不好销时流通单位回避”的矛盾，逐步形成长期稳定通畅的产销合作关系，合理配置资源，搞好社会化大流通，提高流通效率。代理制试点工作坚持和把握以下几项原则：一是坚持双向选择、双向自愿的原则。由生产企业和流通企业进行双向选择，不搞“拉郎配”，更不能搞垄断。选择的双方还必须有合法和合格的资格。二是代理制并不否定和完全取代其他营销方式。在推行代理制的同时，一些企业已建立起来的稳定的代销关系应继续保留，同时也可以继续探讨和建立其他新型的营销方式。三是坚持生产企业和流通企业风险共担、利益共享的原则。四是以合同为基础，建立规范的运行机制。代理活动要把供需紧密联系起来，扩大推销，方便用户，形成规模经营效益。

第三，充分利用和改造现有设施与渠道，在重要商品的产地、销地和集散地，形成大宗农产品等的批发市场；培育农工商、产供销一体化的大型商贸集团。商品流通产业要实现经济体制和经济增长方式这两个具有全局意义的转变，核心问题是改革，要建立符合社会主义市场经济体制要求的商品流通体制，进一步解放和发展生产力。要改变过去单纯靠国家增加投放、靠铺摊子建设施、靠盲目追求销售额、靠粗放管理求发展的方式，转变为靠结构优化、规模经济、科技进步和科学管理出效益，提高流通产业的科技含量，发展现代化的大流通，真正把经济增长方式转到以经济效益为中心的轨道上来，逐步形成新型的企业经营机制、技术进步机制和经济运行机制。

商业批发企业必须彻底转变经营思想、经营机制和经营方式。一是扩大代理制，加速商品周转，发挥专业化流通的优势，按照平均利润率原则，大力发展代理，建立在经济上对生产企业有吸引力的新型联合方式。二是利用批发企业进货渠道、储运设施等优势，试办连锁经营，发展商品配送服务，为零售和生产企业承担进货、分货、配货、送货等业务。三是一业为主，综合经营，扩展多元化经营。特别是向高科技、运输、餐饮服务等投入较少、收效较快的领域发展。四是优质服务，以质取胜。抓住大用户和城市市场，而且着力为中小企业和农村服务。

第四，国有商业企业和供销合作社要转换经营机制，在竞争中充分发挥主渠道作用。目前，国有商业企业和供销社经营方式单一、装备落后、过分依赖“出租柜台”这种弊端很多的经营方式等。这些问题不解决，就谈不上建立科学和合理的流通体制，更谈不上流通产业的现代化。因此，要加大国有商业和供销社等流通企业的改革力度，把实行政企分开、转换经营机制、优化组织结构、推进技术进步、改革内部管理等改革和发展工作有机地结合起来。

国有商业企业要发挥主渠道作用，必须改变目前小型化、分散化的状况，迅速提高组织化程度。按照现代企业制度的要求，通过试办综合商社、组建企业集团，优化企业组织结构，提高企业规模经营能力。小型商业企业继续推行“改、转、租、卖”等形式的改革，而且要解放思想，加大力度。

深化供销合作社改革，就是要从农村经济发展的需要出发，抓住理顺组织体制、强化服务功能、完善经营机制、加强监督管理和给予保护扶持五个环节，以基层社为重点，采取切实有力的政策措施，使供销合作社真正体现农民合作经济组织的性质，真正实现为农业、农村和农民提供综合服务的宗旨，真正成为政府与农民密切联系的桥梁和纽带。供销合作社必须坚持自愿、互利、民主、平等的合作原则，实行民主管理、民主监督，保障农民在供销合作社中的应有权利。进一步转变经营作风，改进经营形式，在农产品购销活动中大力发展合同制、联营制、代理制和利润返还制，与农民建立稳定的购销关系，使农业生产更符合市场需求，使农民得到更多实惠。

要加快国有流通企业的现代企业制度改革，实行改革、改组、改造，逐步向集团化、实业化发展。加快对外开放步伐，向内外贸一体化过渡。

第五，在国家宏观调控政策引导下，积极发展多种经济成分、多种经营形式的流通企业，活跃市场。要把坚持公有制经济的主体地位和国有经济主导作用作为发展商品流通的根本原则。坚持公有制的主体地位，是社会主义的一条根本原则，也是我国社会主义市场经济的基本标志。我国发展商品流通必须坚持以公有制经济为主体、多种经济成分共同发展的方针，在积极促进国有和集体流通企业发展的同时，允许和鼓励个体、私营等非公有制流通企业发展，但要正确引导、加强监督、依法管理。国有流通企业对关系国计民生的少数重要商品，以及在关键性的流通环节上，必须占有支配地位。

二、积极培育和规范金融市场和土地、劳动力、技术、信息等要素市场，逐步实现主要由市场形成要素价格

商品市场的发展使市场在资源配置中发挥着越来越重要的作用，但是包括金融、劳动力、信息、技术、土地等在内的要素市场与商品市场的发展相比相对滞后，需要在“九五”期间加快发展。《纲要》明确指出，要素市场的发展，一是必须根据经济发展和改革进程，突出重点、循序渐进；二是必须坚持先试点后推广，逐步规范；三是发挥政策的引导作用，尽快建立市场中介组织的自律机制；四是必须与企业改革和财政、金融等改革配套推进。

（一）发展完善以银行融资为主的金融市场

1993 年以来，我国金融体制改革取得明显成效。“九五”期间将在巩固这一成果的基础上，继续深化金融体制改革，扩大金融开放，强化金融监管，维护金融稳定。具体来说：

第一，强化中央银行的地位和作用，完善政策性银行的经营机制，加快国家专业银行向商业银行转变的步伐，规范商业银行行为，稳步发展城乡合作银行。“九五”期间要加快金融立法，依法规范货币、股票、债券、信贷、保险市场，形成良好的金融秩序。还要完善金融体系安全稳健运行的保障机制，全面推行银行的资产负债比例管理，并坚持分业管理的原则。国有专业银行在向商业银行的转化过程中，其分支机构也应按经济区域设置。此外，在业务管理和财会制度等方面，要按现代商业银行经营机制运行并与国际惯例接轨。

第二，进一步深化利率改革，初步建立以市场利率为基础的可调控的利率体系。完善结售汇体制，在 2000 年以前有步骤地实现人民币在经常项目下可兑换。

“九五”期间要建立中央银行灵活运用基准利率调节资金供求的机制，中央银行要根据宏观调控目标和资金供求情况适时调整基准利率，并允许商业银行存贷款利率在规定幅度内自由浮动，逐步实现利率市场化，使市场机制在资金分配中发挥更大的作用。首先，合理调整存款利率，规定其上限，允许各银行将存款利率向下浮动，为银行创造通过改善服务来展开同业间吸储竞争的余地；其次，逐步增大银行的贷款利率浮动幅度；最终，形成以中央银行基准利率为基础的市场利率体系。

第三，积极稳妥地发展债券和股票融资，进一步完善和发展证券市场。形成有序、适度竞争的保险市场。我国证券市场今后一个时间的工作重点是，以规范化建设为核心，加大市场监管力度，抑制过度投机，在稳定中求发展。金融与资本市场在现代经济生活中发挥着日益重要的作用。加快金融改革，培育资本市场

是深化改革、扩大开放的重要内容。我国证券市场建立的时间短、发展快，但问题也不少，还是个不成熟的市场。证券市场规范化建设始终遵循的一个基本原则是，坚持中国国情与国际惯例相结合，走有中国特色的证券市场发展道路。

（二）积极培育劳动力市场

目前，我国劳动力市场已基本放开。劳动人事制度改革改变了国家分配的就业方式，各种类型的职业介绍所已发展到 1.7 万家，城镇新就业人口基本实现了自主择业。但是，工资作为调节劳动力流向的杠杆作用范围还很小，在我国只有“三资”企业、私营企业及个体劳动者能够实现这一目标，这部分人约占城镇就业人数的 13%，实现了市场化。在已就业职工的择业方面，我国职工的职业变换率较低，据调查只有 2%~3% 的在职职工实现了变换职业的愿望。因此，要建立多层次职业介绍网络。形成用人单位和劳动者双向选择、合理流动的机制和规则。同时要加强劳动仲裁和劳动力市场的管理。

进一步发育劳动力市场，就是建立工资主要由劳动生产率和劳动力市场供求关系决定的机制，实现用人单位和劳动者双向选择、自由流动的就业格局。要加快劳动立法及其配套措施的制定，维护劳动力市场的正常运转。加强对劳动力市场的管理，制定劳动力资源开发规划，监测失业水平，实行劳动力总量调控，规划社会保险总水平。

（三）规范和完善土地市场

土地和住房在我国是极为特殊的商品，针对房地产热中出现的投机行为，政府对土地市场进行了整治与规范，国家垄断了土地使用权出让一级市场。目前，房地产交易的价格形成机制尚未完全转变，出让土地使用权主要采取协议批租方式，也存在低价批租的问题。因此，要进一步规范和完善土地市场，逐步扩大土地有偿使用的范围，加强国家土地利用总体规划和土地利用计划管理。实行土地使用权有偿、有限期的出让制度，商业性用地使用权要公开出让。建立健全国家对土地使用权出让市场的垄断和管理制度，规范土地使用权转让行为，土地使用权交易二级市场要形成公开、合理的价格机制。加强集体土地管理，严禁集体土地非法进入市场。

三、制定和完善市场规则，加强市场管理和物价监督，规范流通秩序

我国目前正处在新旧体制转轨过程中，企业行为尚不规范，市场机制不完

善，流通秩序混乱，乱涨价、乱收费、价格欺诈、牟取暴利、欺行霸市、价格垄断等现象比较普遍，有的还相当严重。这些问题的存在，严重损害了消费者的利益，引起广大群众的公愤，并对通货膨胀起了推波助澜的作用，成为物价涨幅居高不下的重要原因。因此，要实现物价控制目标，重要的一环就是继续整顿市场秩序，加强价格监督检查。

第一，健全制度，充分发挥社会监督、内部监督和舆论监督的作用，保护生产者和消费者的合法权益。在绝大多数商品和服务价格放开，定价主体多且分散的情况下，单纯依靠国家专业物价检查队伍制止乱涨价、乱收费行为是远远不够的，必须依靠人民群众，组织和动员社会各方面力量实施价格监督。各级物价部门要进一步完善举报制度，认真对待群众投诉举报和来信来访；注意发挥行业组织和消费者协会、街道群众物价监督组织等群众团体在社会监督中的作用，正确运用舆论监督的作用，通过报刊、广播、电视等新闻媒介，积极宣传国家的价格方针、政策，对典型违法案例要公开揭露和曝光，充分发挥舆论导向和监督作用。强化市场物价检查，完善网络，健全制度，稳定队伍，提高素质。

第二，上下结合，加快步伐，努力加强价格监督检查建设。社会主义市场经济是法治经济，规范市场价格秩序，必须强化立法。当前价格监督检查法制建设的主要任务是尽快出台《价格法》和《价格监督检查条例》。修改过去出台的配套规章，制定《关于一般价格违法案件简易审理程序和即时处罚的暂行规定》等急需的规章和规范性文件，初步形成适应社会主义市场经济需要的价格监督检查法规体系。各级物价部门必须上下结合、共同努力，进一步提高执法水平。一方面，要抓紧制定法律的实施细则和办法；另一方面，通过培训、辅导等多种方式组织广大物价干部认真学习，尽快掌握并熟练运用。同时要大张旗鼓地开展法制宣传，在全社会进行价格管理和监督检查的普法教育，增强生产者和经营者的遵纪守法意识。

第三，发展和规范市场中介组织，严格资格认定，发挥好服务、沟通、公证、监督作用。许多国家的经验表明，发展市场经济离不开市场中介组织。从广义上讲，在市场经济范畴中，从生产到消费，一切为其服务的机构都应纳入市场中介组织的范畴。市场中介组织的形成是社会分工在市场领域细化的结果，也是提高市场体系整体功能和完善市场机制的一个重要措施。市场中介组织介于政府和企业之间，它是企业的帮手、政府的助手，在市场运行中起着政府与企业、企业与企业、企业与消费者之间相互沟通、协调、服务、公证和监督作用。

促进市场中介组织的发展对建立社会主义市场经济体制具有十分重要的意义。一是企业直接面向市场后，需要广泛的市场信息，以便企业按照市场需求组织生产经营活动，按照法律要求投入到有序的市场竞争中去。二是政府职能转变后，社会经济管理职能与国有资产管理职能逐步分离，政府不能像以前那样直接干预企业的生产经营活动。三是市场本身有其自发性、盲目性和滞后性，为克服其缺陷，客观上需要市场中介组织，沟通政府、企业、消费者之间的联系，监督企业行为，保证市场正常运行。从市场中介组织类型看，重点要发展以下几类：一是为协调和约束市场主体行为的自律性组织，如各种行业协会、同业公会、商会等。二是为保证公平交易、公平竞争的公证机构，如会计师事务所、律师事务所、审计师事务所、资产和资信评估机构等。三是为促进市场发育、降低交易成本的服务机构，如信息中心、咨询机构、研究机构、报价体系、结算中心、物资配送中心、货栈等。四是为市场服务的“桥梁”组织，如各种经纪商、典当行、拍卖行、职业介绍所、人才交流中心等。五是为监督市场活动、维护正常市场秩序的检查认证机构，如计量检查、质量检查、生产检查等生产服务机构。

市场中介组织要依法通过资格认定，依法设立；市场中介机构相互间也要形成竞争机制，优胜劣汰；市场中介组织对其行为后果要承担法律责任和经济责任，并接受政府有关部门的管理和监督。

物价水平持续下降的货币本质[①]

近两年来，物价水平与货币量变化之间似乎出现了“悖逆现象”：在货币发行量没有减少，各层次货币供应量稳步回升的情况下，商品零售价格从1997年10月以来已连续近20个月下降。物价水平的变动从本质上讲，是货币量变化的反映。我国物价水平持续下降，根本原因还是由于货币量不足。

第一，外汇储备增长放慢，新增基础货币投放急剧减少。前几年，外汇储备大幅度增加，大量的外汇占款使基础货币投放增加较多。1993年年末，我国的外汇储备仅212亿美元，到1997年年末，已增加到1398.9亿美元，4年间增加了1187亿美元，平均每年增加近300亿美元，这相当于基础货币投放每年增加了近2500亿元人民币。而1998年，外汇储备增长速度放慢，全年仅增加了51亿美元，比1997年少增297.5亿美元，相当于新增基础货币投放减少近2500亿元人民币，货币供应量（M2）少增2.7个百分点。如果考虑到基础货币的倍乘效应，外汇占款增长下降对货币总量增长的影响更大。

第二，资金运动环节增加，货币流通速度减慢。一定时期，一个地区的货币量是货币供应量与货币流通速度的综合。由于长期存在的“三角债”困扰，我国的信用制度受到很大破坏，人们之间、企业之间的相互信用大大降低，同等数量的经济活动对现金的需求比一般发达国家要大得多。企业间大量的“三角债”还使得相当一部分的货币投放，并没有进入“货币资金—生产资金—商品资金—货币资金”的正常循环，而是进入了债务链的周转，形成“货币资金—应还款……应还款—货币资金—生产资金—商品资金—债务—货币资金”的曲折循环，货币流通速度受到很大影响。根据货币数量方程测算，货币流通速度变化率已由1994年的-0.4%下降到-10.1%，目前的货币流通速度已比20世纪90年代初减慢了50%多。按一般的道理，在流通速度减缓的情况下，对应同样的经济活动需要的货币供应量增加。1998年货币流通速度减慢10%，货币供应量相应地增加10%才能与上年的经济活动相对应，考虑到经济增长7.8%，货币供应量的增

① 本文原载于《研究与建议》1999年第11期，与欧阳进合写。

长至少要在 19% 以上，才能适应经济活动的需要。而实际上，1998 年年末的广义货币（M2）的增长只有 15.3%。

第三，“邪门”堵住、正门没开，货币流动性下降。整顿金融秩序、加强金融监管力度不断加大，坚决取缔非法金融机构和非法金融业务活动，纠正违章拆借和乱集资，取缔有价证券黑市交易，通过清理和重新登记撤并了一批金融机构，仅 1996 年就撤并了 5589 家。这有效地堵住了“邪门”，有利于防范和化解金融风险。但原先设计用来代替“邪门”的“正门”却没有及时建立或打开。在城镇，城市合作银行的设立只限于中心城市，不能满足广大非国有经济、中小企业对金融服务的需求；在农村，农村合作银行没有建立起来，处理违规操作的农村基金会、股金会、信用社形成的空缺没有弥补。即使对国有经济来说，获得贷款的授信条件也更加苛刻、授信量紧缩。因此，从客观上看，体制外金融机构的撤并、体制内金融机构规范化，使得信贷活动的阻力增大、交易成本增加，整个经济中货币的流动性受到制约，银行系统的货币创造能力下降。1998 年年末，狭义货币供应量（M1）与广义货币供应量（M2）之比为 37.3%，比 1990 年下降 8.1 个百分点；市场现金流通量（M0）与广义货币供应量（M2）之比为 10.7%，比 1990 年下降 6.6 个百分点。1999 年一季度这两个比率又分别下降到 35.1% 和 10.5%。

第四，没有适应经济增长的变化，货币供应量增速继续下降。在经济活动由收缩向扩张的转型过程中，货币供应要比一般时期更宽松。例如，1991 年，国内生产总值增长率由上年的 3.8% 提高到 9.2%，广义货币供应量（M2）增速由上年的 18.4% 提高到 28.0%，市场现金流通量增速由 9.8% 提高到 12.8%。这一次，经济增长速度从 1998 年三季度开始，出现了回升。按道理，货币供应量的增长也应明显加快。而 1998 年年末的广义货币增长 15.3%，增速比 1997 年下降 4.3 个百分点，比 1982—1997 年的平均水平少 10 多个百分点，仅比 1985 年 10.8% 的增速高一点，是改革开放以来的第二低点；1999 年一季度末，虽然增幅有所回升，增速为 17.8%，但还没有达到 1989 年的水平。

第五，居民资产结构不合理，资金流动过程中沉淀的货币更多。我国居民资产 80%~90% 是储蓄存款。1999 年 3 月末城乡居民储蓄存款余额已达 57814.7 亿元，同比增长 18.8%。前三个月储蓄存款累计增加 4446 亿元，比上年同期多增长 1551 亿元，相当于上年全年新增额的 58.4%。大量的居民资产以储蓄的形式存在银行，不仅使我国银行体系负担的利息成本相对较大，而且为了防止风险，沉淀的准备金数量相对较多，这样，对应经济增长和居民收入增加，需要的货币增量更大。弗里德曼研究日本六七十年代经济增长与货币供应量关系，提出的结论是：在经济高速发展时期，货币供应量增长率与经济增长率的比例保持

2∶1，是比较适宜的。实证分析我国的情况，1982—1997年，年末广义货币供应量（M2）增长率与经济增长率的比值平均为2.80∶1，正常年份应为2.6∶1。1998年年末，广义货币供应量（M2）增长率与经济增长率的比值为1.96∶1。三季度末，这一比值虽然上升到2.17∶1，但考虑到目前的现实情况，货币供应量的增加与经济增长的要求相比，还是有差距。

综上所述，新增外汇占款减少使1998年的基础货币少投放了2500亿元。按1982—1997年年均25%的增长速度，1998年广义货币供应量少增近1万亿元。这是物价持续下降，各方面都感到资金非常紧张，社会投资增长缓慢，消费需求乏力的根本原因。

为了把国民经济快速发展的势头保持下去，要继续实行积极的财政政策，同时，适时配合适度的货币政策，实行财政政策与货币政策“两条腿走路”，进一步加大扩大内需的力度，特别是促进非国有单位投资增长，活跃市场，启动消费需求。在目前需求不旺、银行增加信贷的难度加大的情况下，为了加快银行货币资金的流动性，建议对以下几个方面加大工作力度：

一是采取积极稳健的措施增强货币政策对经济增长的促进作用。在加强防范和化解金融风险的同时，建立信贷激励机制。促使国有商业银行不仅把考察放贷的安全性、可靠性放在第一位，而且重视信贷项目的市场前景、可行性，提高银行资金的效率和效益，加快资金周转。

二是选择回报率较高的公共行业，加大信贷力度。1998年，加强基础设施建设，主要是靠国家财政性资金投入。为了增强基础建设投入力度，同时兼顾银行信贷资金的营利性，可适当开放道路、桥梁、供水和电站等有稳定收益的公用设施投资领域，通过采用合作、联营、入股、BOT等多种灵活的方式，吸引非国有投资，以未来收益作为抵押，增加信贷投放。加大对市场前景好、能够带动产业技术升级的高技术产业化、技术改造项目的信贷扶持力度。增加出口信贷，积极支持和鼓励有条件的企业开展境外加工贸易，带动国内设备、原材料和劳务出口。

三是努力为非国有经济、中小企业畅通融资渠道，增加金融服务。非国有经济、中小企业具有经营规模小、贷款额度小和求贷频繁等特点，靠大银行为它们提供融资服务存在许多实际困难，成本也较高。应尽快明确农村信用社、城市信用社、城市合作银行以及正在组建的城市商业银行，是为中小企业包括乡镇企业提供融资服务的主渠道。在上述渠道尚难以满足非国有经济发展需要的情况下，其他全国性商业银行特别是国有商业银行也应为其提供必要的服务，在这些银行内部设立专门为中小企业服务的部门，在各中小城市增设服务窗口，简化审批程序。对负债率较低、产品技术含量高、确有市场潜力、内部管理严的企业，可以适当放宽对抵押或担保的要求；对有效益的非国有企业、有潜力的民营高科技企业增加授信额度。

四是尽快建立支持非国有经济投资的信用保证制度，鼓励设立风险投资基金。借鉴国外政府扶持、援助中小企业发展的经验，用财政拨款设立政策性的贷款担保机构，为众多的非国有经济中小企业申请贷款提供担保。建立财政贴息机制，为产品确有市场、技术确实先进的非国有中小企业提供贴息贷款。通过建立民营高科技企业贷款风险基金等形式，探索设立主要投资中小企业的风险投资基金、创业基金，为非国有经济投资高技术及新兴产业领域的项目提供资金保障。

从近期看，为了阻止物价水平持续下降的趋势，在外汇储备难以再大幅度增加的情况下，有必要增加货币发行量，以弥补新增外汇占款减少导致的新增基础货币的缺口。目前利率调整刺激消费作用不明显，为了增强货币供应量的流动性，改善居民资产结构，可以考虑开征利息税，拓宽直接投资的渠道。

抑制通货膨胀的近期和长期对策①

防止物价结构性上涨转变为明显的通货膨胀，是2008年宏观调控的重要任务之一。1—5月我国居民消费价格总水平（CPI）同比上涨8.1%，实现全年4.8%左右的调控目标难度很大。必须认真分析这一轮物价上涨的深层次原因，从近期和长期结合上采取针对性强的措施，把国民经济平稳较快增长的良好势头长期保持下去。

一、新一轮物价上涨主要是由部分农产品供给波动引起的

2007年以来，我国居民消费价格涨幅不断升高，究其原因有三：一是由于部分农产品供给波动，特别是生猪供应受周期性波动影响，价格大幅上涨并带动相关食品价格上升；二是连续5年投资的高增长，对能源、原材料的需求持续增加，对进口资源性产品的依赖程度不断提高，加之进口价格迅猛上升，加大了生产资料价格上涨的压力；三是由于外贸顺差持续增加和国际热钱流入，导致国家外汇储备不断增多，银行货币流动性过剩。货币流动性过剩支撑了投资的高增长，为通货膨胀提供了必要条件，但还不是充分条件。猪肉等农产品供给的波动是这次通货膨胀的直接诱发因素，在它的带动下，其他条件对通货膨胀产生了推波助澜的作用。

2007年我国居民消费价格上涨4.8%，其中食品价格上涨的影响占3.3%。2008年一季度消费价格上涨因素中，食品价格影响占85%。在食品价格上涨因素中，猪肉价格首当其冲，5月同比上涨48.0%。猪肉价格的大幅上涨首先是因为2006年猪肉供过于求，生猪价格大幅下跌，挫伤了养猪农民的积极性。2006年生猪收购价格降到每斤2元左右，而生猪的饲养成本每斤3.5元，逼得农民宰杀母猪，直接导致了去年生猪供应量的大幅下降。根据经验，合理的猪粮比价应为6∶1，即每斤生猪的价格相当于6斤粮食的市场价格。2006年肉粮比价最低时降为3∶1，2007年年底则上升到9.3∶1，加上国务院出台了一系列鼓励生猪喂养的政策，估计2008年9月生猪将大量上市。到时奥运会刚好开过，消费需求下降，四季度

① 本文原载于《经济与管理研究》2008年第8期。

或 2009 年会不会重现 2006 年猪肉供过于求、价格大幅下跌的情况？所以有必要建立生猪生产保护体系，当肉粮比价低于 6∶1 时，应启动保护价收购机制，增加储备，通过吞吐调节，平抑价格，保证猪肉供给的稳定。

食用油价格 5 月同比上涨 41.4%，是拉动食品价格上涨的第二位因素。原因在于进口大豆价格上涨。在国内粮价明显低于国际市场价格的情况下，唯有大豆价格高于国际市场价，这是外商控制我国大豆市场的结果。

2007 年进口大豆占国内消费量的 60%，进口大豆几乎全部用于榨油，而榨油厂 70% 被外资控制。外资榨油厂用高于国际市场的价格从其母公司进口大豆，通过控制国内食用油市场赚取丰厚利润，内资榨油厂处于困难和萎缩境地。

受进口石油、矿石等价格上涨的影响，5 月生产资料出厂价格同比上涨 9.2%。中石油、中石化两大公司用上下游产品的利润，弥补了炼油环节的亏损，为稳定国内能源价格做出了很大贡献。地方中小炼油厂由于补不起亏损而停产，约 7000 万吨炼油能力闲置，成为目前柴油供应不足的重要原因。6 月国家调整成品燃料油和电价，其中汽油、柴油价格提高 15%，电价平均每度提高 0.025 元，对缓解能源供应紧张局面起到了很好的作用。这次提价对全年 CPI 的影响估计在 0.5 个百分点以上。

应当看到，这一轮物价上涨带有一定的必然性和合理性。从 1978 年到 2006 年的 28 年间，我国消费价格年均上涨 5.7%。然而，从 1996 年到 2006 年的近 10 年，消费价格年均仅上升 0.9%，其中从 1997 年到 2003 年的 7 年间，消费价格连年下降或略有回升，直到 2004 年价格总水平才恢复到 1996 年的水平。特别是一些重要农副产品，如小麦、大米、猪肉等，直到 2006 年仍低于 10 年前的水平。而这一期间，农业生产资料价格不断攀升，农业效益下降。同期城镇居民收入也有了较大增长，城乡收入差距不断拉大。如河南省平均每亩小麦纯收益仅 80 多元，相当于外出打工两天的收入。由于水稻种植比较效益下降，在一些水稻主产区出现了双季稻改单季稻的趋势。与国际粮价相比，国内粮价更明显偏低。小麦价格比芝加哥粮食市场低 30% 左右，大米价格仅为泰国的 1/3、越南的 1/2 左右。从工农业产品比价来看，改革以来已明显缩小的剪刀差近些年又有所扩大。据世界银行推算的中国购买力平价比较结果，我国的机械与设备价格水平比国际价格高 7%，而消费价格仅为国际价格的 20% 左右，反映了我国工农业产品价格剪刀差与发达国家相比明显偏大，成为导致我国城乡收入差距拉大的重要原因之一。

此外，即使在 6 月提高成品油和电价之后，国内能源价格仍比国际市场低 30% 以上。以汽油、柴油零售价格为例，中国目前的市场价仅相当于欧盟的 1/4、日本的 1/2、美国的 3/5。能源价格低不利于鼓励能源的生产和节约。

因此，应抓紧制订一个理顺农产品和能源价格的总体方案，用 3 年左右的时间，把近十年累积的价格扭曲的矛盾逐步加以解决，这是发挥市场配置资源基础性作用的客观要求，是实现城乡之间、产业之间协调发展的客观要求，应作为宏观调控的一项重要任务。在三年价格调整期间，CPI 增幅将保持在 5%~6%，这是社会各方面可以承受的。

二、当前抑制通货膨胀，应在坚持从紧的货币政策的同时更多地运用财政政策

针对这次通货膨胀的成因，应当采取综合性对策，把财政政策、货币政策、行政手段、法律手段结合起来使用，并以财政政策为主，尽快把价格上涨的势头控制住，努力创造一个稳定的经济局面。

在财政政策运用上，一是利用奖励、补贴、税收等办法，激发农民生产积极性，扩大生猪、奶牛等牲畜的养殖规模，增加粮食、油料作物的种植面积，加强主要农产品的收购、储备和运力保障，调整进出口结构，在增加国内短缺农产品供给的同时，利用国际市场价格高的时机，适当出口一些粮食，以拉升国内市场粮价，增加我国农民收入，为明年粮食的持续增产注入新的刺激因素。二是增加对城市中低收入居民的物价补贴，特别是增加大学生和低保人群的补贴，确保广大城市居民的生活水平不受物价上涨的影响。三是降低通货膨胀预期，改变居民储蓄存款负利率的状况。应停征利息所得税，必要时实行保值储蓄。

在信贷政策运用上，鉴于当前利率已处于较高水平，不宜再提高利率。因为利率是双刃剑，过高的利率与鼓励消费的政策相悖，并影响资本市场的筹资功能；会刺激国际热钱的流入，加大人民币升值压力；会提高企业的融资成本，形成成本推动型物价上涨压力。通过提高存款准备金率来抑制通胀，实践证明收效甚微，而且造成企业流动资金不足，特别是中小企业普遍感到贷款难，制约了经济发展。应在从紧控制信贷总量的同时，加强“窗口指导”，优化信贷结构，促进投资结构调整。

在汇率政策运用上，人民币汇率的上升，在一定程度上削弱了我国产品的出口竞争力。与日、韩等国不同，我国目前的出口结构中，57% 是加工贸易，内资企业一般贸易出口仍以劳动密集型产品为主，技术密集型、资本密集型产品出口的 80% 以上掌握在外资企业手中，所以我国出口能力对汇率的变化非常敏感。人民币汇率的上升，应以出口增长不受大的影响为前提。必须按照国务院确定的渐进、可控、自主的原则，为国内企业优化出口结构、提高出口竞争力赢得时间。

需要强调的是，在中美货币利率、汇率走向相反的情况下，必须严防投机性外汇的流入。据有关资料，投机性外汇的进入仅通过贸易结算手段就达十几种。

国际热钱大规模流入对实施从紧的货币政策带来很大困难。必须制定严密有效的防范国际热钱大进大出的措施，以维护我国的金融安全。

三、保证国内短缺资源和产品供给的长期对策

从长远来看，我国有几种短缺资源对进口的依赖程度较高，必然受国际价格影响，是引起国内市场价格上涨的重要和潜在因素，需要采取长期对策。

（一）石油

今年我国进口石油将达 1.8 亿吨，油价高昂，成为国民经济的一个沉重包袱。从根本上讲，要立足于我国的资源赋存条件，把煤制油作为一项战略措施加快实施。现在煤炭直接液化项目正在神华东胜煤田分段试车，9 月可投料试生产，一期工程 3 条生产线年产能 316 万吨液体燃料，按煤价 500 元 / 吨计算，其成本可控制在相当于进口石油每桶 50 美元以下，具有很强的竞争力。间接液化项目利用自有知识产权的技术，正在神华、内蒙古伊泰集团、山西潞安公司抓紧建设，今年年底有两家企业可试生产。如能成功，应根据煤炭、水资源和运输条件，统筹布局，扩大建设规模。要积极发展煤化工，与海湾产油国合作发展石油化工。此外，要大力发展非粮食的生物质能源，包括种植麻风果用以提炼柴油，种植木薯用以提炼酒精等。要鼓励发展电动汽车、混合动力汽车。通过多方面努力，使经济增长逐步摆脱对进口石油的依赖。

（二）食用油

去年我国进口大豆 2950 万吨，按 20% 的出油率计算，相当于进口食用油 590 万吨，加上直接进口食用油 838 万吨，合计达 1428 万吨，占我国食用油消费量的 62%。立足国内解决食用油供给问题，与粮食一样，都是维护经济安全的战略需要。增加国内食用油供给，要坚持不与粮争地的原则，多策并举，在依靠科技提高现有油料作物单产的同时，充分挖掘冬闲田、宜林荒山荒地等资源，扩大菜籽油、茶籽油、花生油生产。我国自主研发的茶油树，亩产茶油可达 75 公斤，品质优于橄榄油，在长江以南地区适宜大规模种植。扩大含油量高的转基因大豆的种植，在国内有很大潜力。国家有关部门应制定一个专项规划，力争用 5 年左右的时间，使国内食用油自给率达到 70%。

（三）大米

国内水田在减少，而大米消费量在增加，传统稻谷种植区，包括东南沿海地

区和湖南、湖北、江西、广西等地，应采取措施扩大稻谷种植面积，推广高产优质品种。水稻种植面积不能再减少，双季改单季的趋势必须制止。同时，根据水利条件，适当扩大东北地区水稻种植面积。通过这些措施，保证国内稻谷产量不断增长。此外，东南亚一些国家如老挝、柬埔寨等国，水稻生产潜力大，但缺乏市场，同我国的贸易处于逆差，如能签订长期合同，建立水稻海外生产基地，将来通过泛亚铁路和澜沧江运到国内，从长远来看，是一个可行的选择。

（四）生猪

现在靠农民散户养猪越来越难以保证供应，规模化养猪作为一个政策要大力扶持。河南省南阳市内乡县有一个年出栏70万头的现代化养猪场，猪粪变成沼气，沼气用来发电，形成循环经济，抗风险能力强，应当予以扶持推广。美国有一个饲养生猪的公司，年出栏量高达2000多万头，若能引进其技术和管理经验，或直接对其参股控股，对提高国内生猪生产的规模化、现代化水平将发挥重要作用。

（五）城镇住房

城镇居民住房价格必须保持稳定。为此，要坚持经济适用房、廉租房政策，扩大低价位、小户型住房土地供应。现在全国房地产价格明显偏高的地区主要是上海、北京、深圳、青岛、杭州五个城市，要强化地方政府在稳定住房价格方面的责任。在这方面要借鉴新加坡、德国、荷兰等国通过稳定住房价格进而稳定市场、稳定经济的成功经验，吸取日本、中国香港搞房地产泡沫的教训。

（六）国内短缺的金属矿藏，包括铁矿石、氧化铝、铜矿石等

应当利用我们的外汇储备，购买拥有这些资源的企业的股份，或到国外参与勘探投标，与当地政府和企业联合开发等。最近中铝成功参股必拓，获得了海外并购的经验。要支持各类所有制企业包括中小企业走出去开发资源。外汇管理要从以“结汇”为主转为以“用汇”为主，提高外汇储备使用效益，满足企业“走出去”对外汇的需求。大批中小企业“走出去”从事资源开发和企业并购，能够起到大企业所起不到的作用，规避某些国家把经济问题政治化的责难。如果我们能拥有一些海外资源型企业的股份或一些矿产资源的开发权，就不怕矿石涨价了。应当把部分外汇储备逐步变成海外资源能源的股权储备。

总之，对这次通货膨胀，既要有近期的紧急对策，又要有长远的战略措施，长短结合，为我国经济的持续平稳较快增长创造必要条件。

在稳定物价中保持经济较快发展①

在即将过去的一年，我国国民经济实现了由回升向好到平稳较快发展的转变。从一季度、上半年到前三季度，GDP 的同比增速分别为 11.9%、11.1% 和 10.6%。下半年经济增速逐月下滑的趋势开始改变，其中 8 月和 11 月规模以上企业工业增加值的增长速度分别比上月加快 0.5 个和 0.2 个百分点。三大需求对经济增长的拉动作用趋于正常。前三季度城镇投资、社会消费品零售总额和出口分别增长 24.5%、18.3% 和 34.0%，财政收入增长 22.4%。

经济运行中的主要问题是，居民消费价格水平逐月攀升，从 1 月的 1.5% 升至 11 月的 5.1%，全年有可能达到 3.2%。分析 11 月 CPI 上升的原因，主要有二：一是农产品价格上涨占涨价因素的 74%，二是住房价格上涨占涨价因素的 18%，两者占 92%。随着国务院关于抑制农产品价格上涨的十六条措施的出台，农产品价格已应声下降。随着国务院关于稳定房地产价格的各项政策的落实，城市住房价格上涨过快的势头也开始得到抑制。

2011 年是"十二五"规划的开局之年。不久前闭幕的中央经济工作会议对明年的发展目标、主要任务和宏观经济政策做出了明确的部署，提出要以科学发展观为主题，以转变经济发展方式为主线，实施积极的财政政策和稳健的货币政策，保持经济的平稳较快发展和物价总水平的基本稳定。显而易见，搞好明年的宏观调控，关键在于处理好经济增长与抑制通胀的关系，在稳定物价的前提下实现经济的较快增长。现在有一种说法，要提高对通货膨胀和增速下降的容忍度。我不赞成这个观点。明年只要采取有效的宏观经济政策，实现物价基本稳定和经济较快增长的目标是完全可能的。

在稳定物价方面，最重要的是做好三件事。一是稳定农产品价格。必须认真落实国务院的十六条措施，增加农产品供给，减少流通环节，降低流通成本，搞好"菜篮子""菜园子"工程，把近十几年城市郊区减少的菜地补回来。二是稳定城市住房价格。继续强化地方政府在稳定住房价格方面的责任。在确保今年近

① 本文原载于CCIEE"经济每月谈"编辑组编《中国智库经济观察（2011—2012）》（社会科学文献出版社 2012 年版）。

500万平方米保障性住房按期完工的同时，明年要确保1000万套保障性住房的开工建设，并把这样的建设规模连续保持几年。三是积极“走出去”争取拿到更多的铁矿石等资源的勘探权和开发权，增加国内短缺资源的进口，打破跨国公司对价格的垄断。特别是要鼓励民营企业走出去，给他们提供充足的外汇支持。总之，首先要在增加短缺产品的供给上做文章，以抑制结构性价格上涨。

我国外汇储备偏多，迫使央行增加基础货币投放，造成银行资金流动性过剩，加上美国实施量化宽松政策，国外游资流入，给国内带来越来越大的通货膨胀压力。在央行提高存款准备金率的同时，应当合理引导资金投向，努力把通胀压力转变为支持产业升级的动力。具体来说，应当把资金引导到以下六个方面：

（一）把资金引导到资本市场，尽快把资本市场做大做强

我国资本市场发展时间不长，相对于银行业仍处于薄弱环节。应利用银行流动性过剩的时机，尽快把资本市场发展壮大起来。应扩大上市企业数量，鼓励在海外上市的中资企业回归A股市场，逐步开放在国内投资的外资企业在国内上市，降低创业板、中小企业板上市的门槛，发展多层次的资本市场体系。重点发展机构投资者，规范市场交易行为，增强资本市场对投资者的吸引力。

（二）把资金引向战略性新兴产业，支持以自主创新带动产业升级

通过制定各种优惠政策，鼓励企业把更多的资金投入科研开发，形成自主知识产权和自主品牌。大力发展风险投资公司和股权投资基金，支持技术成果的工程化、产业化。允许战略性新兴产业的骨干企业发行企业债券，以筹集更多的资金。优先为战略性新兴产业的企业提供贷款支持。发展贷款担保公司，继续开展贷款证券化试点，扩大银行融资功能。

（三）把资金引导到公用事业投资上来，支持社会事业和城市化发展

教育、医疗和城市供水、供电、交通、环保、生态事业，长期处于供给不足的状态，严重制约着居民生活质量和城市化率的提高。原因在于这些事业主要依靠政府投资。政府财力不足，只能靠土地出让金的收入和以地方财政担保的融资平台。目前，土地财政和政府融资平台也已走到尽头。必须开辟新的公用事业投资资金来源渠道。这就是通过建立公用事业投资基金，或采用BOT、TOT等国外成熟的公用事业投资运营方式，把社会资金引导到公用事业和基础设施投资上来。要鼓励民办学校、民办幼儿园、民办医院的发展。城市地铁建设可采取香港的模式，在地铁站口划给一定土地交由地铁公司进行商业经营，以其利润补贴地铁亏损，避免由政府背上公交亏损补贴包袱。垃圾、污水处理等，也可采取新的建设运营模式，实行市场化、企业化经营。据测算，每增加一个城市人口，需要的潜在公用事业投资需求即为10万元，每年增加2000万城市人口，就需要20万亿元的公用事业投资，可为闲置资金找到用武之地。

（四）把资金引导到第三产业的发展上来，重点加快生产性服务业的发展

我国第三产业的发展长期滞后，加快第三产业发展，是转变经济发展方式的一项重要任务。要重点支持营销、物流、咨询、法律、会计、审计、技术市场、价格评估、服务贸易等生产性服务业的发展。特别是要鼓励群众性创业活动，根据第三产业小企业多、个体户多的特点，建立健全面向小型、微型经营主体的小额贷款体系。对个体户和创业者实行减免税政策。根据测算，如果将个体经营户纳税起征点从目前的月营业额5000元提高到1万元，可使2000万人受益，并大大改善创业环境，而减少的税收只有不到10亿元。

（五）把资金引导到农业现代化建设上来，建立新型农业投资经营主体

当前，加快农业现代化面临着很好的机遇。一是资金剩余，大量社会资金正在寻找投资出路；二是农业劳动力转移有出路，到处存在招工难；三是优质、绿色农产品需求旺盛，农业现代化有市场支持。如果能够创新机制，就能够把大批社会资金引入农业现代化建设。为此，需要对农民的承包地和宅基地确权颁证，依法维护其用益物权，推动土地承包经营权的有序流转。

（六）鼓励企业到海外投资，把外汇的货币储备转变为资源能源等物质储备

要鼓励企业到海外并购一些拥有较好的科技资源的企业，以尽快提高自主创新能力。鼓励企业到海外购买国内短缺的能源资源的勘探权、开发权。为此，建议人民银行将部分外汇储备借给商业银行，由商业银行为到海外投资的企业提供外汇贷款。为了规避美元贬值风险，可采取风险共担的办法，由央行和商业银行各承担50%的风险。当前应重点把外汇借给国家开发银行、进出口银行和民生银行。这三家银行承担着长期开发贷款、机电产品出口信贷和为民营企业贷款的任务，而外汇资金短缺。央行把部分外汇储备借给这三家银行，可减轻央行外汇储备使用的压力，使之转变为支持发展方式转变的动力。

总之，只要采取积极措施，合理引导资金投向，就能大大缓解通货膨胀的压力，促进经济发展方式转变，实现低通胀下的较快增长。

努力实现抑制通胀和稳定增长双重目标①

2011年以来，我国宏观经济运行呈现三个明显特点。一是经济增长继续保持平稳较快态势。上半年国内生产总值比去年同期增长9.6%，增速虽然有所下降，但仍属快速范围，符合以抑制通胀为主要目标的宏观调控要求。二是三大需求均衡拉动。1—7月社会消费品零售总额、固定资产投资和出口均处于平稳较快增长状态，特别是消费需求持续旺盛，民间投资增速逐月加快并明显快于国有单位投资，说明自主增长机制的作用正在增强。三是通货膨胀压力尚未缓解。1—7月居民消费价格同比上涨5.5%，工业生产者出厂价格同比上涨7.1%，价格逐月攀升趋势仍未改变。综合判断，当前我国经济继续朝着宏观调控预期方向发展。未来几个月，应坚持宏观调控政策取向不变，继续实施积极的财政政策和稳健的货币政策，既努力把物价涨幅降下来，又不使经济增速出现大的波动。

一、继续稳定物价总水平

保持经济社会稳定发展，关键在于稳定物价。物价关系千家万户，物价上涨意味着广大居民的货币财富蒸发。从执政为民的要求出发，必然要把保持物价总水平稳定作为政府的一项重要职责。去年下半年以来出现的物价上涨，具有明显的结构性、成本推动性和输入性特点。在今年上半年的居民消费价格上涨中，食品价格上涨占整个涨价因素的60%以上，城镇住房价格上涨占20%多。而食品、住房价格上涨，从本质上说又是供给不足造成的。应针对这些情况，采取有力措施。

在食品类商品中，粮食供给和价格是稳定的，价格上涨幅度较大的是肉类和蔬菜，其中仅猪肉价格上涨就拉动价格总水平上升1.37个百分点，占上半年消

① 本文原载于《人民日报》2011年9月16日。

费价格上涨因素的25.4%。为什么猪肉价格上涨这么猛？原因在于一年以前的价格过低，而价格低的原因又在于此前的两三年价格过高。每三四年波动一次，猪肉价格涨落表现出典型的周期性特点。解决这个长期困扰我们的老大难问题，出路只有两个：一是通过生产者与销售商签订长期供货合同，实现按市场需求均衡生产；二是发展规模化养猪场，这是实现按合同要求的数量和质量科学安排生产的前提条件。尽管这样做有一定难度，但国内外经验表明，舍此没有更好的办法。抑制蔬菜价格上涨，关键在于实施“菜园子”工程。20世纪90年代中期，为了抑制通胀，实行了“菜篮子”市长负责制，各个城市都建设了一大批菜地。十几年过去了，昔日的菜地有许多建起了楼房。现在大中城市蔬菜供给的60%~70%依靠外地长途运输，造成大量损耗，消耗大量能源，推高了菜价。城市蔬菜自给率保持在60%左右是比较合理的。因此，应把“菜篮子”工程延伸为“菜园子”工程，实行市长负责制。这是降低城市蔬菜价格的根本出路。

稳定城镇住房价格，关键在于增加普通住宅建设的土地供应，同时确保保障性住房按计划开工、竣工。必须根本改变地方政府为追求高额土地出让金收入而推高房价的机制，强化地方政府在稳定房价方面的责任。应当看到，住房是商品，但又是具有一定公共产品性质的商品。必须把党的十七大提出的实现住有所居作为发展房地产业的根本目标，要吸取日本房地产泡沫破灭的教训，把稳定城镇住房价格作为稳定经济的重要举措，认真落实国务院关于稳定城镇住房价格的各项政策。只要政府采取有效措施，把房价稳定在合理水平是可以做到的。有的城市已经成功地把房价收入比控制在6∶1左右，即一套普通住宅的售价相当于居民户均年收入的6倍左右，就是一个充分证明。

二、发挥财政、货币政策促进结构调整的作用

为了在经济结构调整上取得突破，实现抑制通胀和稳定增长双重目标，必须综合运用财政政策和货币政策，正确引导社会资金投向。财政投资应用作诱导性资金，通过贷款贴息、税收减免、奖励创新、扶持创业就业、资本金注入等措施，把包括银行信贷在内的社会资金引导到结构调整所需要的方向上来。货币政策应在保持稳健的同时实行有松有紧的差异化政策，特别是对增加食品、住房中短缺品种的供给应积极给予信贷支持。把财政资金运用到对银行信贷等社会资金投向的引导上，就能发挥四两拨千斤的作用，形成结构调整的巨大合力。同时，把社会资金吸引到需要大量投资的地方，有利于消化银行过剩的流动性，减轻通胀压力。

当前，应注重把社会资金吸引到以下方面：

（1）资本市场。我国资本市场发展滞后，企业资金来源主要靠银行贷款。发达国家直接融资与间接融资的比例一般为7∶3，而我国目前是3∶7，发展股票、债券等直接融资的潜力巨大。应抓紧完善规范透明的资本市场，发展各类基金等合格机构投资者，扩大直接融资规模；充分发挥资本市场优选企业、价值发现和财富分配功能，尽快把资本市场做大做强。

（2）战略性新兴产业。以自主创新带动产业升级，关键是要加快发展战略性新兴产业，包括节能环保、新一代信息技术、生物、高端装备制造、新能源、新材料、新能源汽车等。应通过优先提供贷款、优先发行企业债券和在股票市场上市等措施，鼓励资金向战略性新兴产业的骨干企业集聚，以尽快形成新的投资热点和经济增长点。

（3）基础设施和公共服务。城乡基础设施和公共服务落后，不能满足经济社会发展的需要，亟待投入大量资金加快建设。应积极推广特许经营权等行之有效的办法，把社会资金吸引到这些领域。比如，城市轨道交通和立体停车场建设社会需求巨大，应允许企业投资建设和自主经营。应鼓励发展民办学校、民办医院、民办托儿所、民办养老院，以满足社会多层次的需求。

（4）第三产业。第三产业发展滞后，已经严重制约第一、二产业的发展，制约就业规模的扩大。第三产业发展滞后的原因在于税负过重。根据测算，第三产业实行的营业税比第二产业的增值税税负一般重1/3。应加快生产性服务业营业税改为增值税的试点，并尽快推广。同时，提高个体户营业税的起征点，为服务业发展和群众性创业活动提供良好环境。

（5）农业现代化。目前，加快农业现代化面临着难得的机遇：一是社会资金充裕，亟待寻找投资出路；二是农业劳动力转移有出路，许多地方存在招工难问题；三是市场对优质绿色农产品需求旺盛，投资生产高品质农产品能获得可观收益。要创造一种新的机制，吸引社会资金投资于农业现代化建设。应鼓励创建家庭农场、农业合作社、农业公司等新型农业投资经营主体，通过土地承包经营权有偿转让，把更多的农民从土地上解放出来，转移到二、三产业；通过提高农业集约化经营水平，提高农业劳动生产率和土地产出率，推动城乡发展一体化。

三、通过扩大海外投资把部分外汇储备变为物质储备

我国外汇储备较多，且仍不断增加，加上人民币升值预期导致外资涌入，迫使央行大量投放基础货币，加大了通胀压力。美联储连续两次实施量化宽松货币政策，借助美元贬值向国外转移危机负担，导致全球性通货膨胀，使我国大宗进口商品价格快速上涨，带来了输入性通胀。美元贬值导致我国外汇储备缩水，威

胁着我国外汇资产的安全。通过扩大海外投资，把一部分外汇储备转变为能源资源等物质储备，是规避外汇贬值风险的必要途径。而且，扩大海外投资可以取得多重效益：一是通过获取更多的海外能源资源的勘探权、开发权，打破我国经济长远发展所面临的能源资源瓶颈约束；二是通过到海外发展加工贸易，转移国内过剩的制造能力，创造出口需求，带动零部件、原材料和劳务出口；三是通过国际并购，利用国外企业的科技资源和营销网络，迅速提高我国企业的自主创新能力和国际经营能力；四是通过扩大人民币对海外直接投资，扩大人民币在海外的流通量，推进人民币国际化。

由于我国企业缺乏海外投资经验，为了规避投资风险，每一个海外投资项目都必须经过充分论证，请有资质的咨询公司进行风险评估，或与国外有经验的企业联合投资，建立投资风险责任制。有条件的应与投资对象国的政府或企业建立风险共担机制，以尽可能减少投资失误。驻外使领馆应为我国企业“走出去”提供全方位服务。

扩大海外投资，当前迫切需要解决的一个问题，是调动商业银行开展外汇贷款的积极性。现行由商业银行从央行外汇市场购汇的办法，等于把汇率风险全部推给商业银行，影响商业银行的积极性。如果允许商业银行以人民币为质押，央行把等量外汇转存于商业银行，商业银行再把外汇贷给用汇企业，商业银行和用汇企业均借外汇、还外汇，就能把商业银行开展外汇贷款业务的积极性调动起来。调动起商业银行的积极性，把部分外汇储备用好用活就是可能的。

四、在调整经济结构上取得更大进展

当前经济运行中出现的问题，从深层次看是经济发展方式问题，即长期以来经济增长过度依赖投资和出口、过度依赖第二产业带动、过度依赖物质资源消耗，城乡发展差距拉大，区域经济发展不平衡。“十二五”规划纲要提出，未来5年要以科学发展为主题、以加快转变经济发展方式为主线。实现抑制通胀和稳定增长双重目标，必须按照加快转变经济发展方式的要求，在调整经济结构上取得更大进展。

大力调整需求结构，促进经济增长由主要依靠投资、出口拉动向依靠消费、投资、出口协调拉动转变。为此，必须加快调整国民收入分配结构，使新增部分向中低收入者倾斜，重点是增加农民收入。应扩大公共服务消费，尽快改变教育、医疗、幼儿园、养老院、城市交通、环境保护等供给不足的局面。力争经过5年的努力，使居民消费率有一个大幅度提高。

努力优化生产要素结构，提高自主创新能力。鼓励企业增加技术研发投入，建立国有企业技术进步激励机制，发挥国有企业在自主创新中的骨干带头作用。落实中央关于鼓励技术创新的一系列政策，积极实施人才战略。改革教育体制，重点培养创新型人才和职业技术人才。强化企业经营管理，建立完善现代企业制度，完善股东会、董事会和经营层相互协调、相互制衡的科学治理结构。

此外，在产业结构上，加快第三产业发展，形成一、二、三产业协调发展的局面；在城乡结构上，建立城乡发展一体化体制机制，尽快改变城乡发展差距拉大的趋势；在区域结构上，鼓励中西部地区加快发展，促进区域协调发展。

实施扩大内需战略

扩大内需：一项重要的战略方针①

一、扩大内需对保持经济快速增长具有决定性作用

1998年经济运行中遇到的突出问题，是亚洲金融危机使我国出口的增长速度大幅度下降。年初预计出口增长10%，但到5月却出现了负增长，出口对经济增长的拉动作用明显减弱；严重的洪涝灾害使灾区人民的生命财产遭受重大损失，运输和生产都受到影响；我国经济已经连续5年增长速度缓慢回落，为遏制下降的惯性，实现经济增长速度的止跌回升，需要付出很大的努力；随着全面买方市场的出现，活跃市场、促进经济发展的难度进一步加大。面对重重困难，中央提出了一系列扩大内需的政策措施，并根据经济运行的实际情况不断完善和加大了力度。一是调整投资计划，扩大投资规模。全社会固定资产投资增长幅度由原来的10%调整到15%以上。集中力量加快农林水利、铁路、公路、通信、环保、城市基础设施建设。二是拓宽投资领域，加大投资力度。6月，国务院决定在加强上述领域建设的同时，增加国家直属储备粮库、城乡电网、城市经济适用住房及生态环境建设的投资。三是实施积极的财政货币政策，落实建设资金。中央财政发行1000亿元10年期的长期国债，补充和增加基础设施建设项目资本金，同时吸引商业银行贷款1000亿元。四是进行抗洪抢险和灾后重建。大力开展生态环境建设，在长江、黄河上中游封山植树，停止砍伐，进行“坡改梯”，建设干支流控制性工程。对长江中下游实行分类规划，退田还湖，平垸行洪，提高行洪蓄洪能力，建设高标准堤防。

为了充分发挥基础设施建设对经济增长的拉动作用，尽可能在当年多形成一些工作量，国务院各部门、各地方、银行和施工单位争分夺秒，做好项目前期工作，力争资金早到位、早开工。进入下半年后，投资增长速度逐月加快。1—11月，国有单位投资完成15035亿元，比上年同期增长22.3%，增长速度比上年同期快10个百分点。全年全社会固定资产投资约完成28680亿元，比上年增长

① 本文原载于《人民日报》1999年1月12日。

15%。国家重点建设项目得到加强，完成情况明显好于往年。到 10 月底，118 个重点项目完成年计划投资的 76%。投资的增加有效地拉动了经济增长，扩大内需的政策取得明显成效。8 月，工业生产增长速度开始回升，同比增长 7.9%，比 7 月加快 0.3 个百分点。第三季度国内生产总值同比增长 7.6%，比第二季度快 0.8 个百分点，出现了 5 年多来由降转升的拐点。第四季度，经济回升的势头进一步加快，全年实现了 7.8% 的增长目标。

1998 年，我们之所以能够战胜意想不到的困难，保持经济的快速增长，扩大内需政策的实施起到了决定性作用。新增 1000 亿元国债投资，加上由其带动的银行贷款等各项投入，按当年完成 60% 的工作量计算，可以拉动经济增长两个百分点左右。我们在取得"软着陆"的成功经验之后，又开始摸索出启动经济的有效办法。事实又一次证明，以江泽民为核心的党中央，具有在复杂情况下果断正确决策的能力，能够熟练地驾驭宏观经济。

扩大内需虽然取得了预期目标，但也应看到：1998 年扩大内需是以扩大投资为主，消费的增长仍比较缓慢；在投资的增长中，国有单位投资增长很快，而非国有单位投资增长预计为零，甚至可能为负增长；新增投资的重点是基础设施建设，这是一个最佳的选择，但产业结构升级的进展迟缓；投资资金的增加主要靠财政手段的拉动，这作为短期对策是必要的，但继续扩大投资需要有货币政策的配合。当然，这些问题需要今后在继续扩大内需中研究解决。

二、把扩大内需作为我国经济发展的基本立足点

扩大内需作为实现我国经济长期持续快速健康发展的客观要求，应当成为促进我国经济发展的一项带根本性的方针，成为经济发展的基本立足点。

只有坚持扩大内需，才能把我国经济增长的巨大潜力不断挖掘出来。我国作为一个发展中大国，目前人均国内生产总值只有 800 多美元，刚刚进入世界中低收入国家的行列。我国同发达国家的差距很大，这种差距就是发展的潜力。外商来中国投资，正是看中了这种巨大的潜力，问题在于如何把这种潜力挖掘出来。在目前的低水平下，我国经济发展就开始受到市场需求的制约，完全是消费体制和消费政策不合理带来的，应通过对需求的调节，使之对经济增长保持必要的拉动力。应当看到，在传统计划经济体制下，由于需求缺乏市场约束，所以防止需求膨胀的问题困扰了我们几十年。而在市场经济体制下，对投资和消费的约束机制已初步建立起来，根据供给能力的增长，适时扩大需求，开拓需求领域，已成为宏观调控和需求管理面临的新课题。

我国的高储蓄率为扩大国内需求提供了条件。我国人民有节俭的传统，始终

保持着较高的储蓄率。特别是 1992 年以来，城乡居民储蓄存款余额以年均 8000 亿元的速度增加，由 1.15 万亿元增加到 5 万多亿元，加上各类金融证券，居民个人金融资产已超过 8 万亿元。把这笔巨额资金引导好，合理地使用于投资和消费，就可以将潜在需求转化为现实需求，将长远需求转化为即期需求，从而对当前的经济增长起到有力的拉动作用。关键是要采取有效措施，把居民储蓄运用好，使之加快运转，提高资金使用效益。同时，积极利用外资，也是增加国内投资需求的重要途径。

只有坚持扩大内需，才能使人民生活水平不断提高。扩大出口、增加国外需求的最终目的，是为了增加国内需求，提高国内生产能力，满足国内消费水平提高的需要。扩大国内需求，特别是扩大国内消费需求，将直接使广大人民受益。而人民消费水平的提高，有利于实现生产、消费的良性循环，有利于提高人民的劳动积极性，从而形成推动经济增长的强大动力。目前我国人均消费仍处在较低水平，应集中力量把“蛋糕”做大，改善人民生活。全国有 9 亿人口在农村，如能把他们的消费水平提高到目前城镇人口的水平，就可以支撑我国的经济总量增长 2~3 倍。

只有坚持扩大内需，才能在国际环境变化的情况下保持经济的稳定增长。目前，世界经济的发展出现了许多新的变化和特点。亚洲金融危机的影响继续存在，全球经济特别是贸易增长速度减慢。国际经济结构加速重组，知识经济迅速发展，传统产品生产能力普遍过剩。贸易保护主义抬头，贸易壁垒明显增加。随着国际资本流动的加快，世界经济发展的不确定性增多，我们宁可把事态估计得更严重一些，特别是亚洲各国因货币贬值使出口竞争力增强，会给我国出口带来更大的压力。我们应立足于扩大国内需求，以弥补出口增长受阻所造成的不利影响，把经济发展的主动权掌握在自己手中。

三、1999 年扩大内需的重点和主要任务

继续增加投资，确保基础设施工程质量。继续实行扩大内需政策，要进一步增加固定资产投资规模，保持投资的较快增长。除了增加国有单位投资，要大力增加非国有单位投资。改革开放 20 年来，非国有单位投资年均增长 28.6%，比国有单位高 10.2 个百分点，对推动经济增长发挥了重要作用。1998 年非国有单位投资增长速度大幅度下降，是很不正常的，必须采取有效措施，改变这种状况。应在贷款、直接投资和投资方向等方面，为非国有单位投资的增长创造适宜的政策环境。

基础设施建设的注意力应集中到加强项目管理，确保工程质量上来。通过强

化行政领导，严格项目法人责任制，推行规范的招标制和监理制，以及利用社会舆论监督等多种措施，保证工程质量。

加大结构调整力度，积极培育新的经济增长点。结构调整作为当前经济工作的一项紧迫任务，必须进一步加大工作力度，以推进产业结构升级，提高经济增长的质量和效益。一是积极利用先进技术改造和提高传统产业。淘汰落后的工业技术和生产设备，压缩剩余的生产能力。二是大力振兴装备制造业。结合加快基础设施建设，依托国家重大建设项目，抓好国外先进技术的引进、合作设计、合作制造，提高自主开发能力，推进关键设备的自主化生产，提高装备工业的技术水平。三是发展新兴产业和高技术产业，提高技术密集型产业在国民经济中的比重。探索高技术创业投资机制，试行高技术产业项目融资，支持高技术产业示范工程建设，加快电子信息产业发展。

把促进消费作为扩大内需的重要措施，使投资和消费双向启动。投资作为中间需求，只有同扩大最终消费结合起来，促进消费需求的不断增长，才能使投资取得预期效益，实现社会再生产的良性循环。增加消费需求，必须进一步完善收入分配结构和分配制度，提高城乡居民特别是中低收入者的购买力。合理引导居民心理预期，鼓励不同收入水平的居民增加消费，活跃市场。

吃、穿、用、住、行，是人类最基本的物质生活消费。目前城镇居民吃穿用的需求已基本得到满足。按吃穿用结构升级的一般规律，消费热点从千元级的家电向万元级的住房和汽车等高价值商品转移，住和行的消费需求将不断扩大，围绕满足住行需求的相关产业将出现一个高速增长时期，从而成为新的经济增长点。但由于体制和政策等因素，在城镇住行的消费方面，福利型、供给型和集团型的消费方式至今仍未打破，用于住行的消费品和消费行为，仍未完全纳入个人商品消费领域，使这两个方面的消费需求处于被压抑的畸形发展状态，围绕住行的相关产业也不能得到正常充分的发展。

改善居民住行条件，应当统筹考虑解决。目前中心城市房地产价格过高，主要是由于缺乏快捷交通工具，居住过于集中，造成地价过高。如果在城市郊区依山傍水的地方修筑配套齐全的住宅区，用轻轨或高速公路与市区连接，广大居民会自愿选择住在空气清新、安静幽雅的郊区。这将有效地抑制城市中心过高的地价，促进围绕住行的各个产业在相互依托中健康发展。

大力开拓农村市场。要以加快农村电网改造为契机，扩大家电产品在农村的普及率。加强水、路、通信等基础设施建设，改善农村消费环境。积极开发和生产适销对路的农业机械和各类生产资料，如节水灌溉、粮食烘干、田间作业、农产品加工、运输等设备。稳步发展小城镇，带动农村第二、三产业的发展和农业产业化，促进农村经济结构的调整。

进一步拓宽消费领域，推进非义务教育、医疗保健和社区服务的产业化。在不要国家投入的前提下，鼓励民间办学，发展各级各类教育，使所有愿意学习的人都能有学习的机会。社区服务是一个亟待发展的领域。发达国家社区服务的从业人员一般占全社会从业人员的 30% 左右，我国才刚刚起步。休闲旅游消费已在我国悄然兴起。1997 年，国内旅游收入达 2112 亿元。据抽样调查，80% 的城市居民曾到市外旅游。应进一步为第三产业的发展创造良好的政策环境。

在继续实行积极的财政政策的同时，必须辅之以适当的货币政策。运用财政政策启动经济，见效快，易于操作，对经济增长的拉动作用明显。我们要继续积极运用财政政策，扩大投资需求和消费需求，促进供给结构的优化。适时适度扩大财政举债规模，并更多地运用贴息等手段，发挥财政杠杆对全社会资金的引导作用。1998 年财政赤字占国内生产总值的比重约为 2.2%，低于 3% 的国际警戒线。年底债务余额占国内生产总值的比重约为 10.3%，远远低于发达国家的债务水平，增发国债还有一定的余地。目前物价已连续 15 个月负增长，不用担心出现通货膨胀。与此同时，在保持贷款能够按时回收的前提下，根据扩大内需的要求，适当增加货币供应，切实做到防范金融风险与扩大信贷投入的有机统一，兼顾安全性、效益性和流动性。改进金融服务，拓宽信贷渠道，提高项目评估质量，制定具体办法，增加对中小企业的贷款。

打破需求制约　促进经济增长①

一、需求不足已成为制约经济增长的主要矛盾

经过改革开放20年的快速发展，国民经济发生了历史性的变化，进入了一个新的发展阶段。最突出的特征就是告别了短缺经济，经济增长由主要受供给约束转变为主要受需求约束。特别是亚洲金融危机以来，由于出口受阻，有效需求不足制约经济增长的矛盾更加突出。

需求不足的主要表现：一是大部分商品已供大于求。据国内贸易局调查分析，1998年一季度市场上主要商品供大于求的约占1/3，而到1999年一季度，这一比例已猛升到3/4左右，其余1/4是供求平衡的，已没有供不应求的商品。二是物价长时间连续下降。截至8月底，居民消费价格和商品零售价格已分别下降17个月和23个月，生产资料价格下降持续了41个月。三是投资、消费和出口的增长速度下降。1998年全社会固定资产投资比上年增长14.1%，其中除集体、个体经济外的国有经济等投资增长19.5%。而1999年1—8月，除集体、个体经济外的国有经济等投资仅增长10%，8月当月已降为零增长。消费需求持续不振。近年来，居民消费欲望明显降低。1995年全社会消费品零售总额增长26.8%，扣除价格因素后实际增长10.4%。而1998年的名义增长和实际增长速度已分别降为6.8%和9.6%，分别比1995年降低20个和0.8个百分点。1999年1—8月，社会消费品零售总额同比增长6.3%，增幅比上年同期又降低1个百分点。1999年以来，出口出现下降。上半年出口下降4.6%，7—8月出口开始回升，但1—8月累计，出口仍下降0.2%，进口则增长了17.5%，贸易顺差比上年同期大幅度减少。

需求不足造成经济增长速度下降。从1998年8月起，经济增长速度开始回升，四季度达到9.3%。而1999年一季度则降为8.1%，二季度为7.1%。由于上年基数较高，若不及时采取有效措施，1999年三、四季度经济增长速度会进一

① 本文原载于《经济与管理研究》1999年第5期。

步下降。中央正确分析了经济形势，做出了加大积极财政政策力度的决策，经全国人大常委会批准，增发国债600亿元，用于增加投资，扩大内需。这些投资的及时到位，将对实现1999年经济增长7%的预期目标起到重要的拉动作用。

在看到需求不足这一主要矛盾的同时，对结构上的问题决不能忽视。实质上，许多需求不足现象是结构上的问题即供给水平低所造成的。由于过去盲目重复建设，目前一般加工工业生产能力过剩40%，甚至50%以上。而技术含量高的商品，特别是技术装备、高技术产品，国内产品的市场满足率低，固定资产投资所需的设备，60%以上依赖进口。这就使得增加投资对扩大国内需求的作用大大打了折扣。所以，产业结构的低度化，产品满足不了市场需求，也是造成需求不足的重要原因。在经济高速增长时期，产业结构的变化较快。结构转变对经济增长具有重要的支撑作用。

20世纪80年代初期，农业的迅速发展为经济的高速增长奠定了基础。80年代中后期，轻纺工业的持续高速增长支撑了整个国民经济的发展。90年代以来，能源、交通、通信等基础设施建设投资大幅度增长，长期制约国民经济发展的“瓶颈”得到缓解，带动了整个经济的增长。改革开放20年，对技术装备工业始终没有给予较大规模的投入，在一定程度上造成了我国目前装备工业落后，已成为国民经济中的突出薄弱环节。企业设备更新和技术改造需要大量先进设备，但我们的装备工业却生产不了，“吃不饱是因为吃不了”。所以，要把扩大内需同结构调整升级结合起来，加快经济增长方式的转变，充分发挥结构转变对经济增长的拉动作用。

二、进一步扩大投资规模，调整投资结构

在新的消费热点尚未形成、出口增长减缓的情况下，扩大内需的有效途径是扩大投资规模。1999年新增600亿元国债，主要用于以下几个方面：

（1）加快1998年已开工的基础设施建设项目的进度，在西部地区适当开工一些新项目。包括农林水利、铁路、公路、机场、城乡电网改造、城市基础设施和环境保护等。

（2）加大对科技进步和产业升级的投资力度。包括对现有企业的技术改造，高新技术产业化和轨道交通、环保设备等装备的国产化。国家将拿出90亿元国债资金用于企业技术改造的贴息，可拉动技术改造贷款1800亿元。集中力量投向重点行业、重点企业和重点产品的改造，以达到节能降耗、替代进口的目的。优先选择主导产品国内市场占有率属同行业前列、银行资信好的优势企业，优先考虑512户重点企业和120家试点企业集团。适当向东北老工业基地和中西部地

区倾斜。重点改造冶金、纺织、石化、有色、机械、信息产业和造纸工业。

（3）农林水利投资。围绕改善生产条件、减少水土流失，恢复生态环境，重点在长江、黄河上中游水土流失严重地区进行退耕还林、还草。建设动植物防疫体系。发展节水农业，加强灾害性天气预报，继续加强和提高农业综合生产能力所需要的基础设施建设。

（4）加强环保和生态建设。集中安排“三河”“三湖”水污染防治所需投资，包括新建污水处理厂 119 个，可新增污水处理能力 1140 万吨 / 日。

（5）教育文化设施建设。支持 1999 年扩大招生的高等学校解决生活设施和教学设施的突出困难，对学生公寓建设给予政策性补贴。支持“村村通广播电视工程”。

国债投资的使用，必须确保工程建设质量，杜绝资金的挤占、挪用。为此，国家将严格推行项目法人责任制、招标投标制、施工监理制和合同管理制，强化对建设项目的稽查监督、审计监督和社会舆论监督。切实提高投资效益。在扩大国债投资的同时，采取有效措施启动民间投资。改革开放 20 年，非国有单位投资年均增长 28% 以上，比国有单位高 10 个百分点。目前，非国有单位投资已占全社会固定资产投资的 40% 以上，成为拉动经济增长的重要力量，也是国民经济中最有活力的一部分。但是，由于受市场需求、融资条件和企业改制等因素的影响，1998 年集体、个体经济投资仅增长 1%。1999 年以来，集体、个体经济投资仍处于低迷状态，这是很不正常的，必须引起高度重视。要努力为民间投资创造良好的体制条件和政策环境，如建立为中小企业贷款提供担保的机构，帮助中小企业获得投资信息等，从机制上解决民间投资增长速度下降的问题。

三、努力扩大消费需求，促进消费结构转变

消费需求对经济增长的拉动最直接，作用也最大。切实扩大消费需求，是实现积极财政政策预期效应、进一步增强扩大内需力度的关键。增加消费需求主要应当靠增加居民消费。这需要从两方面入手：

一是增加居民的实际收入，扩大购买力。1999 年国家较大幅度地提高了城镇低收入居民和公职人员的收入，对刺激有效需求将产生积极的社会效应。今后，随着经济的发展，还要不断提高居民收入，逐步形成一个稳定的中间收入阶层，以保持消费的稳定增长。建立健全社会保障体系，完善三条社会保障线制度。各级财政预算应优先发足下岗职工基本生活保障资金。对于下岗职工基本生活保障金的发放，可借鉴一些国家用购物券代替现金的做法，鼓励实物商品消费。结合福利保障制度货币化的改革，调整公职人员和国有企业职工的工资

水平。继续完善分配结构和分配方式。坚持效率优先、兼顾公平的原则，把按劳分配和按生产要素分配结合起来，允许和鼓励资本、技术等生产要素参与收益分配，允许和鼓励一部分人通过诚实劳动和合法经营获得更高收入。同时，切实解决收入过分悬殊问题，坚决取缔非法收入，整顿不合理收入。完善个人所得税制，开征遗产税、赠予税等新税种。增强国家调节收入分配的能力，增加对中低收入者的转移支付。

在农村，要千方百计增加农民收入。引导农民调整和优化生产结构，生产高附加值的农产品，强制淘汰劣质农作物品种。依靠科技进步，改善农业生产条件。继续推进农业产业化经营，抓好龙头企业和生产基地建设，提高农副产品的加工深度和附加值。引导乡镇企业优化产业结构和产品结构，增强竞争力。努力为农民外出务工创造宽松的环境，积极安排有劳动技能的农民参加基础设施建设和生态环境建设。加大扶贫攻坚力度。采取坚决措施，切实减轻农民负担。

二是完善消费体制和消费政策，促进居民消费结构升级。改革福利型、供给型消费体制。在发达国家的居民消费结构中，用于吃穿用和汽车、旅游、住房的消费支出大体各占 1/4。而且随着消费水平和不动产价格的提高，用于旅游和住房的支出比重呈上升趋势。在我国，由于福利型、供给型和集团型的消费模式至今仍未打破，使得广大群众的住、行消费需求长期处于被压抑的状态，围绕住、行的相关产业不能得到正常的充分的发展。为启动住、行消费，必须首先从体制上突破，减少乃至取消福利型、供给型和集团型消费。为了促进居民住房消费，必须加快推进城镇住房制度改革。要加快住房分配货币化进程，逐步提高住房租金水平，尽快开放住宅二级市场，大力整顿房地产拆迁收费和配套收费，改革住房维修管理体制，加强和规范物业管理。改善居民住、行条件，应当统筹考虑解决。如果在城市郊区建设配套齐全的住宅区，用轻轨或高速公路与市区连接，广大居民会自愿选择居住在空气清新、安静幽雅的郊区。这将有效地抑制城市中心过高的地价，促进围绕住、行的各个产业在相互依托中健康发展。

调整消费政策。目前对于用电、买房、购车、通信等方面的一些消费政策，不少仍是短缺经济时代为防止通货膨胀而制定的。如对城镇住房收费多达 400 多种，对汽车收费多达 200 多种，大部分收费流失在中间环节。由此造成过高的售价和使用费用，抑制了住行消费的扩大，也抑制了相关产业的发展。在清理和取消抑制性消费政策的同时，要积极研究制定鼓励消费的政策。鼓励发展信用消费，促使高价值商品消费模式从自我积累型向信用支持型转变。

进一步拓宽消费领域。发展教育是刺激消费的一个重要措施。在切实保证义务教育健康发展的同时，大力发展高中阶段、职业和大学教育等非义务教育。充分挖掘现有设施的潜力，积极推进大中城市学校实行走读制。鼓励社会力量兴建学生公寓，推进高校后勤服务社会化。进一步健全有关法律法规，实行鼓励民间办学的优惠政策，包括无偿提供办学用地，免收配套费用，充分利用现有设施和房屋等，为民间兴办高中、高等职业学校和大学创造条件。鼓励社会力量兴办社区服务、旅游、体育、非基本医疗保健、文化娱乐等各项事业。社区服务是一个亟待发展的领域。发达国家社区服务的从业人员一般占全社会从业人员的 30% 左右，我国才刚刚起步。要使社区服务市场有更大的发展，当前迫切需要突破传统的民政型、福利型的局限，逐步向福利经营型转变，加速产业化、实体化进程，建立适应市场经济体制的社区服务运行机制。促进居民把服务性消费由自给型变为社会化。休闲旅游消费已成为城镇居民追求的一种新时尚。1998 年，国内旅游总人数近 7 亿人次，城镇居民人均花费 607 元，农民也近 200 元，分别占城镇居民人均可支配收入和农村居民家庭人均纯收入的 11.2% 和 9.1%。

改善农村消费环境。要积极创造条件，努力开拓和繁荣农村市场。加强水、电、路、通信等基础设施建设，为彩电、冰箱、洗衣机等家电和电话进入农村居民家庭创造条件。加速建立适合农村市场特点的流通体系和产品售后服务体系，把符合我国经济发展水平和国情的集市贸易等传统做法和连锁、超市、代理、配送等现代化流通方式结合起来。大力开发和生产适应农民生产生活需要的产品。抓好典型示范和宣传，引导农民转变消费观念和消费习惯，培养科学、合理的消费方式。

四、千方百计扩大出口，积极有效利用外资

外贸出口是支撑我国经济增长的重要因素，特别是 20 世纪 90 年代以来，出口对经济增长的带动作用尤为明显。亚洲金融危机发生后，我国外贸出口受到严重影响，至今仍未完全消除。面对竞争加剧的国际市场环境，在扩大内需的同时，要继续振奋精神，力争在增加出口和利用外资方面有所作为。

第一，要运用多种经济政策手段支持外贸出口。加大出口商品的结构调整力度，提高商品的竞争能力，特别是支持一批优质名牌和高技术产品扩大出口。财税政策方面，进一步提高部分出口商品的退税率。从 1999 年 7 月 1 日起，高技术产品的出口退税率，已开始按增值税的征税率执行。

1999 年和 2000 年对中央外贸企业出口利润应缴的所得税实行适当返还，作为国家注入的资本金，对地方外贸企业，各地可根据实际情况制定相应措施。在中央外贸发展基金中设立人民币专项资金，采取贴息方式，用于支持中小企业特别是出口高技术产品的中小企业扩大出口和开拓国际市场，以后每年还要按一定比例补充该项资金。对有收汇的边贸出口实行外贸发展基金贴息政策。金融保险

服务政策方面，要大力推动和扶持一般贸易出口，继续推进出口市场多元化，鼓励有实力的企业以现有设备和成熟技术开展境外带料加工。有关商业银行要优先安排、重点支持出口企业所需流动资金贷款，特别是支持实力强、效益好、重合同、守信用的出口企业；进一步完善对外贸企业的封闭贷款办法，采取各种积极措施，确保落实对暂时亏损，但有订单、还款有保证的出口企业发放封闭贷款；扩大银行对出口企业的贷款利率浮动范围，建立和完善与出口收汇率挂钩的信贷奖惩制度；运用多种信贷方式支持高技术产品出口；保险机构为高技术产品的出口提供配套保险服务，健全政策性出口信用保险机构，增加出口信用保险基金规模，为境外加工贸易、劳务承包提供保险服务。外汇管理政策方面，取消对企业出口收汇结汇和入账的审核，为出口收汇考核荣誉企业提供便利条件，开立外汇结算账户可保留外汇的限额。加快年检的速度，提高审核效率。

第二，进一步改进外贸管理体制。要扩大企业外贸经营权。对国有、集体生产企业和科研院所自营进出口权实行登记备案制，加快赋予有条件的生产企业和科研院所对外工程承包权和对外劳务经营权，同时进一步放宽对自营进出口生产企业和科研院所经营范围的限制。进一步减少实行出口配额许可证管理商品的品种和出口统一联合经营的限制，改进和完善现行出口商品招标办法。出口商品配额要向生产名优产品、高创汇产品的生产企业倾斜。按照公平、公开、公正、规范的原则，提高纺织品被动配额使用率和效益。

第三，规范加工贸易管理。要尽快落实并逐步完善国务院有关部门制定的加工贸易企业分类管理标准，对评定为A类且符合标准的加工贸易企业，不再实行银行保证金台账制度，简化管理程序。暂停一些加工贸易商品配额管理，列入加工贸易限制类商品目录实行银行保证金台账“实转”。进行设立规范、封闭式的出口加工区试点，逐步引导出口加工企业向保税区和出口加工区集中。在划定区域内，实行“境内关外”管理体制，由海关监管。

第四，简化进出口环节管理手续，减少收费。要进一步规范进出口环节的收费，主要是减少进出口商品法定检验范围，禁止乱收费，取消重复性收费，降低行政性收费规模，并制定新的检验检疫收费管理办法和收费标准，严格执行“收支两条线”的有关规定。同时，进一步简化各出口环节的管理手续。比如，海关要加快出口商品的通关速度，税务部门要加快退税进度。

五、把积极的财政政策和灵活的货币政策结合起来

1998年以来，我们实行积极的财政政策，先后发行国债1000亿元和600亿元用于增加固定资产投资，扩大内需，直接效果是明显的。1998年国债投资拉动

经济增长 1.5 个百分点。1999 年的国债投资如能及时到位，尽可能多地形成工作量，将能保证实现 7% 以上的经济增长目标。从目前我国的财政和经济发展的状况来看，增发一定数量的国债是可行的。1999 年增发 600 亿国债后，财政赤字占 GDP 的比重为 2% 左右，低于 3% 的国际警戒线。债务余额占 GDP 的比重为 10% 左右，低于 60% 左右的国际警戒线。但是，由于我国财政收入占国内生产总值的比重比较低，所以，目前中央财政支出的债务来源已达 50% 以上。为了减少中央财政的债务依存度，应当考虑适当增加地方政府的债务负担。通过中央发债转借给地方等方式，使财政状况比较好的地区多增加一些债券投资。综合分析，2000 年继续实行积极的财政政策，通过发行国债来扩大内需仍然是必要的。

财政投资的作用并不在于本身搞了多少个项目，更重要的是对民间投资和消费市场要起到拉动作用。但从近一年来的情况看，后者的作用并不明显。为了扩大财政投资的效果，要采取措施，着重发挥对启动民间投资和消费需求的拉动作用。

目前，银行贷款在全社会固定资产投资资金来源中占 70% 左右。扩大投资首先要增加银行贷款。1998 年以来，我国金融体制的改革，强化了商业银行的风险约束机制，这对提高投资效益，减少投资失误是非常必要的。在保证贷款质量的前提下，如何增加贷款的投放是当前扩大内需启动经济面临的首要课题。

从目前整个经济运行的情况看，通货紧缩的迹象已经非常明显。1998 年，我国 M2 的增长速度与正常年景相比明显下降，少增了约 1 万亿元。其主要原因之一是外汇储备占款大幅度减少。1998 年外汇储备增加额与前几年相比，少增了近 300 亿美元，相应减少基础货币投放约 2700 亿元人民币，M2 相应减少 1 万亿元。从 M2 的增长速度看，前 20 年年均增长 25%，而 1998 年的增幅下降了 10 个百分点。货币供应减少是通货紧缩迹象出现的基本原因。

应当进一步改善金融服务，充分发挥金融政策对经济增长的支持作用。在加强防范和化解金融风险的同时，建立信贷激励机制。促使国有商业银行不仅把考察放贷的安全性、可靠性放在第一位，而且重视信贷项目的市场前景、可行性，提高银行资金的效率和效益，加快资金周转。努力为非国有经济、中小企业畅通融资渠道，增加对中小企业的贷款。选择回报率较高的公共行业，加大信贷力度。为了加大基础建设投入力度，同时兼顾银行信贷资金的营利性，可适当开放道路、桥梁、供水和电站等有稳定收益的公用设施投资领域，通过采用合作、联营、入股、BOT 等多种灵活的方式，吸引非国有投资，以未来收益为抵押，增加信贷投放。加大对市场前景好、能够带动产业技术升级的高技术产业化、技术改造项目的信贷扶持力度。增加出口信贷，积极支持和鼓励有条件的企业开展境外加工贸易，带动国内设备、原材料和劳务出口。要进一步扩大股票证券市场，增加上市企业的数量，试办创业投资基金，开辟居民直接投资的多种渠道。

制约消费增长的原因与对策①

随着全面买方市场的出现，我国告别了短缺经济的困扰。近几年来，出现了市场清淡、消费需求增长乏力的问题。1998 年社会消费品零售总额名义增长 6.8%，考虑价格下降因素，实际增长 9.6%。而改革开放 20 年，社会消费品零售总额年均增长 17.0%，特别是“八五”时期，年均增长 23.2%，扣除价格因素，实际年均增长 10.7%。还应看到，当前消费品零售额增长放慢是在物价水平不断下降的情况下出现的，这更加反映了市场消费需求不足。据有关部门调查分析，市场上主要商品供过于求的比重，已由 1998 年年初的 1/4 左右上升到 1999 年年初的近 3/4。最终消费对经济增长的拉动力明显减弱。20 世纪 80 年代以来，我国最终消费率基本上呈持续下降的态势，已由 1982 年的最高值 68.7% 下降到 1998 年的 58% 左右。1998 年最终消费对经济增长的贡献率只有 33%，是改革开放以来最低的年份。情况表明，采取有效措施，切实扩大消费需求，是进一步加大扩大内需政策力度的关键，这不仅关系到生产与消费的良性循环，而且直接关系到能否把国民经济快速发展的势头保持下去。

一、改革福利型、供给型消费体制，培育新的消费热点

吃穿用住行，是人类最基本的物质生活消费。目前城镇居民吃穿用的需求基本得到满足。按消费结构升级的一般规律，消费热点应从满足吃穿用的需求向满足住行需求转变，从千元级的家电向万元级的住房和汽车等高价值商品转移。住和行的消费需求不断扩大，是一个必然的趋势。住和行的消费与吃穿用的消费相比，有着更为广阔的空间。在发达国家的居民消费结构中，吃穿用和汽车、旅游、住房的消费支出大体各占 1/4，而且随着消费水平和不动产价格的提高，用于旅游和住房的支出比重呈上升趋势。

我国消费体制改革的滞后，制约了消费结构的转变，割裂了巨大的市场消费需求潜力与现有供给能力之间的联系。在城镇住、行的消费方面，福利型、供

① 本文是1999年郑新立在中国企业联合会和世界经济论坛联合举办的“中国企业高峰会”上的发言。

给型和集团型的消费方式至今仍未打破，用于住、行的消费品和消费行为，仍未完全纳入个人商品消费领域，使这两个方面的消费需求处于被压抑的畸形发展状态，从而围绕住、行的相关产业不能得到正常的充分的发展。

以用于住房的消费占整个消费支出的比重为例，1997 年，城镇居民仅为 8.6%，农村居民则为 14.4%。而城乡居民的收入差距为 2.5∶1。照道理，城镇居民的消费结构中，用于居住的消费应当高于农村居民。问题的症结在于农村居民的住房是个人消费品，城镇住房商品化改革推进迟缓，已成为城镇住宅业健康发展的主要障碍。在发达国家，不动产业作为国民经济的重要组成部分，其增加值占国内生产总值的 10% 以上。由于我国尚未形成完善的住房市场，因而住宅业在国内生产总值中的比重仅为 2.6%。如果住宅业在国内生产总值的比重每年增加 1 个百分点，将对经济增长产生巨大的拉动作用。

又以汽车为例，我国目前汽车保有量为 1219 万辆，其中私人汽车占 29.4%，私人汽车大部分在农村，其中主要是用于营运的卡车，用于个人出行的家庭轿车为数甚少。1997 年，我国农用车销售量达 180 万辆，超过全国正规汽车的销售量。而汽车市场受各类限制政策和乱收费的影响，从 20 世纪 90 年代初 20% 以上的增长率下降到不足 5% 的低迷状态。目前我国正在大力加强公路建设，这需要有发达的汽车工业与之相适应。特别是城镇和沿海发达地区的乡村，人均国内生产总值已达 2000 美元以上，从购买力看，已提供了必要的市场条件。近年来，通过有计划的大规模投入和引进国外先进技术与管理，我国汽车工业已经具备较好的发展基础。以改善居民出行条件为目标，汽车工业以及铁路、航空、水运等运输设备工业面临着难得的发展机遇。

为启动住行消费，使住房、汽车成为消费热点，必须首先从体制上突破，减少乃至取消福利型、供给型和集团型消费方式，加快推进城镇住房制度改革，促进住房消费货币化、私人化。对公车配给制应做根本性的改革。

改善居民住行条件，应当统筹考虑解决。目前中心城市房地产价格过高，主要是由于缺乏快捷交通工具，居住过于集中，造成地价过高。如果在城市郊区依山傍水的地方修筑起配套齐全的住宅区，用轻轨或高速公路与市区连接，广大居民会自愿选择住在空气清新、安静幽雅的郊区。这将有效地抑制城市中心过高的地价，促进围绕住行的各个产业在相互依托中健康发展。

在启动住行消费的同时，应促进非义务教育、医疗保健的产业化，不断开拓和培育新的消费领域。1999 年 3 月在北京举办的国际教育展吸引了 16 个国家的百余所教育机构。此前，110 多所英国高等院校在沪举办的展览会，也引起了人们的很大兴趣。外国教育机构纷纷来华，说到底只是图个“利”字。国外的高等院校虽有国立、州立之分，但多数是“民办”的私立性质并具有产业属性，是要讲成本、算盈利的。据估计，一些国家招收1名他国学生大约可以盈利1万多美元。对于12亿多人口的我国来说，这种产业化的收益是极其巨大的。要加快改革教育体制，在不要或少要国家投入的前提下，鼓励民间办学，放手发展各级各类教育，使所有愿意学习的人都能有学习的机会；愿意学什么专业，就能学什么专业。社区服务是一个亟待发展的领域。发达国家社区服务的从业人员一般占全社会从业人员的30%左右，我国才刚刚起步。要使社区服务市场有更大的发展，当前迫切需要的是要突破传统的民政型、福利型的局限，逐步实现由福利型向经营型转变，加速产业化、实体化进程，建立适应市场经济体制的社区服务运行机制。同时促进居民消费观念转变，把服务性消费由自给型变为社会化。休闲旅游消费已在我国悄然兴起。1997年，国内旅游收入达2112亿元。据抽样调查，80%的城市居民曾到市外旅游。

二、调整消费政策，由抑制消费向鼓励消费转变

现有的许多消费政策，还是短缺经济时代为防止过度膨胀的消费需求拉动通货膨胀而制定的抑制性政策。例如用电收费制度，有些地区还在沿用超额用电附加收费的办法。这在电力紧张时期，的确有利于保证生产建设的需要。随着国家不断加大对基础设施、基础工业的投入，交通、能源、通信等基础设施制约国民经济发展的“瓶颈”已经被打破，目前部分地区已出现发电量用不完的情况。适应新形势的发展，同时为进一步增加城乡居民对电视、冰箱、洗衣机等耐用品的消费需求，应该改革抑制性的消费政策，采取多消费、少收费的鼓励政策。例如，安徽省已实行居民每户每月用电超过100度，电费降低10%的鼓励政策。

加快费改税步伐，建立规范透明的管理体制，千方百计降低住房、汽车等高价值商品价格。现在各方面都向住房、汽车伸手，各种收费过多、过滥，造成房价和轿车价格过高。对住房的收费项目多达几百种，尽管目前已取消了40多种，但只占不合理收费的很小一部分。在汽车零售价格中，多种价外收费约占30%~40%。仅其中的260项收费，年收取额就高达1200亿元，养路费达800亿元，很大一部分流失在各个环节中。要彻底整顿土地转让价格和拆迁补偿费，清理各种摊派和收费，规范住房成本构成，切实降低房价。放开住房二级市场。取消对汽车的各种不合理收费，积极推进燃油税改革进程。为迎接我国加入世界贸易组织的挑战，应尽快放开轿车价格，鼓励企业竞争。

促使商品消费模式从自我积累型向信用支持型转变。目前我国消费信用与生产信用不对称，既影响了消费结构升级，也影响到产业结构升级和生产规模的扩大。发展信用消费，使购买高价值商品有提前实现的可能，能够解决目前普遍

存在的“购上不足，购下有余”的消费断层问题，使有稳定收入、有一定支付能力的居民通过分期付款提前实现消费愿望。在市场需求约束强化的情况下，消费者持币观望将严重影响产业的发展，信用消费对消费需求的刺激作用将激活相关产业，进而带动经济的回升。目前，发展信用消费，一是应在总结前一阶段商业银行住房抵押贷款经验的基础上，进一步扩大住房消费信贷规模，增加品种和形式。二是抓紧研究制定有关消费信贷的法律法规，使信用消费规范健康地发展。三是拓宽消费信贷领域，创新消费信贷的金融工具，确定合理的消费信贷利率。四是建立健全抵押担保机制。

三、调整分配结构，增加中低收入者的购买力

目前城乡居民收入增长明显放慢。“八五”时期，城镇居民家庭人均可支配收入年均增加 554.6 元，年均增长 23.2%，扣除价格因素，实际增长 7.9%；农村居民家庭人均纯收入年均增加 178.3 元，年均增长 18.1%，扣除价格因素，实际增长 4.3%。而 1998 年，城镇居民家庭人均可支配收入仅增加 294 元，增长 5.7%，考虑价格下降购买能力相应增强的因素，实际增长 6.6%；农村居民家庭人均纯收入增加不到 60 元，增长 2.9%，考虑价格因素，实际增长 4%。

在居民收入总体水平下降的同时，不同阶层收入差距也在扩大。据对 1997 年城镇居民家庭收入的调查统计，20% 的高收入户占有全部收入的 34%，20% 的低收入户为 11%，比上年减少 1 个百分点。城镇居民以及城乡居民之间收入分配逐步拉开档次，在消费水平、消费内容和消费行为上出现较大的差异。总的来说，高收入者家庭的生活必需品的消费需求早已满足，住行消费的需求也基本饱和，这一阶层收入的边际消费倾向较低。而低收入阶层的潜在消费需求，因收入增幅下降难以转化为现实消费，使得总体边际消费倾向下降。

为了增加中低收入者的消费需求，要做好建立健全社会保障制度的工作。完善下岗职工基本生活保障、失业保险和城镇居民最低生活保障“三条保障线”制度。各级财政预算要优先打足下岗职工基本生活保障资金。对基本生活保障金、失业保险金和最低生活保障金的发放，可借鉴一些国家用消费品购物券代替现金的做法，鼓励实物商品消费。继续办好企业再就业服务中心，加强劳动力市场建设和再就业培训，开拓新的就业渠道。完善养老金省级统筹制度，扩大覆盖面，提高收缴率，确保养老金按时足额发放。积极推进城镇职工医疗保险制度改革。

坚持效率优先、兼顾公平的原则，充分发挥税收对居民收入进行再分配的作用。依法保护合法收入，允许和鼓励一部分人通过诚实劳动和合法经营先富起来，允许和鼓励资本、技术等生产要素参与收益分配。同时，调节过高收入，完

善个人所得税制，开征遗产税、赠予税等新税种。研究探索以间接税为主逐步向以直接税为主过渡的税制改革，增强国家调节收入分配的能力，增加对中低收入者的转移支付，使初次分配充分体现效率原则，再分配体现公平原则。

在加快住房商品化进程中，配套进行工资制度改革。将职工住房消费中的各项福利性支出逐步理入工资。把鼓励购房、提高房租和增加工资结合起来，通过发放住房补贴等办法，增加购、租房支出在工资中的含量。逐步将目前实际用于职工建房、维修费的大量暗补贴转为明补贴，纳入职工工资，使目前住房的实物分配转变为货币分配。

四、调节心理预期，提高即期消费欲望

短缺经济时代，受心理预期的驱动，容易导致盲目购物、冲动消费，形成排浪式消费热潮，构成很大的通货膨胀压力。随着买方市场的形成，居民消费心理预期由“卖涨”转变为“不买落”，市场销售疲软，居民消费欲望不强。同时，医疗保险制度、养老制度、住房制度、教育制度改革力度不断加大，下岗、失业人员增多，增强了居民为支付未来集中消费支出而进行强制性储蓄的倾向，减少了即期消费。目前居民储蓄存款数额庞大，增长迅速。近几年来，每年的居民储蓄存款增加额都保持在 7000 亿 ~9000 亿元，而 20 世纪 90 年代初尚不足 2000 亿元。1998 年，居民储蓄存款余额已达 53407.5 亿元，比上年又新增 7127 亿元，增长 17.1%。1999 年前 3 个月，居民储蓄累计增加 4446 亿元，比上年同期多增 1551 亿元，相当于上年全年新增额的 58.4%。

要重视心理预期对经济增长的影响，加大正面宣传力度。应向人民群众充分说明医疗保险制度、养老制度、住房制度、教育制度改革的好处，消除人们的后顾之忧，增强信心，提高即期消费欲望。同时，加大扩大内需、促进经济增长的各项政策措施的力度，保持经济的繁荣、稳定，使人们看到未来收入是有充分保证的，营造适宜的消费气氛。

五、下大力气增加农民收入，着力开拓农村市场

我国农村市场潜力巨大，启动农村市场，培育新的消费热点，对于拉动经济增长至关重要。中国经济发展最大的潜力和希望是在农村。邓小平说过，中国经济发展首先是农村改革带来许多新的变化。农副产品的增加，农村市场的扩大，农村剩余劳动力的转移，又强有力地推动了工业的发展。但目前城乡消费结构严重不合理。占总人口 70% 的农村居民消费比重不断下降，已由 20 世纪 80 年代

中期的高峰值 64.9% 下降到 1998 年的 38.9%。1998 年，拥有近 9 亿人口的农村消费额，却比占总人口比重 30% 的城镇居民少 6500 亿元。

开拓农村市场，扩大农民消费，关键是首先要切实增加农民收入，减轻农民不合理负担。一是必须坚持实施按保护价敞开收购余粮的政策。二是加大农业投入，特别是对水利、公路等农村基础设施建设和农业科技的投入。三是要为农民外出务工创造宽松的环境。四是加大科技扶农的力度，鼓励农民大力调整和优化农业结构，提高农产品质量，促进农业产业化发展，提高农产品加工深度和转化率。五是继续做好减轻农民负担工作。专项治理农民反映强烈的“三费”（教育费、水利费、电费）过重的问题，不要高估农民收入，乡统筹的计提单位“乡改村”后，应以全乡最低收入水平的村为计算标准。认真落实合理负担定项限额、一定三年不变的政策，抓紧研究农村税费改革，狠刹巧立名目、擅自开口子，向农民乱收费、乱集资、乱罚款、乱摊派之风，遏止农民负担上升的势头。

同时，改善农村消费环境，加强水、电、路、通信等基础设施建设，为彩电、冰箱、洗衣机等家电和电话进入农村居民家庭创造条件。积极生产灌溉、田间作业、农副产品加工、运输等质优价廉的农机产品。开发适合农村市场的净水设备和使用多种燃料的高效节能灶具等。抓紧研制一些方便农民、小型灵活、节能低耗的粮食烘干设备。

促进小城镇的健康发展。科学规划，合理布局。按照有利于合理利用耕地、有利于经济发展、有利于方便群众生活的原则，引导乡镇企业、市场、专业户、服务设施适当集中，做到经济效益、社会效益和环境效益相统一。改革户籍管理制度。对在小城镇务工经商，有固定居所、固定职业和稳定收入的人员，可以办理城镇户口或办理小城镇常住户口，在子女入托、入学、就业等方面，可享受城镇居民同等待遇。建立保护耕地的指标评价和考核体系，保证合理节约用地。妥善处理农民离土进镇与稳定土地承包政策的关系。坚持以稳定农村现行政策为前提，尊重农民的意愿，分类指导，合理解决。

扩大内需应当着重于扩大消费领域①

启动国内消费市场是扩大国内需求的重要组成部分。消费需求是社会再生产的终点和新的起点，只有扩大消费需求，才能从根本上促进生产规模的扩大，保证增加的投资取得预期效益。只有按照消费需求配置资源，把经济增长建立在实实在在的有效需求之上，才能充分发挥消费需求对经济增长的拉动作用和对结构调整的导向作用。只有在增加投资的同时，积极促进消费需求增长，推动消费结构升级，才能为经济增长提供持久的动力。因此，我们贯彻落实扩大内需的政策，必须在增加投资的同时，高度重视消费需求对经济增长的拉动作用，努力扩大消费，千方百计启动国内市场。

目前，我国城乡市场平淡，消费需求不旺，成为影响实现1999年经济增长目标的重要因素。其原因主要是：城乡居民收入增长缓慢，特别是城镇一部分职工下岗，低收入群体逐渐扩大，收入结构不合理的矛盾突出；消费结构正在转型，新的消费热点的形成需要有一个积蓄期；在扩大住行消费方面还存在着一些体制和政策上的障碍，一些产品的消费政策还不利于扩大消费；商品结构不适应居民需求变化的要求；消费领域比较狭窄；城乡消费环境需要改善等。要针对这些制约因素，采取有效措施，引导和刺激消费较快增长，活跃市场，充分发挥消费对经济增长的拉动作用。

完善收入分配结构和分配方式，努力提高城乡居民购买力。要坚持按劳分配为主体、多种分配方式并存的制度，在发展经济的基础上，努力提高居民特别是广大中低收入居民的收入水平，增强居民的支付能力。要实施好再就业工程，提高城镇最低生活保障水平，补齐拖欠的职工工资、养老金、医疗费和其他各种应发的欠款。加大投资力度，增加新的就业岗位，让更多的城镇下岗职工、失业人员和富余的农村劳动力通过就业提高收入水平。要稳定党在农村的各项政策，尤其是土地承包、减轻农民负担和用保护价收购粮食的政策，搞好“以工代赈”，大力推进农业产业化经营，支持乡镇企业调整结构，帮助农民解决农副产品的销

① 本文原载于《人民日报》“内部参阅”1999年第23期。

售问题。

消除消费领域的体制障碍，制定鼓励合理消费的政策。方向是逐步建立以个人消费为主体的消费制度，大幅度减少福利型、供给型、实物型分配，通过分配货币化、工资化，为扩大个人消费创造条件。要研究制定切合实际的消费政策，注重发挥市场机制的作用，使供给规模和结构能够同消费需求达到平衡。要重视研究和推行信用消费，拓宽消费领域。在总结前一阶段商业银行住房抵押贷款经验的基础上，进一步扩大高价值商品消费信贷规模，增加品种和形式，创新消费信贷的金融工具。

适应居民不同层次的消费需求，加快调整产品结构。城镇居民收入水平正逐步拉开档次，不同层次的居民消费水平、消费内容和消费行为不同，应开发生产不同档次的消费品，不断培育和创造新的消费热点。一方面，要适应中高收入阶层消费个性特征增强的需要，通过丰富产品种类，提高质量和档次，完善设计，增加款式，刺激这部分人的消费需求。另一方面，针对城市中低收入阶层、下岗职工和农村居民满足基本生活的需要，生产价格低廉的大众性、适用性商品，满足这部分人的消费需求。

积极创造条件，尽快把城镇住宅培育成新的消费热点。关键要解决体制和政策上的问题，尽快使住宅真正成为新的消费热点。通过取消和降低税费的办法，降低住房售价。改善售后服务，开放二级市场，刺激住房需求。

改善消费环境，有效开拓农村市场。大力发展农村水、电、路等基础设施建设，改善农村消费环境，为彩电、冰箱、洗衣机等家电进入农村创造条件，同时开发和生产灌溉、田间作业、农副产品加工等质优价廉、方便耐用的农机产品。

大力推进旅游、体育、非义务教育、医疗保健和社区服务的产业化，深度开发服务消费市场。外出旅游等闲暇需求是正在迅速成长的现实需求，旅游业已经成为我国国民经济中发展最快的行业。积极迎合这种需求，大力发展旅游业，可以发挥其对经济增长的带动作用。通过改革，逐步减少体育、非义务教育、医疗保健的福利型消费，提高市场化、货币化比重，不断引导和调整消费结构，促进体育、非义务教育、医疗保健的健康发展。家庭结构小型化、人口老龄化、居民消费结构多元化是发展趋势，群众对养老、托幼、保健、娱乐、家政服务等方面需求的急剧增长，社区服务市场前景广阔。要建立适应市场经济体制的社区服务运行机制，促进社区服务的快速发展，创造更多的就业机会，提高居民的消费水平和质量。

需求不足是当前经济生活中的主要矛盾①

"九五"以来，经济总量失衡的矛盾得到明显缓解。但是，随着国内外经济环境的变化，国内经济生活中一些问题更加明显地表现出来，有效需求不足的矛盾尤为突出。一是投资增长速度明显下降。1999 年 1—10 月，国有及其他类型（不包括集体和个人）固定资产投资增长 7.0%，增幅比上半年回落 8.1 个百分点，比 1998 年同期降低 14.2 个百分点。8 月，国有及其他经济类型（不包括集体和个人）固定资产投资出现零增长，9 月下降了 2.8%，10 月略有回升，为 0.6%。10 月，基本建设投资仍下降 5.1%。这是近几年来从未有过的。二是消费需求持续不振。1—10 月，社会消费品零售总额增长 6.3%，增幅与 1998 年同期持平。到 10 月，商品零售价格总水平已连续 25 个月下降，预计今后几个月仍是下降趋势。市场销售清淡，缺乏消费热点。据国内贸易局商品信息中心调查分析，目前市场上主要商品供过于求的比重已达到 80%，没有供不应求的商品。三是出口对经济增长的拉动作用明显减弱。上半年出口下降 4.6%，下半年出口出现较大幅度的恢复性增长，1—10 月累计出口增长 4.3%。而进口持续快速增长，10 月为 18.2%，1—10 月累计增长 19.2%。进出口相抵，外贸顺差比 1998 年同期减少 146 亿美元。如果保持这种格局，外贸顺差减少可能会影响经济增长 2 个百分点左右。四是生产能力严重过剩。随着买方市场的形成，生产能力过剩的问题更为突出。不仅一般工业品出现全面过剩，生产能力大量闲置，而且粮食、棉花等主要农产品库存也大大超过正常水平，就连过去长期成为国民经济发展"瓶颈"的能源、交通行业，也出现了剩余。比如，1998 年投产的二滩水电站，装机容量 330 万千瓦，年发电量 170 亿度，但 1999 年合同用电仅有 90 亿度。

经济结构不合理也是当前十分突出的问题，是影响国民经济持续快速健康发展的深层次矛盾。传统产业和加工工业比重大，整体水平落后。目前，我国各主要产业技术水平比世界先进水平落后 20 年以上，大量技术密集型产品主要依靠进口。近年来，在全社会固定资产投资的设备采购中，有近 2/3 是购买国外产品。

① 本文是郑新立 1999 年 12 月的研究报告。

“大而全”“小而全”问题突出，生产集中度低，分工协作差。城市化进程明显滞后于工业化进程，制约了农民收入的提高和市场的扩张。教育、金融、咨询等第三产业发展滞后，影响了消费结构的升级和消费规模的扩大。

经济结构不合理同需求不足存在着密切的联系。但是，二者比较起来，需求不足的矛盾更加突出。供给结构不适应市场需求变化，进一步加剧了需求不足的矛盾。要从根本上解决需求不足的问题，必须下大力调整和优化经济结构。这不是短期内可以明显见效的，是一项长期任务。但需求不足，经济增长速度下滑，物价持续走低，又会导致投资找不到热点，形不成新的经济增长点，结构调整难以进展。只有解决需求不足的问题，保持社会需求对经济增长的必要拉动力，促进经济持续快速增长，才能为解决结构不合理的问题提供一个有效的市场环境，使经济结构逐步得到改善，实现结构优化和经济持续快速增长的良性循环。

从我国目前面临的问题看，解决需求不足的问题是调整结构的必要条件，显得更为迫切。2000 年的宏观调控要把解决需求不足和结构不合理结合起来，政策的着力点首先要解决需求不足的问题。重点是继续实施积极的财政政策，在五个方面增加投资：一是有利于消费，二是有利于促进结构升级，三是有利于扩大出口，四是有利于加快城市化进程，五是有利于改善生态环境的基础设施建设。

加快改革 调整结构 扩大消费 协调发展①

——2003年经济走势分析和2004年对策建议

分析2003年的经济形势，预测2004年的经济走向，我们强烈地感受到，在经历了连续六年扩大内需、抑制通缩趋势的努力之后，国民经济运行又进入到一个新的关节点。从历史上看，每到这样的时刻，经济学界总会出现认识上的分歧。近来出现的关于经济运行究竟是“过热”还是“正常”的争论，从一个侧面印证了经济运行周期到了阶段转换的时刻。因此，需要我们对经济运行的每一个细微变化都倍加关注，在宏观调控政策上需要有新的举措，以保持国民经济这艘巨轮的平稳，避免出现大的颠簸，维护来之不易的强劲的增长势头。

一、关于2003年经济形势的判断

据统计，1—9月GDP增长8.5%，其中第三季度达到9.1%，预计全年GDP增长率仍将保持8.5%的水平。各方面的情况表明，连续实行的扩大内需的政策已见成效，总量矛盾开始缓解，投资、消费、出口三大需求旺盛增长，财政收入和企业赢利大幅度上升，在战胜“非典”疫情影响的情况下，国民经济呈现了快速、高效、稳定发展的局面。

2003年经济运行的主要特点：

第一是五大消费热点已成为拉动经济增长的重要动力。据统计，1—9月社会消费品零售总额32699亿元，月比增长8.6%，总体上保持了较快的增长速度。其中，9月同比增长9.5%。销售额大幅度增长的产品，一是轿车，全国限额以上批发零售贸易业汽车类零售额同比增长77.5%，与其相关的商品石油及制品类零售额同比增长38.7%；二是电子通信类零售同比增长74%；三是商品房销售增长

① 本文是郑新立2003年10月在中国社科院“经济形势分析会”上的发言。

40% 以上，比 2002 年同期快 20 个百分点，与此相关的建筑及装潢材料类商品零售额同比增长 46.6%，家具类增长 23.2%。此外，教育、旅游等服务消费的增长也保持了较快的速度。情况表明，汽车、住房、通信、教育、旅游等五大消费热点已经形成，在拉动消费结构升级和经济增长中发挥着愈益重要的作用。

第二是固定资产投资迅猛增长，投资增长的内生机制逐步形成。1—9 月，全社会固定资产投资 34351 亿元，同比增长 30.5%，比上年同期加快 8.7 个百分点。其中国有及其他经济类型投资、集体经济投资和个体经济投资分别增长 31.4%、36.0% 和 24.7%。民间投资占全社会投资的比重达 40% 以上，成为拉动全社会投资的重要力量。

第三是进出口贸易大幅度增长，利用外资保持快速增长态势。1—9 月，外贸进出口总值达 6063 亿美元，增长 36.2%。其中出口 3077 亿美元，增长 32.3%；进口 2985 亿美元，增长 40.5%。贸易顺差 88.6 亿美元。机电产品出口增长 41.4% 占全部出口额的比重达 50.8%。

第四是企业实现利润和财政收入大幅度上升，速度质量效益同步提高。前三季度，规模以上工业企业累计完成增加值 28975 亿元，比 2002 年同期增长 16.5%，增速同比提高 4.3 个百分点，达到 1995 年以来同期最高水平。工业对 GDP 的贡献率达到 65% 左右。工业企业实现利润 5015 亿元，同比增长 52.3%；全年工业利润有望突破 7500 亿元，增长 35% 以上。1—8 月，全国财政收入 14351 亿元，同比增长 23.1%。

经济运行中存在的突出问题主要有：

（1）农民收入增长缓慢，受“非典”影响，二季度农民收入明显下降，全年预计增长 4% 左右，比城镇居民收入增长速度低 50% 左右。

（2）城镇就业压力加大。目前全国需要重点帮助实现再就业的下岗失业人员约为 1300 万人，其中大龄人员 300 多万人，加上城镇新进入劳动年龄的劳动力 1000 万人，其中包括 212 万高校毕业生，全年城镇需安排的劳动力总量达 2400 万人。实际能够安排就业的劳动力不到 50%。

（3）产业结构调整进展缓慢。“十五”计划纲要提出要对国民经济结构进行战略性调整，包括发展高新技术产业、用现代技术改造传统产业，大力发展第三产业，实现产业结构的优化升级。“十五”计划已过去三年，由于缺乏有效的政策措施，这项具有重大意义的战略决策并没有取得明显进展。2002 年进口各类机械设备达 1360 亿美元，占国内同类产品市场的 50% 以上。设备大量进口和第三产业发展严重滞后，使就业矛盾更加尖锐。

（4）银行贷款和投资的增长速度过快，投资结构不尽合理，高档房地产和开发区过多过滥，大量闲置。这些问题如不能及时加以解决，目前的良好发展局面就可能出现逆转，必须适时运用宏观调控手段妥善加以解决。

二、2004 年经济走势和宏观政策的调整

从经济运行的走势和宏观经济政策的取向来看，2004 年应当有一个转折和调整。随着总量矛盾的缓解，结构性矛盾突出出来，因而宏观调控的着力点要从以扩大需求为主转变为以结构调整为主，从抑制通胀趋势为主转变为以提高经济增长的质量为主。随着企业自主投资增速的加快和新的消费热点的形成，实施积极财政政策的力度应逐步减弱，与此同时，应充分发挥货币政策在保持需求旺盛增长和优化结构中的作用。处于这样一个转折时期，特别需要警惕的是，要把握好社会资金的投向，调整投资结构，避免出现投资的失误，以致形成新的大批不良资产和金融风险。需要密切关注经济运行各种参数的变化，跟踪分析经济走势，发现问题，进行适时适度的调节，确保经济平稳转向新的发展阶段。

在新的发展阶段，中国经济将会呈现出过去从未有过的运行特点。消费和投资将按照市场机制平稳增长，财政、货币政策将由过去从紧或放松的调控改变为中性政策，财政资金的投向由主要支持经济增长转向主要支持社会事业的发展，信贷结构的调整将依据资金回报率的高低，优先投向贷款回收快、信誉好的项目和客户。资本市场将得到较快发展，企业可以更方便、更多地从资本市场直接融资。这个转折，可能是中国由不完善的市场经济向比较完善的市场经济的转折。

三、2004 年宏观经济政策取向

处于阶段性变化的转折时期，2004 年中国宏观经济政策的取向，应以加快改革、调整结构、扩大消费、协调发展为重点，努力保持当前经济发展的良好势头。总起来说，2004 年应成为结构调整之年，深化改革之年，并以深化改革推动结构调整。

（一）抓住影响经济全局的问题，加大结构调整力度

1. 围绕增加农民收入，统筹城乡发展

农民收入问题，特别是粮食主产区和纯种粮户农民收入问题，已经成为当前影响经济全局、制约发展和稳定的突出矛盾。1997—2002 年，农民人均纯收入年均增长速度仅为 3.8%，而同期城镇居民人均可支配收入年均增长 8.6%，两者之比为 0.44∶1；城乡居民收入之比由 2.47∶1 扩大到 3.11∶1，2003 年有可能进一步扩大到 3.2∶1。县和县以下社会消费品零售额占全社会消费品零售总额的比例

从39.0%下降到36.7%。这种差距拉大的趋势如果持续下去，将会引发严重后果。必须采取果断、有效的措施，力求在2004年使农民收入有一个较快的增长。按照十六大提出的统筹城乡经济发展的要求，应当从发挥城市对农村的带动作用，财政、金融等经济杠杆要适度向农村倾斜，建立城乡统一市场这三个方面，加大解决“三农”问题的力度。

2. 围绕加快社会进步，统筹经济和社会发展

社会事业发展滞后于经济发展，是当前经济社会发展中面临的一个突出问题。2003年“非典”疫情发生，给我们敲起了警钟。要按照经济社会协调发展的要求，加大对教育、科技、文化、医疗、卫生、体育和社会保障等各项社会事业的支持力度，加快社会事业的发展。既要增加政府投入，更要采取新的机制，鼓励社会各方面增加投入。要把公益性事业单位和经营性事业单位分开。经营性事业单位实行企业化经营、自主发展。公益性事业单位也要深化内部改革，加快发展。社会事业的发展要以人为本，努力提高人的素质，加强人力资源能力建设，改善生活条件，提高生活质量。

3. 围绕产业优化升级，进行大规模的结构调整

产业结构调整的重点，一是加快第三产业的发展，二是支持高新技术的发展，三是加快用现代技术改造传统产业。要加强技术开发，加强对引进技术的消化和创新，大力发展具有自主知识产权的产品，改变目前技术密集型产品主要依赖进口的局面。

4. 围绕消费结构升级，调整投资结构

投资结构的调整要紧紧围绕市场需求来进行。目前正在兴起的五大消费热点，应当成为投资的重点。房地产投资要扩大经济适用房的比重，着眼于改善广大中低收入者的居住条件，控制高档房地产的投资。围绕轿车进入家庭，加大对交通、停车场、维修服务、保险、信贷等有关产业的发展投入。通信业的发展在普及电话的同时，要加快使宽带网进入居民家庭。教育事业的发展在搞好学历教育特别是基础教育的同时，应把重点放在社会最急需的职业技术培训上，以增强劳动者的自主创业和自主就业能力，满足社会各方面需求。要把社区服务作为扩大就业的重点，加强政策引导和扶持。

（二）认真贯彻党的十六届三中全会《决定》，加大改革力度

2004年要全面贯彻十六届三中全会《决定》，掀起改革的热潮。重点应推进金融体制、投资体制、医疗卫生体制、社会保障体制改革和政府职能转变。金融体制改革的重点是发展资本市场，加快股票、基金、债券市场发展，扩大直接融资渠道，降低银行风险压力；加快商业银行改革步伐，选择一两家有条件的商

业银行争取在股票市场上市；改善金融调控，完善金融监管，防范和化解金融风险。通过加快投资体制改革，为企业特别是中小企业提供良好的投资环境，进一步鼓励民间投资的增长。通过医疗卫生体制改革，加强公共卫生防疫体系建设，提高人民健康水平。社会保障体制改革，要扩大养老保险的覆盖面，适当提高统筹层次，搞好国有企业下岗职工基本生活费与失业保险金的并轨，为国有企业改革创造条件。老工业基地要加快国有企业改革、改组、改造的步伐，转换企业经营机制，以改革促发展，实现经济的振兴。政府职能要进一步转变到社会管理和公共服务上来，减少行政审批和对企业的干预。总之，要以完善社会主义市场经济体制的改革，促进经济的协调、持续发展。

（三）实施积极的促进就业的政策，清理、整顿开发区

要认真贯彻 2003 年召开的全国再就业会议精神，采取切实有效措施，扩大就业和再就业。现在各项政策均已出台，关键是认真抓落实。

针对开发区建设中出现的大量被征用土地闲置问题，要对开发区进行清理整顿。闲置不用的土地要收回，交还给农民耕种。妥善解决因征地而失业的农民生产和生活问题。

“十一五”要改变几个严重扭曲的经济关系[①]

研究“十一五”规划很重要。回忆起来，各个五年计划真正起作用的，就是计划能够针对各个时期存在的问题，提出具有针对性的措施，起到统一认识的作用。关键是要把问题找准，这样，计划就能在发展的历史进程中做出贡献。现在看“十一五”期间的主要矛盾是什么？我认为“十一五”期间要改变宏观经济中几个严重扭曲的关系即宏观经济的参数。跟国外比，有六个明显不合理的参数：第一个就是城乡收入差距。现在公布是1∶3.2，加上其他的因素，可能是1∶6；第二个就是城市化水平过低，只有40.5%；第三个就是第三产业的发展过于滞后，仅为33%，比发展中国家平均水平还要低10个百分点；第四就是投资率过高，2003年为42.3%；第五个就是外贸依存度过高，为60%，日本、美国分别是17%、18%；第六个就是企业科研开发投入占销售收入的比重过低。大中型企业平均只有0.75%，另外用于引进技术的资金与对引进技术消化吸收创新的投入之比是1∶0.07，这个数更低得可怜。至少有这样六个参数极不合理。我觉得在制定“十一五”规划的时候，应该针对这些问题来改变上面提到的这些不合理的参数。

具体来讲，“十一五”规划首先应当是一个全面贯彻落实科学发展观的规划。科学发展观讲了五个统筹，着重是发展农村，发展社会事业，支持东北和中西部的发展，实现经济发展与自然的和谐，把国内经济发展和对外开放统筹起来。我觉得应该把这五个统筹具体化，因为规划就是要发挥统筹的作用，怎么统筹，应该在规划里边加以体现。

其次，“十一五”应该是一个加速工业化、城市化的规划。农村工业化怎么实现，农业劳动力比重现在为50%，只创造了GDP的14.6%，这是经济结构中最大的扭曲关系，还有如何加快产业技术进步，如何在参与全球化的进程中加快工业化等，都应提出解决问题的思路、措施。在推进城市化方面也应当提出一些具体办法，要什么样的城市化，现在各方面的认识很不一致。至少应想办法统一城乡市场，发挥城市对农村的带动作用，在大城市郊区搞城乡一体化规划等等。要在这些方面提出一些具体的政策和措施。

---

① 本文是郑新立2004年5月23日在“中国经济50人论坛”上的发言。

第三，“十一五”规划应该是一个加快战略性产业及瓶颈产业发展的规划。根据现在所处的发展阶段，我觉得有一些高技术的战略性产业，应该提上发展日程了，因为现在资金、技术、市场都具备了。能够代表中国竞争力的产业，一个是电子信息产业，现在电子信息产业的增量里边 80% 是靠外资来实现，这种状况搞下去，虽然发展也很快，但大部分是外商搞的，我们自己是否也应当往这方面增加投入？还有技术装备制造业，生物制药业，包括飞机、汽车、高速铁路、船舶在内的交通设备制造业，新能源、新材料等，都要通过国家产业政策的支持，加快振兴步伐。如软件产业，印度的软件业已经占 GDP 的 17%，我们连 1% 都不到。很多部门都搞了促进软件业发展的政策措施，但是想增加投入就是投不进去。又如飞机制造，中国民用飞机要不要发展，特别是干线飞机要不要搞。汽车工业要不要发展自主品牌。船舶工业是最有希望振兴的，现在订单已经拿到 2008 年了，如果国家支持一下，十年内超过日韩是有可能的。那么要不要支持，如何支持。还有第三产业如何加快发展，都要有具体办法。

第四，要提出实现发展战略和规划目标的政策措施。“九五”计划提出转变经济增长方式，“十五”计划提出对经济结构进行战略性调整，十六大提出新型工业化道路，党的十六届三中全会提出科学发展观。过去我们虽然在中央文件、国家规划里都明确提出了发展战略和目标，但是在实际的经济运行中，我们的投资结构和发展战略是背离的，现在钢铁、水泥投资成倍增长，但是符合产业升级要求的一些产业，投资增长不上去。问题出在什么地方？我想不能单纯地归结为就是市场投资的盲目性决定的，或者是政府没钱决定的，这个问题不能简单地归结为一个方面的因素，要具体分析，可能有好多体制上的原因，是由许多因素综合决定的。要在“十一五”规划里提出一些具体有效的政策措施，来贯彻落实科学发展观和发展战略，不能空喊口号。

第五，要提出如何发挥社会资本在结构调整中的作用。现在社会资本开始向技术、资本密集产业冲击，在产业升级中的作用开始显现。这是一个令人鼓舞的现象。我们目前在劳动密集型行业有较强的竞争力，关键是民营经济发挥了作用。像浙江、苏南、珠三角这些地方，现在社会资本积累到了一定的程度，正在向化工、汽车、钢铁、设备制造等领域进军。对这种发展趋势，是限制它，还是鼓励它？搞不好，我们可能会做一些蠢事。我觉得应当利用民营经济的机制和资金，来加快产业结构的调整升级。比如说钢铁，我们现在搞到 2 亿多吨了，不久将会形成大量过剩的生产能力，只有让民营资本进入，产品才会增强竞争力，将来才能像轻纺产品那样大量出口。如果在关键时刻限制社会资本的投入领域，可能会对整个产业升级起到阻碍作用。“十一五”要真正解决大问题，哪怕是解决一两个，就会对历史有所贡献。

增强需求对经济增长的拉动力[①]

——在全国政协经济委员会“2012上半年经济形势座谈会”上的发言

2012年上半年统计数据出来以后，我感到形势是比较严峻的。经济增长速度连续六个季度下滑，今年第三季度能不能实现止跌回升，现在还很难说。如果三季度继续下滑，今年7.5%任务都可能完不成，将会对就业和稳定造成一些影响。所以，我总的看法是：要高度重视，不可掉以轻心。眼下，我们的任务是要把目前的挑战变成机遇。这次经济增长速度的下降还是源于国际金融危机的冲击。如果说2008年是第一轮冲击，那么当前以美元贬值和欧债危机为主要表现的就是第二轮冲击，而且比第一轮冲击还要严重。但是，冲击是挑战也是机遇。能不能够把挑战变成机遇，我觉得要确立两点认识：一是经济结构的调整和优化，必须在经济有较强增量的条件下才能实现。如果企业的日子过得紧紧巴巴甚至面临倒闭，就没有资金搞新产品的开发和产业的升级，谈不上什么结构调整、转变发展方式。过去我们认为给企业增加压力，逼着它来转变发展方式、调整结构，现在看这种观点是不对的，要通过增量调节来实现结构调整。二是要克服经济下滑的势能。现在要实现止跌回升，除了正常情况下需求的拉动力之外，还需要加上克服下降势能的拉动力，要比平常的劲儿更大一点，才能止跌回升。

谈三个观点：一是根据当前的形势，需要计划、财税、金融三大调控杠杆形成合力；二是投资、消费、出口三大需求要同时给力；三是重点放在增加民间投资上。如果2008年那一次我们启动经济主要是靠政府的4万亿投资计划，这一轮则要以贯彻落实国务院有关部门陆续出台的“新36条”实施细则为契机，改善投资环境，为民营企业增加投资创造一个良好的政策环境，把民间投资的增长作为这次启动经济的重点。

① 2012年7月16日。

具体来讲，有以下八条建议供参考：

（1）在启动消费上应当继续实行2009年鼓励消费的政策，比如鼓励家电下乡、旧家电回收以旧换新等，延长这些政策的有效期。

（2）应当把奢侈品的消费留在国内。现在国内的人到国外消费，把国外的奢侈品消费拉起来了。据说中国游客今年上半年在美国消费了80多亿美元，平均一个人到美国消费了4000~5000美元，是各国赴美游客中人均消费最多的。建议适当降低奢侈品进口关税，把这一部分消费需求留在国内，可能更有利于启动国内的市场。相关方案去年就已经报上去了，商务部也积极主张降低奢侈品进口关税。其实，过去我们定的奢侈品现在已经不是什么奢侈品了。比如说化妆品，现在用的人比较多了，已经算是一般的消费品。可能会有些人觉得奢侈品关税降低可能造成税源流失，我觉得要算一个大账。如果降低奢侈品关税，国内奢侈品消费规模增加了，总体来讲，税收可能会增加而不是降低。

（3）增加经济适用房和保障房的低价土地供给。经济适用房、保障房的土地供给不一定要用“招拍挂”的方式。保障房和经济适用房是为了实现“住有所居”这样一个公益性的目标，它的土地供给应当采取新的办法，能够有效降低土地供应的价格。这样也有助于扩大经济适用房和保障房建设规模，继续发挥房地产作为经济支柱产业的作用。

（4）高铁的建设力度应当尽快恢复到历史最高水平。前几年我国高铁平均每年的建设投资都达到7000多亿元，去年下降到4000亿元，减少了3000多亿元，许多正在建设的项目停下来了。我觉得在总结经验之后，高铁的建设力度应当恢复甚至超过历史的最高水平。这一轮启动经济能不能把挑战变成机遇，关键或者说标志性的措施，可能就是能否通过这次应对金融危机把我国高速铁路的网络建设起来。如果能够把高速铁路的网络建起来，将会留下一大笔优良资产。

（5）加快淮河的治理。前段时间我到淮河流域考察，发现过去淮河的治理是以防汛为主，而且是以各个部门分头来制定规划，缺乏一个全流域的总体规划。假如把通航、灌溉、发电、绿色经济结合起来，利用淮河下游的煤、盐资源发展煤和盐化工，建成新型材料基地，淮河流域的经济就能够尽快发展起来。如果把淮安到滨海100公里的三级航道变成二级航道或一级航道，万吨轮可以直接从滨海进入淮安，2000吨的船可直接到蚌埠，1000吨的船从蚌埠可以直接到周口。另一方面，洪泽湖已经成为淮安头顶上的一片水，比蚌埠市的地面也高两三米。洪泽湖的湖底不断抬高，将来迟早会是我们的心腹大患。所以，应当把淮河流域的总体治理、综合治理提到日程上来。如果说上次我们应对亚洲金融危机的时候主要是干了高速公路、长江堤防两件事，这次我们可以抓高速铁路、淮河治理。这两件事做好了，可以说“功在当代、利在千秋”，对拉动经济会起到很重要的作用。

（6）提高城市公共服务的质量。特别是解决“新三难”，即：进养老院难、入托难、停车难。解决办法是根据一定的政策免税或减税，引入民间资金。在北京要想找一个养老院的床位，恐怕打两天电话都找不到。二是入托难，现在赞助费要 2 万元、3 万元，甚至 8 万元、10 万元。这两件事只要政府给予鼓励政策，让民间资金进入，用一年的时间完全可以解决。关于停车难，立体停车场、地下停车场技术非常成熟，还是要给予政策，采用 BOT 的模式，引入社会资金，也能得到很好地解决。

（7）要推进综合配套的改革。现在我们推出改革措施的时候，综合考虑还不够。比如说鼓励服务业发展，进行营业税改制增值税试点，可能就有两个地方要斟酌：一是营业税属于地方税，增值税是中央地方分享税，要向中央上交 75%，谁要是把营业税改成增值税，实际上是拿出一部分地方税收收入交给中央。说白了，谁要搞营业税改增值税的改革，就要减少当地的财政收入，这个考虑欠周全。应当是谁改革，谁就能率先受益，形成一个利益导向机制，鼓励地方实行税制改革。二是要一个行业、一个行业地改，不要一个地方、一个地方地改。现在上海改了以后，形成了投资的政策洼地，搞物流、搞交通的资金都流向上海，浙江省、深圳市很有意见了。浙江说他们已经有 60 亿元的服务业投资投到上海，深圳说他们也有 30 亿元转移到上海，可见还是缺乏一个总体的、配套的改革规划。建议恢复体改委，或者把体改的任务交给中财办。很多改革都涉及部门利益的调整，需要一个高层次的、能够搞顶层设计的部门来执行。

（8）通过城乡一体化的发展制度来加快农业现代化步伐。有人说农业劳动力的供给已经紧缺了，实际上我们农业劳动力还有 2.8 亿人，种 18 亿亩地，一个人只能种 6 亩 4 分地。欧洲人一个人能种几百亩，美国人一个人种几千亩，我们现在的水平完全谈不上紧缺，关键是我们的机制不好，没有形成鼓励农业劳动力向非农产业转移的机制。另外，城乡之间的生产要素还是农村向城市的单向流动，城市向农村流不进去，也应该重视。要通过城乡一体化加快农业现代化，通过土地的确权颁证，使宅基地、承包地和林地都能够作为农民财产性收入的来源。要通过有偿的转让鼓励集约化经营、发展集约化的大农业，使农民增加收入，同时也可以把一部分劳动力从土地上解放出来，支持二、三产业，把他们的子女能够转到城市，过上现代化生活。中国现在人均 GDP 已经 5400 美元，下一步的难点就是农村的 7 亿人，他们的收入水平只有城市的 1/3。如果不尽快提高他们的收入，人均 GDP 要想从 5000 美元提高到 12000 美元，也就是说从中等收入进入高收入国家，还是很难的。要解决这个问题的办法，就是打开城乡生产要素流通渠道，建立城乡一体化发展的制度。

努力释放有效需求①

促进经济持续健康发展，从长远看要通过改革释放各方面增长潜力，从近期看应该坚持稳中求进工作总基调，进一步扩大内需。中央经济工作会议明确提出，要努力释放有效需求，充分发挥消费的基础作用、投资的关键作用、出口的支撑作用，把拉动增长的消费、投资、外需这“三驾马车”掌控好。

发挥消费的基础作用，释放消费需求的巨大潜力，亟待改革收入分配制度，调整收入分配结构，提高居民特别是中低收入者的购买力。当前扩大消费的重点仍是住房和汽车。扩大住房消费必须从增加供给入手，而不能限制购房需求。抑制城镇住房价格上涨，应当增加住房建设用地供给，打破城市与周边地区之间、城区与郊区之间的行政壁垒和市场分割状态。只有用改革创新的办法才能找到抑制房价、扩大住房消费的良方，同时也能有效拉动城乡和区域一体化发展。我国居民消费正处于由生存型消费向发展型、享受型消费升级的阶段，处理好这一过程中面临的各种新矛盾，就能为经济增长不断注入新的动力。

在消费和出口增速短期难以大幅回升的情况下，要实现经济稳定增长、健康发展，保持合理投资增长就成为关键。引导投资，应把以下六个领域作为重点。一是加快城际高铁和城市轨道交通建设。应通过股权投资多元化、发行长期建设债券和贷款证券化等措施，为铁路建设筹集资金，加快在全国形成高铁网络，为经济发展提供更好的交通运输条件。二是扩大新型农村社区建设。可以选择工商业比较发达的乡镇或中心村，把新型农村社区建设与工业园区和农业耕作区建设有机结合起来，形成联动机制，适应农民改善居住质量和生活环境的愿望。三是加强城市公共服务设施建设。当前应重点解决进养老院难、入幼儿园难、停车难等问题。四是把环保产业作为新的投资热点和经济增长点。如果能够建立起公共产品价值补偿机制，使投资环保产业同样能够赢利、能够创造 GDP、能够增加就业，就能吸引大量社会资金投入。五是针对大宗进口物资实行以产顶进。我国有丰富的资源，发展煤制油和煤化工，既能降低对进口的依赖，又能增加就业，

① 本文原载于《经济日报》2013 年 12 月 15 日。

应当放手去做。六是围绕区域协调发展打造新的增长极。应抓住扩大内需的机遇，进一步规划不同区域的发展，形成若干扩大内需的战略支点。

立足于扩内需的同时也要高度重视稳外需，要发挥出口的支撑作用。我们既要清醒地看到我国外贸形势的严峻性和复杂性，又要看到有利条件和积极因素，不断提高对外开放水平。要通过扩大海外投资，创造更多出口需求。

我国经济仍具有巨大发展潜力，只要针对阻碍发展的体制性弊端深化改革，把潜力释放出来，足以支持未来一个较长时期的持续健康发展。

就“十三五”和“十四五”规划有关问题答搜狐财经记者问①

搜狐财经：“十三五”已经收官，应如何总结过去五年经济运行的特征？

郑新立：“十三五”期间最大的成就是中国经济保持了稳健、高质量发展。具体而言，有三方面的成绩比较亮眼：

第一，我们转变了经济发展方式，投资和消费的比例得到调整。经济增长改变了过去过度依赖投资的格局，消费成为经济增长的最大动力。“十二五”时期，我国投资率上升到年均45.6%，成为改革以来最高的时期；而最终消费率下降至51.8%，成为改革以来最低的时期。“十三五”前四年，投资率下降为年均43.3%，比“十二五”时期低了2.3个百分点；最终消费率则上升到年均55.2%，提高了3.4个百分点。所以，尽管“十三五”期间经济增速有所下降，但由于消费占GDP的比例的提升，老百姓收入和生活水平稳步提高，宏观经济效益在提升。

第二，通过改革税制，为第三产业发展创造了好的条件。过去对第三产业征收营业税，第二产业征收增值税，前者比后者的税负重三分之一左右。长期以来，我们按照传统的政治经济学理论，认为服务业不创造价值，因而对服务业发展采取限制政策。后来改变了观念，对第三产业也征收增值税，税负降低后，第三产业成为新的增长点。2019年第三产业增加值占GDP的比重已经提高到53.9%，比2010年的44.2%提高了9.7个百分点。第三产业就业的比重2019年达到47.4%，比2010年提高12.8个百分点，对增加就业发挥了重要作用。

当然，我国第三产业还有较大的增长空间。根据国外经验，当人均GDP达到1万美元时，第三产业增加值占GDP的比重可达到70%左右，相应地，第三产业就业的比重也应达到70%左右。所以，我国第三产业增加值和就业的比重都还有提高的空间。

第三，“十三五”期间，我们在环境保护方面加大了执法力度，雾霾天气大

① 2020年1月5日。

幅度减少，空气质量明显改善。主要在于我们改变了过去把环境保护与经济发展对立起来的观点，努力把环保产业打造为支柱产业。

搜狐财经：您认为我国消费率提升到什么水平比较合适？

郑新立：我国的消费率无须提高到同发达国家相同水平，因为发达国家基础设施和各个产业的投资已经饱和，我们仍处于经济赶超阶段。保持一定的投资强度是实现现代化的需要。如果投资少了，经济增长速度又将下行。特别是在跨越中等收入陷阱的阶段，我们仍应保持较高的投资率，为经济增长增添后劲。

搜狐财经：您多次参与五年规划的制定工作，在“十四五”期间，中国经济发展的目标和工作重点应当是什么？

郑新立：我这次没有参加“十四五”规划的起草。根据多年的经验，我认为在“十四五”期间，保持国民经济的持续健康高质量发展，应当是我们工作的核心目标。“十四五”时期，我国人均GDP要由10000美元提高到13000美元以上，进入高收入国家行列，跨越中等收入陷阱，保持经济的持续增长尤其必要。

搜狐财经：您认为“十四五”期间我国还有四大增长点有待激发，其中为何说农村土地制度改革是最大的结构性增长动能？

郑新立：经过40多年的改革发展，中国经济在不同时期解决了不同的结构问题。在目前我国经济结构中，剩下最难啃的硬骨头便是城乡结构。

我国农业、农村发展滞后，城乡居民收入差距为2.6∶1。我国基尼系数为0.47，主要体现在城乡收入差距上。十九大报告提出，我国社会的主要矛盾已经转变为人民对美好生活的需要和不平衡不充分发展之间的矛盾，其中提及的“不平衡”集中体现在城乡之间发展的不平衡，“不充分”集中体现在农业农村发展的不充分。

“十四五”期间，我们要通过实施城乡融合发展战略实现乡村振兴。目前农村人口还有5亿多，如果他们的人均收入水平能够接近或赶上城市人口的水平，我国消费市场的规模就能迅速扩大，从而形成“十四五”期间拉动经济增长的最大新动能。

通过城乡融合实现乡村振兴，主要应当做好四件事：一是农业现代化；二是乡村建设；三是农民工市民化；四是特色小镇建设。启动这四项工作，将形成巨大的投资需求和消费需求，但前提条件是要进行农村土地制度改革。

农村最大的资源潜力是宅基地。目前城乡建成区占用建设用地共计22万平方公里，其中城镇建成区面积只有5万平方公里，农村宅基地面积达17万平方公里。改革开放以来，农村人口减少了3亿多，宅基地非但没有减少，反而增加了。目前农村人口人均占有的建设用地是城市人口的3倍多，造成了很大的土地资源浪费。

通过市场化改革，实现农村建设用地的资本化，进城落户的农民自愿有偿退出宅基地，由村集体统一利用，吸引社会资本进入，经营乡村旅游、农产品加工等，发展二、三产业，既可盘活农村闲置的土地资源，又能为城市大量闲置资金找到新的投资出路。乡村振兴有了充足的资金来源，这步棋走活，全盘皆活。可以说，农村土地制度改革是激活农村蛰伏的发展潜能的关键所在。

搜狐财经：目前各地开展的宅基地改革试点中，您认为哪里的经验较好？

郑新立：党的十八届三中全会后，国务院在全国 14 个县启动了宅基地制度改革试点，取得了明显成效。《人民日报》前几年刊登了一篇长篇通讯，介绍了安徽省金寨县宅基地改革试点经验，题目是《沉睡的资源这样被唤醒》。之后又刊登了福建省晋江市的经验，题目是《沉睡的资本这样被激活》。宅基地制度改革有力地推动了农村的发展。全国 2000 多个县，试点县所占比例太少了。而且从十八届三中全会到现在，已经过去了 8 年时间，也不能总是试点下去。我觉得扩大宅基地试点范围不存在什么风险，应尽快进行推广。

国际上也有可供参考的案例。在制定“十一五”规划时，我曾带队考察韩国新农村建设的经验，新农村建设写入了我国“十一五”规划。韩国在工业化、城市化过程中，城乡居民收入基本上是同步的，没有出现城乡居民收入差距拉大的情况，主要在于城乡土地市场和房地产市场是一体化的，政府对农村的发展给予了支持。我国也必须打破城乡市场之间的壁垒，走城乡融合发展的道路。

搜狐财经：您认为宅基地制度改革能得以迅速推进吗？

郑新立：这取决于政府的政策，取决于我们在改革上能不能迈开步子。20 世纪 80 年代初，土地家庭联产承包责任制也是少数地方先行，由于改革效果非常好，全国才迅速铺开。目前推广宅基地制度改革，也会像当年推广承包制一样。

搜狐财经：宅基地制度改革有利于建成城乡一体化的房地产市场，这是否有利于增加城市房源供给，降低城市房价？

郑新立：你的理解是对的。2019 年 5 月，中共中央、国务院发布了《关于建立健全城乡融合发展体制机制和政策体系的意见》，提出三个允许入市：一是允许农村集体经营性建设用地入市；二是允许就地入市和异地调节入市；三是允许村集体把集体公益性建设用地和有偿收回的宅基地转变为集体经营性建设用地入市。根据河南省新乡市的经验，农村经营性建设用地在本县入市，每亩指标可卖 10 万元，拿到地级市可卖 20 万元，拿到省会城市可卖 50 万元，如果卖到沿海地区，可卖到 100 万元左右。可见，市场范围决定着地价的高低。

搜狐财经：不算今年，整个“十三五”期间中国经济增速平均是 6.5%。您认为“十四五”期间中国经济增速可以保持在什么水平？

郑新立： 我认为“十四五”期间经济增速达到6%以上是有条件的，关键是改革，尤其是农村土地制度改革能否迈开步子。

另外，战略性新型产业也很重要。在新材料、量子计算、生物工程、人工智能、先进制造业等领域，如果我们将市场机制和政府政策更好地结合在一起，在战略性新型产业上就能发展一批新的增长点。

公共产品和公共服务仍然是短板，尤其是教育。虽然这几年教育得到了很大发展，但是还是有许多想上学的人上不了。我觉得教育应当满足人民受教育的需求，所以教育领域还有很大的发展潜力。

芬兰的成功在于教育，他们的经验值得我们学习。芬兰人口只有500多万，但有200多种工业技术上在全球领先。在中国进口技术来源国中，芬兰曾一度居于首位。为何芬兰人口稀少，却拥有这么多技术成果呢？答案就是教育。我曾经到芬兰考察过多次，其科技部部长、教育部部长总结芬兰经验：第一是教育，第二是教育，第三还是教育。在教育领域，中国必须通过人均公共财政支出的均等化，实现人均公共服务的均等化，让国内任何一个地方都能享受到公平的基础教育。在这方面，我们还需要有很大的投入。

在社会保障方面，也需要增加投入。我国人口老龄化进程迅速。从2000年开始，我国已经进入老龄化社会。预计2023年将进入深度老龄化阶段，到2035年左右将进入超高龄阶段。当年号召计划生育，口号是“只生一个娃，养老靠国家”，现在人老了，是履行政府承诺的时候了。因此，目前我国需要建立社会化的养老体系，包括机构养老、社区养老和居家养老体系。要借鉴日本的经验，建立社会化的失能老人照护体系。在北欧等国，社区从业人员占比高达50%以上。社会保障应当作为“十四五”时期重点发展的产业，这既能提供大量的就业机会，也有利于缩小城乡收入差距。

如果“十四五”时期能牢牢抓住上述四大增长点，深化改革，增加投入，实现经济持续健康高质量发展是完全有保障的。

搜狐财经： 受疫情影响，我国2020年未设定经济增速目标。您认为在“十四五”期间，是否还有设立经济增速目标的必要？

郑新立： 我认为经济增长速度至今仍是不可替代的指标。因为只有国内生产总值才能衡量出一个国家的经济社会发展水平。我国要跨越中等收入陷阱，速度这个指标是不可回避的。但需要注意的是，不能为了GDP而GDP，为了速度而速度。我国人均GDP只有美国的六分之一，差距仍然很大。没有一定的经济增速指标，就不可能缩小同美国的差距。

深化改革释放四大增长潜能①

党的十九届五中全会审议通过的《中共中央关于制定国民经济和社会发展第十四个五年规划和二〇三五年远景目标的建议》（以下简称《建议》），对未来5年和15年的经济发展目标、战略和重点做出了明确部署，吹响了全面建设社会主义现代化国家的新号角。实现"十四五"发展目标，要通过改革释放四大经济增长潜能，推动经济发展取得新成效。

一是建立城乡融合发展新体制以促进乡村振兴。进入"十四五"时期，中国经济发展面临的主要结构性问题是城乡结构不合理，农业和农村发展相对滞后，这也是经济结构调整中剩下的一块"硬骨头"。如果能在"十四五"乃至更长时间内致力于推动农业农村现代化，实施乡村建设行动，促进农民工市民化，发展特色小镇，使农村人口人均收入水平接近或者赶上城市人均收入水平，将会释放出巨大的消费需求潜力和投资潜力，未来一个时期实现经济平稳健康、高质量发展就有了可靠保证。可以说，"十四五"时期经济发展的重要新动能来自乡村振兴。解决城乡发展不平衡问题，必须加大改革力度。要按照《建议》提出的"深化农村改革"的要求，健全城乡融合发展体制机制和政策体系，推动城乡市场之间各类生产要素平等交换、双向流动，增强农业农村发展活力。其中，农村土地制度改革是一个关键。承包地"三权分置"改革正稳步推进，通过土地经营权的流转，提高了规模化、机械化水平，进而提高了农业劳动生产率和土地产出率。《建议》提出"积极探索实施农村集体经营性建设用地入市制度""探索宅基地所有权、资格权、使用权分置实现形式"，将使农村大量闲置的土地资源得以有效利用，从而带来巨大制度红利。实践证明，盘活闲置宅基地，唤醒乡村沉睡资本，吸引大批社会资本进入，是繁荣农村经济的重要举措。只有吸引城市生产要素进入，才能激活农村蛰伏的生产力，满足市场对农产品不断提高的需求。只有吸引大量要素向农村集聚，农村经济活跃起来，城乡差距才能随之缩小。

二是健全科技创新激励机制以带动战略性新兴产业发展。发展战略性新兴产

① 本文原载于《经济日报》2021年2月9日第1版。

业是加快发展现代产业体系的重要一环。《建议》提出："加快壮大新一代信息技术、生物技术、新能源、新材料、高端装备、新能源汽车、绿色环保以及航空航天、海洋装备等产业。推动互联网、大数据、人工智能等同各产业深度融合，推动先进制造业集群发展，构建一批各具特色、优势互补、结构合理的战略性新兴产业增长引擎，培育新技术、新产品、新业态、新模式。"发展战略性新兴产业，面临的突出问题是技术障碍，必须集中力量攻克一系列"卡脖子"技术难题，打通产业链的难点和堵点。要坚持创新在我国现代化建设全局中的核心地位，把科技自立自强作为国家发展的战略支撑。要完善科技创新体制机制，强化国家战略科技力量，努力锻造一批像华为公司一样具有超强创新能力的企业，充当各个行业的领军企业。围绕提高技术向生产力的转化率，改革技术成果转化收益分配机制，探讨把更多职务发明收益留归创新者。依法保护知识产权。鼓励企业在海外设立研发机构，择全球人才而用之，以开放促进创新。围绕培养创新型人才特别是创新领军人才，改革教育体制。

三是完善资本市场功能以加强新型基础设施建设。新型基础设施主要涵盖三个方面：一是信息基础设施，包括 5G、工业互联网、物联网、人工智能等。二是融合基础设施，即对传统基础设施加以智能化改造。三是创新基础设施，主要指支撑科学研究、技术开发、产品研制的具有公益属性的基础设施，包括一系列重大科技基础设施、科教基础设施、产业技术创新基础设施等。完成新基建任务，需要巨额投资。钱从哪里来？主要应通过债券融资。我国资本市场发育不充分，通过股市融资在企业的资金来源中占比明显偏低，通过债券市场融资的比重则更低。当前发展政府和企业的债券市场面临着历史机遇：中国经济率先在摆脱新冠肺炎疫情影响后复苏，世界各国投资者普遍看好中国经济；人民币处于升值周期，投资中国政府和企业发行的长期人民币债券，具有较强的吸引力；中国具有世界上规模最大、门类最全、配套最完备的制造业体系，正处于产业升级和数字化转型阶段，未来必将出现越来越多具有国际竞争力的跨国公司。通过发行长期人民币债券支持新型基础设施建设，不仅有利于完善资本市场功能，助力扩大内需，为经济发展增添后劲，而且有利于推进人民币国际化。新一轮基础设施建设完成后，我国经济将跨上一个新台阶，为基本实现现代化奠定坚实的基础。

四是建立公共产品筹资机制以补上公共产品短板。公共产品和公共服务包括教育、医疗、社会保障、生态环境等领域的产品和服务，绝大部分属于公益性质或半公益性质。长期以来，由于这些产品和服务主要依赖财政投入，财力投入不足带来供给短板，发展长期滞后，不仅制约着社会进步，而且制约着经济发展。前些年推行政府与社会资本合作模式（PPP）进行公共产品和公共服务建设，取得了很大成绩，但是，由于操作上存在一些疏漏，导致地方债务增加过快，到期偿还困难。应当总结经验教训，继续实施下去，不能因噎废食。关键是政府各有关部门要密切配合，投资主管部门主要负责优选项目，财政部门主要负责政策补偿，政策性银行和证券主管部门负责配套资金支持。切记不要由一个部门包打天下。为居民提供清洁的空气、干净的水，具有典型公益性质。对于能提供这类公共产品的生态环保项目，要按照不同类型的建设项目，采取不同路径，找到生态产品价值实现方式，从而把环保产业打造为一大支柱产业。在医疗和社会保障领域，随着老龄化时代的到来，对医疗、健康、养老的需求迅速增加，这就需要政府把行政立法、制定政策的职能与企业提供产品、服务的功能有机结合起来，建立完善的社会医疗保障体系。如全国现有失能老人 2000 万人、半失能老人 3000 万人，建立完善的失能、半失能老人照护体系，既能满足这些老人的紧迫需求，把子女解脱出来，又能创造大量就业岗位。根据日本的经验，一个照护师可照护两个失能、半失能老人。我国建立健全照护体系即可创造就业岗位 2500 万个，将为农村劳动力进入城市就业提供一个新渠道。

提高居民消费率

高储蓄、高投资，低收入、低消费是需求不足的根本原因①

一、对 2000 年一季度经济形势及全年经济走势的判断

2000 年国民经济开局良好。一季度国内生产总值同比增长 8.1%。经济运行质量有所提高。工业生产保持较快增长，全国工业增加值增长 10.7%。工业产品产销率达到 95.92%，同比提高 1.19 个百分点。企业经济效益继续提高。投资增长出现回升。固定资产投资（不含集体、个体投资）同比增长 8.5%，增幅比 1999 年第四季度快 4.3 个百分点。技术改造投资扭转了下降的局面，同比增长 12.6%，增幅比 1999 年四季度回升 15.2 个百分点。消费需求增长明显加快。社会消费品零售总额同比增长 10.4%，增幅比去年同期提高 3 个百分点，是近两年来的最高水平。外贸出口继续高速增长。出口总额同比增长 39.1%，是近年来最快的。

当前经济出现进一步趋好的迹象，原因是多方面的。主要是坚持中央关于扩大内需和鼓励出口的政策措施，对保持经济快速增长发挥了重要作用。1999 年年中增发 600 亿元国债和四季度安排 395 亿元国债，对保持投资增长的连续性，促进当前投资的明显回升发挥了关键作用。2000 年前两个月固定资产投资的资金来源中，国家财政安排的投资在去年同期大幅度增长的基础上，继续保持 36.8% 的较高增幅。1999 年实施的调整收入分配政策，较大幅度提高城镇中低收入居民的收入水平，对改善居民心理预期产生了积极的影响。从国际环境看，2000 年一季度国际经济环境比去年明显改善，鼓励出口的政策效应得到显现，我国出口保持了高速增长，实现了 9.4 亿美元的贸易顺差，对国民经济增长发挥了拉动作用。

① 本文是郑新立 2000 年 4 月 25 日向中财办汇报的研究报告。

必须看到，促使一季度经济形势趋好的因素仍不稳定，把目前的发展势头继续保持下去，还有许多不利因素，需要密切跟踪，进一步观察。主要理由：

一是社会投资尚未启动。投资增长对国债资金的依赖性较强，但由于项目储备不足，地方和企业配套资金短缺的问题突出，储蓄向投资转化的渠道依然不畅，国债投资对社会投资的带动和引导作用减弱，全社会固定资产投资增幅仍然较低。社会投资活跃是我国每轮经济启动的重要标志，而目前还没有出现社会投资明显增长的迹象，特别是远没有形成有利于社会投资较快增长的机制和环境，全年投资增长形势不容乐观。

二是消费增长不稳定。一季度消费增长虽然较快，但新的消费热点尚未形成，在总供求状况没有大的改变，收入分配关系尚未理顺，社会保障体系仍不完善的情况下，要保持消费的持续较快增长是很困难的。

三是外需很难产生对经济增长的正向拉动作用。一季度出口大幅度增长，主要得益于去年鼓励出口的政策措施到位，外部环境趋好，也与去年同期基数较低有关，并不是我国出口产品竞争力有了实质性提高。从全年看，外部环境不确定因素较多，保持出口较快增长面临的形势比较严峻，扩大外贸顺差的前景不乐观。尤其是我国加入世贸组织后，近期内出口面临的挑战大于机遇，进口增长会更快一些，贸易顺差将有所减少，净出口对经济增长会产生负面影响。

二、长期以来高投资、低消费是造成当前需求不足的症结所在

当前经济运行中的矛盾很多，有总量问题、结构问题、就业问题、农民收入问题等，但主要矛盾是总需求不足，只有集中力量解决好这个矛盾，才能带动其他问题的解决。

两年来发行国债增加投资，近期和长期效益是很好的。但投资增长对国债的依赖性增强。国债一旦停发，投资和经济增长速度都将掉下来。现在看来，要鼓励企业投资的积极性，在少发或停发国债的情况下，使投资仍能保持较快增长，关键在于市场需求状况有一个明显改善。只有消费有了较快增长，投资者看到了市场的亮点，才能提高投资欲望。所以，解决需求不足的矛盾，归根到底取决于消费需求的增长。

目前消费需求不足是长期以来高储蓄、高投资，低收入、低消费的结果。20世纪80年代投资率为35.3%，1993—1998年升为40.2%，上升了近5个百分点；同期最终消费率由65.1%降为58.2%，下降了6.9个百分点。最终消费在GDP支出中的比重比世界平均水平低11个百分点，比美国、印度低20个百分点。造成最终消费率低的直接原因，一是居民收入的增长率长期低于经济增长

率。1986—1998 年，GDP 年均增长 9.6%，城镇居民家庭人均可支配收入年均增长 5.7%，农村居民家庭人均纯收入年均增长 4.2%，相差近一半。二是居民新增收入中用于消费的比重又逐步降低，居民储蓄存款在几次降低利率的情况下仍旧大幅度增加。居民即期消费倾向减弱的原因，主要是个人之间、城乡之间收入差距拉大。在 6 万亿元存款中，80% 属于 20% 的储户；1998 年的基尼系数为 0.457，超过合理范围（0.3~0.4）15~52 个百分点；城乡居民收入水平为 2.5∶1，收入差距超过 1978 年前的水平。农村居民平均购买力水平不及城镇的 1/4。高收入阶层消费欲望减弱，低收入阶层缺乏支付能力，导致边际消费倾向下降。据测算，1981 年，我国边际消费倾向为 0.84，到 1998 年降为 0.40。由于财政收入占 GDP 的比重明显偏低，国家对收入分配的调控能力减弱。目前发达国家一般对再分配的调控力度为 20%~30%，我国还不到 2%。

造成消费需求不旺还有一些消费政策方面的原因。目前消费领域矛盾的突出表现，是城镇消费结构升级受阻，城乡消费结构转换脱节。城镇和部分发达地区的农村，目前吃穿用的消费已基本饱和，消费结构升级的方向必然转向改善住行条件的消费。恰恰在这两个领域，福利型、供给型消费至今没有完全打破，造成住房、汽车的生产、消费不能形成良性循环。此外，消费观念的转变，消费信贷的推广，居民心理预期的引导和社会保障体系的完善，也是制约消费增长的重要原因。

三、围绕解决需求不足问题，加大宏观调控力度

2000 年宏观调控的着力点应放在扩大需求上，实行扩大内需与增加出口并重的政策。在扩大内需上，既要扩大投资，又要增加消费，实现投资、消费对经济的双重拉动。着手研究调整投资与消费比例的政策措施，培育新的消费热点。努力形成保证投资正常增长的体制和机制。具体建议如下：

第一，抓紧研究制定扩大汽车消费的有关政策。要适应居民消费结构升级和汽车工业发展的需要，积极扩大汽车消费。要清理整顿过去颁布的在居民购车和使用方面抑制消费的政策和规定，制定鼓励汽车消费的政策措施。要取缔各种不合理收费，大幅度降低汽车价格和使用费用，逐步使国产汽车价格和使用费用与国际市场接轨。

第二，尽快使城镇住宅成为新的消费热点。要以深化住房制度改革为契机，尽快把城镇住房培育成为消费热点。要大力整顿房地产拆迁收费和配套收费，地价可多年分期交纳或改为房地产税，以降低住房售价。加快建立住房抵押信贷体系，增加对居民购买住房、住房装修的信贷规模。在规范管理的基础上，进一步

放开和健全住宅二级市场，促进已出售公房和商品房上市流通。

第三，继续实施积极的财政政策。近两年来，主要靠实施积极的财政政策，发行长期建设国债，有效地拉动了投资的增长。为了防止 2000 年第四季度可能出现投资下滑，实现全年固定资产投资增长 10% 的目标，加大在建国债项目的投资力度，使其在今明两年大部分建成投产，2000 年的国债规模应当大一些。考虑到 2000 年人代会批准的 1000 亿元国债有 395 亿元去年已经安排，2000 年应当再增发 500 亿元长期建设国债。目前已对 200 亿元国债资金进行了预安排，今后几个月要再安排 300 亿元以上的国债投资。

第四，开辟基础设施建设新的资金渠道。虽然近 10 年来我国基础设施得到很大发展，但总体水平仍然比较落后。基础设施建设投资容量大，对经济增长的带动力强。建议发行基础设施建设项目债券。选择有还款能力的项目和财力较强的地方，由项目法人作为发行主体，地方政府提供担保。这样，可开辟新的基础设施建设资金来源渠道，并可强化项目法人和地方政府的责任。

第五，鼓励和支持社会资金增加投入。保持投资较快增长，今年要重点从体制和机制上入手，千方百计刺激社会投资。一是放宽投资领域。除关系国家安全和必须由国家垄断的领域外，其余领域都应允许社会投资进入。鼓励和允许外商投资进入的领域，都应向社会投资开放。向社会投资开放的领域，允许社会资金以独资、合作、联营、参股、特许经营等方式进行投资。鼓励社会资金参与国有经济战略调整。二是改善政策环境。清理和调整与党的十五大精神不符的政策规定，取消不利于社会投资的各种限制性条文。坚决制止乱收费、乱罚款、乱摊派现象。制定鼓励和引导社会投资的政策措施。在土地使用、信贷、税收、贴息、进出口等方面，对各类企业一视同仁。三是改善融资渠道。国有商业银行应设立专门为小企业服务的信贷部门，制定适合中小企业特点的贷款政策和管理办法。地区性金融机构，特别是城市商业银行和城乡信用合作社，应把中小企业作为主要服务对象。研究建立为中小企业服务的信用担保机构和风险投资基金。支持具备条件的中小企业通过发行企业债券、股票上市等办法进行直接融资。四是改善服务环境。各有关方面要切实把鼓励社会投资和中小企业发展，作为解决当前经济发展和就业问题的重要任务。采取有效措施，扩大社会投资。在技术、管理、培训等方面提供必要的帮助，支持、引导中小企业朝着“专、精、特、优”的方向发展。

第六，调整教育结构，扩大职业教育比重。1999 年，我们扩大了普通高校和成人高等教育招生规模，对扩大教育消费和发展教育事业发挥了重要作用，今后应当继续坚持下去。但目前普通大学和普通高中招生比重偏高，与需求结构不相适应。为了避免出现高校毕业生就业难的问题，要调整招生结构，重点是要扩大高等职业教育招生规模。高中阶段的教育也要扩大职业教育比重。根据德国和瑞士的经验，职业教育与普通中学、大学的在校学生比例保持在7:3左右，才能与就业需求结构相适应。建议教育部加强对职业教育的领导，对未来各级各类人才的需求结构进行调查，制订合理的人才培养计划。

增强消费对经济增长的拉动作用①

消费、投资和净出口，是拉动经济增长的三大需求。它们之间的比例是否合理，直接影响着宏观经济效益和经济的可持续发展。近些年来，我国投资率不断攀升，经济增长过度依赖投资和出口的拉动，已经形成了供大于求的格局。这种失衡状况如不尽快改变，将会造成大批生产能力闲置，并由此带来银行不良资产增加等连锁反应，直接影响国民经济的持续快速健康发展。采取有效措施扩大消费，增强消费对经济增长的拉动作用，是缓解这一矛盾的根本出路。

一、投资与消费比例失衡是当前经济运行中的突出矛盾

消费是经济增长的原动力，马克思主义经典作家把人类的消费行为分为生存消费、享受消费和发展消费三种类型。在人类社会的漫长历史中，正是由于人类对消费水平不断提高的愿望和追求，才刺激了生产力的发展。同时，一定发展阶段的消费水平和消费结构，又由生产力发展水平所决定，人们只能消费自己能够生产出来的产品。正如马克思在分析生产与消费的关系时所指出的："没有生产，就没有消费：但是，没有消费，也就没有生产，因为如果没有消费，生产就没有目的。"② 消费对于生产的作用，就在于它能"创造出新的生产的需要，也就是创造出生产的观念上的内在动机，后者是生产的前提"。③

在中华人民共和国成立后的较长一段时期内，由于受传统计划体制的影响，产品供给短缺成为我国经济运行的主要矛盾。直到 20 世纪 90 年代后半期，随着生产的发展和需求增长约束机制的建立，供求关系才发生了根本性变化，需求不足逐渐成为经济运行的主要矛盾。由此，宏观调控的重点也由过去以抑制需求膨胀为主转变为以扩大内需为主。从"九五"计划后期到"十五"时期，由于我们合理调控需求总量和需求结构，保持了总供求的大体平衡，从而使经济增长摆脱

① 本文原载于《求是》2006 年第 9 期。
② 《马克思恩格斯选集》第 2 卷，人民出版社 1995 年版，第 9 页。
③ 同②。

了长期困扰我们的大起大落的现象。1996—2005年，国内生产总值年均增长速度达到8.8%，而年度之间增长速度的波动幅度则控制在1个百分点之内，10年内年度最高速度与最低速度之间仅相差2.5个百分点。这充分证明国民经济进入了平稳较快增长的新阶段。在关注需求总量变化的同时，对需求结构变化所造成的影响也应给予高度重视。特别是投资与消费比例的变化，不但对国民经济的宏观效益即最终消费率产生直接影响，而且由于投资需求作为中间需求，其大部分将转化为生产能力，从而影响着总供求的比例。如果投资率过高、消费率过低，虽然即期需求总量与总供给大体平衡，但必然导致生产能力相对于消费需求的过快增长，出现生产能力过剩。许多新建工厂可能由于产品销售不出去而被迫停产，由此带来银行不良资产增加，通货紧缩将演变为通货膨胀，以致造成经济的强烈震荡。

应当清醒地看到，从2003年以来，由于基础设施特别是城市基础建设和房地产投资的拉动，钢铁、水泥、电解铝等建材工业投资增长过猛，2003年这三个行业的投资比上年增长80%到一倍以上。2004年以来，针对这些行业投资的过快增长实施宏观调控，虽已取得明显成效，但投资总规模偏大的局面并未根本改变，这些行业再加上铜冶炼的生产能力过剩已成定局。如钢的生产能力，2005年全国粗钢产量3.5亿吨，富余生产能力7000万吨，正在建设的生产能力8000万吨。还有一些地方正在酝酿新上炼钢项目。即使这几年紧缺的电力供应，由于投资规模迅速扩大，去年新增发电装机容量达7000万千瓦，明后两年发电能力即可能出现供过于求的局面。

投资率偏高、消费率偏低，是长期以来我国经济比例关系中存在的突出问题。特别是2003年以来，随着新一轮经济上升期的到来，投资率不断攀升。2003年、2004年资本形成率分别达到42.3%、44.2%，2005年更超过2004年的水平，成为中华人民共和国成立以来固定资产投资率和资本形成率最高的年份，也是改革开放以来第一次连续三年资本形成率保持在40%以上的高位。“十五”的资本形成率不仅高于历史上的任何时期，而且也是全球最高的。根据世界银行的报告，1960—2000年，低收入国家和地区的资本形成率平均为23.4%，中等收入国家和地区平均为23.9%，高收入国家和地区平均为21.5%。我国“十五”前四年的水平分别比全球低收入、中等收入和高收入国家与地区高17.6、17.1和19.5个百分点。即使考虑到在工业化过程中投资率一般较高的因素，与国外同时期相比，我国目前的投资率也是明显偏高的。与高投资率相对应，我国消费率即最终需求率则是历史上最低的时期，更远远低于全球平均水平。

毫无疑问，较高的投资率支撑了改革开放20多年来中国经济的持续快速增长。这作为一种独特的经济现象，被世界银行的专家称之为中国经济增长的真正诀窍，是其他国家想学也学不来的。但是，其负面影响也不能低估。主要问题在于，一是长期的高投资率所形成的生产能力超过了有支付能力的消费需求，造成企业开工率低，投资回收慢，贷款不能及时偿还。居民消费增长速度长期低于经济增长速度，使经济发展的宏观效益下降。二是由于生产与消费脱节，生产结构与消费结构不相适应，使经济增长失去目标和动力，生产与消费陷入不良循环，最终将导致经济增长速度下降，延缓现代化进程。

二、造成投资与消费比例失衡的主要原因

改革开放27年来，我国的资本形成率在前18年逐步上升，由“六五”时期的34%上升到“七五”“八五”时期的36.9%和39.7%。“九五”时期由于受需求不足的影响，下降为37.6%。“十五”时期又转为上升，并达到历史新高。这种投资率长期居高不下、不断上升的总体趋势，有其内在的原因和客观必然性，既有合理的成分，也有不合理的因素。分析起来，主要在于：

一是经济发展阶段性特征的体现。工业化的快速推进是投资率高的重要原因。改革开放前的30年，我国在工业化方面取得了巨大成就。到1978年，第二产业占GDP的比重已达48.2%，形成了门类齐全、具有相当水平的工业体系。仅从这一比例看，我国工业化已经达到较成熟的阶段。但从就业结构来观察，我国从业人员中，第二产业仅占17.3%，而第一产业高达70.5%，说明工业化进程仍处在初始阶段。就业结构与产值比重相比，更能从社会进步方面反映工业化的程度。从1978年开始，允许农民经商办企业，乡镇企业迅猛发展，我国的工业化在民间力量推动下全面加快。到2004年，第一产业就业比重下降为46.9%，第二、三产业就业比重分别上升为22.5%和30.6%。工业化的快速推进，必然伴随着投资的高速增长。全社会固定资产投资总额由1981年的1922亿元增加到2005年的88604亿元。1978—2005年的27年累计固定资本形成额约达80万亿元。这一期间，粗钢年产量由3178万吨增加到3.5亿吨，增长10倍左右；彩电由3800部增加到8283万部，增长2.1万倍：汽车由15万辆增加到570万辆，增长37倍；高速公路由零起步，达到3.43万公里。这样的增长幅度，在各国历史上是前所未有的，是用巨额的投资换来的。而投资的增长主要又是靠社会投资比重的增加。国家预算内投资金额占全社会固定资产投资的比重由1981年的28.1%下降为2004年的5.7%。

二是居民收入增长速度低于经济增长速度和收入差距拉大的结果。由于各种原因，我国居民收入未能随着经济的快速增长而得到相应的增长。27年间，我国GDP年均增长9.6%，而农村居民家庭人均纯收入年均增长6.8%，城镇居民

人均可支配收入年均仅增长 6.5%，比经济增长速度分别低 2.8 和 3.1 个百分点。居民收入水平决定着消费的支付能力，这是消费率偏低的直接原因。再从收入分配结构来看，由于城乡居民收入差距迅速拉大，地区之间与个人之间的收入差距拉大，高收入阶层的消费弹性下降，广大中低收入者缺乏有效购买力，特别是占人口大多数的农村居民购买力提高缓慢，是消费率总体偏低的重要原因。如 1978 年城乡居民收入为 2.61，2005 年扩大为 3.21，由此使县和县以下社会消费品零售总额占全社会消费品零售总额的比重由 1978 年的 67.6% 下降为 2005 年的 32.9%，平均每年下降 1.2 个百分点。城镇居民中已经饱和的彩电、洗衣机等家用电器，在农村许多农户仍然买不起。高收入阶层中已经普及的轿车等昂贵消费品，广大中低收入者虽消费欲望强烈但仍缺乏购买能力。

三是新的消费热点的形成尚存在体制性和设施性障碍。随着吃穿用等生存型消费的基本满足，居民消费结构正在向享受型和发展型消费升级。这就需要有相应的体制性条件和消费环境。万元级、十万元级消费品的出现，需要有方便的消费信贷。改善居住环境，提高用于住房消费的支出在消费结构中的比重，需要建立完善的住宅市场。随着市区房价的提升，很多人愿到郊区居住，但又受到郊区的交通、教育、医疗等条件的限制。轿车已开始进入居民家庭，许多人具有购买能力和愿望，但又惧于使用环境，主要是害怕停车难和各种乱收费，从而使轿车消费的扩大受到限制。农村自来水普及率只有 30%。没有自来水，就不能买洗衣机、建水冲式厕所和淋浴室。而这些条件只有政府和依靠集体力量才有能力帮助改善，个人是无能为力的。此外，像教育、文化、信息、休闲和社区服务等消费领域的扩大，也都需要消费环境的改善。

四是传统消费观念的转变需要有一个过程。中国人有着节俭的传统美德。因此，我国人民在收入水平不高的情况下保持了全世界最高的储蓄率。2005 年底，居民和企业等人民币存款余额达 28.7 万亿元，其中居民储蓄存款余额达 14 万亿元，这使投资具有充足的国内资金来源。20 世纪 90 年代以来，我国固定资产投资占总储蓄即金融机构人民币信贷资金平衡表中的资金来源的比例，以及新增投资额占总储蓄增加额的比例，一直呈下降趋势，最低时下降到 1999 年的 24.2% 和 11.3%。1993 年和 2005 年则明显提高，分别为 38.2%、50.3% 和 29.3%、45.2%。这与当年投资增长幅度过大密切相关。1992—2005 年的 14 年间，我国投资占总储蓄的比重年均为 28.2%，每年新增投资额占新增总储蓄的比重为 29.5%，说明我国较高的投资率是有充足的国内资金支持的。银行的储蓄存款如不能得到充分利用，承担的存款利息的压力则相应加大。从这个角度看，高投资率也是高储蓄率的必然结果。目前我国居民储蓄意愿比较强，除了受节俭传统影响外，主要还在于社会保障体系不健全，教育、医疗支出在消费结构中明显偏高，为子女上学和不可预见的医疗支出而存款，成为多数居民增加储蓄的主要考虑，所谓“三怕”，即年轻人怕买房、中年人怕子女上学、老年人怕生病，正是制约居民消费率提高的重要因素。

三、采取有针对性的措施提高居民消费率

实现我国经济的长期持续较快增长，必须把基本立足点放在扩大内需上，把扩大内需的立足点放在扩大居民消费上，改变目前经济增长过度依赖投资和出口拉动的状况。党的十六届五中全会关于“十一五”规划的建议明确提出，要进一步扩大国内需求，调整投资与消费的关系，增强消费对经济增长的拉动作用。这是针对我国当前经济运行的实际并在总结实践经验的基础上提出来的。贯彻这一方针，需要制定一系列针对性强的有效政策。具体来说，应从以下几个方面着手：

努力增加农民收入，提高中低收入者的消费能力。近三年来，随着中央连续三个“一号文件”的贯彻落实，解决“三农”问题的力度加大，农民收入增长速度明显加快，2003 年到 2005 年分别增长 4.2%、6.8% 和 6.2%，同期城镇居民人均收入分别增长 9.0%、7.8% 和 9.6%，与城镇居民相比，农民收入的增长速度仍明显偏低。平均起来，三年间农民收入增速比城镇居民低 3.1 个百分点。而且由于城乡居民收入基数相差 3 倍多，农民收入增长 3 个多百分点的绝对量才相当于城镇居民增长 1 个百分点。尽管已经采取了很多措施，努力遏制城乡居民收入差距扩大的趋势，但近期内改变这一趋势的难度相当大，因此，要把增加农民收入作为社会主义新农村建设的主要目标，作为关系经济全局的大事，作为我们党代表最大多数人利益的实际行动，切实抓紧抓好。农民收入的较快增长必然带来农村市场的活跃，对消化过剩的工业生产能力、拉动城市经济发展必将起到举足轻重的作用，同时，要调整收入分配结构，着力增加低收入者收入，扩大中等收入者比重，调节过高收入，提高中低收入者的支付能力，这是提高消费率的根本举措。

扩大消费领域，促进消费结构升级。2005 年，城镇居民消费的恩格尔系数已降为 36.7%，用于改善住、行条件和医疗、教育、通信、休闲等服务性的支出已占消费支出的 60% 以上。农村居民消费的恩格尔系数也下降为 45.5%。城乡居民消费都在向享受型、发展型转变。宏观经济政策要有利于推动这种转变，要通过适时修改税收、价格等政策，调整财政支出结构，积极培育新的消费热点。要把加强社区服务作为扩大消费的重点之一，既满足居民多层次多方面的消费需求，又为扩大城镇就业提供条件。实践证明，社区服务发展比较好的地方，其吸

纳的就业人数可达到社区全部从业人员的 60% 以上。

扩大消费信贷，完善社会保障体系。我国消费信贷发展很快，目前已占银行信贷余额的 15%~20%。根据经济发达国家的经验，消费信贷的比重可以提高到 30% 左右。因此，我国消费信贷还有发展的潜力。为了解决银行因消费信贷增加造成资金流动性降低的问题，应积极进行住宅贷款证券化试点，以分散银行消费信贷风险。为了解除居民消费的后顾之忧，应逐步增加财政对教育、医疗类公用事业的投入，加快医院管理体制、医疗管理体制和医疗保险制度改革，整顿药品市场，降低过高的药品价格，减轻居民个人的教育、医疗负担。扩大养老保险、工伤保险、失业保险的覆盖面。积极解决农民工保险账户可流动问题。

调整投资结构，改善消费环境。要围绕消费结构升级的要求，调整投资结构，注重增加能够改善消费环境、有利于扩大新的消费热点方面的投资。如我国居民目前消费结构中，用于住房、交通、通信等方面的比重偏低，具有很大的发展潜力。要针对影响消费扩大的主要问题，采取有效对策，努力改善消费的硬环境和软环境。要按照轿车进入家庭的要求重新规划市区与郊区布局，把道路、停车场建设纳入城市建设总体规划，取消各种限制轿车消费的不合理规定。要健全住宅市场体系，严格控制住房价格，扩大住宅市场交易规模。加快新一代互联网基础设施建设。大力提高农村自来水普及率，完善电网和交通体系。为扩大居民住、行、信息通信方面的消费创造良好的条件。

整顿市场秩序，保护消费者权益。良好的市场环境和商品服务质量，是扩大消费的前提条件。要继续打击假冒伪劣商品，确保食品、药品质量安全，防止价格欺诈行为，使人们能放心大胆地消费。要推广商品质量标识制度和电子标签，实施原产地或可追溯原则。凡是在市场出售的商品，通过商标或电子标签，可迅速查明该商品的主要信息，以便于消费者的监督。要倡导建立诚实守信的商业道德，形成统一、公平、竞争、有序的市场体系。

合理引导消费预期，倡导健康文明的消费方式。我国经济长期保持快速健康发展的势头，使广大消费者对未来充满了信心，这是建立良好的市场预期的重要前提。要通过良好的市场预期促进消费市场的稳步均衡发展，避免出现排浪式消费和市场的大幅度波动。要通过对市场各类商品供求态势的分析预测和大众媒体的正确引导，使广大消费者养成良好的消费习惯，鼓励节约型消费、无害型消费、文明型消费，避免炫耀型消费、跟风型消费、奢侈型消费。大力推广节能住宅、节能汽车和无污染产品，促进资源的循环利用，提高消费的经济效益和社会效益。要使消费的扩大能有力地促进广大人民的身心健康、智力开发和社会和谐，使消费者在改善生活质量的同时，自身的素质也能得到全面提高。

提高居民消费率是宏观调控的重大任务[①]

2006年，我国居民消费率为36%，已降低到改革开放后近30年来的最低点；与历史最高水平1985年的52%相比，下降了16个百分点；与发达国家相比，则相差20个百分点左右。这在宏观经济指标的各个参数中，是很不协调的，应当引起高度重视。

居民消费率过低，给国民经济的健康运行带来了严重的负面影响。

一是广大居民的生活水平不能随着经济的快速增长而同步提高，降低了国民经济的宏观效益。在GDP使用中，用于最终消费特别是居民消费的比例，是衡量宏观经济效益的重要指标。改革开放前的一段时间，由于片面地理解生产资料优先增长理论，在经济建设上急于求成，长期实行高投入、低消费的政策，使人民的生活水平长期得不到应有的提高。1978年以后，党中央调整了这一政策，最终消费率明显提高，人民从经济发展中得到了较多的实惠，在整个20世纪80年代，出现了消费与经济增长同步良性循环的局面。然而，从90年代开始，最终消费率又开始缓慢下降，虽然1998—2001年曾出现过短暂的低幅回升，但从2003年起，伴随着重工业的高速增长，最终消费率和居民消费率出现了连年下滑的趋势，2006年甚至比改革初期的1978年还分别低了12个和13个百分点。这就是最近十几年居民生活水平提高的幅度滞后于经济增长的根本原因。

二是经济增长过分依赖投资和出口，潜藏着生产能力过剩的危机。与低消费率相对应，90年代以来，投资率出现了两个40%以上的高峰期，即1993—1995年的年均41.1%和2003—2006年的年均42.4%，其中，2004年高达43.2%，成为改革开放以来最高的一年，特别是钢铁、水泥、电解铝、房地产等行业的投资过快增长，出现了生产能力过剩的局面。如果消费市场不能相应地扩大，由此形成的无效投资和银行呆坏账必然增加，将直接威胁到经济的持续、平稳、较快发展。同时，我国出口的连年大幅度增长，使贸易摩擦增加，顺差扩大，国际收支不平衡也影响着宏观经济的稳定。

① 本文原载于《宏观经济管理》2007年第9期。

三是政府消费支出的比重不断增加，助长了奢侈浪费之风。在最终消费支出中，政府支出所占比重，80 年代为 21.6%，90 年代为 24.2%，2001—2006 年上升到 26.8%，2006 年达到最高水平的 27.3%。这说明行政管理成本在不断上升，对居民消费必然产生挤出效应。在最终消费率已明显偏低的情况下，政府开支比重过大，进一步压低了居民消费水平。

造成目前居民消费率过低的局面，有其多方面的原因，只有进行综合的历史性分析，才能找到症结所在。

首先，城乡居民收入增长速度滞后于经济增长速度，是制约居民消费增长的根本原因。1978—2006 年的 29 年间，我国 GDP 年均增长 9.7%，而农村居民家庭人均纯收入和城镇居民人均可支配收入年均增长均为 7%，比经济增长速度低 2.7 个百分点。2006 年，城乡居民收入占 GDP 的比重下降到 1978 年以来 45% 的最低水平，比改革以来最高水平 1985 年的 56% 低了 11 个百分点。

其次，城乡、地区和个人之间收入差距不断拉大，制约了广大中低收入者购买力的提高。城乡居民收入之比由差距最小时 1985 年的 1.91 扩大到 2006 年的 3.31。县和县以下社会消费品零售额占全社会消费品零售总额的比重由 1978 年的 67.6% 下降为 2006 年的 32.5%，平均每年下降 1.2 个百分点。2005 年，东、中、西部和东北地区城镇居民人均年收入之比为 1∶0.64∶0.65∶0.64，农村居民人均年收入之比为 1∶0.65∶0.59∶0.93。东部与中西部和东北地区城镇居民之间，东部与中西部特别是西部农村居民之间，在收入上拉开了距离。从职工工资占 GDP 的比重来看，也由最高时 1980 年的 17% 不断下降到 2006 年的 11%，而且 65% 的职工收入水平在平均线以下。全社会收入分配的基尼系数在 0.43 以上，进入了收入差距较大的国家行列。广大中低收入者支付能力不足，是居民消费率低的直接原因。

再次，外资企业通过各种手段转移了大部分利润，使职工收入和国家税收处于较低水平。随着外资企业在国内经济中比重的提高，特别是在出口中的重要作用，对 GDP 和外贸总额增长的贡献越来越大，但相对于内资企业来讲，外资企业的职工收入和对国家财政的贡献较低，必然使可供国内居民支配的财富在 GDP 中的比重出现下降的趋势。2005 年，外资企业创造的工业增加值占整个工业增加值的 30%，外资企业出口总额占全部出口额的 58%，占高新技术产品出口额的 88%，加工贸易占外贸总额的 53%，外资企业通过与关联企业的贸易等手段把利润转移出去，同时尽可能地压低工资支出，减少上缴税收，出现“留下 GDP、拿走利润”的状况。

最后，目前我国正处于重化工业和基础设施加快发展的工业化阶段，较高的投资率是经济发展的阶段性要求。我国的城市化正处在加快推进的过程中，城市化率每年提高 1 个百分点以上，今后一个时期，城市化仍将保持较快的速度，城市基础设施建设需要相应保持较大规模，铁路、公路、水运、供水、供电、通信等基础设施也正处于大发展的阶段。改善城乡居民的居住条件，需要对房地产投资保持一定的强度。这些都对钢铁、水泥等建材和化工材料提出了较大的需求。居民消费结构升级从万元级上升到几十万元级的商品消费，需要有一个收入积累的过程。因此，在一段时期内，必然带来消费率的下降和积累率的上升。

注重改善民生　谱写美好生活①

党的十七大报告（以下简称《报告》）根据全面建成小康社会的新要求，在十六届六中全会关于构建社会主义和谐社会决定的基础上，对社会事业发展的目标、重点、政策，做出了新的部署。全面贯彻落实这些部署，满足人民新的期待，将为人们创造更加美好的生活。

一、积极建设人力资源强国

这是《报告》在社会建设方面提出的第一项任务，突出了建设人力资源强国的目标。做出这样的安排，就在于教育是民族振兴的基石，教育公平是社会公平的重要基础。要促进机会公平和社会公平，首先要在教育这个人生的起点上做到公平。《报告》提出要优化教育结构，促进义务教育均衡发展，加快普及高中阶段教育，大力发展职业教育，重视高等教育。坚持育人为本、德育为先，提高学生综合素质。目前高中阶段入学率已达 60%，到 2020 年普及高中阶段教育是完全可能的。要使高、初中毕业生没有升上学的青少年全部进入职业学校，学会一门技能，做到人人有知识、个个有技能。要更新教育观念，改革教育内容方式，考试招生制度、质量评价制度，着力提高学生的实践能力、创新能力、创业能力。

二、实施以创业带动就业的战略

这是总结各地经验提出来的。改革开放以来，凡是重视鼓励群众创业的地方，企业数量就多，经济发展就有活力，不仅解决了本地的就业问题，而且能够大量吸纳外地人口就业。如浙江省，现在有各类企业和个体工商户 350 万家，1/4 以上的人口参与各种形式的创业，通过创业实现就业的数量占全省就业总量的 90%。江西省学习浙江经验，全省形成“百姓创家业、能人创企业、干部创

① 本文原载于《解放日报》2007 年 11 月 27 日。

事业”的局面，使城镇就业结构发生了较大的变化，在非公有制经济单位从业人员的比重由 2000 年的 32% 上升到 2005 年的 66%。从各地区情况看，经济发达地区每千人企业数在 5 个以上，而经济相对落后地区在 2 个以下。每千人中个体工商户的数量，浙江达 59 户，最少的省仅有 19 户。《报告》提出以创业带动就业的号召，各地加大对创业的政策扶持力度，对解决就业矛盾必将产生重大推动作用。

三、建立体现社会公平的收入分配制度

收入分配是人民群众极为关心的问题，合理的收入分配制度是社会公平的重要体现。党的十七大报告对深化收入分配制度改革，提出了以下要求。

一是初次分配和再分配都要处理好效率与公平的关系。效率与公平的关系，是收入分配制度改革必须处理好的重大课题。与以往提出的初次分配注重效率、再分配注重公平相比，党的十七大提出初次分配和再分配都要处理好效率与公平的关系，是分配制度上的重要发展。多年来，由于分配制度不健全，造成初次分配中资本所得偏多，劳动所得偏低；由于部分行业垄断现象的存在，使本该通过税收上缴国家的垄断利润被这些行业的职工分得；由于机会不公平，使获得高赢利和高收入机会的企业和个人不是凭平等竞争而获得超高收入。由于初次分配中造成的分配差距过大，仅靠再分配的调节功能已难以使社会公平得到有效维护，特别是我国目前的税收制度仍以间接税为主，直接税为辅，大大限制了税收在再分配中的调节功能。《报告》强调初次分配也要注意处理好效率与公平的关系，这就使分配调节功能前移，使初次分配即按生产要素分配中，体现效率与公平的统一，减轻再分配环节的调节负担，初次分配处理好效率与公平的关系，主要在于使各类生产要素在参与分配中能获得与其贡献相一致的合理比例。为此，要建立完善的技术市场、劳动力市场和企业家市场。

再分配要更加注重公平。再分配主要是国家运用税收和预算手段对收入分配的调节。我国现行的累进制个人所得税制度，经过多年的实践，证明在调节个人收入分配方面的效果是好的，既考虑到了鼓励一部分人通过诚实劳动和守法经营先富起来，又考虑到了避免收入差距悬殊，应继续加以完善。完善的方向：①近期应朝着降低中低收入者税收负担，有利于增加居民收入的方向努力，如降低个人银行存款的利息税等；②为了避免资源的不合理占用，实行有利于资源节约的税收政策，如开征燃油税；③增加财政对公共服务的支出，扩大转移支付，逐步使全国人民都能享受到水平大体相同的公共服务；④从长远看，应着力研究如何从间接税为主向直接税为主过渡。

二是提高居民收入在国民收入分配、劳动报酬在初次分配中的比重。这是十七大在收入分配问题上做出的又一项重大部署。2000—2006 年，我国城镇居民人均可支配收入年均增长 9.8%，农民人均纯收入年均增长 5.6%，而同期国家财政收入年均增长 19.4%，规模以上工业企业实现利润年均增长 28.2%，财政收入和企业利润的增长速度明显高于城乡居民收入增速。国民收入分配向国家和企业的倾斜，导致居民消费率不断下降，2000 年为 46.4%，2006 年下降到 36.2% 的历史最低点。由于消费对经济增长的拉动作用减弱，经济增长不得不过多地依赖投资和出口。消费率过低、投资率过高，还必然会出现生产能力过剩。解决这个矛盾，必须从调整国民收入分配结构入手，提高城乡居民收入在国民收入分配中的比重。为此，要建立工资正常增长机制，尽可能增加城镇居民收入，同时千方百计增加农民收入。今年猪肉和食用油价格虽然上涨，但总体来看，农产品价格水平仍低于 1997 年。农产品价格的适度上升，有利于增加农民收入，有利于鼓励农民生产的积极性。当前，调整国民收入分配结构应采取的一个措施，就是通过建立国有资本预算，从国有企业近几年的利润中拿出一部分，再从近几年财政增收中拿出一部分，集中用于完善社会保障体系。

初次分配中增加劳动报酬，也是当前调整收入分配结构的一个重要方向。目前，企业具有收入分配的自主权，职工工资水平完全由代表资方利益的企业决策机构说了算，而相应的工资集体协商制度，国家公布行业人工成本信息、指导工资线等制度没有建立起来，使劳动者在工资分配上处于被动地位，加上农村剩余劳动力多，企业尽可能压低工资也能雇到人，因此造成一线劳动工人二十几年工资未涨或很少上涨。特别是农民工的工资，连劳动力再生产都难以维持。这种情况应尽快加以改变。农民工的社会保障费用要强制缴纳，使农民工在劳动年龄能为退休后的养老费用积累资金。

三是努力实现到 2020 年使中等收入者占多数。实现这个目标，有相当的难度，但是我们也有条件、有信心保证其实现。第一，要保持经济的持续平稳较快增长，这是增加居民收入的物质前提。第二，要加大国民收入分配结构的调整力度，提高居民收入所占比重。1978—2006 年的 28 年间，我国 GDP 年均增长 9.7%，城镇居民人均可支配收入和农民人均纯收入年均增长速度均为 7%，平均每年低于经济增长 2.7 个百分点。今后一个时期，提高城乡居民收入的增长速度，使其高于 7%，是完全必要也是有可能的。第三，坚持和完善按劳分配为主体、多种分配方式并存的分配制度，健全劳动、资本、技术、管理等生产要素按贡献参与分配的制度。第四，要建立企业工资增长集体协商机制，企业职工收入将会随着企业的发展有一个较快的提高。第五，《报告》提出要“创造条件让更多群众拥有财产性收入”，这是根据我国资本市场发展的新情况提出的增加居民收入的新举措。第六，创业收入将进一步成为部分居民富起来的重要途径。上述这些重大政策措施的落实，将对扩大中等收入者的比重，实现中等收入者占多数的目标提供重要保证。

要“着力提高低收入者收入，逐步提高扶贫标准和最低工资标准”，这是党的十七大提出的调整收入分配结构、实现社会公平的重大政策。目前，农村还有2000多万人尚未脱贫，这部分人口分布比较分散，大部分是因为自然环境恶劣或劳动能力较低，国家将通过实行低保政策，保证他们的基本生活需要。要加强扶贫工作的针对性和有效性，增强其自我发展能力。城镇低收入者大部分是农民工和工作稳定性较差的从业人员。要通过逐步提高最低工资标准，增加他们的收入。根本的解决办法是通过加强技术和职业培训，提高劳动者的素质和技能，努力使部分低收入者成为中等收入者，尽可能减少低收入者的比重。

四是整顿分配秩序，加大调节力度，逐步扭转收入分配差距扩大趋势。建立体现社会公平的收入分配制度，必须按照党的十七大报告的要求：“保护合法收入，调节过高收入，取缔非法收入。扩大转移支付、强化税收调节，打破经营垄断，创造机会公平，整顿分配秩序，逐步扭转收入分配差距扩大趋势。”要建立收入分配的阳光政策，使合法的收入得到保护，非法收入得到禁止，使每个人每个渠道的收入都能置于税收部门的监督之下。要加快推进电子货币工程，尽可能减少现金支付，加快有关收入透明化的立法，堵塞不合理收入的漏洞。要加快垄断行业改革，促进机会公平。

四、加快建立覆盖城乡居民的社会保障体系

社会保障是社会安全网。完善社会保障体系将成为今后一个时期发展公共服务的重点。《报告》提出了社保体系的总体框架，即以社会保险、社会救助、社会福利为基础，以基本养老、基本医疗、最低生活保障制度为重点，以慈善事业、商业保险为补充，加快完善社会保障体系。在养老保险制度建设方面，重点是促进企业、机关、事业单位养老保险制度改革，采取多种方式充实养老基金，提高统筹层次，同时探索建立农村养老保险制度。在医疗保障制度建设方面，要推进城镇职工、城镇居民的基本医疗保险，提高农村合作医疗覆盖面。城乡居民最低生活保障制度已经建立起来，全国城市和农村各有2000多万人已享受到低保，要逐步提高保障水平。完善失业、工伤、生育保险制度。要解决好城镇低收入家庭住房困难，健全廉租住房制度，稳定城市住房价格。

五、深化医疗卫生体制改革

现行医疗卫生体制存在的主要问题：一是公立医院的公益性质淡化，二是药品流通秩序混乱，三是医疗保险覆盖面窄。《报告》提出了医疗卫生体制改革方案框架，包括建立四个体系，即覆盖城乡居民的公共卫生服务体系、医疗服务体系、医疗保障体系和药品供应保障体系。改革的方向是，坚持公共医疗卫生的公益性质，在加大政府投入的同时，鼓励社会资金进入。坚持“三个原则、四个分开”，即：预防为主、以农村为重点、中西医并重，实行政事、管办、医药、营利性和非营利性分开。重点加强农村三级卫生服务网络和城市社区卫生服务体系建设。深化公立医院改革，大医院与社区卫生组织双向转诊。建立国家基本药物制度，保证群众基本用药，为群众提供安全、有效、方便、价廉的医疗卫生服务。

六、把社会管理的各项任务落实到基层

加强社会管理，维护社会安定，是构建社会主义和谐社会的重要任务。应当看到，社会管理在过去较长的时期内都是一个薄弱环节。随着改革的深化，许多社会管理的职能应由原来的单位承担转到社区承担。加强社区建设成为加强社会管理的重要内容。多年来已出现一批模范社区和从事社区管理的模范人物，如武汉百步庭小区，长春市长期从事社区服务的谭竹青同志等，他们已经做出了表率。要健全党委领导、政府负责、社会协同、公众参与的社会管理格局，重视社会组织建设和管理，加强社会治安综合治理，形成社会和谐人人有责、和谐社会人人共享的生动局面。

提高居民消费率、降低投资率是当前宏观调控面临的一项重大任务。针对上述原因，在近期和长期的发展政策上，应当研究和采取以下措施：

第一，调整收入分配结构，着力提高中低收入者特别是农民的收入。近 4 年来，随着中央连续 4 个“一号文件”的贯彻落实，解决“三农”问题的力度加大，农民收入增长速度明显加快，2003 年到 2006 年分别增长 4.2%、6.8%、6.2% 和 7.4%，同期城镇居民人均收入分别增长 9.0%、7.7%、9.6% 和 10.4%。与城镇居民相比，农民收入的增长速度仍明显偏低。平均起来，4 年间农民收入增速比城镇居民低 3 个百分点，而且由于城乡居民收入基数相差 3 倍多，农民收入增长 3.3 个百分点的绝对量才相当于城镇居民增长 1 个百分点。尽管已采取了很多措施，努力遏制城乡居民收入差距扩大的趋势，但近期内改变这一趋势的难度仍较大。因此，要把增加农民收入作为社会主义新农村建设的主要目标，作为关系

经济全局的大事，作为中国共产党代表最大多数人利益的实际行动，切实抓紧抓好。农民收入的较快增长必然带来农村市场的活跃，对消化过剩的工业生产能力、拉动城市经济发展必将起到举足轻重的作用。同时，要调整收入分配结构，着力增加低收入者收入，扩大中等收入者比重，调节过高收入，提高中低收入者的支付能力。这是提高消费率的根本举措。

第二，扩大消费领域，促进消费结构升级。2005 年，城镇居民消费的恩格尔系数已降为 36.7%，用于改善住、行条件和医疗、教育、通信、休闲等服务性的支出已占消费支出的 60% 以上。农村居民消费的恩格尔系数也降为 45.5%，城乡居民消费都在向享受型、发展型转变。宏观经济政策要有利于推动这种转变。要通过适时修改税收、价格等政策，调整财政支出结构，积极培育新的消费热点。要把加强社区服务作为扩大消费的重点之一，既满足居民多层次多方面的消费需求，又为扩大城镇就业提供条件。实践证明，社区服务发展比较好的地方，其吸纳的就业人数可达到社区全部从业人员的 60% 以上。

第三，扩大消费信贷，完善社会保障体系。我国消费信贷发展很快，目前，已占银行信贷余额的 15%~20%。根据发达经济国家的经验，消费信贷的比重可提高到 30% 左右。因此，我国消费信贷还有发展的潜力。为了解决银行因消费信贷增加造成资金流动性降低的问题，应积极进行住宅贷款证券化试点，以分散银行消费信贷风险。为了解除居民消费的后顾之忧，应逐步增加财政对教育、医疗类公用事业的投入，加快医院管理体制、医疗管理体制和医疗保险制度改革，整顿药品市场，降低过高的药品价格，减轻居民个人的教育、医疗负担。扩大养老保险、工伤保险、失业保险的覆盖面。积极解决农民工保险账户可流动问题。

第四，调整投资结构，改善消费环境。要围绕消费结构升级的要求，调整投资结构，注重增加能够改善消费环境、有利于扩大新的消费热点方面的投资。如我国居民目前消费结构中，用于住房、交通、通信等方面的比重偏低，具有很大的发展潜力。要针对影响消费扩大的主要问题，采取有效对策，努力改善消费的硬环境和软环境。要按照轿车进入家庭的要求重新规划市区与郊区布局，把道路、停车场建设纳入城市建设总体规划，取消各种限制轿车消费的不合理规定。要健全住宅市场体系，严格控制住房价格，扩大住宅市场交易规模。加快新一代互联网基础设施建设。大力提高农村自来水普及率，完善电网和交通体系。为扩大居民住、行、信息通信方面的消费创造良好的条件。

第五，整顿市场秩序，保护消费者权益。良好的市场环境和商品服务质量，是扩大消费的前提条件。要继续打击假冒伪劣商品，确保食品、药品质量安全，防止价格欺诈行为，使人民能放心大胆地消费。要推广商品质量标识制度和电子标签，实施原产地或可追溯原则。凡是在市场出售的商品，通过商标或电子标签，可迅速查明该商品的主要信息，以便于消费者的监督。要倡导建立诚实守信的商业道德，形成统一公平、竞争、有序的市场体系。第六，合理引导消费预期，倡导健康文明的消费方式。我国经济长期保持快速、健康发展的势头，使广大消费者对未来充满了信心。这是建立良好的市场预期的重要前提。要通过良好的市场预期促进消费市场的稳步均衡发展，避免出现排浪式消费和市场的大幅度波动。要通过对市场各类商品供求态势的分析预测和大众媒体的正确引导，使广大消费者养成良好的消费习惯，鼓励节约型消费、无害型消费、文明型消费，避免炫耀型消费、跟风型消费、奢侈型消费。大力推广节能住宅、节能汽车和无污染产品，促进资源的循环利用，提高消费的经济效益和社会效益。要使消费的扩大能有力地促进广大人民的身心健康、智力开发和社会和谐，使消费者在改善生活质量的同时，自身的素质也能得到全面提高。

民以食为天

实现小康水平的粮食问题①

——从粮食生产的波折得到的启示

党的十一届三中全会以来，我国粮食生产持续、稳定、大幅度增长，连续登上了7000亿斤和8000亿斤两个台阶。1984年粮食总产量达到8146亿斤，比1978年增加2051亿斤，6年平均增长342亿斤。这是前所未有的。1985年，粮食生产出现了比较严重的滑坡，总产量比1984年减少564亿斤。预计1986年比上年增产240亿斤，但仍比1984年的产量低300多亿斤。

粮食生产上的这一波折引起了人们的关注，也出现了各种不同的议论。有的把它看作是调整农村产业结构的必然结果，属于正常现象，不必大惊小怪。有人则认为，由生产责任制刺激下的粮食高速增产期已经结束，接下来将是一个徘徊时期。我们认为，这两种议论虽然都有一定道理，但都难称得上全面。正确评价当前的波折，预见它的未来，还要做深入的分析。更为重要的是，我们应当从这一波折中，吸取经验教训，保持清醒头脑，采取得力措施，促使我国粮食生产稳步增长，避免再出现大的波动。

1979—1984年粮食生产所以能持续增长，其主要原因，一是农村普遍实行了家庭联产承包责任制，又一次解放了农村生产力；二是大幅度提高了粮食收购价格，进一步调动了农民种粮的积极性；三是过去20多年的农田基本建设改善了农业生产的基础条件，一大批水利设施和旱涝保收田发挥了作用；四是化肥投入的成倍增长，优良品种的推广，耕作制度的改进以及一系列科技成果的应用，效益显著；五是从1979—1982年，国家逐年增加了粮食进口，减轻了农民负担，使农民得以休养生息，迅速恢复了生产能力。

在连续几年粮食大丰收之后，一些潜在的不利因素开始显露出来并发挥作用，原有的一些政策措施对粮食增产的刺激作用也相对减弱。特别是1984年出现的“卖粮难”，给了人们一个假象。本来，这是由于粮食转化能力、流通体制和仓储设施等不适应粮食陡然增产所造成的一种局部的、暂时的现象，而有的同

① 本文原载于《经济研究参考资料》1986年第25期，与拱桥合写。

志却由此对粮食过于乐观，以为我国粮食问题已基本过关。由于在农村产业结构调整和粮食统购统销改为合同定购过程中宣传指导不力，也给了农民一个错误信息，以为国家粮食过多了，可以少种甚至不种粮食了。结果仅 1985 年一年就减少粮食播种面积 6000 万亩，少收粮食 280 亿斤，占全年粮食减产量的一半左右。我们认为，认识上的这种盲目性导致主观上放松了粮食生产，这正是造成粮食产量下降的主要原因。

由于 1985 年粮食减产幅度大和 1986 年生产回升慢，已使得粮食市场价格不断上涨，居高不下。它直接影响了国家粮食合同定购任务的完成，长此下去将影响整个国民经济的发展和人民生活的改善。因此，应当引起我们的高度重视，尽快扭转这种不利的局面。当然，我们并非认为再出现一个徘徊时期是不可避免的。粮食生产在经历了一个高速发展阶段后转入相对稳定的增长阶段，是完全可能的，是符合经济发展规律的。对粮食生产的前途持悲观态度是没有根据的，也是不可取的。

从粮食生产的波折中，我们可以得到一些有益的启示：粮食作为国民经济“基础的基础”，直接关系到 10 亿人民最基本的生活需要，我们切不可在思想上掉以轻心；必须对我国今后的粮食形势有一个清醒的认识和正确的估计，以此作为我们制订计划和政策的基本出发点；在粮食问题上的决策要慎之又慎，尽力避免出现大的波动。粮食生产下来容易上去难，一旦出现曲折，往往需要三五年才能扭转过来。

回顾过去几年来的经验，使我们看到，如果没有 1979 年以来粮食生产的持续稳定增长，是不可能带来这些年国民经济蓬勃发展和市场繁荣的喜人景象的。今后，我们要在“七五”期间以及整个 90 年代保持国民经济发展的大好局面，必须把粮食生产作为国民经济的重要支柱坚持不懈地抓下去，促进粮食生产继续稳步增长，努力攀上新的台阶。

二、实现小康水平对粮食的需求

根据人的正常消费需要和国际上的经验，一般说来，一个国家人均粮食消费量一年在 500~800 斤时，才能基本维持生活需要，处于粮食消费的“温饱阶段”；人均粮食年消费量达到 800~1200 斤时，才有可能改善食物构成，进入粮食消费的“小康阶段”；人均粮食年消费量达到 1200~2000 斤时，才能充分满足对粮食消费的需要，进入粮食消费的“享受阶段”；只有当人均粮食年消费量超过 2000 斤时，才有可能出现粮食消费过剩，达到“饱和阶段”。

用这个标准来衡量，我国目前的粮食消费状况尚处于较低的水平。1984 年我国人均粮食占有量为 791 斤，是历史最高水平，但仍略低于当时世界平均水平，刚刚接近“小康阶段”。可见，在今后相当长的一段时间内，我国的粮食供应都不可能很宽裕。

下面，我们分别从三个不同的方面来测算一下我国 1990 年和 2000 年的粮食需求量。

1. 从实现购买力上测算

1980 年我国国民收入为 3688 亿元，到 2000 年按略低于工农业总产值递增 7.2% 的增长速度 6.3% 计算，可达 12500 亿元（按 1980 年不变价格，下同）。消费率假定为 72%，则消费基金为 9000 亿元。扣除 10% 的社会消费额，居民消费基金为 8100 亿元。若当时人口控制在 12 亿以内，人均年消费水平可达 675 元，每月为 56.3 元，比 1980 年提高近两倍。

根据 1983 年城市职工家庭抽样调查资料，人均月生活费收入在 60 元左右的家庭，用于购买食品的支出占整个生活费支出的 57%，其中副食品支出占整个生活费支出的 33%。如果到 2000 年全国人均消费接近这一水平的话，其消费结构亦大体如此。这样，2000 年全国平均每个居民用于购买食品的支出应为 385 元，其中用于副食品支出为 223 元。在副食品支出中，平均每人用于购买肉、禽、蛋、鱼的支出为 167 元（按 75% 计算），需要购买肉、禽、蛋、鱼 84 斤。根据 4∶1 粮食综合转化比计算，大约需要消耗饲料粮 336 斤（原粮）。加上人均口粮 535 斤（折合贸易粮为 428 斤），两项合计，一年人均直接和间接消耗粮食达 871 斤。另外，工业用粮、种子、损耗、增加储备等一年还大约需要 1050 亿斤，总共粮食的年需求量为 11500 亿斤。

如果当年粮食产量为 10000 亿斤，则全年还有 350 亿元需要购买肉、禽、蛋、鱼的购买力无货可供。如果当年粮食产量只能达到 9600 亿斤，全年将会有 750 亿元的肉、禽、蛋、鱼的购买力无法最终实现。

2. 从改善食物构成的目标上测算

20 世纪末我国人民要达到小康生活水平，食物构成的改善和质量的提高，应当是一个重要标志。就是说，供给人们的食物，不仅在热量方面，而且在脂肪、蛋白质等人体需要的多种营养元素方面，都应满足人们健康的需要。中国医学科学院营养专家的研究结果表明，根据我国人民的饮食习惯，每人每日摄取的食物能够提供热量 2400 千卡，蛋白质 75 克、脂肪 60 克较为适宜。1982 年全国第二次营养调查表明，城乡人均日摄取食物的热能为 2484 千卡，蛋白质 66.7 克，脂肪 49.4 克。热量已能满足要求，但蛋白质、脂肪不足，特别是在蛋白质中，动物性蛋白更为不足。而动物性蛋白中含有大量人体需要的赖氨酸、色氨酸等各种氨基酸，是各类蛋白所无法提供的。由于动物性食品较少，还造成铁、钙等矿物质和维生素 B2 等营养元素供应量不足。所以，改善我国人民的食物构成，适当增加肉、禽、奶、蛋、鱼的比重，应当作为我们提高生活水平的一个基本方向。营养学家设计了我国人民到 2000 年比较理想的食物构成（见表 1）：

表 1　我国人民到 2000 年比较理想的食物构成

单位：斤 / 人

	粮食	薯类	干豆	植物油	食糖	肉类	鱼类	蛋白	奶	蔬菜	水果
年需要量	264	72	36	12	12	60	18	24	60	240	40
月需要量	22	3	3	1	1	5	1.5	2	5	20	3.3

在上述构成中，肉、鱼、蛋、奶合计每年需要量为 162 斤，生产这些动物性食品，需饲料粮 648 斤，加上直接口粮 264 斤，折原粮 330 斤，每年共需要消费粮食 978 斤。再加上工业用粮、种子、损耗和增加储备粮等，全年粮食总需求量应为 12750 亿斤。

上述两种测算结果，到 2000 年实际上都是难以达到的，它说明我国粮食生产同需求的矛盾将长期存在。

3. 从“七五”计划居民实际消费水平的增长目标上测算

“七五”计划确定，1990 年全国居民人均实际消费水平要比 1985 年增长 25% 左右，新增的消费能力必然突出地反映在对肉、鱼、蛋、奶的需求上。“六五”期间人均消费水平提高 52.3%，粮食总消费量增长 24.3%，基本保持了粮食市场和副食品供应的稳定。按照这一对应关系计算，“七五”期间粮食需求量大约增长 12%，1990 年粮食总需求量达 9082 亿斤。低于这个供应量，粮食市场和副食品供应就有可能出现紧张局面，“七五”期间居民实际消费水平提高 25% 的目标也将缺少可靠的物质保证。况且，1984 年我国人均粮食占有量已经达到 791 斤。如果 1990 年人口控制在 11.13 亿以内，粮食总产量达到 9000 亿斤，人均占有量也不过 809 斤，仅比 1984 年增加 18 斤，相当于每人增加 4 斤猪肉的供应量，增长幅度有限。而如果粮食产量只达到 8500 亿斤，则人均占有粮食就仅有 764 斤，比 1984 年还少 27 斤。可见，“七五”计划规定的 1990 年粮食产量的上限指标 9000 亿斤，应当力争实现甚至超过，否则，人均粮食消费水平就非但不能增长，反而要下降，除非是重新大量进口粮食。

三、粮食增产的可能与困难

到 20 世纪末使我国粮食产量达到 9600 亿斤至 10000 亿斤，并非是不切实际的幻想。我国粮食增产的潜力还是比较大的，经过努力，有可能实现上述目标。

这些潜力主要表现在：目前我国中、低产田占耕地总面积的69%，每亩粮食产量比高产田少260~630斤。经过多年的努力，我们已经找到了改造中、低产田为高产田的有效措施。据有关部门测算，如果10年内在一些重点地区改造5000万亩中、低产田，每年可增产粮食200亿斤。实践证明，推广农业科学技术，对粮食作物的增产具有显著作用。例如，推广良种可增产20%，采用优化配方施肥可增产40%，推广地膜覆盖技术可增产10%~50%，改进栽培技术可增产10%~20%，推广植保兽医综合防治技术可减轻灾害增产10%~20%。目前这些技术的推广应用还很不够，作用尚未充分发挥出来。如果“七五”期间杂交水稻面积由1985年的1.26亿亩推广到2.2亿亩，每年就可增产粮食100亿斤。另外，加强农田水利基础设施和服务体系的建设，也会进一步挖掘粮食生产的潜力。

但是也应当看到，实现粮食持续稳定增产，达到9600亿斤至10000亿斤的目标，任务很艰巨，难度相当大。当前存在的主要问题是：

1. 耕地面积逐年减少

“六五”期间，全国耕地面积由1980年的14.9亿亩下降到1985年的14.5亿亩，5年共减少4000万亩，平均每年减少800万亩，其中1985年比上年减少1500万亩。人均占有耕地也由1980年的1.52亩下降到1.4亩。今后随着国家建设和农村商品经济的发展，退耕还林、还牧以及农民住房条件的改善，耕地和粮田面积还要减少。据初步测算，到2000年耕地面积还要减少1.5亿亩左右，而我国荒地后备资源有限，宜农荒地只有2亿亩，即使全部开垦出来，也只能净增加耕地1亿亩。因此，耕地资源不足是制约我国粮食生产的一个重要因素。

2. 生产条件趋于恶化

“六五”期间，由于对农业的投入（包括基本建设投资、物质投入和劳动投入）减少，农田基本建设基本停滞，粮食生产后劲不足。

一是水利设施老化、失修，有效灌溉面积减少，抗御自然灾害能力减弱。这些年，新建农田水利设施很少，大量原有的设施年久失修，甚至遭到人为破坏。据初步统计，全国现有水利设施有一半左右不能正常发挥作用。20世纪50年代到70年代，全国有效灌溉面积每年增加1500万亩，而1985年比1980年却减少了1300万亩。“六五”期间全国自然灾害的成灾面积占受灾面积的比重，也由1981年的47%上升到1985年的51%，部分地区发生与过去年份类似的灾害，所造成的损失越来越大。

二是土壤肥力下降，土质恶化的状况尚未改变。近几年化肥的施用是增加的，但是，绿肥种植面积大幅度下降，农家肥也大大减少，因而造成土壤条件不断恶化。据最近完成的全国土壤类型和肥力状况普查的1400多个县的统计，目前有 59.1% 的耕地缺磷，22.9% 的耕地缺钾，13.8% 的耕地磷、钾均缺。另外，普查结果还表明，目前有 30% 的耕地水土流失，相当数量的耕地沙化、盐碱化，土壤有机质含量偏低的现象更为普遍。

三是机耕面积和机耕率下降，农机工业不适应农业发展的需要。这几年全国农用机械的总动力是增加的，但机耕面积却由 1980 年的 6.15 亿亩下降到 1985 年的 5.17 亿亩，机耕率由 41.3% 下降到 35.6%，原有的和新增的拖拉机很多用于跑运输了。目前我国农机工业普遍存在着质次价高，货不对路，品种不全，以及机具、零部件和服务维修不配套等问题，远不能满足农业生产发展的需要，同时也严重影响着我国农业机械化的进程。

3. 农民种粮的积极性不高

目前影响农民种粮积极性的主要原因是，这几年农村经济搞活以及除粮、棉、油以外的农产品价格放开后，从事工副业和种植经济作物的收入颇高，而粮食收购价格偏低，粮农收入减少，比较利益下降，因此生产粮食的兴趣和精力向其他生产领域转移。另外，近年化肥、农药、柴油和中小农具等农用生产资料涨价幅度较大，造成粮食生产成本上升，投入产出效益下降，也是影响粮农积极性的重要原因。实行粮食合同定购以后，由于粮食收购价与市场价价差较大，国家与粮食挂钩供应的平价物资又往往不能及时兑现，以致农民不愿意交售合同定购粮。地方基层干部为了完成国家任务，不得不采取强制的办法，从而进一步挫伤了农民生产粮食的积极性。

4. 农业科学技术普及程度低

目前我国农村科学技术推广不力，应用水平比较低。一是机构不健全。不少地方原有的四级科技推广体系遭到了破坏，特别是乡以下的农技推广站，大部分名存实亡，有的已被撤销。二是农业技术人员少。全国平均每万农业人口中只有农业科技专业人员 0.6 人，每 7000 亩耕地才有农业专业人员 1 人。三是农民的文化素质差。据统计，全国 36.6% 的农民是文盲和半文盲，40% 的农民只有小学文化程度。这种状况妨碍了农业科技的推广应用，同实现农业现代化的要求极不适应。

上述这些问题如不采取得力措施予以解决，我国粮食生产的潜力就不可能充分挖掘出来，不仅不能实现粮食的持续稳定增产，甚至连现已达到的粮食产量也难以保住。

四、保证粮食持续稳定增产的对策

促进粮食生产的持续稳定增长，既是农业部门的一项重要工作，又是全国从中央到地方、各行各业的一项共同任务。只有经过全党全国人民的共同努力，克服困难，才能最终实现“七五”计划及到20世纪末确定的奋斗目标。根据当前粮食生产中存在的主要问题，我们认为，在今后一段时期内，应当着重解决以下几个问题。

1. 增加投入，改善农业生产的基础条件

“六五”期间我国农业基础条件恶化，粮食生产后劲不足的一个重要原因是农业投入减少，投资比重下降。“二五”至“五五”时期，农林水气等基建投资占全国基建投资的比重均为11%~12%，而“六五”期间下降到6.2%，其中1985年只有3.4%，达到了历史最低点。1980年以前，水利建设投资中直接用于农业灌溉、排水的比重在2/3以上，“六五”期间降为1/3。同期农业银行和信用社发放的农村贷款直接用于农业贷款的比重，也由上个时期的22.3%下降到5.3%；农民通过劳动积累进行的农田基本建设也大为减少。鉴于这种状况，必须从“七五”期间开始，逐步增加对农业的投入，争取在“七五”期间把农业投资的比重逐渐提高到“五五”时期的水平，从而加强农业基本建设，努力改善农业生产的基础条件。第一，国家要下决心压缩其他方面的固定资产投资，适当增加农业投资。只有这样，才有利于进行农业重点项目的建设，同时才能调动地方和农民的积极性，带动他们共同增加投入。吸取过去投资的经验教训，国家投资不能“撒胡椒面”，应重点放在大江大河的治理、商品粮基地和教育科技基础设施的建设，以及增产潜力大的中、低产田的改造上。国家投资要管好用好，特别要注意搞好规划，建立投资责任制，提高投资效益。第二，地方财力，包括省、县、乡各级财力，都应把农业列为重点投资部门，优先予以保证。今后地方财力应逐步成为农业投资的主要来源，重点用于水利工程和基础设施的配套、中小型项目的建设、农业科技的推广应用以及乡镇企业的建设等。第三，银行应逐步增加对农业的贷款额及其比重，并有选择、有重点地搞一部分低息或无息贷款，支持农业，特别是粮食生产的发展。为了提高农业投资效益，银行贷款应当成为今后农业投资的主要形式。第四，制定优惠政策，鼓励集体和农户自身增加积累，自愿向农业投入。有条件的地方应从乡镇企业、多种经营和经济作物收入中拿出一部分用于对粮食的投入，实行以工补粮、以多种经营补粮和以经济作物补粮的办法。对农林特产收入新开征的农业税，也应主要用于农业的投入。对集中起来的资金，可以试行建立乡、村级的“农业发展基金”，实行专款专用，有偿使用。另外，我国农村有着雄厚的劳动力优势，利用农闲季节，可以使他们有组织地开展农田基本建设，改善农业生产的基础条件。

2. 巩固和扩大商品粮基地，逐步实现区域性粮食自给

1983—1985年，国家与地方联合投资59亿元，建设了60个商品粮基地县，

主要用于当前粮食生产最薄弱、最急需的农业技术推广体系、良种繁育基地以及小型农田水利配套设施的建设上。从已经基本建成的50个县来看，这些基本建设项目对促进粮食生产和增加粮食生产后劲，起了显著的作用。50个县三年累计粮食产量比未建基地县时（1980—1982年）增长33.5%，比全国同期17.7%的增长幅度高15.8个百分点；粮食亩产提高120斤，比全国同期增长数高38斤；三年累计交售商品粮比前三年增长近一倍；粮食商品率由28%提高到40%，比全国同期高20个百分点，人均贡献粮食将近翻了一番。

“七五”期间，应当积极推广这个成功经验，有计划、有步骤地扩大商品粮基地县的建设。在工作中要注意这样几个问题。一要集中财力、物力，分期分批进行。首先选择那些自然条件适宜、交通运输方便、投资少见效快、增产潜力大的地区先建设，由易到难，避免一哄而上，一下把摊子铺得太大。于要根据自然条件和种植习惯，实行不同粮食品种的区域化生产。除了现有的以生产小麦、水稻、大豆和玉米等为主的商品粮基地外，还应选建一批优良品质的商品粮基地，以及杂粮基地，啤酒大麦基地，粮畜、粮糖、粮棉、糖油结合的基地和出口商品粮基地等。二要考虑基地建设的合理布局。我国地域辽阔，交通运输不发达，如粮食基地过于集中，靠远途大调大运解决全国粮食供需平衡是相当困难的。因此，选建商品粮基地必须注意粮食集中产区和一般产区相结合，特别要扶持缺粮地区建设一批商品粮基地，提高粮食的自给水平。除京、津、沪三大城市和个别省份外，其他省区都应逐步达到粮食自给，或通过建立稳定的地区协作关系，实现区域性的粮食供需平衡。当然，正常的品种调剂还是必要的。三要在资金投向上因地制宜。国家建设商品粮基地的专项资金，应重点加强影响本地粮食生产的薄弱环节，不宜平均分配使用；应着眼于长期发挥效益的项目，不能只顾眼前得利。对每项投资都要进行技术经济论证，层层建立责任制，保证投资取得最佳经济效益。

对现有的商品粮基地县，国家近期虽不能再大量投资，但在资金、物资、技术和信息服务等方面还要给予必要的扶持，使之不断巩固和发展。特别是在目前粮价偏低的情况下，应适当给予一些优惠政策和措施，以调动粮食产区生产、交售和调出商品粮的积极性。

3. 加强农业科技成果的推广应用，使成熟的技术在大面积上尽快取得效益

我国粮食增产的最大潜力在于推广应用科学技术。在一些经济发达国家，农业生产和劳动生产率的提高，80%是靠科学技术。据中国农科院测算，“六五”期间我国农业科学技术对农业增产的作用，已达30%~40%。提高整个农业的科学技术水平，除了继续抓好科学研究和科学试验外，目前关键的一项工作是如何把已经被实践证明为成熟有效的技术普遍推广开来，使之在大面积上收到效果。

经过专家们的筛选鉴定，包括良种选育、优化配方施肥、地膜覆盖、栽培技术、植保兽医综合防治等十项技术，对粮食增产具有显著作用，当前亟待推广。由于现在农业的基本生产单位是几亿农户，他们不仅居住分散，而且文化水平低，因此，要把这些生产技术真正交到农民手中，任务浩繁。必须恢复和健全县、乡、村三级农业科技推广体系，加强从科技成果到实际应用中间环节的建设。每个县都应逐步建立起设施完备、专业齐全的农技推广中心，都应有一批基层技术推广站和一支强大的科技推广队伍。目前在各地农村，都有一大批历年的高、初中毕业生，尚未能很好地发挥作用。如果对他们有组织地加以适当的技术培训，很快就能使他们成为农村科技推广中的骨干。最近几年，有的地区开始注意了这方面的工作，收到了很好的效果。推广农业技术，要有得力的组织领导和周到细致的服务工作，需要各个部门协作配合。推广农业技术，必须保证所需的专用物资的配套供应。

4. 加强农用工业建设，满足农业发展要求

农用工业是粮食增产的重要支柱，也是农业实现现代化的物质基础。目前农用工业大大落后于农业发展需要的状况亟待改变。

据有关部门计算，全国粮食产量每增加 1 亿斤，需要增加化肥 2 万吨，生产 9000 亿斤粮食需要化肥 1.1 亿吨。这就要求化肥年施用量 1990 年比 1985 年增长 70% 左右，而“七五”计划规定化肥工业仅增产 22.1%，差距很大。为了缓解化肥供应的紧张状况，除了保证必要的化肥进口外，还必须花大气力，继续把我国自己的化肥工业搞上去。目前化肥工业存在的主要问题，一是产量和品种不能满足需要；二是现有生产能力因能源不足不能充分发挥出来；三是氮磷钾比例不协调，磷肥偏少，钾肥更少；四是小化肥经济效益差，面临困境。为此，国家首先要增加投资，建设一批大化肥厂，主要是氮磷钾复合肥厂。每省至少都应建有一处这样的大化肥厂。其次，要优先保证油、煤、气资源的供应，充分发挥现有大、中型化肥企业的生产能力。

目前农村经济的发展，对农机工业提出了新的要求。在农村经济比较发达的地区，对农机的需要正在由小型为主向中型化方向发展，从主要生产环节的机械化向全过程机械化方向发展，农机作业量已由 1979 年以来的下降转为逐步上升。大部分农村则对适用于家庭使用的小型多用途机械的需要量与日俱增。为了满足农村经济发展的要求，已经到了必须重新重视农机工业的时候了。农机行业应当努力生产适销对路、品种齐全、机具配套、质高价廉的产品，特别要针对农村需要，狠抓机播和机收这两个薄弱环节，狠抓大中小型农机具的配套。这是提高生产全过程机械化水平和农机具利用率的关键。发展农机工业，需要解决农机行业利润率低的问题。目前农机行业产值利润率仅为 7%，农具厂只有 4%，大大低

于一般机械工业的平均利润率。很多企业由于低利、无利，甚至亏损而转产。因此，应当适当调整并理顺农机产品的价格，使农机行业能够达到一般机械行业的平均利润。在不具备调价的条件下，国家也可以从原材料的供应和价格、税收、信贷等方面，给予一些优惠政策，如采取补贴、低税或免税、低息或无息贷款等措施。

农药、农用塑料制品等化工产品，随着农业的发展，需要量也必然越来越大。因此，对这些行业也要给予积极扶持，保证农业投入的后备资源。

5. 不断提高粮农的收益，调动农民种粮的积极性

帮助粮农开拓致富的道路，以调动农民种粮的积极性，是保证粮食持续稳定增产的关键。目前粮食收购价格偏低，是影响粮农收益和种粮积极性的主要原因。因此，在国家财力允许的情况下适当提高一些粮食收购价格，是必要的。但是，单纯依靠提高粮价来刺激农民种粮的热情，并非上策。目前国家财力有限，不可能大幅度提高粮价；消费者也难以承受由此而带来的物价上涨的连锁反应。同时，对那些经济比较发达的地区来说，即使把目前的粮价提高一倍，也不可能改变种粮收益低于其他行业的状况。更重要的是从根本上说，目前我国农民收入少的原因，并不在于粮食价格低，而在于劳动生产率低。我国农村劳动力有 3.7 亿人，其中务农劳动力 2.6 亿人，每个劳动力占有耕地只有 5 亩多。正是由于劳力多耕地少，大量剩余劳动时间没有得到充分利用，才造成我国农业劳动生产率低下和农民收入微薄。在这种条件下，即使把粮价提得再高，也不可能使农民彻底摆脱贫困，达到增收致富的目的。

基于上述原因，我们认为，提高粮农收益的根本出路，不在于简单地提高粮价，而在于帮助农民广开生产门路，充分利用剩余劳动时间，提高农业劳动生产率。我们在调查中看到这样两种比较成功的形式：

第一，湖南省常德地区近几年出现了一批实行“种、养、加”相结合的家庭农场。他们在完成国家粮食定购任务以后，把余粮主要用来发展家庭养殖业和饲料加工业，实现粮食的转化增值。这种“种、养、加”结合的形式，既有利于农民收入的提高，又有利于积肥还田，提高地力，很受农民欢迎。

第二，江苏省常熟县元和村，集体的乡镇企业比较发达，吸收了大多数农村劳动力，全村 512 亩耕地分为三个农场，由 19 名妇女承包，村里统一安排耕种、灌溉、植保、收运等专业服务，从而实现了粮食生产的规模经营。1985 年这 19 名妇女平均每人生产粮食 27300 斤，创造产值 4600 元，扣除生产成本和上交公共积累后，每人净收入 1250 元，劳动生产率超过乡镇企业职工的 20%，收到了明显的规模效益。类似这样的例子，在一些经济比较发达的地区已非少见，它展示了我国农村经济向社会化、专业化、现代化发展的光明前景。当然，实现这种

高层次的规模经营，是有条件的，需要有一个发展过程。

除此之外，许多地方根据本地资源条件，在种粮的同时，或兼种经济作物，或发展家庭手工业等其他生产经营项目，都使农村剩余劳动时间得到了充分利用，提高了整个农业劳动生产率和综合经济效益，加快了粮农致富的步伐。

6. 完善粮食购销制度，逐步稳妥地实现粮食商品化

实现粮食商品化，是粮食流通体制改革的目标。但是，尽管从 1985 年开始实行了粮食合同定购制，以代替过去长期实行的国家统购统销制，要真正按照价值规律办事，实行粮食完全商品化，目前的条件却还不具备。因为现行粮食收购价格与其他已放开的农产品价格的关系还未理顺，与市场粮价相比也属偏低，这种状况短时期难以根本改变。另外，目前及今后相当长一段时期，我国粮食并不充裕，供需矛盾仍然很紧张。在这种情况下完全放开粮价，必然给社会经济生活，甚至社会安定带来不利的影响。因此，目前只能把粮食作为一种特殊的商品看待，粮食购销制度必须适应这一特殊商品发展的要求。

从实际情况出发，现阶段实行的粮食合同定购制，还不可能完全建立在等价交换和平等互利的基础上，而必须具有国家任务的性质，以保证国家能够收到必要的粮食，满足最基本的消费需要。完成国家粮食定购任务，仍然是农民对国家应尽的义务和贡献。当然，合同定购制可以是比较灵活的，每年可根据粮食生产和减少统销的情况，适当减少一些国家定购任务，扩大一点市场议购的比重；可根据国家财力的可能，对定购的粮食适当提一些价，使之更接近于市场价格；可根据农用生产资料的资源情况，与粮食定购数量挂钩，适当多供应一些优质平价的化肥、农药、柴油等。

总之，粮食生产同粮食的商品化是互相制约的。正是由于粮食生产水平低，才决定了不得不用限制粮食商品化的行政手段来保证人民的基本生活需要；而只有提高粮食商品化的程度，才有利于搞活生产和流通，刺激粮食生产的发展。在现阶段，片面强调哪一面恐怕都是不行的。可供选择的方案应当是，在保证人民对粮食基本需要的前提下，尽可能提高粮食商品化的程度，逐步创造条件，稳妥地使粮食由特殊商品真正变为一般商品。

7. 加强土地管理，保护耕地资源

土地是粮食生产最基本的生产资料，加强对土地的管理，应是今后保证粮食生产稳定增长的一条重要方针。加强土地管理，主要包括三个方面的内容：

（1）加强耕地面积的管理。主要是保护耕地资源，制止乱占滥用，稳定粮食耕地面积。目前国家已经发布了有关土地管理法和制止滥占耕地的法规，但这一问题并未完全解决。各地还需认真贯彻实施，并尽快制定与之配套的地方管理法规，作为统一管理土地的依据。还要健全和强化统一的土地管理机构，赋予各

省、县、乡、村级的土地管理机构在土地权属管理、地契管理、土地征用和土地资源管理以及土地评查、地方评估等方面的权力。近年来城市近郊由于地价较高，出现了一些地方愿意卖地而不愿种地的反常现象。对此应采取一些有效的管理办法，严格控制城郊乱占耕地。各级政府要采取多种形式，广泛宣传土地法规和珍惜土地的意义，使之深入人心、家喻户晓。还要认真做好非农业用地的检查、清理工作，对违法占地事件要及时做出严肃处理。

（2）加强土壤肥力的管理。应当积极鼓励农民增加对土地的投入。在增加化肥施用量的同时，积极增施有机肥，大力发展绿肥作物和积造农家肥。鼓励农民改良土壤，建设稳产高产田。近两年一些县开展了评选爱地先进单位和爱地模范户活动，制定地力升降奖罚制度，定期进行地力评估，表彰、奖励那些舍得向土地投入，对增加地力做出贡献的人。这种办法收效很好，应当推广，并坚持下去。

（3）加强土地转包的管理。今后几十年内，将是我国农业劳动力大批向非农业领域转移的时期，适应这一历史发展的必然趋势，承包土地的适当调整和集中，也自然要提到议事日程上来。现行土地承包期 15 年不变的政策，对于稳定农民思想，鼓励农民向土地投入有积极作用，但不应机械地理解为 15 年不发生任何变化。近几年有不少地方适应生产需要，对承包土地作了适当调整，并未影响农民对土地投入的积极性。目前很多地方土地的划分过于零碎分散，不宜发挥规模效益。根据本地实际情况，适当地、合理地调整承包土地，使之向种田能手集中，不仅对方便耕作，促进农田基本建设，提高规模效益，解决土地撂荒等问题有利，而且对发展多种经营和工副业，提高农业劳动生产率和商品率，也有推动作用。因此，对土地承包期问题应采取原则掌握，因地制宜的方针，搞好土地的调整和转包工作。首先，要坚持群众自愿原则，不能简单运用行政命令的办法，强迫农民调整土地。土地的合理利用不能靠一次调整成功，应进行多次局部调整，渐次完成。其次，要给予脱离土地的农民以比较稳定的就业门路和口粮保证，解除他们的后顾之忧。这是决定这些农民是否自愿放弃承包土地的关键。在一些经济发达地区，已经创造了不少成功的经验。另外，在土地转包时，还要对原承包者超过一般水平的土地投入给予适当的补偿，以保护农民对土地投入的热情和转包的利益。

要把养殖业作为未来15年我国农业和农村经济的增长点①

农业是国民经济的基础，养殖业是农业和农村经济的重要组成部分。实现“九五”和到2010年我国农业发展目标，必须在农业和农村经济中培育与形成新的增长点。养殖业具有市场前景好、技术易于掌握、加工链比较长、生产适应性强、经济效益高等特点，加快发展养殖业，并使之成为未来15年我国农业和农村经济的增长点，能有效地带动农业、农村经济的发展。

一、加快养殖业发展是未来15年我国农村经济发展中的一项紧迫课题

“九五”期间和到2010年，我国农业和农村经济要在确保粮食生产稳定增长的同时，努力增加农民收入，使7000万贫困人口基本脱贫，满足城乡居民生活质量提高的需求，使全国人民过上小康生活。完成这些任务，必须加快发展养殖业。

第一，发展养殖业是我国农业现代化的基本要求。畜牧业的发展与否是衡量一个国家农业现代化的重要标志，也是国民生活水平高低的基本特征。世界农业发展史表明，从游牧到农耕是人类发展史上的第一次飞跃，而从农耕到集约畜牧业则是第二次飞跃。草地资源的开发和畜牧业的兴起，是当代经济发达国家发展现代农业、提高国民物质生活水平的重要支柱。

20世纪30年代以来，欧洲、北美、大洋洲的许多经济发达国家，都大力发展养殖业，使畜牧业产值在农业总产值中的比重上升到50%~70%，获得了巨大的经济效益和社会效益，从根本上实现了农业和国民吃穿结构升级。养殖业特别是畜牧业增长速度快于种植业是现代农业发展的总趋势。目前养殖业在我国农业

① 本文原载于《研究与建议》1996年第11期，与辛仁周合写。

总产值中的比重只有37.9%，当前和今后一个时期，我国仍处在由传统农业向现代农业的转变之中，农业生产结构将会发生重大变革，养殖业亟待发展。顺应这种客观趋势，大力发展养殖业，将会有效地缩小我国农业与发达国家农业的差距，加快我国农业现代化进程。

第二，发展养殖业是实现居民饮食结构升级的基本要求。发达国家和我国发达地区的经验表明，温饱问题解决后，居民对粮食的直接需求呈下降趋势，而对肉蛋奶禽鱼的需求将持续增加，这是居民饮食结构变化的一种客观趋势。根据中国预防医学科学院营养与食品卫生研究所对我国12个省、自治区、直辖市的调查结果，1990年与1982年相比，我国城乡居民人均谷物消费下降了10.9%，肉类则增加了81.1%，蛋类增加了200%，奶类增加323%，水产品增加97.4%。20世纪90年代以来，城乡居民对肉蛋奶禽鱼需求的年平均增长速度高达5%~6%。目前我国人均消费粮食约15公斤，不仅高于日本的10公斤，更高于欧洲的5公斤多。预计到1995年年底我国将提前实现国民生产总值翻两番的战略任务，未来15年，我国处于从低收入国家向中等收入国家、人民生活由温饱向小康过渡的重要历史时期，人们的膳食结构和营养水平将会发生较大的变化，对肉蛋奶禽鱼的需求将以较快的速度增长。这些都在客观上要求养殖业有一个大的发展。

根据营养学家对我国国民饮食结构的分析，目前我国居民膳食摄取热量达2700卡，已接近中等收入国家的水平，但在结构上大多数来源于植物，动物性蛋白仅占5%。全国有20多个大城市奶类供应不足，尚需依靠联合国粮农组织提供援助。今后一个时期，我国居民摄取的热量中来源于动物的部分将会以较快的速度增长。食物结构的实质是农业生产结构问题，食物结构的改善必然依赖于农业生产结构的调整和变革。适应城乡居民改善消费结构和饮食结构的需要，积极发展养殖业，提高养殖业在农业中的比重，应成为今后15年我国农业发展的一项战略任务。

第三，发展养殖业是我国农民特别是中西部农民脱贫致富的重要途径。我国目前有贫困人口7000万，大都分布在中西部的落后、边远地区。按照国家1991—2000年国民经济和社会发展的奋斗目标和总体规划，到2000年要使7000万贫困人口基本脱贫，全国人民生活要实现小康，农民人均纯收入达到1200元（1990年不变价），要求今后五年农民人均纯收入年均增长率达到7.0%，这对于广大中西部地区来说是非常艰巨的任务。因此可以说，消除贫困主要是使中西部贫困人口脱贫，全国实现小康生活水平的关键是中西部农民实现小康。

在中西部地区，单纯靠发展粮食生产和种植业是难以脱贫致富的，也不可能都像沿海地区那样靠发展加工工业致富。畜牧业是许多中西部地区牧民的立家之业、衣食之本。在长期的生产实践中，这些地区的群众有着经营畜牧业的传统和习惯，具有经营畜牧业的丰富经验，而且对畜牧业凝聚了深厚的感情，他们的衣、食、住、行处处离不开畜牧业，畜牧业成为其赖以生存和发展的物质基础；我国中西部地区还具有发展畜牧业的潜力和条件，尤其是发展畜牧业具有投资少、见效快、效益高、规模可大可小、家家户户都能干的特点；畜牧产品加工链长，畜牧加工业是经济效益较高的部门，畜牧产品经过多次加工将不断增值，在我国畜牧产品经过加工一般可增值3倍，若加工生产的产品中的技术含量较高，可增值10倍以上。发展畜牧业可以使中西部地区扬长避短，克服和弥补农业生产的局限性，能够延长农产品的加工链，有利于农产品的转化增值，是发展高附加值农业的重要内容。近年来，我国一些地区出现了靠发展养殖业致富的典型，如河南周口地区一户养一头牛花钱不用愁，一户养两头牛就成为万元户，养三头牛就成为富裕户。因此，民族地区经济发展、社会进步，中西部地区农民脱贫，在很大程度上将由畜牧业的生产水平决定。加快发展养殖业是我国农民脱贫致富奔小康的一条重要途径。

第四，有利于转移和安置农业剩余劳动力，使劳动力资源丰富的优势转化为经济优势。目前我国农业剩余劳动力约1.2亿人，随着农业生产力水平的提高，一部分农业劳动力将会继续从种植业中分离出来，依靠大中城市是无法吸纳这些劳动力就业的，如何解决农业剩余劳动力的就业问题，关系到整个国民经济和社会发展。发展养殖业具有投资少、见效快、吸纳劳动力多等特点，尤其是在牧区，畜牧业仍然是绝大多数农牧民无可选择的主要就业门路。养殖业联系着工业和整个国民经济，产业关联度高，畜禽产品是十分重要的工业原料，是一些加工业特别是中西部乡镇企业发展的重要基础。积极发展养殖业，不仅能就近就地转移和安置农业剩余劳动力，扩大农业劳动力就业空间，而且能带动农村的第二、三产业发展，使劳动力资源丰富的优势转化为经济优势，促进社会发展。

第五，是实现我国农业向“生态农业”和“可持续农业”转变的必由之路。我国人多地少、工业化水平低，农业现代化不可能走欧美国家机械化和大量使用大化肥的发展道路，而应当根据世界农业发展的趋势，走具有中国特色的“生态农业”和“可持续农业”的发展道路。积极发展养殖业，种草养畜或使大量秸秆“过腹还田”，可以为种植业提供大量有机肥料，促进土壤改良，提高土壤肥力，不断完善农业生态系统结构，实现资源的用、养、保相结合和循环利用，使农业生产与环境保护相协调，防止环境退化，促进农业生产全面持久发展，使我国农业发展成为“生态农业”和“可持续农业”。

第六，发展养殖业能缓解我国一些加工业原料不足的问题，增强出口创汇能力。我国毛纺工业加工能力与原料供应之间存在着很大缺口，每年需进口净毛20万吨，支付外汇10多亿美元。我国目前年需牛皮1000万张，但年产量仅700

万张，只能满足70%；年需羊皮4500万张，年产仅3000万张，仅能满足2/3。据专家预测，到2000年我国毛纺织品的需求将上升75%，毛纺用毛将增加95%，年需牛皮将超过1600万张，羊皮将超过6500万张，供需缺口很大。积极发展养殖业能够缓解我国一些加工原料不足的矛盾，为国家节省外汇。

1994年，我国水产品出口创汇18.2亿美元。我国的皮革制品等畜牧产品在国际市场上具有较强的竞争力。如与我国新疆毗邻的哈萨克斯坦、吉尔吉斯斯坦、乌兹别克斯坦等国，肉类需求量大，很希望从我国新疆进口牛羊肉，中东一些国家也希望从我国进口活羊和羊肉；韩国、日本对马肉需求量很大。山羊绒是我国重要的出口产品，我国山羊绒产量占世界的70%，而且全世界3000多吨一级羊绒基本上是由我国提供的。养殖业如能得到较快的发展，将会成为我国一项重要的出口创汇产业。

二、我国发展养殖业的有利条件

改革开放以来，我国养殖业保持着强劲的发展势头。1979—1988年，肉、蛋、奶和水产品年均递增速度分别达到11.2%、11.5%、15.7%、8.6%。“七五”期间我国肉类总产量年均递增8.2%，1995年我国肉类总产量预计将达到4600万吨左右，与1990年相比增加1743万吨，增长61%，年均增长速度上升到10%，将超额完成计划。1995年水产品产量预计将达到2300万吨左右，比1990年增加1063万吨，增长85.9%，年均递增13.2%，高出“七五”年均递增11.9%的速度，大大高于粮食生产和林业的增长速度。牧业和渔业占农业总产值的比重由1990年的30.0%上升到1994年的37.9%。从养殖业发展所需要的各类资源看，我国拥有支撑和实现养殖业快速发展的各种有利条件。在“九五”期间和到2010年，如果政策措施得当，养殖业仍可保持强劲的发展势头。

第一，我国饲料业发展潜力巨大。饲料是发展养殖业的物质基础。改革开放以来，我国饲料业迅速发展，到20世纪80年代末，我国配（混）合饲料年产量已达3000万吨，初步改变了传统饲料结构和饲养方式。虽然目前我国饲料业存在着产量低、生产方式落后、科技水平低等问题（据有关部门估计，目前我国饲料原料供求缺口每年超过1000万吨）。但从总体上看我国拥有丰富的饲料资源，饲料业发展潜力巨大。据统计，我国每年集中屠宰的畜禽大约有10万吨血粉，如经发酵、酶解、水处理，用作饲料效果很好；我国每年饼（粕）类产量总计将近2000万吨之多；每年利用工业废水就可生产饲用酵母约10万吨；尤其是目前我国农村有各种秸秆6565万吨，而利用率不足20%，80%以上的秸秆或者被烧掉，或者没利用，如果能将青秸秆粉碎添加尿素等转化为饲料，将会更多地成为动物蛋白，这在我国东部地区已有成功的先例。若能将秸秆利用率提高到30%~50%，将会有效地缓解我国养殖业饲料的供求矛盾，有力地支撑养殖业的快速发展。

第二，扩大水域养殖面积仍有很大潜力。我国15米深线以内的浅海和滩涂面积2亿多亩，按现有科技水平，可进行人工养殖面积近4000万亩，到1994年已利用980多万亩，占可养面积的25%。还有近3000万亩没有利用，其中浅海2280万亩，滩涂650万亩，港湾20万亩。随着养殖科技和工程技术水平的提高，可用于养殖的面积还将不断扩大，如有的地方已能在30~40米水深的海域进行养殖。我国内陆水域面积2.6亿亩，可养水面1亿多亩，到1994年已利用6673万亩，占可养面积的66%，尚有1/3共3000多万亩没有利用，其中池塘260万亩，湖泊2100多万亩，水库600多万亩，河沟600万亩。另外，有宜渔涝洼荒地4000万亩。我国有宜渔稻田1亿亩，1994年稻田养鱼面积达1280万亩，尚有7700万亩可推广稻田养鱼。随着我国远洋渔业生产能力的扩大，远洋和外海渔业产量将会持续增加。近年来我国一些地区水产事业取得了显著成绩，1994年青岛市近海养殖业已超过捕捞业，1995年仍在持续增长；苏州市发展人工网箱养鱼，在大水库中搞集约化经营，水产产量显著提高。在各种养殖业的料肉转化中，鱼类转化率是最高的（0.5~1公斤饲料可转化0.5公斤鱼，养猪需2~2.5公斤饲料转化0.5公斤肉，养牛需4~4.5公斤饲料转化0.5公斤肉）。充分利用我国的海域和内陆水面发展水产品养殖业，大有潜力可挖。

第三，草地资源丰富。我国草地面积约60亿亩，居世界第二位，是发展养殖业和保持生态平衡的良好条件。长期以来，由于粗放经营、超载过度放牧等原因，草原普遍退化，生产力明显下降，如北方天然草地生产力下降了30%~50%。目前澳大利亚和新西兰等国平均3亩草地养1只羊，而我国则需17亩。我国南方草地草坡10多亿亩，雨水光照条件好，开发潜力大，只要增加投资加以改良，亩均载畜能够达到澳大利亚和新西兰等国的水平。在北方，一方面要增加投资力度，建立一批人工草地和半人工草地的高产优质高效草料生产基地；另一方面，要转换饲养方式，将目前的放养改为舍养和半舍养，实行划区轮牧，发展围栏草地，实行以草定牧，稳定和控制载畜量，并根据季节变化，冬季压缩放牧头数，减少草地压力，利用夏秋草丰盛优势，生产肥羔和越冬牛肉等牲畜，将能有效地促进畜牧业的发展。

第四，转换饲养方式增加畜牧业产量的潜力巨大。目前我国畜牧业主要分布在农村，且主要依靠几亿农民家庭饲养，规模小，规模饲养的专业户所占比重很小，现代化大中型饲养企业更是凤毛麟角。以养猪业为例，1993年在全国334万各类畜禽饲养专业户中，养猪专业户为92.3万户，占27.6%，专业户饲养猪的年存、出栏分别占全国存、出栏总数的 5.9% 和 7.2%。当前农区猪的生产自食率在 50% 左右，市场上商品猪的 95%~97% 是由这些自食和出售难以分清的农户提供的。目前我国畜牧业所用饲料经过加工的仅占饲料量的 10%，80% 以上的农户家庭是使用自产的粮谷糠草等原粮和农副产品作为畜牧养殖的饲料。这种一家一户以喂原粮为主的、粗放的饲养方式，浪费粮食，与我国地少粮紧的国情不相符，还是造成我国养殖业商品率低、质量低、成本高、总产量难以大幅度提高的重要原因。如新疆维吾尔自治区存栏中平均每头家畜产肉量 1992 年为 26.15 公斤，仅为美国 1986 年的 26%，存栏羊每只平均产毛 2.11 公斤，仅为澳大利亚的 38%。如果转换饲养方式，将一家一户的喂养改为以县或乡为单位的集约化喂养，在有条件的地区推行适度规模经营，创办大型畜牧养殖联合企业，并利用现代科学技术大力发展饲料业，将喂养的原粮改为动物增生剂，可成倍提高饲料利用率，不仅可成倍地提高肉类产量，而且可以提高瘦肉比重。

第五，调整生产结构可有力地促进养殖业发展。调整和优化生产结构是发展养殖业的一条有效途径。1990—1994 年，我国牛羊肉产量年均递增 27%，禽肉产量年均递增 23.7%，大大超过“七五”期间的增长速度。牛、羊、禽及其他肉类产量在肉类总产量中的比重也由“七五”末期的 20% 上升到 1994 年的 29%。目前我国居民猪肉消费量占肉类的 71%，而发达国家居民消费的牛羊肉和禽肉占肉类的近 70%。随着我国城乡居民生活水平的提高，对牛羊肉、禽肉的需求将会继续增加，继续调整养殖业生产结构，在稳定养猪生产和确保猪肉供应的前提下，积极发展节粮型畜牧饲养业，增加肉料转化率高的草食类动物的比例，特别是发展牛、羊、兔、鹅等食草动物和水产事业，并逐渐引导和提高居民肉类消费中牛肉、羊肉和蛋奶的比重，使牛羊肉和家禽肉、水产品都有大幅度增长。这不仅能提高养殖业产量和改善居民消费结构，而且能有效地提高农民养殖业的收益。

三、加快发展养殖业的政策措施

养殖业的全部生产过程，包括饲料业、畜禽饲养业、畜产品加工业和畜禽产品流通业等环节。大力发展养殖业，并使之成为农业和农村经济的增长点，必须在各个环节上采取有力措施。

第一，多渠道增加对养殖业的投入。大力发展养殖业，并使其成为未来 15 年我国农业和农村经济的增长点，必须多渠道增加投入。要提高基本建设投资、财政预算内资金和信贷资金用于养殖业的比重。要充分发挥生产者作为投资主体的积极性，积极引导农村集体经济组织和农民增加对养殖业资金投入，采取多种形式扩大养殖业利用外资的范围和数量。加快建设一批养殖业项目，对全国性的、跨省市的、流域性的、重大的和先导性的国家级建设项目，要由国家和地方联合投资或有重点地择优扶持；对一般性项目，要更多地发挥农村集体经济组织和农民的积极性。

第二，依靠科技进步发展高产优质高效养殖业。科学技术是第一生产力。养殖业要实现高产、优质、高效的目标，必须推广应用先进的科学技术，走“科学兴牧”的路子。首先要增加养殖业科技人员数量。目前我国养殖业科技人员不足，农业院校中种植业专业占 80%~90%，养殖业的人才培养不足，当前亟须调整农业院校专业结构，增加养殖业专业人才；巩固和加强县、乡两级科技推广机构，利用现有设施和技术力量，广泛开展科技培训，有计划地发展职业技术教育，培养各类专业技术人才；还应从欧美、澳大利亚和新西兰等养殖业发达的国家，引进专业技术人才和聘请退休专家。在体制上要鼓励养殖业科技人员开展科技承包，对一些关键技术和共性技术组织专业技术队伍进行科技攻关，并把开发研究与成果推广结合起来。其次要在养殖业的各个环节推广应用先进科学技术。推广以科学繁育、畜禽良种、杂交改良和疫病防治为重点的实用技术；抓好秸秆氨化和青饲料储藏、配合饲料应用和使用饲料添加剂、退化草场综合治理；普及和推广畜牧产品加工、储藏、保鲜、运输等技术，不断增加养殖业增量增效中的科技含量。

第三，走集约化经营的发展道路。要立足于各地已经形成的牧业区域优势，积极引导和组建各种类型、各种形式的产供销一体化体系，并逐步向集团化、公司化方向发展。引导现有的家庭分散的养殖方式向专业化、社会化、商品化方向发展。对广大农村的养殖业，要采取公司加农户的方法，通过培育和发展“龙头”企业，带动和辐射群众开展规模养殖，走产供销一条龙、贸工牧一体化的发展道路，公司在饲料、育种、防疫、屠宰、加工、储藏和销售等方面，为农户提供服务，饲养由农户来完成，并通过确定和建立合理的利益调节机制，使其在市场经济中发挥更大的作用。

第四，大力发展饲料工业。世界畜牧业大体可划分为两种类型：一种是以美俄为代表，包括加拿大、欧洲、日本在内，以谷物为主要饲料的混合型畜牧业；另一种是以大洋洲的澳大利亚和新西兰为代表，包括阿根廷、蒙古在内，以牧草为主要饲料的放牧畜牧业。我国人多地少，谷物并不充裕，牧草尚需改良，发展养殖业必须走具有中国特色的饲料业发展道路。当前要大力发展饲料加工业，继续调整饲料结构，增加预混料和浓缩料，兴建大型氨基酸厂，发展饲料添加剂工业，推广和普及氨化饲料，提高饲料质量，并使之便于运输和储藏。要增加国家对饲料工业的资金、物资和科技投入，可以利用外资，鼓励外商来我国投资办厂。力争到20世纪末，我国在饲料科技方面的主要领域大体接近发达国家80年代的水平，使我国饲料工业跻身于世界饲料工业的先进行列。

第五，合理调整种植业结构，增加饲料作物种植面积，提高饲料产量。粮食问题是我国农业的根本问题，但是从长远看，粮食问题是饲料粮问题。要在确保粮食稳产增产的前提下，调整种植业结构，提高饲料粮产量。在东北、华北以及山东、河南等地，建立一批玉米、大豆等饲料基地，中西部地区也要适当增加饲料粮的种植比重，增加饲料原料的供应。在牧区，可建立“粮食作物—经济作物—饲料作物”的三元种植体系，把一部分饲料粮种植面积划出来，改种粮饲兼用作物或饲料作物，通过饲料作物品种生产专业化，引种高产饲料作物，采用多种兼种形式扩大饲料作物面积，提高农田副产品饲料利用率，提高饲料作物复种指数等途径，并适当增加一部分饲料、绿色兼用作物，以逐步形成专用饲料地。

第六，积极发展畜牧养殖产品加工工业。畜牧产品加工业不仅有利于提高畜牧产品价值，而且能进一步推动养殖业发展。在经济发达国家畜禽产品加工产业已成为国民经济的重要组成部分，毛纺工业、肉乳制品加工业、皮革制造业都已成为独立的加工业部门。目前美国发达的农畜产品加工业是世界各国农业现代化追求的目标。我国畜产品加工业要进一步向深度和广度两个方面推进，实现向多元化、现代化、高层次的结构升级，如日本一个农场的奶制品即达70多种。巩固、提高和完善乳品加工业，改造和扩展绒毛加工业和皮张加工业，开拓骨、血、鬃、肠等的加工业，特别是要大力发展肉类产品的加工业，走出一条综合开发、全面发展的路子。在一些地区要使畜产品加工业成为支柱产业。

第七，培育和发展市场体系，搞好畜禽产品流通。畜禽产品市场体系的发展和完善，是养殖业顺利进入市场和健康发展的关键。要根据市场经济的要求，结合养殖业的特点，在总结经验的基础上，扩大和完善现有畜禽产品市场，根据畜产品流向、交通、保鲜冷藏设施等条件合理布局，逐步在主产区、主销区、主要集散地形成中央批发市场、地方批发市场和城乡贸易市场互相依存、互相配合的市场体系。要搞好市场管理的各项法规和制度建设，用法律手段规范市场运行。

让粮食主产区的农民尽快富裕起来①

湖南是我国粮食的重要产区，长期以来为我国粮食、肉类、油菜籽等的生产和供给做出了重大贡献。像湖南这样的粮食主产区，农民如何尽快富裕起来？我从四个方面来谈谈这个问题。

一、全球金融危机对我国农村的影响

金融危机到来之后，我国采取了有力的应对政策，这对农民增收、农村经济结构的调整带来了新的机遇。一是扩大内需政策的实施将加快城市化进程，为农民工在城里落户，为更多农民进入城市就业提供了新的机遇。二是国家对农村发展的支持力度将会加大，在 4 万亿元的投资总盘子里，用于农村发展的支持力度在加大。除此之外，随着国家统筹城乡发展要求的逐渐落实，各行各业加大对农村发展的支持力度，特别是通过农村的改革，吸引城市的资金到农村来投资，促进了生产要素在城乡之间双向自由流动，这会加大对农村发展的投入。通过贯彻落实统筹城乡发展的方针，使各项生产要素在城乡之间双向流动，改变了过去农村要素往城市单向流动的局面，这对农村发展也是一个好的机遇。

这次金融危机对农村的影响，我认为是机遇大于挑战，动力大于压力。我们要抓住机遇，在新一轮的发展中，加快农村各类生产要素与城市之间的流动，加快农村经济的发展，促进农民增收。

二、提高农业集约化水平是粮食主产区农民增收的根本途径

党的十七届三中全会提出要完善农村基本经营制度。基本经营制度就是以土地家庭联产承包为基础，统分结合的双层经营体制。统分结合中“分”这个层次就是农户的经营往什么方向发展，“统”也就是社会化服务这个层次怎么发展。党的十七届三中全会，指出了这两个层次的发展方向。在农户分散经营层次上，

① 本文原载于《中国乡村发现》2010 年第 3 期。

要引导他们向更多地采用先进的科学技术和装备的集约化方向发展，包括向规模化经营方向发展。

引导农业生产向规模化方向发展，需要相应的承包土地的流转政策，建立土地流转的市场。我们要培育这样一种市场，通过这个市场，将土地向种田能手集中。山东潍坊已经出现了土地承包经营权流转的有形市场。一个乡或几个村，弄几间房子，把准备转让承包权的信息贴在墙上，谁愿意多种地就到这里公开竞标，出价最高的人得到相应土地的经营权。一般来说，土地集中以后让专业大户或者合作社来种，可以推广先进技术，实行规范化栽培，土地的产出率也比较高。在黑龙江，集中耕种以后，用大型拖拉机深翻，土地深翻 15%，粮食增产 15% 左右，这是一家一户种植做不到的。

畜牧养殖业也要向集约化方向发展。畜牧养殖业应该是今后农村的增长点，发达国家养殖业与种植业的比例一般是 7∶3，现在我们还不到 1∶1。但畜牧养殖业的发展必须向集约化方向发展。只有集约化了，才能提高效率，才能解决污染问题。

剩下的劳动力向城市，向二、三产业集中。要发展合作社，发展各种公司式的服务，使产前、产中、产后的服务社会化。没有这个社会化服务体系，步入集约化经营是不可能实现的。所以要从这两个方面来完善农村基本经营制度。促进农村经营的发展，特别是粮食主产区，要向这个方面发展。

三、加快工业化、城市化进程，为农民向二、三产业转移提供条件

现在沿海地区已经进入工业化后期，土地、淡水、能源、劳动力都短缺，一些产业需要向中部、西部转移。这个时候，哪个地方觉悟得早、投资环境好，就能更多地吸引到沿海的投资，就发展得快。

现在中部地区承接沿海地区产业转移，是加快二、三产业发展，加快农村劳动力向二、三产业转移的一个根本途径。农村劳动力大量向二、三产业转移了，还要把种田能手留在农村。农村人口减少了，农业劳动力减少了，为农业的集约化发展提供了条件。

要鼓励农民工返乡创业，在当地创业。中部地区的乡镇企业落后于沿海地区，主要是政策环境之间的差距。长沙市最近几年实行鼓励创业的各项优惠政策，如前三年或五年不收税或少量收，小额贷款、城乡特色经营户迅速增加。江西吉安市创办百里工业走廊，建成一个大的工业园区，有深圳工业园区、东莞工业园区，专门定向适应各个地方的企业往这里转移，还有农民工创业园区，农民工在这里创业办厂，有的进入到电子信息行业。要建立一套为农民服务的金融体

系。要建立专门为农民服务的金融体系，财政方面要大力改革，要作为农村改革的突破口，包括引导社会资金参与到这些金融服务体系中来。原中农办主任段应碧办了一个贷款公司，现在资金总额达 5 亿元到 6 亿元，专门在最穷的地方为农民提供小额贷款，贷款额度最少几千元，最多 2 万、3 万元，帮助农民发展经济，贷款利率是 10%，不良贷款率为零，并且吸纳了几千人就业，比尤努斯的孟加拉乡村银行小额贷款成功得多。尤努斯在我国内蒙古、宁夏搞试点，贷款利率是 20%。

四、中部地区加快发展要变劣势为优势

中部的湖南、湖北、安徽、江西、河南，都有一个突出的问题，就是经济发展有四个方面跟沿海比明显滞后。

第一个滞后是农村劳动力占比太高，农业劳动力太多。农村劳动力向非农产业转移之后，农业劳动力占全社会从业人员的比例平均还在 50% 左右，而从全国来说，这个比例是 43%，沿海地区的浙江省比例是 24% 左右。

第二个滞后是非国有单位从业人员的比例明显偏低。全国在二、三产业非国有单位从业的人员平均达 70%，中部不到 50%。这说明中部的私营、个体等非国有经济的发展滞后于全国平均水平，就业解决不了，劳动力转移没有出路。

第三个滞后是经济的外向度低。出口占 GDP 的比重（外贸依存度），也就是进出口占 GDP 的比例，全国是 70%，而中部六省不到 10%。产品只有打入国际市场，才能尽快富起来。中部的产品外向度太低。

第四个滞后是资产的证券化水平低。全国的平均资产证券化率是 70%，最高的时候是 80%，但中部还不到 10%。中部几个省的上市企业很少，不能从资本市场上筹集资金，少了资金来源，经济发展就没有活力没有动力。中部的发展滞后于沿海地区，这是一个很重要的原因。

中部地区发展经济要从这几个方面入手加快发展，把劣势变成优势。内蒙古已经连续七年增长速度全国第一，领跑中国经济发展。内蒙古的条件比中部地区差，为什么发展这么快？我们总结了四条经验：第一，利用资源优势引进外部资金来加快资源开发；第二，用最先进的技术提高资源加工的深度，提高产品的技术含量和增值率，内蒙古一吨原煤也不外运，而是把煤变成电，变成甲醇、二甲醚、油等深加工产品，然后再往外送，它有 76 项技术，在全国是第一家利用先进技术来做深加工的；第三，通过发展二、三产业，吸纳农业畜牧业中的剩余劳动力，降低了劳动力和牲畜对草原的压力，然后集约化经营，现在内蒙古的生态改善，总体上恶化的趋势已经控制住，局部在好转；第四，内蒙古有一大批牛玉儒

式的好干部，牛玉儒到呼和浩特当了 2 年市长，70% 的时间都在外面引资，内蒙古不是有一个两个牛玉儒，而是有一大批牛玉儒式的好干部，引进了大批项目。

此外，还要研究中部一些地区的经验。比如河南走出了一条不牺牲粮食生产的情况下，搞工业化的生产路子。

中部人口多，资源丰富，交通发达，文化底蕴深厚，未来二三十年，支撑中国经济快速增长的，主要靠中部的崛起。也只有再通过 20 年的努力，中部地区的人均 GDP 水平赶上沿海，才能奠定中国现代化的局面。

改善居民居住条件

发展新型建筑材料势在必行①

随着人民吃、穿的改善，住的问题突出了。几年来在住宅建设上虽然尽了很大努力，但由于积累问题过多，至今全国城市中仍有几百万困难户亟待解决住房问题。农村中对改善居住条件的要求也很迫切，如比较富裕的江苏省，住茅屋的农户仍占50%以上。所以，无论从解决眼前困难，还是从人民生活水平的长远提高来看，发展建筑材料工业，加速住宅建设，都是人民群众极为关切的大问题。在建材工业中，以工厂化、机械化生产的石膏板、稻草板、加气混凝土板、石棉水泥板、保温隔热材料和混凝土轻板框架、轻钢骨架等新型建筑材料，代替砖、瓦、灰、沙、石等传统的建筑材料，实现建筑业的革命，是解决住房问题的有效途径。国外提供的经验和我国近几年的初步实践证明，这条道路是行得通的，而且势在必行。

一、新型建材的优点

同传统的建筑材料相比，新型建筑材料有明显的优点：

1. 投资省，建设周期短

新建材的工艺并不复杂，设备不多，建设周期短。如建设200条稻草板生产线，设备重量仅相当于一个年产100万吨水泥厂的设备重量；前者可以建造2500万平方米的房屋，而后者只能建500万平方米的混凝土结构房屋或1000万平方米的砖混结构房屋；前者可以生产1亿平方米稻草板，总产值达8亿元，后者100万吨水泥，总产值只有6000万元。以投资总额与建成投产后的年产值作对比，老建材中的主要产品水泥为4:1，砖、瓦为3:1，新型建材工业中的主要产品各种板材和保温材料平均只有1:1左右，即每增加1元产值，老建材需要3~4元投资，新建材只要1元投资。从1952年到1982年，国家共向建材工业投资142亿元，其中70%用于水泥厂建设，水泥供应仍然十分紧张。今后如果继续走老路将会出现投资严重不足的局面。如果把重点放在发展新型建材上，则开

① 本文原载于《经济问题研究资料》1989年9月29日。

始时需要一定数量的外汇和人民币贷款，引进一些技术和设备，然后以滚雪球的办法，自己筹集建设资金，就能够很快地由小到大发展起来。投资不足的困难就可以得到缓解。

2. 减少运输重量约 2/3

用老建材建造房屋，每平方米重 1.5 吨，用新型建材则只有 0.5 吨。目前全国建材年总运量为 20 亿吨，远远超过煤炭运量而居第一位。若继续发展老建材，运输的困难将很难解决。

3. 节省能源 2/5

目前我国城市建房每平方米能耗为 50 万大卡，相当于 100 公斤 5000 大卡发热量的煤炭。1982 年全国建材工业用煤为 5833 万吨（标准煤），折合成 5000 大卡的实物煤为 8166 万吨，是能耗大户。若采用新型建筑材料，可使每平方米房屋节约能源 2/5。此外，采用岩棉、矿棉等新型保温隔热材料，使房屋的保温性能大大提高，又可减少取暖用煤。如果现有的工业管道、窑炉，全部用新型保温隔热材料包扎，节约潜力是非常可观的。

4. 促进城乡物资交流，回笼货币

1988 年全国农民盖新房约 6 亿平方米。以老建材供应农村，回收货币能力有限。若以配套的新型建筑材料或直接以廉价房、活动房、装配房、盒子间等供应农民，回笼货币的潜力要大得多。假定每户农民用 2000 元购买建材，每年几百万建房农户就需要筹措资金 100 多亿元，因而需要出售大量的农副产品，这将不仅大大促进农村商品经济的发展，从根本上改变我国农民的居住条件，而且能使建材工业成为国民经济的一个强大支柱。

5. 出口换汇率高

新型建材配套出口，以廉价房的最低价计算，每平方米造价 120 元人民币，可换回 80 美元，重量仅 100 公斤，换汇率为 1.5 元人民币换 1 美元。若出口一般房屋需要的新建材，每吨售价均达 1000 美元以上，1 元人民币可换回 1 美元，都低于水泥、玻璃等老建材出口换汇成本的 2.06 元、轻工产品的 3.91 元和纺织品的 2.89 元。

6. 综合经济效益高

我国建材工业乡镇以上企业现有职工 350 万人，总产值 220 亿元，人均劳动生产率不到 7000 元，产值利税率只有 15%。新建材工业由于采用新工艺，产品质量高，按每平方米重量计算的生产成本低，产值利税率可达 30% 以上。发展新型建材可使建材工业由低利行业变为高利行业，既能解决自身发展的资金积累问题，又能为国家提供较多的财政收入。新型建材工业的原料部分来自工业废渣、煤灰等，可变废为宝，节省农田，减少环境污染。建材的变革必然引起建筑施工方法的根本改变，传统的瓦工、抹灰工将被新的工种取代，劳动强度和施工条件将大大改善，施工速度将大大加快。1988 年为上海锦江饭店建造的外商办公楼，高六层，共 3850 平方米，只用了 100 天即竣工（不包括基础工程），大大缩短了施工时间，工程质量较好，受到上海市政府的好评。

二、算一笔宏观经济账

根据预测，到 2000 年，全国人口将达到 12 亿。如果达到每年增加 10 亿 ~ 12 亿平方米的住房，那么，采用传统建筑材料（以水泥为主体，建筑砖为辅助），则主要建材产品指标为：水泥 3 亿吨；建筑砖 3000 亿块。按照这一设想制定 20 年发展规划，需要总投资 750 亿元（包括间接投资 250 亿元）；建材总运输量由现在的 20 亿吨增加到 40 亿吨；煤炭总需要量由 1988 年的 8400 万吨实物煤增加到 1.7 亿吨；电力总需要量由 1988 年的 152 亿度增加到 400 亿度。

如果采用新型建筑材料制定 20 年发展规划，对几种传统建筑材料产品要求是：水泥由 3 亿吨压缩到 1.5 亿吨（仍占世界第一位或第二位）；砖由 3000 亿块压缩到 500 亿块（仍占世界第一位）。按照这一设想，总投资由 750 亿元压缩到 250 亿元（这 250 亿元主要是投给老建材，其中直接投资

170 亿元；新建材只需在近期借款 2 亿美元，3 亿元人民币作发展基金，采用滚雪球的办法，自己积累资金）；建材总运输量由 40 亿吨压缩到 25 亿吨；煤炭总需要量由 1.7 亿吨压缩到 8000 万吨（实物煤）；电力总需要量由 400 亿度压缩到 250 亿度。

对比两种规划设想，采用新型建筑材料方案后：总投资节约 500 亿元（包括间接投资 170 亿元）；建材总运输量节约 15 亿吨；煤炭节约 9000 万吨（实物煤）；电力节约 150 亿度。

应该说明的是，上述两种设想中计算出的数据都是在排除对方的条件下得出的，是一种统计上的抽象。现实经济发展不可能走完全采用传统建筑材料或者完全采用新型建筑材料这样绝对的道路。这样计算的目的，是为了使人们更清楚地了解新、老建材的不同发展趋势。毫无疑问，新建材在节约资金、能源和运输量上是有很大优越性的。

现在世界上有 5 个钢产量在 3000 万吨以上的国家，即：苏联、美国、日本、联邦德国、中国。前四个国家水泥的产量都低于钢的产量，只有中国例外。如 1982 年，把钢产量作为 100，苏联水泥产量为 84%，美国为 60%，日本为 83%，联邦德国为 75%，中国为 256%。国际上建筑砖的生产情况总的来看已达饱和点，现在呈下降趋势。1978 年全世界六大洲建筑砖生产总和为 1000 亿块，我国 1982

年建筑砖的产量为1962亿块。这种发展趋势也值得我们注意。

在我国实现四化的过程中，建材工业要真正做到先行，走老路是不行的。根本出路在于加速发展新型建材工业。

三、我国新型建材工业的现状和亟须解决的问题

1979年8月29日，邓小平同志视察北京紫竹院新型材料试验房屋时指示：“我们要尽快地把新型建筑材料工厂办起来，要大批生产。国家要采取措施支持新型建材工业，使它有一个较大较快的发展。”

几年来，在北京、哈尔滨、沈阳、武汉、重庆、苏州、无锡、石家庄、衡阳九市，建立起不同水平和不同规模的新型建筑材料生产基地，建造了100万平方米的各种类型的新材料房屋，各方反映比较满意。特别是北京基地的几个工厂，都是采用70年代末世界第一流的新技术、新工艺和新设备，产品都符合国际标准。如北京新型建筑材料厂的石膏板生产线，是从联邦德国引进的技术和设备，年产量为2000万平方米，可供400万平方米房屋使用。这是一条在我国，也是在亚洲最大、技术最新的生产线。又如该厂的岩棉生产线，是从瑞典引进的，年产量为20万立方米。这是一种优质的节能保温绝缘材料。这些新型建材，目前已成批供应市场，受到各使用部门的欢迎和好评。北京中美合资长城饭店的全部内隔墙和中日友好医院的部分工程，都是国产的石膏板、岩棉等新型建材。最近北京市政府提出要在北京火车站前修一条商业街，决定全部采用新型建材。北京、上海、广州等地的一些工程，也提出要用新型建材。由此可见，新型建材深受用户欢迎，有着广阔的市场，迅速发展新型建材势在必行。正如小平同志在视察时所指出的，只要能配套提供价廉物美的新型建材，新型建材工业定能较大较快地发展起来，并且还会带动与它有关的行业的发展，为加速四化建设做出贡献。

但是，整个来说，新型建材工业的发展还是不快的。发展不快的主要原因是资金和审批项目的渠道一直没有得到解决。许多人对新型建材的优越性缺乏了解，因而支持不力，甚至加以限制，也是一个重要原因。

为了使新建材工业迅速发展起来，当前亟须解决的问题有四：一是邓小平同志1979年视察紫竹院新型材料试验房屋时曾经同意和支持过的2亿美元、3亿元人民币的资金，作为贷款尽快落实，把需要引进的22项技术、设备尽快引进来，在项目的审批手续上尽可能简化，避免互相扯皮，减少时间的浪费。二是把现有的中国新型建筑材料公司办成一个全国性的产供销、人财物、内外贸统一的企业性公司，并赋予它相应的自主权，包括引进技术方面，在国家计划统一指导

下，具有较多的机动权力。三是抓紧引进设备的翻版制造和工艺技术的推广，集中力量办好生产、技术基地，积极培训技术队伍。四是需要冶金工业积极发展与新建材配套的彩色钢板和轻型钢材。彩色钢板最好引进国外技术，以节省时间。要抓紧石膏、石棉等矿的建设开发。

当前我国房地产情况的调查报告①

一、基本情况

近两年来，随着土地有偿使用制度的推行和住房商品化的改革，我国房地产业发展步伐明显加快，并由南向北兴起高潮。

1. 房地产开发的投资大幅度增长

1992年全国房地产开发投资完成额达732亿元，土地开发面积达2.3万公顷，分别比上年增长117.42%和175%。1993年1—4月，全国房地产开发投资又达120.68亿元（全民口径），比1992年同期增长132.60%。

2. 房地产开发公司数量急剧增加

目前，全国已有各级各类房地产开发公司12400余家，比1991年年底增加了近2倍。初步统计，全国房地产开发公司的资本金总额已超过900亿元，实力相当可观。此外，大批外商尤其是港澳房地产商普遍看好中国的房地产市场，已大量进入。

3. 房地产市场愈加活跃，交易量猛增、价格暴涨

1992年全国有偿出让国有土地约3000幅，面积达2.2万公顷，分别为1991年年底以前土地出让总量的3倍和11倍；1992年全国房地产市场交易额达185.4亿元，共4154万平方米，分别比上年增长48.7%和63.0%。此外，还有大量的地下交易存在于“隐形市场”之中，其数额虽难以统计，但其规模远大于公开市场。与此同时，受需求拉动，1992年各地国有土地出让价格明显上升，商品房平均销售价格已达1050元/平方米，比上年提高30.93%。尤其是少数热点地区的非住宅商品房屋的价格，更呈暴涨局面。

4. 开发区的设立和建设呈现高潮

据16个省市和5个计划单列市不完全统计，已设立的各类开发区共832个（含国家级、省批、地市批和县批的四级开发区），其中大部分为1992年新设立

① 本文原载于《研究与建议》1993年第15期。

的。由于各地在开发区的建设中，普遍采用了以土地出让筹措建设资金的方式，并且实行优惠政策，开发区往往也是房地产发展的热点地区。

我国的房地产业发展起步不久，随着国民经济加快发展和经济结构的转变，以及城市化和房屋商品化的不断推进，从长期趋势看，房地产业的发展有着广阔的前景。即使就目前而言，相对于巨大人口的住房需要和国民经济各部门尤其是第三产业对房屋的需求，房地产业发展水平仍有待进一步提高。但是，由于近年来房地产业发展势头过猛，导致各相关产业之间发展很不平衡，当前我国房地产业的发展已呈不稳定状态。在供给方面，由于 1992 年施工面积达 1.2 亿平方米的商品房结转至 1993 年，大部分将于 1993 年下半年竣工，再加上金融部门银根紧缩，一些房地产开发公司手中现有的商品房也将大批抛出，1993 年下半年将出现全国性的楼房集中上市，供给水平较上年有更大幅度的提高。在需求方面，受宏观经济波动和国家信贷政策的影响，对购买商品房的支付能力相对不足，而前两年十分旺盛的投资需求也将大幅度下降。短期性的供过于求已成定局。实际上，年初以来房地产市场已逐渐趋冷，房地产价格的涨势已停并开始下浮，在某些热点地区如海南，已呈“有价无市”的局面。

二、存在的问题与原因

近几年来，我国房地产业的发展为城市建设筹措了大量资金，加快了城市基础设施和城市改造的步伐，促进了居住条件的改善，为国民经济各部门的发展创造了更好的投资环境，并带动了相关产业的发展，繁荣了经济。但由于种种原因，也产生了一些新的矛盾，存在着许多问题，需要认真研究解决。

1. 房地产开发和开发区建设的规模增长过快过猛，影响国民经济总量平衡

1992 年以来全社会投资规模增长过快，房地产开发投资增长过快过猛是一个重要因素。房地产开发和开发区建设占用巨额资金，不仅加剧了全社会资金供求关系的紧张，而且也拉大了钢材、水泥等主要建筑材料的缺口，推动生产资料价格全面上涨，增加了通货膨胀的压力。房地产开发和开发区建设所产生的新矛盾，已对宏观经济的稳定产生了不容忽视的影响。

2. 房地产市场秩序混乱和交易不规范，加剧了投机需求，妨碍了房地产业的正常、健康发展

在一级市场上，国有土地出让基本采取协议方式，透明度低，随意性大，竞争不公平。在二、三级市场上，交易行为不规范，且存在大量的地下交易。相当一部分房地产开发公司只是炒地皮、炒项目，不投入、不开发、不建设，划拨土地投资入股和公房转租等现象十分严重。一些企业通过非法手段和不正常渠道牟

取暴利。这一切都加剧了房地产业的投机性，给这一新兴产业的进一步发展留下了诸多隐患。

3. 房地产业内部比例失调，结构不合理，造成资源的浪费和效率的低下

土地成片批租数量过大，基础设施和项目建设严重滞后，扩大了资金缺口，造成大批土地的闲置。在许多城市，施工面积过大，与施工队伍和物资供应不成比例，拉长了建设工期，占用了大量资金，影响地方经济的正常发展。同时，到处兴建高档别墅、高级宾馆和高水平的商业服务用房，已超出需求水平，销售不畅。而有着巨大需求潜力的中低档商业服务业用房和商品住宅的建设增长相对缓慢，比重日趋下降。

4. 开发区设置过多过滥，大量占用建设资金，浪费土地资源，影响原有工业和老城区的发展，加剧了重复建设现象

许多开发区缺乏规划指导和可行性论证，只是在盲目地铺摊子。与原有工业在结构上的互补性差，对地方经济的带动作用很有限。一些不合理的优惠政策，影响了资金在地区间的优化配置，低水平重复现象明显，也使得国家财政收入被大量截留。

5. 房地产开发企业素质不高，资质不符，资金不实，影响房地产开发建设的质量和进度

虽然房地产开发企业的数量增长很快，但许多企业有名无实，近半数企业无开发业务。往往一些水平低、实力差的企业采取不正常手段拿到好地块、好项目，高水平企业却袖手旁观，产品质量缺乏保证，开发进度大受影响。

6. 房地产市场缺乏必要的收益分配调节机制

分配不公影响政府的形象，国家的土地收益大量流失。土地增值税至今未能正常开征。

7. 法制不健全，法律、法令和规章制度的制定工作落后于房地产业的发展步伐

现行法规不仅不完备，各地也不统一。还存在着有法不依、执法不严、缺乏必要的检查监督等问题。有些制度的建立，如房地产交易增值税，对协调中央与地方的关系、调动地方积极性重视不够，因而难以落实。此外，土地、规划、房管和开发，以及工商税务、金融部门之间存在职能设置重复、权限划分不清的问题，部门间协调关系不顺，影响了管理工作的正常开展。各部门注意自身权益，存在本位主义倾向，也加剧了部门间的矛盾。

上述问题的存在，严重影响着对房地产业发展的宏观调控和微观管理，影响着房地产业的正常发展和房地产市场的健康发育。亟待认真研究，制定相应措施，尽快予以解决。

三、关于房地产业发展政策与措施的若干建议

1. 加强宏观调控，保持综合平衡，实行源头控制

中央和地方的各级政府部门应加强对房地产的宏观管理，采取有效措施对房地产业投资实施“源头控制”。

（1）改进和加强“土地开发利用计划”的编制和实施工作。可以考虑对国有土地出让实行指令性的总量控制。应将土地供应量作为调节房地产发展速度、保持国民经济协调发展、促进土地资源的优化配置、弥补市场调节不足的重要手段。

（2）将房地产投资（包括使用自筹、贷款、预收和其他资金所完成的投资在内）纳入国家固定资产投资规模，实行总量控制；房地产开发的贷款和债券发行均应分别列入国家信贷计划和证券发行计划，实行额度控制。

2. 加快房地产市场的发育，加强对房地产交易和房地产开发企业的管理，建立公平竞争的市场秩序

市场发育不足、市场竞争不公平，加剧了市场投机性和波动性，有关部门应切实承担起相应的职责，加强对房地产开发企业的管理。

（1）加强房地产价格评估工作，制定合理的房地产价格体系，在特殊情况下，可以考虑对某些地区或某类房地产的价格实行管制。

（2）尽快建立集中性的房地产交易市场，增强房地产交易的透明度，以利于将房地产业引向公平、公开的竞争轨道。

（3）统一房产和地产的产权产籍管理。

（4）加强对房地产开发企业的资质审查和行业鉴定管理，要提高归口部门在这一方面的权威性。

（5）开征房地产增值税，开发、使用期越短，税率越高，以合理调节收益分配，抑制过度投机，取缔违法暴利。

（6）获得土地开发使用权的单位，对土地投入量不到土地价值的 20%，不得转让；开发经营的商品房未完成主体工程投资 20% 以上者不得预售。

（7）尽快制定和颁布《房地产法》和其他相关法律，为建立公平、公开、有序竞争的房地产市场提供法律基础。

3. 加强协调，理顺关系，合理分工，明确职责，建立健全房地产业管理监督的机构

房地产开发经营跨度大、影响面广，涉及的管理部门包括计划、土地、建设、规划、国有资产、工商、税务、金融、法律、监察等。加强房地产业管理，必须下决心理顺各部门之间的关系。建议由一个经济综合部门进行统一协调，以利于国家对房地产业实施有效的宏观调控和微观管理。

日本、新加坡房地产业考察报告①

1992年2月17—27日，以芮杏文为团长的国家计委经济代表团先后到日本、新加坡进行了考察。代表团围绕房地产市场和管理体制以及经济形势等问题，同两国政府和企业界人士进行了广泛接触和讨论，并到筑波科学城、大阪填海工地、神户明石跨海大桥和一些住宅、工业开发区进行了现场访问。现将有关问题报告如下。

一、日本、新加坡房地产体制的经验与借鉴

日本、新加坡都是国土狭小、人口密集的国家，国土的开发利用程度很高。通过市场机制来优化土地资源配置，提高土地使用效益，是其共同特点。但是，两国政府实行了不同的管理制度，取得了不同效果。对比来看，有些是成功的经验，有些则是必须引以为戒的教训。

（一）日本地价高涨与泡沫经济的关系

第二次世界大战后日本曾出现三次地价暴涨。第一次是20世纪50年代，农村人口向城市大量转移；第二次是60年代，田中角荣推行列岛改造计划，人们预期地价上涨，纷纷买地；第三次是80年代中期，人们集中于大城市及其周围购置房地产。地价的不断提高，使价格远远背离了它的价值。如东京市区，每平方米地价竟高达4000万日元以上。银行以房地产为抵押大量进行贷款，一方面刺激了经济的发展，另一方面又使大量土地和房屋资产作为抵押品集中于银行，降低了银行资产的流动性和质量。当房地产的价格高到不能再高时，其转让就发生困难，银行贷出去的资金不能及时收回，从而因缺乏支付手段产生了信用危机。股票的大幅度升值也会带来同样的效应。经济界把这种现象称为“泡沫经济”。

对地价暴涨并引起泡沫经济的原因，人们持不同看法，概括起来，有以下三

① 本文原载于《研究与建议》1993年第12期。

个方面：

1. 缺乏新的消费热点，剩余购买力集中投向房地产

在日本居民中，各类耐用消费品已基本普及，包括旅游在内的各种消费已得到充分发展。大量的外贸黑字在海外找不到合适的投向，把购置房地产作为保值增值的手段，这是造成地价暴涨的主要原因。

2. 经济发展和人口过度集中于东京圈

目前，东京圈的居住人口已超过 4000 万，占全国的 1/3。所谓地价暴涨，主要是指这一地区。

3. 银行向房地产业贷款控制过宽

房地产在炒卖中升值，使人们以为投资房地产很容易赚钱。投资越多，则价格越高。一块地一年最快能卖五次，价格上涨一倍。

（二）日本、新加坡房地产市场的经营方式

日本房地产市场非常发达。由于全部土地的 3/4 掌握在私人和企业手中，国有土地仅占 1/4，而且主要是山林，所以，私人和企业是房地产市场的主体。除了私人之间进行的房地产交易之外，一些公司向地主买来土地，进行住宅和游乐设施等开发经营。专门推销房地产的机构随处可见。全国共有 1.6 亿个地段，每年进行交易的有 200 万个。为了维护公平交易，各地政府设有不动产价格鉴定和土地测量人员，规定土地交易必须向土地管理部门申报。

此外，日本还设有 200 多个各种公团组织，专门从事社会基础设施和普通居民住宅的建设和经营。这些公团利用政府财政投融资资金，进行非营利性工程建设，负责投资的还本付息。如 20 世纪 70 年代为了建设筑波科学城，组建了筑波建设公团，用 20 年时间建成了一座现代化的科研、教育中心。大阪市用公团组织的形式，主要运用政府低息贷款，进行耗资巨大的填海造地工程，累计造地 2000 多公顷，建造了新的港口和国际贸易中心，水上机场也正在建设中。为了把本州和四国连接起来，日本政府组建本四建桥公团，计划建造三座跨海大桥。目前已建成一座，正在施工中的明石大桥耗资 4000 亿日元，其中 10% 由中央和地方政府投资，90% 由银行提供低息贷款，年利率 5% 左右，投资回收期为 30 年。由中央和地方政府组织的住宅建设公团，提供了占全国居民户数 10% 的住宅。公路、机场、港口等工程建设，也都是由公团完成的。

新加坡国土面积 639 平方公里，国有土地占 72%，其中包括建屋发展局占有的 20%。与日本类似，新加坡的房地产开发经营机构和房地产市场也分为两类。一类是由称为“法定机构”、属于半官半民性质的建屋发展局、城市重建局等经营的。这些法定机构既从事社会公益事业的政策性投资经营，实行企业化管理，

又具有一定的行政管理职能。新加坡在20多年的时间内，把一个贫穷落后的岛国建设成现代化的花园城市，这类机构发挥了重要的作用。法定机构按照城市建设总体规划的要求购买土地，利用政府和民间资金进行开发和经营，许多项目和工程通过招标委托给国内外企业进行建设。当城市布局与私有土地发生矛盾时，常常要诉诸法律来解决。另一类是由企业和私人经营的。新加坡私人占有土地仅为28%。私人也可以向政府购买土地，地价根据不同用途、容积率来确定。财政部设有土地估价师，先确定标准价格，然后由土地局公开招标拍卖。一般商业用地比住宅用地价格高10倍以上。用户若改变土地用途，政府将收取溢价费用。

（三）日本、新加坡的房地产业政策和法律

日本政府管理房地产的主要机构有国土厅、建设省、法务省。国土厅负责制定国土利用计划、管理不动产市场和制定有关土地的政策和法规；建设省负责社会公共设施建设和行政管理，以及各类建设公团的管理；法务省负责不动产的登记。

为了缓解土地矛盾，日本政府于1989年公布了土地基本法，规定对土地要树立四个理念：土地应服务于公共福利；土地的使用必须根据规划的要求；土地不能作为投机的对象；房地产的利润如果不是辛辛苦苦赚来的，要通过交税还原给社会。根据这个精神，1991年公布了综合土地政策推进纲要，提出了十项政策目标：（1）打破土地价格“只涨不落”的神话，地价应与其使用价值相适应，并在供求关系中找到平衡；（2）由于第三次土地涨价高峰集中在东京圈内，所以要从控制需求的角度制定政策；（3）对土地交易的某些限制，造成了对土地的虚假需求，刺激了地价上涨，要以真实需求抑制地价上涨；（4）正确引导土地的利用，分散城市人口，均衡供求关系；（5）增加供给，进行住宅再开发等；（6）使所有者按照土地利用规划进行使用；（7）控制银行向房地产贷款的规模；（8）为了提高土地的利用效益，减少土地的闲置，保有土地者应交纳固定资产税；（9）公布土地标准价格，使市场交易地价趋于合理；（10）公布土地供求信息。据国土厅次官、土地专家藤原良一介绍，40年来，政府为了制止地价波动，采取了许多应急对策和长远结构性对策，但最有效的手段是每年规定银行向房地产贷款的规模。对此，人们的认识不完全一致。

在税制和政策具体规定上，要求地主交纳土地定价额1.4%的固定资产税。鉴于近期地价暴涨，自1992年起，对企业所有的超过一定规模的土地，将征收另种税金。买卖土地时，对买方征收相当于成交额3%的不动产取得税。对取得土地者两年之内将土地卖出，征收9%的土地转让税，以后逐年递减，10年后降为3%。以此鼓励土地的开发利用，制止倒买倒卖。为了运用国土规划法控制地价，规定超过一定规模的土地交易，经营者有义务向都道府县知事报告交易价

格、土地使用目的等。知事在认为价格过高或土地使用目的不当时，可劝告其降低价格或中止交易。对公用事业用地，依照土地征用法征用，如遇抵制，劝说无效，可依法强制征用。

新加坡的房地产业主要由土地局、市区重建局和住屋发展局负责。土地局的职责是：出让国有土地；强制征用私有土地；管理国家土地；征收地税；保存土地记录。市区重建局的职责是：制定城市总体发展规划；制定土地利用计划和有关法规；履行规划和依法管理；管理土地资源。其目标是将新加坡改造成为一个卓越和具有热带风采的城市。

由于新加坡大部分土地属于国有，法定机构、国有公司、私营公司和个人要求使用土地，需要向政府提出申请，经审查后报总统批准。一般只供法定机构和国有公司作特定发展用途。土地局颁发的地契分为自由保有权地契、法定土地转让证书和租契。前两者属永久地权，租契则具有期限，目前发出的地契大部分为99年或30年的期限。各部门提出的需征用私有土地以供发展的要求，都要经过详细审查，符合总体规划的要求。土地局设有土地稽查员和测量组，负责监督土地使用情况，测量政府和私人土地。政府征收的土地税包括产业租金、临时住用准证费、地权费、地租和土地溢价。目前，他们正在进行将全部土地管理程序和档案电脑化的工作。

（四）新加坡居者有其屋计划的成功实施

20世纪60年代初，新加坡大多数人还住在拥挤、污秽、简陋的房屋里。1964年新加坡独立后即着手制订居者有其屋计划。1968年这一计划正式付诸实施。短短二十几年，政府已经为占全国87%的居民提供了60万套住宅，其中，10%是租赁，90%是购买。这个庞大的计划，是在政府、企业和居民的共同努力下，由法定机构住屋发展局具体组织实施的。

政府为这一计划提供了两项贷款：一是专供建屋局在建设和操作方面的贷款；二是为购屋者提供的抵押贷款。这是整个计划的启动资金。大多数人用他们的中央公积金储蓄购买组屋（单元屋）。这种公积金由个人交纳工资的20%，雇主交纳相当于雇员工资的20%组成。其3/4用于购买住房，1/4用于医疗和养老保险。买房时，第一次要交房价的20%，以后每年只交公积金中用于买房的部分，直到付清为止。付款期可延长10~20年，甚至30年。由于是政府统一征地，地价比较合理，地价仅占住房价格的20%左右。道路、管道、学校、商店、诊疗所等配套设施单独计算和经营，不计入住宅成本。政府贷款利率仅为2.62%，借期15~20年。近几年，每出售一套住宅平均亏损2.3万新元。一套四房式住宅，售价8万新元，相当于职工5年左右的平均工资。这是绝大多数职工可以接受的价格。政府规定，家庭月收入 800 元以上者，不能租房，只能买房。因为，租金较低，政府补贴较多。从一间套到五间套，面积越大，补贴越少。家庭收入超过一定数额的，也不允许买住屋局的房。这个限额已从 20 世纪 60 年代的月收入 1000 元提高到目前的 6000 元。有资格申请组屋的家庭成员人数限制，也从过去的 5 人减少到至少 2 人。为保存和推广东方的家庭观念，有些组屋是专为三代同堂的家庭设计的。有些则在屋里划出一小单位让年老的父母居住，使他们能同子女住得更接近。

（五）从日本、新加坡房地产业发展中得到的几点启示

我国房地产业正处在起步阶段。正确借鉴国外的经验和教训可使我们少走弯路，使房地产业更好更快地发展。根据我国的实际情况，对照日本、新加坡的经验，我们认为，有以下几点可资借鉴：

1. 积极推进土地有偿使用和房屋商品化改革，加速发展房地产业

房地产业是基础性、先导性产业。在发达国家，房地产业的净产值一般占国民生产总值的 10% 左右，房地产业提供的财政收入一般占整个财政收入的 10%~20%；而我国目前的前一比例大约为 2% 多一点，后一比例更是微不足道。加快发展我国的房地产业已经具备了物质前提。首先，我国已有了比较强大的建筑业，1992 年建筑业增加值占国民生产总值的 5.8%，这一比例同日本等发达国家大体相同；其次，我国城镇房地产存量已达 4 万亿元；再者，我国已有城镇人口 3 亿人，城镇建成区 2 万平方公里。问题在于现有的房地产绝大部分尚未作为商品流动起来。所以，加快发展房地产业的关键是加快土地和房屋的商品化改革，要力争到 20 世纪末使房地产业的生产总值占国民生产总值的比重提高到 5% 以上。

2. 把加快城镇居民住宅建设作为 20 世纪提高消费水平的重点和新的经济增长点。新加坡居者有其屋的计划方案，对我们很有借鉴意义

加快城镇住宅建设，不仅能带动建材、建筑机械、家电、家具等工业的发展，扩大就业，繁荣市场，而且更重要的是，能够满足人民最迫切的要求，对稳定社会、密切政府同群众的关系，都有着特殊意义。目前遇到的障碍是，住宅价格同人民的收入水平过分悬殊。应从降低造价，提高收入水平，提供购房信贷，实行分期付款等多种渠道，使住宅的建、售、租形成良性循环。

3. 保持土地供求大体平衡，防止炒卖地皮和哄抬地价

参照新加坡的经验，各个城市应对每年建设用地进行预测，做到按需求供给土地，以控制地价。凡申请购置土地者，必须详细说明用地计划，经政府认真审查批准，并由土地管理部门监督实施。对不按计划用途和进度开发利用土地者，政府可征收溢价税和收回土地使用权。对转让土地者应按购置年限以不同税率征

税。年限越短，税率越高。

4. 健全房地产市场法规体系和中介服务体系

尽快建立房地产法、住宅法等。建立土地测量师、地价评估师制度和信息传播、纠纷仲裁机构。沿海省市应积极试验，先拿出法规草案。

5. 建立政策性投融资和建设体系，负责社会基础设施、居民住宅建设

日本的公团和新加坡的住屋发展局，在进行上述工程建设中发挥了重要作用。我国作为后发展国家，要实行赶超战略，必须集中资金，对国民经济中的某些重要环节予以扶持，包括建立政策性投资银行、投资公司等。

二、抓住时机，吸引日本、新加坡等国家的剩余资金和生产能力，把瓶颈部门和支柱产业迅速搞上去

考察团在同日本、新加坡经济界人士的广泛接触中，强烈地感受到一个问题，就是如何利用目前日本外贸大量黑字、日元升值、内需不振、经济不景气的机会，把日本的剩余资金和生产能力吸引过来，同时，利用新加坡融资能力强的优势，使我国的瓶颈部门和支柱产业搞得快一些。

日本当前经济比较困难，国内市场缺乏新的消费热点。1992 年 1062.28 亿美元的外贸盈余苦于没有出路，汽车、乙烯等生产能力剩余，2 月下旬日产汽车集团宣布拆除一条装配线，美欧又压其货币升值、开放国内市场。加上自民党可能分裂，有的企业人士对日本的前途感到忧虑，甚至担心年底将会出现经济和政治大危机。在这种情况下，如果日本能将海外投资适当从美欧转向中国，将有助于日本经济走出困境。因为中国目前是最好的投资场所。对日本来说，这是拉它一把。但是，日本企业界由于过去只想卖商品给中国，真正了解中国投资环境的不多。为此，建议组织一些政府和民间的代表团到日本、新加坡、韩国进行游说，争取投资。

与此相应，我们也应调整某些产业的发展战略。如石油化工，与其从头搞起，不如利用日、韩的乙烯先搞后加工。钢铁工业可以从轧钢搞起，从日本及俄罗斯进口钢坯加工。还可以买日本旧的汽车生产线，以争取时间，抵挡复关后必然出现的汽车进口潮。在其他许多领域也都可以合作。当然，我们要适度地让出一些市场。既然准备“复关”，就要做好开放国内市场的准备。

新加坡 1993 年新开征消费税，减少所得税，鼓励国民到中国投资。吴庆瑞搞了个东亚咨询公司，主要为到中国的投资者进行咨询。他说，中国要到国际市场融资，可以利用新加坡的几百家外资银行。新加坡经济发展局主席也表示，要调整对中国的经济关系，从过去以贸易为主转向以投资为主。

荷兰住房抵押贷款与保险相结合的办法及可借鉴的经验①

应荷兰国际集团（ING）的邀请，国家计委有关同志组成考察小组赴荷兰进行了专项考察，考察的主要内容是关于荷兰房地产业中住宅的建设、融资、抵押以及与人寿保险相结合的政策。在荷考察期间，访问了荷兰政府部门（经济部、建设部等），社会团体（住房协会、土地登记办公室等）和ING集团旗下的保险、银行和房地产部门，同许多政府官员、社会工作者和ING集团的专家进行了认真的研讨。现将有关荷兰住宅业以及与保险业相结合的情况介绍如下：

一、荷兰的住宅业情况和有关政策

荷兰在第二次世界大战后的经济发展过程中，住宅业的增长十分迅速，目前已经成为支撑荷兰经济和社会生活的主要产业之一，其投资规模1997年为182.35亿荷兰盾，占国民生产总值的5.4%。住宅业的发展对整个荷兰经济具有重要意义。荷兰的经验表明，住宅建设首先可推动钢铁、水泥、建材等行业的发展，住宅建成后，又会带动家用电器、家具和日用杂品等与生活相关产业的增长。据荷兰ING银行计算，住宅业产生1亿荷兰盾经济效益，可带动的相关产业为：建安工程1.3亿荷兰盾；钢材和建筑材料2000万荷兰盾；贸易和运输2000万荷兰盾；服务业1000万荷兰盾；其他1500万荷兰盾。总计可带动相关产业1.95亿荷兰盾，两倍于自身规模。荷兰全国10%的企业与住宅业有关。

荷兰政府发展住宅业的主要手段是金融政策和减税政策、城市住宅协会、土地登记制度等。

① 本文是1998年国家计划委员会赴荷兰考察小组对荷兰住房抵押贷款与保险相结合运营方式的专项考察报告。

（一）金融政策和减税政策

荷兰私人购房资金的主要来源是通过银行的个人住房抵押贷款。住房抵押贷款有四种资金来源。

（1）商业银行。荷兰的住房抵押贷款一般与保险制度结合在一起（寿险、财产险等）。私人购房市场的 80% 以上是采取寿险与抵押贷款相结合的形式，因此荷兰的住房抵押贷款率在欧洲属最高的。个人住房抵押贷款利率为 4%~8%，抵押贷款所付利息和保费利息免征个人所得税。

（2）保险公司。保险金的再投资。由于抵押贷款收益较好，可附加人寿等其他保险产品。

（3）养老金基金。

（4）市政府建筑基金。为增加市政府财政收入，用于住宅开发中的市政和配套设施建设，荷兰政府在税收上采取如下政策。①住房转让税：新建房屋征收 18% 增值税；旧房交易征收 6% 交易税。②每年征收房地产税，按房屋租价征收 2%~7%。主要用于市政基础设施建设、学校、文化场所建设等。

（二）城市住宅协会

住宅协会负责政府提供的社会住宅，面向中低收入居民出租，并负责维修、租赁。每个住宅协会拥有 3 万 ~4 万套住房。荷兰政府每年财政支出 25 亿荷兰盾作为住房基金，其中 25% 由住宅协会管理，向低收入居民提供住房补助金和住房担保基金。城市住宅协会提供的住房占房屋租赁市场的 49%。

（三）土地登记制度

荷兰土地登记制度建立于 1832 年，现在全国有 15 个土地登记办公室和 800 多位土地测量师，全国每块土地均有土地登记记录、抵押贷款记录、所有权记录、公证协议。土地交易者必须到公证部门对所有的文件进行公证，然后买卖双方持公证协议到土地登记办公室登记，24 小时后即成为可查询的公众信息。土地登记制度的好处是对交易的土地情况一目了然，抑制土地炒卖，稳定了房价。

荷兰通过上述措施，比较好地解决了住房问题，基本做到了居者有其屋。私人拥有的住房 1948 年为 30%，1996 年上升到 50%，2015 年计划达到 60%。

二、荷兰住房抵押贷款与人寿保险相结合的办法

在荷兰考察期间，ING 集团的专家重点介绍了荷兰独特的将住房抵押贷款和人寿保险结合起来操作的办法。这一办法与通常在申请住房抵押贷款时购买还款意外保险的原理和做法是不一样的。

在许多国家，当人们向银行申请抵押贷款买房子的时候，都会被要求同时向保险公司购买还款的保险，这是银行为了防止借款人由于不可抗拒的原因（如意外死亡、重残）失去还款能力而遭受损失。因为在通常情况下，如果借款人不还款，银行可以采取措施如收回住房并在拍卖市场上拍卖等。但如果在借款人由于不可抗拒的原因无法还款，而其家属还要继续拥有住房的情况下（因为这时不可能将房子收回），则由保险公司继续还清欠款。这种住房保险的原理同一般保险的原理是一样的，是一种意外险，都是用大数法则，计算借款人出现意外死亡和重残的风险程度，然后分散到所有使用抵押贷款买房子的人身上。现在我国的一些保险公司也开始经营这项业务。但由于房款总是一笔巨款，所以这种保险是比较昂贵的。

在荷兰，80% 以上的住房抵押贷款是采取与人寿保险相结合的办法（以下简称“荷兰办法”），而不是像上述通常做法那样只是与意外保险相结合。具体是：一般来说，借款人从银行获得贷款的同时，将住房抵押给银行，然后每月还银行一笔固定的费用，若干年后，房子就是自己的了。每月还给银行的那笔钱，是由两部分组成的，即本金与利息。“荷兰办法”的要点是借款人将利息按期还给银行，而将本金交给保险公司。由保险公司不断地增值运用，在贷款到期后，由保险公司一次将本金还给银行，由于保险公司是按复利计息，同时又有有力的增值手段，最后的这笔钱支付本金后还可有一笔盈余（盈余的多少视贷款利率、期限和保险公司的经营业绩），既可以充当意外保险费，也可以返还借款人，这样借款人在还本付息总量不变的情况下，还可有一笔收入，同时还可免交意外保险的费用。对保险公司来说，则大大扩展了业务空间；对贷款银行来说，则没有任何影响，同时还有意外风险的保险。“荷兰办法”有一个关键的理解，就是将本金交给保险公司，银行是否同意。实际上，银行进行任何贷款业务，是为了赚取利息而不是本金（本金本来就是银行的，提前收回本金还是要贷出去赚取利息），银行关心的是定期收回利息，到一定期限再收回本金是完全可以接受的。而在银行的资金平衡表上，由于房子还是属于银行的资产，所以始终也是平衡的。

“荷兰办法”的思路是利用保险长期资金的增值优势（长时期的复利是按几何级数增长的），将抵押贷款的还款分解操作。除此之外，“荷兰办法”还有以

下优势：一是保险公司承诺的增值率与银行的抵押贷款利率是联动的，此消彼长，但保险公司长期资金的实际增值率肯定会超过银行年利率，如果是分红保单的话，投保人的收益就更高了；二是自动享受意外保险待遇，免交昂贵的意外保险费；三是可享受减免税待遇，许多国家对购买人寿保险在税收政策上都是非常优惠的，借款人可以节约一笔可观的费用。

三、可供借鉴的经验

荷兰作为一个欧洲小国，面积约 4 万平方公里（相当于两个北京），人口有 1500 多万，人口密度是很高的。荷兰靠围海造田，人均耕地与中国差不多，但其高效农业举世闻名。在国土面积小、人口密度大的情况下，其城市居民住房的价格比北京还低，街上也见不到无家可归者，这一切都说明荷兰的住房政策确有独到之处。在欧洲的一些国家也实行了类似荷兰的这种住房抵押贷款与寿险相结合的办法，但这一办法在荷兰运用得最为成功，这主要得力于荷兰政府在金融、保险和房地产政策上的支持。因为再好的住房抵押办法，如果没有规范的房地产市场和政策的支持也是行不通的。

（1）荷兰的住房市场十分规范，其土地登记制度起了很大的作用。每一块土地都有详细的登记，土地测量师代表了登记办公室的形象，登记费和查询费也很便宜（分别为 113 荷兰盾和 8 荷兰盾左右），在进行建房和交易时，土地和房屋的情况是完全透明的。据说 160 多年来，只发生过两起重复抵押的违法事件，都被及时制止，因此在荷兰基本没有房地产投机。

（2）在住房建设中，市政工程、配套设施的费用都是政府负责，而政府向所有的土地和房屋占有者征税，把负担分散，相应就压低了房价。专家认为，住房售价相当于一个家庭年收入的 5 倍左右比较合适。而我国的这笔费用则是向开发商一次收取，搞“一锤子”买卖，而开发商则把费用转移到买房人的头上。

（3）银行与保险公司密切合作，特别是像 ING 集团这样的银行、保险、证券、房地产业务都有的全能集团，操作起来就更为方便（当然集团外的银行和保险公司也可以互相做这类业务）。

（4）银行业务非常发达，抵押贷款业务也非常规范，银行间共有一个内部信息系统，可以随时相互查询申请贷款人的资信情况。住房抵押贷款是银行的一项重要业务，各银行都非常重视。较低的贷款利息和长时间的抵押期限是“荷兰办法”成功的关键（在荷兰，住房抵押贷款期限可长达 30 年，贷款率可达 100%），同时又抑制了房价的过快增长。

（5）私有住房是城市居民最主要的私有财产，质量是百年大计，在荷兰，到处都可以看到维护得很好的有上百年历史的房子，居民也非常爱护自己的住房。同时还有一套收费合理的物业管理制度，收费也比北京便宜很多。

（6）在荷兰，还有一个强大的社会保障系统（在欧洲许多国家，住房制度是纳入社会保障体系的），因为并不是每个人都有能力购买私有住房，许多中低收入的人还要靠租房子住，因此在荷兰有许多类似合作社的住房协会，阿姆斯特丹的住房协会已有 90 多年的历史，这些社会组织提供出租的房子，并得到政府的资助。

以“住有所居”为目标引导我国房地产业健康发展[①]

记者： 近年来，住房问题一直是人们关注和议论的焦点。这个问题也是2010年“两会”期间代表和委员们最关注的话题之一。目前，我国许多城市的房价都达到历史最高水平。房价牵动着居民的心，尤其令那些近期有购房需求的家庭不安和迷茫。当前，人们非常希望对今后一个时期的房价走势有所把握，也希望能了解房价涨跌的道理。那么，能否请您先谈谈是哪些因素造成了我国当前房价的上涨？

郑新立： 近年来房价的快速上涨，有多方面的原因并且相互影响，其中有些因素还需要继续观察分析，有些是能够看清楚的。

第一，房价呈现的V字形走势，和我国整体经济的V字形走势一致。2008年以来，为了应对国际金融危机，党中央、国务院果断决策，全面布局，在保增长的基调下，出台了以大幅度提高政府投入、大范围的产业调整和振兴、大力度的科技振兴和大幅度提高社会保障水平为主要内容的一揽子计划，取得显著成效。在许多国家经济刚刚走出负增长、前景尚不明朗的时候，我国2009年GDP实现了8%的增长目标，2010年这一回升向好趋势将继续巩固。房地产业是与国民经济高度关联的产业，在我国，房地产业2008年占CDP的6.6%和投资总额的23.8%，与房地产业相关的子行业近60个。因此，我国房地产业的走强，既得益于整体经济的较快增长，同时也为保增长做出了贡献。

第二，适时的产业宏观调控，带动房地产市场较快回暖。2008年以来，央行连续降息等宏观调控措施对房地产市场产生了积极影响。对房地产业的直接调控也以保增长为基调，财政部和央行等部门相继出台了减免楼市契税、住宅按揭优惠等措施。2008年12月，国务院办公厅发布《关于促进房地产市场健康发展的若干意见》，将加大保障性住房建设力度、进一步鼓励普通商品住房消费、支

① 本文原载于《上海党史与党建》2010年第4期。

持房地产开发企业积极应对市场变化等新政策系统化，其中包括直接支持居民住房消费的多项利好。地方政府随后相继出台了实施意见。我国部分城市如西安、沈阳制定了鼓励购房的“暖市”政策，启动购房补贴、提高住房公积金贷款的年限和限额等。厦门、长沙、成都等地也相继出台包括购房入户、税费优惠等措施。政策调控措施迅速见效，深圳、北京等城市2008年年底即现反转行情。上海、广州等大城市的住宅市场也很快企稳。2009年3月以后，全国多数城市房地产市场重回销售量和价格持续上升通道，并且房价涨幅逐月扩大。

第三，市场供需态势转换，重新推高房价。保障性和改善性的住房需求始终是市场买方主体。在2008年年底和2009年年初，随着鼓励消费政策出台和近一年的价格持续走低，2005年以来被房价持续上涨所抑制的消费需求开始快速释放，启动了新一轮购买热，随之引起市场预期的变化。到2009年下半年，由于住房市场需求势头逐渐增强，房价持续快速上涨，更多居民家庭产生了房价将持续走高的预期，决定及早或提前购房。2009年央行公布的四季度城镇储户调查显示，45.9%的居民认为房价将上升；中央电视台财经频道去年12月公布的一项网络调查显示，60多万名参加者中，70%以上相信城市房价将继续上涨。

在住房需求态势的变化中，通常所说的刚性需求在逐年增加。这主要体现在以下几个方面：一是城市新婚夫妇的购房需求旺盛，其中包括我国实行独生子女政策后出生的一代人进入婚龄，他们的父母往往倾两家之财力尽早为小两口购买新房；二是随着城市化进程加快，迁徙和新增就业的购房需求增加，并且集中在大城市，包括多年前从农村进城的经商务工者中，也有部分人用积蓄在市区或城郊购房安家；三是为保增长而加大的政府投入，很大一部分用在城市基础设施建设、公共服务设施建设和加快旧城改造等领域，由于用地原因使拆迁户和城郊“农转非”居民大量增加，产生即期购房需求。这些因素之外，当然还有相当多的个性化刚性需求。而且，刚性需求释放以支付能力的提高为前提。需要明确的是，市场价格对供需变化的反映比多数人的预测更灵敏，有支付能力的住房消费需求扩大，必然导致房价上升。

第四，投资性的住房需求明显升温，推动大城市和特大城市的房价迅速攀高。投资性需求中包括以买房保值增值、避免通货膨胀风险的购房者，也包括希冀短期内获利的投机性资金。投机资金的进入达到一定速度和比例，就会导致房价上升过快，产生地产泡沫。市场经验认为，投资性购房比例在15%以下是较为健康的，当这一比例超过30%，就应引起警惕。在国际上，由房地产泡沫破裂引发社会震荡和经济衰退的先例不少，足以引为警戒。

第五，房地产业的外部制度环境，主要是农地制度和地方财政制度对房地产市场有很大的间接影响。比如，现在广泛存在的“小产权房”问题，住宅用地交易实行招拍挂后，带来的超额收入归属和使用问题等，都给不同的市场主体带来相当程度的潜在影响。

记者：其实，我国房地产市场在 2005 年、2007 年都出现过价格“飙升”问题，那么，这是否与产业发展的阶段特征有关呢?

郑新立：我国房地产市场出现的价格飙升问题既与产业的阶段特征有关，也和外部制度环境有关。一方面，在一个新兴的发展迅速的市场环境下，投机性的资金总是比较活跃。其次，我国的城乡差别大，城市化进程滞后，直辖市、省会城市具有很强的先发展优势。户籍壁垒松动以后，青年人和富人向大城市移居的趋势不断加强，有经济实力的家庭纷纷跨省到特大城市置业。在我们这样一个 13 亿人口的大国中，越来越多的富人集中涌向少数特大城市，对当地房价的影响将会是长期的。另一方面，我们也要看到，房价变化是市场经济条件下的正常现象，在市场的不同发展阶段和特定时期，幅度有时大有时小。但是，脱离真实需求的过快、过大波动不是正常现象。这次国际金融危机，很大程度上起自美国的房地产业坏账。在市场经济发达，法律体系相对完善的国家，尚有如此大的制度缺陷和监管漏洞，就更加警示我们，作为新兴市场经济国家，风险同样存在。

记者：那么，在社会主义市场经济条件下，我国房地产业应该坚持走一条什么样的道路?

郑新立：从我们的国情和改革阶段上看，我国房地产业正处在市场快速成长、情况错综复杂的时期。因此，出乎预料的市场涨跌带有一定的必然性，但这不是放任市场盲目性的理由。房价上涨过快潜伏着很大的危机，对国家、企业和消费者都不利。我国作为社会主义国家，必须保护好最广大人民的利益。保民生，就是首先满足居民的衣食住行和医疗教育文化各方面的基本需要。对此，政府具有不可推卸的责任，要立足中国经济社会发展阶段的特点和人口资源条件，正确发挥政府和市场的作用，进行适时适度的宏观调控，建立符合国情的住房政策体系。

我国房地产业的发展，必须以满足广大人民的住房需求、实现党的十七大提出的“住有所居”为目标，房地产市场不能成为“第二股市”，变为投机和炒作的对象。在这方面，我们要汲取日本、中国香港房地产泡沫的教训，学习借鉴新加坡、德国、荷兰等国通过稳定房地产市场促进经济稳定发展的经验，走出一条房地产业持续、平稳、快速发展的道路，从而成为支撑国民经济增长的持久不衰的支柱产业。

市场经济需要进行宏观调控，这是由市场经济自身的客观规律决定的。在市场经济条件下，生产要素的配置主要靠价值规律的运动，它反应灵敏，效率高。

但是市场有自发性、盲目性的缺点。有关宏观经济总量、经济结构、收入分配、社会保障等方面的问题，必须依靠宏观调控来弥补市场的失效，克服市场自身的缺点。同时，市场要正常地发挥调节功能，有赖于稳定的经济和社会环境，如果出现大的经济波动，物价忽高忽低，经济杠杆就不能正常发挥作用。宏观调控的必要性，也已为发达市场经济国家和新兴工业化国家的经验所证明。

记者：我国从 1998 年启动住房分配货币化改革以来，房地产业有了突飞猛进的发展，住房市场逐步建立。那么，在这项改革过程中具体积累了哪些经验?

郑新立：在我国住房市场的建立和成长过程中，一直伴随着政府的宏观调控。我国住房制度改革起步较早，但是真正取得突破，走上住房分配货币化的道路，是在 1998 年以后。短短十余年，不仅在满足居民住房需求方面获得以往难以企及的成就，而且在探索健康发展房地产业的改革道路上积累了经验，主要可以归纳为以下几个方面。

第一，市场配置资源的基础性作用已经基本确立。1999 年终止住宅福利分配制度后，市场主体出现转折性的变化，居民个人购买住房的比例迅速上升。到 2007 年年底，城镇住宅市场化率 70% 以上，居民个人购买新建住宅比例超过 95%。个人需求带动了房地产市场，2008 年，商品住房投资占城镇住宅投资的 85%，年竣工量 6 亿平方米。

第二，房地产业持续快速发展。1990—2000 年，我国房地产业占 GDP 的比重，始终在 1.7%~1.96% 徘徊，住房制度改革取得突破后，这一比重即开始上升。2007 年超过了 5%。2007—2009 年房地产业增长速度分别是 30.2%、20.9%、17.8%（前 11 个月），居各行业增长速度前列。2009 年前 11 个月，房地产业完成投资 31271 亿元，是 2000 年的 6.38 倍。

第三，改善了城镇居民的居住条件。1978 年，我国城市人均居住面积 6.7 平方米，到 2000 年为 10.3 平方米。由于历史欠账多、人口增长快和住房制度改革滞后等原因，这期间城镇居民居住条件改善缓慢，人均每年提高不到 0.2 平方米。2001 年以后，统计口径改为人均居住建筑面 积。到 2008 年，城镇居民人均居住建筑面积超过 28 平方米。近十年改善速度明显加快，人均每年提高约 1 平方米。

2005 年以后，国家还加大了保障性住房建设力度。2007 年，国务院发布《国务院关于解决城市低收入家庭住房困难的若干意见》，提出住房保障制度的目标和框架。2008 年,《政府工作报告》要求抓紧建立住房保障体系；2009 年又提出，争取用三年时间，解决 750 万户城市低收入住房困难家庭和 240 万户林区、垦区、煤矿棚户区居民的住房困难问题；2010 年《政府工作报告》提出，继续大规模实施保障性安居工程，中央财政拟安排保障性住房专项补助资金 1632 亿元，建设保障性住房 300 万套，各类棚户区改造住房 280 万套。目前，我国所有城市已经建立了廉租房制度。2009 年，保障性住房建设有新进展，380 多万户低收入家庭解决了住房困难问题。

第四，运用宏观调控引导房地产市场健康发展。我国改革过程中不断出现新问题，包括比较尖锐的矛盾，可以说具有规律性。房地产业最突出的问题是城市房价上涨过快，针对性的宏观调控始终没有放松。2005 年，国务院办公厅发出《关于切实稳定住房价格的通知》，明确提出要采取措施抑制住房价格过快上涨。随后七部门联合出台了八项措施组合调控楼市，2006 年楼市涨幅放缓。此后又经历了 2007—2008 年的涨跌波动。进入 2009 年以来，在市场主体的博弈之中，新的涨价高潮以更猛烈的态势出现，宏观调控面对着更为紧迫和复杂的局面。

当前，在城市尤其是大城市，房价的上涨幅度远远超过了居民收入的增长速度。房地产市场能否持续、平稳、快速发展，很大程度上取决于能不能运用适时适度的调控，抑制上涨过快的房价。就市场运行规律而言，它本身具有负反馈机制，价格快速上涨的同时，既刺激供给，又抑制需求，所以房价不可能一味地加速上涨。宏观调控如果能够踩准市场的变化节奏，运用经济手段，借助市场的力量，则事半功倍。

记者：我们注意到，温家宝总理在 2010 年《政府工作报告》中专门就房地产市场发展做出了明确的规定，提出“要促进房地产市场平稳健康发展。坚决遏制部分城市房价过快上涨势头，满足人民群众的基本住房需求”。那么，今后一个时期内究竟该如何引导我国房地产业的健康发展呢?

郑新立：党的十七大以来，加快转变经济发展方式、完善社会主义市场经济体制，成为我们党和政府的一项重要任务。从全局和长期看，深化各方面的配套改革，是房地产市场的“治本”之策，如加快政府职能转变，减少和规范行政审批，建设服务型政府。如金融、财税体制改革，投资体制改革，土地管理制度和房地产管理制度的改革，等等。具体到当前的完善住房消费政策，调控房地产市场，2009 年 12 月召开的中央经济工作会议就指明了方向。会议指出，提高宏观调控水平，保持经济平稳较快发展。要继续实施积极的财政政策和适度宽松的货币政策，把握好政策实施的力度、节奏、重点。会议还指出，要支持居民自住和改善性购房需求，加大农村危房改造支持力度。加强廉租住房等保障性住房建设，支持棚户区改造。从会议所传达的精神中可以看到，调控的重点日趋明朗。随后，国务院常务会议专门做出部署，继续综合运用土地、金融、税收等手段，加强和改善对房地产市场的调控。重点是在保持政策连续性和稳定性的同时，加快保障性住房建设，加强市场监管，稳定市场预期，遏制部分城市房价过快上涨的势头。最近，温家宝总理在今年“两会”期间所做的《政府工作报告》进一步提出“促进房地产市场平稳健康发展”，并提出四项措施坚决遏制房价过快上涨势头，满足人民群众的基本住房需求。这四项措施是：一是继续大规模实施保障性安居工程；二是继续支持居民自住性住房消费；三是抑制投机性购房；四是大力整顿和规范房地产市场秩序。

记者：实现以上目标，从宏观调控方面来看，政府将采取哪些调控措施？

郑新立：一是继续增加保障性住房的供给，把保障性住房建设放在房地产业发展的重要位置。这具有切实保障民生和平抑商品房价格的双重意义。2009 年，国家下达的保障性住房投资计划 1676 亿元，其中中央投入 493 亿元。由于地方配套资金不到位和征地、拆迁进程慢等原因，到 8 月底仅完成计划的 23.6%。作为对策，四季度新增的 1000 亿元中央投资中，有 75 亿元用于保障性住房建设。今年，保障性住房投资一定会全面加速，全国计划建设 180 万套廉租房、130 万套经济适用房（今年《政府工作报告》提法：建设保障性住房 300 万套）。2009—2011 年，国家将完成 9000 亿元的保障性住房投资。要加快完善保障性住房制度，包括建立享受廉租房和经济适用房的家庭收入标准、两类保障性住房的面积标准和保障性住房退出机制。使人的一生随着收入水平的提高由住廉租房、经适房到商品房逐步调整，每个人都能住上与自己收入水平相适应的住房。

二是增加中低价商品房的供应，首先满足居民自住需求。住房建设结构偏重于大户型、高档次等利润率高的品种，是长期存在的问题。早在 2003 年，国土资源部就通知要求停止别墅类房地产开发项目的土地供应。2006 年 5 月国务院办公厅转发建设部等部门关于调整住房供应结构稳定住房价格意见的通知，其中规定新审批、新开工商品住房建设，套型建筑面积 90 平方米以下的比例需占开发建设总面积的 70% 以上。此后小户型的住宅供应比例上升。但是，离达到规定目标还有距离。2007 年 8 月，建设部对全国 40 个重点城市统计，批准预售商品住房中，套型建筑面积 90 平方米以下的面积比例由上年的 19.2% 提高到 24.7%。套数比例由 32.1% 提高到 39.0%。今后随着调控力度加大，会把更多的资源用于首次置业的中低档住宅需求者。

三是从规范市场秩序入手，加强用地监管、信贷发放监管、住房交易监管，改善住房消费环境，继续鼓励居民消费。从政策目标看，增加土地供给，减免税收和房贷优惠的出发点都是刺激大多数居民的自住需求，让平民安居乐业。但是政策目标往往因缺乏全程监管而打折扣。例如，2006 年，国土资源部规定将住宅小区容积率低于 1.0，单套建筑面积超过 144 平方米的住宅项目列入限制用地范围。但是开发商拿地后擅自变更项目的问题比较严重。经济适用房用地上建起商品房，危房改造用地上盖起商业房，科研用地上的建筑变身成为商品住宅楼等等，屡见不鲜。这说明迫切需要加强对房地产开发建设全过程的监管。执法部门相互配合、加大力度以后，必然有利于未来的市场稳定。

四是运用土地、金融、税收等政策工具，抬高住房投机成本，遏制投机性购房。可以从三个方面判断投机性购房比例是否偏高，其一，从住房价格的租售比例来看，一般认为每平方米的平均月租金与每平方米的平均房价 1200~1300 元是合理的区间，过高即说明存在市场泡沫。2009 年 1—10 月，北京、上海、深圳、杭州等城市的租售比都已超过 1400。其二，从住宅的空置率上看。一般认为空置率 5%~10% 比较合理，超过 20% 就是危险现象。其三，看房价和收入比。住房价格和家庭年收入之比在 3~6 倍为合理区间。据统计，北京 2009 年 8 月的房价收入比已经达到 27 倍。种种迹象表明，2009 年投机性购房有所加剧。

投机需求旺盛造成市场供不应求和房价的过快上涨，使真实需求受到挤压，而且还会威胁到国家经济结构和金融的安全。因此，抑制住房投机一直是我国住房政策的内容。从国际经验看，在住房保有环节运用税收调节，对抑制投机有效。更多地借鉴国际经验，有助于更坚决地遏制房地产投机。

五是要强化地方政府在稳定城市住房价格方面的责任，体现执政为民的要求。如果为了地方政府可支配财力的增加而放任本地住房价格上涨，这实质上是饮鸩止渴的行为。它不仅加重居民购房负担和居住成本，而且将恶化本地投资环境，最终将制约本地经济发展。

总之，在中央政策精神的指引下，不断研究新情况，积极探索新办法，完善市场体系和政策体系，我国房地产业的发展形势会越来越好，党的十七大提出的实现全体人民“住有所居”的目标一定能实现。

改善居民出行条件

20 世纪汽车工业应成为支柱产业[①]

一、振兴汽车工业的时机已经成熟

中华人民共和国成立以来，我国汽车工业从零起步，到 1988 年，达到最高年产量 64.47 万辆，形成了以年产 10 万辆“东风”和 8 万辆“解放”的中型卡车为主体的汽车工业体系，为发展我国交通运输事业建立了不朽功勋。然而，汽车的产量和品种远远未能满足经济、社会发展的需要。1950—1988 年，我国累计进口汽车 130 万辆，用人民币 365 亿元，其中进口小轿车 2.8 万辆，用人民币 42 亿元。仅 1981—1988 年就进口汽车 59 万辆，用人民币 231 亿元，约相当于同期石油出口收汇的 1/3。在现有民用汽车 480 万辆保有量中，进口车达 136 万辆，占 28.3%。进口车特别是进口轿车充斥国内市场，不仅使大量外汇外流，而且伤害了民族自尊心。

30 多年来，汽车工业随着国民经济的波动，也经历了“三上三下”的曲折道路，而且每一次波动的幅度，都超过了同期国民经济的波动幅度。进入 90 年代，汽车工业又一次在市场疲软的打击下出现了滑坡。“八五”时期汽车工业到底应该加快发展，还是应该限制？怎样规划 90 年代汽车工业的发展目标？发展汽车工业应该走什么样的道路？这些问题需要认真研究。

我们认为，尽管当前经济上面临着一些困难，但总的来看，汽车工业上水平、大发展的基础条件已经具备，20 世纪 90 年代汽车工业应当发展为国民经济的支柱产业。这主要是基于以下几点认识：

首先，我国工业经济目前正处在一个结构转换时期。一方面，40 年来形成的以中低档产品为主的工业产品结构要向以中高档产品为主的结构过渡，通过产品的升级换代，实现结构的高级化。另一方面，我国在某些高科技领域所拥有的优势急需产业化，形成一些高技术产业，并用高技术和高技术产品，改造并武装传统产业，从而带动产业结构的升级。实现这两个转换，需要抓住一批市场容量大、有发展前景的合适产品，集中力量加以发展，汽车就是一种理想的产品。它既是

① 本文原载于国家信息中心《专题研究报告》1990年第74期，《汽车工业研究》1992年第3期，与沈荣合写，有改动。

一种传统工业产品，带有传统的生产技术特点，又容纳了现代技术成果。发展汽车工业，能够带动一大批中低档工业产品的升级，同时又为电子技术、新型材料技术和现代冶炼、化工、加工技术找到应用领域，进而带动整个工业结构的转换。

其次，发展汽车工业是解决运力不足问题的当务之急。随着商品经济的发展，客货运输任务急剧增长。1979—1989 年，尽管货物周转量增长了 1.6 倍，年均增长率达到 9.1%，仍远远满足不了经济发展的需要。实现 20 世纪 90 年代经济增长的目标，运力不足仍然是主要矛盾之一。由于铁路建设投资大、周期长，近期难以有大的发展；扩大水路和航空运输又受到诸多限制。相比之下，公路运输具有投资见效快、适应性强、快速直达、成本较低等特点。因此，加快发展公路运输，是缓解运输紧张矛盾的主要途径。近几年一些落后地区经济开发的经验也证明，把公路修通是脱贫致富、发展生产力的首要条件。从国际上看，公路运输大有代替铁路运输的趋势。我国 1988 年旅客周转量和货物周转量构成中，公路运输分别占 43.6% 和 13.5%，这个比重远低于发达国家，应当大大提高。而公路运输的发展，必须以汽车工业的发展为前提。

再者，汽车是附加价值高的社会最终产品，能够成为回笼货币能力强的商品和出口拳头产品，因此，汽车工业的发展能够促进国民经济的良性循环。汽车既是生产资料，又是消费资料。全世界每年生产 4000 多万辆商品车，在世界贸易总额和许多发达国家的国内商品销售中，汽车都居第一位，是名副其实的世界第一商品。我国到 1988 年为止，私人汽车拥有量已达 60 万辆，占民用汽车拥有量的 13%。到 1989 年年底，全国居民个人金融资产已达 7600 多亿元，向居民提供什么商品以回笼货币，是需要认真研究的战略性问题。缺乏群众乐意购买的、回笼货币能力强的商品，市场就难以稳定，居民收入只能长期被压在较低的水平上，生产与消费之间的良性循环和相互促进作用将受到阻碍。汽车作为回笼货币能力极强的商品，成为个人生产和消费资料实属必然。利用我国劳动力成本低的优势，汽车还可以发展为出口拳头产品，从而提高我国出口产品的加工深度，改变中国出口商品的形象，实现外贸的扭亏增盈。

最后，我国钢铁、石油、化工、机械、电子工业已具有相当强大的生产能力，为汽车工业的振兴奠定了雄厚的基础。以每万吨钢产量所支撑的汽车产量相比，我国为 1∶94，即每 1 万吨钢产量只生产 94 辆汽车，而美国为 1∶1232，日本为 1∶1334，西德为 1∶1250，法国为 1∶1970。我国主要工业原材料和能源的产量已居世界前列，而工业产值却排在第 10 位以后，只及发达国家的 1/4~1/5，究其实质是缺乏技术含量高的产品，其中汽车工业落后就使我们比发达国家每年少 1000 多亿美元的产值。与汽车工业的落后形成鲜明对照的是，我国金属切削机床年产量和拥有量均居世界首位，总加工能力已超过了钢材和有色金属产量而大量闲置。如果能把生产这些中间产品的原材料和积极性用于发展汽车生产，其经济效益将大大提高。由于汽车工业波及效应大，吸收就业能力强，发达国家每6个就业人员中就有一个与汽车业有关，因此，发展汽车工业将能带动我国冶金、石油、化工、机械、电子、仪表、公路等相关产业的发展，有利于扩大社会就业，提高社会效率。汽车将会成为一个有力的杠杆推动社会的前进。

改革开放前的30年，我们曾把钢铁、煤炭、电力作为带头产业，改革后10年实际上又把消费品工业作为带头产业，对我国经济的发展都产生了深远影响，做出了历史贡献。20世纪90年代，我们应当把汽车工业作为新的带头产业之一。当年法国、日本都是在战后最困难的时候发展汽车工业的。当前我们发展民族汽车工业，将能起到振奋民心的作用，有利于我们走出经济困境。

二、“八五”期间汽车需求量预测

根据过去30多年的数据，汽车保有量年增长率为12.1%，同时工农业总产值年均增长8.6%。通过建立汽车保有量与工农业总产值之间的回归模型计算，工农业总产值每增加100亿元，汽车保有量相应增加3.05万辆。从弹性分析看，工农业总产值每增长1个百分点，相应汽车保有量增加1.43个百分点。

“八五”时期工农业总产值若保持8%的发展速度，汽车需求以略高于前三十几年的相对速度增长，测算1995年的民用汽车市场需求量为80万辆，年增长率为9.8%；汽车保有量达到900万辆。

固定资产投资规模对汽车需求也有重要影响。利用历史数据进行回归分析表明，固定资产投资每增加100亿元，汽车保有量相应增长13万辆。“八五”期间固定资产投资规模年增长率按8%计算，则验证1995年的汽车需求量和保有量与上述测算相近。

综合预测，“八五”各年度民用汽车市场需求量及汽车保有量如表1所示：

表1　“八五”各年度民用汽车市场需求量及汽车保有量

单位：万辆

时间	新增需求量	保有量
1991	55	603
1992	60	667
1993	65	722
1994	70	804
1995	80	910

预计“九五”期间汽车的年需求量将比“八五”期间有更快的增长，2000年汽车需求量有可能达到140万辆，汽车保有量可达150万辆，平均每百人拥有汽车1.17辆，比1990年的每百人0.5辆提高1.3倍。

在需求结构变动上，将呈现以下趋势：

1. 载重汽车，特别是大吨位车的需求量将明显增加，乘用车的需求逐步回升

“八五”期间，能源、交通运输、农业等部门将得到重点扶持，投资比重有所增加，对汽车的需求也将增加，而且会集中在大吨位车和为农机配套、农业运输的载重汽车上。更新用车大部分集中在中吨位车上。客货两用车和微型货车的需求增长将趋缓。随着旅游业的回升，各种旅行车、高中档大客车的需求将逐步回升。城市公共交通用车在更新和新增双重需求增加作用下，市场需求将明显增加。社会集团购车增长不会很大。这样，“八五”期间除小轿车外的其他乘用车市场将保持平稳增长趋势。与产业结构调整的方向相适应，汽车需求结构依次为：中型载重车、重型载重车、轻型车、乘用车。各种汽车的需求情况如表2所示：

表2　“八五”期间我国汽车需求结构预测

单位：%

品种	载重车	其中：	重型	中型	轻型	微型
构成比例	65.2		2.4	30.2	25.4	7.2
品种	客车	其中：	大客	旅行车	轿车	吉普车
构成比例	33.8		8.5	11.2	9	5.1

2. 在地区需求结构和购买者的方向上，沿海地区和农村、乡镇企业仍为重要的销售市场

1988年和1989年华东、中南两个地区的汽车销量占全国总销量的一半以上。预计“八五”乃至“九五”期间，该地区对汽车需求的增长将继续超过内地。“六五”期间，我国农村汽车平均每年增加5.8万辆，增长率为25.6%。目前平均每万亩耕地只有2.9辆，每个乡平均8辆。农村这个有着巨大潜力的市场刚刚兴起。乡镇企业在20世纪90年代仍将保持强劲的增长势头。汽车运输是乡镇企业的主要运输方式，对汽车的需求将继续以较快的速度增加。个体户购车的势头仍然很旺。在长江三角洲、珠江三角洲、胶东半岛和部分城市郊区，农民人均收入已超千元，万元户以至10万元户纷纷出现，不少家庭已具有购买汽车的能力，有的农民甚至在建房时就预留好车库。

3. 各类专用车将成为热门货，市场潜力大

专用汽车与普通车相比，运输效率高、成本低、装卸方便、能保持货物的质

量，很受用户欢迎。如救护车、水文计量车、电力维修车、勘探车、运钞车、电讯车、巡逻车、囚车、路政车、环境监测车、封闭厢式货车等，能满足用户的各种特殊需要，市场前景很好。

我国重型车短缺的主要矛盾表现为重型专用车短缺。在保有的 34 万辆重型车中，专用车仅占 30%（发达国家专用车一般占 70%~80%），其中进口专用车又占 70%。冶金、石油、林业、建材、煤炭等系统是使用重型专用车较多的部门。以建材为例，国家要求 1990 年水泥运输的 40% 要达到散装化，急需一定数量的散装水泥车。目前我国生产的重型专用车品种只有 70 余种，远远不能满足要求。

4. 轿车市场“八五”将开始出现转机，“九五”需求量将大增

目前轿车市场的萎缩是行政干预的结果，市场的实际需求被压抑和扭曲了。今后，轿车需求将逐步增加，需求结构将会明显改变。办公用车的膨胀势头将受到抑制，需求量将基本限制在更新的范围内；出租车的需求将逐步扩大；家庭需求将会增加。目前办公用车数量过大，连同司机、油料、维修开支在内，一年财政要负担约 400 亿元。如果继续把轿车生产放在主要满足办公用车上，财政将无力负担，受需求制约，生产也不可能有大的发展。而中低档的出租车和家庭用车将成为重点发展对象。据统计，1988 年，全国城镇户均收入超过 7000 元的已占 4.76%。深圳市 1987 年户均收入即超过 8000 元，广州户均 7000 元，上海户均 4900 元。一般来说，年收入超过 10000 元的户，即已具备购车能力。全国城镇约 5500 万户，其中年收入超过万元的户若达到 1%，就有 55 万户具备购车能力。据国家统计局城镇家计调查，被调查户中有 23% 的家庭提出 2000 年以前购买轿车。目前北京市已有私人轿车 5000 多辆，约占市区总户数的 0.4%。看来私人拥有轿车的趋势已不可挡，应及早研究管理政策，因势利导，使之纳入社会、经济的良性循环之中。

三、按经济规模和专业化协作原则改组现有汽车厂

汽车工业是一个规模经济效益非常突出的产业。一般来说，一个轿车生产厂的经济规模为年产 30 万辆，低于 30 万辆，其产品在国际市场上就没有竞争力。我国现有汽车制造厂和改装厂 757 家，比美国、日本、西欧等世界主要汽车生产国的所有汽车厂家的总和还要多。除一、二汽两家外，年产能力上万辆的只有 6 家，年产数百辆、上千辆的 90 多家。这种分散、落后、小规模的生产方式，违背现代化大生产的规律，不可能取得好的经济效益，更谈不上什么国际竞争力。

汽车工业又是一个社会化程度非常高的产业。一个工厂往往只生产一个或几

个零部件，在总装厂的周围，有几百家工厂为其配套，从产品到工艺都实现了高度专业化。在汽车跨国公司，一辆汽车的零部件分散在几个国家生产。由于分工很细，所以劳动生产率很高。我国汽车工业的分工水平比较低。由于生产整车利润高，各个厂都想生产整车，资金难以集中，技术、质量和劳动生产率难以提高。这是制约我国汽车工业发展的顽症。

在治理整顿期间，应采取果断措施对汽车行业进行专业化改组，按经济规模和经济原则组织社会化大生产，为 90 年代振兴汽车工业奠定了组织基础。

在产品设计和工艺技术上，应努力做到关键部位和关键生产工序采用最先进的设计和技术，以保证产品质量、性能，特别是发动机。一般部位和生产工序，应按照价值工程采用适宜的设计和适用技术。不追求豪华，但要讲究节约、耐用，在保证质量的前提下，生产过程的自动化程度不一定要求很高，适当降低其有机构成，以适合我国国情。对关键技术和关键零部件，要组织国内技术力量进行攻关，积极消化吸收引进的技术，提高国产化率。

汽车工业要发展，必须努力降低成本，坚持薄利多销的原则。日本丰田公司在 20 世纪 50 年代初创业时，汽车零售价低于成本，当销售量扩大，生产批量大幅度增加时才有利润。相比之下，我们的生产成本很高，利润率又达 30% 以上，这是我国的汽车热屡兴屡衰的关键所在。利润率过高，引起各地蜂拥而上，一旦需要压缩，必然首当其冲。除行政手段外，应通过价格竞争，迫使那些不具备经济规模的小厂接受兼并，变成零部件配套厂，实现专业化协作，进而提高生产率，降低成本和扩大销售。

四、加快汽车相关产业的发展

汽车工业是大量消耗钢材的部门，而且主要是消耗 0.6~0.9mm 的钢板。这正是目前国内的短缺品种。汽车工业的发展将促进钢材品种结构的调整和质量的提高。但近期内进口薄钢板的局面难以根本改变。与其进口汽车，不如进口钢板自己制造，这对促进国内工业的发展、扩大就业、提高宏观经济效益更有利。

发展塑料汽车，用玻璃钢或钢筋塑料代替钢板，能大大减轻汽车自重，降低燃料消耗；改变传统的生产工艺，省去冲压设备，大大节省建设投资，除发动机和底盘外，车体制造和总装可相对分散建厂，充分发挥我国劳动力资源丰富的优势，在短时间内把汽车产量搞上去。因此，这应当作为一项重要的技术政策和发展方向。近几年，国内外一些汽车厂家积极进行有关试验探索，国内技术已处于领先地位，国家应予以扶持。

汽车拥有量的增加，势必增大燃料供应的压力。国外产油的工业化国家汽车用油占石油产量的比重一般都在50%~60%，我国仅占12%。日本、法国、德国、意大利等国家不产或很少产石油，主要靠出口汽车进口油。我国石油资源探明的储量并不很多，作为长远战略应通过汽车出口替换原油出口的收汇额，逐步减少石油出口。国内油料价格应提高到与国际市场相同的水平，以利于能源的节约。

我国公路的平均载车率低于发达国家，目前之所以拥挤，许多是管理上的原因。汽车工业的发展要求公路建设有一个大的发展。应当是先有车、后有路，修路的费用应主要来自汽车的燃料、轮胎税。如日本公路建设资金的74%靠汽油税和轮胎税。我国则把公路建设的部分费用打在汽车售价中。汽车的燃料、轮胎消耗多，占用公路的时间就长，应当为公路建设多投入资金。国外公路的大发展一般总是在汽车大发展的五年之后。我们也应采用国外通用的办法为公路建设集资。

汽车工业是高投入、高产出的行业，建厂的一次性资金投入要求很多。应采用合资、合作的办法，让出部分国内市场，以吸引外资。只要产品能出口一部分，外汇收支能自我平衡，对我有利的方面就是主要的。目前已形成的几家中外合资企业，在财政、金融双紧政策下都面临着一些困难，政府应积极协助解决，坚持办好。通过十年奋斗，争取到20世纪末，使汽车工业成为国民经济中的支柱产业。

以满足住行需求带动经济增长[①]

——答《中国经济导报》记者胡跃龙问

人类为了生存和发展而产生的消费需求，是经济发展的原动力。只有努力满足人民不断提高的物质文化生活需要，才能保持经济的持续快速增长。在我国经济实现十几年持续快速增长的今天，如何将这一发展势头保持下去，是目前全社会广为关注的重大现实问题。记者日前就此采访了经济学家、国家计委政研室主任郑新立。

一、尽快启动两大发动机

谈到消费对经济增长的重大作用，郑新立指出，改革开放以来，我们围绕解决人民的温饱问题，满足人民吃穿用的需要，在农村实行了土地承包政策等一系列改革，对轻纺工业实行了“六个优先”的鼓励政策，放开了价格，粮食、副食品、纺织、服装和耐用消费品大幅度增产，使我们一举告别了短缺经济，吃穿用的商品绝大部分已供过于求和供求平衡。随着买方市场的出现，居民的消费水平和生活水平都进入了一个新的阶段，这就是在继续提高人民吃穿用的消费水平的同时，经济发展的主攻方向要转到满足人民对改善住行条件的需求上。能不能适应居民消费需求的变化并适时地从生产上加以调整，能不能为这一转变创造良好的体制和政策条件，关系着1997年出现的“高增长、低通胀”的良好发展势头能不能长期保持下去，关系着跨世纪奋斗目标的实现。

住和行的消费与吃穿用的消费相比，有着更为广阔的空间，对经济的拉动作用更大更持久。如果说吃穿用的消费品和服务价格是以十元、百元、千元计，那么住行消费品和服务的价格往往要以万元来计。在发达国家的居民消费结构中，用于吃穿用和汽车、旅游、住房的消费大体各占1/4，而且随着消费水平和不动产价格的提高，用于旅游和住房的消费比重呈上升趋势。如果把这四部分比作推

① 本文原载于《中国经济导报》1998年2月11日。

动经济增长的四个发动机，那么我国现阶段真正启动的发动机只有吃穿用这一个。主要靠这个发动机的作用，推动了改革开放 20 年来经济的快速增长。如果能够围绕改善居民住行条件，把市场启动起来，必将为未来十几年以至到 21 世纪中叶我国经济的持续快速增长提供强大的动力。

二、发展住宅关键抓房改

郑新立认为，城镇住宅业是最有希望成为新的经济增长点的产业，因为广大居民迫切希望改善居住条件，而且我们又具有发展住宅所需要的物质资料。目前最大的阻碍是体制和政策没有理顺，住宅商品化进展缓慢，各种乱收费把住宅价格抬得很高，而分期付款和银行抵押贷款制度又没有建立起来，住宅市场尚未形成。因此，一边是大量的住房困难户，一边是积压的空置房不断增加。加快城镇住房制度改革，已成为发展城镇住宅业的关键。

三、发展交通关键在筹资机制

郑新立说，与发达国家相比，我国的交通等基础设施非常落后。目前我国正处在消费转型时期，旧的消费热点已经消失，新的消费热点尚未形成；青壮年劳动力在人口中的比重较高，而且由于改革、结构调整和技术进步等因素，富余劳动力比较多。这正是集中财力、人力把基础设施搞上去的黄金时期。但基础设施建设也不能过分超前，当前重点应当放在铁路和公路建设上。要建成全国的高速公路网，形成现代化的综合运输体系。同时要完善通信体系。通信与交通有着一定替代关系。发达的通信可以减轻交通的压力。发展铁路、公路，关键在于筹资机制。20 世纪 90 年代以来试行的允许中央、地方和企业联合修路，运用 BOT 和转让经营权等筹资建设方式，都是非常有效的。

在分析了住和行之后，郑新立说，住宅和交通的发展，具有很大的关联性，必须在互相依托、互相促进中得到发展，需要统筹规划，同步实施。因为人们的居住和活动范围取决于交通工具的现代化程度。如果有方便、快捷的交通条件，住宅就没有必要集中建在市区。发达国家城市的工商业区和住宅区总是分离的。这可使城市布局大大改善，既有效避免了市区地价和房价过高，又可改善居住环境。目前北京市三环路以内的房价高达每平方米 6000 元，而郊区的房价只有 2000 元左右，这个差价正可以用于交通建设。如果在郊区建立起环境幽雅的住宅区，并用轻轨和高速公路与市区连接，人们就会自动选择住在郊区，市区过高的房价就会自然与郊区拉平。如能把住房建在山上，还可节约耕地。

四、计划部门要做好需求管理这篇大文章

郑新立指出，以改善居民住行条件拉动经济增长，是现阶段我国经济社会发展的客观要求，对支撑经济增长、改善人民生活、缓解就业压力、优化投资环境等，具有重要意义。城镇住宅业和交通运输业的振兴，必将带动建筑材料、施工机械、运输设备、服务修理等相关产业的发展，并进一步刺激市场需求和经济的繁荣。计划部门应为住宅和交通的发展科学规划，协调好建设、运营、出售、消费等方面的关系。通过做好这件事，推动计划管理职能的转变。也就是说，为了适应市场经济的要求，应当更加重视和改善对需求的管理。不仅要管好总需求，而且要把握需求结构的变化趋势；不仅要研究潜在需求，还要研究如何使潜在需求变为现实需求。要通过对国民收入分配的调节和消费政策的引导，保持旺盛的现实需求，以实现经济的持续快速增长。随着我国人民收入水平的不断提高，用于住行的消费将不断增加，最终必将大大超过吃穿用的比重。计划工作者应当站在时代发展的前列，具有超前意识，以不断满足新的消费需求，把我国经济增长的巨大潜力释放出来。

行以车便　城以车兴[①]

交通工具是人类社会文明进步的重要标志。交通工具的进步改变着人们的时空观念，决定着社会生产的效率。作为一个现代化城市，拥有发达的交通体系是一个基本条件。中国正处于工业化、城市化加速发展的阶段，城市出现交通堵塞现象，是难以避免的。关键在于城市建设的规划和管理者能否具有超前意识，深谋远虑，妥善解决城市交通和布局问题。

发达国家解决交通问题的办法，为后发展国家提供了可以借鉴的经验。一般来说，不同时代适应不同的交通工具而形成的交通设施和城市布局，既赋予了各个城市以特有的风格，又为我们现今搞好城市规划提供了不同的思路。像纽约这样工业化早期形成的城市，建筑物高度密集，只能以发达的地铁系统来输送人流。像洛杉矶这样在汽车时代形成的城市，就以高速公路为主，形成小集中、大分散、区块分工的城市群。作为20世纪80年代新兴城市的休斯敦，驱车市区，找不到传统观念上人如潮涌的城市中心，常常是驶入一片绿树丛中，才看到一栋现代化建筑，整个城市犹如建立在森林之中。美国人说："住在纽约，汽车是累赘；而住在洛城和休斯敦，离开汽车则无法生活。"在规划我们的城市的时候，应当考虑现代交通工具可以给城市布局带来的变化，千万不要在老市区再增加建筑密度，以扩大人们的生存空间，改善生活质量。比如，在城市郊区依山傍水的地方兴建功能完善的住宅区，用高速公路或轻轨与市区连接，既节约耕地，又可缓解市区交通拥挤的状况。市中心的居民应当逐步迁到城外，尽可能增加城市绿地面积，避免出现城区热岛效应。

城市交通应适应不同人群的需要，实行公共交通、小汽车和自行车并举。丹麦首都哥本哈根就采取了这种交通模式。在那里，老人和儿童乘公共交通工具，上班族需要赶时间，一般自己开车，一部分年轻人和中年人为锻炼身体而选择自行车。不同人群各得其所。这也许是未来中国多数城市对交通方式的正确选择。

---

① 本文原载于《中国经济导报》2001年1月20日。

总之，由于各个城市具有自己不同的规模、地形、历史、现状，设计交通方案时应当实事求是，从本地实际出发。但无论如何不可拒绝现代交通方式给人类带来的方便，要建立优美舒适的工作和生活环境。城市规划必须经得起历史的检验。

扩大公共消费

政府的发展战略与社会发展①

经济发展与社会进步两者密不可分。经济发展为社会进步提供强大的物质基础，没有经济的快速发展，社会进步就会成为无米之炊，难以为继。社会进步是经济发展的最终目的，并为经济发展创造良好的社会环境，反过来又会推动经济的发展。但经济与社会不会自动协调发展，经济的高速增长不能直接解决社会发展中的问题，有时候不仅不会促进社会的快速进步，反而会带来一些新的社会问题。经济、人口、社会、环境、资源能否协调发展，很大程度上取决于政府所实施的发展战略。

一、政府发展战略的转变促进了社会的快速发展

中华人民共和国成立之初，国民经济千疮百孔，百废待兴。为迅速改变经济的落后状态，增强国民经济实力，巩固新生的人民民主政权，党和政府采取了优先发展工业特别是重工业的发展战略。这一战略的实施，使中国经济得到了较快恢复，并初步建立起了门类比较齐全的工业体系和国民经济体系，经济实力也有了较大增强。但是由于长期实行重工业优先发展战略，牺牲人民的眼前利益追求经济的较快增长，人民生活不能较快改善，各项社会事业发展也比较缓慢。结果，影响了人民生产积极性、主动性和创造性的发挥，反过来延缓了经济和社会的发展。

改革开放极大地解放了人民的思想。经济学界发起的关于生产目的的讨论，使我们深刻地认识到，社会主义生产的目的是满足人民日益增长的物质和文化生活的需要，偏离了这一生产目的，就偏离了社会主义的宗旨。只有把人民的眼前利益与长远利益结合起来，使经济和社会的发展相互协调，才能实现经济的可持续发展。在此基础上，政府发展战略实行了由过去过分偏重于重工业向重视消费品工业发展的转变。1979—1988 年，我国轻工业年均增长速度高达 15%，比同期重工业增长速度高出近 4 个百分点，从而一举结束了工业消费品短缺的局面。

① 本文原载于《中国人口・资源与环境》1995 年第 1 期，与施子海合写。

发展战略的转变促进了国民经济和社会事业的快速发展，使改革开放以来的时期，成为我国历史上经济发展最快、人民生活改善最大、综合国力增加最显著的时期。1993年同1978年相比，国民生产总值由3588亿元增加到31380亿元，扣除价格因素，年均增长9.3%。1979—1993年，农民人均纯收入实际增长2.4倍，年均增长8.5%；城镇居民人均生活费收入实际增长1.5倍，年均增长6.3%。1986—1997年，农村共新建住房90亿平方米，约有8000万户农民搬进新居，农村人均住房面积达到了16.6平方米。城镇居民的人均居住面积由1978年的3.6平方米提高到1992年的7.3平方米，居住条件和居住环境有了较大改善。15年累计，城镇新增加劳动力就业近8000万人，城镇失业率长期维持在2%~3%的低水平。农村剩余劳动力向非农产业转移1.2亿人左右。妇女、儿童、老年人、残疾人事业不断发展，他们的利益和权力得到了充分重视和保护。15年共取得了18万项重大科技成果，产业部门的生产技术有了很大进步，技术进步对经济增长的贡献率有了提高。全国91%以上的人口和地区普及了初等教育，大城市和部分发达地区普及了初中教育，职业教育迅速发展，高等教育共培养毕业生572万人。坚持计划生育和环境保护的基本国策，取得了显著成效。

从我国经济和社会的发展轨迹可以看出，政府采取什么样的发展战略，直接决定和影响着社会事业的发展。

二、促进经济与社会的协调发展是我国今后长期坚持的发展战略

中国进行现代化建设，在战略上分三步走：第一步是在全国范围内基本解决温饱问题，已经基本实现。第二步是在大力提高经济效益和优化经济结构的基础上，在20世纪末使国民生产总值按不变价格计算比1980年翻两番，人民生活由温饱达到小康。第三步是再用50年左右的时间，使人均国民生产总值达到中等发达国家的平均水平。现阶段，我们正处于实现第二步战略目标的关键时期。

确定现代化建设的第二步和第三步战略目标，都十分注重经济与社会的协调发展。第二步战略目标不仅有国民生产总值翻两番的经济目标，而且包含了一系列社会发展目标，包括人民生活达到小康水平，生活资料更加丰裕，消费结构趋于合理，居住条件明显改善，文化生活进一步丰富，健康水平继续提高，社会服务设施不断完善；发展教育事业，推动科技进步，改善经济管理，调整经济结构，加强重点建设，为21世纪初叶经济和社会的持续快速健康发展奠定物质技术基础；初步建立起社会主义市场经济体制和运行机制；社会主义精神文明建设达到新的水平，社会主义民主和法制进一步健全。三步战略目标的一个突出特点，是立足于经济建设，把经济的发展作为社会进步的基础，使经济发展与改善

人民生活结合起来。人民生活的改善既包括物质生活水平提高，也包括精神生活的丰富和繁荣，制度建设也是其中的重要内容之一。

目前，我们正在研究制定“九五”计划和2010年的长远发展规划，这是跨第二步和第三步战略目标的行动纲领。按照经济、人口、社会、环境、资源协调发展的原则，未来15年，预计我们将实现国民生产总值年均增长速度达到8%以上，并积极提高国民经济效益，调整和优化产业结构。社会发展方面，将努力实现经济与社会的协调和可持续发展，满足人民群众日益增长的物质文化需要，提高整个中华民族的素质，促进社会全面进步，提前实现第二步战略目标，并在实现第三步战略目标中迈出关键性步伐，为把我国建设成为富强、民主、文明的社会主义现代化国家奠定坚实基础。

加快社会保障制度改革[①]

社会保障制度直接关系到人民群众的切身利益和社会安定的大局，是社会主义市场经济体制建设的重要组成部分。中华人民共和国成立以后，党和国家对社会保障给予了高度重视，建立了一整套制度。但是，随着社会主义市场经济体制的建立，过去那些完全由国家包下来的做法已经不能适应形势的需要了，改革已迫在眉睫。《国民经济和社会发展“九五”计划和2010年远景目标纲要》（以下简称《纲要》）对“九五”期间社会保障制度建设的规划是，加快养老、失业、医疗保险制度改革，初步形成社会保险、社会救济、社会福利、优抚安置和社会互助、个人储蓄、积累保障相结合的多层次的社会保障制度。积极发展商业保险。制定相应政策，切实保护妇女、未成年人、老年人、残疾人等社会群体和优抚救济对象的合法权益。

一、我国社会保障制度的现状

改革开放以来，特别是“八五”期间，我国社会保障制度改革取得了一定的成就。1991年，国务院出台了《企业职工养老保险制度改革的决定》，提出了规范养老保险制度改革和对养老金计发办法进行改革，以及对社会养老保险工作的分工做出了规定；1993年，党的十四届三中全会的《决定》中提出了社会保险制度改革的原则、目标和方向；1995年，国务院《关于深化企业职工养老保险制度改革的通知》中，提供了供各地参考的两种实施方案等一系列深化企业职工养老保险制度改革的措施。

在养老保险方面，到目前为止，全国大部分省市完成了方案设计选定工作，并进入试运行阶段。城镇企业职工参加社会养老保险统筹的人数达到8900万人，占全部城镇企业职工的75%左右，其中国有和集体企业养老保险的覆盖面已分别达到职工总数的95%和75%以上，并逐步扩展到外商投资企业、私营企业以

① 本文原载于郑新立主编的《学习全国人大八届四次会议〈政府工作报告〉辅导》（中共中央党校出版社1996年版）。

及个体劳动者。职工个人缴纳部分养老保险费用的制度已在全国推开，多层次的养老保险体系开始运行，养老保险社会化管理服务工作有所加强。

在失业保险方面，各级政府积极开展失业救济，实施推广再就业工程。全国参加失业保险的职工达到 9600 万人，失业保险基金收缴数额不断增长，支出结构有所改善。

在医疗保险制度方面，国务院直接领导的镇江、九江两市医疗改革试点进展顺利，在节约医疗费开支、保障基本医疗方面已见成效。全国医疗保险改革的核心主要是普遍实行公费、劳保医疗费用和个人挂钩的做法，挂钩面已达到享受对象的 80% 以上。大病医疗费用社会统筹面不断扩大，有 225 个市县的 50 万离退休人员参加了医疗费用统筹。

在社会福利、社会救济制度改革和优抚安置工作方面，全国社区服务中心达到 4320 个，社区服务设施和便民服务网点达到 32.5 万个，城镇社区服务网络初具规模。建立城市最低生活保障线制度受到重视，目前大连、上海等 7 个城市已经建立了最低生活保障制度，对失业救济期满尚未就业的职工，提供社会救济。随着“双拥”工作的深入展开，国家、社会、群众三结合的抚恤优待制度基本形成。部分优抚对象的抚恤补助标准分阶段进行了调整，伤残军人的生活基本得到保障。

但是，从总体上讲，我国的社会保障体系还不够完善，突出表现在：覆盖面小、实施范围窄；国家和企业包揽太多，个人的权利与义务相脱节；社会化管理服务程度低；社会保险基金收缴难，使用也不够合理；政出多门，管理体制不够顺；广大农民的养老、医疗问题日益突出；社会救济、社会福利、优抚安置等方面社会保障资金的投入和实际需要之间矛盾突出。这些问题不仅制约了国有企业改革和整个经济体制改革的推进，而且影响和威胁社会稳定。具体来说，下列问题表现突出。

第一，保险方式单一。企业保险仍是职工保险的主要方式，职工的保险费用、管理基本上是由企业包下来。这种办法加重了企业的社会负担，企业之间、不同行业企业之间的负担畸轻畸重。目前国有企业与三资企业、乡镇企业相比，困难之一是退休人员多，社会负担重，使国有企业特别是一些国有大中型企业在竞争中明显处于不利地位。而长期以来，国有企业形成的就业、福利、保障三位一体的体制，使劳动力难以合理流动，造成企业在破产、兼并、拍卖、横向联合、组建企业集团等产业组织结构和经济结构调整时，难以解决富余人员的安置和社会保障问题。

第二，保险资金来源不足。国家和企业仍是承担职工保险费用的主体，长此以往使国家、企业的财力越来越难以支撑。在医疗等保险上，费用由国家、企业包揽，个人和医疗单位吃国家、企业的“大锅饭”，医患双方都缺乏有效的制约机制，致使医疗费用超常规增长。在养老保险上，个人和企业都缺少保险金的预筹积累；企业经营状况好时，医疗费管理松，养老金水平也较高，没有为经营不善时积累养老、医疗基金。

第三，社会保险的覆盖面窄。虽然参加社会保险的人数在逐年增加，但覆盖范围不广，覆盖不均衡。几乎所有的国有企业职工都参加了养老保险，但非国有企业职工只有一小部分参加，参加社会保险的人数仅占社会劳动者的30%左右，这不适应以公有制为主体的多种经济成分共同发展的格局。改革开放以来，各种混合经济和非国有经济发展较快，非国有企业职工占全社会职工的比例逐步提高，有的沿海省份非国有企业职工占到职工总数的50%。这部分职工在养老、医疗、工伤、失业等方面的权益得不到保障，就可能构成潜在的社会问题，也影响到这些企业的健康发展。

第四，社会福利、社会救济、优抚安置发展滞后。由于受通货膨胀的影响，救济对象的实际生活水平下降幅度较快，相对贫困问题突出；社会福利企业由于资金、技术条件和人员素质的限制，在现有条件下残疾人就业安置困难。在乡老复员军人生活难、治病难、住房难“三难”问题突出；随着人事制度和企业劳动用工制度的改革，城市退伍兵安置工作的难度加大。

二、加快建立适应社会主义市场经济体制的社会保障制度

“九五”期间是社会保障制度改革的关键时期，预计到2000年全国60岁以上人口将占全国总人口的10.17%，我国将进入老龄化社会，企业离退休人数将达3100万人，失业人员数量也将不断增加，社会保障体制改革步伐必须加快。

（一）养老保险制度改革

《纲要》提出的我国的养老保险改革的目标是：将实行社会统筹和个人账户相结合的养老保险制度。法定的基本养老保险要实行统一的制度，保险费用由国家、单位和个人共同承担。农村养老以家庭保障为主，发展多种形式的养老保险。大力发展企业补充养老保险和个人储蓄养老保险。管好用好养老保险基金。培育有中国特色的人寿保险市场。

实现这一目标，需要逐步做到对各企业和劳动者的“四个统一”，即“统一制度、统一标准、统一管理和统一调剂使用基金”。深化企业职工养老保险制度改革的原则是：保障水平要与我国社会生产力发展水平及各方面的承受能力相适应；社会互济与自我保障相结合，公平与效率相结合；政策统一，管理法制化；

行政管理与保险基金管理分开。

正确理解和执行基本养老保险费用由企业和个人共同负担，实行社会统筹与个人账户相结合，这是社会养老保险制度改革的关键。这一措施是在维护个人与国家、局部与整体、眼前利益与长远利益的基础上的一项制度创新。在理顺分配关系，加快个人收入工资化、工资货币化进程的基础上，逐步提高个人缴费比例。

加强社会保障的宏观管理和调控，研究制定适合中国国情的养老金给付标准。基本养老保险的待遇水平应当以保障离退休人员的基本生活需要为标准。对保险费率、积累率、给付率（退休金替换率）等宏观指标的确定，既要照顾到目前的现实情况，更要有长远观点，要从有利于减轻企业负担和适应未来人口老龄化高度出发。逐步降低过高的社会养老保险给付标准和替换率，坚持社会保障只保基本需求的原则。

及时研究解决农民的养老保险问题，这是建立有中国特色的社会养老保险制度的关键。中国的广大农民在现阶段尚不具备参加常规意义上的社会养老保险的条件，农民的各项保险，仍以家庭保障为主，政府引导并由农民自愿参加和选择保险，发展多种形式的养老保险。要区别不同地区，稳步发展。

国家在建立基本养老保险、保障离退休人员生活的同时，鼓励建立企业补充养老保险和个人储蓄性养老保险。企业按规定缴纳基本养老保险费后，可以在国家政策指导下，根据本单位经济效益情况，为职工建立补充养老保险。企业补充养老保险和个人储蓄性养老保险，可以由企业和个人自主选择经办机构。

管好用好养老保险基金，努力实现社会保障基金的保值增值。要实行社会保障行政管理与基金管理分开、执行机构与监督机构分设的管理体制。社会保障行政管理部门的主要任务是制定政策、规划，加强监督、指导。管理社会保障基金一律由社会保障经办机构负责。社会保险基金的投资，首先要考虑安全性，兼顾收益性和流动性。社会保障积累的基金，主要应投资于国家发行或担保的债券。养老保险基金具有数额巨大，来源稳定可靠等特点，是一种质量很高的长期投资来源，管好用好这笔资金，对于弥补我国建设资金短缺，支援我国基础设施和重点项目建设具有重要的意义。

（二）失业保险制度改革

《纲要》提出我国失业保险制度改革的目标是："逐步建立覆盖城镇全部职工的失业救济与再就业相结合的失业保险制度"。"九五"期间，失业保险制度要逐步扩大覆盖面，包括国有企业职工、集体企业职工、外商投资企业中方职工、私营企业中的雇员，以及机关、团体、事业单位的职工和从业人员。

失业保险基金来源实行企业、个人、国家三方合理负担，以国家、企业负担为主，个人负担为辅。筹集失业保险基金可实行弹性比例，确定低限和高限，在失业人员较多，保险基金不足时，或在失业人员较少，保险基金结余时，可适当、适时调整比例。其次，保险金支出要规定享受条件，只对非自愿失业者提供失业保险。在失业救济金发放标准上，也应确定最低限额，其水平应低于各地最低工资标准，而略高于当地民政部门的社会救济标准。

积极推进再就业工程。国家计划从 1995 年开始，在五年的时间内组织 800 万失业职工和富余职工再就业工程，通过提高他们再就业的能力和创造新的就业机会，帮助他们实现再就业。各级政府应当抓好各项政策措施的落实，综合运用政策扶持和多种就业服务手段，充分发挥政府、企业和劳动者三个方面的重要性，实行企业安置、个人自谋职业和社会帮助安置相结合，为失业职工和企业富余职工提供再就业服务，特别要重视解决长期失业者和特困职工的再就业问题，使再就业和分流安置工作取得明显成效。

（三）医疗保险制度改革

《纲要》提出的我国医疗保险制度改革的目标是："逐步建立城镇社会统筹医疗基金与个人医疗账户相结合的医疗保险制度。因地制宜地发展和完善不同形式的农村合作医疗保险制度"。

医疗保险的改革要遵循社会统筹与个人账户相结合的原则，建立起医患双方的制约机制，既保证基本医疗，又避免医疗资源的浪费。其基本内容包括：第一，医疗保险费用由用人单位和个人共同负担，个人负担比例根据经济发展逐步提高；第二，用人单位为职工缴纳的医疗费用的大部分进入社会统筹医疗基金，集中调剂使用；第三，个人看病费用首先从个人医疗账户支付，不足时由社会统筹基金支付，但个人仍要负担一定比例。要抓好镇江、九江两市的"社会统筹和个人医疗账户相结合"的医疗制度改革试点，不断总结经验，逐步推广。医疗保险制度改革在面上的重点还是推广大病医疗费用社会统筹，并对这一改革办法进行充实、完善，同时积极总结试点经验，为推行社会统筹与个人账户相结合的医疗保险制度做好准备。

全面发展社会事业①

在大力发展经济的同时，把社会发展问题提到重要的战略地位，促进经济和社会的相互协调和可持续发展，是我国多年来的重要经验，也是建设有中国特色的社会主义的基本要求。为此，《国民经济和社会发展“九五”计划和 2010 年远景目标纲要》（以下简称《纲要》）对于推进社会事业全面发展，保证经济和社会发展相互协调、相互促进，提出了明确的任务和一系列政策措施。

一、“八五”期间我国社会事业全面发展

国民经济快速、稳定增长。“八五”时期国内生产总值实际年均增长速度达到 11.7%，增长幅度超过计划 3~4 个百分点，比“七五”时期高近 4 个百分点，在经济总量上提前完成了比 1980 年翻两番的战略目标。

城乡人民生活水平显著提高。“八五”计划时期，城镇居民家庭人均生活费收入实际年均增长 7.7%，与“七五”计划时期平均每年递增 3..7% 的速度相比，增速明显加快；农村居民人均纯收入实际年均增长 4.5%，比“七五”期间的年均增长速度高出 0.5 个百分点。随着居民收入的不断提高，居民的生活水平有了进一步改善。

人口过快增长的势头得到控制。经过多年努力，我国人口自然增长率已有所下降。妇女总和生育率降到 2.0 以下，低于 2.1 的人口更替水平。

科技事业又有较大发展。“八五”期间共取得省部级以上重大科学技术成果项目累计为 15.6 万个，平均每年 3 万多个，比“七五”年均 1.8 万个多 0.7 万个；“八五”前三年国家发明奖平均每年 185 个，比“七五”年均 168 个增长 10.1%。

义务教育、职业教育、扫盲工作进展较快。目前全国已基本普及九年义务教育，1995 年的小学学龄儿童入学率达 98.5%，比 1990 年提高 0.7 个百分点；小学毕业升学率为 86.6%，比 1990 年提高 12 个百分点。1995 年成人高等学校的学

① 本文原载于郑新立主编的《学习全国人大八届四次会议〈政府工作报告〉辅导》（中共中央党校出版社 1996 年版）。

生数由“七五”末的166.6万人增加到257万人；普通高校招生92万人，在校生达290.6万人；中等，职业技术学校在校生数在1993年首次超过普通高校在校学生数，1995年达到242.9万人。

广播电视、群众文化事业又有较大发展。到1995年年底，全国广播电台、电视台数量分别比1990年增加74.3%和50%，电视和广播人口覆盖率分别达到84.4%和78.7%。

出版事业在20世纪90年代又有新的发展。越来越多的出版印刷企业采用了新的电脑技术，提高了效率和质量。1994年，全国出版图书10万多种，总印数60亿册，报纸1015种，总印数178亿份，杂志7000多种，总印数22亿册。

卫生事业继续发展。1994年全国医院数量比1990年增加5000多所，卫生服务人员增加40万人，每千人口医院床位和医生人数分别为2.4张和1.6人，分别比“七五”末多0.11张和0.06人。农村县、乡、村三级医疗卫生预防保健网得到加强，到1994年年底，全国的农村初级卫生保健达标县约占总县数的33%。全国农村改水受益人口达近7.8亿，占农村总人口的80%。

体育事业在“八五”期间取得较大成绩。我国相继成功地举办了首届东亚运动会、远南残疾人运动会、第43届世乒赛和第七届全国运动会等大型运动会。群众体育越来越普及，《全民健身计划纲要》已在全国各地普遍实施。

民政事业在救灾扶贫、优抚安置、残疾人安置、社区服务方面都取得了显著成就。到1995年年底，全国各类社会福利院床位达99.7万张，收养76.7万人；1991年至1994年，共扶持农村800万户贫困户脱贫。残疾人事业继续发展，84万残疾人在兴办的各种福利企业中就业。社区服务设施达到9.5万个。

环境保护事业已初步走出一条有中国特色的环保道路。1994年年底，环保系统的工作人员为8.7万人，比1990年增加了32%。1995年全年完成环境污染限期治理项目4397个，总投资36.5亿元。但是，我们在总结取得的成绩的同时，也要看到，社会发展滞后于经济发展的矛盾，还较为突出。

第一，人口、资源、环境与经济发展之间的矛盾越来越突出。人口多、素质低是制约经济发展的首要因素。随着人口的增长和经济的发展，资源和环境的压力越来越大。

第二，城乡就业压力将长期存在，随着产业结构的调整，企业改革的深化和经济增长方式的转变，等量投资可提供的就业岗位减少，就业需求与就业岗位的矛盾会越来越突出。

第三，教育、文化、卫生等社会事业的发展与社会进步的要求不相适应。我国基础教育总体水平还比较低，高等教育供需矛盾大，职业教育还不发达，教育结构不尽合理，难以满足现代化建设对各类人才的需求。医疗卫生保健事业不适应人民生活水平提高后的需求，农村的卫生事业落后，缺医少药的状况还比较普遍。

第四，由收入分配差别过大造成的社会矛盾日益突出。地区之间、行业之间、不同社会群体之间的收入差距出现了不断扩大的趋势，这在一定程度上影响了社会稳定。

第五，消除贫困的任务仍然比较艰巨。目前我国还有7000万人口处于没有解决温饱的贫困状况，占总人口的6%左右。这些人口多分散居住在山区和少数民族地区以及自然环境比较恶劣的地区。

第六，社会保障体系还不完善。突出表现是覆盖面小、实施范围窄；国家和企业包揽太多，个人的权利与义务相脱节；社会化管理服务程度低；社会保险基金收缴难，使用也不够合理；政出多门，管理体制不够顺；广大农民的养老、医疗问题日益突出；社会救济、社会福利、优抚安置等方面社会保障资金的投入和实际需要之间矛盾突出。

二、推进社会事业全面发展，保证今后十五年期间经济发展目标的顺利实现

（一）坚持经济社会协调发展是建设有中国特色的社会主义的重要内容

在邓小平同志建设有中国特色的社会主义的理论中，有大量关于促进社会协调发展的内容。例如，我国现代化建设分三步走的发展战略；鼓励一部分人、一部分地区依靠诚实劳动和合法经营先富起来，先富帮后富，共同富裕的理论；经济发展必须依靠科技教育，尊重知识、尊重人才；坚持物质文明和精神文明两手抓、两手都要硬的方针；一手抓改革开放，一手抓打击犯罪，一手抓经济建设，一手抓民主法制。这些论述，精辟地强调了在社会主义现代化建设过程中，社会发展与经济发展的同等重要性。重视与人民生活密切相关的社会发展，让人民群众充分享受经济发展的成果，就是社会主义制度优越性的具体体现。

（二）社会事业的同步发展，是经济持续稳定健康发展的重要保证

经济发展和社会进步是人类社会相互联系、相互促进的两个方面。经济发展是社会发展的前提和基础，没有经济的发展，社会发展与进步就成了“无米之炊”。只有当经济增长率达到和保持一定水平时，才能提供推进社会发展所需的财力和物质条件。社会发展是经济发展的出发点和落脚点，也是经济增长的结果和目的，同时又为经济的进一步发展创造良好的社会环境。

经济与社会的本质关系决定了大力促进经济发展是第一位的，但是经济与社会并不能自动形成协调发展的关系，因为经济的增长并不能直接解决各种社会问题，还可能因经济增长过快带来一些社会问题，诸如自然环境的破坏，灾害的频繁发生，自然资源利用率的降低，人口过快增长、人口素质低，社会财富分配不公平造成社会矛盾等。所以，必须在努力发展经济的同时，十分重视发展各项社会事业，解决各种社会问题。社会的发展也要与经济发展的水平相适应，还要有利于推动经济发展。

（三）坚持经济领域改革和社会领域改革相互结合、相互促进，是建立社会主义市场经济体制的重要保证

经济改革在很大程度上需要社会领域改革作为配套条件才能深入进行。例如，自实行改革开放以来，国有企业作为经济体制的微观基础，一直是整个经济体制改革的中心环节。十多年过去了，国有企业的改革进展不大，特别是经营机制的转变收效不明显，导致国有企业困难重重，难以适应发展社会主义市场经济的需要。原因之一就是社会领域改革滞后于经济体制改革，社会保障体系不健全，社会分配制度不完善，劳动力市场不规范，因而使企业社会负担过重、冗员过多、企业扩大再生产资金不足等困扰企业的难题得不到解决，国有企业的改革也就难以深化。要实现到 20 世纪末初步建立社会主义市场经济体制的目标，必须加快社会领域的改革，促进各项社会事业特别是与企业改革密切相关的社会领域的改革和发展，为国有企业的改革创造必要的条件。

（四）促进社会全面发展与进步是人民物质生活水平提高后的必然要求

经济发展是以物质资料发展为中心，而社会发展是以“人”的全面发展为中心，即以满足人的生存、享受和发展的需要为中心。随着经济的发展和人民物质生活水平的提高，人民群众对社会发展的需求就越来越多，要求也越来越高。所以，我们必须随着经济发展水平提高，积极发展与人民生活息息相关的社会事业，推动社会进步，使全体社会成员生存、发展的权利得到保障，充分享受经济发展的成果。

三、推进社会事业全面发展的主要任务和政策措施

《纲要》确定：要推进社会事业全面发展。保持社会稳定，推动社会进步，积极促进社会公正、安全、文明、健康发展。按照社会事业的不同类型，建立与社会主义市场经济相适应、各具特色的运行机制，明确各级政府的职责，实行地

方政府为主的管理体制。鼓励和吸引社会各界广泛参与社会事业发展，多渠道筹措社会发展资金，注意搞好经济发展政策和社会发展政策的协调。

落实《纲要》提出的目标，全面推进社会事业发展，必须着力抓好以下几个方面：

（一）重视和加强国土资源保护和开发

依法保护并合理开发土地、水、森林、草原、矿产和海洋资源，完善自然资源有偿使用制度和价格体系，逐步建立资源更新的经济补偿机制。

进一步加强测绘、海洋资源调查和地质勘探工作，贯彻保证基础地质、加强普查、择优详查、对口勘探的地质工作方针，努力增加矿产资源储备。

加强灾害性天气、气候和地质灾害的监测预报。

依法保护并合理开发利用土地、水、森林、草原、矿产和其他自然资源，加强资源开发的统一规划，防止滥采乱挖破坏资源，采用先进技术，提高资源利用率。

（二）继续加强环境、生态、资源保护工作

《纲要》确定，到2000年，健全环境保护的管理体系和法规体系，力争使环境污染和生态破坏加剧的趋势得到基本控制，部分城市和地区的环境质量有所改善。

加强工业污染控制，逐步从末端控制为主转到生产全过程控制。2000年县及县以上工业，废水处理率达到83%；废气处理率86%；固体废物综合利用率50%。乡镇工业污染处理能力要有大幅度提高。大力改善城市环境。2000年城市污水集中处理率达到25%，绿化覆盖率27%，垃圾无害化处理率50%，城市区域环境噪声达标率提高5~10个百分点。重点治理三河（淮河、海河、辽河）、三湖（太湖、巢湖、滇池）和两区（酸雨控制区和二氧化硫控制区）的污染。保护国土生态环境，大力发展生态农业。加快水土流失地区综合治理和森林植被恢复发展。2000年森林覆盖率达到15.5%。

实现《纲要》提出的上述目标的主要政策措施是：把可持续发展作为重大战略，制定和推行有利于环境保护的产业政策、经济政策、技术，保护农业生产环境，加快水土流失地区的综合治理，防止土地沙漠化面积的扩大。大力植树造林，提高森林覆盖率，增加城镇绿地面积。继续建设三北防护林工程、长江中上游防护林工程、太行山绿化工程、沿海防护林工程和平原绿化工程等重大生态工程。搞好环境保护的宣传教育，增强全民环保意识，实施污染物排放总量控制和绿色工程计划。城乡建设所有项目都要有环境保护规划和要求，特别要加强工业

的废水、废气、固体废物的排放控制和综合治理。提高废弃物的综合利用率。完善自然资源有偿使用制度和价格体系，逐步建立资源更新的经济补偿机制。加强灾害天气和地震预测预报，提高社会防灾减灾能力，减少自然灾害损失。

（三）加快城乡建设步伐，进一步提高人民生活质量

统筹规划城乡建设，严格控制城乡建设用地。加强城乡建设法制化管理。逐步形成大中小城市和城镇规模适度、布局和结构合理的城镇体系。

加快市政公用事业发展。城市日供水能力新增 4000 万吨。2000 年，市自来水普及率达到 96%，村镇自来水普及率达到 42%。城市日供煤气能力新增 1500 万立方米。2000 年，城市燃气普及率达到 70%。

加快城市住宅建设，提高工程质量。实施安居工程，大力建设经济实用的居民住宅。5 年建成城市住宅 10 亿平方米。推进城镇住房制度改革，促进住房商品化，发展住房金融和住房保险，培育住房建设、维修、管理服务市场。

加强乡村基础设施建设，有序发展一批小城镇，引导少数基础较好的小城镇发展成为小城市，其他小城镇向交通方便、设施配套、功能齐全、环境优美的方向发展。

建立多种形式的住房基金和公积金制度，发展住房储蓄等住房建设资金来源渠道。加强城乡住宅小区建设和社会化管理。大力发展为人民生活服务的交通运输业和邮电通信业。大力发展各项文化教育和福利事业，加强公共文化和福利设施建设。

（四）适应市场经济要求，大力发展文化事业

坚持“为人民服务，为社会主义服务”的方向和“百花齐放，百家争鸣”的方针，弘扬主旋律，提倡多样化，努力繁荣文艺创作。以科学的理论武装人，以正确的舆论引导人，以高尚的精神塑造人，以优秀的作品鼓舞人，全面繁荣社会主义文化。

坚持把社会效益放在首位、社会效益和经济效益相统一的原则，促进文化事业与经济发展相协调，调整和优化文化行业结构，创作一批文化艺术精品和优秀剧目，培养和造就文艺人才。大力发展社会文化，保护少数民族文化，开发和利用图书馆信息资源，加强文物的保护和合理利用。加强图书馆、文化馆、博物馆、剧场、音乐厅、美术馆、青少年活动基地、图书发行网点等公共文化设施建设。搞好农村文化网和边疆文化长廊建设。深化文化管理体制改革，加快文化立法，完善文化经济政策，促进对外文化交流。加强新闻出版工作。积极推广和普及普通话，促进语言文字规范化和标准化。加强书刊、音像、演出、娱乐等文化

市场管理。

把握广播电视的正确舆论导向，不断提高节目制作能力和质量，丰富节目内容。加强广播电视覆盖网建设，2000 年广播和电视人口覆盖率分别达到 85% 和 90%。扩大广播电视的对外宣传。提高电影质量，改善电影发行机制，加强电影市场管理。

按照有利于调动广大文化工作者积极性，有利于社会主义精神文明建设，有利于加强和改善党对文化工作的领导的原则，加快文化事业管理体制的改革。加快艺术表演团体体制改革，逐步在完善奖励、补贴制度和全面实行考核聘任制度的基础上，完成中央直属院团和全国剧团的布局和结构调整；逐步建立与社会主义市场经济体制相适应的文物保护新体制。繁荣文化艺术，弘扬主旋律，加强爱国主义教育的宣传，多出精品，抓好大型艺术展览和演出活动，提高广播电视节目制作能力和质量。大力加强文化设施建设，在大中城市继续兴建一批重点文化设施，实施旨在加强农村基层文化建设的“文化先进县”、促进边疆地区和少数民族地区文化发展的“万里边疆文化长廊”以及培养少年儿童文艺素养的“蒲公英计划”三项大的文化工程；继续开展“金图工程”建设。充分利用卫星传送中央广播电视节目的有利条件，提高中央台第一套节目的覆盖率，继续加强边境地区广播电视建设。继续推动新闻出版工作从以规模数量的增长向以优质高效为主要特征的阶段转移，尽快建立适应社会主义市场经济体制和精神文明建设要求、符合出版发展规律的出版管理体制和运行机制。

（五）积极发展卫生事业，改善医疗条件

坚持以农村为重点，预防为主，中西医并重，依靠科技进步，为人民健康和经济建设服务的方针，积极发展卫生保健事业，实现人人享有初级卫生保健的目标。

重点改善农村医疗卫生条件。加强农村基层卫生组织建设，完善县乡村三级医疗预防保健网，改善农村居民饮水质量和卫生状况，2000 年农村改水受益人口达到 90%。加强重大疾病防治，强化对传染病的监控和免疫接种。继续振兴中医药事业，促进中西医结合。

建立健全多种形式的医疗保健制度，推进医疗卫生服务社会化，逐步健全社区卫生服务体系，不断提高医疗卫生服务质量和效率，加强各级政府对医疗卫生事业的管理，加快法制建设，加大执法力度。

切实把农村卫生作为卫生工作的战略重点，予以重视和加强。继续大力开展初级卫生保健工作；加强以改水、改厕为重点的农村爱国卫生工作，改善卫生环境。突出重点，做好疾病控制工作。进一步加强计划免疫工作，巩固消灭脊髓灰

质炎、消除新生儿破伤风的成果；研究、开展心脑血管、恶性肿瘤等慢性非传染性疾病防治工作，推动营养行动计划；要根据《中国2000年消除碘缺乏病规划纲要》的要求，1996年基本实现全民食盐加碘。发展各类卫生保健事业，加强重大疾病防治，重点改善农村医疗卫生条件。贯彻《母婴保健法》，加强妇幼卫生保健工作；振兴和发展中医事业，充分利用中医药资源，提高综合服务功能和效益，以突出中医特色和优势为重点，提高危、急、重症疾病的诊治水平；加强医疗管理工作，按照《医疗机构管理条例》，整顿社会办医，深化医疗机构改革，加强和完善医院内部管理制度，合理调整医疗系统机构，建立分级医疗体系，建立城市社区卫生服务体系。

（六）控制人口增长，扩大劳动就业

“九五”期间，人口自然增长率控制在年均10.83‰。坚定不移地贯彻执行计划生育的基本国策，重点做好农村和流动人口的计划生育工作。农村计划生育工作要和发展经济，帮助农民勤劳致富奔小康，建设幸福文明家庭，以及扶贫工作结合起来。深入持久地开展计划生育和优生优育的宣传教育，提倡晚婚晚育，做好优生优育工作。继续实行各级领导亲自抓、负总责的目标管理责任制。加强避孕节育、生育保健、优生优育的技术服务和基层服务网络建设。“九五”期间，必须把人口自然增长率控制在10‰左右，到2000年把人口控制在13亿以内。21世纪前十年，把人口自然增长率进一步降到6.8‰，2010年控制在14亿以内。在控制人口总量的同时，还要注重提高人口素质，制定相应的政策适应人口老龄化的需要。

“九五”期间，五年新增城镇就业4000万人，向非农产业转移4000万农业劳动力。城镇失业率力争控制在4%左右。要积极拓宽就业渠道，统筹规划，妥善解决城乡就业问题。“九五”期间乃至更长时间内，扩大城镇就业和转移农村剩余劳动力的主要政策措施是：引导和组织农业劳动力向农业的深度和广度进军；积极发展农村非农产业和城乡第三产业；各级政府要拿出一定资金，增加城乡劳动积累型工程和城乡基础设施建设；积极发展城乡集体经济、乡镇企业、股份合作经济，继续发展个体和私营经济，广开就业门路。建立规范化的劳动力市场，促进城乡劳动力合理有序流动。采取多种就业形式，建立与社会主义市场经济相适应的新型劳动制度。实行就业前和在岗培训制度。建立失业预警和调控体系，以及失业保险、救济、转化和促进再就业的新机制。

（七）落实全民健身计划，提高竞技体育运动水平

实施全民健身计划，普及群众体育运动，普遍增强人民体质。加强学校体

育，明显改善青少年身体素质。落实奥运争光计划，提高运动技术水平。促进体育科研、教育、宣传和对外交流的发展。

建立社会化的群众体育组织网络，建立并完善国民体质测试系统。体育场馆向群众开放。进一步改革体育管理体制，有条件的运动项目要推行协会制和俱乐部制。形成国家与社会共同兴办体育事业的格局，走社会化、产业化道路。

动员全社会广泛支持全民健身计划，引导广大群众积极投身体育健身活动，加强学校体育工作，创造开展全民健身的物质条件，分阶段扎扎实实地推进全民健身计划。打好第二十六届奥运会这场攻坚战，为《奥运争光计划》的全面落实奠定良好的基础。改革和完善体育管理体制，改变单纯依赖国家和主要依靠行政手段办体育的高度集中体制，逐步形成国家办与社会办相结合，国家调控、依托社会、有自我发展活力的体育体制和良性循环的运行机制，全面推开协会实体化改革，完善各项政策配套，逐步形成以单项运动协会为主的运动项目管理体制。推动体育产业化发展。

（八）不断提高人民的物质生活水平

在增加人民消费数量的基础上提高消费质量，调整消费结构。到20世纪末，城乡居民用于食物消费的支出由1990年的54.7%下降到50%以下。增加服务消费。重点解决城乡居民住和行的问题，明显改善群众居住条件和环境，基本实现城镇居民每户有一套住房，卫生设施齐备。农村居民主要是提高住房质量，改善卫生条件。城镇要大力发展公共交通增加旅行便利，农村进一步改善交通和通信条件，到2000年要基本实现村村通公路、通汽车、通电话。要基本解决目前仍没有解决温饱的7000万人口的脱贫问题。既要改善人民群众的物质生活，也要充实人民群众的精神生活，还要改善环境质量和卫生保健条件，到20世纪末实现人人享有初级卫生保健目标，增强国民体质。

主要政策措施是，大力发展消费品生产，并且按照消费需求变化积极开发新品种，提高档次和质量，增加花色品种，为人民提供丰富多样、量多质好的消费品。加快城镇住房建设和商品化步伐，创造良好的居住环境。完善城乡社会化服务体系，积极发展以多种便民服务为内容、兼有社会福利性的社区综合服务中心，拓宽服务面。要认真贯彻落实国家各项扶贫政策和措施，加大扶贫力度，确保扶贫任务的完成。认真解决城镇低收入居民和农村贫困人口生活困难问题。

构建和谐社会：实现国家安定、人民富裕的长远大计①

党的十六届四中全会提出了构建社会主义和谐社会的重要目标，并强调“要适应我国社会的深刻变化，把和谐社会建设摆在重要位置”。这是贯彻落实科学发展观、全面建成小康社会的重大战略任务，是实现国家长治久安、民族振兴、人民安居乐业、共同富裕的根本大计，必须作为新时期全党全国一项重大政治任务认真落实。

一、充分认识构建社会主义和谐社会的重大深远意义

社会主义和谐社会是以人为本的社会。社会的主体是人，社会和谐，说到底就是人的和谐。只有实现人的和谐，才能实现整个社会的和谐。和谐，既包括工人、农民、军人、知识分子等之间的和谐，也包括各民族、政党、团体和干群之间的和谐；既包括社会的和谐，也包括每个家庭、单位内部的和谐。为了实现社会主义现代化这个总目标，全国人民在中国共产党的领导下，各尽其能，各得其所，团结和睦，共同努力，创建美好生活。这是构建社会主义和谐社会的基本内涵和根本要求。

构建社会主义和谐社会，是适应全面建成小康社会的要求提出来的。经过20多年的改革开放和经济发展，人们的生活水平总体上有了较大提高。但是，不可否认，由于各个地方和企业的情况不同，发展的速度和收入水平出现了一定的差距，这是符合社会主义初级阶段的分配原则和经济发展规律的，特别是在人均GDP从1000美元到3000美元这个历史发展时期，正是居民收入结构和各种经济关系发生不断变化的时期，如果处理得好，就能够促进发展，在鼓励一部分人先富起来的同时，通过先富带后富，实现共同富裕；否则，就会损害社会的和

① 本文原载于《宏观经济管理》2005年第6期。

谐甚至影响到发展。因此，当前提出构建社会主义和谐社会是实现党的十六大提出的全面建成小康社会目标的重大举措。

提出构建社会主义和谐社会，是对我们党的历届领导人有关论述的继承和发展。毛泽东同志于 1957 年提出要正确处理人民内部矛盾，后来又提出要建立一种既有民主又有集中，既有纪律又有个人心情舒畅的一种生动活泼的政治局面，就是希望通过说理的、民主的方式协调好人民内部的各种关系，调动全党和全国人民的积极性，团结一切可以团结的人，共同建设社会主义。毛泽东同志的这些重要论断至今仍然是我们构建社会主义和谐社会的重要指导思想。

改革开放以来，邓小平同志多次提出，要保持社会的稳定。稳定是大局，没有全社会的稳定，什么事情也干不了。江泽民同志提出，要正确处理改革、发展、稳定的关系，强调改革是动力，发展是目的，稳定是前提。党中央把保持改革、发展、稳定的相互协调和统一作为全党工作的指导方针，提出建立社会主义法治国家和以德治国，采取有效措施提高低收入者的收入，为维护社会安定团结和协调发展做了大量卓有成效的工作，在构建社会主义和谐社会的理论和实践上进行了有益的探索。

党的十六大提出全面建成小康社会的目标，强调要使全体人民共享改革发展成果。党的十六届三中全会提出坚持以人为本，全面协调可持续的发展观，要按照五个统筹的要求，处理好各方面的关系。党的十六届四中全会正是在继承历届领导人的有关论述和党的重要方针的基础上，适应新形势、新任务，明确提出了构建社会主义和谐社会的目标。

提出构建社会主义和谐社会是民心所向，党心所向。“和为贵”是中华民族的优秀文化传统。在现实经济和社会生活中，矛盾无处不在、无时不有。矛盾双方的对立是必然的、绝对的，关键是如何处理好各种矛盾，努力减轻矛盾双方由于互相对立而产生的负面影响，扩大矛盾双方的统一性，通过矛盾双方的相互影响，相互促进，求得矛盾的解决，使事物能够在新的基础上获得发展。中国共产党就是在不断地分析、解决各个时期面临的新的矛盾中发展壮大起来的。建立社会主义现代化国家，需要妥善处理好各种新的矛盾，构建社会主义和谐社会，实现新的伟大历史使命。要充分认识、深入理解中央提出的构建社会主义和谐社会的重大深远意义，并落实到各项工作当中。

二、构建社会主义和谐社会必须建立促进共同富裕的经济基础

调整收入分配结构、避免收入的过分悬殊，是构建社会主义和谐社会的重要基础。鼓励一部分人、一部分地区先富起来，真正体现各尽所能、按劳分配的

社会主义物质利益原则，这是加快社会主义建设的动力源泉。在经济快速发展阶段，收入差距的适当扩大是克服平均主义和“大锅饭”的需要，是充分激发劳动者积极性的客观要求，也是经济发展不平衡性的必然结果。但是，这种收入差距的扩大要限定在合理的范围内；否则，超出了社会的承受能力，其负面影响将会大于其正面的作用。当前，必须把握好收入分配中效率和公正的关系，努力在初次分配中体现效率，在再分配中注重公正。在目前体现收入分配差距的“基尼系数”较高的情况下，收入分配政策的制定应更加注重社会公平。鼓励先富带后富，最终实现共同富裕。这是构建社会主义和谐社会最基本的要求。

要加快建立健全社会保障体系。养老保险的覆盖面要逐步扩大。首先，应把城镇从业人员都纳入养老保险的范围中来。要根据条件，逐步扩大养老保险社会统筹的层次，努力为“银色浪潮”的到来做好各种准备。同时，要积极扩大失业保险和医疗保险范围。当前，社会医疗保险的改革明显滞后，许多人看不起病或因病致贫，医疗资源的配置严重不合理：一方面，是城市特别是大城市医疗资源过度集中，能力富余；另一方面，是广大农村缺医少药。因此，必须加快医疗卫生制度的改革，努力提高医疗保险的覆盖面，大力发展农村新型医疗合作制度，解决数亿农村人口看病难的问题。继续完善城镇三条社会保障线，真正做到人人无饥寒。进一步扩大农村贫困家庭子女义务教育和免除学杂费、书本费及部分住宿费用的覆盖范围。完善大学生助学贷款制度。除了政府要增加教育的投入以外，要鼓励社会各方面增加教育的投入，提高全民族的教育水平。发展各种社会救助和慈善事业，努力健全社会安全网。这是构建社会主义和谐社会的基本保障。

继续扩大就业和再就业是增加居民收入的根本途径。要通过大力发展第三产业、劳动密集型产业，鼓励自主创业和自谋职业等措施，增加城镇就业岗位。由于受各种政策因素的影响，我国第三产业占 GDP 的比重仍明显偏低。这是造成当前就业矛盾突出的重要原因之一。要研究加快第三产业特别是金融、保险、法律、咨询、会计、审计等新兴第三产业发展的政策措施。大力鼓励发展社区服务，鼓励发展中小企业和私营个体经济。政府对弱势群体要给予就业的扶持，包括由政府购买就业岗位提供给就业困难的群体。推广“4050 工程”，逐步做到由各级政府免费提供就业培训和服务。要把降低失业率、提高就业率作为构建社会主义和谐社会的重要举措。

三、构建社会主义和谐社会必须扩大社会主义民主

要努力完善社会主义的各项民主制度。发挥各级人大作为权力机构的重要作

用，履行好对政府的监督职能。发挥各级“政协”的参政议政作用，集中各方面智慧，为改革发展献计献策。各级政府要建立科学的、民主的决策制度。重大问题的决策，特别是关系广大人民切身利益的政策法规的出台，必须广泛听取群众的意见，广开言路。提高政府决策的群众参与度，使决策的形成过程成为发扬民主、集中民智的过程。要完善共产党内的各项民主制度。按照《党章》的要求，在各级党组织内健全民主集中制。通过党内的民主，影响和带动全社会的民主，逐步形成中国特色的社会主义民主制度，为构建社会主义和谐社会提供制度保障。

四、构建社会主义和谐社会必须加强道德和文化建设

中华民族在几千年的发展中形成了良好的传统道德，如尊师爱生、尊老敬贤、孝敬父母、关爱子女；在商业往来上诚实守信，讲究职业道德；在社会上提倡救弱扶贫、互相关心、互相爱护等。社会主义和谐社会必须建立在提高全民族的道德水平的基础之上。道德教育要从小抓起，从幼儿园、小学到中学都应开设道德课程，组织有关专家编写树立社会主义道德的各类教材。通过大力宣传先进典型，在全社会形成弘扬社会主义道德的强大舆论力量，形成讲道德光荣、不讲道德可耻的社会风气，建立道德的奖惩机制。要从家庭做起，使每一个家庭都成为培养优良道德的第一所学校，使家庭成为构建社会主义和谐社会的基本单元。

要建立有利于构建社会主义和谐社会的文化。通过各类文化活动，对社会道德的形成发挥潜移默化的作用。按照构建社会主义和谐社会的要求，发展和繁荣文学、电视、电影、报纸、出版、戏剧、信息网络等丰富多彩的文化事业。通过生动活泼、群众喜闻乐见的形式，努力做到寓教于乐，为构建社会主义和谐社会创造浓厚的氛围。

五、充分发挥各级党政组织在构建社会主义和谐社会中的主导作用

构建社会主义和谐社会关键在于各级党政领导的高度重视，正确引导，并采取切实有效的措施，及时解决影响社会和谐的各种矛盾和问题，建立正确的和谐社会的政策导向。要按照“三个代表”重要思想的要求，建设好各级党的组织，充分发挥党的各级组织在保持社会稳定、协调社会各方面利益关系中的重要作用；充分发挥共产党员的先进模范作用。把构建社会主义和谐社会，实现本地、本单位的和谐稳定作为党组织的重要任务。要制定有利于促进和谐社会建设的各种政策。对在改革中涉及各种利益关系的调整，都应制定相关的、周全的各项措

施，妥善处理不同方面群众的利益，重视和维护群众最关心的切身利益问题。要按照统筹城乡发展、统筹区域发展、统筹经济社会发展、统筹人与自然和谐发展，统筹国内发展和对外开放的要求。制定切实有效的政策措施，形成并落实科学发展观的体制和机制。当前，要更多地关注和支持农村的发展，加快解决“三农”问题，增加农民收入；更多地关注中西部地区的发展，逐步缩小地区发展的差距；更多地支持和重视各项社会事业的发展，加快科技进步，发展教育事业，克服社会发展滞后于经济发展的局面。在扩大对外开放。引进国外先进技术、管理经验以及开放部分文化产业的同时，要防止各种资本主义腐朽观念的侵蚀，以社会主义的强大文化优势克服腐朽、没落思想文化的影响。

提高公共服务能力是政府首要职责①

——在“行政管理体制改革国际研讨会”上的演讲

改革开放以来，围绕着简政放权、建立社会主义市场经济体制，中国的行政管理体制改革不断推进，政府职能和管理方式发生了重大变化。我们基本上摆脱了高度集中的计划管理体制下政府直接干预微观经济活动的僵化体制，初步建立起了以经济、法律手段为主的宏观经济调控体系，政府主要通过中长期发展规划和年度宏观调控日标，运用财税、金融等调控手段引导经济运行。政府直接掌握的投资在全社会固定资产中已下降到 5% 左右，政府直接控制价格的商品在全社会商品零售总额中已下降到 10% 以下，市场机制在资源配置中已发挥着基础性作用。政府机构经过多次精简、合并，强化了经济调节职能，新的与社会主义市场经济相适应的行政管理体制初步建立起来。

但是应当看到，行政管理体制还有许多不适应生产力发展要求的地方，与企业和市场的改革发展相比，政府管理体制改革明显滞后。突出表现：一是政府职能转变滞后，目前仍管了许多不该管的事情，而应该管的事情却没有管好。《国务院关于投资体制改革的决定》已下发近两年，但目前地方和企业仍感觉项目审批环节过多，同时，不断出现新的低水平重复建设。公共服务体系尚未建立起来，国有资产监管、金融监管、市场监管和社会管理依然薄弱。社会征信体系、市场秩序比较混乱。二是一些地方和部门依法行政观念淡薄，存在着有法不依、执法不严、违法不究的现象。土地征用、国企改制、环境保护等方面损害群众利益的问题时有发生；有的地方和部门从局部利益出发，有令不行、有禁不止，教育乱收费、医疗高收费等问题比较突出；对行政权力的监督、制约机制不健全，违法行政行为得不到及时制止和纠正。经济社会发展中迫切需要的一些法规尚未出台，社会发展领域立法相对滞后。三是政府机构设置不尽合理，办事效率不高。部门职能交叉、职责不清、权责脱节、推诿塞责、相互掣肘，致使一些好的部署未能得到落实。四是腐败现象尚未得到有效遏制，商业贿赂在一些行业和领

① 本文原载于《文汇报》2006 年 5 月 23 日。

域严重存在，毒化政风、行风和社会风气，一些地方重特大安全事故频繁发生，其中许多与政府工作人员玩忽职守、甚至与不法分子勾结有直接关系。一些地方和部门官僚主义、形式主义严重，影响着干群关系和政府形象。

行政管理体制改革是各项改革的连接点，是深化其他各项改革、完善社会主义市场经济体制的关键。当前，进一步深化行政管理体制改革，转变政府职能，已成为全面深化改革的一项重大紧迫任务。要围绕建立行为规范、运转协调、公正透明、廉洁高效的行政管理体制的要求，重点抓好以下几个方面的改革：

第一，努力建设服务型政府。提高公共服务能力，为全体居民提供大体均等的公共服务，是市场经济条件下政府的首要职责。当前要把公共服务的重点放在教育、医疗、就业和社会保障上。在确保普及义务教育的基础上，发展多层次、多形式的教育，解决“上学贵”的问题，满足人民受教育的需求。抓紧改革医疗保险、医院管理制度和医药生产流通体制，积极推广农村合作医疗制度，解决人民“看病难、看病贵”的问题。实行积极的就业扶持政策，努力增加就业岗位，降低失业率。扩大养老等社会保障的覆盖面，做实个人账户，提高统筹层次，妥善解决农民工保险账户可流动问题，使工伤、医疗、养老保险在农民工中得到普及。为了提高公共服务能力，政府要调整财政支出结构，尽可能多地增加社会发展和公共服务方面的投入，同时鼓励社会资金兴办医院、学校等社会事业，对现有国有医院进行参股，以扩大公共服务的供给。要鼓励慈善捐助，发展慈善事业。美国的慈善捐助占 GDP 的 9%。我国目前每年仅有 10 亿多元人民币，只占 GDP 的 0.01%。通过制定优惠政策，增加慈善捐助，扩大第三次分配的规模，既可弥补国家用于社会事业发展的财政资金的不足，又有利于缩小贫富差距，应当作为一件大事加以推动。

第二，完善宏观经济调控体系。我国在抑制通胀和扩大内需的实践中建立起来的计划、财政、金融三大调控手段相互配合的宏观调控体系，已经取得了明显成效。进一步完善宏观调控体系的重点，一是要加快建立对自主创新和战略性产业的政策支持体系。去年我国制定的中长期科技发展规划提出了一系列重大科技专项，要围绕这些专项的实施，加大资金支持力度，发挥政府的组织协调功能，集中力量进行科技攻关。在这方面，要学习借鉴国外经验。美国目前在国际上领先的高技术产业，大部分是通过国家财政拨款支持的国防科技转为民用带动起来的。每年通过国防部下达的科研经费达 2000 多亿美元。那种认为搞市场经济政府就可以放弃在支持战略性产业发展中的作用的想法是非常幼稚的。二是加快社会主义新农村建设。要逐步把基础设施投入的重点由城市转向农村。为此，要制定有效的投资导向政策，通过政府增加投入，并吸引社会资金的投入，争取尽快改变农村基础设施和公共服务落后的状况。三是完善计划、财税、金融、进出口等调节杠杆的协调机制。当前，要围绕扩大居民消费，把财政政策和金融政策、消费政策结合起来，尽快改变投资率过高、消费率过低的局面。

第三，强化对市场的监管。目前出现的市场秩序混乱现象，说明政府市场监管的职能还没有到位。特别是关系人民生命安全的食品、医药领域，假冒伪劣产品不断出现，人民群众意见很大。必须把强化对市场的监管作为行政体制改革的一项重要任务。要明确市场监管的责任主体，加强相关部门的协调，形成监管的合力，如食品安全的监管涉及 8 个部门，有利的事情都想管，责任都不愿意承担，这种监管体制必须加快改革。建立规范的市场竞争秩序，还需要发挥各类市场中介组织的作用，通过建立健全行业协会等社会组织，实行行业自律，加强职业道德和诚信体系建设，形成公平、公正、透明的市场竞争环境。要打破市场的区域分割和行业垄断，加快建立全国统一的大市场。目前地方保护仍然阻碍着商品的自由流通，行业垄断影响着各类社会资金的进入，既影响了这些行业的发展，也损害了消费者的利益，成为导致收入分配不公的一个重要原因。政府应当把过多的行政审批交给市场，以集中力量把市场监管的职责履行好。

第四，加强对社会的管理。建设社会主义和谐社会是实现国家长治久安的需要，政府应当把相当大的精力用于各类社会矛盾的解决，各方面利益的协调，化解社会不和谐因素。当前重点是要解决好关系群众切身利益的问题。比如，缩小部分地区和个人之间的收入差距、妥善解决被征地农民的生计问题、健全城乡社区管理组织、倡导先进的思想道德和文化艺术等，把构建和谐社会的任务落实到基层。要提高公众对社会管理的参与度，扩大政府决策的民主。要加大对贫困地区的扶持力度，关心和解决弱势群体的就业和生活，要建立各类突发事件的应急机制，采取法律、技术和增加投入等多种手段搞好安全生产，减少人员伤亡。要加强社会治安的管理，从源头上减少犯罪，增强人民的安全感。

总之，要通过深化行政管理体制改革，切实将政府职能转变到经济调节、市场监管、社会管理和公共服务上来，真正建立起务实高效、勤政廉洁的政府，建设素质优良、尽职尽责的公务员队伍，从而在中国的社会主义现代化建设中发挥出强有力的领导、组织、协调、管理作用。

公共产品价值补偿与现代财政制度构建①

中国共产党十八届三中全会提出“财政是国家治理的基础和重要支柱，要建立现代财政制度”。首次把财政提高到国家治理的高度，这就对未来财税体制改革提出了新的要求。市场经济的核心和根本是市场，本质特征是市场在资源配置中起决定性作用，市场规律主宰一切，同时具有追求效率、分散、自由、优胜劣汰的特征。根据国家的本质和市场的缺陷，政府应把握其介入市场的度，正确处理政府与市场的关系，体现在财政上就是财政的主要职能作用如何界定。根据马克思主义经济理论，财政是政治的经济体现，是国家治理的基础财源和政府宏观调控的重要工具，是政治、经济、文化、社会和生态文明的连接体。②财源丰裕源远流长，国家才能长治久安；财政治理严明，国家治理才能稳中有为；财政更多关注资源环境，才能实现绿色发展；财政更具公共性，生态文明制度建设才有了基础。

一、环境和资源是公共产品

使市场在资源配置中起决定性作用，也就是充分发挥价值规律的作用。充分发挥价值规律作用的最大瓶颈和障碍，就是作为基本生产要素的资源价值缺位，否认资源性产品的商品性，也就无法确认资源性产品的价值地位，更不能使资源性产品以商品身份进入价值运行体系。这个问题不解决，使市场在资源配置中起决定性作用就只能是一句空话。

从经济学的角度讲，环境和资源首先是财富，是资源性产品。按照微观经济学理论，产品分为公共产品和私人产品两大类。萨缪尔森认为，每个人消费这种产品不会导致别人对该产品消费的减少，例如国防、灯塔、航标灯、法律、环境保护、基本卫生保健、公共资源等。③这就是著名的公共产品的定义，根据此定

① 本文原载于《中央财经大学学报》2014年第7期，与梁云凤合写。
② 马克思:《资本论》第3卷，人民出版社1975年版。
③ 马中:《环境与资源经济学概论》，高等教育出版社1999年版。

义，环境和资源与国防类似，每个消费者对环境和资源的消费并不会影响别人的消费情况，具有公共产品的性质，都属于公共产品。公共产品本身包含潜在价值，这是由资源环境的本质特征决定的。公共产品具有以下主要特征。一是非竞争性。这是公共产品区别于私人产品的关键特征，在通常情况下，利用环境和资源的人数增加，不会导致保护生态环境的费用和资源成本的增加，但是，随着被利用的急剧膨胀，甚至浪费，环境和资源的竞争性趋强。二是非排他性。环境和资源也同样具有这一特性，如某人对水资源的使用并不能排斥其他人对水资源的使用，或者说对此人来说，要想排斥他人使用水资源，就需要支付昂贵的排斥成本。

消费中的非竞争性往往导致“公共的悲剧”——过度使用生态环境；消费中的非排他性导致“搭便车”心理——使用成本供给不足。公共产品通常有两种情况：一种是在一定限度内，消费上具有非竞争性，并且排他又是可行的，因为成本较低。典型的就是公路，在不拥挤的条件下，增加使用人数并不会减少其他人消费，也不会降低别人使用公路的质量。但如果使用人数增加到一定限度，并且常年处于拥挤状态下，公路将瘫痪，即市场失灵。另一种具有很强的竞争性，并且排他几乎是不可能的，因为排他成本很高。以公共资源为代表，竞争性决定了公共资源在消费上的可枯竭性，每增加一个消费者或是使用者，其竞争性就会变强。同时，这类资源又具有不可分割性和非排他性，不可能清楚地界定私有产权，政府又无法了解每个人对某种公共产品的偏好及效用函数，因此，不可能像私人产品一样实现完全的市场交易，并通过市场决定其生产和消费。[①]需要政府介入，而政府介入建立补偿制度的机制有很多，其中，政府管制和政府买单是有效解决公共产品的机制之一，但不是唯一的机制。如果通过制度创新让生态环境受益者付费，那么，生态保护者同样能够像生产私人物品一样得到有效激励。

二、我国现行财税制度现状及存在问题分析

1992 年党的十四大提出了建立社会主义市场经济的经济体制改革目标后，为适应市场经济的内在要求，按照“统一税法，公平税负，简化税制，合理分权，理顺分配关系，保障财政收入，建立符合社会主义市场经济要求的税制体系”的要求，1994 年我国启动了新中国成立以来规模最大、范围最广、内容最深刻、力度最强的工商税制改革——分税制财政体制改革，扭转了“财政收入占 GDP 的比例、中央财政收入占全国财政收入比例”过低的格局，规范了政府间

① ［美］保罗·A.萨缪尔森、威廉·D.诺德豪斯:《经济学》，高鸿业等译，中国发展出版社 1992 年版。

财政分配关系，建立了中央财政收入的稳定增长机制。目前来看，我国的财政运行状况总体上看是好的，当前的财政问题主要是结构性问题，即财税体制本身的结构失衡。主要表现在以下四个方面：

一是政府间事权财权的配置结构失衡，责权利不配套。事权的实现需要相应的财权做保证，财权的大小又影响着政府履行职责的效率，事权财权必须相互对称。目前事权财权配置中存在明显的结构失衡。一方面，各级政府的事权财权配置不对称。现行分税制下，财权过于集中在中央，事权过于下放到地方，地方没有正常的融资渠道。事权财权的这种不对称，是造成地方巨额财政负债的根本原因。另一方面，特定层级政府在公共服务上的责权利不对称。部分公共产品如乡村公路、农村教育等，提供的责任和义务主要由县、乡等基层政府承担，基层政府却并不拥有与履行义务相对称的财权，而上级政府尤其是中央和省级政府拥有相当多的财权，完全具备为这些公共产品提供或筹集资金的权力，却仅承担很少的提供责任。基层政府提供公共产品的能力脆弱，目前最基本的公共产品是在上级命令、硬性指标、层层动员、检查考核等特殊环境下，以各种常规和非常规手段，千方百计地提供或完成的。如义务教育的供给并没有形成良性稳定的供给机制，而是建立在地方政府负债基础上的带有一定权宜性质的特殊供给。在上级压力松动、规范地方政府行为等条件下，这种债务支持的公共产品供给体系面临减少或停止供给的压力和危险。

二是财政收入制度存在不足。分税制并没有得到通盘实现，特别是省以下的分税制，没有得到实质性贯彻；复合税制中重要税种缺失和一些具体设计有明显缺陷。如财产税的缺失，资源税有明显的缺陷，环保税还未开征等；非税收入制度有严重缺陷和扭曲，如不能真正实现“收支两条线”，导致公权力的扭曲，只有土地一级市场收入，导致“卖地财政”；大量的变相地方债等；预算外财力非规范地筹集和使用，客观上助长了行为的短期化和粗放型增长。在引导绿色发展方面，财税政策的针对性不强，措施之间的协调性不够，政策体系尚未形成，导致企业缺乏提高资源利用效率、减少污染物排放内在的动力。在我国现行税制体系中，没有专门的环境税种，具有环境保护功能的规定，主要见于流转税中的增值税、消费税，所得税中的企业所得税，财产税和行为税中的资源税、城市维护建设税等税种。而且这些税收收入占国家总税收收入的比例很低，不仅如此，在仅存的具有环保效果的税种中，占较大比重的资源税又存在性质定位不合理、征收范围窄、税率设置低、计税依据不合理等诸多缺陷。

三是财政支出在公共领域缺位。从理论上讲，在完善的市场经济体制下，财政支出的重点领域应该是医疗、卫生、教育、福利保障及社会事业，政府投资和行政事业管理费占比应该降低。在不同的发展阶段，政府承担着不同的职能，财政支出也有不同的规模和结构。根据马斯格雷夫和罗斯托的经济发展阶段论，在经济发展初期阶段，基础设施投资比重大，因其具有公共物品性质和外部效应，应由政府投资，政府投资占总投资比重大，在经济发展中期阶段，公共投资促进产业结构调整，调节市场失灵，政府投资占 GDP 比重下降，而总投资占 GDP 的比重上升；在经济成熟阶段，城市化对基础设施和公共服务要求提高，居民注重生活质量，教育、卫生保健、环保、社会保障、收入分配等服务需要政府提供，因此财政支出增长也会快于 CDP 的增长。

根据马斯格雷夫的观点，收入分配和经济稳定的职能主要由中央政府负责。但是我国财政支出中最具有再分配性质的几项，如“文教、科学、卫生事业费”“抚恤和社会福利救济费”“社会保障补助支出”却是由地方政府承担了大头（80% 甚至 90% 以上）；而“政策性补贴支出”地方政府也负担了将近一半的份额，中央财政在这方面存在缺位现象。①

四是财政支出方式需要完善。我国财政转移支付制度包括税收返还和体制补助、一般性转移支付和专项转移支付。税收返还拉大了各地财力差距。我国采取的税收返还制度是在保证既得利益的基础上进行的。1994 年分税制改革采取了双轨并行、存量不动、增量调整、逐步到位的渐进策略，以 1993 年为基数确定税收返还额、保留原体制补助等方式，承认了既有的分配格局，维护了较富裕地区的既得利益，把旧体制下不尽合理的利益格局带入了新体制。这样的制度偏离了财政转移支付制度弥补财政失衡的初衷，与缩小地区间差距的主旨背道而驰。不仅不能解决各地财政能力不均和基本公共服务水平差距很大的问题，反而在新体制下拉大了这一差距，客观上造成了越是经济发达地区得到的税收返还越多，财政收入越充足，越是贫困地区得到的税收返还越少，财政收入越不足的不利局面。并且，这种税收返还的差距随着时间的推移呈加速扩大的趋势，对地区间的财力差距实施逆向调节，不利于实现基本公共服务均等化。

均衡性转移支付规模过小。均衡性转移支付是财力性转移支付的重要组成部分，是最具均等化效果的转移支付方式。财政部发布的《2008 年中央对地方一般性转移支付办法》（以下简称《办法》）指出：“根据党的十七大精神，按照落实科学发展观和构建社会主义和谐社会的要求，一般性转移支付的总体目标是缩小地区间财力差距，逐步实现基本公共服务均等化，保障国家出台的主体功能区政策顺利实施，加快形成统一规范透明的一般性转移支付制度。”但是，一般性转移支付的作用还没有得到充分发挥。一方面，目前我国财政转移支付中，税收返还、体制补助和专项转移支付的比重较大，而有助于实现基本公共服务均等化

① ［美］马斯格雷夫：《财政理论与实践》，麦克劳—希尔图书出版公司 1973 年版。

目标的一般性转移支付却比重不够，尤其是均衡性转移支付规模过小，对于调整地区财力的力度不够。另一方面，现行均衡性转移支付还存在不足，在平衡各地区财力和实现基本公共服务均等化方面还没有充分发挥作用。《办法》明确了一般性转移支付的一些具体问题和计算方法。尽管该《办法》对一般性转移支付进行了改进，但依然存在不足之处，在推动基本公共服务均等化方面还存在不少问题，制约了其功能的有效发挥，部分转移支付甚至导致了逆均等化的负面影响。计算各地的标准财政收入时，对地方既有财力掌握不全面，使得均等化的作用大大减弱。

专项转移支付规模过大，分配不规范，在财力还不够充裕的情况下，专项转移支付对保证重点项目有重要意义。但是，专项转移支付的管理中还存在很多问题。目前专项转移支付范围太宽、规模过大、缺乏严格的制度约束，促进基本公共服务均等化的作用不显著。一是部分专项转移支付项目数量众多，项目设置交叉重复，资金投向较为分散。二是专项转移支付监督机制不健全，透明度不高，资金分配和使用不规范。这就可能导致有关部门不能及时准确地掌握专项资金的使用情况，不能及时有效地对挪用专项资金等违反资金使用规定的地方政府进行处罚，影响专项转移支付效果。三是专项转移支付的申请、确定和执行缺乏科学性。专项转移支付缺乏科学的依据和标准。此外，由于专项补助要求配套资金比例，发达地区比贫困地区更有财力提供中央要求的配套资金，从而使得大量专项补助资金流向了发达地区而非贫困地区，加剧了地方之间财力的不平衡。

三、转变观念，加快树立现代财政观

长期以来，我国的经济发展方式粗放，国家治理体系和治理能力不足，这与片面追求经济发展速度的“速度型财政”的引导不无关系。财政作为宏观调控的重要手段和国家治理的基础及重要支柱，要实现经济持续健康发展，要推进国家治理体系和治理能力现代化，必须树立全新的财政观念，由速度型、建设型财政观念向效益型、公共型财政观念转变。

从根本上说，人们的经济关系处于社会关系的支配地位，制约和规范经济行为的最有效手段是经济手段。经济手段的核心作用是贯彻物质利益原则，即把各种经济行为的负外部性内化到生产成本中。财政作为最重要的经济杠杆，通过各种具体的财税政策措施不断调整各行为主体的经济利益关系，约束与激励协同，把微观主体的局部利益、短期利益同全社会的共同利益、长期利益有机结合起来。使市场在资源配置中起决定性作用，财政的着眼点应该是从微观经济主体“经济人”的“趋利性”本质出发，对符合政府鼓励的行为进行正向激励，减少其成本性开支，对政府限制的行为进行反向激励，增加其成本性开支，促使微观主体从政府限制的行为方式向政府鼓励的行为方式转变。

目前，我国政府正处于从经济建设型政府向公共服务型政府转变时期。公共服务型政府是一个为全社会提供公共产品和服务的政府。提供公共产品和服务，核心是在公共财政和预算，以及财政转移支付的导向上，要真正关注普通老百姓的利益、需要和愿望。把钱真正用到惠及千百万老百姓的日常生活，使人民安居乐业、生活幸福的事业上来。要真正关心社会的弱势群体。政府必须下决心把钱投到以改善人民群众生活质量，关乎千家万户生活的义务教育、公共医疗、社会福利和社会保障、劳动力失业和培训、环境保护、公共基础设施、社会安全和秩序等方面来。建立服务型政府，就是要把这些方面作为公共财政支出和财政转移支付基本方向，切实通过预算硬约束保证公共财政的正确使用。强化政府的公共服务职能，改革和完善财税体制，建立有利于优化资源配置、维护市场统一、促进社会公平、实现国家长治久安的现代财政制度，提高财政的公开透明，规范财政行为，明确财政法律责任，加强财政监督。

四、绿色发展必须考虑公共产品价值

绿色发展是以资源、环境、经济、社会的协调发展为目标，力求兼得经济效益、生态效益和社会效益，实现三个效益统一的经济发展模式。在可持续发展原则要求下，要走出资源环境困境，必须进行经济发展方式的绿色化转型，发展绿色经济。调节人类经济活动，合理开发和利用自然资源，使社会经济活动建立在资源环境的承载力之上，全面权衡经济发展和环境保护之间的关系，既考虑近期的直接经济效果，又考虑长期的社会效果和环境效果，是摆脱资源环境约束的最根本、最有效的途径。

财政是国家治理的基础和重要支柱，更多体现在财税政策的宏观调控作用方面，引导调节经济运行和人们的行为方式改变。在绿色发展模式下，财政不仅要维持国家机关的正常运转，还要综合运用各种财税政策，保护和补偿生态环境，实现资源节约和高效利用，鼓励绿色技术创新和产业化，支持绿色产业发展壮大，培育绿色经济增长点等，促进经济发展方式的绿色化转型。通过税收、补贴、贴息、直接投入和窗口指导等措施，使污染产业和高耗能产业的运行成本加大，从而抑制此类产业的发展；而环保产业与低耗能产业则运行成本降低，从而刺激其成长。在此消彼长中，污染产业与高耗能产业逐渐萎缩，而环保产业与低耗能产业则逐步壮大。[①]

五、全面深化财税改革，构建现代财政制度

在生态文明建设和公共财政制度背景下，现代财政制度建设应着重考虑有利于生态环境补偿、资源有偿使用、能源集约节约利用，以及节能环保市场的培育壮大，有利于绿色发展、循环发展、低碳发展。

（一）按照兼顾公平和效率原则，在追求经济持续健康发展的同时，调整财政支持经济发展的方式

财政资金坚决从市场竞争领域逐步退出，以支持技术更新和改善投资环境来吸引投资，增强经济竞争力，培育市场内生经济增长。在追求做大财政"蛋糕"的同时，财政资金有目的地向社会事业、健康和教育、生态环境等领域倾斜，提高公民福利水平和生活质量。一般性转移支付是最具有均衡地方财力作用的转移支付形式。应提高一般性转移支付比例，使其成为转移支付的主要形式。税收返还和原体制补助的过高比例直接扩大了地方政府间财力上的差距，加剧了区域间经济发展差距和公共服务差距。应当尽快制定时间表，统筹规划和安排，逐步取消税收返还和原体制补助。

（二）完善财政收入制度

1. 稳定税负，改革税制结构

我国税制结构不合理之处主要表现在直接税和间接税比例失衡。这种税制结构，强化了税收对价格机制的干预，弱化了调节收入分配功能的发挥。目前我国税制向直接税为主过渡的条件已经具备，时机已经成熟。应在保持宏观税负基本持平的前提下，进一步调整直接税和间接税的比例，逐步提高以所得税为主的直接税在税收总收入中的比重。

2. 绿化资源税费制度

一是完善资源开采阶段税费制度，形成以权利金为主体，以矿业权价款、矿产地租和相关税收为重要补充的矿产资源税费制度体系。首先，将"探矿权采矿权价款"改为"矿业权出让金"，将"探矿权采矿权使用费"改为"矿地租金"，并分别调整征收范围、提高征收标准。其次，将"矿产资源补偿费和矿区使用费"合并为权利金，与资源税并存。提高权利金的征收标准，调整资源税的征收

① 梁云凤:《绿色财税政策》，社会科学文献出版社 2009 年版。

范围和标准，对影响地方财政收入部分，通过加大权利金地方留成比例的方式予以弥补。最后，在条件和时机成熟后，在前一步改革的基础上，将资源税合并到权利金中，同时，调整企业财务会计制度和纳税扣除规定，建立耗竭补贴制度。建立健全权利金制度。充分体现国家矿产资源所有权权益。将现行矿产资源补偿费、矿区使用费、资源税等规定中的制度要素合理提炼，整合形成我国的矿产资源权利金制度。为了提高开采效率，防止采富弃贫，最大限度地体现公平原则，权利金应当分成两个部分，分别反映矿产资源的绝对地租和级差地租。其中，反映绝对地租的部分，可以参照产值或产量等因素进行征收，并实行比例费率；反映级差地租的部分，应当依据矿产规模、矿产质量、地质条件和利润水平等因素征收，并实行从价计征和累进费率。这样一来，对不同地区、不同地质条件的同一种矿产品，其征收比率可能相差较大，从而实现国家对矿产资源的所有者权益。权利金费率的确定在考虑实现国家权益、促进资源开发的同时，要和有关矿产资源税收改革统筹加以规划。

全面实行探矿权、采矿权有偿取得制度。根据煤炭资源有偿使用制度改革试点的情况，尽快在其他矿产资源开发领域采取招标、拍卖、挂牌等市场竞争方式，实行探矿权、采矿权有偿取得制度。除了对经过国家出资勘查形成的矿业权外，对国家虽未出资勘查但某些特定的矿产资源前景明朗、潜力较高的矿业权也应采用市场竞争性方式出让矿业权。同时，适当提高探（采）矿权使用费的征收标准。①

调整资源税等相关税收。在资源开采阶段，对开采者征收开采税、资源税或矿区使用费等，对于提高资源的开采成本，减缓资源开采的速度，维护其可持续性起到一定得积极作用，其涉及面应包括不可再生资源和可再生但破坏严重的资源，如森林、水、土地、海洋、矿产资源等，建议我国资源税将土地资源、动物资源、植物资源、海洋资源等其他资源纳入征税范围，减少浪费和破坏。在近期可调整资源税的计税依据和标准，发挥其调节矿产级差收益的功能。在条件具备时，取消对矿产资源征收资源税。由于从量定额计征方式的影响，资源税实际上无法对矿产级差收益进行调节，在权利金制度已经实现国家对矿产级差收益的所有者权益后，在完善权利金的中央与地方分享机制的前提下，没有必要继续对矿产资源征收资源税。取消对矿产资源征收资源税的同时，对矿产资源开采企业的超额利润征税。征收超额利润税是配合矿产资源权利金的重要政策工具，使得国家调控更有力度和针对性。

二是完善生产消费阶段的财税制度，打造绿色产品。产品的生产和消费阶段

① 杨朝斌、孟宪刚:《矿产资源占有、使用及利益分配》,《中国国土资源经济》2007 年第 1 期。

涉及的一个重要税种即消费税，其设置是为了抑制超前消费，调节消费结构，只是其中某些应税产品与环境联系比较紧密，能在一定程度上减少污染，保护环境，但其出发点不在于保护环境，并且其征税范围狭窄，税率设计不合理，因此要充分发挥其环保节能作用就必须做到以下两点：第一，将目前尚未纳入消费税征收范围、不符合节能技术标准的高能耗产品、资源消耗品纳入消费税征税范围。第二，适当调整现行一些应税消费品的税率水平，如提高大排气量轿车的消费税税率，适当降低低排气量汽车、摩托车税率等。

三是产品报废阶段税制的完善。现行增值税对企业节约资源和循环利用资源缺乏激励，甚至会起到抑制作用，因为循环利用资源的成本低，其增值比例高，反而要多交税。因此在增值税制度中，应该对以可再生资源或替代品为原材料的产品给予减税、免税或先征税后返还的优惠政策，以体现对可再生资源及替代品开发、研制、使用的鼓励；对于回收和利用废旧物资的，应在现行增值税规定的基础上适当提高抵扣率，以鼓励对废旧物资的回收利用；对于降低资源、原材料消耗，特别是循环利用资源的企业，应给予税收鼓励政策。①②

3. 培育地方政府财源，构建地方税体系

首先，完善地方税体系，稳定地方政府财源。从国际经验看，财产税具有税基大、税源稳定、征收相对透明等优点，是良好的地方税种，随着我国经济发展和城市化进程的加快，目前房地产已经成为我国居民拥有财富的重要组成部分，应把财产税作为地方主体税种，尽快试点开征。其次，改革资源税征收办法，提高地方政府财力。当前，我国的资源税大部分划为地方税种。但从总体上看，我国的矿产资源补偿费仍是从量计征，费率偏低，地方政府难以从资源价格上涨中分享应得的市场收益。应当对资源税的征收方式进行改革，使资源税成为地方政府的重要税源。再次，将地方国有资本预算纳入财政预算，增加地方政府可支配财力。国有资本收益是政府非税收入的重要组成部分，包括国有资本分享的企业税后利润、国有股股利、企业国有产权出售、拍卖、转让收益等。适应地方政府履行公共服务职能的要求，要把地方国有资本经营纳入同级财政预算，进一步完善国有资本收益的征收管理方式，使国有资本经营收益及时足额上缴同级国库，增加地方政府的财政收入。

（三）改进预算管理制度，增强财政公开透明

预算制度的核心是财政的分权和制衡，建立公开、透明的预算制度，实现从

① 晁坤、陶树人：《我国矿产资源有偿使用制度探悉》，《煤炭经济研究》2001 年第 1 期。

② 高小萍：《矿产资源分配体制改革的新思路：价、税、费、租联动》，《财政部财政科研所研究报告》2007 年。

财源管理上对行政管理硬约束。由于现行预算制度存在不利于权力间的相互制衡、不利于加强预算的法律效力、不利于行政体制改革等弊端。借鉴美国、韩国经验，构建独立的预算编制机构，形成预算编制、执行和监督分离的制衡机制。

目前我国财政部门主要负责预算的编制和执行，但实际上很多其他部委，如发改委、农业部、教育部等单位也有部分编制预算的职能，这样很容易导致预算整体性、统一性的肢解，不利于随后的预算执行和监督职能的发挥。而在预算监督上，人大的作用有限，使得预算职能不是被肢解就是交叉重叠，监督也难以到位。改革预算管理体制的关键是要在人大与政府之间、政府财政部门与其他部门之间、在财政部门内部各部门之间重新配置预算管理权限，形成一种预算编制、执行和监督“三分离”的预算管理制衡机制。

1. 预算编制体系的整合构建

将现行财政部预算司及其他部委的部分预算编制职能的机构统一起来，组建一个新型的专职预算编制机构——国务院直属的或直接对国家主席或总理负责的国家预算委员会（简称“预算委”）。它是跨部门的决策议事机构，整合各决策机构中有关实施国民经济和社会发展战略、中长期规划和年度宏观经济的预测，提出国民经济发展和优化重大经济结构的目标和政策等职能，形成独立、权威的预算编制机构。通过法律授予其集中、明确、有效的预算编制权限，为预算编制提供组织和法律保证，以该机构的权威性来克服现今许多调整各方利益的财政改革措施一出台就受阻的弊端。

2. 预算执行体系的整合重构

财政部具体负责收入预算的预测和公共支出的执行，以及相应财税政策等宏观调控的职能。将目前负责收入预算执行的国家税务部门合并入财政部门，将收支预算的执行整合于一个统一框架内，以加强收支间的综合协调与平衡。同时，将税务部门的税收计划部门合并入新成立的国家预算委员会。财政部门负责预算和公共支出等国库业务的具体工作，并将财政金融宏观调控职能集中于财政部门。财政部门不再从事预算的编制工作，但要向预算编制机构（国家预算委员会）提供建议。

3. 构建“一体两翼”预算监督模式

形成以人大机构为核心，以财政部内部监督局和审计部门为主体的职责细化的多层次监督体系。实现财政分权的法律制衡机制，以较小的成本实现预算管理体制的法制化，增强预算的公开性和透明性。在上述三个系统中构建专门的预算审查机构。一是在各级人大常委会预算工作委员会的基础上，成立人大预算委员会。该委员会专职负责对政府预算的审核、平衡和初步确定预算草案。二是各级政府内部成立预算专家咨询委员会。该委员会主要由各类财经和预算管理专家组成，根据国民经济和社会发展计划，对财政部门上报的预算建议提出建议，以供决策参考。三是在预算委员会内部，成立专职的预算审查机构，实现预算委员会内部编制与审查的进一步分权与制衡。[①][②][③]

① 王满仓、刘辉：《关于提高我国财政透明度的探讨》，《社会科学辑刊》2005 年第 1 期。
② 赵倩：《财政信息公开与财政透明度：理念、规则与国际经验》，《财贸经济》2009 年第 11 期。
③ 葛水波、申亮：《财政透明度衡量问题研究——一个分析框架》，《财政研究》2009 年第 12 期。

建立体现社会公平的收入分配制度

规范和完善初次分配和再分配机制①

今后15年，合理调节社会分配关系，协调好社会各方面的利益关系，对于顺利实现改革发展的各项目标，保持社会稳定，实现经济社会的全面发展具有重要意义。因此，《国民经济和社会发展“九五”计划和2010年远景目标纲要》（以下简称《纲要》）把规范和完善初次分配与再分配机制作为一项重要的改革任务。

一、改革开放以来我国分配格局的演变

改革开放以来，我国国民生产总值的分配格局发生了很大变化，国家让利于地方、企业，个人收入也有了较大幅度的增长，在分配和再分配过程中形成了多元化的利益主体。这种变化有力地促进了我国的经济发展，但同时也出现了一些弊端。

从积极的一面讲，一是国民生产总值分配格局的变化，调动了各类利益主体的积极性，有利于经济的发展。改革以前，个人利益、企业利益与国家利益混淆在一起，因而无法开展真正意义上的等价交换。改革开放以来，个人和企业维护自身利益的意识日益增强，国家任何经济政策的出台都要考虑到对不同利益阶层的影响，而企业与个人也从自身的利益出发做出不同的反应。这正是建立市场体系所需要的前提条件。二是分配格局的变化也增强了企业的自我发展机制，有助于提高经济效益和资金使用的效率。由于收入分配中个人比重明显加大，企业和政府部门越来越多地通过贷款和发行债券来筹集资金。在有偿和付息的制约下，政府和企业更加注意资金使用的节约和注重经济效益的提高。

当前我国分配结构中存在的问题也很突出，主要表现在：

首先，社会收入分配差距过大。据推算，1991年占人口总数2%稍强的高收入者的储蓄额占城乡居民个人储蓄总额的26%，1992年这一数字为28%，1993年则为30%左右。与高收入形成对照的是，一个明显的低收入层也已分化出来。

① 本文原载于郑新立主编的《学习全国人大八届四次会议〈政府工作报告〉辅导》（中共中央党校出版社1996年版）。

在农村，尚有7000万左右的贫困人口，在城镇，估计有1200万~1500万人处于贫困状态，其中很多家庭人均月生活费收入不足百元。

其次，个人收入比重过大。在国民生产总值的最终分配格局中，政府部门收入所占的比例大幅度下降，且政府财力呈高度分散状态，而个人收入所占的比重上升太快，国民生产总值的绝大部分掌握在个人手中。国家从事重点建设和宏观调控的资金不足，通过银行或其他中介组织筹得的资金成本越来越高。

再次，居民消费膨胀。由于我国个人投资渠道不畅，居民个人收入大多数都用于消费，个人收入分配越多，居民消费膨胀的可能性就越大。而居民消费的刚性很难通过政策调整使之下降。于是我国国民生产总值中很大的一部分被用于消费而非经济建设，这对于我们这样一个发展中国家来说是很不合理的。

最后，再分配手段不足。目前无论是对高收入的税收调节还是对低收入者的保护都明显不足，致使初次分配形成的悬殊差距无法缓解。对高收入税收调节不力原因有二：一是地下经济、灰色收入大量存在，政府无法掌握居民收入的真实情况；二是征收力度，特别是惩戒力度不够，公民偷、漏税风险很小，从而刺激逃税行为。对低收入者保护不力一方面是保障体制有待完善，同时税收不足引发的财政紧张也是重要的原因。

二、调节社会分配关系，规范分配机制

党中央在《中共中央关于制定国民经济和社会发展“九五”计划和2010年远景目标的建议》中指出，“解决好社会分配不公，最终实现共同富裕，是保持社会稳定的重要条件，是体现社会主义本质的重要方面”。《纲要》进一步指出，规范和完善初次分配和再分配机制，要坚持和完善按劳分配为主体，多种分配方式并存的分配制度，坚持效率优先、兼顾公平的原则。在继续实行鼓励一部分人一部分地区先富起来的同时，运用法律、分配政策和税收等手段，保护合法收入，调节过高收入，打击非法收入。主要政策措施是，实行法人对个人收入支付的申报制，个人收入申报制和储蓄存款实名制，并在进一步完善税收制度的基础上，加强对个人所得税的征管。

（一）坚持和完善按劳分配为主体，多种分配方式并存的分配制度

《纲要》重申了分配制度建设的目标是，“坚持和完善按劳分配为主体、多种分配方式并存的分配制度”。按劳分配实现的条件是，生产资料的社会主义公有制，以及全社会拥有较高的生产力水平。从我国的实际情况看，将在很长时期内处于社会主义初级阶段，党的十一届三中全会以来，在我国公有制经济不断巩固

壮大的同时，个体经济、私营经济、中外合资合作经济迅速发展，并且在国民经济中占有了相当大的份额。我国现阶段存在的多种分配方式，是由多种经济成分和多种经济方式同时并存决定的。按劳分配方式并不是我国目前对劳动者分配的唯一方式。只有实行多种分配方式，才能保证各种生产资料所有者和劳动者的经济利益得到实现，调动投资者、经营者和劳动者的积极性，从而促进多种经济成分和多种经营方式的发展。在实行多种分配形式中，允许非劳动收入的存在，有利于向社会筹集更多的建设资金，促进生产力的发展。在社会主义初级阶段，按劳分配以外的个人收入，只要是合法的和有利于促进生产力发展，就应当允许其存在并促使其不断完善，使其服务于建立社会主义市场经济的总体目标。

按劳分配的主体是企业。《纲要》提出，“九五”和到 2010 年期间，要进一步“深化企业工资收入分配制度的改革，发挥市场竞争机制的调节作用，建立企业自我调节、自我约束的分配机制，形成工资收入增长与劳动生产率、经济效益提高相适应的关系”。在企业内部，劳动者的个人劳动报酬要引入竞争机制，打破平均主义，实行多劳多得，合理拉开差距。在社会主义市场经济条件下，按劳分配的实现，同其他经济活动一样，要受到价值规律、供求关系和竞争机制作用的影响和制约。当前，要逐步深化市场改革，完善市场体系，健全市场机制，保证公开、平等的市场竞争，让经营好的各类企业（包括公有和非公有）能够获得好的经济效益和不断提高分配水平。与此同时，必须反对不正当竞争，反对暴利，坚决取缔各种非法经营。

要进一步完善适应行政机关和事业单位各自特点的工资制度，以及正常的工资增长机制。国家公务员的劳动是复杂劳动，他们是国家选拔的优秀人才，其工资水平应当与市场决定的复杂劳动者工资的平均水平基本相当，目前我国公务员的工资水平还较低。随着公务员制度的完善，其工资水平也会接近甚至超过社会的平均水平。要逐步深化工资改革，继续纠正平均主义，在规定最低工资标准时，适当拉开工资档次；特别是对经济效益好的企业和做出重要贡献的脑力、体力劳动者，必须给予相应较多的报酬。

规范和完善其他分配方式，土地、资本、知识产权等生产要素按有关规定公平参与收益分配。在社会主义市场经济条件下，资本等其他生产要素也应参与分配，目前在我国居民收入当中，资本等生产要素的收入已经从无到有，并且占据了一定的比例。

（二）坚持效率优先、兼顾公平的原则

《纲要》指出，要“坚持效率优先、兼顾公平的原则”。也就是说，在进行个人收入分配时，首先要考虑劳动者的生产效率或工作效率，实行多劳多得，少

劳少得；同时，又要兼顾公平，合理拉开差距，但也不能无限扩大，避免两极分化。

所谓效率优先原则，是指分配制度、分配政策要以促进生产力发展和社会经济效益提高为首要目标。从宏观上看，效率是指社会资源的合理配置、有效利用和社会财富最大限度地增加。之所以强调效率优先，还在于社会主义制度的优越性归根结底是表现在比资本主义制度有更高的劳动生产率，有更强大的综合国力，人民有更丰裕的物质文化生活。这种效率是符合市场经济规律要求的，能够有效地将生产、消费和供给结合起来的效率，不是单纯为了生产而生产的速度。社会主义初级阶段的首要任务是发展生产力，坚持效率优先的原则，有利于根除多年来形成的分配中的平均主义、“大锅饭”的痼疾。

所谓兼顾公平，这里讲的“公平”，并不是平均主义的“公平”，平均主义的公平观否认分配差别的合理性。在传统体制下，过于强调分配结果的平均，结果损害了效率，也没有实现真正的公平。长期以来，这种分配方式极大地压抑了人民群众的生产积极性和创造性，制约了企业经济效益的提高。社会主义市场经济是以公有制为主导，多种经济成分并存的经济形式。在公有制内部，任何人不得凭借生产资料的占有获得非劳动收入，而在非公有制经济中，则实行按资分配与按劳分配相结合的收入分配制度。在社会成员中，既要保持一定的收入差距，保证生产的高效率，又要避免收入悬殊、防止两极分化。公平与效率是互相联系、互相制约的一对矛盾统一体，在不同的时期需要国家进行适时有效的调控。

怎样才能实现效率优先、兼顾公平的分配原则呢？

第一，要鼓励诚实劳动和合法经营先富起来。在我国现阶段，允许和鼓励一部分劳动者先富起来，是达到全社会成员共同富裕的必由之路。这是因为，在社会主义条件下实行的按劳分配原则，承认了劳动者的能力差别，也就必须承认劳动报酬上的差别。在一部分人先富起来的同时，也要防止贫富悬殊，对过高的个人收入，采取有效的措施调节，对非法牟取暴利的，要依法严惩。同时，还必须对老弱病残、鳏寡孤独等一部分人进行社会救济，对经济还很贫困的地区实行特殊的优惠政策，并给以必要的物质技术支援，走先富带后富，共同富裕的道路，使他们尽快改变贫穷落后的面貌。

第二，国家依法保护合法收入，取缔非法收入，调节过高收入。继续建立法人对支付个人收入的申报制、个人收入申报制和储蓄存款实名制。推进个人收入的公开化、货币化和规范化。共同富裕的公平要求不能在初次分配中加以体现，它只能通过再分配环节予以贯彻，因此必须建立和完善个人收入的宏观调控体系。尽快改变我国目前普遍存在的供给性、福利性、实物性的分配结构，结合房改、医疗改革将各种非货币收入货币化。

通过税收杠杆调节过高的收入，一是以更有效的方式控制和把握真实收入情况，严格各种经济活动中的建账制度，严格控制灰色收入并严厉打击“地下经济”活动。近期可考虑逐步实施银行存款实名制和个人收入申报制度。为强化税收征管，可考虑逐步发展税收中介组织，推行税务代理制。对偷、漏税问题也要加大惩处力度。二是应加快税收改革，如开始征收遗产税、馈赠税；对各种高消费、畸形消费课以消费税。

严厉打击各种经济犯罪活动及非法收入。近期内应考虑以法律方式明确界定合法收入和非法收入的界限。在反腐败活动中，逐步规范公务员行为，强化对掌握实际权力的职能部门的社会舆论监督，全面制定和推行政务公开制度。在各种商业、贸易活动中，以目前的反暴利行动为基础，各地制定详细的实施办法。在打击力度方面，应全面加重对非法收入的经济处罚，并附之以更为严厉的行政和司法处罚。除对当事人从严打击外，还应从严对其他有关人员的连带责任的追究，坚决杜绝执法不严的现象。

第三，运用法律、分配政策等手段，以及社会保障、社会救济等措施，协调城乡之间、地区之间、不同社会群体之间的分配关系。

加速社会保障体系建设，强化对低收入居民的保护。在农村，重点减轻农民负担，增加农业投入，切实保护农民利益并进一步搞好扶贫工作。政府应从多方面为农民进入市场、降低风险创造条件，以确保农民生产经营收入合理增长。在城镇，除稳步进行社会保险制度建设外，应以亏损企业在职和退休职工为重点，强化社会救济和救助工作，尽快建立制度化的社会救助体系。除政府工作外，还应动员社会力量，大力发展各种慈善事业。

加强和改善宏观调控，加大抑制通货膨胀的力度，缩小工农业产品价格的“剪刀差”。通过必要的手段，逐步减少中间环节，降低过高的商业利润，特别是要对关系大多数居民生活的必需品价格进行有效调控。并注意掌握和调节利息率、地租率等生产要素价格，为各阶层之间的公平分配提供合理的条件。

收入分配与消费调节政策①

一、我国宏观收入分配现状分析

（一）宏观收入分配的基本含义

所谓宏观收入分配，一般是指国民收入在居民、企业和政府三者之间分配的比例关系，即通常所说的三者分配关系。宏观分配关系反映了三个收入主体的利益格局状况。目前，我国经济正处于转轨时期，利益关系和利益格局随着经济发展和体制的改革而不断调整。应该说，这种调整对社会经济发展起到了推动作用，但必须看到同时也带来了新的矛盾。从某种意义上说，分配是我国经济体制改革的启动器，分配体制的改革给我国经济的发展注入了活力，同时，也正是分配关系的紊乱引发了社会经济领域的诸多矛盾，其中最为重要的就是三者分配关系尚未理顺。为了反映国家、企业和居民个人三者利益关系及其变化，就需要进行宏观分配比例测算，这是研究三者分配关系的基础。但是，要正确计算全社会各经济主体收入分配的数额，是一项非常复杂的工作，需要有一套科学的、系统的、全面反映各经济主体分配情况的指标体系，以及相应的测算方法。我们在此提出一个初步的测算框架。

1. 宏观分配的测算原则

宏观分配的测算是在充分利用国民经济核算资料的基础上，根据宏观分配的特殊要求重新加工整理得出所需的数据。因此，宏观分配的测算应当遵循以下基本原则。

（1）分配范围应与生产范围保持一致。作为生产活动最终成果的增加值是宏观分配的初始量，生产范围包括什么，收入分配也应包括什么。如生产核算中包括非市场产出的增加值，那么在进行收入分配核算时，同样包括这部分内容，并作为初始收入量。所以，宏观分配测算的内容既包括货币交易，也包括非货币交

① 本文原载于郑新立主编《发展计划学》（中国计划出版社 1999 年出版）。

易。全面反映经济活动最终成果的增加值总和即国内生产总值视为收入分配的初始总量。但现实中国内生产的成果并不一定全部由“国民”所有，“国民”所有的也并不一定是在国内生产的。因此从研究“国民”的收入出发测算的总量应该是国民生产总值或叫国民总收入。在此基础上，全体国民可支配的收入还应该包括国外净转移收入。

（2）遵循“权责发生制”原则。所谓“权责发生制”是以法律上权利和义务是否已确立为标准，来确定本期收入和支出的原则。凡是在本期发生应属本期收入和支出的，不论其款项是否收到或支付，一律作为本期收入和支出进行核算。在实际操作时，限于有些数据取自财政决算资料，这些数据是按收付实现制计算的，因此会存在一个差额，我们将这个差额作为统计误差。这种技术上的处理，在国际上是公认的。

2. 分配主体的界定

按国际通行方法，将国民经济按机构部门划分为：住户部门、非金融企业部门、金融机构部门和政府部门，以及与国外发生经济联系的国外部门。宏观分配核算采用同样的部门划分，只是根据宏观分配的特点和需要，重新划分为住户部门、企业部门和政府部门（简称居民、企业和政府），以反映三者之间的分配关系。住户部门，包括城乡居民和城镇个体劳动者。需要说明的是，农民和城镇个体劳动者既是消费者，又是自己收入的提供者（也可称生产者，其生产活动与消费活动的资金很难分开，所以都按住户部门处理）。企业部门，包括非金融企业和金融企业部门，非金融企业由所有从事非金融活动，并以营利为目的的常住独立核算单位组成；金融部门包括主要从事金融中介或从事与金融中介密切相关的辅助金融活动的全部常驻公司或准公司。政府部门，由所有从事非营利活动，向社会和公众提供服务的常驻独立核算单位组成。

宏观分配测算就是分别测算出住户部门、企业部门和政府部门在各分配环节的收入数据及其比例。

3. 分配的三个层次及分配主体可支配收入的形成

从宏观上看，收入分配是一个包含三个阶段的完整过程，分配的收入总量随着阶段的推进而有所变化。

第一阶段是国内生产总值在“国民”与“非国民”即“国外”之间进行分配。国内生产总值是由“国内”的所有企业和居民包括非常住居民创造的，非常住居民即外国居民在我国的投资和工作，同样要取得收益和报酬。所以，分配的第一个阶段就是国内生产总值即国内生产者的最终成果在全体国民与非国民之间的分配，形成国民国内收入和非国民的收入。

第二阶段是国民总收入的形成以及在政府、企业和居民个人之间的初次分配即要素收入分配。全体国民收入除在国内生产中提供劳动和资金等生产要素取得要素收入（即国民的国内收入）外，还有在国外提供劳动和资本等生产要素取得的国外要素收入，全体国民在国内、国外提供生产要素取得报酬收入的总和即形成国民总收入，在数量上等于国民国内收入（国内生产总值减外国要素收入）加上国外要素收入之和即通常所称的国民生产总值。国民总收入按照要素收入在居民、企业和政府之间的分配即形成三者的初次分配收入。

第三阶段即国民可支配收入的形成以及在居民、企业、政府之间的分配。可支配收入是指可直接用于消费和投资或储蓄的收入。国民可支配收入除前述的国民总收入即通过要素生产获得的收入外，还可通过再分配获得经常转移收入。从全体国民来讲，经常转移收入主要是与非国民之间的其他经常转移如捐赠、救助等。国民总收入加上国外净转移收入即构成全体国民可支配的总收入即国民可支配收入。国民可支配收入在全体国民内部通过再分配包括收入税、社会保险付款、其他经常转移等方式重新分配形成各分配主体的最终可支配的收入。所以可支配总收入是一个分配结果，是初次分配总收入加经常转移收入减经常转移支付的余额，反映各机构部门的收入经过分配和再分配以后可作最终使用的收入总额。

总起来看，宏观分配比例的测算由国内生产总值起始，至国民可支配总收入止，完整地反映政府、企业、居民三者分配过程和分配结果。

（二）目前我国宏观收入分配的基本格局

1. 基本格局

目前我国宏观收入分配的现状究竟如何？由于受到很多资料的限制，要准确把握确实存在许多困难。不过与早些年相比，还是有一些有利条件。国家统计局已经编制并公布了 1992—1995 年的资金流量表（实物部分），这是我们分析的重要基础。但另一方面，分配领域的一些无序因素的影响大大增加，而且缺少准确的统计资料，因而又使现行的资金流量表的编制很难全面准确地反映现实的收入分配状况。可是，在分配政策的研究上对这些因素又不能不予考虑，否则很难得出正确的结论，并提出有针对性的政策。基于以上考虑，我们在这里拟以现行资金流量表为基础，再考虑其他因素主要是企业负担和农民负担等因素进行分析，以求比较准确地把握宏观分配的基本格局。

从宏观分配角度看，在三者分配关系中，政府收入是指整个政府体系（包括中央、省、市、县、乡五级）凭借自己特定的行政权力向各收入主体（主要是居民和企业）有偿或无偿收集的各种收入的总和。从总体上看，我国政府收入来源可分为预算内、预算外和非规范（“非预算”或“制度外”）三大渠道。其中各级政府的财政预算内收入由税收、税收附加、基金、专项收入、规费等组成。预算外资金是我国政府收入的一个重要组成部分。目前我们预算外资金名目除税收附加 10 种左右、政府性基金几十种之外，各级政府、各个部门的收费项目超过千种，其征收同样具有强制性。“非规范收入”亦称“制度外收入”“预算外的预算外收入”和“非预算收入”等，是指政府及其所属机构凭借行政权力或垄断地位，完全采取各种非税收入形式收取的没有纳入预算内外制度管理的各项财政收入的统称。在我国的政府收入体系中，非预算收入最具机动性和波动性，是转轨过程中逐步扩张的收入，非预算收入不纳入预算内外资金管理体系，由政府部门、事业单位及社会团体直接支配。非预算收入的筹措机制并没有明确的制度依据和法规范围，很多情况下都出自地方政府和政府部门的权宜性、变通性和应急性安排，还包括政府系统各环节近年滋生的“小金库”之类的收入。

除此之外，在农村还有一种特殊的政府收入，即农村统筹资金，它是以乡统筹费和村级集体提留的形式参与农户收入的分配，是政府行为，所筹集的资金是财政性资金，从本质上讲是向农民征收的税，因而理应属于政府收入范畴。现行农村统筹资金制度的分配方式暴露出诸多弊端，出现了农民负担加重问题，成为影响国家与农民关系的重要因素。我们在研究宏观分配关系时，必须把农村统筹资金这一因素考虑进来，政府收入中必须包括这部分收入。这些资金的收取和支出都是政府行为，实际上很大一部分统筹资金被用来弥补乡镇财务收支的缺口，直接被用作财政资金。所以计算政府收入时不包括这部分收入是不合适的。

考虑以上因素后，我们在资金流量表的基础上，经过调整得出目前的宏观分配格局大致是：居民所得占 70% 左右，企业所得占 9% 左右，政府所得占 21% 左右。与 20 世纪 90 年代初相比，居民所得比重进一步上升，企业所得比重明显下降，虽然财政收入占国内生产总值的比重仍然下降，但考虑到政府的制度外收入和农村非税收入（即企业负担和农民负担）因素后，政府非规范性收入增加弥补了规范性收入比例的下降，从而使得政府所得份额保持基本稳定。

2. 目前宏观收入分配领域存在的主要问题

一是政府收入结构不合理，政府的运转过分依赖于非规范性收入。在西方市场经济国家，税收收入通常要占到公共收入的 90%。而在我国，税收收入所占的比重尚不足一半。事实上，非税收入在目前几乎处于失控状态，大量的非税收入游离于财政监督之外，导致企业负担加重、分配秩序混乱，已影响到我国经济的良性发展，特别是使财政收入占 GDP 和中央财政占财政收入的“两个比重”过低。这种状况已影响到了财政职能和作用的发挥，也对我国的经济发展造成不利影响。特别是中央财政收入的比重逐年下降，则加剧了中央财政的困难。1994 年的分税制改革虽然显著地提高了中央收入比重，但分税制运行几年以来，中央财政比重累计下降了6个多百分点，1998年为49.6%，在地方增收的积极性调动起来的同时，中央财政的困难却进一步加剧了。这种状况与政府非税收入比重过大有关，非税收入增加相应地削弱了中央税源。

二是居民收入差距扩大。在宏观收入分配中，居民个人所占的份额目前已不算低了，但内部结构很不合理，主要是在一些领域依然存在平均主义分配的同时，收入差距呈现出一种全面的、多层次的扩大态势，特别是一些无序的、不合理的收入差距的扩大。如，城乡之间和地区之间扩大收入差距的不合理因素并未减少，某些制度性障碍甚至有加重之势；由于垄断带来的行业之间的收入差距，仍远远不够合理；而大量违纪违法收入的存在，使不同社会群体之间的收入差距更加不合理。尤其是进入“九五”以来，在经济结构调整过程中出现低收入人群扩大的趋势，加剧了收入分配的不公。社会保障制度建设的滞后，使失业和下岗职工的生活困难问题更为突出。

三是企业负担过重。1994年后，税种从37个减少到25个，税制进一步简化了，但从直接税和间接税的比例看，间接税特别是增值税所占比重偏大，企业负担过重，特别是企业非税负担过重。据中纪委调查，1996年在税收之外，企业所承受的各种规费、摊派、集资、资助、基金等非税负担要占到企业负担的50%，其中一半左右是不合理的；而据国家经贸委的一项研究显示，目前向企业伸手的费用有3000多种，占到企业利润的60%，同时每年几百亿元的教育费用，600亿~700亿元的住宅建设支出，近1000亿元的企业办社会负担以及日渐沉重的社会保障支出均由企业承担。企业实际可支配的收入呈现减少趋势，严重影响到企业发展的后劲。

二、市场经济下收入分配的调节

江泽民同志在党的十五大报告中指出，社会主义市场经济要坚持以按劳分配为主体、多种分配方式并存的制度。建立这样一种分配制度是由我国仍然处于社会主义初级阶段这一基本国情和社会主义性质所决定的。改革开放特别是党的十四大以来的实践证明，坚持以按劳分配为主体的多种分配方式，能够在全国广大的范围内充分调动和发挥各方面发展经济的积极性，使经济充满生机和活力，有利于社会生产力向前发展。在社会主义初级阶段，我们必须始终坚持这一社会主义市场经济的基本分配制度。为贯彻按劳分配为主体、多种分配方式并存的原则，江泽民同志在党的十五大报告中还明确提出要把按劳分配和按生产要素分配结合起来。因此，在社会主义市场经济条件下，分配的基本机制主要有市场调节机制和政府调控机制。

（一）市场调节机制

社会主义市场经济下，由于市场在国家宏观调控下对资源配置起基础性作用，所以市场机制对收入分配也必然发挥基础性作用。发展社会主义市场经济，必须充分发挥一切生产要素的积极作用，充分利用国内、国外两种经济资源，包括劳动、资金、技术、土地等生产要素。因此也要按照市场经济的一般规律，承认生产要素多种所有制存在的合法性，允许生产要素的所有者依据自己向社会提供的生产要素参与收入的分配。这就是说，在收入分配中，我们不仅仅承认劳动要素的投入应当取得相应的报酬，同时也承认作为生产过程中不可缺少的资本、技术等要素的投入也应取得相应的报酬。随着改革的深化和市场体系的发育、完善，资本市场形成和扩大，居民个人的货币收入也将发生分流，除用于个人消费外，也有一部分进入投资领域，转换为股票、债券等资本形式。按生产要素分配就是要求按照生产要素所有者向社会提供的生产要素的数量和质量，获取相应的报酬。

在市场经济条件下，各种生产要素成本的数量取决于生产要素的市场价格。按生产要素分配也就是按生产要素的市场价格分配。同时，在社会主义初级阶段，按劳分配也离不开市场机制的作用。所谓按劳分配就是要求按照每个劳动者提供劳动的数量和质量，以及劳动者的潜在素质和劳动条件的状况向劳动者支付不同的报酬。按劳分配要通过市场来实现，企业经济效益、经营收入受市场调节，劳动投入的有效数量和质量都要经过市场检验，劳动报酬的平均水平要受市场调节。劳动作为一种生产要素，必然要受到劳动力市场的影响，劳动者报酬平均水平的高低必然受劳动力市场供求状况的制约。在劳动力市场形成过程中，劳动要素的报酬或者说劳动的工资成本也要受市场机制的约束，受市场上一般的平均工资水平的影响。这就是说，劳动者个人报酬是在竞争性的劳动力市场上形成的。同样，其他生产要素参与分配的程度也要受到市场供求关系的影响。例如，资金市场供求状况会影响资金参与分配的状况。总之，按生产要素分配就是要充分发挥市场机制对收入分配的调节作用，从而达到优化资源配置的目的。因此，在初次分配环节要以市场机制为主，生产要素价格主要由市场供求状况来决定，政府将主要通过税收杠杆和法律法规进行引导，但不直接干预初次分配，这是促进经济增长、保持资源最优配置的基本机制。

（二）政府调节机制

虽然市场机制在分配领域里要起基础性作用，但政府还要以管理者和所有者的身份，参与社会收入分配和调节各种分配关系。这就是说，在收入分配领域，要坚持国家宏观调控，调节收入分配。加强国家对分配过程的宏观调控，是社会主义市场经济分配机制的重要组成部分。国家的宏观调控，包括总量调控和结构调控。收入分配的总量调控，就是要处理好积累和消费的比例关系，处理好国家、集体和个人的分配关系，既要保证在经济持续快速健康发展的基础上使人民生活不断得到改善，又要使城乡居民个人收入总量的增长不超过社会劳动生产率的增长。在企业所得和个人收入增长的同时，逐步提高国家所得的份额，振兴国家财政，以增强国家的宏观调控能力。收入分配的结构调控是指国家通过经济手段、法律手段和必要的行政管理，调节不同社会群体之间的收入分配关系，包括城镇居民与农民、沿海地区与其他地区、公有制经济与非公有制经济、脑力劳动者与体力劳动者、在职劳动者与退休人员等之间的分配关系。在调节过程中通过所得税等手段调节过高收入，特别是对一些垄断性行业职工的不合理过高收入要进行整顿并加以调节。要取缔非法收入，保障低收入者的基本生活消费，最终实现共同富裕。

政府调节收入分配，主要是综合运用经济的、法律的和必要的行政手段，形成完整的调控体系。具体是：财政手段，通过国有企业税后利润分配制度、保护农业发展政策等，调节中央与地方、国家与国有企业、不同地区之间、城乡之间的收入分配。税收手段，通过税种、税率的设置与调整，运用累进税制，调控不同行业之间、不同群体之间的分配关系，调节过高收入。法律手段，通过制定《工资法》《最低工资法》《公务员工资法》《工资与物价关系法》《劳动就业法》《劳动保护法》《个人应税收入申报法》等基本法律，组成收入分配调节的法律体系。行政手段，运用工商行政手段，规范市场秩序，保护合法收入，取缔非法收入，必要时政府可用行政手段冻结工资。社会保障，通过企业和个人缴纳社会保障税（费），建立养老保险基金、待业保险基金、医疗保险基金等，保障居民的基本需要。

（三）改善宏观收入分配的政策

进一步完善分配结构和分配方式，理顺分配关系，是今后一个时期收入分配领域调整政策、深化改革的重要目标和任务。进一步调整政府、企业和个人三者之间分配关系的近期目标，大体是，一方面，政府减少对企业的依赖，逐步减轻企业负担，适当提高企业收入比重，让企业休养生息。另一方面，政府加大对个人收入的调节力度，其意义有二：一是弥补由于减轻企业负担而减少的政府收入；二是增强调节居民个人收入差距的能力；从而从总体上达到政府收入比重基本不变；企业收入比重略有提高，居民收入比重稍有下降。要实现这一目标，根本的是要规范三者之间的分配关系，强化依法分配。为此，我们认为，总体上是要贯彻落实十五大精神，更好地把按劳分配与按要素分配结合起来，充分发挥市场机制在收入分配中的作用，加强政府对收入分配的再调节。具体来说，应采取以下措施：

1. 继续推进市场化改革，调整三者分配关系

一是进一步完善以税收为主要调节手段的国家与企业之间的分配制度。不允许随意采用非规范的收费摊派办法，减少随意性和人为因素的影响，及时清理各种税收优惠政策，对一些到期减免税收政策应及时恢复征收，对部分未到期的税收减免，要逐步予以清理规范。二是进一步完善我国个人收入分配的形成机制。要进一步探索国有企业职工工资分配的形成机制，加大市场机制的协调作用，企业内部可根据实际情况逐步引入工资协商谈判机制。要进一步规范行政机关和事业单位个人收入的分配。规范其他企业的分配行为，切实保障劳动者的合法权益，维护市场秩序。

2. 规范政府收入，努力提高两个比重

一是将非规范的收入规范化，积极推进"费改税"。坚决取消不合理的收费（包括用于养人的收费和附加在价格上的收费），对一部分以收费形式出现的、缴费人不直接受益、缴费额较大的收费项目尽可能实行"费改税"。努力使我国的收费总额占国家财政的比重从目前的50%多下降到10%左右，进而提高国家财政收入占GDP的比重。二是加强税收征管，堵塞漏洞，减少税收流失。要建立严格的纳税人申报制度，对违反申报及纳税规定的，则按征管法的要求，给予罚款和加收滞纳金的处罚；建立以计算机网络为依托的税收征管监督体系，实行计算机对税收征管全过程的监控；建立从事税务代理工作的社会中介服务体系；建立强有力的税务稽查监控体系；建立银行存款确认制度，即企业和公民在银行存款、提款大额现金或转账，向国外汇取大额现金，必须使用真名，并出具有效证件。三是进一步完善税收制度，增加税种，开辟税源。逐步取消外资企业所有各类税收优惠政策，合并内外资企业所得税，取消对小型、微型企业的优惠税率，代之以超额累进税率。四是完善我国的分税制体系。进一步规范中央与地方的事权范围，政府要从营利性投资领域脱身出来，向履行公共财政转变；规范国有企业的财源划分，进一步清理所得税在各级政府间的归属问题，逐步实现由共享税到中央税的过渡；各级政府的财政活动应实现法制化；合理测定收支基数，规范转移支付制度，确保中央财政收入不断增加。

3. 加大调节力度，努力缩小收入差别

一是强化个人收入税，调节过高收入。扩大个人所得税的课税范围，改革费用扣除，由目前的分类课征向综合课征过渡；适时出台已取得共识并业已成熟的税种，如开征遗产税和赠予税、社会保障税，建立资本利得税。二是严禁非法收入。要建立一套严密有效的收入分配监督机制，特别是要切实加强对诸如项目审

批、安排资金和重要物资业务的监督，堵塞权钱交易的不法渠道；加大权力的透明度，实行办事公开制度，从办事程序上建立起防范权钱交易的机制；实行权力分解制度，避免形成权力垄断，减少以权力谋取非法收入的机会；实行重要岗位定期轮换制度。三是切实解决某些行业不合理的过高收入问题，从体制上打破行业垄断，凡是能够引进竞争机制的部门和行业，都应当尽快引进竞争机制；要建立对垄断性行业收入分配的监督机制，垄断性行业的工资制度应参照政府机关的工资制度执行。四是调整财政支出结构，增加社会保障支出，保证低收入者的基本生活。在预算中优先打足国有企业下岗职工基本生活保障基金。五是切实减轻农民负担，增加农民的可支配收入。把农村村委会的经费像城镇居委会那样纳入财政管理，彻底改变村干部工资及村委会开支自收自支、乱收乱支的状况。继续清理整顿涉农收费，停止一切面向农民的新的收费项目，也不得提高收费标准。改革农村税费，从体制上解决农民负担问题，要抓紧研究制定农村税费改革办法，对涉农收费、基金、集资等进行甄别，坚决取消不合法、不合理收费；应稳定国家对农业的税赋，控制集体提留的增加，制止乱摊派，努力使农民的各项负担支出降低到人均年纯收入的 5% 以下。

4. 减轻企业负担，增强企业发展后劲

一是制止“三乱”。继续全面清理面向企业的行政事业性收费、罚款、集资、基金项目。对不合理的项目予以取消并向社会公布；合理的予以保留，但应将过高的标准降下来；重复收取的要予以合并。凡向企业收取的行政事业性收费、基金，必须凭物价部门颁发的《收费许可证》和使用财政部或省、自治区、直辖市人民政府财政部门统一印制的行政事业性收费票据，否则企业可拒绝缴费。二是支持中小企业发展。采取多种形式，进一步放开搞活国有小企业；加强对小企业发展的引导和政策扶持，为各种所有制小企业特别是高新技术企业的成长创造条件。建立和规范对小企业的税收政策优惠，使小企业的税率低于大型企业或在开办前三年予以免税；对于符合国家产业政策的小企业项目，国家要在贷款时给予贴息，以减少金融机构贷款的风险；政策性银行要建立专门的中小企业贷款的机构，专门负责小企业的固定资产贷款；由财政出资设立中小企业风险担保基金，为小企业贷款提供保障机制。

三、消费结构变动分析

（一）消费结构的基本含义

所谓消费结构，就是指一个社会或者一个家庭的各类消费支出在它们的消费总支出中各自所占的比重。消费结构可以从不同角度进行划分。一般按消费的规模或范围，可以把消费结构划分为宏观消费结构与微观消费结构两大类。

宏观消费结构是以全国为总体消费单位进行考察和分析，是指国内生产总值支出结构中属于消费的部分的结构，包括政府消费和个人消费，城镇居民消费和农村居民消费等；微观消费结构是以家庭和个人为消费单位进行考察和分析，是指个体消费支出中各种不同消费之间的比例关系，包括吃、穿、用、住、行各种消费形式之间及其内部的关系，商品消费与服务消费的结构等。

消费结构处于不断变化之中，这种变化在一定程度上反映了经济和社会发展的水平和趋势。在经济发展水平较低时，人们首先考虑的是温饱的满足，对生存资料的需要比较迫切，所以在整个消费结构中，生存性消费特别是食物消费所占的比重相对较高。随着经济的发展，人们的温饱问题基本解决后，消费结构就会发生重大变化，生存性消费特别是食品消费所占比重就会明显降低，其他消费比重就大幅度上升。当然，影响消费结构变化的因素是十分复杂的，概括来说主要有以下几个方面：

（1）生产力水平和产业结构。生产决定消费，人们消费的一切东西，除自然界原有的以外，都是由生产提供的，没有生产就根本说不上消费，生产力水平和产业结构决定着消费结构，人们消费什么样的生活资料，不可能超越当时的生产力的水平。生产力水平和产业结构决定了消费对象的数量、品种及质量，因而也就决定着消费结构的变化。

（2）收入水平。人们的消费结构是在一定的收入水平下形成的，所以，收入水平是制约消费结构的一个基本因素。在一定时期内，居民收入水平的变化，必然会引起对各种商品与劳务需求程度的变化，从而引起消费结构的变化，两者之间大体上存在着一定的函数关系。

（3）消费价格水平。物价水平是影响消费结构的另一个重要因素，这种影响主要表现在两个方面：一是消费品和劳务价格水平影响居民的实际支付能力，价格的变动还会引起居民储蓄与消费比例的变化，这会影响消费结构；二是消费品与劳务之间及相互之间的比价和差价的变化，会影响居民消费支出的投向发生变化，从而导致消费结构变化。

（4）人口构成。由于各种人口对消费品与劳务的需求构成是不同的，所以一定的人口构成就会形成一定的消费结构，人口构成的变化也就必然引起消费结构变化。比如，我国特殊的二元结构，形成了特殊的城乡不同的消费结构，随着人口城市化的推进，这种消费结构必然会发生重大的变化。

（5）其他因素。消费结构的形成和变化也还受到其他因素的影响，比如一国的自然环境、社会历史传统、商业的发展程度这些客观因素，同时，一国的经济发展战略和经济管理体制特别是消费体制这些内部因素对消费结构也有很大影响。

（二）我国消费结构的变化及其趋势

改革开放以来，特别是近几年以来，我国消费结构已发生了很大变化，基本形成了从温饱接近小康的消费结构。

（1）恩格尔系数已显著下降。恩格尔系数是指食物消费支出占居民家庭总消费支出的比重。恩格尔系数反映了收入水平对消费结构的决定作用。一般来说，一个家庭收入越少，其食物支出在总消费支出中所占的比例就越大。随着收入的提高，这个比例就倾向下降。目前，这个系数已被作为衡量个人和家庭消费结构，以至一个国家居民消费结构变化的基本指标，并被作为衡量富人与穷人、富国与穷国的重要标准。我国改革前后消费体制发生了很大变化，比如我国城镇居民除了用货币购买消费品外，还从国家得到大量的实物补贴，同时在传统体制下城镇实行的票证制度和商品短缺，限制了城镇居民的购买行为，这些因素影响到我们使用恩格尔系数进行国际比较和历史比较，虽然如此，但运用恩格尔系数说明消费结构的变化，还是有一定意义的。

改革以来我国城乡居民消费中恩格尔系数出现了快速下降的趋势。随着经济快速发展和收入水平的不断提高，居民消费一改长期以来以吃穿为主的消费格局，出现了生存资料占居民总消费份额不断降低、发展与享受资料比重明显提高和商品性消费份额下降、服务性消费比重上升的新趋势。虽然居民为改善饮食的结构和质量用于食品方面的支出仍在增加，但占居民消费支出的比重则快速下降。城镇居民的恩格尔系数已由 1978 年的 57.5% 下降到目前的 45% 左右，近几年下降更加明显，由 1995 年的 49.9% 降至 1997 年的 46.4%，两年下降了 3.5 个百分点。农村居民的恩格尔系数也由 1978 年的 67.7% 下降到目前的 54% 左右，在经历了较长时间的徘徊后，近年降幅明显加大，已由 1995 年的 58.6% 降至 1998 年的 53.4%，三年下降了 5.2 个百分点。预计到 2000 年，城、乡居民的恩格尔系数将分别降至 43% 左右和 50% 左右。这是我国居民生活基本实现小康的最重要标志。

（2）消费升级已经初现端倪。一是城乡居民的住、行支出快速增长。仅“九五”前三年，个人购买的商品房面积以平均每年近 40% 的速度增长。1998 年当年居民个人购买商品房 9000 万平方米，分别比 1996 年、1997 年超出 5300 万平方米、3800 万平方米，相当于“八五”个人购房总和的 3/4。与 1995 年相比，1997 年农民住宅竣工面积 7.7 亿平方米，增加 1.1 亿平方米；竣工住宅投资 1890 亿元，增长 40%。1997 年全国私人载客汽车保有量 191 万辆，比 1995 年的 114

万辆增长近 7 成。二是居民娱乐教育文化服务支出显著增加。在物质生活得到一定满足的同时，人民的精神生活不断得到充实。1997 年城镇居民人均娱乐教育文化服务支出 448 元，占消费性支出的 10.7%，比 1995 年提高了 2.9 个百分点。1998 年农村居民用于文教娱乐用品及服务的人均支出 159 元，比 1995 年增加了 57. 元，占消费性支出比重也提高了 2.2 个百分点，达 10%。预计，今后两年居民的文教娱乐支出仍将保持较高增长幅度，到“九五”末均可达到小康标准。

（3）消费质量与消费档次明显提高。随着城乡居民货币支付能力的增强和市场商品供给的日益丰富，居民在消费数量基本满足后，消费质量已有明显提高。①食品消费已由粗放转入集约，吃好、吃精、注重营养、追求方便的倾向更加明显。居民在外就餐增加、主食比重下降、动物性食品消费明显增加，摄取的热量、动物蛋白、脂肪都在增加。②衣着消费逐步向中高档、多样化方向转变。中高档面料、服装、鞋帽、毛料及皮革制品消费增加，个性化消费的特征更加明显。③居民家庭拥有的耐用消费品数量增加、档次提高，更新换代加快。1997 年城镇居民百户家庭拥有彩电 101 台、冰箱冰柜 78 台、洗衣机 89 台、空调器 16 台。1998 年农村百户家庭拥有电视机、摩托车分别为 96 台和 13.5 台，分别比上年增加 4 台和近 3 台。

从今后一段时期来看，我国居民消费结构变化将会呈现以下趋势：

一是城镇居民家庭的耐用消费品保有量将继续上升。电视机、电冰箱、洗衣机、音响、影碟机、照相机等“新四大件”商品已经饱和；更新需求中首选的是超平、超黑、等离子、数字化、大屏幕彩电和大容量、环保型冰箱等一些新型换代家电产品。电话、空调、家用电脑和其他一些符合时代潮流的新型家电将进入快速普及阶段。农村居民家庭耐用消费品保有量快速上升，“新四大件”将基本得到普及，电话、空调、照相机等也将进入一个快速成长阶段。

二是住行消费支出将大幅度增加。扩大住房使用面积、改善居住条件的愿望更加强烈，住房消费将成为居民消费的最热点。经济适用住宅、普通商品住宅的需求量大大增加，二级市场交易将极其活跃。农村居民居住面积会继续有所扩大，但重点将转入居住质量的提高和住房设备用品的配套方面。同时，汽车、摩托车以更快速度进入家庭消费将不可避免。

三是发展型、享受型服务消费支出比重将显著提高。为应对更加激烈的就业竞争，居民用于子女非义务教育和自身再教育的支出将大幅度提高。为进一步增进自身身心健康、陶冶情操，居民用于医疗卫生、健康保健、休闲旅游、文化艺术等方面的支出将有明显增加。伴随社会人口老龄化和家庭“核心化”的发展，用于老人护理、小孩照料等项的支出也将有较大增加。

四是居民消费的个性化特征将更加明显。随着改革的推进和以居民商品性消费为主的新型消费体制的确立，居民消费中福利型、实物型、集团型消费将大幅度减少，居民将拥有更大的消费自主权、消费选择权与消费决策权。居民消费中，个性化消费、多元化消费的倾向将更加明显。

五是对于公共消费品需求更趋旺盛。居民在物质文化生活需要不断得到满足的同时，对于生活环境和生活方便保障程度都提出了更高的要求。出行条件要求更加方便、快捷、舒适，对道路、交通、车辆等要求更高；居家过日、方便生活，要求水、电、气、路生活基础设施更加配套完备；更高的生活安全保障感，对社会治安、社会保险、商业保险都提出了更高要求；改善生存环境的迫切要求，对城市乡村的空地绿化、大气治理、水土保持、生态保护等都将提出更高的要求。

四、政府对消费的政策引导

（一）政府引导消费的政策模式及其转变

1. 政府引导消费的政策模式

消费是社会经济活动的重要内容和最终目的，同时也是社会再生产的重要环节，消费的水平和结构必然影响到经济的正常运行。正确处理消费与生产、消费与分配、消费与交换的关系，对于保持国民经济持续快速健康发展，提高人们物质文化生活水平，实现经济发展的战略目标以及社会的稳定等，都有着重要的意义。所以，在社会主义市场经济条件下国家必须制定合理的消费政策，对消费进行有效的调节，引导消费水平特别是消费结构向着合理的方向发展。所谓消费政策是指国家根据一定的经济发展形势和运行状况而制定的一系列有关消费的方针、制度及措施。消费政策作为调节消费行为的准则，可以直接约束或扩张消费需求总量，优化消费结构，并通过消费需求的变动而影响总需求的变化，实现社会总需求与总供给的平衡。根据取向的不同，消费政策大体上有三种模式：

（1）紧缩性消费政策。这种消费政策的特点是抑制消费需求，主要通过使消费增长低于收入增长，收入增长低于生产增长的途径收缩总消费特别是居民消费，从而达到抑制总需求，实现总供求平衡的目的，适用于总需求膨胀时期。基本政策工具有：提高存款利率、提高消费税、降低或冻结工资、提高个人所得税率、减少转移支付等。

（2）扩张性消费政策。这种消费政策的特点是鼓励消费、增加消费需求，主要是通过使消费增长快于或相当于收入增长，收入增长快于或相当于生产增长的途径扩张总需求特别是居民消费需求，从而达到增加总需求，实现总供求平衡的目的，适用于总需求不足的时期。基本政策工具有：降低存款利率、降低消费税、提高工资、降低个人所得税率、增加转移支付等。

（3）中性消费政策。这种消费政策的特点是既不抑制也不鼓励消费，主要通过使消费增长与收入增长相适应，收入增长与生产增长相适应的途径保持消费需求平衡增长，从而达到稳定总需求，保持总供求平衡的目的，适用于总供求大体平衡或可以通过扩张及收缩投资需求而实现总供求平衡的时期。基本的政策是维持有关政策的基本稳定，或进行相互的对冲性操作。

2. 目前我国消费政策模式的转变

我国居民消费领域在取得长足进展的同时，也暴露出许多不容忽视的问题，主要是消费增长对经济增长的拉动作用趋于弱化。1997 年，我国城镇和农村居民消费水平仅分别提高 1.3% 和 3.4%，大大低于 1978—1997 年期间平均每年提高 6.2%、7.2% 的水平，为改革开放以来除 1989 年之外的最低年份。我国经济的高增长一直建立在高投资、高出口基础之上，但在近年买方市场形成、出口严重受阻的情况下，过低的居民消费增长不仅弱化了消费对于经济增长的直接拉动，也间接影响了引致投资的增长，已经成为制约经济发展、改革深化的一个重要因素。同时，消费体制和政策调整滞后，已明显不能适应消费升级要求。计划经济和短缺经济时期，为抑制居民消费的过快增长和促进短线产业（多为垄断行业）加快发展，制定了一系列税费政策与规定。这些政策与规定并未伴随供给能力的提升、资本市场的成长发育、居民消费水平的提高而做出及时调整，致使一大批具有较高消费收入弹性产品因价格过高不能以更快的速度进入居民家庭。比如城镇居民消费需求收入弹性较高的交通通信、居住和文教娱乐用品与服务，以及农村居民消费需求收入弹性较高的交通通信、家庭设备用品及服务等都受到了很大的制约。另外，我国买方市场已初步形成。在买方市场条件下，引导、鼓励和刺激居民消费，为居民营造良好的消费环境，扩大国内需求成为经济发展的基本立足点和发展战略。应该说，我国已实现从抑制消费的政策到鼓励消费的政策的重大转变，即要实行扩张性消费政策，而不应是过去那种紧缩性的消费政策。

（二）近期的消费政策选择

（1）建立以个人商品化消费为主的新型消费体制。积极推动职工工资制度改革，尽快实现职工收入的工资化、货币化、电子化，将职工的福利型消费由“暗补”转为“明补”，使消费者拥有更大的消费自主权、选择权和决策权。推进住房、教育、养老、医疗等项改革，大幅度削减福利型、供给型、集团型消费，合理拓展职工工资范围、提高职工工资，确保广大职工的收入与福利不因改革而损减。要考虑适当提高职工最低工资标准，提高公务员等公职人员工资水平。

（2）千方百计扩大农民消费。要通过增收减负，增加农民的可支配收入，提高农民的购买能力。一是要通过加快推进人口的城镇化进程，扩大农民人均资源占有量，为农业规模经营、产业化发展创造条件。二是加大农业农村适用技术的推广，优化农业种植结构和加快林、牧、渔业发展，积极推动农业专业化生产、规模化经营、产业化发展；支持乡镇企业的调整提高，落实粮食保护价收购政策，努力开辟农民增收的新领域、新渠道。三是加大财政转移支付力度，扩大以工代赈规模，改善农村基础设施，发展农村公共事业。四是精简乡村机构，减轻农民不合理负担。

（3）加大转移支付力度，保障低收入居民基本生活。要按照中央关于妥善处理发展速度、改革力度和群众可接受程度之间关系的要求，在企业改革和结构调整中把握好下岗职工力度，抓好城镇三条保障线制度的完善和实施，继续加大对中西部不发达地区开发扶持力度，继续做好剩余贫困人口的脱贫和已脱贫人口的返贫防范工作。要通过税费体制改革，理解国家、企业、个人三者分配关系。通过对垄断行业的改革、改组、改造，规范其收入分配关系。同时，要推行居民储蓄存款和其他金融资产的实名制，调整个人所得税税率，开征遗产赠予税、利息税等措施调节过高收入。通过强化再分配的调节功能，缩小社会不同群体之间的收入差距，保障低收入人口的基本生活，提高居民收入的总体消费倾向。

（4）清理过时消费政策。一是全面清理过时消费政策。要对短缺经济和计划经济时期出台的价格政策、税收政策、收费政策做出全面的检查清理；加快对电力、电信、供水、供气等垄断部门和公用事业部门的改革、改组、改造；坚决把“住”“行”及相关产品和服务的价格降下来。二是要出台一些鼓励居民消费的政策。如：改革土地批租办法，将商品住宅的土地使用费改为按年或按月收取；闲置商品住宅先租后买、以租顶买，以及对个人购房、购车实行个人所得税抵扣等措施刺激居民消费。

（5）拓宽居民消费领域。要积极发展为居民生活和个人发展服务的文化教育、休闲旅游、健身保健、家庭服务等具有广泛市场前景的新兴行业，并规范其价格行为，充实居民消费内容，引导居民合理消费。特别是要结合科教兴国发展战略，大力推进非义务教育产业化发展，扩大居民的教育消费。大力发展信用消费。国家要为居民消费提供更为宽松的政策环境，在加快建立个人信用体系的同时，尽快完善分期付款、银行按揭、抵押贷款等信用消费办法，发挥金融机构在推动居民消费升级中的作用，促成住宅、汽车、非义务教育、耐用家电等万元级十万元级商品消费热点的形成。

（6）改善居民消费环境，提高生活质量。要继续加强城乡电网、道路、水利、通信等基础设施建设，结合城乡商业改造大力发展连锁经营和配送中心等现代商业形式；要进一步规范市场秩序，严厉打击走私贩私和假冒伪劣行为，为居民扩大消费创造良好条件。要保护资源、环境，实现可持续发展的消费战略。要从可持续发展的高度重新审视环境保护和生产生活的关系，严格控制人口增长，增加环境保护投入，减少生产和消费对大气、水、土壤的污染和破坏。在经济发展过程中要适当控制稀缺资源和不可再生资源的利用，鼓励资源的再生和循环利用；培养居民节约资源、保护环境的消费意识，形成具有我国特点的低资源消耗和低污染的生产和消费方式。

调整收入分配结构 实现经济快速发展和居民共同富裕①

收入分配结构是经济结构的重要内容，也是国民经济发展和运行中的重要环节。在社会主义市场经济条件下，正确处理国家、企业、个人等不同利益主体的关系，完善分配结构和分配方式，对于完善社会主义市场经济体制，保持经济持续快速健康发展和社会稳定，具有重要意义。20 年来，我国的收入分配结构发生了相当大的变化。改革开放初期，由于整体收入水平比较低，就全国范围讲收入差距还不是很大，收入分配的主要矛盾是平均主义和吃“大锅饭”问题。针对这种情况，邓小平同志实事求是地提出了鼓励一部分人通过诚实劳动和合法经营先富起来，先富带动后富的思想。在这一思想指导下，国家采取了一系列放权让利、“放水养鱼”、扩大企业自主权的改革措施，大幅度降低了企业负担，对调动全国人民的积极性，解放和发展生产力，提高人民生活水平起到了巨大的推动作用。

目前，我国收入分配领域存在的问题还比较突出。一是收入分配总格局中国家所得和中央财政收入比重偏低，宏观调控能力不强。我国财政收入占国内生产总值的比重呈持续下降态势，1978 年为 31.2%，1988 年降为 15.8%，1995 年进一步下降到 10.7%，是历年来的最低点，以后虽然逐步回升，2001 年为 17.1%，但总的来说仍然是偏低的。1984 年，我国中央财政收入占全部财政收入的 40.5%，以后由于简政放权、地方财政包干等政策性因素，1992 年降到 28.1%。1993 年年底，地方在分税制改革前扩大自己的基数，使这一比重降到了 22% 的最低点。税制改革后，中央财政收入占全部财政收入的比重开始回升，1994 年达到 55.7%，2001 年为 52.4%。与国外相比，这一比重仍然明显偏低。1996 年欧洲国家中央政府经常性收入占 GDP 的比重一般为 30%~40%；亚洲国家的比重虽然低一些，但大多也在 10%~30%，中国只有 5.5%。财政集中程度过低，加上

① 本文原载于郑新立与周喜安合著的《中国：21世纪的工业化》，经济科学出版社2003年7月出版。

中央财政基本建设预算资金使用分散，大大削弱了国家对收入分配的调控能力，发达国家政府对再分配的调控力度一般为20%~30%，而我国还不到2%。收入分配方面存在的问题，使社会资金的所有权与使用之间的矛盾日益尖锐。目前，居民是我国储蓄的主要来源，而企业和政府是储蓄的使用部门，是投资的主体。这就需要企业和政府通过金融中介借用居民储蓄，要有一条储蓄向投资转化的通畅渠道。一旦金融中介的转化渠道受阻，资金就会滞留在金融部门，造成投资需求不足。同时，社会资金的80%通过银行运转，也使金融风险过度集中到银行。

二是消费在国内生产总值中的比重持续下降，对经济增长的拉动作用逐渐减弱。新中国经济发展表明，投资与消费的比例关系即总需求结构在经济总量结构中具有十分重要的影响。只有保持合理的需求结构，使投资和消费保持一个适当的比例关系，才能为经济增长提供必要的拉动力量，并为经济结构调整创造良好市场环境，促进社会再生产的良性循环。近年来，衡量消费在国内生产总值中所占比重的最终消费率不断下降。1991—1995年我国的最终消费率为58.7%，比20世纪80年代的平均水平65.1%低6.4个百分点，比世界平均水平低11个百分点，比美国、印度低20个百分点。以后虽有所提高，1996—2000年为59.5%，2001年为60.6%，但仍偏低。投资率则长期居高不下。1991—1995年投资率年均高达40.5%，1996—2000年为37.5%，2001年为37.3%远远超过各方面公认的30%左右的水平。由于最终消费率不断下降，经济增长过多地依靠投资带动，导致消费市场平淡，物价持续走低，扩大投资难以找到好项目。消费是最终需求，增加投资的最终目的是为了扩大消费，投资的规模和结构受制于最终消费需求的增长速度和消费结构的变化。最终消费率下降，投资率过高，说明社会产品过多地滞留于生产阶段，消费需求不足。在消费结构升级时期，短期内投资需求适度超前增长，投资率偏高一些是必要的，但长期过高就可能造成投资增长与消费脱节，成为有效需求不足的重要原因。问题的严重性还在于，虽然近年来宏观调控的重要导向一直是扩大消费需求，并以此促进民间投资需求的增长，但由于多种因素的制约，消费需求正常增长的内在机制并没有形成，不得不通过发行国债，加强基础设施建设来拉动内需，政府发行长期建设国债也不得不继续实施，投资率始终降不下来。

三是收入分配的城乡差距、地区差距、行业差距和高低收入阶层差距逐渐扩大。据调查，20世纪90年代中期，收入最低的20%的家庭占全部收入的比重仅为4.27%，而收入最高的20%的家庭则占全部收入的50.24%。全国1‰的人拥有银行存款的1/3。城乡居民人均收入为2.5∶1，收入差距超过了改革开放前1978年的水平。农村居民的平均购买力水平不及城镇居民的1/4。收入分配差距的不断拉大，不仅造成社会公平方面的问题，也减弱了需求对国民经济增长的拉动力。高收入者缺乏增加消费的愿望，低收入者缺乏消费的支付能力，这是导致我国边际消费倾向和消费率逐渐下降的重要原因之一。据测算，1981 年我国的边际消费倾向为 0.84，到 1998 年年初已降为 0.4。

四是分配秩序混乱和分配机制不健全的状况相当严重。我国收入分配还很不规范，各种福利性、非工资化收入大量存在。在整体收入差距加大的同时，部分领域内仍存在平均主义问题。

完善收入分配结构和分配方式，总的要求就是要正确处理国家、企业、个人之间和中央与地方之间的关系，逐步提高财政收入占国内生产总值的比重和中央财政收入占全国财政收入的比重，并适应所有制结构变化和政府职能转变，调整财政收支结构，保证经济社会各项事业发展需要。研究调整投资和消费比例关系，促进消费需求稳定增长，实现投资和消费需求对经济增长的双重拉动。坚持实行按劳分配为主体、多种分配并存的制度，坚持把按劳分配和按生产要素分配结合起来，坚持效率优先、兼顾公平，通过完善分配制度和调整分配结构，充分调动起广大劳动者的积极性，使全体公民都能分享经济发展的成果，走出一条共同富裕的有中国特色的社会主义现代化建设新路。

第一，保持“两个比重”合理水平，增强国家对收入分配的调控能力。国家财政既要承担起维持国家政权正常运转的重要责任，又要调节收入分配和地区分配结构，促进经济结构优化，集中必要的财力是保证国家宏观调控能力的重要条件。深化财税体制改革，进一步完善分税制，改进财政转移支付制度，积极推进税费改革。适当调整相关税率，扩大税源基础，合理开征新的税种，提高经济增长中税收贡献度。适当调整中央与地方的收入范围，按照事权划分建立比较规范的转移支付制度。规范国家与国有企业的利润分配关系，逐步建立起国有资产收益按资分利、按股分红等税后利润分配制度。

第二，调整总需求结构，提高消费需求比重。认真研究影响消费需求增长的原因，建立健全与经济增长相适应的工资调整制度，最低工资制度和最低工资标准调整机制，加快改革福利型、供给型消费体制，清理短缺条件下制定的抑制消费政策，实行鼓励消费的政策，扩大消费信贷，开拓消费领域，改善消费环境。进一步改善宏观调控，有效启动和增加企业、居民的消费需求，特别是农民消费需求，促进整个经济结构的调整和优化。

第三，坚持效率优先、兼顾公平的分配原则，缩小不同社会群体间的入分配差距。效率是公平的基础，公平是效率的前提。应当看到，在经济高速增长时期，收入差距拉大是必然规律。调整收入分配格局并不是要消除差距，而是要使这个差距控制在一个有利于经济发展和社会稳定的合理范围内。要按照初次分配体现效率，再分配体现公平的原则，进一步理顺国民收入初次分配和再分配的关系。初次分配中，要把按劳分配和按生产要素分配结合起来，允许和鼓励资本、技术等生产要素参与收益分配，对经营者和技术人员可以实行股票期权制，引导人们充分发挥聪明才智，提高效率，增加社会财富，把蛋糕做大。再分配中，更多地提倡公平，使收入分配趋向合理，防止出现两极分化。

第四，规范收入分配秩序，完善收入分配制度。加快工资和生产要素收入的货币化、市场化改革，进一步提高透明度。要依法保护合理收入，取缔非法收入。对侵吞公有财产和用偷税逃税、权钱交易等非法手段牟取利益的，要坚决依法惩处。营造公平的市场竞争环境，整顿不合理收入。进一步引入竞争机制，通过平等竞争限制部分行业的垄断利润和过高收入。调整税收结构，逐步提高直接税比重，开征遗产税等新税种，完善个人所得税制，加快由间接税为主向直接税为主过渡，强化税收对收入分配的调节作用。建立和完善收入分配的监督体系，强化收入分配管理。要加强税收部门与金融部门的协调管理，完善存款实名制和收入申报制度，通过税收与金融的联网管理，加强对收入分配的监督，特别是强化对城乡高收入阶层的税收征管，堵塞税收法规、政策和管理方面的各种漏洞。

我国的总体收入水平还比较低，收入分配状况的根本改善，有赖于加快经济发展，要在发展中通过增量调节逐步解决收入分配问题，通过加快发展来提高人民的收入水平。

加快经济结构的战略性调整，是我国经济发展进入新阶段后必须解决好的重大课题。我们要加深对经济发展规律性的认识，进一步增强对经济结构进行战略性调整的紧迫感，综合运用财税、金融、价格、进出口等各种手段，加大结构调整力度，尽快使经济结构战略性调整取得明显成效，促进国民经济在更高的起点上进入良性循环的发展轨道，产业结构实现优化升级，科学技术跃上新水平，劳动者素质和技能全面提高，人民生活进一步改善，使社会生产力、综合国力和国际竞争力再迈上一个新的台阶。

建立体现社会公平的收入分配制度①

——学习党的十七大报告

收入分配是人民群众极为关心的问题，合理的收入分配制度，是社会公平的重要体现。党的十七大报告提出：要深化收入分配制度改革，到2020年，基本形成合理有序的收入分配格局，逐步扭转收入分配差距扩大的趋势；要调整国民收入分配结构，增加居民收入，为扩大居民消费、增强消费对经济增长的拉动作用创造条件。认真学习和贯彻落实党的十七大报告关于收入分配制度改革的部署，对于提高人民生活水平，促进消费与投资的协调，实现全面建成小康社会的奋斗目标，具有极为重要的意义。

一、初次分配和再分配都要处理好效率与公平的关系

效率与公平的关系，是收入分配制度改革中，必须处理好的重大课题。我国正处于并将长期处于社会主义初级阶段，发展生产力是长期面临的重大任务，在收入分配上充分考虑效率，才能调动起各方面的积极性，以促进经济发展。同时，又要使收入分配差距控制在社会可以承受的范围之内，能够使全体人民共享改革发展成果，这就必须考虑社会公平。把握好效率与公平之间的合理的度，就要根据生产力发展水平与构建和谐社会的要求来决定。党的十七大报告再次要求我们要处理好效率与公平的关系，是在新的发展阶段根据新的任务提出来的，也就是说，是在人均GDP已经超过2000美元的条件下，按照实现全面小康的要求来处理效率与公平的关系，并做出相应的制度安排。如完善社会保障体系，能够集中体现社会公平的要求，但在温饱问题尚未解决的情况下，在20世纪八九十年代缺乏必要的经济条件。而今天才有条件提出建立覆盖城乡全体居民的社会保障体系的任务。

与以往提出的初次分配注重效率、再分配注重公平相比，党的十七大提出的初次分配和再分配都要处理好效率与公平的关系，是分配制度上的重要发展，是

---

① 本文原载于《宏观经济管理》2007年第11期。

从当前我国收入分配的实际情况出发提出来的，是进一步处理好效率与公平关系的重大举措。多年来，由于我国分配制度不健全，造成初次分配中资本和某些要素所得偏多，劳动所得偏低；由于部分行业垄断现象的存在，又使本该通过税收上缴国家的垄断利润，被这些行业的职工所获得；由于机会不公平，使赢得高利润和高收入机会的企业和个人不是靠平等竞争而获得超高收入。由于初次分配中造成的分配差距过大，其再分配的调节功能已难以使社会公平得到有效维护，特别是我国目前的税收制度仍以间接税为主、直接税为辅，大大限制了税收在再分配中的调节功能，这也是导致我国目前收入分配差距偏大的一个重要原因。党的十七大报告强调，初次分配也要注意处理好效率与公平的关系，这就使分配调节功能前移，使初次分配即按生产要素分配中，体现效率与公平的统一，减轻再分配环节的调节负担。

初次分配处理好效率与公平的关系，主要在于使各类生产要素在参与分配中能获得与其贡献相一致的合理比例。技术和管理作为复杂劳动，可以折合为若干倍的简单劳动。至于可以折合多少倍，只能通过市场来评价。为此，要建立完善的技术市场、劳动力市场和企业家市场，一个高层企业管理人员和技术骨干，有没有实际本领，要有相应的实践来检验。因此，企业在聘任管理和技术人员时，往往要看其经历。与之相适应，要建立技术成果评价制度、技术和管理期股制度。技术和管理人员的收入与普通员工的收入差距可以适当拉开，但也不应拉得过大。从国外经验来看，美国企业管理人员与普通员工收入的差距要大于日本、欧洲，其结果，美国企业家和技术人员的创新意识、冒险精神就比较强，而日本、欧洲企业的职工更富于团队精神。我国企业应从我国国情和企业产权结构、行业特点出发，确定合理的管理人员、技术人员与普通员工的收入差距。一般来说，国有企业职工收入差距应当小一些，这是调动职工积极性、增强企业凝聚力的需要。从国内企业的实践来看，许多经营成功的企业，一个重要特点就是在分配上既能激励职工为企业做出大的贡献，企业内部核心层、骨干层的收入高一些，同时又能兼顾全体员工的利益和内部和谐。有的企业提出“财聚人散、财散人聚”，道明了在分配上处理好效率与公平关系对增强企业凝聚力的重要作用。

再分配环节，要更加注重公平。再分配主要是国家运用税收和预算手段对收入分配的调节。我国现行的累进制个人所得税制度，经过多年的实践，证明在调节个人收入分配方面的效果是好的，既考虑到了鼓励一部分人通过诚实劳动和守法经营先富起来，又考虑到了避免收入差距悬殊，应继续加以完善。完善的方向：一是近期应朝着降低个人税收负担，有利于增加居民收入的方向努力，如降低个人银行存款的利息税就符合这一要求，今后还应继续朝这个方向改革，以利于落实扩大内需和激励消费的方针。二是为了避免资源的不合理占用，实行有利于资源节约的税收政策。能源和土地是短缺资源，开征燃油税有利于鼓励人们节约能源，这项改革已经酝酿了近 10 年，应尽快推出。开征物业税有利于鼓励节约土地，促进居住消费的公平，也应积极研究，在条件成熟时推出。三是增加财政对公共服务的支出，逐步扩大转移支付，逐步使全国人民都能享受到大体相同水平的公共服务。如果说，在短时期内缩小地区经济发展差距难以做到，但只要通过加大中央财政转移支付力度，在公共服务上实现大体公平是可以做到的。四是从长远看，应着力研究如何从间接税为主向直接税为主过渡。以直接税为主的税收政策，是发达国家普遍采用的。这个政策的好处就是可以降低企业的税收负担，有利于企业增加技术开发和设备更新的投入，有利于增强企业的竞争力，有利于优秀企业的充分发展。其前提条件是必须建立个人收入透明化制度，提高居民的纳税意识，建立个人纳税征信系统，并把纳税额作为衡量公民社会贡献的一个重要尺度。以个人为主要征税对象比以企业为主要征税对象，将大大增加税收管理的难度和工作量，需要做好充分的舆论和物质准备。随着增值税转型和内外资企业所得税并轨等改革的推进，随着居民收入的提高，我国建立以直接税为主的税收体系的条件已日臻成熟。

二、提高居民收入在国民收入分配、劳动报酬在初次分配中的比重

党的十七大报告指出：逐步提高居民收入在国民收入分配中的比重，提高劳动报酬在初次分配中的比重。这是党的十七大在收入分配问题上做出的又一项重大部署，是为了在初次分配和再分配中都要处理好公平与效率关系所采取的重大举措，也是转变发展方式、扩大消费需求的重大举措。由于国民收入分配和初次分配涉及诸多领域，真正把这一举措落到实处必须研究采取综合性措施。

2000—2006 年，我国城镇居民人均可支配收入年均增长 9.8%，农民人均纯收入年均增长 5.6%，而同期国家财政收入年均增长为 19.4%，规模以上工业企业实现利润年均增长 28.2%，财政收入和企业利润的增长速度明显高于城乡居民收入增速。国民收入分配向国家和企业的倾斜，导致居民消费率不断下降，2000 年为 46.4%，2006 年下降到 36.2% 的历史最低点。由于消费对经济增长的拉动作用减弱，经济增长不得不过多地依赖投资和出口。消费率过低、投资率过高，还将会导致生产能力过剩。解决这一矛盾，必须从调整国民收入分配结构上入手，提高城乡居民收入在国民收入分配中的比重。为此，要建立工资正常增长机制，尽可能增加城镇居民收入，同时，千方百计增加农民收入。今年猪肉和食用油价格虽然上涨，但总体来看，农产品价格仍低于 1997 年水平。农产品价格的

适度上升，有利于增加农民收入，有利于鼓励农民生产的积极性。当前，调整国民收入分配结构应采取的主要措施，就是通过建立国有资本预算，从国有企业近几年的利润中拿出一部分，再从近几年财政增收中拿出一部分，集中用于完善社会保障体系，包括养老保险、医疗保险和低保，并覆盖城乡全体居民。政府增加公共服务支出，完善社保体系，可以消除居民即期消费的后顾之忧，减少个人为养老、就医和子女上学而储蓄存款，增加即期消费支出。增加社会保障的支出，可直接维护社会公平，对减轻因收入差距拉大带来的负面影响具有积极意义。

初次分配中增加劳动报酬，也是当前调整收入分配结构的一个重要方面。改革以来，我们取消了计划体制下工资调整全国同步走的平均主义，把工资分配权下放给企业。私营个体企业、股份制企业和外资企业，都具有收入分配的自主权。由于职工工资水平完全由代表资方利益的企业决策机构决定，而相应的工资集体协商制度、国家公布行业人工成本信息、参考工资线等制度没有建立起来，使劳动者在工资分配上处于被动地位。加上农村剩余劳动力多，企业尽可能压低工资也能雇到人，从而造成一线劳动工人20多年工资未提升或很少提升。特别是农民工的工资，连劳动力再生产都难以维持。这种情况应尽快加以改变。农民工的社会保障费用要强制缴纳，并可以随着岗位更换而接续，使农民工在退休后拥有养老资金。

三、中等收入者占多数已成为实现全面小康最具标志性的目标

党的十七大报告提出，到2020年，要使“中等收入者占多数，绝对贫困现象基本消除”。这是实现全面小康的一个重要目标。实现这一目标，我国居民家庭收入将初步形成中间大、两头小的橄榄形结构，从而为广大人民过上美好生活和社会稳定奠定坚实的经济基础。

所谓中等收入者，国内外经济学界有不同的标准。国外有的学者认为，一个家庭有稳定的收入，可以维持基本生活需要，有固定的住宅和一定的储蓄，即为中等收入家庭。这是一个定性的标准。国家统计局根据我国的实际和全面小康的要求，把家庭年收入6万元到20万元划为中等收入家庭。这是一个定量的标准。根据国家统计局公布的2006年我国城乡居民按收入等级划分的各类收入户的比重，假定2007—2020年，城乡居民人均收入仍保持前28年7%的年均增长速度，2020年比2006年增长1.58倍，扣除价格上涨因素，测算2020年城乡居民收入的状况，则中等收入户占城乡居民家庭总户数的比重将上升为53%，家庭年收入20万元以上的高收入户数占2%，其中，城镇居民家庭的74%、农村居民家庭的30%可进入中等收入家庭行列。全国城乡55%的居民家庭年收入可达到6万元

以上。

我国实现这一目标，有相当的难度，但是我们也有条件、有信心保证其实现。第一，要保持经济的持续平稳较快增长，这是增加居民收入的物质前提。从近几年的情况看，我国经济已进入到一个持续平稳快速增长的新阶段，只要搞好宏观调控，继续发挥经济增长的潜力，不断增强经济活力，把改革以来的经济增长速度保持到2020年是可以做到的。第二，是要加大国民收入分配结构的调整力度，提高居民收入所占比重。1978—2006年的28年间，我国GDP年均增长9.7%，城镇居民人均可支配收入和农民人均纯收入年均增长速度均为7%，平均每年低于经济增长2.7个百分点，国民收入分配明显向政府和企业倾斜。今后一个时期，提高城乡居民收入的增长速度，使其高于7%，是完全必要也是有可能的。第三，坚持和完善按劳分配为主体、多种分配形式并存的分配制度，健全劳动、资本、技术、管理等生产要素按贡献参与分配的制度，有利于充分调动全体劳动者的积极性，调动技术人员和管理人员的积极性，对增加居民收入将起到重要的激励作用。第四，党的十七大报告提出要“建立企业职工工资正常增长机制”，“提高劳动报酬在初次分配中的比重”，相应要建立企业工资增长集体协商机制，企业职工收入将会随着企业的发展有一个较快的提高。第五，党的十七大报告提出“要创造条件让更多群众拥有财产性收入”，这是根据我国资本市场发展的新情况提出的增加居民收入的新举措。随着居民储蓄率的提高和投资体制、金融体制改革的深化，将会有越来越多的居民成为资本市场的投资者。我国经济的持续增长和企业效益的提高，又为资本市场的繁荣和投资者收入的增加提供了前提条件。第六，创业收入将进一步成为部分居民富起来的重要途径。党的十七大报告提出“完善自主创业、自谋职业政策，加强就业观念教育，使更多劳动者成为创业者”。创业者往往从资本、技术、管理等方面进行了大量投入，创业成功者的投资回报率最高。改革以来先富起来的人群有相当大的比例是创业成功人员。按照党的十七大报告的精神鼓励全社会创业，将会成为增加居民收入新的发动机。以上这些重大政策措施的落实，将对扩大中等收入者的比重、实现中等收入者占多数的目标提供重要保证。

要“着力提高低收入者收入，逐步提高扶贫标准和最低工资标准”，这是党的十七大提出的调整收入分配结构、实现社会公平的重大政策。目前，农村还有2000多万人尚未脱贫，这部分人口分布比较分散，大部分是因为自然环境恶劣或劳动能力较低而无法脱贫。国家将通过实行低保政策，保证他们的基本生活需要。为了实现脱贫致富的目标，要加强扶贫工作的针对性和有效性，增强其自我发展能力。城镇低收入者大部分是农民工和工作稳定性较差的从业人员。要通过逐步提高最低工资标准，增加他们的收入，保护他们的合法权益。根本的解决办法是通过加强技术和职业培训，提高劳动者的素质和技能，努力使部分低收入者成为中等收入者，尽可能减少低收入者的比重。

建立体现社会公平的收入分配制度，必须按照党的十七大报告的要求：保护合法收入，调节过高收入，取缔非法收入。扩大转移支付、强化税收调节，打破经营垄断，创造机会公平，整顿分配秩序，逐步扭转收入分配差距扩大趋势。

我国收入分配制度改革从打破平均主义、大锅饭到建立劳动、资本、技术、管理等生产要素按贡献参与分配的制度，经历了巨大的变化，对调动劳动者的积极性发挥了重要作用，同时也要看到，收入分配中存在着秩序混乱、黑色灰色收入屡禁不绝等问题。整顿收入分配秩序的工作应当继续进行，要建立收入分配的阳光政策，使合法的收入得到保护，非法收入得到禁止，使每个人每个渠道的收入都能置于税收部门的监督之下。要加快推进电子货币工程，尽可能减少现金支付，加快有关收入透明化的立法，堵塞不合理收入的漏洞。

要加快垄断行业改革，促进机会公平。目前，我国行业之间收入差距较大，原因之一在于一些行业的企业依靠自己的垄断地位，在缺乏竞争或不充分竞争的条件下获取了垄断利润。应当按照《反垄断法》的要求，积极推进改革，取消社会资金进入的限制，引入竞争机制。有的同志担心放开垄断行业可能会出现低水平重复建设和恶性竞争，对此，可通过严格行业进入的环保和能源资源消耗门槛的办法来解决。应当看到，竞争是活力的源泉，如果没有竞争和优胜劣汰机制，经济发展的活力就会窒息，改革以来的实践反复证明，哪个行业和地区率先改革，率先引入竞争机制，哪个行业和地区的经济就充满了发展活力，而垄断和保护的结果，只能带来落后。特别是一些已对外资开放的领域，对内资应当率先开放。

要加大对收入分配的调节力度。当前，地区之间收入分配差距拉大是一个突出问题。在边远落后、条件恶劣地区工作的人，理应得到更高的报酬，这样才能鼓励干部和人才到欠发达地区工作。为此，要加大财政转移支付力度，保证经济欠发达地区公务员的工资支付，支持欠发达地区完善公共服务体系，使之与发达地区享受到大体相同的公共服务。要依法加大对高收入的调节力度。一些私营企业主和个体工商户主，将自己的生活消费支出计入生产经营成本，从而达到隐瞒收入、逃避税收的目的。要健全财务制度，加强对个人收入的监管，把该收的税金全部收上来。

合理的收入分配制度的建立，需要一个过程。在经济快速增长阶段，收入差距的适当拉大是难以避免的。鼓励一部分人先富起来，就必然会有相当一部分人后富起来，先富与后富的人在同一时间必然产生收入差距。我们的责任就是通过先富帮后富，最终实现共同富裕。

采取措施提高居民收入占GDP的比重[①]

党的十七大报告提出转变经济发展方式，其中第一个转变就是要实现经济增长由主要依靠投资和出口拉动向消费、投资、出口协调拉动转变。在当前受全球经济危机影响、出口增长受阻的情况下，实施扩大内需的方针，特别是扩大居民消费，对于化危机为机遇，保持经济持续平稳较快增长，有着特别重大的意义。

居民消费率过低，是当前国民经济中很不协调的重大比例关系。2007年，我国居民消费率为35.4%，已经降至改革开放30年来的最低水平。与历史最高水平的1985年52%相比，下降了17个百分点。与发达国家相比，相差30个百分点左右。居民消费率过低，对国民经济的健康运行带来严重的负面影响。一是广大居民的生活水平不能随着经济的快速增长而同步提高，降低了国民经济的宏观效益。二是经济增长过分依赖投资和出口，引起生产能力过剩。2003—2007年，我国投资率年均42.4%，成为历史上最高的时期。2001—2007年，消费、投资、净出口三大需求对经济增长的贡献率平均分别为40.6%、48.4%和11.1%，消费的贡献率明显偏低，大批工业生产能力闲置，消费严重制约着经济增长。三是政府消费支出比重不断上升，助长了奢侈浪费之风。在最终消费支出中，政府支出所占比重由20世纪80年代的21.6%上升到2007年的27.3%。造成目前居民消费率过低的局面，主要原因有二：

其一，城乡居民收入增长速度长期滞后于经济增长速度，造成城乡居民收入占GDP的比重不断下降。1978—2007年的30年间，GDP年均增长9.8%，居民收入年均增长7%。2007年城乡居民收入占GDP的比重已下降到45%的历史最低点，比改革开放以来最高水平1985年的56%低了11个百分点。

其二，城乡、地区和个人之间收入差距不断拉大，制约了广大中低收入者购买力的提高。城乡居民收入之比由差距最小的1985年的1.9∶1扩大到2007年的3.3∶1。县和县以下社会消费品零售额占全社会消费品零售总额的比重由1978年的67.6%下降为2007年的32.3%。2005年，东、中、西部和东北地区城镇居民

① 本文原载于《人民政协报》2009年7月27日。

人均收入之比为1∶0.64∶0.65∶0.64，农村居民人均收入之比为1∶0.65∶0.59∶0.93。全国职工工资占GDP的比重也由最高时1980年的17%下降到2007年的11%，且65%的职工收入水平低于平均线，全社会收入分配的基尼系数在0.43以上，进入收入差距较大国家行列。

扩大消费对经济增长的拉动作用，扭转消费与投资失衡的局面，必须采取重大措施，提高居民收入在GDP中的比重，提高居民消费率。

建议制订一个“双提高”专项计划，用三年时间，把居民收入占GDP的比重提高10个百分点，达到55%；把居民消费率提高15个百分点，达到50%。分别接近改革开放以来最高水平1985年的56%和52%。如能实现这个调整目标，意味着每年将有5万亿元人民币以上的商品由投资和出口转为居民消费，人民的生活水平将会有一个较大幅度提高，从而使以人为本的科学发展观的要求真正落到实处，使扩大内需特别是扩大消费的发展方式转变真正得以实现。

为此，建议采取以下政策措施：

（1）调整收入分配结构，着力提高中低收入者特别是农民的收入，通过预算、税收等调节杠杆，在初次分配中提高劳动报酬比重，降低资本所得比重；在再分配中，提高居民收入比重，降低国家收入比重。降低中低收入者税收负担，将国有企业利润的一定比例用于社保基金投入。（2）扩大消费领域，促进消费结构升级。推动居民消费由生存型向发展型、享受型转变。（3）扩大消费信贷，完善社会保障体系。加快教育、医疗体制改革，增加政府投入，鼓励社会资金投入。扩大养老、工伤、失业保险覆盖面。（4）调整投资结构，改善消费环境。（5）整顿市场秩序，保护消费者权益。（6）合理引导消费预期，倡导健康文明的消费方式。（7）促进房市、车市、股市联动、持续、健康发展。

释放农村消费需求潜力

增加粮食主产区农民收入是解决“三农”问题的突破口①

这次会议，我们用两天的时间，讨论了一个关系全国农村经济发展的战略性问题，即粮食主产区怎样加快经济发展、增加农民收入。在今年的全国农村工作会议上，胡锦涛同志在讲话中提出：要把解决“三农”问题作为全党工作的重中之重。“三农”问题突出的是粮食主产区的问题。加快粮食主产区经济的发展，增加粮食主产区农民的收入，又是解决“三农”问题的重中之重。目前沿海省、市经济发展势头迅猛，城乡居民收入增长很快，特别是在一些民营企业发展比较好的地区，农民收入的增长速度甚至超过了城市。我到中央政策研究室工作以后，曾到浙江农村做了三次调研。浙江的农民很富，富裕的程度甚至超过了杭州市的一些城市居民。现在经济发展比较缓慢的是中西部粮食主产区，由于粮食价格不断下跌，把粮食作为主产业的农民收入增长遇到了困难。怎样增加这些地区的农民收入呢？现在，中央的一些研究机构、政府部门，特别是粮食主产区的广大干部群众，都在思考和探索解决这个问题，但到目前还没有找到好的办法。长垣的经验正好在解决这个问题上谋到了有效的办法，找到了突破口。这两天的会议，围绕解决粮食主产区农民收入这个重大问题，进行研究和讨论。大家对长垣的经验给予了高度评价。长垣的发展不仅表现在四大支柱产业的崛起，创造了大量的物质财富，而且还表现出农村工业化的强大力量，创造出了比物质财富更宝贵的精神财富。

一是体现了长垣人民的市场竞争意识。长垣现在搞的这几个产业，都是供大于求的产业，原来都有一些企业在生产。他们硬是用更好的质量、更低的成本、更优的服务，从别人手中夺到了一部分市场。说明我们几千年来只会种地的农民也能干工业，并有了市场竞争意识。这是一个历史性的变化。

二是体现了长垣人民的顽强拼搏精神。改革开放初期，长垣就在探索怎样搞

① 本文是郑新立 2003 年 3 月 29 日在“粮食主产区加快经济发展暨长垣经验研讨会”上的讲话。

工业，开始办乡镇企业，出去做一些小生意，搞推销。失败了重新来，再失败再干，百折不挠，勇于拼搏，直到最近七八年，才成功了。没有前十几年的失败，就没有现在的成功。这种精神是难能可贵的。

三是体现了长垣人民分工与协作的观念。传统的农业就是种地，它在很大程度上是一种自给自足的自然经济，不需要太多的分工、协作和配合。但是，长垣现在兴起的块状经济，是在专业化分工的基础上形成的。有的搞销售，有的搞零配件，有的搞组装，这种专业化分工是他们自己形成的，不是政府哪个部门给他们分的工。这充分说明，长垣的农民已经走出了传统的自然经济的束缚，按照社会化大生产的要求来发展经济，能够树立分工与协作的观念，这是一场革命。

四是体现了长垣人民开拓创新的能力。不仅表现在开拓市场由小到大，而且企业的组织形式也在不断变化。从一家一户开始到出现股份制、股份合作制，一直到现在公司制的雏形，在体制上不断创新。

长垣人民的这四种精神是非常宝贵的。这些精神不仅属于长垣人民，也集中体现了我们河南人民的精神、中华民族的精神。这是几千年历史文化积淀与现代市场经济观念相结合的结果。我们要加快农村工业化、城镇化步伐，实现党的十六大提出的全面建成小康社会的目标，必须有这些精神。

下面，我想就长垣经验，再谈几点认识和建议。

一、坚定不移地加快农村工业化进程

长垣的经验归根到底是推动农村工业化进程。从农业社会到工业社会，是人类社会发展必然的历史规律。发达国家用200多年的时间实现了工业化，现在全世界实现工业化的已有9亿多人。中国各地正在走这个道路，走得越早越主动。中国改革开放20多年，乡镇企业的发展带动了农村工业化，农业劳动力占全部从业人员的比重，已从改革初期的70%下降到目前的50%。同国外对比一下，相当于美国1880年的水平，晚了120年；相当于日本1930年的水平，落后了70年；相当于韩国1970年的水平，落后了30年。农业劳动力占全社会就业人口的比例，是衡量社会工业化水平、社会文明进步程度的一个最基本的指标。从这个指标来看，中国社会发展程度和发达国家以及新兴工业化国家相比有很大的差距。我们要清醒地看到这个差距。虽然推动农业劳动力向二、三产业转移很艰难，但是也一定要朝这个方向努力。农村劳动力的转移，发达国家是靠机器大工业吸纳农村劳动力来实现的。但是，这在中国目前行不通。现在国有企业自己的富余人员都消化不了，更不能指望它来吸纳农村劳动力。近20年农村劳动力转移比较快的地方，一个是广东，再一个是苏南，这两个地方有外资和大城市的拉动。但像长垣这样的地方，让大批外资来这里投资，我看很不现实。依靠大城市的带动，也没有这样的条件。只有一条道路，那就是浙江农民走的依靠自己的努力实现工业化的道路。现在，这条路长垣人也走出来了。就是靠农民自己在市场上搞推销，做小生意，了解市场的需要，然后用赚来的钱，不断积累，发展加工业，由小到大不断发展。这就是从推销员到企业家的路子，是温州人和浙江人走过的路子，现在长垣人也学会了。

这是各种工业化途径中最艰难的一条道路，也是不得不选择的道路。如果不往这个方向走，总停留在农业社会，农村的面貌就不可能有大的改变。我们必须认准这个方向，百折不挠，用长垣人的精神推动这个历史性的转移。政府要采取各种政策，鼓励农民向二、三产业转移，加快工业化进程。“十五”计划《纲要》明确地把工业化、城市化作为两大战略提出来；党的十六大又把工业化和转变经济增长方式结合起来，提出走新型工业化道路。这就要求我们在工业化进程中，尽量采用先进技术，走能源消耗比较少、经济效益比较好、能够发挥劳动力优势的新型工业化道路，不能以浪费资源、破坏生态环境为代价。如果坚持这条道路走下去，到 2020 年，中西部粮食主产区再有 1 亿以上农业劳动力转移到二、三产业，实现小康社会的目标就有了保证。

二、放手发展民营经济

长垣的经验就是放手发展民营经济的经验。与沿海地区相比，我们认识得有些晚。改革开放一开始，浙江、广东就是这么干，而我们却在犹豫、观望，错过了大好时机。但是现在能认识到也不算晚。党的十六大报告提出要发展县域经济，也就是要发展壮大民营经济。把个体、私营经济作为国民经济的重要组成部分。要为民营经济的发展创造好的条件，进一步清除各种阻碍民营经济发展的政策性、体制性障碍。去年，国家计委发了鼓励民间投资的若干意见，这个文件非常好，提出了对民营经济的发展要实行“一放宽”“三改善”。就是放宽进入的领域，改善投资环境，对民营经济和国有经济要一视同仁，在税收、贷款、项目审批等方面，取消对民营经济发展的歧视性、限制性规定。我们要像长垣那样，把这个文件具体化，真正贯彻落实。要进一步解放思想，通过创造良好的环境，放手发展民营经济。

三、进一步扩大专业市场和营销网络

民营经济的发展，特别是第二产业的发展，首先要有第三产业开路，要有市场销售网络，特别是在供大于求的情况下，要以销定产。浙江经济之所以发展得比较好，在于它建了4000多个大大小小的专业市场，其中年销售额200亿元以上的有两个，上百亿元、几十亿元的有几十个。这些专业市场联系着全国和全世界的销售网络，正是通过这些专业市场和销售网络，把他们的产品销售到全国和全世界。所以，长垣的发展下一步要重视建立和扩大专业市场，建立自己的销售网络，不但销售自己的产品，还销售全国各地的产品。如义乌这个小商品市场，一年销售200多亿元。过去销售的商品，三分之一是本地生产的，三分之一是从广东进来的，三分之一是从广东和当地以外的其他地方采购来的。但现在商品的来源结构逐渐在变化。义乌的销售商掌握了销售渠道后，开始自己生产这些商品了。现在正大规模地搞工业园区，从外地采购商品的数量在逐渐减少，本地生产的商品数量在不断地增加。这就是通过市场来带动工业的发展，即通过发展第三产业带动第二产业。这也是长垣成功的经验。下一步应继续扩大运用这些经验。

四、围绕发展支柱产业，壮大块状经济

壮大块状经济，必须加大技术方面的投入。现在乡镇企业的技术来源于国有企业，要想进一步发展，就必须拿出一部分资金用于技术开发的投入，生产有自己知识产权的产品。在体制上也要不断创新。有些地方的民营企业能够随着经营规模的扩大在体制上不断创新，建立了适应社会化大生产需要的产权结构和现代企业制度，这些企业的发展就比较快，出现了一批销售额达几十亿、上百亿元的大型企业。而有的地方对这方面重视不够，总局限于家庭经营和家族式管理的水平不能前进，因此做得大的企业比较少。长垣的民营企业，如要进一步做大、做强，一定要跟体制创新结合起来。股份制是一个非常好的产权组织形式，可以实现所有权和经营权的分离，有利于资本的流动和重组。股份制企业里可以有集体股、职工股和社会股。集体股可满足乡、村公共利益需要，职工股有利于企业形成凝聚力，社会股可形成资本积聚机制。在股份制基础上建立股东会、董事会和经理层三者相互制衡的机制，形成科学的公司治理结构。有条件的企业要尽可能争取到国内外股票市场上市。现在海外一些股民非常看好中国的民营企业。通过上市，一方面能提高企业知名度，另一方面能提高筹资能力，更重要的是能形成改善经营管理的强大外部压力。通过建立现代企业制度，逐步使企业成为国内一流的企业，成为有国际竞争力的企业。

五、围绕国内外市场调整农业结构

长垣毕竟是一个粮食主产区，有80多万亩的耕地，农业条件非常好，现在已成为优质小麦基地。但是，不能就此满足了。应根据市场需要，发展一些能够出口的劳动密集型农产品。因为小麦毕竟是一个土地密集型农产品，种小麦一亩地一年收入400~600元。如果改成种菜，一亩地年产值就会有1万~2万元。如果种花卉，一亩地年产值可达几十万元。甘肃定西地区临洮县，原来是苦甲天下的穷地方，交通不便，信息闭塞，现在搞花卉生产，从荷兰引进百合花，搞自动控制温室生产，一年收三季，一亩百合花年收入300万元，扣除成本100万元，一年一亩净赚200万元，投资当年即可收回。调整种植业结构，就要搞这些高附加值的农产品。要是种小麦，我们永远也竞争不过美国、加拿大。美国一个农户种几千亩地，加拿大的规模更大。即使欧洲一户也要种几百亩地。咱们一户就十来亩地，你怎么和他们竞争？所以要发展效益高的劳动密集型产品。胡锦涛同志在2003年中央农村工作会议上的讲话中指出，要扩大农产品出口，出口劳动密集型产品，适当进口一些土地密集型产品，这符合我们的国情。我们的粮食、畜产品、水产品、花卉、水果产量都是世界第一位，但是出口量低，与产量很不相称。最近，我们做了比较研究。荷兰只有25万农业劳动力，相当于我们河南的一个县；有1400万亩耕地，相当于河南省的14%；一年农产品出口达到300亿美元，是我们全国的2倍。他们从人多地少的特点出发，选择了以劳力换土地的战略，就是进口粮食、饲料等土地密集型农产品，出口花卉、牛肉、奶制品等劳动密集型农产品，一进一出，农业一年净赚150亿美元。他们的农产品出口量居世界第三（美国第一、法国第二），但是农产品出口效益是世界第一。中国有3.65亿农业劳动力，去年出口150亿美元，进口将近120亿美元。加入世贸组织以后，我们要利用好机遇，实施以劳力换土地战略，把我们的劳动密集型农产品出口搞上去。扩大农产品出口的关键是产品质量和销售网络。要请国际上的质量专家来，特别是进口国质量专家来，你定个标准，我就按你的标准生产。我们搞绿色产品，不上化肥，也不上农药，一点有害物质也没有，要让他挑不出毛病。最近有些地方的肉鸡因质量问题出口受阻，但青岛莱西县九莲集团的肉鸡在日本、韩国、欧洲开绿灯，而且价格比别人的还高。原因就是他们有一套规范的质量管理方式，日本人打扮成旅游者悄悄来察看几次，觉得质量确实过硬，放心。搞劳动密集型高附加值农产品再难，比生产工业品，比生产起重机、医用卫生材料要简单得多，只要认真就可以了。我们这个地方农业条件这么好，土地平坦、肥沃，可以灌溉。这么多劳动力，光发展工业是容纳不了的。所以要搞劳动密集型农产品的出口基地，搞绿色产品基地。长垣现在已经把绿色产品定为支柱产业，重点发展养猪和奶牛，进一步扩大肉制品和奶制品出口，选择这个农业结构调整的方向是对的。长垣人民很有创造性，加上这么好的农业条件，希望你们在农产品出口上也能为粮食主产区农民做出榜样。

六、努力把长垣的经验推广到全市、全省

浙江的发展是由点到面逐步推开的。浙江省有4000多万人，其中3000多万是农民，在改革开放的20多年中，跑到外省闯市场的有300多万，跑到国外闯市场的有100多万。现在全省有乡镇企业108万个，有个体工商户近100万个。大体上全省农民的50%左右都有三项收入：一是资本收入；二是工资收入；三是土地经营收入。正因为有了这三项收入，农民富裕的步伐才加快了。20年前，浙江农村还不如我们河南省，20年以后，已今非昔比。浙江省是通过20年的创业、奋斗换来的富裕。如果我们能把长垣的经验推广开，通过10年奋斗，使河南省能赶上现在浙江的发展水平，使农民人均纯收入由现在的2098元提高到目前浙江的4582元，那就是了不起的成就。现在经济发展最困难的就是粮食主产区的9个省。我们要狠下决心，学习长垣经验，向二、三产业进军，加快劳动力向二、三产业转移，争取到2020年，使农业劳动力比重从现在的50%下降到30%，使城镇化水平由现在的37%上升到50%，从而实现中央提出的全面建成小康社会的目标。

加快推进农村改革　保持农民收入快速增长①

2004年上半年，我国农村经济形势可以说出现了两个重大转折：一是在粮食生产方面，夏粮产量结束了几年下降的局面，开始回升；二是农民收入结束了长达7年缓慢增长的局面，出现了令人欣喜的两位数增长。而且高于城镇居民收入增长的速度。这两大转折来之不易，当前的问题是这个好的势头能不能保持下去，这是摆在我们面前的一个十分尖锐、十分突出的问题。我个人觉得，要把这样一个好势头保持下去，关键是抓住两条：一是要抓住科学发展观，按照统筹城乡发展这个要求来开展各项工作；二是通过加快推进农村的各项改革，进一步激发农村内部发展潜力。我想重点说的是第二个，即怎样通过推进农村改革来激发发展潜力，把当前我们农村发展的良好势头保持下去。

总的来看，农村改革应当围绕着如何提高农民进入市场的组织化程度，完善农村基本经营制度，以及推进其他各项改革来进行。

一、改革

一是关于减轻农民负担的改革，包括农村税费改革、对农业产业化龙头企业税收优惠的改革、农产品绿色通道建设等，这些改革要全面推进。范小建副部长讲，农业税取消宜早不宜迟，我非常赞同这个观点。建议还没有取消农业税的省市，把农业税免了。关于绿色通道问题，四川省省内所有运输鲜活农产品的过桥过路费都免了，可是出了省还要交钱，他们建议全国各省市都能积极一点、主动一点，都免了算了。刘坚同志提供了一个有说服力的数字，四川省一开始算账，运输鲜活农产品免收过路费，总的过路费大概要减收5%，但实行的结果却是增加了20%。原因是绿色通道开通以后，农民特别是个体户的积极性大大提高，运

① 本文原载于《农村工作通讯》2004年第8期。

输量增加了，公路部门口袋里的钱增加了20%。我觉得这个例子非常好，还没有实行绿色通道的省，你们回去向你们的交通局局长和省委领导宣传宣传，这样，把全国搞成统一的大市场。类似这样的事要抓紧进行。

二是加快有利于推进增加对农村发展的投入和对农业补贴的各项改革。包括粮食流通体制改革、直接补贴、购置大型农机具的补贴、良种补贴。还有最近农业部要搞的优质粮食产业工程计划，以及农村“六小工程”的投入、培训农民、加强农村义务教育、农业科技推广等方面的投入都要加快改革。

三是深化有利于增强农村自我发展能力的改革。

上述三类改革，第一类是向农民少要钱，第二类是多给农民钱。第三类是农民增强自我发展能力，多挣钱。我想重点讲一下第三类改革。

第一，农业结构调整增收的潜力还很大。围绕发展优质高效农业，调整农业结构来增加农民收入还大有潜力。刚才熊辉银副主席对新疆的介绍很说明问题，特别是发展经济作物，搞畜牧业这些方面还有很大潜力。

第二，农产品深加工增值的潜力仍然很大。国外初级产品与初加工产品产值比例是1∶4到1∶5，我们还是1∶0.8，如果加工增值提高一个百分点，就是几百亿元，两三个百分点就是上千亿元。如果农民收入再增加几百亿元、上千亿元，就又是一个增收亮点。现在农产品加工程度很低，特别是我们的农民还没有真正得到农产品加工增值的好处。我国的方便面市场，“康师傅”和统一，两家占了三分之二的市场。钱让这些企业挣了，我们的农民没有从中得到好处。所以我想，能不能支持一些乡镇企业，支持一些民营企业，培植一些质量好的属于农民自己的企业。现在，“康师傅”一年的销售额是300亿元，建一条生产线的投入是1亿元，可带来的年销售额却是7亿元。所以，农产品深加工大有文章可做，其他方面农副产品加工的文章也多得很。

第三，农产品经营增收的潜力也很大，包括农产品运到城里销售。我建议让农民组织起来，自己搞一个销售公司，然后把农产品销售网络打入城市，覆盖到城市的街道和居民点，通过搞农产品经营来增收，把流通领域里的钱争取装到农民的口袋里。

第四，农产品出口的潜力很大。今年上半年农产品外贸是逆差。荷兰有22万劳动力，相当于我们一个县，一年农产品出口300多亿美元，进口一二百亿美元，平均1个劳动力创造的价值是3万多欧元。我们的东西为什么出不去呢？国外给我们搞了一些绿色壁垒，但我们可以想办法打破，像山东潍坊市，原来他们搞鸡肉出口，遇上禽流感没人要，他们就搞熟的出去，烤熟了就不怕病了。我觉得我们的水果、蔬菜等都很有出口潜力，要下决心来支持，打开国际农产品市场。

第五，农民向非农产业转移增收的潜力也很大，是这几年农民增收的主要渠道。

我想，我们要保持农民收入快速增长的势头，至少在这五个方面是有很大潜力的。把这些潜力激发出来，要靠我们加快推进农村改革。

二、合作

党的十六届三中全会讲到农村改革时，第一条是完善农村基本经营制度。农村的基本经营制度从改革开放初期就确定了，以家庭联产承包为基础的双层经营体制，家庭是一层，另外还有社会化服务一层。如果只是家庭这一层，我们农村的经营制度就是不完善的。全国有 2.4 亿农户，一户就几亩地，靠这样分散的小规模的小生产经营，要实现全面小康是很困难的，想走向现代化也是很困难的。从完善农村基本经营制度角度来看，应当通过发展农业合作经济组织来完善农村社会化服务体系，使双层经营的农村基本经营制度得到完善，从而提高农民进入市场的组织化程度，促进农民增收。

农业专业合作组织要发展，应该注意这样五个方面：

一是围绕产前、产后服务来组织购销合作社。由农民自己组织起来，自己去购买良种、肥料、大型农机具，买一些便宜一点的东西供应农民，把农产品卖到城里去，直接购销的这类合作社，甚至在将来还可以有出口经营的自主权，自己把农产品拿到国际市场去卖，通过网上交易卖到国外。

二是围绕农产品的深加工，发展股份制和股份合作制农产品加工企业。

三是围绕技术服务，通过合作社对农民进行技术培训，建立农产品的质量保证体系。比如，陕西省周至县的猕猴桃原来卖得很好，后来周围几个县都打着周至县的牌子，而且上膨大剂，把周至县的牌子搞砸了。这种情况只有通过合作社，由农民自己来维护自己的利益。搞食品标识，维护自己的利益。

四是围绕提高农业生产的机械化、专业化、区域化水平，发展各种机耕作业队，还有像测土施肥公司、病虫害防治公司、农机具租赁公司等，搞专业化的服务。

五是加强金融领域的合作。农业合作最重要的是金融领域的合作，而现在却恰恰是在这方面发展过于滞后，必须加快改革步伐。

以上是专业合作的领域，关于专业合作的形式，我想应当包括以下方面：一是把合作社同股份制、股份合作制结合起来，实行资本、技术、劳动的联合。二是专业协会，以专业大户为领头人兴办各种专业协会。三是龙头企业＋协会＋农户，或者是协会办龙头企业再加农户。

最近，在调查中发现一些龙头企业与农民的利益相矛盾。如果是农民自己组织起来办加工企业，就可以把更多的利润装到农民自己的口袋里。当然，现在让农民自己搞可能搞不起来，但我们可以积极地扶持。我们也鼓励城里的企事业单位到农村去，把农民组织起来，通过办合作社来搞加工销售。通过建立专业合作组织来发展社会化服务。

一是要借《合作社法》起草和实施的东风，认真地抓一抓、推一推。

二是对合作社的管理和引导，建议由农业的主管部门来搞。各级党政部门要引导合作社的发展，千万不要去干预。

三是要把养殖业和农产品出口作为近期发展专业合作组织的突破口，要学习四川省最近抓农业合作社的经验。

四是要逐步加大国家对农业专业合作组织的扶持力度。应当把优惠政策只对农业专业合作组织，由各级农业部门认定合作组织，然后给予优惠政策，包括税收优惠、贷款优惠。通过各方面扶持，加快合作社发展。

五是要把加快农村金融领域的合作作为支持农村专业合作组织发展的重要支撑。当前，金融的落后已成为制约农村发展和农民收入增加的最突出因素。

我们要总结农村改革开放 20 多年来农业金融改革的经验和教训。一是对信用社的改革，我个人觉得农村信用社不应该成为农村金融唯一的渠道，信用社现在困难很多，包袱那么重，只能慢慢消化。但我们不能因这件事，把农村金融改革停下来。二是应该发展农村各类金融组织，特别是在发达地区，如浙江温州，据说农村金融是几千亿元，与其在地下滚动，不如就让它浮到上面来。三是要发展地方性中小商业银行。这一点要作为大的问题来研究，要有所突破。四是凡是在农村县及县以下设立分支机构的商业银行，必须将吸收存款的一定比例用于农村贷款。现在我们的四大银行在县都有分支机构，但都是只存不贷。我们要立法，规定只要在农村设立分支机构，吸纳资金的，必须拿出 60%~70% 的资金用于当地农民的贷款，美国就有保护农户的再贷款法。美国有这样的法律，我们中国为什么不能有。通过这些改革，在农村金融上有所突破，以进一步支持农村经济的发展。

总之，要通过多种措施，使当前非常不容易出现的粮食增产、农民增收的好势头能够长期地保持下去。

促进农民增收要从提高农民劳动生产率入手[①]

金秋时节，各地秋粮丰收捷报频传。2004年中国粮食生产和农民增收出现双重转机：粮食生产扭转了连续几年持续下滑的颓势，实现了年初的预期目标；农民收入长期停滞不前的局面得以改观，上半年农民收入增幅超过两位数。

如何持续保持粮食增产和农民增收的好势头，中央政策研究室副主任郑新立近日接受新华社记者专访时说，关键要建立农民增收的长效机制，从提高农民劳动生产率入手促进农民增收。

一、正确看待当前农民增收形势

郑新立告诉记者，2004年上半年粮食主产区农业和农村经济整体上凸显农民增收和粮食增产两大亮点，农民收入状况突出表现为“三高”：

一是粮食主产区农民收入创8年来新高。上半年主产区农民人均现金收入1371元，实际增长13%，为1997年以来同期增幅之最。其中山东省农民人均现金收入1963.7元，湖南省为1437.4元，增幅均创8年来之最。二是粮食主产区农民增收幅度高于全国平均水平。上半年全国农民人均现金收入为1345元，扣除物价因素实际增长10.9%，粮食主产区农民实际增收幅度超过全国2.1个百分点。其中安徽省农民人均现金收入实际增长18%，也是8年来同期最高增幅，河南省农民人均现金收入则首次突破千元。三是粮食主产区农民收入增速高于城镇居民人均可支配收入增速。上半年全国城镇居民人均可支配收入实际增长8.7%，粮食主产区农民收入增速高于城镇居民人均可支配收入增速4.3个百分点。

2004年上半年农民增收的好势头来之不易。从目前情况看，农民增收的势头今年保持下去的问题不大，关键是看2005年、2006年能否持续下去。如果

① 本文原载于《半月谈》2004年第19期。

2005 年农民增收出现反复，“三农”还是得不到解决，势必影响 2005 年粮食的持续增产和宏观调控目标的实现，影响国民经济的持续健康发展。

郑新立副主任分析说，2004 年农民增收有政策推动、市场带动和务工拉动等多方面的合力作用。其中政策推动作用十分明显，各地贯彻中央“一号文件”，农业税减免和各项补贴政策使农民得到很大实惠。正在进行农业税免征试点的黑龙江、吉林两省农民受益最大，农业税减免加上粮食直补使两省种粮农民每公顷地可增收 800 元，农民人均增收超过 200 元。内蒙古自治区上半年已有 6 个盟（市）全部免征农业税和牧业税，减免额多达 6.96 亿元，仅政策性减免和补贴，内蒙古农牧民人均即可增收 110 元。

今后农民收入要实现持续增长，除保持原有的政策外，还应有新政策出台，但是不可能像 2004 年这样，有这么大的力度，拿出这么多钱，因为国家财力毕竟有限。单靠国家转移支付增加农民收益的路子，就我们国家来说走不通。美国农民 50% 的收入来自补贴，日本也大量补贴，但是这些国家农民少，如美国第一产业就业人数仅占总就业人数的 2.4%，只需一点资金就可以大幅提高农民的收入，而我们国家农民太多，光靠财政拿钱补贴不行。政策只能起到催化作用，必须探索怎样形成长效机制，将农民增收的势头保持下去。

二、农民增收核心是提高劳动生产率

郑新立认为，目前农民收入低主要是由于中国农业的劳动生产率太低所致。目前，中国第一产业产值占国内 GDP 的 15%，而农村劳动力却占国内总劳动力的 50%，50% 的劳动力创造 15% 的产值，这样第一产业创造产值与二、三产业创造产值之比是 1∶5.7。同时，现在农民人均纯收入与城镇人均可支配收入之比是 1∶3.23，如果算上农民收入里的生产性支出，城乡购买力之比接近 6∶1。城乡购买力的差距与生产率的差距基本上是一致的，这是符合经济规律和现有生产力水平实际的。

是什么造成了农民劳动生产率低下呢？是因为我们国家人口太多，人均占有的作为生产资料的土地资源极为有限。在南方和中部一些地区，一个劳动力可以种植 28 亩到 30 亩地：这样劳动生产率就可以达到或超过二、三产业，即使全种植粮食，一年纯收入也可以达到 1 万元以上。据湖南省预计，2004 年农民种一亩双季稻约可增收 320 元，扣除物价因素后每亩约增收 100 元，但大多数农民人均种粮面积仅 1 亩左右。再如北方的吉林省，一个劳动力最多可以种到 60 亩地，如果完全种植玉米，收入就可以超过二、三产业的水平。

从现在的机械化条件看，一个劳动力完全能够种这么多地，只是人均土地太少。因此，探讨农民增收的核心是要研究如何提高农民的生产率，这是实现农民增收的根本之策。郑新立说，提高农业劳动生产率要通过两个转移来实现：一是一部分农村劳动力向非农产业转移；二是另一部分劳动力向高效益农业转移。实现这两个转移，是农民收入提高的根本途径，尽管多数地方还不具备条件，但这是必须努力的方向。

针对劳务输出日益成为农民增收主渠道的现实，各地应制定政策，做好农民外出务工的培训、对接和服务工作。劳动力转移不能强制，必须坚持自愿原则，这是一个自然的过程，只有有了收入相对较高的工作岗位，劳动力才能顺利转移。

劳动力向高效益农业转移，可以发展药材、花卉、果蔬等经济作物，搞塑料大棚。一户若有一亩高效益农业，每亩可抵几亩甚至十几亩粮食作物的收益。湖北省的测算结果显示，种一季稻的减税纯收益仅为种植水果、蔬菜收益的五分之一到十分之一，是茶叶、水产的十分之一到二十分之一。只要种植的经济作物不破坏土壤结构，就应予以鼓励。有的地方在耕地上种杨树，这不可取。

国际上有以劳力换土地的战略。郑新立告诉记者，解决中国人多地少的矛盾需要通过国际交换，即通过出口劳动密集型产品换回土地密集型产品。以荷兰为例，荷兰仅有22万农业劳动力，一年出口农产品350亿美元，进口100多亿至200亿美元，年农产品净出口额达100多亿美元。通过进口粮食和饲料，出口肉、奶、花卉等产品，荷兰农民人均产值高达3万多欧元，是世界上最高的。中国也可以出口花卉、瓜果、肉类等产品，换回一些粮食，这样中国劳动力的优势就可以得到发挥。当然，这是从长远战略来看，近期我们仍要保持国内粮食供应稳定，否则国际市场上可供粮食有限，中国大量购买将带动国际市场粮价飞升。

另外，通过两个转移还可使种粮农民获得规模效益。

三、依靠工业化调整农村经济结构

从长远来看，增加粮食主产区农民的收入，需学习中国沿海地区改革开放20多年来的成功经验，依靠工业化调整农村经济结构，进而提高劳动生产率。

改革开放20年来，工业化之路使浙江省农业走上了良性循环，农民收入连续多年位于全国各省区前列。目前浙江省农民收入的85%来自二、三产业，剩余15%中又有60%来自养殖业，其余40%来自种植业，这40%中又有相当部分来自种植经济作物。

郑新立说，浙江省的成功就是发动农民，使其成为市场的主体。浙江省每年拿出6亿~7亿元给乡镇企业贷款贴息，市县也拿出部分钱来贴息，极大地推动了乡镇企业的发展。但在我国中西部省区，一些地区不仅不扶持，还加重对这些企业的盘剥，吃拿卡要，这些企业也因此被扼杀在摇篮里。说到底还是政策环境问题，是地方政府对农民创业扶持方面的差距。农村工业化是必走之路，让农民转移到非农产业去是历史必然趋势，也是世界各国农业发展的基本模式。

可喜的是，中部有些省区也开始认识到这个道理。如江西省近两年明确提出，要有发达的农业，必须先有发达的工业。因此江西省近年来大力改善投资环境，吸引沿海地区的投资。2003 年，江西省固定资产投资共计 1300 多亿元，其中外省投资就七百多亿元，再加上吸收外资 20 多亿美元，居中部各省第一位。资金一来，技术、市场、管理经验和人才也跟着来了。

四、要让农民赚到距市场最近的钱

大力发展各类专业合作组织，为农民提供产前、产中、产后服务，让农民进入到农副产品的加工和销售领域，使合作社的产品直接进入超市等销售网络，或直接卖到国际市场，从而让农民分享到二、三产业的利润，这也是提高农业生产率的重要途径。

郑新立副主任说:“以猕猴桃为例，前几年我到贵州去，看到一个地区的农民将收获的猕猴桃出售给当地一家外企，每市斤仅 3 毛钱；2004 年 5 月我去陕西省周至县，那里的农户通过协会和龙头企业建立了价格谈判机制，价格可达到每斤 1 元；在四川省都江堰地区，我又发现农民自办了一个专业合作社，自己加工销售，一市斤售价 3 元。这表明，农民参与到二、三产业的程度不一样，收入差距很大。而农民如果不组织起来，就很难进入二、三产业，很难获取农产品加工、销售领域的巨大利润。”

2003 年 11 月以来，全国粮价平均上涨了 20%~30%，但农民仅得到其中的 5~7 个百分点，其余大部分都被中间商截留了。“国内是粮食贩子挣钱，但国外没有粮食贩子一说，法国、荷兰等国主要是农户组成合作社，直接通过超市等渠道销售粮食加工品，销售收入绝大部分归农民自己所得，出口农产品大部分也是由合作社完成。20 世纪 70 年代法国还是农产品进口国，目前已经是第二大出口国，包括技术推广、产品质量标准的建立以及农产品加工、销售等，主要是农民合作社发展起的作用。”郑新立说。

郑新立认为，农业要发展，龙头企业的作用很重要，如前几年青海省牧区羊的商品率仅在 15% 左右，近年来由于内蒙古草原兴发公司在青海省搞育肥羔羊屠宰加工，目前青海省牧区羊的商品率已提高至 30% 左右。但是，由于龙头企业没有农民入股，农民与龙头企业的谈判地位极不对称，以致造成在一些龙头企业财富大量积累，农民却仅获薄利。因此，必须鼓励农民组织起来，提高进入市场的组织化程度，以让农民分享农产品加工业和销售业的利润，赚到距离市场最近的钱。

郑新立说，法国、荷兰等国都是靠农民合作组织提高农民收入的典范，在国内，山东、四川等省也有不少农民合作组织办得比较成功，必须加大这一方面的引导力度。

尽快改变农村基础设施和公共服务落后状况[①]

非常高兴来到《农民日报》参加学习贯彻党的十六届五中全会精神座谈会，这次全会通过的《建议》第三部分就社会主义新农村建设做出了具体部署：统筹城乡发展是总的指导思想，提出了新农村建设的目标要求，对怎样推进新农村建设讲了四段，包括推进现代农业建设、全面深化农村改革、发展农村公共产品、千方百计增加农民收入。新农村建设的主要内容是加强农村基础设施建设，改善农村公共服务。我想就这一点谈谈自己学习的体会。

一、要改变农村基础设施和公共服务落后状况

农村与城市、农民收入与城镇居民收入差距的拉大，集中体现在农村生产、生活条件与城市的差距过大。长期以来，中央财政对城镇基础设施建设、公共服务投入了大量资金，而农村基础设施建设和公共设施服务基本上靠农民自己投入，这就造成了城乡在基础设施建设、公共服务方面差距拉大。十六届五中全会提出建设社会主义新农村，最重要的就是要改变农村基础设施、公共服务落后的状况。主要包括以下五个方面：

第一，改变农村交通落后状况。近几年，县乡公路和道路建设加快，但是质量较差。可以把道路的硬化作为社会主义新农村建设的一项重要内容。因为农村运输基本上已经机械化了，而且现在水泥生产能力很大，我国水泥的产量占世界的 50%，但生产能力还有 30%~40% 没有发挥出来，水泥生产能力过剩，可以考虑采取由政府采购的办法招标采购水泥，用低价买来发给农民，对改善农村交通条件是非常重要的。

第二，安全用水。现在农村还有 6000 多万人用的是有害的水，要先解决有

① 本文原载于《农民日报》2006 年 3 月 27 日。

害水质问题，同时进行自来水建设。福建乡镇企业生产的变频式水泵，不用建水塔，可以大量节约成本，把水泵装到井上，然后用 PVC 管接到各户。一户出 50 元钱左右，100 户就有 5000 元投入，一个水泵才 2000 多元。自来水问题解决了，农民就可以建水冲式厕所，还可以淋浴。

第三，清洁能源。在南方和中部适合搞沼气的地方，尽量普及沼气。普及沼气的作用很大，可以把养殖业发展起来，沼气水、渣还是优质的有机肥，农民特别欢迎。目前沼气建设规模还较小，可以考虑一年拿出 100 亿元，在“十一五”规划期间大力推进，这样就把清洁能源的问题解决了，农村不用砍树，绿化问题也解决了。

第四，环境整治。农村卫生方面要实行人畜分离，还要解决农村垃圾、污水处理问题。浙江义乌的做法是，每户发两个垃圾箱，乡里有几个垃圾运送员，把垃圾及时收集起来，全县统一搞一个垃圾填埋场，这样就把垃圾统一处理了。

第五，根据各地条件进行宅基地整理。这要与农民住房建设结合起来，全村统一规划，节约用地。据建设部村镇建设办公室统计，1993—2002 年，村镇人均建设用地从 147.8 平方米增加到重 167.7 平方米，增长 13.5%。2002 年全国村镇建设用地 16.71 万平方公里，是城市建设用地的 4.6 倍。又据国土资源部的计算，对宅基地进行整理，可以增加耕地 50%，要结合农民建新房进行统一规划来操作。

二、要增加财政对农村基础设施建设的投入

近七八年，我们发行国债，扩大内需，重点用于大型基础设施和城市基础设施建设。但是，现在城市基础设施建设规模过大，据中国人民银行统计，全国十个特大型城市基础设施建设规模占全社会投资的比重已经达到 30%，根据世界银行推荐的合理的城市建设投资比重，应当在 15% 以下。城市基础设施建设投资规模太大，到处都在建宽马路、地铁、大广场等。而且城市基础设施建设资金大部分都是由政府财政担保，用银行的资金。从长远来看，可能有一些金融风险。最近有同志提议，从城市基础设施建设资金里拿出一部分用于农村基础设施建设，我认为这项建议是可行的，关键是要找到一个可以操作的方案。今年我国全社会固定资产投资突破 8 万多亿元，城市基础设施建设规模 2 万多亿元，拿出 10% 就是 2000 多亿元用于支持农村基础设施建设。政府可以给城市基础设施建设投资，给银行贷款担保，农村基础设施建设要增加财政投入，同时能不能也用一部分政策性贷款，由各地政府财政担保？根据测算，如果农村基础设施搞好了，用上自来水，推广沼气，道路硬化，按照这个条件，全国都搞起来，大概需

要 4 万亿元。到 2020 年，一年投入 2000 亿元，15 年就能投入 3 万亿元。沿海地区自己投入，中央政府主要是支持中西部地区。连续投入 15 年，再加上农民自己投劳投资，到 2020 年全面建成小康目标实现的时候，我们就可以宣布，全国农民基本过上了现代化生活。

三、形成在政府投入带动下，主要依靠农民自己投工、投资改善农村生产生活条件的机制

近期我到韩国考察，有很多启发。韩国 20 世纪 70 年代搞新村建设有一个好机制——奖勤罚懒，通过政府投入带动农民新村建设的积极性。政府确定了 20 类项目，包括屋顶改造、水井加盖、道路硬化、建自来水、建会所等，由村民讨论选择最急需的项目，并选举一个新村建设指导者，项目由村里报到镇里，镇里报到县里，县里同意了，政府再发水泥、钢筋支持，是政府给农民配套。我们现在搞项目，是由中央给项目给钱，由基层政府和农民配套。韩国与此相反，着重调动农民的积极性。而且项目做完以后，请中介机构、研修所的人去评估，干得好的再加倍给予钢筋、水泥奖励；干得不好的，第二年就取消资格。韩国人把这种新村运动精神概括为“团结、合作、互助”，这种精神扩展到城市，变成韩国的民族精神，叫作民族自立、实业报国，对韩国的现代化起到精神支柱作用。去年韩国人均 GDP 为 14000 美元，城乡居民收入之比为 1∶0.94，在韩国城市化、工业化高速发展的时期，即从 20 世纪 70 年代到去年为止 30 多年时间里，城乡居民收入是同步增长的，城乡经济是同步发展的，城乡居民收入在 30 年里始终处于 1∶0.9、1∶0.8 的水平，20 世纪 80 年代末一段时间农民收入甚至超过城镇。

江西赣州市从去年开始搞社会主义新农村建设，也采用政府和农民配套的政策。在修建入户的水泥路时，先由农户自己修建路基，经验收合格后再发给水泥，调动了农民的积极性，取得了很好的效果。

加快农村发展的战略选择[①]

党的十六届五中全会《中共中央关于制定国民经济和社会发展第十一个五年规划的建议》中提出了建设社会主义新农村的重大战略。今年中央一号文件又对如何推进新农村建设做出了具体部署。从前年到今年，中央已经连续发了3个关于解决“三农”问题的一号文件。2004年的一号文件是关于如何提高农民收入，着重解决农民问题；2005年的一号文件是关于如何提高农业综合生产能力，着重解决农业问题；今年的一号文件提出了全面解决农村问题的办法。至此，中央已经提出了关于解决“三农”问题的系统的方针、政策和措施。认真贯彻落实今年中央一号文件精神，切实把新农村建设推向前进，具有重大的现实意义和历史意义。

一、建设社会主义新农村是党中央的重大战略决策

建设社会主义新农村，是党中央针对当前我国国民经济和社会发展的实际、特别是农村发展的实际所作出的正确决策。

第一，建设社会主义新农村是遏制城乡差距拉大趋势、实现全面小康目标的战略举措。党的十六大提出了到2020年全面建成小康社会的目标，实现这个目标，重点和难点在农村。改革开放以来，城乡经济都有了巨大的发展，但是，毋庸讳言，城乡差距和城乡居民收入水平差距不断拉大，已成为当前经济社会发展中的突出问题。改革开放初期的1980年，城乡居民收入差距为2.5∶1。由于农村率先改革，农村经济发展增强了活力，农民收入出现了难得的连续几年两位数的增长速度，到1984年，城乡居民收入差距缩小到1.8∶1。农村的率先改革和发展，使我们一举解决了长期困扰的农产品短缺问题，有力地支撑了城市的改革和发展。但是，从20世纪80年代后期以来，随着城市改革和经济发展速度的加快，农村的发展和农民收入水平的提高越来越滞后于城市，到2005年，城乡居民收入差距扩大为3.3∶1。按照国外的一般规律，城乡居民收入保持在1.5∶1比较合

① 本文原载于《经济与管理研究》2006年第4期。

理，超过 2∶1 的国家已经不多，像我国这样城乡居民收入差距的状况是极少的。特别是广大中西部农村，多年来经济发展和居民收入增长缓慢，严重制约着全面小康目标的实现。推进社会主义新农村建设，是加快农村经济发展和提高农民收入水平的重大举措，是实现全面小康目标的客观要求。

第二，建设社会主义新农村是扩大国内市场需求，消化过剩的工业生产能力的需要。扩大内需是我国经济发展的基本方针，而扩大内需的重点应当放在占我国人口 60% 的农村市场。20 多年来，农村市场商品零售额占全社会商品零售总额的比例不断下降。改革开放初期，县和县以下社会消费品零售总额占全社会消费品零售总额的比重为 50% 左右，2004 年已经下降到 34%，平均每 1 个城镇人口购买的商品相当于 5 个农村人口的商品购买量。农村购买力的下降不仅标志着城乡居民生活水平差距的拉大，而且制约着城市经济的发展。特别是 2003 年以来，我国经济进入新一轮上升期，钢铁、水泥、电解铝等工业投资成倍增长，形成了一批过大的生产能力。扩大农村基础设施建设，是消化这些富余的工业生产能力的根本途径，是实现城乡经济协调发展的迫切需要。

第三，建设社会主义新农村是我们党执政为民、代表最大多数人利益的集中体现。中国共产党是全国最大多数人民利益的代表，作为执政党，必须使发展的成果惠及全体人民。最近 3 年来，虽然我们采取了一系列有效的支农惠农措施，农民收入增长速度明显加快，但是仍然低于城镇居民收入的增长速度，而且由于城乡居民收入的基数相差较大，农民人均收入增长 3 个多百分点的绝对额才相当于城镇居民收入增长 1 个百分点。如果这种城乡差距拉大的趋势不能加以改变，到 2010 年，城乡居民收入差距有可能扩大到 3.7∶1。因此，尽快提高农民的收入水平，成为当前使最大多数人的利益得以实现必须要加以解决的突出问题。提出建设社会主义新农村，也是从实际出发借鉴国外经验做出的选择。韩国从 20 世纪 60 年代末开始加快工业化城市化进程，2004 年人均 GDP 已经达到 1.4 万美元，城乡居民收入为 1∶0.94。在 30 多年的时间内，城乡居民收入始终保持在 1∶0.8~1∶0.9，实现了城乡经济的同步发展和城乡居民收入的同步提高。他们之所以能够做到这一点，主要是因为在 20 世纪 70 年代初政府就拿出财政支出的 1% 用于支持农村基础设施建设，开展新村运动。当时政府确定 20 个农村基础设施建设项目，如道路硬化、建自来水、屋顶改造等，由村民民主决策，自主选择项目，经县、乡政府批准后免费提供水泥、钢筋，平均每户免费供应水泥 10 袋左右。他们强调新村运动是“勤勉、自主、合作”的精神运动。以后这种精神扩展到城市，形成“民族自立、实业报国、身土不二”等民族精神，成为支撑韩国现代化的精神支柱。我们今天的经济实力和发展水平比起 30 多年前的韩国要高得多，尤其是我们有社会主义制度和共产党的领导，因此，我们应当比韩国做得更好。要通过社会主义新农村建设，实现城乡经济的协调发展和城乡居民收入的同步提高。

二、新农村建设要把发展农村经济、提高农民收入作为中心环节

搞好新农村建设需要政府的投入和城市的带动，但是，归根到底要靠农村经济的发展，靠农民自己的艰苦努力为农村建设提供积累，因此，新农村建设要以发展经济、增加收入为中心。

必须大力发展高效益农业，提高土地的产出率。要稳定和提高粮食产量，扩大优良品种在粮食生产中的比重，确保主要立足于国内解决十几亿人口的吃饭问题。同时要针对我国人多地少的基本国情，大力发展高效益农业和设施农业，提高土地的产出率。要实施以劳力换土地的战略，扩大劳动密集型农产品，主要包括花卉、水果、蔬菜、药材、茶叶、畜产品等的出口，适当进口一些土地密集型的农产品，包括国内短缺的粮食品种和饲料。如 1 亩塑料大棚可安排两个劳动力就业，如果生产蔬菜，每亩每年产出可达 1 万多元，如果种植花卉，每亩产出可达几十万元。通过发展畜牧养殖业并增加出口，也是提高农业经济效益的重要出路。发达国家农业产值中畜牧业与种植业的比重大体在 7∶3，我国目前为 3∶7，发展畜牧业具有很大的潜力。要大力发展农产品的加工、储藏和销售，延长农业产业链。

国外农产品产值与农产品加工产值的比重为 1∶5，我国目前的这一比重为 1∶0.8，发展农产品的精深加工具有广阔的前景。扩大农产品出口，关键在于按照国际标准确保产品质量，要尽快建立健全农产品质量标准体系和检验检测制度，积极发展绿色食品。前年和去年我国农产品进出口出现逆差，对我们敲起了警钟。外贸、农业、质检等有关部门要联合起来，共同努力协助农产品出口。相信经过艰苦不懈的努力，我国劳动密集型的农产品一定能够像劳动密集型的工业品那样，成为出口的拳头产品。通过扩大国内外市场的占有率，提高农业的经济效益，增加农民收入。在这方面，要以荷兰、丹麦和以色列为榜样。荷兰只有 22 万农业劳动力，农业条件远不如我们，每年农产品进出口总额却达到 700 亿美元左右，净出口达到 100 亿美元以上，农民的劳动生产率达到 3 万欧元以上。荷兰主要是通过进口一些粮食和饲料等土地密集型产品，出口花卉、畜产品等劳动密集型产品，使农业成为一个高效益的产业。丹麦地处北极圈附近，农业条件也不理想，但丹麦的猪肉出口世界第一。我国猪肉产量世界第一，但是出口量远远低于丹麦。要学习丹麦工厂化、优质化的养猪业发展模式。以色列干旱缺地，在荒漠中发展节水农业、高效益农业，培育农产品的优良品种，成为花卉，水

果、蔬菜的重要出口国，使农业成为比二、三产业投入产出率更高的行业。这三个国家与我国农业具有类似的条件，要通过学习他们的经验，提高我国农产品的国际竞争力，使我国农村人力资源丰富的优势得以充分发挥。

要加快农业劳动力向非农产业转移，包括向城市转移和就地转移。“十五”时期我国提出实施工业化、城市化战略，农村人口向城市转移、农业劳动力向非农产业转移的步伐明显加快，城市化率由 2000 年的 36.2% 提高到 2005 年的 43%，平均每年提高 1.4 个百分点。“十一五”时期要采取更有力的措施，促进农村人口向城市转移，进一步提高城市化率。要通过发展县域经济和建设小城镇，促进农业劳动力就地就近向二、三产业转移。如果“十一五”期间城市化水平能够再提高 7 个百分点，2011 年到 2020 年再提高 10 个百分点，使我国的城市化率达到 60% 以上，第一产业从业的劳动力比重由目前的 47% 下降到 30% 以下，即接近达到目前浙江省的水平，那么，我国农业的规模化经营水平和农业劳动生产率将会有一个显著的提高，农村劳动力大量富余的状况将得到初步缓解，这是实现农业和农村现代化的根本出路，也是今后十几年我国经济持续快速增长的支撑因素。这也是许多人讲的要“跳出农业来发展农业，跳出农村来发展农村”，通过统筹城乡发展，加快社会主义新农村建设。

三、新农村建设要把改变农村基础设施和公共服务落后状况摆在突出位置

多年以来，我国城市基础设施和公共服务事业，包括道路、供水、供电、学校、医院等建设主要靠财政投入，而农村的基础设施和公共服务财政很少投入，主要靠农民自己投入。所以，当前城乡发展的差距和城乡居民生活水平的差距，集中体现在城乡居民在享受基础设施和公共服务上的不平等。因此，推进新农村建设，必须把基础设施建设投资的重点由城市转向农村，把发展公共服务的重点由城市转向农村，通过持续不断地投入，改变农村基础设施和公共服务远远落后于城市的局面。

农村基础设施建设的重点应放在四个方面：

一是道路的硬化。重点是乡到村、村到村、村到户道路的建设和路面的硬化。现在农村运输工具已基本实现机械化，道路建设决定着农村经济发展的水平。根据江西赣州一年多来推进新农村建设的经验，由政府出资招标采购水泥并免费提供给农村，乡村道路的路基由农民自己修建，验收合格后发给水泥，这就把政府的投资和农民投工投劳的积极性结合起来，实现了乡村道路的硬化。

二是饮水安全。目前全国仍有 2 亿多人饮水质量不合格，要尽快解决。同时

要大力普及自来水。目前农村自来水普及率仅有30%。根据赣州的经验，采用变频式水泵，搞无塔式集中供水，投资较少。农民有了自来水，就可以购买洗衣机，建水冲式厕所和洗淋浴，生活质量大大改善。

三是清洁能源。在有条件的地区要大力推广沼气，发展太阳能、风力发电、秸秆气化、小水电等清洁能源，这对改善环境、保持水土、提高森林覆盖率具有重要意义。

四是环境卫生。要清垃圾、清污水、清淤泥，搞好农村环境卫生。许多地方实行“一池三改”，即建沼气池与改厨、改厕、改圈结合起来，全面改善农村的生活环境，提高农民的生活质量，深受农民欢迎。

要大力提高农村公共服务水平，重点是巩固农村义务教育，大力发展职业教育。要用两年时间，在全国农村取消学杂费，对困难家庭子女免费供应课本，对住校学生进行生活费补助，提高农村义务教育的普及率。要把重点放在扩大农村职业教育上，把没有升上学的高初中毕业生集中进行一到两年的职业培训，使每人学会一门专业技能，提高他们的就业和创业能力。积极发展农村新型合作医疗，争取到2008年基本普及，解决农民看病难、看病贵的问题。要根据各地的经济发展水平，逐步推广农村低保制度、五保户集中供养制度和养老保险制度。

四、深化农村改革，建立促进新农村建设的体制机制

（一）建立国家财政支持和农民投工投劳相结合的新农村建设投入机制

中央和地方各级财政应逐步加大对农村的投入，要在近两年财政对农村投入明显增加的基础上，今年做到比例不下降，增加额有所扩大。要建立奖勤罚懒的机制，把政府投入作为诱导性投资，引导农民投工投劳，对新农村建设搞得好的地方，继续加大支持，鼓励农民艰苦奋斗、自力更生，主要通过自己的努力，改善生产生活条件。

（二）以发展专业合作组织为重点完善农村基本经营制度

我国农村的基本经营制度是以土地家庭联产承包责任制为基础，统分结合的双层经营体制。多年以来，由于多数农村集体经济削弱，由乡和村提供的社会化服务名存实亡，双层经营体制在很多地方已经成为家庭单层经营。这种分散的小生产，很难适应社会化大生产和国内外市场竞争的要求，必须加快建立新型的社会化服务组织，这就是各类专业合作组织。根据经验，参加合作经济组织的农户，比没有参加的农户收入提高30%以上。要通过发展各类专业合作组织，组

织农民发展农产品加工和销售，进行技术培训，提高农民抗风险的能力。要以全国人大制定《合作社法》为契机，积极推动各类专业合作组织的发展，以完善农村的基本经营制度。

（三）以乡镇机构改革为重点，推进与农村税费改革相配套的各项改革

农业税取消后，必须配套进行精简乡镇机构、减少财政供养人员，实行村财乡管、乡财县管等管理体制，通过转移支付满足农村义务教育等开支的需要。只有配套地进行这些相关的改革，才能使农村税费改革的成果巩固下来。湖北省在乡镇机构改革上已经走在了前面，摸索出了一些经验。乡镇机构改革的关键是为被精减人员解除后顾之忧，帮助他们走上新的就业岗位，并建立起养老保险制度。

（四）全面深化农村金融改革

一号文件对农村金融体制改革做出了全面部署，共提出了 11 项重要的改革举措，这是农村金融体制的重大突破。要认真研究落实有关精神，积极地进行试验，稳步地推进各项改革。通过搞活农村金融，为社会主义新农村建设提供资金支持。

（五）加强村级党政领导班子建设，培养和选拔农村致富的带头人

改革以来，农村出现了大批率先富起来的乡村，他们往往都是由于有一个好的领导班子和带头人，组织广大农民发展多种经营，发展二、三产业，实行以工建农、以工补农，发展农村社会事业，使当地农民过上现代化生活。要总结推广他们成功的经验，把建好基层领导班子和选好农村致富的带头人作为一项重要工作，纳入新时期党的建设新的伟大工程中来。对不合格的领导班子要及时整顿和改选。“送钱送物不如建一个好支部”，这是许多地区农民的迫切愿望。

大力推进社会主义新农村建设 加快农村全面小康建设步伐①

我们这个会议开了两天。会议内容非常丰富。通过讨论和实地参观城阳区全面小康建设的成就，加深了同志们对全面建成小康社会进程重要性的认识，明确了全面小康实现程度和难点所在。特别是从城阳的发展中，学到了加快全面小康建设的经验，增强了实现全面小康社会目标的信心，会议开得非常成功。

下面根据这两天同志们的讨论情况，再强调几点。

一、要进一步增强对全面小康社会建设重要性和紧迫性的认识

一是加快农村全面小康社会建设进程，建设社会主义新农村，是遏制城乡差距拉大趋势、实现城乡协调发展的迫切需要。改革开放初期，我们城乡居民收入是1.7∶1，经过20多年发展，差距扩大到32∶1。尽管近三年农民收入增长明显加快，仍低于城镇居民增长速度，按照近三年城乡居民收入增长的趋势，预测到2020年，城乡居民收入可能扩大到37∶1。加快农村发展，遏制城乡居民差距扩大的趋势，这是实现党的十六大提出建设全面小康社会的战略需要，要进一步加深对这一问题重要性和紧迫性的认识，进一步做好我们的工作。

二是加快农村全面小康建设进程，是扩大农村市场需求，消化过剩工业生产能力的迫切需要。最近几年，我们钢铁、水泥、电解铝这些行业的投资增长过猛，形成了一大批生产能力。现在这些行业生产能力过剩的局面已经形成，国务院去年已经发了一个消化过剩工业生产能力的文件。现在看来加快社会主义新农村的建设，加大农村基础设施建设的投入，扩大农村市场需求，是消化城市过剩的工业生产能力的需要，也是提高农村生产能力的需要，可以促进城乡经济的良性循环。

① 本文为郑新立在“加快农村全面小康建设进程暨城阳经验座谈会”上的总结讲话，原载于郑新立所著《加快推进农村全面小康建设：城阳经验及其启示》（研究出版社2006年版）一书。

三是加快农村全面小康进程，是我们党执政为民、代表最大多数人利益的集中体现。农村人口占80%，如果农民的利益没有得到实现，农民的收入水平和城镇的收入水平越拉越大，就很难说我们代表了最大多数人的利益。从我们党的宗旨出发，也要加快新农村建设，尽快增加农民收入，使农村和城市一样也能过上小康生活，过上现代化的生活。

另外，加快农村全面小康建设，也是借鉴国际经验，从当前中国经济社会发展现阶段的实际出发做出的战略选择。去年5月，我带了一个团到韩国去考察新村建设。去之前，我们有一个认识：在工业化、城市化快速推进的中间，城乡居民收入差距的拉大，可能是一个必然的趋势。但是到韩国一看，我们的认识改变了。韩国在30多年工业化、城市化推进过程中，城乡经济同步发展，城乡居民收入同步提高，没出现城乡差距拉大的阶段。2004年韩国的人均GDP是14000美元，城乡居民收入是1∶0.94，从20世纪70年代到2004年，30多年时间，韩国城乡居民收入始终在1∶0.8~1∶0.9。其中有几年，农民人均收入还超过了城市居民收入。韩国有什么诀窍呢？最重要的一点就是韩国在工业化初期，政府拿出每年财政预算的1%，用来购买水泥、钢筋无偿支持农村，搞基础设施建设，改善农村生产生活条件，并形成了激励机制，搞得好的加倍支持，搞得不好不支持，等内部有了积极性再给予支持。同时强化公务员的责任，县乡两级每一个公务员利用业余时间指导4个村子，谁指导的村镇建设好，就提拔重用，搞得不好就调到边缘的地方甚至荒岛上工作，这样做的结果使韩国农村面貌变化比较快。20世纪60年代末到70年代初，韩国农村不如我们，人均GDP才60多美元，韩国农村是住草房、点煤油灯，一天吃两顿饭，但是经过30多年的发展，现在农村跟城市一样发展起来了。我们要借鉴人家的经验，我们有社会主义制度，有共产党领导，我们应该比韩国干得更好。如果我们认真贯彻今年中央的1号文件，加快社会主义新农村建设，就会改变目前的城乡差距，实现党的十六大提出的全面小康目标。

二、加快农村全面小康社会建设，要把发展农村经济、增加农民收入作为中心环节

从国家和山东省统计局的分析可以看到，从城阳的经验也可以看到，农民收入水平是18项指标里面最难的指标，也是最基本的指标。收入水平上不去，社会发展、素质提高都没有了基础，所以要把增加农民收入作为一个重要环节，抓好以下几个方面工作：

一是发展高效益农业，提高土地产出率。前年在吉林召开了一个粮食主产区

经验座谈会，吉林的同志讲了一条对我启发很大。他们说，吉林省是粮食大省，以前最担心的就是粮食丰收，粮食丰收财政补贴就支出多。现在他们在抓好粮食生产的同时，做到一户一亩效益田，拿出一亩地搞高效农业，搞大棚种植反季节蔬菜、水果、药材、花卉，不仅增加了收入，还可以吸纳 1~2 个劳动力，同时也不影响大田作物的种植，这是比较好的经验。

二是加快农村劳动力向非农产业转移。这是中西部农民增收的最重要途径。根据现在统计，像安徽、河南这样的省份，农村劳动力收入每年增量的 80% 是来自外出务工的收入，农民打工的收入占到农民收入的 50% 以上，外出打工可能是今后一段时期农民增加收入的一个最重要的途径。外出打工不仅使个人增加了收入，受到了锻炼，还可以使农村土地向种田大户、种粮能手集中，搞规模生产。根据各地经验，一个农民一年种 30 亩地，即使是种粮食的收入一年也可以达到 2 万 ~3 万元，这与城市二、三产业职工拉平了。按照现在机械化条件，一人种 30 亩地没有问题，农民可以通过规模化经营增加收入。2005 年全国农业劳动力占到全社会的 47%，到 2020 年还有 15 年时间，我们把农村从事第一产业地劳动力再下降 20 个百分点，达到目前浙江省的水平，农民收入将会得到较大程度的提高。

三是扩大农产品出口，占领国际农产品市场。近些年我国农产品贸易连续出现了逆差，我国自加入 WTO 最担心的问题出现了，就是国际农产品冲击国内农产品市场，这个效应已经显现了。2005 年山东农产品出口 69 亿美元，占全国的 1/4，如果都像山东这样，我们农产品就不会出现逆差了。去年我们进口的主要是大豆和棉花，我们不怕进口，但是要出得多。劳动力密集工业品、家电产品打遍天下无敌手，出口大幅度增长。农产品出口很大程度上是一个质量问题，还有一个是出口体系的组织问题。要下功夫，向山东学习，向荷兰、丹麦、以色列学习，扩大农产品出口。荷兰这个国家共有 22 万农村劳动力，相当于我们一个县的劳动力，一年的农产品出口却达到 300 亿 ~400 亿美元。他们进口 200 亿 ~300 亿美元的粮食和饲料，用于搞畜牧业，变成肉类和奶制品出口，另外，还发展花卉出口，农产品顺差 100 多亿美元，平均一个劳动力创造的价值量达 3 万欧元，在世界上是最多的一个国家。我们也有希望，像青州的花卉发展势头很好，成为北方最大的花卉销售市场，一年的销售额 10 亿元。丹麦地处北极圈附近，低温、寡照，气候不好，但是丹麦猪肉出口世界第一。我们是猪肉生产大国，但是猪肉出不去，是产品质量和组织体系问题。以色列农业条件与我们没法比，通过滴灌搞了一片片绿洲，种植花卉、水果、蔬菜，也生产粮食，通过出口花卉等换回粮食，在这个国家，农业是比工业、第三产业更盈利的行业，主要是依靠高技术。

三、加强农村全面小康建设，要把改变农村基础设施和公共服务落后状况摆在突出位置

现在城乡差距主要是公共服务和基础设施方面的差距。长期以来城市基础设施建设和公共服务是财政出资，但农民享受不到。要按照公共服务均等化的原则，逐步让农村和城市一样，享受同样的基础设施和公共服务。重点要抓好两个方面：

一是抓好农村基础设施建设。第一要抓好农村道路硬化。根据江西赣州的经验，把道路修到户。财政拿点钱，招标买水泥，发给农民，农民自己修路基，路基验收合格就把水泥发下去，农民宁可不休息也愿意弄点沙子，也愿意把水泥挣回去。这样，下雨后拖拉机、自行车都可以出来，这不需要花很多钱。第二要提高自来水普及率。农村自来水普及率山东为 50%，全国仅 30%，让人民群众饮水安全，改善人民群众的卫生条件。第三要让人民群众用上清洁能源。包括沼气、太阳能、秸秆汽化、小水电等，改变农民几千年烧柴草的习惯，保护生态。第四要改善农村环境。现在农村脏乱差严重。到农民家里看还都不错，几大件有了，但村里脏乱差，污水、粪便、垃圾，与小康要求相差太远。要加强农村环境建设，许多地方搞一清三改，有的地方叫四清即清污水、清垃圾、清淤泥、清路障，要扎实推进这些工作。

二是抓好公共服务。重点四个方面：教育、医疗、社会保障、文化事业。农村教育一是义务教育，二是职业教育。职业教育重点要放在初高中毕业生没有升学的，让他们掌握基本的劳动技能，掌握一门技术。农村合作医疗要尽快提高普及率。农村社会保障要扩大社会覆盖面。要大力发展农村文化产业。

四、深化改革，努力形成全面小康建设的有效机制

一是以发展专业合作组织为重点，完善农村基本经营制度。要进一步完善以土地家庭联产承包为基础、统分结合的双层经营体制。但是这些年有很多农村没有集体经济了，不给农民提供社会化服务了，双层经营变成单层经营了。如何完善社会化服务？要通过发展专业合作组织，为农民提供产前、产中、产后的服务。特别是扩大农产品出口，没有合作组织是根本出不去的。要把发展农村专业合作组织作为农村深化改革的重点。

二是以乡镇机构改革为重点，推进农村税费改革的配套改革。乡镇机构改革势在必行。要学习和推广湖北乡镇机构改革的经验，深化乡镇机构改革。

三是全面深化农村金融改革。今年的 1 号文件金融改革写得最好、最到位，

提出了 11 项改革内容，要很好落实。要像城阳这样，建立金融安全区，提高信誉度，使农村成为金融生态良好的地区。

四是建立财政支持和农民投工、投劳相结合的机制。现在国家财政支农资金不少，每年有 3000 多亿元，但资金比较分散。湖北的恩施州把农业部、卫生部、社会保障部、发改委等 6000 多万元支持资金整合起来，集中力量办了很多大事。另外，要调动农民投工、投劳改善自己生活生产条件的积极性，不能把农民投工、投劳改善自己的生活生产条件看作是增加农民负担。

五、要把全面小康社会建设与工业化城市化结合起来

这正是城阳的经验。搞新农村建设与工业化、城市化并不矛盾，要通过加快工业化、城市化进程，增强对农村经济的带动能力。工业化、城市化是当前的重要历史任务，是我们全党的认识。“十五”时期中央提出工业化、城市化战略，全国城市化的速度明显加快，去年城市化率达到 43%，平均每年提高 1.4 个百分点，如果这样一个速度继续保持下去，2010 年能达到 50%，2020 年能提高到 60%，甚至更高一些，我们农村劳动力多的压力就可以大大降低。农村劳动力从第一产业转移到二、三产业，等于劳动力自己的劳动生产率提高了 5~6 倍。去年我国第一产业劳动力占 47%，农业增加值占 GDP 的比例仅有 13%；二、三产业劳动力占 53%，创造的 GDP 占 87%，第一产业的劳动生产率仅为二、三产业的五六分之一。转移出来的劳动力可以分享二、三产业的利润，提高劳动生产率 5~6 倍。城阳为什么发展这么快？因为有大量劳动力转移到二、三产业，这个道理非常简单。要根据新型工业化的要求发展工业，要像城阳这样不要搞村村冒烟，即使引进沿海的企业也要有挑选，污染严重的不要。要把环保放到第一位。要不断改善投资环境，吸引内外资。要大力发展私营、个体等非公有制经济。

总之，要像城阳这样解放思想，只要把人民群众动员起来，实现全面小康是完全有条件的，党的十六大提出的全面建成小康社会的目标一定能实现。

全面深化农村改革　促进社会主义新农村建设①

2006年中央一号文件对如何建设社会主义新农村做出了全面部署。半年多来，一号文件精神已经在全国各地引起强烈反响，并逐步得到落实，可以说一号文件精神已经开始产生出巨大的物质力量。一是全国各地新农村建设的积极性调动起来了；二是新农村建设的投入在增加，不光是中央财政投入增加，地方各级财政投入也在增加，农民投工投劳也在增加；三是新农村建设的规划正在起步，各地都涌现了一批在新农村建设方面做得比较好的典型，尽管新农村建设还有这样那样的不足之处，但是我觉得这是次要的，重要的是新农村建设的主流是好的，只要我们按照中央一号文件精神，坚持不懈地做下去，经过一个、两个五年计划，一直搞到2020年，我相信农村面貌一定会有一个大的变化，城乡发展差距拉大的局面一定会得到扭转，关于新农村建设怎么搞。一号文件已经讲得很明白了。

这次会议我想讲讲农村改革问题。当前农村发展面临着异常艰巨的任务，靠什么来推动？我觉得要抓改革。当前和今后一个时期，农村改革至少应抓好以下五个方面：

一、继续完善农村基本经营制度

这项改革任务是党的十六届五中全会《建议》提出来的，2006年一号文件又强调要继续抓好。这是一项最重要的改革。农村基本经营制度就是以土地家庭承包经营为基础，统分结合的双层经营体制，这是一个完整的表述，写入了宪法。这一体制已经实行了20多年，取得了巨大成就。

在新形势下这个体制要不要继续巩固和完善，怎样巩固完善？我想应当从两

① 本文原载于《农村工作通讯》2006年第9期。

个方面来改革和完善：一个是土地家庭承包。现在农民和农村干部对土地使用权30年不变的政策都知道了，尽管也出现了一些侵犯农民土地经营权使用权的事，但这不是主流，农民对土地的长期使用权应当得到保障，不能随便受到侵犯，大家认识比较一致。现在需要完善的是，随着农村劳动力大批向非农产业转移，农村土地的使用权必然产生流转的要求。如何建立一种完善的机制，推动这种流转，保证这种流转的有效性，使农民在这种流转过程中利益不会损失，并促进农村土地的规模经营，发展高效农业，以便与采用大型机械、统一耕作、规范化栽培相适应。这些年，人们对农村土地使用权的有偿性达成了共识，而且流转的价格因各地经济发展水平不一而不同。沿海一些地方，每年一亩使用费800元左右，中部一些省500元左右，西部300元左右。前些年由于种地收益低，那种把土地无偿转让甚至倒贴钱转让的现象已经基本没有了。这种有偿转让机制应当进一步规范化、法制化，使转让更加顺利。事实证明，这种转让有助于提高农民的劳动生产率和土地产出率。根据现在农业机械化条件，我国南方水田，一个劳动力能种30亩，北方旱地一个人能种40亩，甚至可以更多。各地应该根据自己的实际情况制定政策来推动它。土地问题，除了有偿转让之外，还应当允许农民以土地使用权入股，兴办企业，使农民获得长期收益。2005年，我们去韩国考察新村建设的经验，发现农民致富的一个重要途径，是在工业化，城市化过程中，农民通过出售土地，带资进城，买个铺面搞第三产业，再买一套住宅，收入比城里人还高，住得比城里人还好。这样，韩国一部分农民通过出售土地，一下子进入了富裕阶层。我国农民转让土地，收益流到城市，支援城市建设，一年的规模至少几千亿元。有人算了一下，改革开放以来，光靠农民出让土地的收益转移到城市的就有2万亿元以上。沿海一些城市，一年批租土地的收入超过其财政收入，被称为第二财政。这就是说，长期以来是靠农民支付了相当大一部分城市建设费用。现在应当考虑把这些钱拿出一部分用于新农村建设，要留给农民，成为农民增加收入的一个重要渠道。我觉得这是完善农村基本经营制度、从统分结合“分”的层次上深化改革需要考虑的内容。

另一个是统分结合“统”的层次，即加强为农民提供社会化服务的“统”的层次。过去我们靠乡村集体经济组织来提供服务，现在大部分地区这种社区性集体经济组织不存在了，因此这种社会化服务也没有了，可以说统分结合的双层经营在多数地方已经变成了只有农户承包经营这一层经营，所以农村的基本经营制度就很不完善。如果没有社会化服务，只靠农户作为基本生产经营单位，那就同延续了2000年的自然经济形态下的小生产没有多大区别。这样一种体制对于我们发展社会主义市场经济，参与全球化竞争是很不适应的，我国加入世贸组织后、国外的农产品进来了，人家是跨国公司经营，资本雄厚，经营规模大、竞争能力强，我们以几亿分散的农户同他们竞争，是很不利的，注定要打败仗。所以，迫切需要发展专业合作组织，由专业合作组织加工农产品，并直接销售到国内外市场，从而增强我国农产品的国际竞争力，这就是要完善双层经营中“统”的这个层次的改革。我觉得这是当前完善农村基本经营制度的重点。这件事有两个省已走在前面。一个是浙江省，前几年颁布了农业专业合作组织条例，对农村怎么发展专业合作组织总算有了个地方性法规。第二个是四川省，省委书记张学忠亲自抓，要求全省地市县一把手来抓这个事。曾庆红同志到四川调查，肯定了他们的经验：“农民要致富，协会＋支部”。现在四川省农户参加合作组织的面已经达到 40%，参加与不参加的农民收入大概相差 30%。四川都江堰有一个猕猴桃生产合作社，农民自己生产，自己加工，自己销售，农民出售猕猴桃的价格二元一斤，而且还能从合作社分红，它叫二次返利。由此可见，农民参加不参加合作社，决定着能不能分享到加工、流通领域的利润，这对农民增收至关重要。所以要尽快把农民组织起来。当前完善农村基本经营制度，要特别重视发展专业合作组织。

二、建立促进新农村建设的体制机制

首先是建立新农村建设的资金筹集机制。各级政府都要加大对新农村建设的投入。今年中央财政投入将达 3400 多亿元，资金数量不小，但使用比较分散。如何在地县级把资金整合起来，集中力量办一些大事，提高资金的使用效益，值得研究。湖北省恩施州整合中央和省各个部门的资金，一年集中 6000 多万元，搞“一池三改”，即建沼气池、改厨、改厕、改圈，建设生态农业，效果比较明显。此外，还要逐步扩大资金来源。一是从土地的批租收益拿出一定的比例，如 30% 到 50% 用来搞新农村建设。因为城市现在已经相当漂亮了。温总理多次讲过，要把基础设施建设的重点由城市转向农村。落实总理这句话，必须有资金渠道。把土地的批租收益部分用于农村建设理所应当。二是建议发行新农村建设长期债券，甚至再具体一点，发行沼气建设债券，乡村道路硬化债券，以及农村普及自来水的债券。发行这样的债券，在全国人大容易得到支持。前十年，我们搞基础设施特别是城市基础设施建设，主要靠发行国债。现在，轮到搞农村基础设施建设了，为什么不能也用这个办法。比如发展沼气，各方面都认为效益好，应当大力支持，今年中央财政补助资金增加 1.5 倍，达到 25 亿元，但与需要相比，仍然太少。今年，上半年财政收入增长 3000 多亿元，发几百亿元国债用于新农村建设，十年八年后偿还，不会给财政带来太大压力。三是鼓励工商企业等社会力量参与新农村建设。目前有许多乡镇企业发展起来了，希望回报家乡，办点善事，出点钱支持农村基础设施建设。这就需要有税收优惠政策，把支援农村建设资金视同慈善捐款，在税前列支，以鼓励工商企业和社会力量在这方面增加投入。总之，要建立新农村建设的资金筹集机制，开辟新的资金渠道。现在社会上并不缺钱，银行出现流动性过剩，外汇储备过多，居民储蓄也在增加，要想办法把资金引导到新农村建设上来，这就需要用改革的思路。

其次是民主决策机制。韩国搞新村建设时，村上干什么项目，要由全体村民投票决定。我们也要建立这种民主决策机制。现在的一事一议制度，有一两户反对，就干不成。根据江西赣州的经验，村里成立新村建设理事会，由老党员、老干部等最有威信的人组成。遇到一两户反对，就由理事会去做他们的工作。实践证明，民主决策既要有民主又要有集中，这样才能干成事。通过新农村建设可以健全农村的民主制度，培养农民的民主法制意识。

再次就是项目监管机制。包括项目预评估、后评估，以及项目跟踪管理。过去我们搞农村建设项目，往往疏于管理，缺乏跟踪和评估。这次要建立新农村建设资金使用和项目的监管机制。韩国是请市场中介组织如咨询公司等进行评估，对国家补助资金的使用效果，做出客观评价。我们现在搞农村研究的人不少，还有一些项目咨询公司、评估公司。对每年 3000 多亿元财政资金的使用情况，要进行全过程跟踪管理和后评估，评估的结果要公之于众，以防止支农资金流失，提高使用效益。

最后，要建立奖勤罚懒机制。凡是搞得好的地方和村子，第二年要追加财政补贴；搞得不好的，第二年就不再给补助，直到内部整改好了，再给补助。要通过建立奖勤罚懒机制，激发农民自己动手改变生产生活条件的积极性。

三、改革农村金融体制

2006 年一号文件对农村金融改革做出了全面部署，一共提出了 11 项改革任务，写得非常到位。但是上半年可能大家都忙于新农村建设的其他任务，农村金融改革的动作并不太大。一定要抓紧落实中央一号文件关于农村金融改革的精神，积极地进行试点。现在新农村建设的瓶颈就是金融，据调查，目前农业发展，农村基础设施建设对信贷资金的需求，大概只能满足 20% 而且大量的资金从农村抽到城市去了。

加快农村金融体制改革，首先要搞好农村信用社改革。上一届政府允许江苏省作试点，以解决农民贷款难为主旨，改革非常成功。根据江苏的经验，以下几条值得借鉴和推广：一是县联社作为独立的法人单位，统一核算，自负盈亏；二是省联社作为全省农村信用社的管理、指导、协调、服务机构，主要负责经营方向、班子建设、规章制度、稽核检查、风险防范等方面的管理工作；三是明晰产权，实行股权结构多元化，面向社区农民和农村经济组织增资扩股，股本损益与信用社经营状况挂钩；四是建立现代企业制度，信用社有股东会、董事会、经营层、监事会，四者之间相互制衡，保证资金的良性循环；五是建立风险防范和处置机制。省政府建立了农村信用社风险调控专项资金，对县联社给予贴息。减税和注入资本金等优惠政策。江苏省根据苏南、苏中、苏北经济发展和农信社经营的不同情况，分别实行多种经营模式。在一些经济发达的县，信用社改为农村商业银行或农村合作银行，存贷款规模迅速扩大。

其次，在保证资本金充足的前提下，允许社会资金兴办区域性股份制金融机构。这类金融机构不能跨地区存贷款，由地方政府的专门机构监管，并建立有效的退出机制，满足农民和小企业的贷款需要。

再次，国有银行在县和县以下的分支机构吸收的存款，要拿出一定的比例，用于当地贷款。国有商业银行在县和县下的分支机构不能再成为抽水机，把农村资金都抽走。美国就有个《社区再贷款法》，规定在经济比较落后的地方吸收的存款必须拿出一定的比例用于当地的贷款。我们今年一号文件也有了这样一个政策性规定，但还没有落实。要在农村建立相应的信用评级和担保机构，为各类金融机构扩大农村贷款提供良好的环境和条件。

最后，发展农村保险，我国农村保险在80年代有了一定发展，到90年代出现滑坡。主要原因，一是保险的赔付率太高，使保险公司出现亏损；二是投保的费率太高，有的高达10%使投保的人越来越少，投保人越少，费率就越高；三是高风险，保险公司常常受到农民道德风险的困扰，不属于保险范围的也要索赔。针对这些问题，吸取国外经验，应鼓励各省在农业保险上进行试点。要增加财政对保险的支持。美国、欧洲、日本都对农业保险给以很多财政支持。因为这比发生灾害后再进行救济，花的钱要少得多。要建立巨灾风险分散机制。国家要建立巨灾风险基金和农业再保险体系，以分散农业风险。要研究建立对农业保险的信贷支持制度，当农业保险和再保险经营主体出现临时性流动资金不足时，给予一定的无息或低息贷款。要加快研究制定《农业保险法》。

四、完善农业产业化组织体系和运行机制

一要继续深化农村流通体制改革。现在农业生产资料价格上升，农产品卖难的问题仍然存在。应按照江苏苏果的模式，改革农村供销社。苏果即江苏供销社前身，已在全省每个村建立了连锁店，搞物流配送，使农业生产资料的价格既稳定又便宜，同时又帮助农民推销农产品。要通过发展现代物流体系、连锁经

营，来降低农村流通费用。这件事既可以由供销社来做，也可以由大的商贸公司来做。

二要建立农产品出口组织体系。这个问题具有极大的紧迫性。去年和今年农产品进出口出现逆差，这是个危险的信号，必须高度重视，墨西哥在加入北美自由贸易区后，国外农产品大量涌入，农民收入受到影响，引发了严重的社会问题。我们现在的问题并不在于进口了多少农产品，而在于出口能不能超过进口，能不能把我们的优势农产品推销到国际市场上去。应该学习推广山东农产品出口组织体系的经验，山东农产品出口最近几年也遇到许多贸易壁垒，但出口还是大幅度增长。山东一个省的农产品出口占全国的 30%，今年上半年达 70 多亿美元。特别是潍坊市形成了一整套有效的出口组织体系，包括农产品出口的龙头企业，各级政府建立的农产品质量检测体系以及运输、包装、信息网络等。实践证明，扩大劳动密集型农产品出口，换回一些土地密集型农产品，实施以劳力换土地的农产品进出口战略，潜力巨大。各地农业、商贸、质量检验检疫、海关、银行等有关部门应密切配合，形成一个有效的农产品出口促进体系，把我国劳动密集型农产品如花卉、水果，药材、茶叶、畜禽产品等，尽可能多地出口到国外市场，为农民增收开辟新的途径。

三要完善对农产品加工，销售龙头企业的扶持政策，建立农户与龙头企业的利益联结机制，通过龙头企业带动农民增收。

五、加快建立农村新型合作医疗制度

按照国务院的要求，到 2008 年要在农村 80% 以上的地区普及新型合作医疗制度。这要作为农村改革的重点之一，认真总结试点经验，加强对推广工作的指导。从试点情况看，新型合作医疗制度的实施，并不在于农民人均收入的高低。在西部的一些试点县，农民收入水平不高，但合作医疗照样搞得很好，关键是合作医疗的报销制度和医疗服务要对农民有吸引力，要扩大受益面，提高受益率，特别是农民交的 10 元钱尽可能让自己当年花掉，让他觉得不吃亏。但是如果这 10 元自己不出，另外 40 元大病统筹的补贴就享受不到。同时要制定基本药物和手术的价格标准，降低医疗费用。地方财力允许的，还可以增加补贴，提高报销水平，以增强对农民的吸引力。

总之，作为农村工作的同志，要强化改革意识，通过改革来推进社会主义新农村建设。

我国农村全面小康实现程度分析[①]

全面建成小康社会，最艰巨、最繁重的任务在农村。根据中共中央政策研究室和国家统计局共同研究提出的农村全面小康18项评价指标的监测结果，2005年我国农村全面小康建设进程加快，成效显著，但也存在不少困难和问题，加快推进的任务依然十分繁重。

一、进展很快，地区差距大

从全国情况看，2005年全国农村全面小康实现程度达到28.2%，比上年提高6.6个百分点，是2000年以来提高速度最快的一年。2001—2005年，农村全面小康建设进程每年推进5.64个百分点。从6大类指标看，2005年的进展都很明显：

（1）经济发展方面，全面小康实现程度为20.8%，比上年提升8.7个百分点。其中，农民人均可支配收入全面小康实现程度为17.5%；第一产业劳动力比重为45%，全面小康实现程度为33.3%；农村小城镇人口比重为20.1%，全面小康实现程度为21.6%。

（2）社会发展方面，全面小康实现程度为33.9%，比上年提升0.8个百分点。其中，农村合作医疗覆盖率为24%，全面小康实现程度为17.5%；农村养老保险覆盖率为8.2%，全面小康实现程度为11%；每万名农村人口拥有农业科研人员1.7人，全面小康实现程度为23.3%；农村居民收入基尼系数为0.38，处在0.3~0.4的合理区间内，全面小康实现程度为100%。

（3）生活质量方面，全面小康实现程度为38.5%，比上年提升9.8个百分点。其中，农民居住质量指数为37.5%，全面小康实现程度为34.2%；农民文化娱乐支出比重为4%，全面小康实现程度为33.3%；农民家庭恩格尔系数为45.5%，全面小康实现程度为38.9%；农民信息化程度为44.2%，全面小康实现程度为50.6%。

① 本文原载于《农村工作通讯》2007年第1期。

（4）人口素质方面，全面小康实现程度为15%，与上年持平。其中，农村人口平均受教育年限为7.7年，全面小康实现程度为18.8%；农村人口平均预期寿命为69.5岁，与全面小康标准值75岁仍有较大距离。

（5）民主法制方面，全面小康实现程度为72.7%，比上年提升3.7个百分点。其中，农民对村政务公开的满意度为77%，全面小康实现程度为73.3%；农民对社会安全的满意度为78%，全面小康实现程度为72%。

（6）资源环境方面，全面小康实现程度为-0.7%，比上年有较大改进。其中，森林覆盖率为18.2%，全面小康实现程度为26.2%；万元农业增加值用水量为2090立方米，全面小康实现程度为46.4%；耕地面积净减少543万亩，常用耕地面积变动幅度指标全面小康实现程度仍为负值，但耕地面积减少幅度比上年有所下降。

从各地区情况看，农村全面小康建设在东、中、西三大地区都有很大进展，但地区差距十分明显。

（1）从实现程度上看，中西部地区明显低于东部地区。2005年，东部农村全面小康实现程度达到47.6%，已完成近1/2的进程，其中有7个省市的实现程度已超过50%，依次是上海88.4%、北京84.8%、天津74%、浙江64%、广东53.9%、江苏53.7%、山东50.1%；中部实现程度为24.6%，大约完成了1/4的进程；西部实现程度首次出现正值，为1.3%，标志着西部地区已经补完了2000年以前小康建设没有完成的旧账，开始步入全面小康建设阶段。但仍有4个省区的实现程度为负值，依次是甘肃-5.4%、贵州-6.3%、青海-7.9%、西藏-14.7%。总体看，2005年中部地区农村全面小康实现程度比东部低23个百分点，西部地区比东部低46.3个百分点，中西部地区的实现程度分别只相当于东部的51.7%和2.7%。

（2）从推进速度上看，中西部地区明显慢于东部地区。2005年，东、中、西部地区农村全面小康实现程度分别比上年提升7.1个、6.3个和6.4个百分点。相比而言，中、西部地区的提升速度分别比东部地区慢0.8个和0.7个百分点。由于推进速度慢，中西部地区农村全面小康实现程度与东部的差距进一步拉大，其中中部地区与东部的差距比2004年拉大0.8个百分点，西部地区与东部的差距拉大0.7个百分点，西部与中部地区相比，差距缩小了0.1个百分点。动态地看，中西部地区与东部农村全面小康实现程度的差距呈不断扩大的态势。如2004年中部地区与东部农村全面小康实现程度的差距比2003年扩大0.4个百分点，西部地区与东部的差距扩大0.3个百分点，而2005年中西部地区与东部的差距比2004年扩大的百分点分别增加到0.8和0.7个百分点，差距拉大的幅度分别增加了100%和130%。总体看，西部地区农村全面小康建设进程比东部至少落后10年，中部地区比东部落后5年左右。

（3）从指标结构上看，中西部地区在经济发展、农村人口素质和农民生活质量方面与东部地区的差距较大。经济发展方面，中、西部地区的全面小康实现程度分别只有10.3%和-9.3%，与东部地区的差距分别为39.4个和59个百分点，分别高于整体实现程度差距幅度16.4个和12.7个百分点，发展水平差距在8年以上；人口素质方面，中、西部地区的实现程度分别只有17.9%和-49%，与东部地区的差距分别为13.4个和80.3个百分点，西部与东部的差距高于整体实现程度差距幅度34个百分点，发展水平相差15年以上；生活质量方面，中、西部地区的实现程度分别为31.6%和13.8%，与东部地区的差距分别为28.5个和46.3个百分点，中部与东部的差距高于整体实现程度差距幅度5.5个百分点，发展水平差距在5年以上。

二、困难问题多，农民增收是大难点

我国农村全面小康建设虽然取得了显著成效，但也存在着一些不容忽视的困难和问题。

一是农民收入增长慢，且进一步增收的难度加大。这是农村全面小康建设面临的最大难点，根据测算结果，到2005年年底，农民人均可支配收入的全面小康实现程度只有17.5%，比农村全面小康总体实现程度低10.7个百分点，在全部18项指标中处于倒数第三的位置，年平均只有3.5个百分点。按照这样的平均速度，到2020年农民人均收入全面小康目标只能实现70%。按目前已经实现的程度，农民收入要实现全面小康目标，还有82.5%的路程要走，每年提升幅度需达到5.5个百分点，绝对增加额要达到200元左右，按现价计算需达到250元以上，难度相当大。近两年农民收入增速较快，但持续稳定增长的基础还很不稳固。2005年农民收入增速就比2004年回落0.6个百分点，今年第一季度农民人均现金收入增速又比去年同期回落0.4个百分点，上半年增速比去年同期回落0.6个百分点。从长期看，农民增收仍然面临着经营规模狭小、剩余劳动力过多、农产品价格下跌、农资价格上扬、外出务工渠道不畅等制约，促进农民增收的长效机制还没有完全建立起来。如果没有更有效的措施，农民收入很有可能像影响2000年小康目标实现那样，再次成为影响2020年全面小康目标实现的拖腿因素。

二是农村社会事业发展滞后，突出表现在农村教育和社会保障薄弱等方面。2005年，农村人口平均受教育年限为7.7年，仅相当于初中二年级水平，与去年相比没有新的进展，全面小康实现程度明显低于在时间上已过去1/4的25%的时序进度水平。农村教育发展滞后，对全面小康目标的实现构成了很大制约。农村养老覆盖率只有 8.2%，与全面小康目标相差 50 多个百分点，全面小康实现程度滞后于时序进度水平 14 个百分点，即实际进度还不及时序进度的 1/2。按照这样的发展速度，到 2020 年实现养老保险全面小康目标难度非常大。

三是农村资源环境压力加重，集中表现在耕地保护难度加大、农村环境污染趋重等方面。2005 年全国耕地面积减少幅度比上年下降，但仍然达到 543 万亩，减少幅度为 0.3%，耕地减少影响农村全面小康总体实现程度达 1.5 个百分点。目前我国正处在工业化、城镇化加快推进阶段，基础设施建设占用耕地不可避免，保证常用耕地面积不再减少的难度相当大。如何有效保护耕地，是农村全面小康建设面临的一个重要难点。另外，近年来农村环境污染呈加重趋势，在农村地区的工业企业尤其是规模不大的个体私营企业，大都不能达标排放，生产过程中所产生的废水、废气、废渣等污染物，直接排入周边生态系统，对农村环境造成大量污染。环境污染已成为引发农民上访和农村群体性事件的重要因素，直接影响农村社会稳定和和谐。

四是区域差距拉大，主要表现在西部地区发展水平低、推进速度慢。2005 年全国 4 个农村全面小康实现程度为负值的省区全都分布在西部。实现程度为负值，意味着这些省区目前还没有达到 2000 年的小康目标。总体看，西部地区在农村经济发展和农村人口素质方面的欠账较多，农村人口素质类指标的全面小康实现程度为 −49%，农村经济发展类指标的全面小康实现程度为 −9.3%，与全面小康目标的差距相当大。这表明，农村全面小康建设最大的难点在西部，最艰巨的任务在西部。如何缩小区域差距，实现东中西部协调发展，成为农村全面小康建设的重要难点。

三、加快建设速度，确保 2020 年实现小康

推进农村全面小康建设，在全国任务仍然十分艰巨。因此，必须采取措施，加快建设速度，以保证到 2020 年能实现农村全面小康。

一是加快促进农民增收。这是进一步推进农村全面小康建设的首要任务。必须看到，尽管我们在促进农民增收方面已做了大量工作，但农民增收的基础还很不稳固，增收的长效机制并未完全建立起来。近两年农民收入增长较快，主要是取消农业税和实施补贴等政策性因素作用的结果，今后这些政策性因素将成为固定的常量，主要对维持农民收入的存量起作用，不会成为农民收入的增量推动因素。实现农民收入的持续快速增长，必须着重培育新的增收因素。要在稳定和强化现有政策性增收因素的基础上，开辟农民增收的新领域和新空间。要加大农业结构调整力度，充分挖掘农业和农村内部增收潜力；加大工业反哺农业和城市

带动农村的力度，使工业化和城市化的利益较多地惠及农民；加快农村富余劳动力向非农产业和城镇转移，较快增加农民劳务性收入。从今后看，劳务性收入将是农民增收的主渠道。目前农民工月工资主要集中在500—800元之间，800元以下的占70%以上，这种状况非常不利于维护农民利益和促进农民增收。要切实采取有效措施，下决心尽快改变农民工工资过低状况，改善农民工外出就业环境，实行城乡劳动者平等就业和平等薪酬制度，把外出务工真正培育成拉动农民增收的主要途径。

二是加快发展农村社会事业。社会事业是农村全面小康建设的重要内容，必须加快发展。首先要大力发展农村教育。要把义务教育作为提高农村人口素质的主要途径，以落实教育经费保障机制为重点推进农村义务教育改革，建立完善“政府投入办学、各级责任明确、财政分级负担、经费稳定增长、管理以县为主”的农村义务教育体制，加快农村义务教育发展，重点解决好中低收入家庭以及贫困家庭适龄儿童入学和完成九年义务教育问题，切实保障在农村普及九年义务教育；加强农村职业教育和培训，大规模开展农民职业技术培训活动，提高农民的科技素质。其次要大力发展农村医疗卫生事业。以新型农村合作医疗为基础，完善农村卫生服务网络，建立农村医疗救助制度，优化农村医疗卫生体系，提高农村卫生服务质量，切实保证农民能看得上病和看得起病。再次要大力发展农村文化事业。加大实施广播电视村村通工程的力度，采取多种技术手段，大力推进广播电视进村入户；加强农村文化设施建设，发展县、乡镇、村文化设施和文化活动场所，构建农村公共文化服务网络；加大文化资源向农村的倾斜，增加为农村服务的资源总量，丰富农民群众的精神文化生活。最后要大力发展农村社会保障事业。在重点做好最低生活保障和养老保障的基础上，逐步增加农村社会保障项目，扩大农村社会保障资金筹措渠道，加大公共财政对农村社会保障建设的支持力度，促进农村社会保障覆盖面的不断扩大和保障水平的不断提高。

三是加强农村条件和环境建设。良好的生产生活条件和环境，是农村全面小康社会的重要标志。要进一步加强农村生产生活条件和环境建设，从根本上改变农村面貌。首先要加强农村基础设施建设。重点建设好与农民生产生活关系密切的县乡公路、乡村道路、农田水利、人畜饮水、农村能源、农村电信设施等。其次要加强农村社区规划和公共环境卫生建设。把农村社区规划和公共环境卫生建设纳入城乡建设统一规划，加强村庄布局及水、电、路等总体规划，加强对农户建房的指导和引导，加强以公共卫生为重点的村庄整治和新村建设，集中搞好垃圾、污水等的处理。最后要加强农村资源和环境保护。以耕地和基本农田保护为重点，集约和节约使用土地，严格控制耕地的非农化占用。加大对工业企业和城镇有害物排放的管理力度，坚决杜绝工业和城镇污染物直接向农村和农田排放，从源头上防止农村环境污染。要逐步把农村生产生活条件和环境建设纳入公共财政支持的范围，形成稳定的农村生产生活条件和环境建设投资机制。

四是加强区域间的协调发展。国家要进一步加强对中西部尤其是西部地区农村发展的支持，通过加大转移支付、增加项目投资和鼓励引导东部地区支援西部等措施，改善西部地区农村发展条件，增强西部地区发展能力和活力，切实加快西部地区农村全面小康建设步伐，促进区域发展差距的逐步缩小，实现区域协调发展和共同富裕。

加强农业基础建设　促进农村全面小康[①]

2008年中央一号文件，提出了加强农业基础建设、促进农业发展农民增收的若干意见，这是实现农业现代化、确保到2020年使广大农村达到全面小康目标新要求的重要举措。农业基础建设包括硬件建设和软件建设两个方面。

在硬件方面，要突出抓好水利、道路、机械、科技等基础设施建设，改善农业生产基本条件和人居环境。要抓紧完成大中型、重点小型病险水库除险加固任务，搞好小型农田水利建设，大力发展节水灌溉，再解决3200万农村人口安全饮水问题。加大土地开发整理复垦力度，搞好中低产田改造，实施沃土工程，建设一批高标准农田。大力发展乡村道路和公共交通，公共汽车应通到村，以方便农产品运输和农民出行。搞好农村电网、通信、文化等基础设施建设，继续推广沼气工程。推进农业机械化，发展适应各地耕作条件的大型高效率机械。加强农业科技研发和推广应用，完善农业技术推广体系，加快实施种子工程和畜禽水产良种工程，建立健全动植物疾病防控体系。

在软件方面，要全面贯彻落实《农民专业合作社法》，抓紧出台配套法规政策，尽快制定税收优惠办法，支持发展农业生产经营性服务组织。

加强农村公共服务体系建设。在巩固免费义务教育的基础上，大力发展职业教育，使所有未升上学的初高中毕业生全部接受一年左右的职业教育，学会一门劳动技能。增强农村基本医疗服务能力，今年全国普遍建立农村新型合作医疗制度，提高国家补助标准。建立健全农村社会保障体系，完善最低生活保障制度，探索建立多种形式的农村养老保险制度。提高扶贫开发水平。要稳定完善农村基本经营制度，按照依法自愿有偿原则完善土地承包经营权流转市场，加强农村土地流转中介服务，完善土地流转合同登记备案制度。继续推进征地制度改革试点，规范征地程序，提高补偿标准，健全被征地农民的社会保障制度。推进乡镇机构和县乡财政管理体制改革，加强基层政权建设。全面推进集体林权制度改革。加快农村金融体制改革和创新，放宽农村银行类金融机构准入政策试点范

① 本文原载于《农村工作通讯》2008年第1期。

围，农业发展银行要加大支农力度，推进农业银行改革，深化信用社改革，维护和保持县级联社的独立法人地位，邮政储蓄银行要通过多种方式扩大涉农业务范围，培育小额信贷组织，发展村镇银行、贷款公司和各类多种所有制的金融机构。完善村民自治制度，加强农村基层组织建设。

推进农业基础建设需要大量的资金投入，资金由何而来？国家加大财政支持力度是一个重要方面，温家宝同志在政府工作报告中提出，今年中央财政安排“三农”支出 5625 亿元，比上年增加 1307 亿元。可以说，在财政预算支出中已经做出了很大的努力，但相对于基础建设对资金的需求而言，是远远不够的。建设现代农业的基础设施，主要的资金来源还得靠农民自己积累，这就要加快发展农村经济，特别是通过发展农村二、三产业来增加农民收入和提高农村积累能力。改革以来的实践证明，经济发达地区都是通过发展乡镇企业实施“以工补农”“以工建农”，改善了农业生产条件。农业本身是一个弱质产业，靠农业自身的积累是难以完成农业基础设施现代化任务的。为此，要把农村的工业化和发展农村多种经营作为一项重要任务。对于广大中西部地区来讲，当前发展二、三产业的一个捷径就是改善投资环境，吸引沿海地区资金。这些年，凡是能够较多地吸引沿海地区资金的地方，经济发展速度明显加快，农民收入和农村积累能力得到了较快的提高。

统筹城乡发展、加快形成城乡经济社会发展一体化新格局，是增加农业基础建设投入的重要途径。所谓城乡经济社会发展的一体化，就是要在城乡发展规划、产业布局、基础设施、公共服务、就业市场和社会管理等方面，发挥“以城带乡”“以工促农”的作用，使各类服务体系由城市向农村延伸，使广大农村居民逐步像城里人一样能够享受到大体公平的公共服务。在经济比较发达的地区，应当率先实现城乡发展一体化的目标。

要加快形成有利于增加农业基础建设投入的激励机制。公益性的基础建设应由财政负担，一些可以有经济收入的服务设施建设，要鼓励社会资金投入，通过实施特许经营权等办法，调动社会各方面资金投入农业基础建设的积极性。还要鼓励和引导乡镇企业、私营企业投资公益性基础设施建设。要改革农村公益事业建设“一事一议”财政奖补制度，通过财政资金支持使更多的社会资金投入农业基础建设。

农业基础建设要与城乡基础设施建设统筹规划、结合起来进行。今后几十年是我国城市化快速推进的时期。“十五”时期我国城市化率每年提高 1.3 个百分点，到 2020 年以至 2030 年，这种势头将会继续保持下去。因此，城乡基础设施建设的一个重要任务，是要满足进城农民的需求。要加快农业劳动力向非农产业转移，在增加农民收入上既要在扩大分子上做文章，也要在减少分母上做文章。改革以来浙江省农业劳动力占全社会从业人员的比重已经由 50% 以上下降到 24%，成为全国农业劳动力转移最快的省。如果经过 20 年左右的努力，使中部地区农业劳动力所占的比重达到浙江目前的水平，这将为农业现代化和农业劳动生产率的提高提供重要条件。所以，农业基础建设要适应未来城乡结构变化的要求，要有前瞻性。党的十七大报告提出要健全土地承包经营权流转市场，这是促进农业劳动力向非农产业转移，提高农业规模化、机械化、现代化水平的一个重要举措，也是把一部分青壮年劳动力和种田能手留在农村的重要举措。只有从事农业经营的收入有了较大幅度的提高，农业劳动生产率接近和达到了二、三产业的水平，农业才能从一个弱质产业转变为一个具有竞争力的产业，建立现代农业基础设施才有根本的保证。

促进农村劳动力充分就业是缩小城乡差距的根本途径①

人多地少是中国的基本国情。目前，全国18亿亩耕地有4亿农村劳动力，农业劳动生产率水平很低，不仅远低于国外的水平，而且远低于国内二、三产业的水平，一个农民年创造的财富只有二、三产业劳动力的1/4。因此，近年来国家虽不断地加大财政补贴与转移投入的力度，但农民收入还是偏低，城乡差距还在不断地拉大。这个基本国情和农村实际就决定我国要把促进农村劳动力充分就业，作为推动农村经济发展，提高农民收入水平的一个根本途径，作为一个主要的着力点来抓。

从改革开放30年的实践经验来看，哪个地方的农村劳动力能比较快地转移出来，哪个地方的农业劳动力占全社会劳动力的比例能迅速地降下来，哪个地方经济发展就快，农民收入水平就高。浙江省是全国农业劳动力占全社会从业人员的比重第一个下降到25%以下的省份，2008年已下降到24%，而30年前这个比重与其省份同样高。所以，浙江农民人均纯收入连续十几年列全国第一。排在后面的是，农业劳动力占全社会劳动力的比例为30%左右的广东省、江苏省，这两个省的农民富裕程度仅次于浙江省。而几个农业人口大省如河南、四川、湖南、安徽、云南等省份至今农业劳动力占全社会劳动力的比例还在50%以上，农村一半以上劳动力还在几亩地上做文章，不可能快速富起来。

很显然，农村劳动力的占比已成为衡量各个地区经济社会发展水平的最重要的标准。所以，一定要从提高农村劳动力的就业率出发，来推动农村的发展。促进农村劳动力充分就业，是推动我国农村经济发展、提高农民收入水平和缩小城乡差距的根本途径，各级政府应当将其作为当前和今后“三农”工作的着力点来抓。

① 本文原载于《农村工作通讯》2009年第18期。

一、工业化、城市化的快速推进，为农民充分就业提供了历史机遇

当前，我国经济社会发展处在工业化、城市化快速推进的阶段。2008 年之前的十年间，我国的城市化率平均每年提高 1.4 个百分点。2008 年受国际金融危机的影响，城市化率的提高速度下降到 1%，但是，随着我国应对国际金融危机各项措施的到位与发挥作用，随着全球经济的逐渐复苏，我国城市化率的年增长速度还将恢复到一个百分点以上，达到 1%~1.4%。这样的增长速度至少要保持 10~20 年，直到我国的城市化率达到 60% 以上时增长速度才会慢下来。

在此期间，哪个省份能自觉地抓好农村劳动力向非农产业转移，抓好农业人口向城市转移，哪个省份的经济就发展得快、农民收入就提高得快。从农村 30 年改革发展的经验来看，各地抓住我国工业化、城市化的机遇，提高农村劳动力充分就业水平，以推动地方经济社会快速发展，创造出了四种模式：

一是乡镇企业崛起模式。这突出体现在苏南、福建和广东等东南沿海地区，涌现了像昆山、江阴、张家港、义乌、温州、泉州等一大批先进典型。这些地方，乡镇企业崛起早、发展快且富有成就，乡镇企业优化了农村产业结构，充分吸纳了农村富余劳动力，使农村和农民快速地富裕了起来。现在昆山市、江阴市等乡镇企业发达的地区，城乡差距已基本消除，农民如同城里人一样享受到教育、医疗、养老等各种各样的社会保障，农民收入水平甚至比城镇居民收入还高，农村成为更吸引人居住的地方。

二是开放带动模式。以开放带动农村劳动力充分就业，带动农民富裕，广东东莞市是一个典型。该市在改革开放初期，是一个有 100 多万人口的纯农业县，境内除有几家农机修理厂外没有任何的工业。在改革开放过程中，东莞人先是搞“三来一补”发展加工贸易，后来引进资金、技术和人才，进行产业、产品升级换代，发展电子产品等高新科技产业。30 年过后，在东莞这块 2000 平方公里的土地上，形成了有 1200 万人规模的特大型国际大都市，成为全世界最大的电子信息产品的制造基地和出口基地，年外贸出口额高达千亿美元。现在，东莞农民成为房产主，搞物业经营，搞商业服务业，比城里人还要富裕。

三是大城市带动模式。这种情况，在京津沪和全国几十个省会城市郊区都普遍存在。十多年来，上海市郊区借助于大上海各类生产要素的强大辐射和带动作用，二、三产业兴旺发达，农村剩余劳动力几乎在当地完全消化，农民得到充分就业，农村经济迅速发展，农民收入水平和生活水平也得到很大的提高。

四是依靠农村劳动力对外转移和土地适度规模经营来带动农村发展与农民富裕的模式。河南信阳市已开始走上这样的一条路。地处大别山的信阳市，经济落后，农民贫困，但从改革开放初期起，就重视农民培训，鼓励农民外出打工；农

村劳动力大量转移后促进了土地流转，发展农业规模化生产，荒山荒坡都种上茶叶，茶叶成为支柱产业。现在，信阳市农民靠劳务收入和农业规模经营收入，年年有增长，农民住房 70% 是小洋楼，30% 是新盖的砖瓦房，农民的生产生活环境及水平与周边地区的农民相比，明显地要高出一个档次。

这一模式还有一个西部的典型——内蒙古。内蒙古经济增长速度已连续七年名列全国第一，今年上半年增长 16.2%，与天津市并列第一。内蒙古经济发展之所以这么快，是因为利用好了两大资源优势：一是利用煤炭优势，发展煤电和煤炭深加工；二是利用畜牧资源优势，发展畜产品的深加工。内蒙古的经验是通过发展二、三产业，让农牧业的富余劳动力有出路、有活干、有更高的收入。

对我国中西部广大地区而言，要实现农民充分就业，快速实现农业现代化，走第四条路子更为可行，更有成效。这就是要依托全国工业化、城市化的大环境，大力度地将农村劳动力往城市转移，往沿海地区转移，甚至往国外的劳务市场转移。

这需要抓好农民工的培训，特别是要抓好农村初中生和高中生的培训，使他们具有一定的劳动技能和谋生能力，成为一代新型的农民，成为农场主和农村创业人才。在这方面做得最好的是浙江省。该省已连续四五年对农村初、高中毕业生免费进行 1~2 年的职业教育，让他们不管在当地创业还是外出打工，都能找到好的工作，都有一份好的收入。这是一个促进农民充分就业、成功就业的好经验。

二、要从统筹城乡发展出发，努力促进农村劳动力充分就业

党的十七大提出了统筹城乡发展的大政方针，党的十七届三中全会又把城乡一体化发展新体制归纳为六个方面的一体化：即发展规划一体化、产业发展一体化、基础设施一体化、公共服务一体化、就业市场一体化、社会管理一体化。近年来，四川成都市在统筹城乡发展上，步子迈得大，有新的发展。成都市引导城乡劳动力自由流动，郊区搞乡村旅游的农民，把房子出租给城里人经营，然后用出租费在成都市开小商店做买卖。此外，还鼓励社会资本和其他生产要素双向、充分和自由地流动。在社会管理一体化方面，成都市城乡社会管理和政治体制改革同步推进，把农村的民主管理制度认真落实到基层，创出了一套切实可行和富有成效的办法。成都市统筹城乡发展，城乡一体化建设搞得好，目前已成为各地参观学习的典型。

城乡统筹发展，要鼓励城市吸纳更多的农民工就业，特别是重点发展中小城市和小集镇。当前和今后，要大力推动把农民工转为城市市民，提倡城市把农

民工的住房问题列入城市保障性住房的范围。最近，国家发改委在有关文件中提出，城市要为农民工建廉租住房，把这个列入城市保障性住房的范围。这个精神非常好，需要各地政府认真落实。政府部门和有关企业单位不仅要在生活上善待农民工，还要把农民工培育为现代产业工人的队伍。这个做得最好的是青岛港。现在，青岛港的搬运工有一多半是农民工，他们在农民工中发展党员，表现突出的就地落户成为青岛市民，他们还将一位优秀农民工培养成二级公司的副经理。在那里，农民工的政治待遇、经济待遇和社会待遇与港口中的城市职工一视同仁。青岛港的做法不简单，值得各地学习取经。

三、大力提高农业的集约化水平和农业劳动生产率

按照党的十七届三中全会《决定》精神，广大农村要不断地完善农村的基本经营制度，推进“两个转变”：就是家庭经营要向采用先进科技和生产手段的方向转变，增加技术、资本等生产要素投入，着力提高集约化水平；统一经营要向发展农户联合与合作，形成多元化、多层次、多形式经营服务体系的方向转变，着力提高组织化程度。目前，农村可以通过农民合作社、社区经济组织、农业企业和农业专业协会等四种途径，来建立和完善农业社会化服务体系。

这就需要完善农村土地流转的各项政策，如农民工的承包地不种了，应通过土地流转，向种田能手集中，以提高土地的产出率。在这方面做得最好的是黑龙江省齐齐哈尔市的克山县。该县地处松嫩平原，一年种一季大豆或玉米，适宜机械化作业，现在克山的土地 80% 都已转移了，土地向种田能手、家庭农场和合作社集中。有一个农民带着他的 4 个儿子及其他 5 个半劳力，耕种了 7000 亩地，2008 年家庭农场纯收入 60 万元，每个劳动力收入 6 万元，相当于城市劳动力中上等的收入水平。东北的地比较多，户均有 30 多亩土地，要争取将农村劳动力从土地上解放出来，发展集约农业和规模经营。这样，农户既可以拿到每年 9000 多元的土地经营权转让收入（300 元 / 亩），还可以外出打工，一个劳动力最少年收入 2 万元，或者搞养殖业和农村多种经营，都会有较高的收入。

中西部地区农村要走这样的路子，要把农村富余劳动力尽快地利用起来，将其转移到二、三产业和农村多种经营上。要积极引导农民搞塑料大，搞高附加值的农产品，如种植花卉、蔬菜和中草药等。如果还把大量的农民固守在劳均 5 亩左右的土地上，中西部地区的农民将很难富裕起来。对多数农村来说，还得要种粮食、蔬菜等大田作物。但必须要搞规模经营。现在，农业机械化可完全满足这个需要，而且政府对农民购置农机具给贷款、有补贴。所以，要引导农民朝这个方向发展。

要鼓励农民创业，特别是农民工返乡创业。中西部地区的农民能吃苦，也会经营，为何多年以来乡镇企业没有发展起来？究其原因，不是因为那里的农民能力不行、素质不高，而是当地鼓励创业的政策没有制定好，缺少适应农民创业的环境。

河南新乡市长垣县 20 世纪 90 年代中期才开始较有规模地搞乡镇企业，现已形成了防腐、建材、起重机械、卫生材料等四大产业，其中，小型起重机占到全国市场的 70%。他们的一个经验就是县委发了一个文件，规定机关干部到企业去检查必须持有办公室开具的证明，否则企业可以拒绝。这样坚持了三四年，原来“吃、拿、卡、要”的现象杜绝了，乡镇企业发展起来了。

可见，创造良好的农民创业、返乡农民工创业的政策环境是多么的重要。总体而言，目前中西部地区缺少的还是良好的创业环境。近几年有些省份改变了政策，马上就取得了成效。江西省将农民工回乡创业视同外资给予“二免三减”的税收优惠，土地供应等方面也视同外资优先满足。在这样的政策激励下，江西吉安市的返乡农民工已创建起来一批高水平的企业；安徽省近年给农民创业出台了多项优惠政策措施，全省返乡农民工创业占返乡农民工总数的 5%，已形成了气候。所以，一定要把支持返乡农民工创业，以及鼓励当地农民创业作为一件大事来抓好。这是关系到能否促进农村劳动力充分就业、缩小城乡差距的重大问题。

慎重稳妥推进农民住房财产权商品化[①]

今年政府工作报告提出了抓紧实现1亿农民工市民化的目标。农民工市民化的一个基本条件就是在城里有住房。目前农民工有2.6亿人，留守儿童6000万，留守妇女4600万，留守老人4000万，共有4亿人全家分离。如果单靠打工收入买房，那将遥遥无期。如果把在农村的房子卖掉，就能获得一笔可观的收入，在城里买房或租房就有了可能。《中共中央关于全面深化改革若干重大问题的决定》（以下简称《决定》）提出："保障农户宅基地用益物权，改革完善农村宅基地制度，选择若干试点，慎重稳妥推进农民住房财产权抵押、担保、转让，探索农民增加财产性收入渠道。"这为实现农村住房财产权商品化提供了政策保障，是农村住房和宅基地制度改革的重大突破。照此要求推进改革，既有利于增加农民收入，缩小城乡收入差距，又有利于减少农村住房占地，满足城市化对新增建设用地的需求，还能够促进农民工市民化。应当根据各地情况抓紧来做。

世界各国经验证明，在城市化过程中，建设用地是减少的，耕地是增加的。因为城市化提高了土地利用的集约化程度。从我国的实际情况来看，农村人均占有的建设用地是城市的3.5倍，全国城乡建设用地22万平方公里，其中村庄建设用地达17万平方公里，即2.55亿亩。目前我国土地资源的最大潜力在农村的宅基地。承认农村包括宅基地在内的住房的商品性质，允许其通过市场进行交换，是集约节约利用土地资源的客观要求。推进这项改革，不仅不会冲击18亿亩耕地红线，相反可以增加耕地。由于宅基地所占用的一般都是好地，复垦之后，其单产水平必将高于普通耕地。

承认农民住宅的商品属性，是实现生产要素在城乡之间双向自由流动的必然要求，是发挥市场在资源配置中决定性作用的客观需要。我国实行社会主义市场经济体制已经20多年，不承认农民的住房是商品，严重损害了农民的利益，成为城乡收入差距不断拉大的重要原因。因为城市居民80%以上都有自己的私有住房。随着住房价格的上涨，城镇居民的财产不断增加。农民的住房由于不能商

① 本文原载于《学习时报》2014年9月22日。

品化而失去了财富升值的机会。限制农民住房进入市场交易，等于剥夺了农民拥有财产性收入的机会。这是城乡居民之间最大的不平等。《决定》提出允许农民包括住房在内的宅基地抵押、担保、转让，是农村房地产制度的重大突破，是市场决定资源配置原则的重要体现。粗略估算，按每亩地 20 万元计，全国农村 17 万平方公里宅基地的市场价值可达 51 万亿元以上。这笔巨大财富赋予农民，是《决定》送给农民的大红包，可有效地缩小城乡居民之间的收入差距，将成为农村实行全面小康和农民工市民化的重要支撑。

有的同志可能担心，万一进城农民工失业，农村又回不去，怎么办？这种担心是不必要的。因为进城落户的农民，将享受城市的失业保险。而且，中国工业化、城市化的历史进程是不会倒转的。农民工的下一代，在城市接受较好的教育，其生存能力肯定会比其父辈强。他们逐步融入城市，不可能再回到农村去了。

从国际经验来看，农民能不能分享到城市化过程中土地增值收益，是能不能跨越中等收入区间、进入高收入国家的关键。日本、韩国与印度、巴西、墨西哥提供了正反两方面的经验。我国正处于向高收入国家跨越的关键阶段，落实《决定》精神，使中国农民也能分享到土地增值收益，将为改变城乡二元结构，顺利跨入高收入国家行列提供保证。

聚焦农村改革　破除需求瓶颈①

当前，我国经济面临下行压力加大，企业生产经营困难增多，部分经济风险显现等问题，而需求不足是经济运行的主要矛盾。必须抓住主要矛盾，采取重大改革措施。重新聚焦农村改革，大幅度调整城乡关系，释放农村需求和城乡一体化发展的巨大潜力，是破解需求不足难题的根本途径。用10~15年的时间，把农业劳动生产率提高到社会平均劳动生产率的水平，把农民收入提高到与城市居民相同的水平，基本消除城乡发展差距，不仅能使我国经济以7.5%以上的速度持续增长到2030年，也是中国特色社会主义制度优越性的体现。

一、需求不足是当前经济运行的主要矛盾

当前经济运行的主要矛盾是什么？是最终需求不足。产能过剩和需求不足是同一问题的两种表述方式。我们的宏观经济对策必须紧紧抓住解决这个主要矛盾来进行。

冰冻三尺，非一日之寒。纵观30多年来的发展轨迹，我们基本是依靠高投资、高消耗、高污染来支持经济的高增长，走的是一条粗放型的发展道路。对此，不能苛求于前人。因为当时面临的主要矛盾是短缺，是商品的极度匮乏。我们用20年的时间消灭了短缺，这是了不起的伟大成就。但是由于对高投资率、低消费率这个问题的严重后果觉悟较迟，没有及时采取有效措施，加上投资增长的巨大惯性，以致30年来投资率一路攀升，最终消费率和居民消费率一路下降，投资与消费的比例关系陷入目前极度扭曲状态，这就是当前经济下行、需求不足、增长乏力的根本原因。从1981年到2013年，我国投资率从32.5%一路攀升至47.8%，同期，最终消费率从67.1%下降到49.8%，居民消费率从52.5%下降到36.2%，分别上升了15.3个百分点和下降了17.3个、16.3个百分点。目前我国每年创造的GDP总量，将近一半用于扩大再生产，仅仅有三分之一多一点用于13多亿人消费。美国的居民消费率为70%。像我国这样的投资与消费结构在全球各国是绝无仅有的，是注定不可持续的。

① 本文原载于《光明日报》2015年1月28日。

显而易见，我国经济发展已经由供给约束阶段转变到需求约束阶段。需求不足的问题不突破，其他措施难以发挥大的作用。结构调整的主要目的就是从结构的转换中创造和释放出新的需求。宏观经济管理部门和研究机构应把主要精力集中在破解需求瓶颈制约上。

马克思用毕生精力研究资本主义市场经济规律，最后得出结论，生产能力无限扩张和广大居民有支付能力的需求之间矛盾，是资本主义的基本矛盾，这个矛盾必然导致周期性的生产过剩的危机。“二战”后发达市场经济国家探索避免生产过剩危机的办法，通过加强经济预测、宏观调控和发展福利社会，使过剩的矛盾得以缓解。

我国从提出建立社会主义市场经济体制到现在，只有20年的时间。对市场经济的客观规律认识不深、研究不够，缺乏有效对策。我们已经有效地解决了计划经济下的短缺问题，但对过剩问题尚未破题。

二、释放农村需求潜力是解决需求不足难题的关键一招

据统计，2013年，我国农村仍居住着6.3亿人，农业劳动力尚有2.4亿人，农业劳动力占全社会从业人员的比重为31.4%。农业劳动生产率只及全社会平均劳动生产率的三分之一，农民人均收入水平也只及城市居民的三分之一。把农业劳动生产率提高到社会平均水平，从而使农民的人均收入水平赶上城市人口收入水平，条件已经成熟。释放6.3亿农村人口的消费潜力，足以支持我国经济以7.5%以上的速度发展到2030年。中国30多年改革发展的一个重要经验，就是不管什么商品，只要农民学会制造，这种商品很快就会由供不应求转变为供过于求；不管什么商品，只要农民有钱购买，这种商品很快就会由供过于求转变为供不应求。释放农村需求的巨大潜力，首先要提高农民的购买力。以汽车来说，尽管不少城市已经因交通拥堵而限购，但农村不存在这个问题。2013年，我国民用汽车拥有量为1.27亿量，拥有率不足10%，全世界平均为30%以上，发达国家高达80%甚至更高。如果让农民买得起车，将足以支持我国汽车工业在未来十几年的高速增长，城乡结构将由此发生深刻变革。

通过加快农业发展方式转变，建立现代化、规模化、专业化大农业，是提高农业劳动生产率和增加农民收入的根本途径。习近平主席在去年全国农村经济工作会议讲话中曾指出，单季农业地区，每个劳动力能耕种100~120亩地；双季农业地区，每个劳动力能耕种50~60亩地，其劳动生产率就能达到社会平均劳动生产率，农民就能成为一个体面的职业。在广大平原和浅丘陵地区，达到这样一个最低规模要求已经有了条件，农业现代化出现了千载难逢的机遇：一是农业劳动

力转移有出路，到处都是招工难；二是农用工业可以提供充足的农机装备等农业生产资料；三是市场对优质农产品的需求旺盛；四是各级政府对三农包括水利的投入规模高达5万亿元上，今后还会不断增加。充分利用这些有利条件，大幅度提高农业劳动生产率，大幅度缩小乃至消灭城乡居民收入差距，此其时也。实际上，在沿海地区，农民富裕程度超过城市，生活环境也优于城市。现在，应把这一经验在全国更大范围内推开，让更多农民受益。

笔者去年12月下旬赴黑龙江黑河市农村调研，那里的土地85%以上已经流转，由合作社、农业公司、种田大户耕种，每亩每年转包费平均700元左右。有一个村有耕地2万多亩，原来由220多个劳动力分散耕种，现在组建了合作社，只用十几个劳动力种地，其余劳动力全部外出打工。经当年上海老知青的引荐，妇女到上海做月嫂，月工资5000多元，两口子都出去打工，年收入可达10万元，加上土地转包收入1万多元，家庭年收入超过11万元，收入比原先翻了两三番。合作社搞规模化、标准化经营，使单产提高30%以上。从黑河的情况看，在合作社、农业公司和种植大户三种经营模式中，股份合作制更受农民欢迎。因为土地、农机农用资料都可作价入股，收入按股分红。合作社聘请管理人员、农机手等，由合作社发给工资。合作社的工作人员大都是社员，他们既拿到分红，又拿到一份工资，收入略低于外出打工者。由于他们可以照顾家庭，这也得到了补偿。

中央经济工作会议把转变农业发展方式作为今年第三位的任务。只要加强政策引导、鼓励，土地流转的速度可能会快一些。沿袭了几千年的以家庭为单位的自然经济模式，在工业化、城市化浪潮冲击下，将逐步退出历史舞台。

三、鼓励农民工有偿退出宅基地并在城市购房

目前，我国有农民工2.7亿人，农村留守儿童6000万人，留守妇女4600人，留守老人4000万人。共有4.16亿人急切地期盼着全家团聚。大批儿童不能在父母身边生活，对幼年心理带来创伤。加快解决农民工的家庭团聚问题，将拉动巨大的城市建设需求，对稳增长将能起到立竿见影之效。党的十七届三中全会关于农村改革的《决定》提出，土地占补平衡只能在省域范围内进行。党的十八届三中全会《决定》提出，允许农户对宅基地使用权抵押、担保、转让，第一次赋予宅基地以商品属性，农户凭借其使用权即法人财产权，就可以像城里人一样，分享到城市化过程中土地增值的收益。这个市场范围有多大，农民退出的宅基地就能在多大范围内享受到的级差地租的收益。笔者1月初到河南新乡市农村调研，了解到农户拿退出的宅基地到县级土地市场交易，每亩价格仅5万元左右，拿到

新乡市地级土地市场交易，每亩能卖20万元。土地部门的同志估计，如能在郑州开放省级土地市场，每亩可卖到50万元左右。这对进城购房的农民工来说，是一笔不小的收入。吸收农民工较多的城市，应为农民工建福利房。过去城市人口享受到福利分房，随着房价提高，出现了财富升值效应。以农民工退出宅基地为条件，换取新增城市住房建设用地，以较低的价格为农民工建房，使农民工在城里买得起房，这是政策的关键。

农民工市民化，可收到多方面的好处：第一，这是新形势下党和政府关心群众生活的重大行动，对密切党与农民的关系将产生深远影响；第二，农民工在城里安了家，就可以参加各类技术培训，熟练工留在企业，有利于形成稳定的高素质的产业工人队伍；第三，有利于节约利用土地资源，农民工再也不必把辛辛苦苦挣来的钱用于在老家建一座无用的楼；第四，为4亿人在城市造房，将形成巨大的需求，加上进城后增加的消费需求，将成为破解需求不足矛盾的根本举措。

四　亟待厘清的几个认识误区

重新聚焦农村改革，释放农村发展的巨大潜力，必须首先打破思想障碍，厘清几个认识上的误区。

第一，认为农村土地制度改革必然冲击18亿亩耕地红线和国家粮食安全。发展现代化农业，将使我国农业由一个弱质产业提升为具有国际竞争力的产业，这是对粮食安全的根本保障。土地经营权的流转，必须在不改变农业用途的前提下进行。当然，应借助土地经营权流转的机会，推广粮改饲和种养结合模式，促进粮食、经济作物、饲料三元种植结构协调发展，提高畜牧养殖业在农业中的比重。这样，用同样面积的土地，可能将生产出比粮食更多的食物。宅基地的退出，除了能满足新增建设用地的需要，还能节约50%以上的土地，用于新增耕地。这是试点地区的经验证明了的。世界经验也证明，所有国家在城市化过程中耕地都是增加的。现在，全国农村宅基地占地17万平方公里，折合2.55亿亩。每个农村人口占有的建设用地是城市人口的3倍多。建立城乡一体化的建设用地市场，促进土地资源的节约集约利用，势在必行。

第二，担心农民工在城市失业，老家又回不去，怎么办？农民工市民化以后，即享受到城市的社会保障，包括养老、医疗、失业、工伤等保险。担心农民工失业的问题自然化解。

第三，担心农民对土地的法人财产权实现之后，会不会引起货币超发和通货膨胀。改革以来，我们始终担心农民的收入水平上不来，却从来没有担心过农民口袋里钱多了怎么办。农民能够像城里人一样分享到城市化过程中土地增值的收益，而且通过设置区域性土地交易市场，让远离城市的农民的宅基地，也能分享到大城市的级差地租，这是农民的权利。看到农民能够从退出的宅基地中拿到财产性收入，看到农民工能在城里买房买车，我们只有为农民工感到高兴。农民工增加的购买力充其量只能对缓解通货紧缩发挥些作用，说会引发通货膨胀，实在是不着边际。

改革以来，每一次大的突破，都率先来自农村。重新聚焦农村改革，使农业劳动生产率赶上社会平均劳动生产率，使农民人均收入赶上城市人均收入，基本消除城乡发展差距，这一历史任务亟待我们来完成。

跨越中等收入陷阱

建立促进城乡经济社会发展一体化制度①

党的十七大报告提出了“建立以工促农、以城带乡长效机制，形成城乡经济社会发展一体化新格局”的要求。党的十七届三中全会通过的《中共中央关于推进农村改革发展若干重大问题的决定》（以下简称《决定》）把这一要求进一步具体化，从深化体制改革的角度，提出要“建立促进城乡经济社会发展一体化制度”，并从城乡规划、产业布局、基础设施、公共服务、就业市场和社会管理等六个方面，对如何形成城乡一体化发展的体制机制，做出了具体部署，提出建立促进城乡发展一体化制度，对促进城乡协调发展和社会主义现代化建设事业具有重大的现实意义和深远的历史意义。

经过改革开放30年的快速发展，我国经济社会面貌发生了巨大变化，同时也出现了一些由于发展不平衡带来的新矛盾。城乡发展差距不断扩大，是各类矛盾中最为突出的，其他许多矛盾如区域发展差距等，在某种程度上也是城乡发展差距的反映。我国中西部地区的发展落后于沿海地区，主要体现在中西部地区的农村发展水平严重滞后于东部沿海地区农村，而中西部城市的发展水平与沿海相比，差距并不大。尽快改变城乡发展差距逐步扩大的趋势，是7亿农民的强烈愿望，是贯彻落实科学发展观的迫切要求，是释放农村巨大发展潜力、支撑国民经济持续平稳较快发展的客观需要。去年，我国城乡居民收入差距已扩大到3.3∶1，县和县以下社会消费品零售额占全社会消费品零售总额的比重已下降到32.3%。考虑到农村居住人口占全国人口总数的55.1%，那么，城乡人均购买消费品和服务支出的差距则远远大于城乡居民收入差距。农村居民消费水平低，不仅说明农村居民实现全面建成小康任务的艰巨，也说明农村市场需求潜力的巨大。如能通过以工促农、以城带乡，加快农村经济发展，加快农村劳动力向非农产业转移，加快提高农民收入水平，对促进国民经济全面协调发展、构建社会主义和谐社会，将会起到关键性作用。从国际上看，印度、墨西哥、巴西等国家，由于没有处理好城乡矛盾，农村和农民问题严重制约着整个经济的发展，影响着社会稳

① 本文原载于《宏观经济管理》2008年第12期。

定。因此，应当吸取这些国家的教训，同时，也应学习国外好的经验，如韩国，早在20世纪70年代就开始重视新农村建设，采取了许多措施扶持农村发展，现在农业劳动力占全社会从业人员的比重已下降到5%，农村劳动力向非农产业转移有力支持了工业化进程，韩国人均GDP已突破2万美元。

目前，我国正处于工业化、城市化的关键阶段。能不能以过去30年的速度继续推动农业劳动力向非农产业转移，关系到农业劳动生产率的提高和二、三产业发展能否继续获得源源不断的新增劳动力，关系到今后二三十年能否继续把前30年的经济发展速度保持下去，关系到2020年全面小康目标的实现乃至21世纪中叶第三步战略部署的实现。因此，党的十七届三中全会《决定》提出建立促进城乡经济社会发展一体化制度，抓住了当前和今后一个时期我国经济社会发展的主要矛盾，是一项具有全局意义和长远战略意义的重要任务。

《决定》提出，要尽快在城乡规划、产业布局、基础设施、公共服务一体化等方面取得突破，促进公共资源在城乡之间均衡配置、生产要素在城乡之间自由流动，推动城乡经济社会发展的融合。从而明确了城乡一体化发展的重点和途径。政府要运用财政等公共手段，直接配置资源或引导社会资源的配置，改变目前公共资源分布不均衡、过度集中在城市的状况。要发挥市场配置资源的基础性作用，形成人才、资本、技术、管理等生产要素在城乡之间自由流动的机制。目前，我国农村资源开发利用程度低于城市，因而拥有更多具有较高回报率的投资机会。城乡之间在信息、资本、人才密度方面存在着巨大的落差，一旦打开闸门，就会形成“瀑布效应”。这是经济学上的一个重要规律。为了引发这个效应，必须大力优化农村投资环境，筛选出具有吸引力的投资项目，吸引城市的投资者，带动生产要素潮水般地涌向农村。现行一些阻碍生产要素在城乡之间自由流动的政策规定应当予以废止。目前，我国经济自我发展能力与改革初期最大的区别，就是社会资金由匮乏变为充裕，涌现了一大批具有相当实力和创业冲动的企业家，哪个地方有好项目、投资环境好，投资者就会蜂拥而至。包括从事种植业、养殖业经营，从事农产品加工、销售经营，从事农村社会化服务事业等，都有大批成功的案例，关键取决于投资的政策环境。推动城乡经济社会发展的融合，必须尽快彻底推倒设置在城乡之间一切阻碍生产力发展的体制障碍，削平城乡之间生产要素进入的门槛，在城乡融合中释放出发展的能量和活力。

第一，城乡建设规划一体化。要在市、县域范围内，制定包括市区和乡村在内的长远总体规划，统筹土地利用和城乡发展，合理安排城乡居民居住区、农田保护区、工业区、商贸区、休闲区、生态涵养区等空间布局，改变过去市区规划与农村规划相互分离的状况。在这方面，要吸取一些沿海发达地区的教训。由于缺乏城乡总体规划，工厂和农民住房建设布局混乱，形成“羊拉屎”式的分布，使目前要搞公共基础设施和公共服务很困难，三四层高的漂亮别墅里没有上下水，刚盖好的房子又拆除重建，带来巨大的浪费和不便。所以，应当请城乡规划设计院的专业人员，在充分调研论证的基础上把规划搞好，经地方人大会议批准，使其具备法律效能，以后政府换届，规划不变，一张蓝图绘到底，经过十年、几十年持续不断的努力，城乡布局、村落分布、生态环境、居民生活质量一定能发生大的变化，成为城乡一体、产业融合、环境优美、方便生活的宜居之地。从长远来看，随着交通条件的改善和居民对生活环境要求的提高，城乡居民的居住地和工作地应当逐步打破界限，如德国农业劳动力仅占全社会从业人员的2%，但全国有62%的人口居住在乡村。在我国长三角、珠三角地区，也出现了这种城乡融合的趋势。对此，应正确引导，而不能人为设置障碍。

第二，城乡产业布局一体化。要统筹城乡产业发展，优化农村产业结构，发展农村服务业和乡镇企业。城市的农用工业要向服务业延伸，为农户提供产前、产中、产后的社会化服务，如化肥厂应发展为化肥生产和施肥服务公司，农户打个电话来，就可以提供测土配方施肥服务。生产农产品的合作社应当发展农产品加工、营销，直接在城里开设超市、连锁店，把小包装的方便食品直接销售给城市居民。农民专业合作社还应当拥有出口经营权，直接把农产品卖到国际市场，使农民不仅可以获取农产品生产环节的利润，还可以获取农产品加工、储运、销售、出口等环节的利润，从而为农民增收开辟新的渠道。

第三，城乡基础设施建设一体化。要按照公共服务均等化的原则，城市的道路、供水、供电、通信和垃圾、污水处理等设施，逐步向农村延伸，公共汽车应逐步延伸到每个村。要让农民和城里人一样，逐步享受到由政府财政出资建设的公共基础设施提供的服务。财力允许的地区可先行一步，对财力薄弱地区应加大转移支付力度，以逐步实现基础设施服务均等化目标。

第四，城乡公共服务一体化。主要包括教育、医疗、文化、社会保障四个方面，通过逐步加大公共财政投入，缩小人均公共财政支出方面的差距，使城乡居民享受到大体均等的公共服务。要巩固农村义务教育普及成果，提高义务教育质量，完善义务教育免费政策和经费保障机制，保障经济困难家庭儿童、留守儿童，特别是女童，完成学业，平等就学，改善农村学生营养状况，促进城乡义务教育均衡发展。加快普及农村高中阶段教育，重点加快发展农村中等职业教育并逐步实现免费职业教育。健全县域职业教育培训网络，加强农民技能培训，广泛培养农村实用人才。加强远程教育，及时把优质教育资源送到农村。在卫生服务方面，要巩固和发展新型农村合作医疗制度，提高筹资标准和财政补助水平，坚持大病住院保障为主，兼顾门诊医疗保障。完善农村医疗救助制度，健全农村三级卫生服务网络，为农民提供安全价廉的基本医疗服务。加强农村妇幼保障，逐步推行住院分娩补助政策。在文化服务方面，尽快形成完备的农村公共文化服务体系，重视丰富农民工文化生活。在社会保障方面，贯彻广覆盖、保基本、多层次、可持续原则，加快健全农村社会保障体系。按照个人缴费、集体补助、国家补贴相结合的要求，建立新型农村社会养老保险制度，创造条件探索城乡养老保险制度有效衔接办法。完善农村最低生活保障制度，做到应保尽保，不断提高保障标准和补助水平。全面落实农村五保供养政策，供养水平要达到当地村民平均生活水平。完善农村受灾群众救助制度，落实优抚政策，发展社会福利和慈善事业。

第五，城乡就业市场一体化。加快建立城乡统一的人力资源市场，引导农民有序外出就业。所有单位的就业招聘，对城乡居民都必须一视同仁，不能对应聘者的居住地或城乡居民身份设置歧视性障碍，不能搞针对农村居民的就业门槛，为农民到非农产业就业创造良好的政策环境。要加强农民工权益保护，逐步实现农民工劳动报酬、子女就学、公共卫生、住房租购等方面与城镇居民享有同等待遇，改善农民工劳动条件，保障生产安全，扩大农民工工伤、医疗、养老保险覆盖面，尽快制定和实施农民工养老保险关系转移接续办法。要通过完善城乡统一的就业市场，创造人尽其才、劳有所得的社会环境，从而挖掘农村劳动力的巨大潜力，缩小城乡居民收入差距。

第六，城乡社会管理一体化。中华人民共和国成立后，我国长期实行城乡分离的户籍管理制度，在农产品供给短缺情况下，对保证城市食品供应起到了有效作用，避免了大量农村人口盲目流入城市产生的种种弊端。随着农产品由短缺变为低水平过剩，继续实行城乡分离的户籍管理制度，限制城乡之间人口的流动，已成为生产要素市场化配置和城乡经济协调发展的障碍。从实践上来看，有些城市早已放开农村人口进城落户条件，如云南红河州、河北石家庄市、山东青岛市等，并没有出现农村人口涌入城市的混乱状态。能够进城的都是在城市能找到工作、有稳定收入的农民。农民进城务工经商，对于推进工业化、城市化和农业现代化具有重大的现实意义。实践证明，一个农民工进城，可以带动两户农民增收，不仅进城务工经商的农民自己可以富裕起来，而且把土地转让给其他农民，使被转让农民的土地经营规模扩大 1 倍。统计表明，各地农民富裕程度与农业劳动力占全社会从业人员比重直接相关。如 2007 年浙江省农业劳动力占比已下降到 19.2%，江苏为 22.7%，广东为 29.2%，山东为 37.2%，而河南、湖南、广西、贵州等农业人口大省至今仍在 50% 以上。因此，加快农业劳动力向非农产业转移，鼓励农民进城务工经商，应当作为一个重要政策加以推广。《决定》提出要“统筹城乡社会管理，推进户籍制度改革，放宽中小城市落户条件，使在城镇稳定就业和居住的农民有序转变为城镇居民”。这是对沿袭几十年的户籍管理制度的重大突破。《决定》还强调要扩大县域发展自主权，增强县域经济发展活力和实力，提出赋予经济发展快、人口吸纳能力强的小城镇相应的行政管理权限，都是从我国实际出发、走中国特色城镇化道路的重要决策。自“十一五”规划提出工业化、城镇化战略以来，我国城市化进程明显加快，2000—2007年，我国城市化率每年提高1.25个百分点，农业劳动力占全社会从业人员的比重每年降低1.31个百分点，分别达到44.9%和40.8%。随着《决定》提出的相关政策的落实，城市化率提高的速度和农业劳动力比重下降的速度有可能继续保持“十五”以来的水平或略有加快，到2020年，城市化率有可能达到60%，农业劳动力比重有可能下降到25%，我国的经济社会结构将发生有史以来最深刻的变化，对推动社会主义现代化建设将产生至关重要的深远影响。

建立起促进城乡经济社会发展一体化制度，必将不断激发出城乡经济发展的活力，在促进城乡协调发展中发挥出制度优势，对于国民经济的长期平稳较快发展将发挥有力的支撑作用。

全球经济再平衡的三个相关问题①

——《工资、汇率与顺差》序言

当前，全球经济再平衡的问题引起了国际社会的广泛关注，我想就与之相关的中国外贸顺差、人民币汇率升值和国际金融体系改革三个问题，谈一点看法，供大家参考。

一、如何认识中国的外贸顺差问题

改革开放30多年，中国通过扩大对外贸易，为发达国家经济发展做出了重要贡献。特别是美国消费者通过购买物美价廉的中国商品，降低了生活成本，提高了生活质量，也抑制了美国的通货膨胀水平。同时，中国外汇储备用于购买美国国债，平衡了美国财政收支，使美国长期保持了低利率，扩大了美国工人就业，促进了美国经济增长。

加入世界贸易组织（WTO）以来，中国对外贸易规模扩大，为跨国公司提供了利润增长点。中国出口产品的70%以上都是由外商投资企业或者中外合资企业来提供的，这里边一部分是加工贸易，一部分是跨国公司在中国设立的独资公司的出口。有一个典型案例，例如中国现在做的苹果手机，售价大概是3000~4000元人民币，其盈利的70%都是由拥有知识产权的苹果公司拿走了，还有25%左右由从事加工贸易的外资企业拿走了，剩下的5%左右才归中国劳动者和政府所得。很多跨国公司在中国以外地区经营都是亏损的，只有在中国发展得很好，在中国取得的利润甚至超过了它在中国以外地区利润的总和。另外，中国经济发展带来了能源、原材料的大量进口，为拥有这些资源的国家提供了市场和发展机遇。下一步，应当继续发挥中国作为世界经济发动机的作用，带动全球经济复苏。

① 本文原载于徐洪才主编的《工资、汇率与顺差——中国经济再平衡路径选择》（社会科学文献出版社2012年版），写于2010年12月8日。

解决全球经济失衡问题，要有全球化的视角和办法，不能把一个多边问题当作双边问题来解决。比如说，美国现在同90多个国家都有贸易逆差，同中国的贸易逆差当然是最大的，但是用双边措施来解决一个多边问题，显然也是不适当的。中国欢迎发达国家的跨国公司继续到中国来进一步开拓市场，占领市场。在这方面，德国和澳大利亚做得很成功。德国通过扩大对中国投资，在技术装备、汽车等方面，不断扩大在中国市场中的占有率，实现了对中国贸易的平衡。还有澳大利亚，通过扩大对中国资源出口，在这次金融危机中并没有受到什么影响。

相比之下，美国的一些政策限制了美国企业到中国来利用中国发展的机遇。例如，中国在改革开放初期买了一批美国的黑鹰直升机，后来美国中断了黑鹰直升机零部件供应，2010年中国青海玉树发生了地震，很需要这些直升机到那儿去救援，但是缺乏零部件，向美国申请进口，美国又不卖给我们。我觉得，美国失去了很多贸易上的机会。再比如，中国搞工程建筑，修铁路、公路需要的测量设备，本来是可以从美国进口的，但是美国就是不卖给中国。还有，中国需要进口核电设备，长期以来中国一直在跟美国谈，但是美国坚持不让中国进口，无奈之下，中国只能买法国的、俄罗斯的、加拿大的，直到最近几年，美国才开放核电设备对中国的出口。可见，美国限制高技术产品对中国出口，是造成中美贸易失衡的一个重要原因。如果回避这个原因，单从汇率上寻找原因，显然没有抓到问题的根本。

二、如何认识人民币汇率升值的问题

随着中国经济的现代化，人民币汇率升值将是一个长期的、必然的历史趋势。但在什么时间升值，升值多少，这都要反映中国经济发展的实际情况。汇率升值过大、过快或者过小、过慢，对中国经济发展都是不利的。目前，如果人民币一次性升值20%甚至40%，就必然会对中国经济和世界经济带来灾难。这就必然引起大量加工贸易外移，中国经济快速增长期提前结束。也就是说，目前全世界经济最大的发动机就会熄火，这不仅是中国人民的灾难，也可能是全世界人民的灾难。

所以，人民币升值必须保持在中国产业承受能力的范围内，能够使中国出口企业不会出现大量的倒闭，不会出现大量的失业；同时，又要对出口企业保持一定的产业升级和技术进步的压力，在这样一个前提下来实现人民币可控地、逐步地升值。同时，中国也要吸取20世纪80年代日元快速升值的教训，日元在《广场协议》压力下大幅度升值，最后日本经济出现了20年的徘徊。中国绝不会当第二个日本。维护人民币汇率大体稳定，是维护较长时期中国经济平稳较快增长的客观需要。

目前，中国正在致力于加快经济结构调整和经济发展方式转变，准备通过逐步提高工人工资，增加人们的收入，促进居民消费，逐步推进生产要素价格改革，让包括人力资本、资金和资源在内的各种生产要素价格逐步与国际市场接轨。通过这个办法来提高人民币的实际汇率水平，减少储蓄与投资的差额，也就是减少外贸顺差，以促进中国经济再平衡和可持续发展，进而为全球经济再平衡和可持续发展做出贡献。在这里，我也建议美国应该把眼光转向国内，要解除向中国出口的限制，减少消费，增加储蓄，加快经济结构调整，解决自身存在的问题。

三、如何认识全球金融体系改革的问题

这一次金融危机对全球金融体系改革提出了一些值得思考的问题。我非常赞成蒙代尔教授的观点，全球金融体系稳定需要建立一个多元化的、相互制衡的国际储备货币体系。未来的全球储备货币体系，很可能是包括美元、欧元和人民币在内的“三足鼎立”的国际储备货币体系。三个国家的货币相互制衡，相互竞争，哪一种货币币值不稳定，大家就抛售它，哪一种货币稳定，大家就多购买它。通过市场竞争，来约束国际储备货币发行国的行为，促使该国政府和央行保持货币稳定，从而改变现在只有美元是全球主要储备货币的状况。

目前，美国再次实行“以邻为壑”的定量宽松货币政策（QE2），最近美联储主席伯南克表示还要实行 QE3，加大了新兴经济体资产泡沫和通货膨胀的风险；国际热钱在世界各地蹿来蹿去，严重危害了全球金融稳定，也加大了世界经济恢复的系统性风险。我认为，要对国际储备货币发行国的货币政策实行必要的国际监管。国际金融机构，特别是国际货币基金组织（IMF），应当有权力要求国际储备货币发行国提供报告，对该国际储备货币可能出现的贬值风险，发布预警警报；同时，扩大特别提款权（SDR）中的发展中国家货币份额。

保持美元币值稳定，符合美国人民的根本利益。美元作为全球主要储备货币，目前仍然是不可取代的。但是，如果美联储大量地向美元注水，必然导致美元大幅度贬值，最终将使美元失去作为国际储备货币在世界各国人民中的信誉。如果各国都不选择美元作为储备货币，都不愿意购买美国国债，这对美国经济、美国人民的利益都是一个重大损害。因此，我认为伯南克的量化宽松政策是在帮美国人民的倒忙。我非常赞成德国经济部长在二十国集团（G20）财长和央行行长会议上所讲的，美国量化宽松政策是一种变相操纵汇率的行为。

另外，在国际金融体系改革和全球治理结构改革中，要充分发挥 G20 的作用。我认为，G20 作为发达国家与发展中国家，特别是与新兴经济体开展合作、协商的国际平台，应当设立一个常设机构，进一步完善 G20 机制。只有发达国家的资金、技术同发展中国家，特别是新兴经济体工业化、城市化的需求结合起来，才能够创造出新的、更大的需求，从而实现世界经济的全面复苏和可持续发展。

以上是我在 2010 年 11 月 11 日中国国际经济交流中心与德国贝塔斯曼基金会联合举办的“全球经济治理与可持续发展研讨会”中发言的主要内容，我采纳了徐洪才同志的建议，将其作为中国国际经济交流中心最新研究成果:《工资、汇率与顺差——中国经济再平衡路径选择》一书的序言。这个科研项目的起因，是 2010 年以来美国纠缠于人民币汇率问题，对中国施加压力，特别是美国彼得森国际经济研究所提出的人民币均衡汇率模型，产生了极坏的国际影响。中国国际经济交流中心作为中国民间智库，本着向科学负责的精神，组织了相关科研人员开展科学研究，部分阶段性成果引起了彼得森研究所的重视，他们先后两次派人来北京与我们探讨这个问题。美国国会顾问代表团也专程来访，与我们交换看法。

本书是中国国际经济交流中心的集体研究成果，所有撰稿人都是国经中心的研究人员，国经中心的一些其他人员参加了讨论。在这项课题研究过程中，我任学术顾问。我提出基本研究思路和框架之后，由徐洪才同志具体组织落实，并对全部稿件总纂和统稿。现在将这一研究成果公开出版，希望能起到抛砖引玉的作用。

居民收入翻番的四大挑战[①]

面对当前国内外错综复杂的经济形势，为了使宏观调控尽快取得预期效果，使当前面临的挑战转化为转方式、调结构、稳增长的机遇，我们要尽快确定扩大内需和消费的政策重点。扩大消费对经济增长的拉动作用是加快转变经济发展方式的首要任务，而提高居民消费率的关键则是要调整收入分配结构。

一、福利性经济增长

2010 年，我国的投资率创造了新纪录，达到 48.6%，但最终消费率下降到 47.4%，居民消费率下降到 33.8%，均降到历史的最低点，投资率第一次高于最终消费率，在世界上也是绝无仅有的。这些数据意味着我国近一半的国内生产总值（GDP）用于扩大再生产，三分之一用于老百姓消费。这样的结构扭曲不可能良性循环下去，必然带来生产能力的严重过剩。

如果说现在是制造业能力过剩，耐用消费品生产能力开工率只有 60%，过几年可能是基础设施供给能力过剩，我们修的高速公路很漂亮，但是没多少车跑。不断增加的投资所形成的产品和服务没有人消费，加上国际贸易摩擦，产品出不去，生产能力闲下来，产品的价值也无从实现。

所以，如果居民消费率没有大幅提升，转变发展方式就是一句空话，未来的平稳较快增长也不能实现。要通过调整收入分配结构，提升中低收入者的收入水平，提高他们的支付能力，使他们有钱买东西，让大家买房子、买汽车、买家电，出去旅游，子女接受较好的教育，这样经济才能活起来，经济发展才有动力。

历史上我国居民消费率最高的时候曾经达到 53%，如果把居民消费率从 2010 年的 33.8%，在“十二五”时期提升到 49%，意味着每年在 GDP 这个大“蛋糕”里再拿出 15 个百分点让老百姓消费，即我们生产出来的产品，有近 50% 让老百姓消费，50% 用于投资和进出口，老百姓的生活水平将会有一个较大幅度的提高。

在此背景下，“十二五”期间平均每年可以增加 5 万亿元以上的商品和服务

① 本文原载于《中国报道》2012 年 12 月。

让老百姓消费，社会消费品零售总额可以增加 40% 以上，经济增长可以获得强大的动力支持。

二、切好财富“蛋糕”

面对近两年国内投资与消费比率的严重失衡，要以“提低、扩中、控高”为重点进行收入分配改革，大幅提高居民消费率。

“提低”就是首先要增加收入比较低的行业职工的收入。要建立工资集体协商制度，国家的人事部门、工资部门要定期公布行业的人工成本信息，作为企业工资集体协商时的一个参考。另外，对有些低收入行业，国家要实行结构性的减税让利，同时企业对职工让利，来增加这些行业职工的收入。

“扩中”就是通过增加职工的收入，使中等收入家庭的比重有一个较快的提高。我曾经做过一个测算，如果按照现在这样一个居民收入增长速度，大概到 2020 年，我国家庭年收入 6 万到 20 万元区间即中等收入家庭比重可以达到 50% 以上。现在要尽快使中等收入家庭的规模能够扩大，比重能够提高。

“控高”就是适当地控制高收入家庭。高收入行业通过行业税收调节，同时应该鼓励民间资本的参与，使这些垄断行业的垄断利润能够社会平均化，这样可以有效降低垄断行业的高收入。

另外，对地区之间的收入差距，我们可以通过财政收入的转移支付来加大对贫困地区的支持力度。对个人之间，主要是通过个人收入的所得税来调节。通过“二次分配”来解决个人收入差距扩大问题。

农民的收入问题，我们要采取特殊的办法来解决。现在最重要的是仍然居住在农村的 6 亿多人和 2.8 亿农业劳动力。这 6 亿多人的收入怎么能够有一个较快的增长，是我们解决收入分配差距问题的关键所在。如果这 6 亿多人收入上不去，他们的消费水平上不去，我们要扩大消费，扩大内需也就很难实现。那么，这些人怎么增加收入？应该通过农业现代化实现土地的机械化、规模化经营。通过机械化耕作，每个劳动力可以由现在平均只能种六亩四分地变成种几百亩地、几千亩地，劳动生产率得到大幅提高。一部分农业劳动力从土地上转移出来到城里去打工。现在城市里一个农民工每月有 2000~3000 元的工资，如果夫妻出来打工，一个月可以挣到 6000 元，一年可以挣到 6 万多元，再加上土地转包的收入，一个家庭一年可以挣到 7 万元钱，便可以进入中等收入家庭了。

因此，关键是要加强农业现代化的步伐，要引入社会资金。农业现在需要大量的投入，仅靠政府财政投入不行，财政资金只能起到一个诱导作用。光靠农民自身的积累也不行。应该研究政策，引入社会资金来加快农业现代化的进程。

三、必须跨越“中等收入陷阱”

2011年中国人均GDP已达5400美元，需要再增长1.22倍才能进入高收入国家行列（人均GDP达12000美元）。中国能否实现居民收入翻番目标、能否走出“中等收入陷阱”跨入高收入国家行列，取决于能否跨越四大障碍：

中国能否实现城乡一体化发展、缩小城乡差距。根据国际经验，高收入国家有三个重要条件，即城市化率达到70%以上，农业劳动生产率与二、三产业劳动生产率相当甚至超过，以及农民人均收入达到或超过城镇居民人均收入。当前，中国还有7亿农村人口，城乡居民收入差距是3.2∶1，且呈逐步扩大趋势，农业的劳动生产率只有二、三产业的28%，在这种状况下很难跨入高收入国家行列。

中国能否将现在以劳动密集型、资源密集型产品为主的产业结构提升到以技术密集型、知识密集型产业为主的结构。中国需要通过自主创新、产品创新带动产业升级，仅靠引进技术、外资不可能实现产业升级。

中国投资与消费比例严重扭曲的状况能否改变。2010年和2011年中国投资率分别高达48.6%和48%，而2011年居民消费率下降至34%。中国如果不能通过收入分配结构调整提高居民购买力，而仍靠投资拉动经济增长，这注定不可持续，人均GDP要达到12000美元难度将越来越大。

第三产业比重能否获得大幅提高。数据显示，中国第三产业占GDP的比重只有43%，第三产业从业人员占全社会从业人员比重为34%，分别低于世界平均水平10个和20个百分点。中国第三产业发展慢的原因主要是税负过重。目前，中国第三产业实行营业税，营业税比第二产业增值税重三分之一。此外，中国对小微型企业和个体户营业税起征点过低，不利于服务业发展。通过“营改增”等财税方面改革，将为服务业发展创造良好的政策环境。据个人测算，如果中国通过税制改革，服务业从业人员比重达到世界平均水平的50%，即服务业从业比重提高16个百分点，可创造1.1亿多个就业岗位。服务业产值增加、就业比重扩大，民众收入也就能够增加。

党的十八大报告提出了到2020年实现国内生产总值和城乡居民人均收入比2010年翻一番的目标，这将给人民增收带来强有力的支持。

当前，中国GDP总量已是世界第二，人均GDP今年已达到5400美元，如果翻一番的话，将向人均1万美元冲击。1万美元是个关键点，如果达到这个水平，中国的综合国力将会明显提高，人民个人的财富会明显增加，我们的社会公共服务、居民的文化素质、健康素质会明显提高，中国13亿人口将能够接近或跨入高收入国家行列。

转方式、扩内需实现稳增长①

今年上半年，我国经济运行整体平稳、稳中有进。国内生产总值同比增长7.6%，居民消费价格上涨2.4%，固定资产投资增长20.1%，出口增长10.4%，城镇居民人均收入实际增长6.5%，农民人均现金收入增长9.2%。由于第一、二季度经济增速分别比上一季度下降0.2个百分点，而且在去年第四季度出现脆弱回升之前，经济增速已连续11个季度下降，因此，关于经济形势问题，引起了国内外的高度关注和不同预测，唱衰中国经济的论调乂起。全面认识和把握当前经济走势，应按照7月中央政治局会议精神，坚持稳中有为，努力在转变发展方式和扩大内需中实现稳增长。

一、用党的十八大精神分析和把握当前经济形势

党的十八大报告正确总结了过去五年的经验，分析了未来一个时期国内外形势，提出了到2020年的奋斗目标和战略部署，应当作为分析和把握当前经济形势的指导思想。特别是以下四点，应作为统一对经济形势认识的基础。

（一）党的十八大提出，当前和未来一个时期，我国仍然处于可以大有作为的战略机遇期

我国经济的快速增长已经经历了35年，但是，增长潜力依然巨大。去年，我国人均国内生产总值达到6090美元，远远低于全球平均水平。再经过10年的努力，使人均GDP翻一番，达到1.2万美元，将跨入高收入国家行列。日本、韩国和我国台湾地区等经验证明，人均GDP达到1.7万美元之前，都属于快速增长期；超过1.7万美元，速度才明显下降。同样，许多国家的经验证明，人均GDP达到5000美元左右比较容易，但要进入高收入国家，则比较困难。在20世纪中叶，世界上有100多个国家人均GDP达到3000美元以上，但最终能进入高收入国家行列的为数不多。目前，我国正处于向高收入国家冲击的艰难的爬

① 本文原载于《全球化》2013年第10期。

坡阶段。从国外来看，全球经济危机给我们带来了许多困难，但只要善于趋利避害，就能化挑战为机遇。在20世纪90年代亚洲金融危机时期，由于我们应对得当，曾成功地把挑战变成了扩大内需的机遇。正是由于20世纪90年代后半期开始的大规模基础设施、能源建设和大学扩招，才为进入新世纪以来长达10年的黄金增长期奠定了基础。

（二）党的十八大提出，发展仍然是解决所有问题的关键

目前，我们面临的环境污染严重、收入分配差距拉大、城乡和区域之间发展不平衡、公共服务供给不足等问题，只能通过科学发展来解决。只有通过加强宏观政策的引导，把社会资金引导到生态环境治理、引导到中西部和农村发展上，通过发展来提供更多、更高收入的就业机会，加快公用事业的发展，才能使目前面临的各类矛盾得到缓解，并通过进一步发展最终得到解决。把眼前出现的问题归结为过去经济增长速度过快所带来的，是偏颇和不公正的。在发展中出现的问题只能通过发展来解决。换一个角度来看，解决问题的需求本身，就是投资发展的机遇。

（三）党的十八大提出，要以转变经济发展方式为主线，以提高经济增长的质量和效益为基点

实现经济的持续健康发展，关键在于转变发展方式。用李克强总理的话讲，就是打造中国经济的升级版。要按照党的十八大的要求，改变经济增长过度依赖投资和出口的局面，建立消费增长的长效机制，扩大消费对经济增长的拉动作用；改变经济增长过度依赖第二产业拉动的局面，加快第三产业发展，实现第一、二、三产业协调发展；改变经济增长主要依靠增加物质资源消耗的状况，主要依靠技术进步、改善管理和提高劳动者素质推动增长；改变经济增长忽视生态环境的状况，加大对改善生态、治理环境的投入，实现人与自然的和谐；改变区域差距特别是城乡差距不断拉大的状况，鼓励各类资金投向中西部地区和农村，努力实现城乡之间和区域之间的协调发展。

（四）党的十八大提出了“双倍增”的目标，即到2020年，国内生产总值、城乡居民人均收入比2010年翻一番

这两个指标是密切相关的。为了实现第二个目标，要求经济增长必须保持相应的速度。10年翻一番要求年均增长速度不能低于7.3%。由于前两年城乡居民收入的增长速度比较快，后八年平均每年增长7%，即可实现10年翻番的目标。经济增长速度必须比居民收入的增长速度略快一些，因为经济增量中的一部分要

用于公共积累等社会扣除，还要考虑人口增长因素。1978—2012年的35年间，我国GDP的年均增长速度为9.9%，城乡居民人均增长速度为7.4%，前者比后者快2.5个百分点。今后8年，考虑到调整国内生产总值的使用结构，收入分配向居民倾斜，经济增长速度比城乡居民人均收入增长速度至少要高1个百分点以上，即今后8年的经济增长速度不能低于8%，否则，后一个目标是难以实现的。对此，我们必须有一个清醒的认识。如果在一两年内速度略低一些，通过结构调整以积蓄力量，也是必要的。但以后的速度就必须高于8%。十八大提出的目标是中国共产党向全党全国人民做出的庄严承诺，并已向全世界宣布，必须说到做到。

二、通过全面深化改革释放经济增长潜力

我国经济仍具有巨大发展潜力，只要针对阻碍发展的体制性弊端加快改革，把潜力释放出来，足以支持未来一个较长时期经济的持续健康发展。

（一）释放消费需求的巨大潜力，亟待改革收入分配制度，调整收入分配结构

2012年，我国的居民消费率只有33.8%，比“六五”时期53%的水平下降了19个百分点，比世界各国的平均水平低20个百分点以上，比发达国家低30多个百分点。提高居民消费率，扩大消费对经济增长的拉动作用潜力巨大。关键在于通过深化收入分配制度改革，扩大消费对经济增长的拉动作用。当前扩大消费的重点仍然是住房和汽车，这是其他领域的消费难以替代的。扩大住房消费必须从增加供给入手，而不能限制购房需求。抑制城镇住房价格上涨，应当增加住房建设用地供给，打破城市与周边地区之间、城区与郊区之间的行政壁垒和市场分割状态，并通过大容量的快速轨道交通，把城市与周边地区、市区与郊区连接起来。以北京为例，市区房价高达每平方米几万元，而郊区房价只有几千元，再从市区驱车半小时到临近北京的河北省各县，房价一下子降到4000元以下。只有用改革的办法才能找到抑制房价、扩大住房消费的良方，同时也能有效拉动城乡和区域一体化发展。我国仍处于汽车进入家庭的黄金发展期，去年，我国每百户汽车拥有量仅为19辆，发达国家为150辆左右，即我国平均每18个人只有1辆车，而发达国家平均每3个人两辆车。对于许多年轻人来说，他们的中国梦就是轿车梦、住房梦。政府要帮助他们实现自己的梦想，而不要视为难题。要为扩大住房、汽车消费创造条件，而不是设置障碍。我国居民消费正处于由生存型消费向发展型、享受型消费升级的阶段，处理好这一过程中面临的各种新矛盾、新

问题，从而扫除经济增长的各种障碍，就能为经济增长不断注入新动力。

（二）释放就业需求的巨大潜力，亟待全面推开“营改增”的税制改革，为第三产业发展创造良好的政策环境

我国第三产业就业比重仅为36%，全球平均水平为62%，发展中国家的平均水平为50%。如果能将第三产业就业比重提高到发展中国家的平均水平，可新增就业岗位1.1亿个。释放第三产业就业需求的巨大潜力，必须加快全面推开“营改增”的税制改革。同时，在用地、用电、用水价格上，对第三产业与第二产业要一视同仁。第三产业集中了大量的小型微型企业和个体户，目前对小微企业和个体户的税收起征点为月销售额2万元。如果按销售利润率10%来计算，月纯收入仅2000元，比个人所得税起征点月收入3500元还要低1500元。显然对小微企业和个体户的税收起征点偏低，这对鼓励创业、放水养鱼、培植财源是不利的。应当继续深化改革，从而为第三产业的发展创造良好的政策环境。

（三）释放劳动力供给的巨大潜力，亟待改革城乡管理体制，推动农业劳动力向非农产业转移

我国农业劳动力尚有2.8亿人，耕种着18亿亩耕地，平均每个劳动力仅能种6.4亩地。以现在的机械化条件，平原旱作粮食种植，一个劳动力可以种几千亩；水田稻谷种植，一个劳动力能种几百亩。通过土地经营权有偿转让，使之向合作社、家庭农场和农业公司集中，发展集约化、社会化、现代化大农业，不仅可以吸引高素质的劳动力从事农业，而且可以进一步把大批劳动力从土地上解放出来，为发展第二、三产业提供劳动力资源。未来十多年，如果能够再转移出1亿多农业劳动力，对提高农业劳动生产率、缩小城乡居民收入差距，将起到重要作用。

（四）释放自主创新的巨大潜力，亟待深化科技、教育体制改革，建立创新激励机制和成果转化机制

从党的十七大提出把自主创新作为国家发展战略的核心以来，科研投入大幅度增加，科研成果开始成批涌现，形势喜人。民营企业申请的技术专利已占全部专利申请量的67%，成为自主创新的主力军。目前，仍有两个领域创新的潜力有待发挥。一是国有企业，二是大学。国资委前年下发了《关于发挥国有企业在自主创新中的骨干和带动作用的若干意见》，第一次提出将国有企业技术创新成果的价值列入对国有资产保值增值考核的范围之内，将会对建立国有企业技术创新的激励机制产生重要影响，期待国有企业技术创新成果大量涌现。美国的大学（主要是理工科大学）是技术创新的重要基地，如硅谷的主要技术来源地是斯坦福大学的电子系。2011 年，全球大学按申请专利数量排名，美国有 30 所大学入围，我国竟无一所。美国把对产业发展的影响度作为衡量办学质量的一个重要标准，大学站在各个行业技术进步的最前沿。我国大学拥有科技创新的大量优质资源，应当通过建立优胜劣汰机制，努力使其成为科技创新和培养创新型人才的基地。

（五）释放资本的巨大潜力，亟待改革金融体制，提高资本的配置效率和投入产出率

我国资本存量已经很大，M2 已超过 100 万亿元，银行金融资产已超过 160 万亿元，外汇储备已超过 3.3 万亿美元。由于金融体制改革滞后，资本流动性差，资金供给主要集中在大企业、大中城市、沿海地区和国家重点项目，小微企业、农村、中西部地区和民营经济获得资金支持比较困难，严重制约了经济活力的释放和协调发展。据调查，前几年温州地区民营企业获得贷款的利率平均为 25% 左右。如此高的利率，搞实体经济的企业是无法承受的。一边是大量资金因找不到投资出路而闲置，一边是大量急需资金的企业因找不到钱而不得不求助于民间高利借贷。根源在于金融领域尚未形成充分竞争的市场，缺乏足够多的民营竞争主体的参与。据统计，我国 256 个最大的制造业企业的利润总和仅相当于 5 家银行的 57%。银行业的资本利润率远远高于社会平均资本利润率，原因也在于银行业竞争不充分。所以，金融体制改革应当从放宽准入入手。与此相应，必须建立地方性金融监管机构，建立存款保险和贷款担保制度。在这三项改革任务完成之后，才能实行利率的市场化。如果在没有推出前三项改革的条件下，率先推出利率市场化改革，必然出现垄断企业的寻租行为。近一年多来，非银行贷款融资在全社会融资总规模中的比重迅速上升，银行表外业务规模膨胀，孕育着一定的金融风险。要建立多层次的资本市场体系，规范和扩大直接融资。改革外汇管理体制，提高外汇储备使用效益，积极稳妥地推动人民币国际化。

（六）释放土地利用的巨大潜力，亟待推进农村土地制度改革，使农户对土地的用益物权成为财产性收入的重要来源

我国城乡建设占用土地共 22 万平方公里。其中城市包括县城关镇占地约 5 万平方公里，村庄和小城镇占地 17 万平方公里。城市人均占地高于发达国家，通过提高土地利用的集约化水平，城市土地利用尚有较大潜力。然而，最大的潜力在于村庄建设用地。就人均占有建设用地面积来看，农村是城市的 3.5 倍。特别是改革开放以来，由于大批农民进入城市，形成大量空心村。经验证明，结合新农村建设，进行宅基地整理，可节约土地50%以上。这项工作进行得好，既可以增加农民收入，改善居住条件，又能满足城市化对建设用地的需要，增加耕地。关键在于改革农村土地制度，落实农户对宅基地的用益物权。

释放以上结构转换和生产要素的巨大潜力，不仅对近期稳增长能起到重要作用，而且对未来20年经济的持续增长，从而跨入高收入国家行列，将起到强有力的支撑作用。其前提条件就是全面深化改革，不改革或改革不到位，经济增长就会出现停滞。

三、近期应以扩大内需、调整结构实现稳增长

由于美国、日本先后连续实施货币宽松政策，经济开始出现复苏。欧盟在加强对困难国家金融救助的同时，在财政政策上也加强了统一协调，整个经济趋于稳定并向好的方向转化。与此相反，新兴经济体由于资金流出，经济增速出现下滑。我们要积极运筹、抓住机遇、趋利避害，通过实施积极的财政政策，把银行贷款和社会资金引导到有利于促进结构优化的投资领域，充分调动民间投资的积极性，在扩大内需、转变发展方式中实现稳增长。以下领域应作为引导投资的重点。

（一）加快城际高铁和城市轨道交通建设

铁路是绿色运输方式，与公路、航空运输相比，单位运输量的成本仅为其1/10到1/100。高铁的出现，在300公里为半径的距离内可形成一小时商务圈，将促进城市群的发展，改变现代城市和生产力布局。我国人多地少，发展高铁适合国情。我国高速公路通车里程已赶上美国，但铁路通车里程不到美国的1/2。高铁技术作为国人的骄傲，可成为新的投资热点和经济增长点。如果说20世纪90年代我们能成功应对亚洲金融危机，把挑战变为机遇，一个标志性的举措就是大规模地进行了高速公路建设，那么，这次能不能把全球经济危机的挑战变为机遇，主要就看能不能加快高铁建设。铁路建设现在有2万亿元债务，不必过于担忧。只要把铁路资产重新评估一下，债务率即可大幅下降。而且在铁路快速建设阶段，出现一些债务是正常的。应当通过股权多元化、发行长期建设债券和增加贷款以及贷款证券化等措施，为铁路建设筹集资金，尽快形成高铁网络，从而使国民经济发展跨上一个新平台。发展城市轨道交通是破解交通拥堵难题的有效途径。我国拥有200万以上人口的城市即达42个，大部分都没有地铁和轨道交通，这是造成城市交通拥堵的重要原因。现在越来越多的城市采取限制购车的办法解决这一问题，这是一个消极的办法。发展公共交通特别是轨道交通，才是积

极措施。加快城际高铁和城市轨道交通建设，可产生巨大需求，使闲置生产能力得以发挥，并给子孙后代留下一笔优良资产。

（二）扩大新型农村社区建设

实施整洁农村、美丽中国工程。根据河南新乡和许多地区的经验，适应农民改善居住质量和环境的愿望，选择经济比较发达的乡镇或中心村，集中建设新型农村社区，配套提供各种公共服务设施，以建筑成本价卖给农民，与农民原有的宅基地相交换，节省的宅基地可作为新增建设用地或耕地。采用这一办法，把农户改善住房的需求、开发商的利益与政府发展规划有机结合在一起，把新型农村社区、工业园区和农业耕作区有机结合在一起，形成联动机制。用吸引而不是强制的办法进行农村居住与产业空间布局的优化调整，实践证明深受农民欢迎，对发掘农村巨大潜在需求，拉动经济增长，将发挥重要作用。应将新型农村社区建设与城镇社区建设统一规划、统一管理，在社会保障和公共服务等方面实行一体化的制度和政策，逐步缩小城乡之间的差距。

（三）加强城市公共服务设施建设

重点解决进养老院难、入幼儿园难、停车难等问题。随着老龄化社会的到来，空巢老人越来越多，发展养老产业面临着机遇。应当把居家养老和集中养老结合起来，提供多层次的服务。随着家庭对儿童学前教育重视程度的提高，幼儿园设施不足已经成为一个突出矛盾。应当加快养老院、幼儿园设施建设和护工、幼儿教师的培养，以满足社会新增长的需求。随着轿车普及率的提高，城市停车成为日益严重的难题。建设立体和地下停车场，已迫在眉睫。此外，城市要把为农民工提供公租房纳入保障房建设范围。特别是那些农民工比较集中的城市，农民工为城市的发展做出了重大贡献，为他们提供公租房，有利于稳定职工队伍，提高城市的整体竞争力。政府对于这些新增的需求应当十分敏感，及时为群众排忧解难。要采取特许经营权的方式，吸引社会资金投入到公共服务业发展上来。应当说，解决这些问题并不难，关键在于政策到位。各级政府应当把解决这些群众关心的问题作为贯彻群众路线的重要举措。干好这项工作，既能拉动投资，又能启动消费，更能扩大就业，是一举多得的好事，亟待摆上政府重要议事日程。

（四）把环保产业作为新的投资热点和经济增长点

今年年初我国出现的大面积雾霾天气，不是偶然发生的现象，而是长期累积的结果，必须引起高度重视。国务院最近推出治理大气污染的十条措施，应当以此为契机，加大对环保产业投入。生态环保产业所提供的清洁的空气、干净的水等公共产品，具有共享性的特点，其投入的成本不可能像一般商品那样通过市场交换来实现价值补偿，必须通过改革生态体制，建立共享性公共产品的价值补偿机制。政府应颁布强制性污染物排放标准并严格监督实施。对脱硫脱硝除尘等任务，必须由独立于排放方、具有特许经营权的第三方来执行。环境治理成本由企业、政府和居民三方合理分担。如果说过去我们发展水平比较低，忽略了产品的环境成本，那么，现在人均 GDP 已达到 6000 美元的上中等收入国家水平，已经完全能够承受环境成本。即使有少量困难家庭承受不了，政府可以采取困难补助的方式予以解决。如果能够建立起这种公共产品的价值补偿机制，使投资环保产业同样能够盈利，同样能够创造 GDP，同样能够增加就业，就能吸引大量社会资金投入，生态环保产业就能成为新的投资热点和新的经济增长点。由于科学技术的发展，目前治理污染的技术已成熟，而且相当部分设备国内都能制造。发展环保产业可有力地拉动经济增长。目前，造成大气污染的主要行业包括煤电、钢铁、水泥、化工等，全部采取污染治理措施，是完全可以做到的。治理汽车尾气污染，可通过提高油品质量的措施加以解决，其技术是现成的，关键也在于需要用户承受一些成本提高的负担。在普遍采取环保措施之后，由于环保设备和环保产品生产规模扩大，会降低一些成本，减轻用户负担。目前的主要问题，是抓紧建立鼓励社会资金投资环保产业的机制。国外一些大城市治理空气污染曾用了二三十年时间，我们发挥后发优势和制度优势，调动全社会力量，有可能在三五年内取得明显成效。

（五）针对大宗进口物资实行以产顶进

去年，我国进口总额超过 1.8 万亿美元，其中，石油和化工产品达 4000 多亿美元，其中相当一部分产品可以在国内组织生产。我国有丰富的煤炭资源，有成熟的煤炭直接液化和间接液化技术，煤制烯烃、芳烃的技术也已取得突破，成本均低于进口。发展煤制油和煤化工，既能降低对进口的依赖，又能增加就业，应当果断决策，放开手来干。特别是作为重要化工中间原料的对二甲苯（PX），由于近几年耽搁建设，没有投产项目，已造成对进口的过度依赖，去年进口超过 700 万吨，占国内消费量的 62%，进口额达 8000 亿元。日本、韩国 PX 产量的 2/3 向我国出口，价格不断提升，整个石化产业链的利润迅速向 PX 集中。选择人烟稀少的荒岛，集中建设大规模、现代化 PX 生产项目，以解决国内市场的紧缺，已成为当务之急。我国集成电路的进口用汇已超过石油进口。围绕集成电路的技术攻关，组织产业联盟，把科研机构、生产企业、使用企业和大学的力量联合在一起，在财政的适当支持下由各方出资，成果共享，力争攻克难关。我国大豆进口量已超过 5000 万吨。在新疆北疆等地区，还有 1000 万亩可耕地和淡水资源，适宜种植大豆。政府有关部门应制定规划，支持企业与地方扩大生产，以降低进口比重。

（六）把淮河经济带建成我国第四增长极

淮河流域地处我国腹心地带，有 1.8 亿人口，27 万多平方公里，土地肥沃、资源丰富、雨量充沛，发展现代产业得天独厚。但是，由于降雨集中在每年 7、8 月，雨季常常发生洪涝灾害：雨季一过，又无水可用，常常出现干旱，沦为豫、皖、苏三省经济发展的洼地。应抓住扩大内需的机遇，制定淮河流域发展总体规划，把加快淮河经济带建设作为当前和未来一个时期扩大内需的战略支点，可把淮河打造为我国第三条出海黄金通道，使淮河流域成为继“珠三角”“长三角”“环渤海”之后的第四增长极。淮河经济带建设以其投资规模之大、受益人数之多、经济社会生态效益之好，将成为新时期扩大内需、建设美丽中国的重大工程。

坚持走中国特色新型城镇化道路①

城镇化是人类社会发展进入工业化阶段之后的必然结果，与农业社会分散的村落式居住方式形成鲜明对比。改革开放35年来，随着工业化的快速推进，我国城镇化水平有了很快提高。工业化、城镇化产生的巨大供给能力和消费需求，有力地推动着经济发展。未来20年，城镇化仍然是我国经济发展的最大动力源泉。我国地域广阔，发展不平衡，城镇化应当是多层面、多形式的。深化农村土地制度改革，探索土地集体所有制的有效实现形式，是城镇化需要解决的核心问题。应从实际出发，积极探索中国特色的新型城镇化道路。

一、城镇化是未来20年我国经济发展的基本动力

城镇化既是工商业发展、集聚的结果，又为经济发展提供强大动力。因此，工业化与城镇化应当协调发展、同步推进。然而，由于体制上的障碍，改革开放35年来，我国城镇化的进程明显滞后于工业化。一个突出表现就是形成了2亿多农民工，他们在城市从事第二、三产业，却没有城市户籍、没有健全的社会保障，农村的承包地仍然靠自己或亲友耕种。这种状况造成了三个严重后果：

一是无法建立高素质的、稳定的产业工人队伍。特别是一些女工从事的技术性强的工作，刚刚达到熟练程度，就到了结婚年龄，需要回到农村去，非常可惜。由于职工队伍不稳定，也无法进行有效的职业技术培训。现在普通的熟练工好找，技术工人严重短缺，制约了制造业的升级和产品质量的提高。

二是农业长期沦为缺乏国际竞争力的弱质产业。农业现代化与城市化是一个问题的两个方面。由于农村大批年轻劳动力流失，造成“老人农业”，而鼓励土地流转集中的政策迟迟未能出台，高素质的劳动力在农村留不住，发展集约化、现代化大农业的进程严重受阻，有的地方甚至出现土地撂荒现象。城市化的滞后也延缓了农业现代化步伐。

三是降低了工业化、城市化在带动经济社会发展方面的综合效应。工业化创

① 本文原载于《全球化》2013年第12期。

造供给，城市化创造需求。城市化在建立现代化大工业的过程中使供给能力得到极大提升，但由于城市化滞后，使消费需求不足，加剧了产能过剩的矛盾，并延缓了社会进步。特别是夫妻两地分居和数以千万的留守儿童，带来了新的社会矛盾和长期心理创伤。

未来20年，城市化仍然是我国经济发展的主要动力源泉。城市化将创造巨大的投资和消费需求。据测算，每增加一个城市人口，需要增加的基础设施投资即达10万元。每年增加1000万城市人口，需要增加的城市基础设施投资达1万亿元。再加上一个农村人口转变为城市人口，其商品性消费将增加3倍以上，城市化进程将为经济发展释放出巨大的拉动力。

2012年，我国城市化率达到52%。根据发达国家的经验，城市化率达到70%左右才稳定下来。未来20年，我国的城市化率每年将提高1个百分点左右，即每年将有1300万人进入城市。特别是党的十八大提出了农民工市民化的目标，进城农民同城里人一样享有教育、医疗、社会保障等公共服务，必将对农民进城产生更大吸引力。此外，服务业的加快发展，也将对城市化进程提供有力支持。随着第三产业“营改增”的税制改革全面推进，将为第三产业发展创造良好的政策环境，第三产业将出现一个爆发式增长局面，从而将为城市创造更多的就业机会。因此，未来20年，我国的城市化率保持在每年提高1个百分点左右是有可能的。到2030年城市化率达到70%左右，工业化、城市化的任务基本完成，人均GDP达到1.7万美元以上，快速增长期才会结束。在此之前，我们要按照城乡一体化发展的要求，不断清除阻碍生产要素在城乡之间自由流动的障碍，从城市化中不断释放经济增长的潜力。

二、三大都市群崛起将成为带动全国经济增长的引擎

由于我国人口多，经济发展不平衡，城市化的模式必将是多元化的。以京、沪、穗为中心的三大都市群、以省会城市为中心的次级区域性城市群、以县城为中心的就地城市化，三种模式同步推进、相互协调，将成为中国城市化的主要特色。

在前35年的发展过程中，以广州为中心的“珠三角”都市群、以上海为中心的“长三角”都市群和以北京为中心的“环渤海”都市群已初步形成。2012年，三大都市群的经济总量分别已达到1万亿美元以上，其中，“长三角”包括沪、苏、浙地区生产总值达1.7万亿美元，“环渤海”包括京、津、冀、辽地区达1.3万亿美元，“珠三角”包括粤、港地区1.1万亿美元，三个地区合计占全国经济总量的47.8%。到2020年，每个都市群的经济总量将达2万亿美元以上，

超过目前纽约、东京都市群的经济规模。纽约都市群和东京都市群是目前全球经济规模最大的两个都市群，在美国和日本的经济中居于重要地位，在全球经济中也有重要影响。我国形成各具特色的三大都市群，成为全国的科技、金融、制造、贸易、交通、信息中心，形成产业、人口集聚区和经济增长极，成为拉动全国经济增长的三大发动机，对全球经济也将产生重要影响。

加快三大都市群的发展，必须打破行政壁垒和市场分割，形成一体化发展体制。在区域内，要允许各类生产要素自由流动、优化配置。要按照经济规律办事，尽可能减少行政干预。目前，行政壁垒和市场分割是三大都市群发展的最大障碍。以房价为例，中心城市和城市中心地段的房价可能高达每平方米数万元，但驱车半小时到郊区或周边地区，房价可能一下子降到每平方米几千元。如果通过快速轨道交通把市区与郊区、城区与周边地区连接起来，带动产业扩散和人口的合理流动，既能有效抑制城市房价上涨，又能缓解城市交通拥堵状况，还能带动郊区和周边地区发展。如此一箭三雕的好事，亟待通过去行政化和发挥市场机制的作用加以解决。

三、以省会城市为中心发展次级区域性城市群

在中西部的广大地区，省会城市多数已成为省域范围内的经济中心，在全省经济发展中发挥着重要作用。以省会城市为中心，与邻近的地级市用城际高铁联系起来，可形成区域性的城市群。与全国三大都市群相比，这是第二个层次的城市群，是带动省域经济发展的发动机。目前，这类城市群的雏形已现，规划思路明确，发展活力正旺，在带领中西部地区追赶沿海地区发展中发挥着越来越重要的作用。

以郑州为中心的中原城市群，包括洛阳、开封、许昌、漯河、新乡、安阳等城市在内，被京广、陇海高铁连接起来，已构成半小时生活圈，可实行同城化、一体化发展，有力地带动着中原经济区的崛起。郑州国际航空港的建成，进一步强化了郑州作为全国物流枢纽的地位。郑州至重庆高铁的即将开通，将进一步密切南阳与中原城市群的经济联系。在中原城市群的带动下，河南将走出一条不牺牲粮食生产的工业化、城市化、农业现代化同步推进的道路，这是中部地区实现现代化的新路子。

武汉城市圈包括宜昌、黄石、鄂州、孝感、黄冈、襄阳在内，以京广高铁和长江水运为纽带，正加快经济追赶步伐。这一地区，以武钢、二汽、武汉光谷为代表，工业基础雄厚，是中部的制造业中心。全省土地肥沃、雨量充沛、河湖密布，是传统的鱼米之乡。武汉城市圈的发展将为中部崛起提供重要支撑。

长株潭城市群是湖南的经济中心，目前已形成工程装备、机车车辆、动漫文化等支柱产业。湖南人才济济、资源丰富、区位优越，长株潭作为核心区加快发展，必将带动湖南经济的腾飞。在赶超沿海地区发展中，湖南必将后来居上。

以成都为中心包括德阳、绵阳、乐山、宜宾、南充、自贡等城市在内的城市群，地处天府之国的成都平原，科技资源雄厚、制造能力强大、农业生产发达。近十多年来，在国家西部大开发战略指引下，积极承接沿海和国外产业转移，电子、汽车、飞机、制药、发电设备等工业水平迅速提高。特别是成都市积极进行统筹城乡发展的体制探索，在推进城乡要素市场一体化和社会管理一体化等方面大胆创新，有可能在西部地区率先走出一条城乡一体化发展和同步实现现代化的道路。

上述四个区域性城市群的出现和迅速发展，为省域范围内以工业化、城市化带动农业现代化创造了经验，展现了中西部发展的巨大潜力以及释放发展潜力的正确途径。中西部的传统农业大省人口密集、交通发达、文化深厚，一个省的面积和人口相当于欧洲的一个大国。如果说前35年沿海地区已经走上了现代化道路，那么，未来20年，中西部的农业大省通过加快工业化、城市化步伐，能够赶上沿海的发展水平，就奠定了中国现代化的基础，中华复兴的伟大事业就取得了决定性的胜利。

城市群的发展是城市化的一个重要趋势。无论是第一层次的三大都市群，还是第二层次的区域城市群，都代表着这种发展趋势。城市群之所以成为城市化的发展趋势，原因在于中心城市与卫星城市之间可以形成功能互补关系，有利于实现城市功能的专业化分工，从而提高城市运行的整体效率。在城市群中出现以港口运输、加工制造、商务市场、科研开发、教育培训、休闲旅游、生活居住等功能为主的特色城市，就是城市功能专业化分工趋势的具体体现。

四、以县城为中心实现就地城市化

中国特色城市化的第三个层次，就是在经济发达地区，以县城为中心，包括县城关镇、若干小城镇和新型农村社区在内，形成就地城市化的模式。在县城、小城镇和新型社区居住的人口，主要从事第二、三产业，能够享受城市的公共服务，过上现代化生活。其前提条件是县域经济比较发达，有足够多的第二、三产业的就业机会，在全县范围内建成发达的交通网络，形成半小时生活圈。在苏南、浙江的一些县级市，如昆山、江阴、吴江、武进、安吉、余姚、上虞、慈溪等市，由于乡镇企业发达，农民的绝大部分已就地转移到工商业从业，而且吸纳了大量外省劳动力就业。当地人口仍居住在原来的住处，有的依山傍水，有的林竹环绕，别墅式建筑错落有致，形成优美、洁净、方便、舒适的人居环境。这里的人口不再向往大城市，甚至考上大学也不愿迁转户口。这里的城市化应当是比人口集聚的大中城市更高水平的城市化。凡是有条件的地区，应当实行这种就地城市化的模式。

在河南新乡的长垣、辉县和舞阳，经济比较发达，最近几年开始建设新型农村社区，完善公共服务，以成本价吸引而不是强制农民到社区购房居住，前提条件是交出原有的宅基地。交出的宅基地大于新占地的面积集中起来，交由开发商在城市进行商业开发，以商业房地产开发的利润补贴社区住宅建设。这就把农户改善居住条件的需求、开发商的利益同政府的发展规划结合起来，形成一个可以自我循环的机制。住在新型社区的居民，多数从事第二、三产业，少数从事农业，通过新型农村社区、工业园区与农业园区同步建设，把工业化、城市化、农业现代化有机结合起来，形成城乡一体化发展的模式。应当把新型农村社区建设纳入城市社区建设规划，统一提供公共服务，以加大三化同步发展的推动力，逐步缩小城乡发展差距。

在县域范围内实行就地城市化，在发达国家也有先例。例如德国是一个城市化非常成熟的国家，其城市人口的 67% 居住在小城镇。由于德国的交通发达，小城镇建设得很漂亮、很幽雅，一个小城镇只有一家工厂或银行，住在小城镇上班很方便，生活质量比住在大城市高，人们当然愿意选择住在小城镇。

我国县的平均人口数量在 80 万左右，如果县城能吸纳 20 万 ~40 万人，两个小城镇吸纳 20 万左右，新型农村社区再吸纳 20 万人，全县就基本上整体实现了城市化。在工商业、旅游业发达的县，应当走这种就地城市化的道路。

五、城市群迅速发展的主要原因

以功能分工为基础的城市群的发展，主要是基于两大推动因素：

一是产业集群发展的需要。随着国际贸易的发展和全球竞争的加剧，企业为了降低成本，增强竞争力，客观上需要增加就地就近采购配套原材料和零部件的比重，推动产业链向上下游延伸，这就为周边城市的发展带来了机遇。以产业集群为纽带的城市群的形成，反过来又推动了产业集群的发展壮大，两者之间相互促进，造就在全球范围内无与伦比的竞争力，这是城市群发展的强大的内在动力。在“长三角”和“珠三角”，这种规律表现得尤为明显。如绍兴的柯桥镇化纤布纺织印染业的发展，拉动了萧山化纤原料产业的崛起，使这一地区成为全球最大最有竞争力的纺织业集群和各有分工的城市群。又如深圳电子工业的崛起，带动了东莞以电子产品为主的加工贸易的发展，两个城市在零部件供应、科技研发、营销网络、技术人才和熟练劳动力流动等方面形成的合作互补关系，增强了整体竞争力，为产业集群和城市群的同步发展注入了强劲动力。城市群的迅速发展，不仅表现在大中型城市群的发展上，而且表现在小型城市群的发展上。改革以来出现了被称为“块状经济”的小型城市群，即围绕某种商品的生产营销，以专业化分工为基础，在一个县或一个镇的范围内，形成了具有国际竞争力的产业集群，带动了工业化、城市化的发展。如义乌小商品城的出现和不断发展，带动了周边小城镇的繁荣。又如浙江嵊州的领带、河南长垣县的起重机、浙江大塘镇的袜子、山东魏桥镇的棉纺、江苏新桥镇的毛纺、浙江龙岗镇的印刷、福建石狮镇的服装等，都是在“块状经济”的带动下发展起来的。

二是现代交通工具的出现为城市群的发展提供了条件。高速公路特别是城际高铁的出现，大大缩短了运输空间，使人员和物资的流通更加便捷，扩大了就业的空间，从而改变了人们城市化的观念。“TOD”就是这种新理念的集中代表，T（Transit）指交通，O（Oriented）即引导，D（Development）即发展。概括地说，就是交通引导城市、生产力布局和经济发展。我们要顺应这一趋势，加快高铁的建设，尽快在全国各个城市群之内和城市群之间形成高铁网络，充分发挥高铁在拉动经济社会发展方面的作用，为中国特色的新型城市化做出贡献。

六、释放城市化潜力的关键在于改革农村土地制度

改革农村土地制度，探索农村土地集体所有制的有效实现形式，是释放城市化巨大潜力的关键之举。目前，城市化需要解决的四大难题都有待改革农村土地制度来解决。

一是农民工市民化需要出让其原有土地的用益物权获得资金支持。城市化首先要解决的问题，是目前2亿多农民工的市民化。农民工的就业质量和收入不高，要在城市留下来并有体面的生活，除了政府要把为农民工提供公租房列入保障性住房的覆盖范围，让农民工享受到社会保障等公共服务之外，允许农民工将在农村占有的承包地和私有住宅出让，所获取的收入用以支持在城市安家落户，是一个重要条件。为此。需要建立农民承包地、宅基地和房产有偿退出制度。这是合乎情理的制度安排，不应再人为地设置障碍。

二是城市化增加的建设用地需要通过减少农村建设用地来弥补。几亿农村人口进入城市，必然带来城市建设用地面积的增加，所增加的建设用地，完全可以通过占补平衡来解决。目前，全国农村人均占用宅基地是城市人均占地的3.5倍。经验证明，通过政策调节，用进城人口原有的宅基地换取城镇住房用地，可以减少占地50%以上，不仅可以满足城市建设用地的需求，而且可以新增一部分耕

地。推行这项工作，必须配套推进农村土地制度改革。

三是发展集约化、现代化农业需要建立鼓励土地流转集中的制度。现在农村劳动力有 2.8 亿人，耕种 18 亿亩耕地，平均每人只能种 6.4 亩地。以现在的机械化条件，每个劳动力能种几百亩至几千亩。实现土地的规模化、集约化经营，是提高农业劳动生产率和土地产出率的前提条件，也是把农业由弱质产业提升为具有竞争力的产业的前提条件。为此，必须建立土地承包经营权可转让制度，承认土地承包经营权具有交换价值，并对农户的承包经营权确权颁证，以鼓励土地自愿有偿地向农业合作社、家庭农场、农业公司集中。同时，为了加大银行信贷对农业的支持力度，应允许以土地经营权和宅基地使用权进行抵押，这也需要承认土地经营权和宅基地使用权具有交换价值，并对农户拥有的用益物权给予确权颁证。

四是建设农村新型社区需要实现包括宅基地在内的农村房产的商品化。我国农村是几千年形成的自然村落，居住分散，占地多，公用基础设施配套成本高。建设新型农村社区，是社会主义新农村建设的重要举措。由于农村居住布局的调整势必涉及原有房地产与新的房地产的交换，因此，必须承认农村宅基地和房产的商品属性，允许农户的房地产进行市场交换，要建立农村房地产市场，用市场机制而非行政手段对农民的居住布局进行调整。一些地方开展以宅基地换住房，基本上是依靠行政力量推动的，在财力比较强的地方易于推行。如果能引入市场机制，在政府规划指导下由开发商来运营，就能在保护农民利益的前提下大面积推广。农村新型社区建设将创造巨大需求，对于建设整洁、美丽农村，拉动经济增长将发挥重要作用。

高度重视经济下行引发的系统风险①

7月30日上午，中共中央政治局召开会议，分析上半年经济形势，提出要“高度重视应对经济下行压力，高度重视防范和化解系统性风险”。这是对当前经济运行主要风险做出的正确判断，是对当前宏观调控主要任务做出的重要部署。我们应当按照政治局会议精神来统一对当前经济形势的认识，并采取协调一致的行动。

一、总需求不足是当前宏观经济中的主要矛盾

经济下行已经持续了三年多时间。上半年，GDP同比增速降为7%，固定资产投资同比增长11.4%，社会消费品零售总额同比名义增长10.4%，规模以上工业企业增加值同比增速为6.3%，出口增长0.9%，CPI降为1.3%，PPI已连续41个月为负。尽管就业情况仍比较好，整个经济运行仍处于可控范围，但一些脆弱的行业和企业，如煤炭、钢铁、房地产和一部分中小企业的运营困难加大，孕育着破产和金融不良资产增加的风险，显露出经济形势严峻的一面。统计数据表明，需求不足已成为宏观经济的主要矛盾，经济下行成为经济运行的基本趋势，通货紧缩则成为经济生活的主要风险。扩大需求特别是扩大内需，已成为当前宏观经济政策最重要的选择。

导致总需求不足的根本原因，是长期以来投资率不断上升，最终消费率主要是居民消费率不断下降。改革开放37年来，我国经济增长机理发生的一个最大变化，就是由供给约束为主转变为需求约束为主。从1981年到2014年，我国投资率由32.9%一路攀升到46.1%，居民消费率则从53.4%一路下滑到37.7%，分别上升了13.2个百分点和下降了15.7个百分点，投资和消费处于严重失衡状态，导致了目前的产能过剩。我们自觉或不自觉地走上了生产能力迅速扩张和广大居民有支付能力的需求相对不足的路子（见图1）。解决当前经济下行、增长乏力问题，实现稳增长目标，必须对症下药，从扩大内需入手，破解需求不足难题。

① 本文原载于《中国经济时报》2015年9月8日。

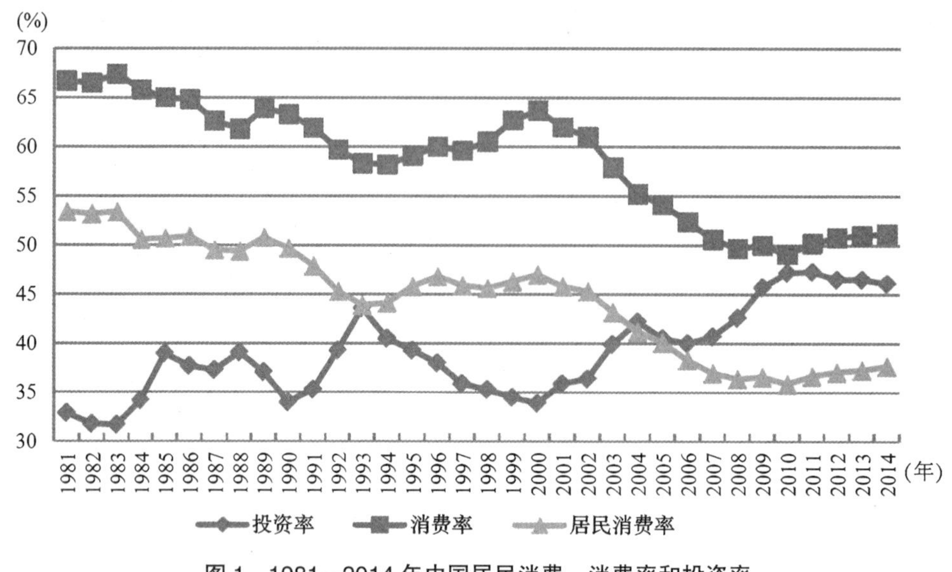

图 1　1981—2014 年中国居民消费、消费率和投资率

当前，由于经济下行已经形成巨大惯性，克服经济下行压力，仅靠正常情况下的需求拉动力是远远不够的。需求总量中还应包括克服经济下降惯性影响所需要的拉动力。转方式、调结构需要通过增量的调节才能完成，包括开发新产品、更新设备，都需要增加投资。关键在于保持稳增长和调结构之间的平衡。当前，在经济下行压力加大、通货紧缩显现的情况下，宏观调控的着力点应适时适度地转向扩大总需求特别是扩大内需。这是 20 世纪 90 年代后期应对亚洲金融危机的成功经验，也是保持经济持续健康发展的客观需要。

二、稳增长亟待货币政策的支持

实施扩大内需的战略，要求推行积极的财政政策和适度宽松的货币政策，主要应当发挥货币政策的作用。近 4 年来，我们实际上实行了从紧的货币政策，这是导致连续三年多来经济下行的直接的、根本的原因。1991—2010 年的 20 年间，我国 M2 的年均增长速度为 20.5%，GDP 的年均增长速度为 10.3%，M2 的增速为 GDP 增速的两倍。这是我国经济的长期实证数据，与国际历史上处于快速成长期的国家的数据是一致的。国外经验证明，在工业化、城市化快速推进的过程中，M2 的增速保持在 GDP 增速的两倍左右是合理的。长期高于两倍，就会出现通货膨胀；长期低于两倍，就会出现通货紧缩。

反观近 4 年多来我国货币增长速度及其影响：2011—2014 年，M2 的年增速分别为 13.6%、13.8%、13.6%、13.0%，年均增速为 13.5%，比此前 20 年的年均增速下降了 7 个百分点；随之 GDP 的年增速分别为 9.3%、7.7%、7.7%、7.4%，年均为 8%，比前 20 年下降了 2.3 个百分点。今年上半年，M2 的同比增速降至 11.8%，比 1991—2010 年的增速下降了 8.7 个百分点，比前 4 年的增速下降了 1.7 个百分点（见图 2）。根据经验，货币增速对经济增速影响的滞后期为半年，去年特别是今年上半年货币增速进一步下降，必将在下半年和明年显现出来。

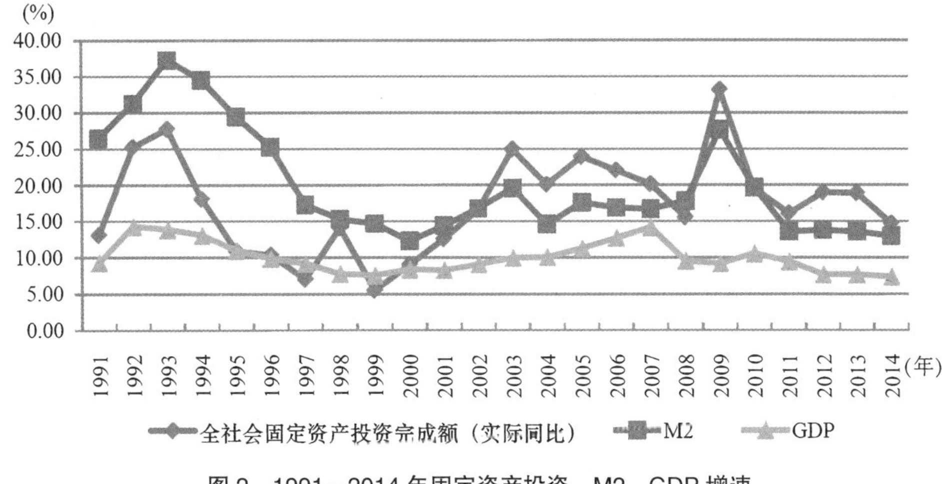

图 2　1991—2014 年固定资产投资、M2、GDP 增速

应当看到，当前企业已经形成了经济下行的不良预期，制约了投资的积极性。今年前 4 个月，社会融资总规模仅增加 5.7 万亿元，比去年同期少增 1.5 万亿元，固定资产投资资金来源同比仅增长 6.5%，比同期固定资产投资增速低 5.5 个百分点。企业缺乏投资意愿，银行贷款用不出去，以致不久前人民银行向部分金融机构进行定向正回购，回收了超过 1000 亿元流动性资金。经济下行惯性助推通货紧缩，通货紧缩加剧经济下行，如此恶性循环，是十分危险的。4 月 30 日中央政治局会议提出要“高度重视应对经济下行压力”，7 月 30 日中央政治局会议在继续强调重视经济下行问题外，又提出要“高度重视防范和化解系统性风险”。我们应认真贯彻落实中央政治局会议精神，采取强有力措施，克服经济下行惯性，使货币增速有一个大于正常情况下的增长速度。

判断一个国家经济的货币化率是否合理，关键应看货币供给量能否保持总需求与总供给的大体平衡。只要不造成通胀或通缩，货币供应都应当视为合理。需要指出的是，由于我国资本市场发育程度低，企业融资主要依靠银行贷款，经济货币化率高一些是正常的、合理的。也就是说，由于我国经济的证券化率偏低，企业对间接融资的需求较大，必然要求有较高的货币化率。发达国家股市市值总额一般相当于 GDP 的 100% 左右，而我国长期仅为 40% 左右，最近几个月才上升到 50% 以上。在判断货币供给总量是否合理时，只看经济的货币化率，不看经济的证券化率，只能得出错误结论。因此，对于目前 193% 的货币化率，不应过度担忧。相反，在人民币逐渐国际化的背景下，M2 的总量已成为衡量国家经济实力的重要指标。我国规模巨大的实体经济是人民币的强大支撑。

从国内外经验来看，由于我国工业化、城市化的任务尚未完成，经济仍处于快速成长期，M2 的增速保持在 GDP 增速的 2 倍左右是必要的，既能满足经济发展的需要，又不会出现通货膨胀。同时，发展方式转变是一个历史过程，不能一蹴而就、急于求成。寄望于通过人为制造紧缩的环境，对企业施加转方式、调结构的压力，只能适得其反、欲速不达。当前在货币政策上实施降息降准，实行适度宽松的货币政策，是落实中央政治局会议精神的积极行动，是稳增长、调结构、防风险的正确举措。

在经济下行的情况下，为了避免银行贷款大量流入股市，制造资本泡沫，需要投资政策和财政政策的引导。我国债务率偏低，实施积极的财政政策还有较大空间。应扩大长期建设债券的发行规模，通过财政资金的贷款贴息、资本金补助、减税等措施，引导银行贷款投向，调动民间投资积极性。国家发改委近期推出总投资额近 2 万亿元的 7 个工程包，主要包括基础设施、公共服务类建设项目，以特许经营权的方式，鼓励社会资金投入。财政资金和银行贷款应主要投向这些领域，以达到优化结构、改善民生、促进发展方式转变的目的。为防止企业挪用信贷资金炒股，应加强对资金流向的跟踪监察，确保银行资金流向实体经济。过去曾实行过的点贷、窗口指导、定向宽松等成功经验，现在依然有效。

三、聚焦农村改革是实现稳增长的根本途径

截至 2012 年年底，我国农村尚有 6.4 亿人，农业劳动力尚有 2.6 亿人。城镇居民消费水平为农村居民消费水平的 3.2 倍。第一产业的劳动生产率只有全社会平均劳动生产率的 30.1%。农民收入水平和消费水平低，根源在于农业的劳动生产率低下。尽管国家对农业实行免税政策，并不断增加对农业和农村的财政投入，但这远远弥补不了农业劳动生产率低下对农民收入水平的决定性作用。能不能破解城乡二元结构难题，尽快缩小城乡居民收入差距，关系到 2020 年能不能实现全面小康的目标，关系到能不能顺利跨越中等收入区间，也关系到未来十几年能不能继续保持国民经济的持续健康发展。从国际上看，凡是跨入高收入行列的国家，即人均 GDP 达到 1.2 万美元以上，都是在成功地解决了城乡二元结构之后。也就是说，没有城乡居民人均收入的大体拉平，要想达到高收入国家的水平，是非常困难的。

当前，我国破解城乡二元结构、加快缩小城乡居民收入差距的时机已经成熟。一是许多城市都存在招工难，第二、第三产业劳动力成本上升，为第一产业

劳动力继续向非农产业转移提供历史性机遇；二是农用工业具有充足的供给能力，可以满足农业现代化的需要，农业集约化发展的收益可以吸引高素质的劳动力进入；三是农村基础设施和公共服务落后，适当给予新农村建设以政策支持，就能引发巨大的投资需求；四是2.8亿农民工及其近2亿家属的市民化，既能圆4亿人以上的全家团圆梦，又能拉动城市房地产业、基础设施和公共服务的巨大需求。依托这四个条件，把农业现代化、新农村建设和农民工市民化三件事作为一个整体，进行系统部署，下大力气来抓，能够起到事半功倍的效果。

做好这三件事，关键在于按照党的十八届三中全会《中共中央关于全面深化改革若干重大问题的决定》（以下简称《决定》）精神，深化农村土地制度改革，建立城乡一体化发展制度。

按照所有权、承包权、经营权三权分离的原则，允许农户对承包土地的经营权抵押、担保、转让，有利于发展土地规模化、专业化、现代化经营，提高农业劳动生产率。在东北地区，一个劳动力种100~120亩地；在中部和南方地区，一个劳动力种50~60亩地，其劳动生产率就能赶上第二、三产业的水平，农民就能成为一个体面的职业。

农村宅基地共有17万平方公里，折合2.2亿亩。30多年来，农村人口减少2亿多人，但农村宅基地不减反增，现在一个农村人口占有的建设用地是城市人口的3倍多。原因在于宅基地实行供给制，没有商品化，农户不占白不占。按照党的十八届三中全会《决定》提出的允许宅基地抵押、担保、转让的改革精神，赋予宅基地以商品属性，不仅能够使农户从退出宅基地中获得财产性收入，而且能够促进宅基地的集约节约利用。进城农民退出的宅基地不仅能够满足城镇新增建设用地的需求，而且能够将所退出的宅基地面积的50%左右用于新增耕地。所有的发达国家在城市化的过程中耕地面积都是增加的，我国也不会例外。在推行土地占补平衡的过程中，为了避免占好补坏，可建立由第三方监督的土地质量评价机构。不能以可能造成土地质量下降为由，拒绝实施宅基地制度的改革，这样就是因噎废食。推进这项改革，将有力地带动农民工市民化。进城农民有偿退出宅基地，就会有能力在城镇买房或租房。农民工在城镇有了房住，全家就能在城镇团聚，并享受城镇的各项公共服务，再也不会把打工挣来的钱用于在老家盖一栋无人居住的楼房，这将带来多么大的社会资源的节约！如果能够实行农民工退出宅基地与在城镇提供保障房挂钩的政策，对这项改革将起到更加有力的推动作用。

解决产能过剩问题需要运用马克思的政治经济学理论①

产能过剩是当前经济生活中最为突出的矛盾。从生产资料到消费资料，面临着全面的产能过剩，开工率平均只有70%左右，工业出厂价格指数已连续49个月为负，出现了严重的通货紧缩。如果没有新的需求拉动，经济增速必将继续下降。去年，我们实行了积极的财政政策，通过发行国债，支持政府与企业合作项目，通过减税、贴息、资本金补助等措施，鼓励和引导社会投资及银行贷款。国家发改委先后提出11个工程包，占全社会投资的10%以上，但对整个投资的拉动作用仍然有限。央行三次降准，三次降息，两次“双降”，对银行贷款的拉动作用仍然不大，M2的增长速度同比仅为13.3%，比此前的四年即2011—2014的年均增速仍下降了0.2个百分点，比1990—2010年这20年间的年均增速下降了7.2个百分点。

上述措施说明，国务院为实现稳增长的目标，已经做出了很大努力。可为什么作用不够理想？主要原因有二：

一是连续五年经济下行已经形成了巨大惯性，在企业和居民中形成了不良预期，克服下行惯性和不良预期的难度较大；二是去年国务院采取的各项稳增长政策，大部分只做不说，失去了在社会舆论上提振全社会信心和动员社会投资跟进的机会。解决产能过剩问题，需要借助于马克思的政治经济学理论。马克思用毕生的精力研究资本主义社会的基本矛盾，最后得出结论，生产能力的无限扩张和广大居民有支付能力的需求之间的矛盾是资本主义的基本矛盾，这个矛盾必然导致周期性的生产过剩的危机。原因在于，资本主义的生产资料所有权掌握在资本家手中，资本家为了追求更大的利润，必然压低工人工资，把更多的利润用于扩大再生产，最后导致生产出来的产品超过社会有支付能力的需求。马克思认为，这个基本矛盾靠资本主义制度本身不能解决，必须通过无产阶级革命。只有在无

① 本文为郑新立在中国政策科学研究会2016年3月13日举行的“学习和运用马克思主义政治经济学基本原理和方法座谈会”上的发言。

产阶级掌握了生产资料所有权和利润分配权之后，这个矛盾才能得以解决。

“二战”后西欧的社会民主党上台执政，他们从马克思的《资本论》中得到启示，通过推行福利社会、加强经济预测和宏观管理，使周期性的生产过剩的危机大大缓解。目前的问题是，由于社会福利的包袱过重，超过了财力的承受能力，出现了政府债务危机；美国借助全球储备货币发行国的地位，不受节制的滥发货币和制造金融衍生产品，导致金融泡沫，从本质上讲是货币的供给超过实体经济的需要，出现了货币供给过剩的危机。

我国长期在以农业为主的自然经济下生活，新中国成立后又建立起计划经济体制，明确提出建立社会主义市场经济体制才仅仅22年的时间。计划经济的主要特征是短缺，市场经济的主要特征是过剩。马克思揭示的资本主义社会的基本矛盾也是所有市场经济的基本矛盾。我们对解决计划经济下短缺的矛盾已经找到了有效的办法，但对市场经济下过剩的矛盾，包括过剩产生的原因、机理、规律，还缺乏深刻的认识，还没有找到有效的解决办法。

重读马克思的《资本论》，对于深刻认识当前出现的产能过剩问题，并找到治本之策，具有重大现实意义。总结我国宏观调控的经验，并借鉴发达国家的经验，解决产能过剩问题，从短期来说，要靠扩大需求；从中期来说，要靠调整结构；从长期来说，要靠调整收入分配结构。

在年度宏观调控目标和措施中，应通过发展政策、财政政策、货币政策的调整和配合，努力保持总需求与总供给的大体平衡。当经济偏热时，适当收紧一下货币发行规模和预算支出总额；当经济偏冷时，适当放松一下货币和财政。无论是收紧还是放松，都应与发展政策紧密配合，以使短期政策符合中长期发展战略要求。鉴于当前产能过剩、经济下行、通货紧缩的严峻状况，积极的财政政策要加大力度，货币政策应适度宽松，同时，财政政策和货币政策都应按照发展政策的要求，优化投入结构，发挥财政资金四两拨千斤的作用。

在中期调控政策或五年规划中，应实行供给侧结构改革。当前最重要的是通过PPP模式，把社会资金和银行贷款引导到增加公共产品的供给上来。因为，目前产能过剩严重的是个人消费资料及相关的生产资料，公共产品仍处于严重短缺状态，包括环境、交通、医疗、教育、养老、文化、信息等，特别是中西部的广大农村，公共产品短缺的矛盾更为突出。有的外国人说，中国的城市像欧洲，农村像非洲。如果在“十三五”时期以农村土地为质押，撬动银行贷款和社会投资20万亿元，投入到农业现代化、新农村建设和农民工市民化，城乡收入差距将会大幅度缩小，农村将会变得比城市更宜居，2020年全面实现小康就有了可靠的保证。

在长期政策上，要加大收入分配结构的调整，落实邓小平同志关于先富带后富、最终实现全体人民共同富裕的战略。资本主义制度不可能解决多数人与少数人的贫富悬殊问题。在社会主义制度下，我们党和国家作为全体人民共同利益的代表，通过运用各种经济手段、行政手段，是一定能够解决我们在初级阶段由于实行多种所有制经济共同发展和市场经济及其对市场的宏观调控不成熟等原因而带来的收入差距过大问题。目前出现的产能过剩，从根本上来说在很大程度上还是有支付能力的消费需求不能随着现代生产力的迅速扩张而同步扩大所导致的。仅以汽车为例，我国汽车产销量虽已均居全球首位，而且出现了产能过剩，但人均汽车保有量仅为美国的七分之一。在广大农村和中西部地区，大部分人仍然没钱买车。如果人均汽车保有量达到美国的二分之一，足以支撑我国汽车业十年以上的快速增长，由此带动的就业和社会进步不可估量。解决收入差距过大问题，不是一定要用“劫富济贫”的办法，而是通过增强低收入者的就业能力来提高其收入水平，同时提高社会保障水平。马克思在《资本论》中把解决资本主义社会生产过剩的办法寄托在无产阶级革命上。在劳动人民掌握政权的社会主义国家，能不能找到妥善地解决产能过剩矛盾的有效手段，是对共产党执政能力的集中考验。实践经验已经并将继续证明，只要我们解决了市场经济的这一基本矛盾，就能为我国经济持续健康发展开辟广阔的道路，我国社会主义市场经济体制也必将日益成熟和完善。

中国有巨大潜力跃升高收入国家①

2015年我国人均GDP已达8000美元，跨入人均1.2万美元的高收入国家行列，尚需要迈上一个大台阶。从国际经验来看，这是一个难度较大的台阶，不少国家在这一台阶前徘徊多年也未能跨上去。我国能不能顺利跨越这道门槛，是对中国特色社会主义市场经济体制和中国共产党执政能力的考验。按照党的十八届三中全会《决定》要求，聚焦于三项重大改革，释放三方面的巨大潜力，形成三大经济增长引擎，足以驱动中国经济在2022年左右跃升为高收入国家。

一、推动城乡一体，破除认识误区

分析正反两方面经验，所有进入高收入行列的国家，都是在基本消除城乡发展差距之后；而所有落入中等收入陷阱的国家，城乡差距大成为其显著特征。韩国在40多年工业化过程中，城乡收入比始终保持在1∶0.9左右。其主要原因有两条：一是从20世纪70年代开始，成功实施了新农村建设运动；二是农民通过出让土地分享到了城市化过程中土地增值的财产性收入。我国目前城乡收入比为2.7∶1，城乡二元结构特征明显。这既是跨入高收入国家的主要障碍，也是当前经济增长的主要潜力所在。造成城乡发展差距大的主要原因有以下三点。一是城乡居民财产权和户籍权益不平等，制约着农民收入水平的提高。城镇居民的房地产已经商品化，但农民的房地产仍然非商品化，使农民分享不到城市化过程中不动产增值的收益，这是导致城乡居民收入差距拉大的重要原因。农民工尽管为其所在城市做出了重大贡献，但其农村户籍使其分享不到附加在城市户籍上的各种公共服务。二是城乡市场之间存在的政策壁垒，严重阻碍了生产要素的双向自由流动和农业劳动生产率的提高。农村的劳动力、资金、土地等可以源源不断地流入城市，而城市的资本、人才、技术流不进农村。三是政府公共服务和基础设施投资的重点在城市，城市越建越漂亮，与农村形成巨大反差。

党的十八届三中全会《决定》对农村承包地、宅基地、集体经营性建设用地

① 本文原载于《参考消息》2016年4月7日。

管理体制有了重大突破，允许其用益物权抵押、担保、转让。粗略计算，仅承包地的经营权转让，每年可获得转让费 1 万多亿元；宅基地的总价值达 50 多万亿元。若以这三块地为质押，在“十三五”期间撬动银行贷款和社会资金 20 万亿元，投入农业现代化、新农村建设和农民工市民化，在城市资本堰塞湖上炸开一道缺口，必将产生瀑布效应。耕地经营权的流转有助于发展集约化、现代化农业，对农业机械等农用生产资料提出更多需求，并能吸引高素质劳动力从事农业经营，从而大幅度提高农业劳动生产率，使农民真正成为一个体面的职业。新农村建设将改变农村生活条件和生态环境，使农村变得比城市更宜居、更漂亮，并将对建材、家电、汽车等提供新的巨大市场。农民工市民化将使两亿多农民工和留守农村的 6000 万儿童、4300 万妇女、4000 万老人共 4 亿人实现全家团圆梦，并对城市建设和服务业发展带来巨大需求。必须认真落实习近平总书记提出的逐步实现“城乡居民基本权益平等化、城乡公共服务均等化、城乡居民收入均衡化、城乡要素配置合理化”的要求，推进城乡一体化改革发展，使农村面貌有一个大的变化，城乡居民收入差距迅速缩小，从而为 2020 年全面建成小康社会提供强大支撑。

推进城乡一体化改革，关键是要破除一些认识误区。农村土地实行所有权与用益物权分离，允许用益物权抵押、担保、转让，不是对土地公有制的否定，而是对土地集体所有制实现方式的完善。通过所有权与用益物权分离，土地成为可交换、整合的生产要素，才能实现与市场经济对接，发挥市场对土地资源配置的决定性作用。当然，土地流转有一个用途管制问题，农业用地转为非农业用地，必须依法合规。国务院今年 2 月印发的关于推进新型城镇化的若干意见，提出要“全面实现城市建设用地增加与农村建设用地减少相挂钩的政策”，是对党的十八届三中全会精神的具体落实。实际上，农村土地制度的改革，也是借鉴了国有资产管理体制改革的经验。党的十四届三中全会提出赋予国有企业对其所占有的国有资产以法人财产权，从而使全民所有制经济与市场经济实现了有效对接。党的十八届三中全会又进一步提出对国有资产要从管资产为主向管资本为主转变，使全民所有制经济与市场经济的融合更加紧密。长期以来，农村土地非商品化，已经严重制约了农村经济与市场经济的融合，阻碍了农村生产力发展。党的十八届三中全会指明了农村土地制度改革的方向，需要不折不扣地落实。

重庆市去年地区生产总值同比增长 11%，在全国各省（区市）中名列第一。重庆以西部山区的困难条件，何以领跑全国？主要就是连续七年实行城乡一体化改革，释放出巨大的增长潜力。近几年，重庆的户籍人口城市化率提高速度在全国所有城市中是最高的。通过建立全市统一的地票市场，使退出宅基地的农民分享到重庆市区的级差地租，获得一笔可观的财产性收入。通过市场机制和政府支持，等于送给每一个进城落户的农民10万元“安家费”和5件“新衣服”，包括享受市民的医疗、养老、住房保障，子女入学入托政策和城市居民所有的公共服务。重庆的经验如能在全国推广，必将为整个国民经济注入巨大活力，成为跨越“中等收入陷阱”的根本举措。

二、完善投资体制，增加公共产品

目前，我国生产资料和个人消费资料几乎全部处于产能过剩状态，唯有公共产品包括公共服务供给不足，包括环境、交通、市政、教育、医疗、养老、信息、文化等，远远满足不了广大居民的需要。公共产品供给不足的原因，是长期以来主要依靠财政投资。财力不足导致发展滞后，农村的发展更落后于城市。解决这一问题，必须加快投资体制改革，推行政府与企业合作模式（PPP模式），通过政策设计，使投资公共产品能够获得合理回报，并通过公开招标，挑选有资质的企业承担建设、经营任务。在具体方式上，可以有多种选择，包括“建设—经营—转让”（BOT）、“建设—转让”（BT）等。采用这种模式，解决城市交通拥堵、停车难、看病难、入托难、进敬老院难以及垃圾、污水处理等问题，就是一件容易做到的事情。此外，抓紧建设覆盖全国的高铁网、城市群内部和市区郊区之间的轨道交通网，建设覆盖城乡的新一代互联网，将为未来发展奠定基础。如何把节能环保产业打造为一大支柱产业，是今年政府工作报告提出的重大任务。这就要改变认为治理环境会延缓经济发展的传统观念，把环境治理培育为新的投资热点和经济增长点。为此，要真正落实党的十八届三中全会提出的“谁污染环境、谁破坏生态谁付费原则”和“推行环境污染第三方治理”。政府要制定统一的污染物排放标准，并严格监督执行，使所有企业处于同一起跑线上，改变治理污染的企业吃亏、弄虚作假的企业赚钱的状态。应当看到，目前治理各种污染物的技术和装备都是成熟的，大部分立足国内即可解决，只要肯付出一定的成本，认真地而不是敷衍了事地去做，战胜雾霾、还我蓝天的目标完全能够早日实现。通过上述供给侧体制改革，激发投资活力，优化投资结构，不仅体现以人为本的发展目的，对近期稳增长和长期持续发展，进而跨越“中等收入陷阱”，都将发挥至关重要作用。

推行PPP模式，必须有多个部门协调配合。优选建设项目，是规划和行业主管部门的职责，财政需要提供引导资金支持，银行信贷资金应当跟进，只有相互配合，才能达到事半功倍的效果。否则，单靠哪一个部门，都是难以完成的。选择投资主体，对国有企业、民营企业应一视同仁，平等竞争。鼓励各类所有制企业组建股份制的项目公司，建立强有力的领导指挥机构，承担投资风险。要坚持过去行之有效的项目业主负责制、招标投标制、施工监理制等，确保工程质量。要加强对 PPP 项目从建设、经营到资金偿还的全过程管理，避免出现违约和债务风险。

三、借鉴美国经验　狠抓科技创新

跨越“中等收入陷阱”，必须实现产业结构从以劳动密集型、资源密集型为主向以资本密集型、技术密集型、知识密集型为主的转变。这就必须加大技术研发投入，以具有自主知识产权的技术提升产业结构和产品结构。依靠外资公司带来的技术，是不可能跨入高收入国家行列的。因为，谁掌握了技术，谁就掌握了利润的分配权。要实现民富国强，除了提高技术研发能力和国际竞争能力，没有别的出路。

从国际比较来看，美国之所以长期居于全球科技领先地位，有许多成功经验。2015 年，美国申请国际专利 5.7 万项，比上年减少 6.7%；中国申请 3 万项，比上年增加 16.8%。美国的申请量是中国的 1.9 倍。而在 2011 年，美国国际专利申请量为中国的 6 倍。中国同美国在国际专利申请量方面的差距正在迅速缩小。在国内发明专利申请量方面，2006 年以来我国已连续超过美国，居全球首位。要想在科技创新能力上赶上和超过美国，至少应当在以下五个方面向美国学习。一是美国有充分竞争的市场。企业不创新，就意味着很快会倒闭。所以，美国的企业都把创新作为生存之道。美国大学之间也有激烈竞争。好的大学才能吸引到优质生源，教师的薪酬才能高一些。美国考核大学办得好坏，主要看对相关产业发展的影响度，即一个学院或一个系在多大程度上带动了相关产业的技术进步。美国的硅谷主要是依托斯坦福大学和贝克莱分校发展起来的。这两个学校的理工科专业，所有的老师和学生都搞科研，都有自己的专利甚至企业。大学是科技进步的策源地，是创造技术专利的基地，教师站在科技进步的最前沿，培养出的学生也是创新型的。二是美国政府在不同时期提出一些重大科技工程，政府与企业合作攻克，带动了世界技术进步。如政府提出的曼哈顿工程，带动了核电工业发展；星球大战计划带动了航天航空业发展；信息高速公路工程带动了互联网的发展；最近提出的新能源和再工业化计划，正在取得进展。三是完善的风险投资体系。包括天使投资、种子基金、创业投资基金（VC）、私募股权投资基金（PE）、纳斯达克市场等。在斯坦福大学旁边，有一个风险投资小镇，集中了一大批风险投资公司。学校的老师学生有一个创新构想，马上就会有一批风险投资家围上来，帮助分析深化研究的路径、技术工程化和产业化的前景，并提供资金支持。许多创新可能失败了，但少数成功的创新所带来的收益远远弥补了失败的损失。四是吸引全球人才。美国通过提供优厚的报酬和良好的研究条件，吸引了全球创新人才。在硅谷每年新创办的企业中，有一半左右是由亚裔主要是华人、印度人创办的。美国的大学用优厚的奖学金吸引全球的尖子生来留学，毕业后挑选优秀者留下工作。我们提出要“择天下英才而用之”，美国实际上早就是这么做的。五是军民融合的工业体系。美国国防部每年有3000亿美元以上的军事科研课题和军品订货，接受课题研究和订货的企业，除了满足军方需求外，其技术成果可以无偿转为民用，带动了民用高科技产业发展。我们在科技创新上正处于追赶美国的过程中，认真研究借鉴美国的经验，虚心当好学生，是非常必要的。

要继续强化企业作为创新主体的作用。令人高兴的是，在全球企业按国际专利申请量排名中，华为、中兴连续几年居于前三位。在进入前十名的企业中，中国企业已占一半左右。应鼓励企业把更多的利润用于研发投入，特别是要发挥国有企业在自主创新中的骨干和带动作用。对一些高度依赖进口的高科技产品，如芯片、发动机、碳纤维等，应组织产业集群，实施协同攻关，成果共享。

科技成果转化率低，是当前我国的一个突出问题。其原因是一些技术成果不够成熟；对技术成果工程化、产业化的重视程度不够，投入不足；有一些职务发明，由于技术转让收入的大部分要上缴财政，技术发明者对转化的积极性不高。应当针对这些问题，采取有效措施，从多方面努力，加快研发成果向现实生产力转化。

改革教育体制，创办高水平、创新型大学，培养大批创新型人才，是提高自主创新能力、实施创新驱动发展战略的基础工程。改革开放30多年来，我们通过改革科技体制，努力使企业成为创新主体，解决了长期存在的科技与经济两张皮问题。然而科技与教育两张皮的问题尚未破题，主要表现在大学的创新能力薄弱，对产业技术进步的影响力微乎其微，大学每年提交的专利申请量在全球大学中几乎可以忽略不计；具有创新能力的师资极度缺乏，教材内容陈旧，向学生大量灌输早已过时的落后技术和知识；大学之间和学校内部缺乏竞争机制，近亲繁殖，培养不出拔尖人才和领军人才；学校与风险投资体系、企业之间缺乏紧密联系机制，人才培养结构与市场需求脱节。

改革教育体制，第一，应建立大学之间和大学内部的竞争机制。建立大学质量的第三方评估制度和大学教授的聘任制。鼓励社会办学、中外合作办学。美国加州理工学院已连续5年在全球理工科大学排名中居第一位，是帮助我国选拔和培养了钱学森这样杰出人才的学校。其重要经验之一，就是本校毕业的本科生不得报考本校研究生，研究生毕业不得留校任教，以避免近亲繁殖。这个机制值得借鉴。第二，以优厚待遇从全球选拔具有创新能力的师资。斯坦福大学和加州理工学院对教师的选拔都极为严格，只有在全球同行评议中被公认为前几名的学者才予以聘任，宁缺毋滥。这项制度如果全面推行有困难，可先在部分学校实行，逐步扩大范围。第三，建立大学与风险投资的对接机制。完善从天使投资到创业板市场的风险投资体系，实施创新全过程的跟踪服务。鼓励大学的教师、学生创造专利等科技成果，并以自己的成果创办高新技术公司。第四，从基础教育到大学教育都要改变填鸭式、应试型教育为启发式、创新型教育，培养学生树立改变世界的雄心壮志和创新思维方式。扩大职业教育比例，重视对学生动手能力的技能培训。赋予大学在学科选择、教师选拔、教学内容、培养方式等方面的自主权。

推动新消费增长

体制阻碍消费的正常升级①

1999年年末，国家计委副秘书长郑新立在接受本报记者采访时，谈了他对一年中消费问题的思考。消费疲软已影响到我国经济的持续快速健康发展，由于体制和政策原因造成城镇居民消费升级和转型受阻。郑新立一语道破了阻碍消费的瓶颈。以下是郑新立对本报记者谈话的主要内容。

福利型、供给型消费体制，阻碍新的消费热点形成，现在消费不足，主要原因是城镇消费结构升级受阻。城镇领导消费潮流，现在一个城镇人口顶3个农村人口的消费。城镇居民吃的、穿的、用的消费同发达国家已基本接近。按照消费结构升级的一般规律，当吃、穿、用的消费满足之后，改善居住条件和出行条件的消费将成为消费热点。而恰恰因为体制和政策的原因，使城镇消费结构升级不能正常进行下去。城镇住房的消费、出行的消费很大程度上属于福利型消费。什么东西只要用公款消费，价格就完全扭曲了，因为公款是不计成本的。

住房价格和汽车价格这么高，严重偏离价值，主要是公款消费拉动的。举个例子，农村人均收入仅相当于城镇人均收入的2/5，但用于住和行的消费比重比城镇居民要高得多。在城镇居民的消费结构里，1997年用于住的消费占整个消费支出的8.6%，而农村居民占14.4%；每百户汽车拥有量城镇为0.25，农村为1.01。按照消费结构升级的一般规律，消费水平越高，用于住和行的消费比重也越高，但我国目前城乡之间是倒置的。问题的症结在于农村的住房是个人消费品，城镇住房是福利消费品。汽车拥有量农村是城镇的四倍多，关键是价格和使用费用问题。我国人均收入水平比国外低，而我国汽车价格反比国外高一两倍，使用费用更加高昂。现在各种收费多得不得了，住房收费据统计有400多种，汽车收费有200多种。过多过滥的收费，加重了消费者的负担，恶化了消费环境。这种消费体制和政策成为影响消费增长的最大障碍，已经到了非改不可的时候了。

最终消费率过低造成需求不足，制约着经济增长；消费是经济增长的发动

① 本文原载于《中国经济导报》1999年12月24日。

机，消费增长的快慢制约着经济增长速度。长期以来，消费的增长速度低于经济增长速度，消费占国内生产总值的比例逐步下降。反映这一比例的最终消费率，从“六五”“七五”时期的平均66.5%、62.4%，到“八五”时期降为59.0%。1997年和1998年分别为58.9%和59.2%，甚至低于改革开放初1978年61.8%的水平。在发达国家，最终消费率一般在70%甚至80%以上。消费率过低，说明大量产品滞留在中间生产环节，影响着宏观经济效益，已经成为影响国民经济全局的一个重大问题。我们把扩大内需作为基本方针，最重要的是要扩大消费。因为投资需求是消费需求派生的，只有最终消费率提高了，投资的乘数效应才能扩大，投资才能找到方向，投资效益才能体现出来。所以中央特别提出要把改善人民群众生活作为2000年经济工作的一项任务。如何调整国民收入分配格局，增加消费的比例，不仅是提高人民生活水平的需要，更是保持经济快速发展的需要。

我国现在很多消费政策是在过去短缺经济下形成的，是为了抑制需求膨胀、抑制消费增长制定的，现在都应调整、清理。如用电政策，1998年安徽省出台了一项鼓励用电的政策：城镇居民每户每月用电超过100度减价10%，居民用电水平有较大提高，发电用不出去的问题解决了。要发展消费信贷，促进消费模式由积累支持型向信贷支持型转变。特别是住和行成为消费热点以后，消费信贷必须相应发展起来。这里有个消费观念问题。如一个美国人到30岁用贷款买一套大房子，30年还款期，到60岁钱也还完了，子女出去了，老两口卖大房子换成小房子，用差价出去旅游，人生过得很自在。我国是攒钱消费，攒到60岁，钱够买房子了，但比人家少享用30年。对经济增长的拉动也推迟了30年。目前我国住宅业在GDP中的比重只有2.6%，日本、中国香港占15%~20%。我国住宅业在GDP中的比重每年提高1个百分点以上，是完全有可能的。

扩大假日经济效应①

国家决定延长放假时间，这是劳动者应当享受的权益的增加，是扩大内需、刺激消费的一项举措。“五一”，时值一年中的最好季节，人们纷纷走出家门，旅游、休闲、娱乐、购物，调整身心，享受生活，给清淡的市场吹进了一股暖风，出现了假日经济效应。

外出旅游的人数空前增加，刺激了旅游业、交通运输业的发展，同时也给有限的接纳能力带来了巨大压力，出现了住、行的困难。一些商业网点、体育场馆、培训机构关门休息，给人们带来不便，影响了假日活动的多样化。

为了扩大假日经济效应，做足做好假日经济这篇文章，引导假日活动向健康有序、丰富多彩的方向发展，有关部门、地方和单位应当再开动脑筋，除了做好必要的物质准备，建立弹性更大的接纳能力之外，还应当在抓住商机、信息导向、分流人群、改善服务、确保安全等方面下一些功夫。比如，客流量大的商场可否增加营业时间，游客过度集中的景点可否借助大众媒体出一些安民告示。生态农业旅游是城里人的新嗜好，不妨作为分流旅游人员的一个去处。还有不少人希望利用假期的难得时间学习汽车驾驶、电脑操作、花卉栽培、古董鉴赏、书法篆刻和体育、舞蹈、烹调等一技之长，社会各方面应当提供这些方面的机会，以满足多样化的需求。

① 本文原载于《人民日报》2000年5月17日。

积极推动电子商务的发展①

中共十五届五中全会通过的关于“十五”计划的《建议》，提出了加快国民经济和社会信息化的重大战略决策。根据这一建议，九届人大四次会议批准的“十五”计划《纲要》，对如何加速发展信息产业，以信息化带动工业化，进一步明确了发展目标和战略重点，特别是提出了要“加快电子认证体系、现代支付系统和信用制度建设，大力发展电子商务”。在党和国家的重要文献中，把信息产业和电子商务摆在如此重要的位置，是前所未有的，这是在对世界科学技术和经济发展趋势准确把握的基础上提出的，是抓住机遇、迎接挑战，实现跨越式发展的客观要求。这一正确战略的提出，在全国引起广泛热烈的响应，可以预见，在未来一段时期内，中国的信息业和电子商务必将出现一个空前活跃的飞速发展阶段。

在人类历史的长河中，我们的祖先发明了造纸和印刷术，为信息的传播和人类文明做出了巨大贡献。但在近代工业革命中，由于闭关锁国，使我们远远落在西方发达国家的后边。当代信息技术的发展和信息网络的出现，为中国人民赶超世界先进水平提供了千载难逢的机遇。在发展网络经济方面，我们同发达国家几乎处在同一起跑线上。只要我们高度重视，采取正确的策略，完全可以使信息产业跟上世界先进水平，并通过信息化，大大缩短工业化过程，加快工业化、市场化、现代化步伐，使 13 亿中国人民更多更快地分享到现代技术进步带来的成果。

对于信息网络化问题，江泽民同志提出了“积极发展、加强管理、趋利避害、为我所用，努力在全球信息网络化的发展中占据主动地位”的要求，这是我国信息网络和电子商务发展的指导方针，也是我们运用法律手段保障和促进网络经济发展的重要指导思想。

20 世纪 90 年代以来，信息网络的迅速发展，对各国政治、经济、社会产生了广泛、巨大、深远的影响。到 2000 年年底，全球互联网上网人数共 4.71 亿。美国上网人数超过 1.5 亿，欧盟国家超过 4600 万，日本超过 4700 万。到 2001

① 本文是郑新立为《中国电子商务蓝皮书》（经济出版社 2001 年版）一书所作的序言。

年 6 月底，中国上网人数已达 3000 万人。近几年来，中国电子信息产品制造业的增长速度远远高于整个经济的增长速度，总产值已突破 1 万亿元，成为中国工业的第一支柱产业。随着信息网络对经济社会的渗透程度迅速扩展，全球电子商务更呈爆炸性增长。据瑞士信贷银行的研究报告，1999 年全球电子商务销售额达到 980 亿美元，比 1998 年增长 1.6 倍，2000 年又比 1999 年翻了一番。报告预测今后几年，世界电子商务贸易总额仍将以每年翻一番以上的速度增长。又据一市场调查公司的预测，到 2004 年全球企业间的电子商务市场规模将达到 7 万亿美元以上。联合国贸易与发展组织的专家认为，未来 10 年国际贸易将有 1/3 通过互联网贸易的形式进行。中国电子商务也有了良好的开端。据不完全统计，2000 年的网上交易额已达 7 亿元以上，比上年增长数倍。而网上撮合、网下成交的贸易额则达 700 多亿元。电子银行的营业额上万亿元，网上股票成交额达 700 亿元。应当说，中国信息产业包括电子商务的发展速度还是不慢的。

然而，中国电子商务的发展与一些发达国家相比，还存在着很大差距，突出的是软件环境跟不上硬件发展的要求，电子认证、网上结算等瓶颈问题尚未完全突破，缺乏社会信用，立法明显滞后。为了真正落实“十五”计划的要求，促进电子商务的发展，需要政府部门和企业界的人士进一步加强对发展网络经济重大意义的认识，以只争朝夕的精神，为电子商务的发展创造良好的外部条件；企业应积极地把以传统形式进行的购销业务转移到网上来进行，并同招标投标制结合起来；大力发展网络中介服务组织；研究解决保证电子商务安全的有关技术和法规问题；加强信息基础设施建设，大力发展高速宽带信息网。

实践证明，发展 B2C 和 B2B 电子商务，可以带来巨大的经济效益和社会效益。凡是开展电子商务的企业，采购成本明显下降，商品销路大大拓宽，企业竞争能力进一步增强。重视和支持电子商务的发展，已成为企业领导人和政府管理人员现代经营管理观念的重要内容，成为衡量他们是否称职的一个标准。

由曾强、王潼同志主编，有关部门管理人员和专家编写的《中国电子商务蓝皮书（2001）》，全面反映了 2000 年中国电子商务发展的现状，介绍了中国有关电子商务的行政法规，对解决网上结算、电子商务配送、电子认证体系、电子商务税收等问题进行了探讨。这是中国第一本反映电子商务发展的蓝皮书。它的出版，对企业管理人员、政府有关部门和立法机构的干部以及所有关心中国电子商务发展的人员了解有关情况，推动电子商务发展，必将起到有益的作用。对渴望进入中国电子商务市场的外国投资者更是不可替代的工具书。

让合作社成为维护食品质量安全的主体①

食品质量安全关系到13亿人，关系到我们的子孙后代，关系到我们的切身利益，这个问题已经成为国人最为关心的问题。去年年底的中央农村工作会议上，习近平总书记讲了五个问题，食品质量安全是其中的一个。

中国散户养殖、散户种植质量难以控制。为什么农民漠视农产品的质量，不仅不维护质量还要掺假？背后就是物质利益。因此，当前核心任务是建立农产品质量的利益机制，让农民从自己的物质利益角度出发来关心农产品的质量。而合作社可以是建立农户与龙头企业之间利益连接机制的一个载体，通过合作社把农民组织起来，跟龙头企业、加工企业进行价格的谈判、交涉，农民的地位就会改变，力量增强。合作社可以对加工企业控股、参股，合作社也可以自己办加工营销企业，自己来销售，农户不仅可以赚取到种植、养殖环节的利润，而且可以直接分享加工和销售这些环节的利润。通过合作社自己办加工营销企业或者控股、参股形成利益共同体，农户从个人利益上也就关心食品质量安全。另外还要建立其他的制度，双方要订一个合同，不管市场价格怎么波动，农户的牛奶都要按照合同的价格卖给加工企业。另外要拿出相当一部分盈利，分配给社员，这些都要通过合同来约定。所以发展合作社是维护中国食品安全的一个重要的载体，要使合作社成为维护食品质量安全的主体，这样才能解决我国的食品质量安全问题。

党的十八届三中全会《中共中央关于全面深化改革若干重大问题的决定》明确提出，要建立食品原产地可追溯制度和质量标识制度，这两个制度要建立的话，也需要有合作社支撑，因为食品安全问题是不可能追溯到一家一户的，有了合作社，合作社有了自己的品牌，所有在超市出售的产品商标上都要标明产品是在哪个合作社生产的，法人是谁，电话是多少，出了问题可以立即查处。另外还要建立食品标识制度，分为绿色食品、有机食品、无公害食品，由农业部门和质量安全部门共同来认证，一旦发现弄虚作假立即进行相应处罚。建立这两个制度，如果没有合作社，只是依靠数以亿计的农户，这两个制度是不可能建立起来

① 本文原载于《农产品市场周刊》2014年第8期。

的。所以，合作社可能是建立食品原产地和追溯制度以及质量标识制度的一个重要的主体。

政府对财政的补贴要对准合作社，而不是对准龙头企业。政府的补贴要补贴给合作社，要扶持合作社。合作社要做大做强，要跨区域经营。合作社将来不仅联系农户，而且要自己办加工厂，把自己的产品直接销售到城市的各个超市。合作社要建立自己的品牌，并且可以聘请有经营管理能力的人来帮助经营。

创名牌是建设制造强国的核心工程[①]

我国多数工业产品在产量上已居世界第一位，但质量、性能给人的感觉与发达国家的产品还有较大差距。这种差距集中表现为我国工业产品缺少国际知名品牌。由于缺少名牌，我国工业产品在国际市场上就卖不上价钱，其交换价值甚至低于实际价值。于是，一些企业以代工的形式借助外国品牌销售，或者从国外买一个商标，贴在自己的产品上。我曾看到一个生产衬衣的大型专业化工厂，从同一条生产线上下来的质量完全相同的衬衣，贴自己的商标，一件只能卖几百元；而贴国外买来的商标，一件可卖几千元。这就是品牌的价值。我国去年的GDP按市场汇率计算为10万多亿美元，而按购买力平价计算则上升到17万多亿美元。这相差的7万亿美元，很大一部分可看作我国制造业产品的市场交换价值低于实际价值的差额，很大程度上就是品牌价值的差额。

改革开放30多年来，我们主要着眼于解决商品短缺、供给不足问题，对品牌不太在意。时至今日，需求不足、产能过剩已经成为主要矛盾。实现经济持续增长，必须在提高经济发展质量和效益上做文章，把创名牌作为企业发展的主攻方向，通过增加品牌价值，提高企业赢利能力和国际竞争力。如果各个行业能创造出一大批国际知名品牌，提升产品在国际市场创名牌是建设制造强国核心工程上的附加值和交换价值，那么，无须增加物质资源消耗，就能实现产值和利润的大幅度增长。

品牌是建设制造强国的核心，是技术、管理、创意等多重因素作用的结果，是长期细心浇灌才能培育出的花朵。

制造业的著名品牌都有自己独特并不断更新的技术。拥有名牌的企业大都长期注重技术研发投入。研发投入占销售收入的比值是企业的研发强度。在技术密集、知识密集型产业，研发强度应达到10%以上；在传统产业，也要达到3%以上，低于2%就意味着企业将被淘汰。我国目前研发投入强度能达到这个标准的企业为数不多。凡是在市场上崭露头角的制造业企业，都在技术研发上舍得投

① 本文原载于《人民日报》2015年9月9日。

入。华为和中兴是国际市场上两个知名度较高的中国品牌，其企业研发投入强度都在 10% 以上，企业拥有技术专利数量在国内排名前两位。名牌必须建立在领先的技术基础之上。

创名牌需要坚持不懈地培育呵护。品牌是企业的生命，是企业员工的饭碗，企业的兴衰存亡系于品牌。一个具有长远发展观念的企业，一定会把创名牌作为经营的核心战略。品牌认可度由用户说了算。企业应当把用户当作上帝，从产品设计到售后服务都努力满足用户需求。这种用户第一的理念只有长期坚持，企业才能基业长青。扩大品牌知名度，还要善于谋划。海尔坚持从高端市场做起，从最挑剔的市场做起，先占领发达国家市场，再扩大到发展中国家市场。这是有气魄、有信心的表现。当然，由于发达国家市场趋于饱和，对有些产品来说，先开拓发展中国家市场，扩大生产规模，降低成本，再进军发达国家市场，也是一种现实途径。

创名牌必须不断推出新产品。随着人们消费水平的提高、市场竞争的激化，只有不断推出新产品，才能满足新需求，在众多商品中脱颖而出，为老品牌增添新光彩。开发新产品，必须有创意。包括产品性能和外观，都应注重运用最新技术成果，融合多种文化元素。

从现实生活中的例子看，汽车作为一种集合了诸多先进制造技术的世界第一大商品，长期以来一直是各国制造业水平的重要标志。我们期待自主品牌汽车实现长足发展。当国人争相购买自主品牌汽车之时，或许就是我国建成制造强国之日。

深化改革以不断推动结构转换和经济发展①

改革开放之所以能够创造经济奇迹，关键在于改革推动了经济结构转换，释放经济增长新动能，促进经济持续快速健康发展。

解决城乡二元结构矛盾，实现乡村振兴，是结构调整的战略任务。必须实施好乡村振兴战略，实现城乡协调发展。

改革开放以来，我国之所以能够创造经济奇迹，关键在于通过不断深化改革，推动了经济结构的不断转换，从而释放出经济增长的新动能，促进了经济的持续快速健康发展。概括起来，大的结构转换已经经历了4次。当前正面临着第五次结构转换的任务，这就是党的十九大提出的通过城乡融合实现乡村振兴。

20世纪80年代农村改革带动了农业发展和乡镇企业崛起，一举结束了短缺经济。改革之初，我国被长期存在的商品匮乏所困扰。我们的改革就是从解决短缺问题开始的。安徽小岗村农民创造的土地家庭联产承包责任制，调动了农民的积极性，促进了粮食增产。尽管当时不少人认为这是走资本主义道路，但是在邓小平的支持下，这项改革得以继续并迅速在全国各地推广，粮食和各种农产品连年大幅度增产，很快就满足了市场需要。到1992年，各地粮食库存增多，占压了大量资金，全国多数地区放开了粮食价格。从1993年开始，实行了39年的粮食统购统销政策退出历史舞台。与此同时，为了增加短缺工业品，国家鼓励乡镇企业发展，对发展轻纺工业实行优先供给能源、原材料、外汇等“六个优先”政策，消费品工业出现了高速发展局面，琳琅满目的工业消费品涌向市场。改革首先在农业和消费品工业上发力，主要是因为农业和消费品工业提供的产品属于最终消费品，距离市场最近，人民受益最快。当人民享受到改革红利之后，就更加支持改革，并以更大的热情投入改革发展之中。在产业结构上，农业和轻纺工业成为这一时期的增长点，拉动了整个国民经济的起飞。乡镇企业崛起造就了一大批农民企业家。

20世纪90年代建立社会主义市场经济体制和现代企业制度，带动了四大支

① 本文原载于《学习时报》2019年1月30日。

柱产业振兴和经济腾飞。1992 年，党的十四大提出了建立社会主义市场经济体制的改革目标。1993 年，党的十四届三中全会做出了《中共中央关于建立社会主义市场经济体制若干问题的决定》，提出了市场经济体制的框架体系，国有企业要建立现代企业制度，这是我国经济体制改革的重大突破。1995 年开始实施的“九五”计划，提出了振兴电子机械、石油化工、汽车制造和建筑业四大支柱产业。振兴四大支柱产业适应了产业结构调整的要求。市场经济体制和现代企业制度的建立，解放和发展了生产力。一批国有企业和民营企业在振兴支柱产业中迅速发展壮大。仅用 10 年时间，四大支柱产业占国内生产总值的比重就由 8% 上升到 20%，支撑了 20 世纪 90 年代经济的腾飞。机电产品出口在出口总额中的比重不断提高，我国制造业占全球的比重迅速提升。建筑业的迅速发展不仅满足了市场需求，而且拉动了钢铁、水泥、玻璃等建材工业和能源工业的发展。到 20 世纪末，我国已有 200 多种工业产品产量居世界第一位。这一时期发展的突出特征，就是重工业的增长速度明显高于轻工业，重工业在工业中的比重迅速上升，工业产品的附加值和技术含量不断提高。改革促进了经济结构调整，结构转换释放了经济增长的新动能，有力地推动了经济发展。

新世纪第一个 10 年通过发行国债进行基础设施建设，高铁、高速公路和通讯基础设施建设规模跃居世界第一。1998 年 4 月，为应对亚洲金融危机，贯彻党中央提出的扩大内需战略，国务院决定增发 1000 亿元 10 年期长期建设债券，在实际执行中按 1250 亿元掌握，同时银行配套贷款 1000 亿元，集中用于交通通信、农田水利、城市基础设施、环境保护、城乡电网改造、经济适用房等领域的建设。国债连续发行了 5 年。这项政策有力地扭转了通货紧缩趋势，支持了当期经济增长，并为之后 10 年经济的高速增长奠定了坚实基础，成功地把亚洲金融危机带来的挑战变成了发展机遇。进入新世纪的第一个 10 年，我国经济年均增长速度高达两位数，经济总量上升到世界第二位，综合国力明显增强。过去常常有人讲，经济总量大了，速度会相应慢下来。但是，相对于前 20 年，新世纪第一个 10 年的总量要大得多，速度反而更快了。出现这种现象，不能不说是改革开放的成功，是宏观调控的成功。

进入新世纪第二个 10 年，围绕转变经济发展方式，在调整需求结构、产业结构、要素结构方面取得突破性进展。转变经济发展方式是贯穿“十二五”“十三五”规划的主线。与前三次结构转换不同，这一次经济结构转换的内容覆盖面更广，特别是党的十九大提出实现高质量发展，对结构调整提出了更高的要求。我们围绕发展方式转变聚焦各项改革，经过多年的努力，转变经济发展方式已经取得重大进展。

一是在投资与消费结构的调整上，通过调整收入分配结构，重点增加中低收入人群的收入，特别是增加农民的收入；采取鼓励消费的措施，重点鼓励增加服务消费；适度控制投资增长速度。经过坚持不懈努力，投资与消费比例失衡的局面已经改变。在国内生产总值构成中，资本形成总额所占比重已经由2010年的47.9%下降到2016年的44.2%，最终消费支出的比重同期由48.5%上升到53.6%。今年前三季度，最终消费支出对经济增长的贡献率达到78.0%，资本形成总额对经济增长的贡献率下降为31.8%，消费已经成为拉动经济增长的最大动力。

二是在产业结构调整上，鼓励第三产业发展，对第三产业全面实行营业税改增值税，降低了第三产业企业的税负。2017年，第三产业投资增速达到9.5%，接近工业投资增速的3倍，改变了经济增长过度依赖第二产业的状况，第三产业已经成为新的增长点。今年前三季度，第三产业占GDP的比重已经上升到53.1%，第三产业对经济增长的贡献率达到60.8%。

三是在要素结构调整上，鼓励技术进步、改善管理和提高劳动者素质，经济增长过度依赖物质资源消耗的状况已经明显改变，生态环境已经开始改善。科技研发投入不断增加，技术成果开始成批涌现。我国发明专利申请量已连续多年居世界第一位，国际专利申请量同美国的差距也逐年缩小。在创新驱动下，我国高新技术产业、战略性新兴产业在工业和出口中的比重不断提高。围绕重大技术难题组织产业联盟进行科研攻关不断取得突破。政府、企业和科研人员创新的积极性已经调动起来，以创新求发展已经成为全社会的共识，技术进步对经济增长的贡献率不断提高。

解决城乡二元结构矛盾，实现乡村振兴，是当前面临的第五次结构大调整的战略任务。转变经济发展方式，实现经济转型升级和高质量发展，是一项长期的战略任务，有待于继续努力。回顾改革开放40年的历程，我们以改革促发展，把消费资料、生产资料、基础设施、第三产业都搞上去了，在经济结构上剩下一个硬骨头，就是城乡二元结构。实现乡村振兴，使农民的收入水平能够赶上城市人口的收入水平，使农业劳动生产率能够赶上社会平均劳动生产率，把农村建设得比城市更漂亮、更宜居，是我国经济结构调整面临的重大历史任务，是建设富强民主文明和谐美丽的社会主义现代化强国绕不开的问题，也是亟待释放的经济发展最大新动能。

必须看到，发展的不平衡不充分集中表现在城乡之间发展不平衡和农村发展不充分。城乡居民收入差距仍在2.7∶1；农业劳动生产率仅为全社会劳动生产率的28%。社会发展滞后于经济发展，主要表现在农村的公共服务和基础设施严重落后于城市。生态环境压力加大，也主要体现在农产品质量安全、农村环境等问题上。导致城乡差距拉大的根本原因，是城乡市场发育程度不同。城市的各类生产要素都已经市场化了，农村却处在半市场化或非市场化状态。按照商品流通规律，农村的生产要素40年来源源不断流向城市，而城市的要素却难以流动到农村来。

党的十九大提出要建立城乡融合发展的体制机制和政策体系：

一是必须建立城乡统一的全要素市场体系，发挥市场对城乡资源配置的决定性作用。关键在于全面认真落实十八届三中全会精神，改革农村土地制度，激活土地资本。农民凭借对农村土地的用益物权，可以抵押、担保、转让、入股，获取财产性收入。以农村土地为平台，吸引城市资本下乡。当前，以城乡融合带动乡村振兴应抓紧做好四件事。一是加快农业现代化步伐。培育新型农业经营主体，鼓励合作社、农业公司等通过土地经营权自愿有偿转让，发展规模化、社会化大农业，确保国家粮食安全。学习国外先进技术和经验，大力发展现代畜牧养殖业，提高动物性食品质量和供给能力。增加农业科技研发投入，加大对农民的技术培训力度，逐步推行从事农业经营人员的绿色证书制度。

二是继续推进新农村建设。加大对农村基础设施和公共服务的投入，建立农村垃圾、污水集中处理系统，完善农村道路、信息网络、医疗卫生设施。结合村庄整治、宅基地整理，建设新型农村社区，改善农村居住环境。宅基地整理后节约的建设用地，应允许发展经营性事业，或通过建设用地指标异地置换，获得财产性收入。对退出宅基地进入城市落户的农民，应给予价值补偿。

三是有序推进农民工市民化。城市农民工与户籍人口之间，已经形成新的二元结构，带来了种种弊端。这种状况应当尽快改变。对已经在城市有稳定工作和收入的农民工，应允许在所在城市落户，享受城市居民的养老、医疗、住房、子女入学入托等公共服务。沿海地区吸收农民工较多的城市，应当把实现农民工市民化纳入城市发展规划。

四是积极发展各类特色小镇。建设特色小镇，能够实现三次产业的融合发展，有效带动城乡一体化发展。根据浙江的经验，特色小镇可以多种多样，围绕一种产品，带动一个产业，富裕一方百姓。因此，特色小镇建设应成为解决社会主要矛盾、带动城乡融合发展的重要抓手。搞好特色小镇建设必须实现六个转变：城镇化方向由重点发展大城市向重点发展特色小镇转变，城市功能由过去工作和居住地分离转变为向产城融合方向发展，产业选择由多业并举的综合性城市向专业化特色产业发展，投资运营由政府为主体向企业为主体转变，土地供应由政府先征后“招拍挂”向土地用益物权入股方式转变，融资方式由间接融资为主向直接融资为主转变。

激活蛰伏潜能　变疫情挑战为发展机遇①

4月8日中央政治局常委会议，讨论当前疫情防控和经济社会发展工作，提出要“着力扩大国内需求”，“积极扩大居民消费，加快推进投资项目建设”，“确保实现决胜全面建成小康社会、决战脱贫攻坚目标任务。”尽管一季度受疫情影响，耽误了一些时间，但只要从二季度开始，全国上下同心协力，争分夺秒，把耽误的时间抢回来，完成全年经济社会发展目标还是有条件的。当前经济运行面临的主要矛盾是需求不足，随着新冠疫情的重灾区由国内转移到国外，出口订单减少，需求不足的矛盾将进一步加剧。完成今年的发展任务，必须按照中央的部署，在扩大需求特别是扩大内需上下大力气。要抓紧落实去年年底中央经济工作会议的部署，通过改革等各种措施，千方百计把蛰伏的发展潜能激发出来，使之汇聚成拉动经济增长的强大新动能。应当看到，当前我国国民经济中存在着许多发展的短板，只要通过有效的宏观政策加以引导，潜在需求就能变成现实需求，从这个意义上来说，疫情挑战正是补短板的机遇。现在我们不缺劳动力和资金，缺的是政策。我认为，抓紧实施扩大需求的政策，把以下六大蛰伏的发展潜能释放出来，完成今年的发展任务就有了可靠保证。

一、抓紧新型基础设施建设

国务院最近提出了新型基础设施建设的任务，包括5G基站、特高压、城际高铁和城市轨道交通、新能源汽车充电桩、大数据中心、人工智能、工业互联网七项重要工程。这些工程是根据我国经济、社会、科技发展的新需求提出来的，是经过长期研究、精心谋划和反复比较确定下来的，绝不是病急乱投医的草率决定。这七大工程符合当前和未来国民经济发展的需要，国内有成熟的技术，具备大规模建设的条件，在建设资金和施工力量上国内也有足够的能力。这一轮投资完成之后，我国基础设施将迈上一个新的台阶，建成全球最先进的信息网络和高铁网络，为发展数字经济、实现居民消费结构升级、缩小区域和城乡发展差距提

① 本文原载于《全球化》2020年第3期。

供强有力的支撑；我国的能源结构将得以优化，西部的可再生能源、清洁能源优势可以充分发挥出来，对改善东中部空气环境、减少颗粒物排放起到重要作用；随着人工智能、工业互联网、物联网的发展，将有力地推动工业化与信息化融合，实现产业结构优化升级，提升我国制造业在全球产业链中位置；我国城市群内部和城市群之间的交通将更加便捷，在中心城市周围将形成更大范围的半小时生活圈和一小时商务圈，有利于增强中心城市的辐射带动作用，增强城市群的整体竞争力。这些投资既能拉动当期需求和增长速度，更能对长远发展增添后劲，应当有序扎实推进。对新基建所需的芯片、软件、新材料和关键零部件等短缺的产品，应加大技术攻关力度，力求形成国内供给能力。新基础建设在扩大内需中见效快、拉动作用大，应摆在突出位置。有些同志担心搞新基建会加大债务负担，这是不必要的。在需求不足的情况下通过适当发债搞建设，我们有着成功的经验。20 世纪 90 年代末在应对亚洲金融危机时，通过发行长期建设债券，进行基础设施建设，不仅有效改变了经济低迷的状况，而且为进入新世纪后出现长达十年两位数的高速增长期奠定了坚实基础。经济规模大了，财政收入增加了，偿还这些债务就不会构成多大的负担。上一轮基础设施建设没有出现偿债困难，这一轮新基建只会比上一轮干得更好。

二、加快城乡融合发展

去年 4 月 15 日下发的《中共中央 国务院关于建立健全城乡融合发展体制机制和政策体系的意见》，对如何加快农业农村发展做出了具体部署。认真落实这一文件精神，将能释放出蛰伏于农村的土地、劳动力、资本等巨大发展潜能。在农村土地制度改革上，文件提出了“三个允许入市”，即“允许农村集体经营性建设用地入市，允许就地入市或异地调整入市；允许村集体在农民自愿前提下，依法把有偿收回的闲置宅基地、废弃的集体公益性建设用地转变为集体经营性建设用地入市”。全国村庄建设共占用 17 万平方公里，合 2.5 亿亩，农村人均建设用地面积是城市人均的 3 倍多。根据农村宅基地改革试点县江西省余江县的调查，农村闲置房、倒塌房、危房占总户数的 57%。通过村庄整治，把节余的宅基地市场化、资本化，就能吸引到巨额资金投入和各类人才，为农业现代化、新农村建设、农民工市民化和特色小镇建设提供充足的资金支持。如果能把这四件事联动起来，迅速推进，我国农业农村面貌将能很快改变，由此激发出巨大的需求潜能，足以拉动我国经济在未来十年内的持续中高速增长。

党的十九大提出了我国社会主要矛盾已经转化为人民日益增长的美好生活需要和不平衡不充分的发展之间的矛盾。发展的不平衡不充分集中体现在城乡之间发展的不平衡和农村发展的不充分。贯彻落实城乡融合发展战略，加快农业农村发展，就是抓住了当前社会主要矛盾，应当动员全党全国集中力量来干。关于农村土地制度改革，早在7年前党的十八届三中全会就已做出部署，并在十几个县试点，但此后并没有在面上推广，贻误了不少时间。去年4月中央文件从体制机制和政策体系上进一步做出详细周到的安排，当前应作为扩大内需的重大举措，尽快在全国各地推广。2019年我国农村人口还有5.64亿，第一产业就业3亿人，占全部就业人口的39.6%，而第一产业占GDP的比重仅为11.3%，农业劳动生产率仅为全社会平均水平的28.5%。农业劳动生产率过低，是城乡差距大的根本原因。差距本身就是潜力。应当充分发挥中央支农惠农政策的效能，建立城乡一体化的市场，促进生产要素在城乡市场之间平等交换、自由流动，运用市场机制的强大力量，推动农村现代化和城镇化，尽快使5亿多农村人口的收入水平赶上全社会平均水平。

三、促进形成强大国内市场

去年，我国国内市场社会消费品零售总额达到41.2万亿元，按平均汇率计算，折合5.97万亿美元。美国去年社会消费品零售总额为6.23万亿美元。中国的社会消费品零售总额比美国少2600亿美元，相当于美国的95.8%。中国的恩格尔系数为28%，美国为14%，中国比美国高一倍。去年，中国的GDP总量为14.4万亿美元，美国21.4万亿美元，中国为美国的67.3%。社会消费品零售总额占GDP的比重，中国为41.5%，美国为29.1%，中国比美国高12.4个百分点。从这一组数据比较中，我们大体可以得出以下两个判断：一是与美国相比，中国居民能够从经济发展中更多受益。从党的十八大以来，我们不断转变经济发展方式，经济增长从过去主要依赖投资和出口拉动，向主要依靠消费转变，实现消费、投资、出口协调拉动。经过十几年的不断调整，已经取得明显成效。去年，消费对经济增长的贡献达到57.8%。市场消费总额所反映的是居民所获得的实实在在的利益。在我国GDP总量比美国低32.7%的情况下，社会消费品零售总额比美国仅低4.2个百分点，说明在社会产品总量中，除军火之外的最终消费品所占比例要明显高于美国，从这个意义上说，我国的宏观经济效益明显高于美国。第二个判断，与美国相比，我国市场消费总额还有很大的增长空间。去年，美国人均市场消费额是中国的4.5倍。在美国居民家庭消费结构中，住房消费占33%，交通15.9%，饮食12.9%，养老存款11.2%，医疗8.2%，娱乐5.3%，服饰3%，教育2.4%。住房和交通消费排在第一、二位。我国目前扩大居民消费的重点仍应放在住房和汽车上。把房市和车市活跃起来，就能带动整个消费市场。近几年，为了抑制房价上涨，许多城市采取限购政策，这不是一个好办法。正确的对策应当是通过增加住房供给来抑制房价。随着居民收入的提高，改善居住条件成为最大的需求，我们要尽可能满足这种对美好生活的需要。要把重点放在解决住房困难户和进城落户农民工的住房上，不少城市推出共有产权房，值得推广。最近，国土资源部和住建部联合发文，允许全国十几个城市郊区农民在自己的经营性建设用地上建设租赁房，以增加城市住房供应。这项改革既能让农民富起来，又能增加城市住房供给和平抑房价，改革的步子还应当迈得更大一些。住房建设对经济的拉动作用是其他任何消费品所不可替代的。应允许各地政府大胆进行改革试验，找到既能保持房市繁荣又能保持房价稳定的办法。今年一季度，汽车销售同比大幅下滑，疫情固然是一个影响原因，但主要还在于地方政府的限购政策阻碍了汽车销售，全国限购汽车的城市已有十几个。就人均汽车保有量来看，美国是我国的5.6倍。中国汽车市场还有很大发展空间。国家发改委最近提出减少汽车限购，是一个很好的政策导向。应当从增加道路和停车场的角度为居民购买汽车创造条件。东京是凭停车位证明购车，不妨加以仿效，这个办法既能拉动停车场特别是立体停车场建设，又鼓励了汽车消费。鼓励电动汽车销售的政策应当继续坚持下去。要努力扩大农村市场，发展二手车市场。要积极扩大服务消费特别是公共消费。大力发展网络教育。美国人均医疗、教育支出是中国的10倍，这次在应对新冠病毒疫情中打了败仗。我们发挥制度优势，赢得了战疫的初步胜利。应当总结经验教训，进一步增加投入，健全具有中国特色的公共卫生体系和医疗保障体系，加大防疫用品和疫苗药品的研发生产，努力成为全球医疗用品供给中心。鼓励发展电子商务，健全覆盖城乡和全球的物流配送网络。

四、重视生态环境建设

遵照习近平总书记关于绿色发展的理念，重视生态环境建设，把环保产业打造为一大支柱产业，也将释放出巨大的投资需求。当前，最为紧迫的是抓紧做好空气污染治理、水污染治理、垃圾处理和土地面源污染治理四件事，打赢蓝天、碧水、净土保卫战。发展环保产业，关键是建立公共产品的价值补偿机制，使对环境治理的投资能够取得合理回报。大体上可以把环保项目分为三类，分别实行不同的政策：一是从环保投资产生的经济效益中可以收回投资并有一定盈利的项目，应交给市场，通过竞争吸引投资；二是环保投资能产生一定收益，但不足以补偿投资的项目，应运用政府与企业合作的PPP模式，政府给予一定的优惠政策，通过招投标选择投资者；三是环保投资只能产生生态效益和社会效益，投资者不能获取经济收益的项目，要由政府投资或由政府通过协议委托企业投资，政府给予补偿。总之，环保投资所提供的是公共产品，政府要通过精细化管理，建立公共产品的价值补偿机制，才能为环境治理找到源源不断的资金来源。能不能建立环保投资资金的筹集机制，是对政府治理体系和治理能力的考验。比如，全国固体废物包括建筑垃圾、工业固废和综合垃圾存量已高达 800 多亿吨，堆积和填埋占地约 1400 多万亩，对地下水和环境带来一定污染和安全隐患。随着国内环保科技进步和投资能力增强，我们已经有条件逐步把这些历史累积和新增的废物转变为宝贵资源。初步测算，建设处理全部存量和增量固废能力约需总投资 4 万亿元，单厂建设周期半年至一年，全部建成后可形成年产值 4.1 万亿元，年利税 2400 多亿元，未来 10 年可减少占地 2600 万亩，新增就业 240 万人，减少碳排放 6 亿吨以上。实施固废再生工程，可产生巨大的经济效益、生态效益和社会效益，对拉动内需、稳定经济增长将发挥积极作用。发展固废再生产业，主要可依靠市场机制，所需要的是政府的规划和投资引导。又如，煤炭清洁利用技术已经有了突破性进展。改性甲醇消除了普通甲醇腐蚀性、溶胀性、低温启动难三大弊病。用改性甲醇替代汽柴油和燃煤，颗粒物排放量可减少 50% 以上，将成为治理大气污染的有效手段；利用我国丰富的低阶煤资源制取甲醇，工艺成熟，成本低廉，可在西部大规模建厂扩大就业；去年我国进口石油超过 5 亿吨，用甲醇替代石油，可以减少以至完全取消石油进口，将来甚至可以出口。科学界把甲醇称之为“液态阳光”工程。做好这件事，现在技术、资源、资金、市场、劳动力都不缺，唯一缺少的是政策。再如，河流、湖泊水污染治理，必须把全流域的人都动员组织起来，从源头开始治理。做好这件事，也必须发挥政府的作用，发挥社会主义制度的优越性，要用全民动员抗击新冠肺炎的成功经验，来治理水污染。

五、精选效益好的“一带一路”投资项目

“一带一路”倡议实施以来，已经有 80 多个国家和国际组织与中国签署共建合作协议，在互联互通工程建设上已经取得重要成就，一批铁路、公路、航空建设项目有序展开，沿线有 11 个港口、70 个工业园区正在建设运营。截至 2020 年 2 月底的 12 个月中，我国在“一带一路”沿线国家完成项目投资 880 亿美元，同比增长 17%；新签合同 1460 亿美元，同比增长 20%。有智库预测，未来十年，“一带一路”项目总投资将达 1.5 万亿美元。“一带一路”建设将为推动全球化做出重大贡献。

当前，在我国周边地区精选一批经济效益好、建设周期短、带动作用大的交通建设项目，加快建设进程，对于拉动出口和国内需求，促进我国同周边国家的

经济合作，具有重大战略意义。我认为，加快面向孟加拉湾的第二海运大通道建设，应摆在优先地位。首先，应加快泛亚铁路中线建设，确保明年建成通车。这条铁路沿湄公河流域，途经老挝、缅甸、泰国、柬埔寨、马来西亚到新加坡，沿线国家对我友好，大部分国家产业水平与我国处于垂直分工状态，经济互补性强。我曾经两次到湄公河流域考察，那里农业发展潜力很大，光热水土资源丰富，种水稻可以一年三熟，但由于缺乏国际市场，水稻产能远远没有发挥出来。铁路通车之后，那里的农产品、矿产品可以出口到我国，并成为一条黄金旅游线，沿线国家就能够搭上我国这列快速前进的火车。其次，要加快泛亚铁路西线建设，即沿孟加拉湾东海岸，从瑞丽经皎漂港到西哈努克港，这条铁路可以拉动缅甸、泰国和柬埔寨的外向型经济发展。最后，建设中孟铁路，从腾冲到孟加拉国的吉大港和首都达卡。孟加拉国有 1 亿多人口，是世界最不发达国家，这条铁路可拉动孟加拉国的发展。以上三条铁路建成之后，将为我国西南地区提供便捷的出海通道。再抓紧建设从广西到云南沿边的铁路，把中南半岛同我国经济最发达的广东省连接起来，云南就能成为面向南亚、东南亚的经济辐射中心。未来，中孟铁路再向西延伸，就能连接上印度西部最大城市加尔各答，从而为建设孟中印缅经济走廊奠定基础。

旅游业是新时代的朝阳产业

发展全域旅游是实现全面小康的重要途径①

在纪念湘西自治州成立60周年的时候我们召开武陵山旅游发展高峰论坛，研究如何通过发展旅游带动精准扶贫实现全面小康，具有重大意义。当前我国旅游业已经进入了一个黄金发展期，去年我国旅游业总收入已经达到4.96万亿元，同比增长13.6%，对国民经济的贡献率达到11%，对就业的贡献超过了10.26%。如今入境旅游人数已经达到了1.38亿人次，国际旅游收入达到1200亿美元，旅游的顺差达到102亿美元。这些数据说明旅游业正在成为国民经济的一个增长点，成为拉动就业增加居民收入的一个带动力量。湘西提出发展全域旅游，而且国家旅游局也授予湘西全域旅游示范区这样一个名称，要求湘西在发展全域旅游方面为全国摸索出一些经验，我认为这是湘西发展的一个重大机遇。

湘西具有得天独厚的自然资源，从自然景观到人文历史景观都非常有吸引力，而且湘西的旅游基础设施具有了一定的水平，形成了一些著名的景点，在国内外形成了一定的影响。因为旅游业是一个富民的产业，发展旅游可以有力地带动扶贫，到2020年实现全面小康。因此，湘西把旅游业作为支柱产业重点加以培育和发展，我认为抓得非常准。借此机会对湘西加快发展全域旅游提几点不成熟的建议：

一、进一步完善旅游基础设施，加强对重点景区的推进

湘西现在自然景观、历史景观，凤凰古城、芙蓉镇、苗寨等已经有了一定的名气。我认为最有吸引力的，未来发展潜力最大的，能够作为湘西第一景的是矮寨大桥。会议的背景图，看了以后令人震撼。自然景观和现代的人类工程结合在一起，看了以后确实是叹为观止，全世界找不到第二个这样的景观，所以矮寨大桥将来要从空间看，从下往上看，从侧面看，还要住下来看，把它发展成为不次于张家界的一个黄金旅游景点。看了张家界不看矮寨大桥就会成为游客的终身遗憾。美国有一个旅游组织将矮寨大桥评价为“全世界18个终生必须要去看的景

① 本文为郑新立在2017年10月11日武陵山旅游高峰论坛上的发言。

观之一”，我觉得评得很有道理，全世界18个景观没有把张家界选进去把矮寨大桥选进去了，这是有道理的。

刚才湖南旅发委主任讲了要形成一个武陵山全域旅游的黄金线路，把张家界、怀化、湘西这些旅游景点串联在一起打造整体优势，形成一条黄金旅游线路，来三天看什么，来五天看什么，来一个星期看什么，住下来一个月看什么，形成一条推荐给游客的黄金旅游线路，这样把整体优势发挥出来。旅游基础设施有了一定的基础，但是我觉得还不够，还要进一步发展，特别是适应湘西的分散特点，湘西要发展通用航空，国务院最近对开放低空空域有了政策，6000米、7000米以下的低空发展直升机和民用小飞机，这样从矮寨大桥到凤凰古镇可以坐直升机过去，可以大胆地进行实践，可以满足游客从空间看湘西的要求。所以我们这些景点都要建直升机场，将来直升机自己也可以生产，价格也不是很贵。基础设施的建设，现在高铁是世界第一，高速公路通车里程世界第一了，网络（无线通信网络、有线通信网络）也是世界最发达的。但是我国的航空跟美国相比相差太远，美国有飞机场1.98万个，我们中国只有298个机场，美国有33万架民用飞机，我们还不到6000架飞机，跟美国相比我们在航空是一个短腿，下一步航空包括机场建设、航空公司、私人飞机可能会成为交通运输的一个增长点，我们要把航空运输和湘西的旅游结合起来加快湘西旅游发展。

二、把发展旅游业同发展文化产业结合起来

现在全国各省文化产业发展最好的是湖南，我们要利用这个优势，把搞文化产业的有志之士请到湘西来，帮助湘西打造一些文化精品，包括电影，包括演出节目、戏剧、文学作品等，《芙蓉镇》这个电影把芙蓉镇的旅游给带火了，所以电影、文化的影响力超出我们的料想。我曾经总结丽江旅游，作为改革开放30年18个重点经验之一，我曾经在那儿住了一个星期，总结云南丽江的旅游，有自然景观，但是真正吸引人的是两个文化精品，一个是丽江金沙，一个是纳西古乐，这两台节目每天演，演了很多年了，每一场都是爆满，所以要请文化高人打造一些文化精品。游客来吉首的晚上，要有好节目看，看了要吸引人，让游客觉得好看，把这方面结合起来，把故事讲好讲得吸引人。

三、把发展旅游业同发展数字经济结合起来

利用网络把旅游景观、特色产品上传到网上，可以实行全过程的网络监控，这样一下子可以把景观推销到全世界。现在不管哪个产业只要善于跟互联网结合

起来，你的销售市场一下子可以扩展到全世界，所以要善于把发展数字经济同发展旅游业结合起来。云南一个很偏僻的地方有一个小旅馆，过去游客很少，就是利用互联网把这个地方建好以后来了很多外国游客。湘西很多独特的地方要翻译成世界各种文字放到网络上，一下子全世界的人都知道了我们这里有这么独特的景观，可以吸引全世界的游客。这几年我们的出境游井喷式增长，去年据说到海外旅游花了 1200 亿元，出境游跟入境游差不多已经相当了，重点还要吸引外国游客挣外汇。

四、把发展旅游业同发展绿色经济结合起来

绿色经济是湘西的优势产业，把生态林和经济林结合起来。过去在山东调研的时候，老百姓讲沂蒙山那光秃秃的，后来种树，都是生态林，老百姓说看着满山青但是都是空，这不行，得发展经济，把陡峭的地方做成生态林，缓坡做成经济林，这样使每年的林果业收入，使农民增加收入。比如发展猕猴桃，一亩地搞几万元收入，发展产业一亩地 5000~8000 元收入，浙江很多地方种石斛、秋葵、中药材、花卉等，收益会更高。请植物专家来根据武陵山气候条件选择一些适合我们这生长的精贵的生物资源，在这里加以培育，这样可以提高农业的经济效益。

昨天我去古丈一个牛角山村，这个村的支部书记讲，到 2020 年全村要达到 1 万亩茶园 1 亿元收入，把他们的茶全部做成高档茶达到 1 万亩，整个销售收入达到 1 亿元，一亩收入达到 1 万元了，他这个决心我觉得是可以实现的。他这个经验在武陵山在湘西的许多山区都是适用的，这个目标都是可以达到的，所以把发展旅游业和发展绿色经济结合起来，相互吸引相互依靠。

五、把发展旅游同健康养老产业结合起来

大健康现在在国内比较热，国务院最近专门发了《关于发展健康产业的政策文件》，形成了六条支持性的政策，所以在湘西这个地方养老养生是非常好的，光是自然景观看完就走了，发展健康、养老的旅游可以使得这些人留下来在这住一段时间，可以进一步增加旅游收入。

六、把发展旅游业同特色小镇结合起来

现在湘西已经形成了一些特色小镇，比如说芙蓉镇就是一个典型的特色小

镇，中国城镇化促进会最近在国家发改委推动下全力推进千镇工程，发展特色美丽小镇。依托当地的自然资源，依托当地的景观发展各种特色旅游小镇，比如苗寨风情小镇、土家族风情小镇等。可以吸引国内外投资者来这里作为投资主体，农户可以把土地的使用权拿出来入股，这样可以降低投资人的投资成本，当地老百姓也可以得到长期的财产收入，成为旅游公司股东拿到股金，而且可以到这些公司中就业拿工资，这样就可以增加当地老百姓的收入。特色小镇建设在全国正在健康的推进，下半年我们会召开一次专门会议，挑选一些成熟的特色小镇签约，有投资企业和地方政府的签约，投资主体承担什么责任，地方政府承担什么责任、义务，双方合作来建设特色小镇。

湘西地区建设一批风情特色小镇、文化特色小镇、健康养生的特色小镇，用文化特色小镇带动整个湘西的城乡一体化发展，到 2020 年我们就能够为全面建成小康社会做出重要贡献。

旅游业是我国现阶段的朝阳产业①

改革开放以来，我国国民经济迅猛发展，居民收入大幅提高，消费结构快速改变。曾几何时，先富起来的中国人也能够像发达国家的居民一样，成群结队到世界各地旅游购物、经商求学。喜观今日之世界，但凡有人群的地方，都能发现国人的身影。然而，中国的旅游业包括出境游在内，才刚刚兴起，属于名副其实的朝阳产业。研究旅游业发展规律，借鉴发达国家经验，制定正确的政策、规划，引导旅游业健康发展，提高旅游业的经济效益和社会效益，当前不仅十分必要，而且意义重大。

一、我国旅游业正处于黄金发展期

2014 年，我国人均 GDP 已超过 7000 美元，在世界上属于上中等水平，正处于向人均 1.2 万美元的高收入国家跨越的历史阶段。继解决了温饱问题之后，扩大住行消费的高峰也已过去。接下来的消费热潮开始进入文化旅游消费阶段。消费热点的这种阶段性变化，符合人类社会需求升级的一般规律。在发达国家的居民消费结构中，一般用于吃穿用的支出、住房的支出、汽车的支出和文化旅游的支出各占四分之一左右，而且随着收入水平的提高，用于文化旅游消费的支出比重会逐步提高。与发达国家相比，我国大多数居民用于文化旅游消费支出的比重仍然很低。随着到 2020 年全面小康目标的实现，居民收入将会有一个较快提高，人们将会有更多的钱用于文化旅游消费。由此拉动我国旅游业的快速发展，是不容怀疑的。无论是国内游还是出境游，人数将迅速扩大，需求将更趋多样，对服务质量的要求将越来越高。

面对旅游业发展的历史机遇，我们必须早做谋划，在基础设施、人才培养、服务标准、政策法规等硬件和软件建设上做好准备。我们不能满足于被动地适应消费需求，更应通过开发旅游项目、改善旅游服务，创造旅游需求。我国有着丰富的旅游资源，各地气候、地貌差异大，包括自然景观、人文历史、民族风

① 本文为郑新立应邀为 2015 年 1 月召开的全国旅游业工作会议撰写的专稿。

情、饮食文化、养生健体、观光农业等，许多还没有开发出来。随着交通条件的改善，特别是高铁网络的形成，群众出行将更加方便。旅游业大发展的时期已经到来。

二、旅游业是传递文明的富民产业

旅游业的基本形态是以增长见识为目的的人群流动。而能够享受旅游消费的人群，大多是收入水平较高、对未知事物有求知欲、具有一定生活情趣和追求的人群。因此，旅游人群走到哪里，就会把各种文明传送到哪里。比如，随地吐痰是国人的陋习，当看到外国旅游者的文明举止，即使落后地区出售旅游商品的小摊贩，也会逐渐改掉自己的习惯。中国农村基础设施和卫生条件差，为了发展旅游业，包括发展家庭旅游宾馆，就必须进行农村基础设施和卫生设施建设，这就能带动物质文明和精神文明水平的提高。现在到国内旅游区和非旅游区看一看，就能感受到在文明程度上的明显差距。

旅游业是一个就业容量大的富民的行业。旅游带动吃、住、行、购等方面的消费，对繁荣当地市场、发展旅游经济、增加居民收入，都具有重要作用。云南省在 20 世纪 90 年代决定把发展旅游业作为支柱产业，全省统一规划，重点扶持，现在已经取得重大经济效益和社会效益。其中发展最好的是丽江。过去几十年，丽江在发展经济的道路上进行了坚持不懈的探索。从开始毁林开荒，搞以粮为纲，结果导致水土流失，生态恶化；后来办乡镇企业，搞加工业，由于技术落后、远离市场，结果血本无归；直到20世纪90年代，借助地震灾后重建的机会，恢复丽江古建筑风貌，集中发展旅游业，才走上了正确的发展道路。现在，丽江已成为世界知名的旅游胜地，成为祖国西南边陲的一颗璀璨的明珠，成为率先富裕起来的民族地区。2008 年，在纪念改革开放 30 周年时，由胡锦涛同志亲自选定了 18 个率先发展的地区，进行系统的经验总结。丽江作为以发展旅游业致富的典型，其经验在《人民日报》发表，引起了很大反响，成为全国学习的榜样。我当时有幸作为调研组的组长到丽江做了深入的调查。概括丽江的经验，主要是从本地优势出发，进行整体规划，突出民族特色；改善交通条件，提高接待游客的硬件和软件水平；鼓励民众参与，吸引外资和外地企业投资；打造文化精品，改变“白天看庙、晚上睡觉”的老套枯燥接待模式，把自然景观游与人文知识游结合起来；创造质朴、自然、幽雅、和谐的环境，把丽江游变成精神享受和心灵抚慰的经历，吸引了越来越多来自世界各地的游客。如今，景区附近的群众通过开设家庭宾馆、商店、饭馆以及从事旅游服务，已经富裕起来，并带动了周边地区的就业和发展。凡是有条件发展旅游业的地方，都应当学习丽江的经验。

三、以提高服务水平为重点拓展国内旅游市场

满足群众对旅游的需求，扩大国内旅游市场，要以提高旅游服务水平为重点。与其他行业一样，产品质量是企业乃至整个行业的生命。特别是作为服务业的旅游业，服务的质量直接决定着产业发展前途。人们外出旅游，都希望心情愉快，能享受到满意的服务。如果到处拥挤不堪，坐不上车，吃不好饭，睡不好觉，就会打击人们对旅游的兴趣。从当前我国旅游业发展的实际情况看，我认为，应着重做好以下几件事：

1. 进一步发掘旅游资源

我国旅游业虽然已经有了很大发展，但仍有大量的旅游资源尚待开发，包括红色旅游、绿色旅游、民俗旅游、健身旅游等。有些奇特的自然景观，由于交通不便，仍然是藏在深闺人不知。有些重要历史遗迹，仍然被人忽视和遗忘。应进一步对我国的旅游资源进行全面深入的调查评估，对具备条件的进行开发。对现有的旅游景区，应根据其发展潜力，进行深度开发，以扩大其对游客的吸引力。

2. 提高多层次的接待能力

要以用户的需求为导向，根据游客不同层次的需求，发展不同类型的设施和服务。包括住宿、餐饮、交通工具等，应拉开档次，使各种消费水平的游客都能得到相应的服务。为此，要鼓励多元化的投资主体参与，既要鼓励外资、大型企业参与投资经营，更要鼓励中小企业和居民家庭参与投资经营，以调动多方面的积极性，通过多样化的服务，满足多种需求。

3. 增加旅游业的文化含量

旅游产品的开发，要着重于发掘其文化和科技内涵，使人们在旅游中能增加知识、开阔眼界。要组织创作文化演出精品，使人赏心悦目、百看不厌。凡到过丽江旅游的人，不仅对古城和雪山会留下美好印象，对纳西古乐、丽江金沙两台精彩演出更会铭记在心。这两台文化精品，都是经过精心筹划、精心制作的，有着深刻的文化内涵，同时又运用现代声光电舞台技术，强化了演出效果。演了许多年，场场爆满，长盛不衰。我国各地旅游景区都有自己的独特历史和引人之处，只要善于挖掘，精心打造，都能讲出自己动人的故事，在潜移默化中给人以启迪。

4. 规范旅游市场秩序

旅游业要想吸引更多的人参与，扩大产业规模，必须加强管理、规范市场，从而能够让人放心大胆地来消费。前些年，我曾经到新加坡考察过旅游业。新加坡的面积与北京海淀区差不多，也没有什么奇特景观，但每年吸引了大量国际游客，靠的是良好的旅游市场秩序和购物环境。新加坡有一条法律规定，凡是国外

游客投诉在新加坡被坑蒙拐骗的，政府出钱请游客来打官司。一旦证实新加坡企业有违法行为，不但赔偿游客全部损失，而且吊销企业营业执照，违法人员终生不得再从事旅游业。这一条法律给我留下极为深刻的印象。我想，我们应当向新加坡学习。有了这一条法律规定，国内旅游市场就能赢得消费者的信任，在全世界建立起信誉。如果有了这样的信誉，何愁游客不来？

5. 吸引更多国外客人来我国旅游

我国吸引国外游客的潜力巨大。有不少外国人希望亲眼看看改革开放之后的中国；许多人被中国的历史古迹感兴趣；还有不少人憧憬中国的自然风光和风土人情。要加大在海外推销国内旅游市场的力度。一些重要的旅游景区应拍摄风光介绍片，拿到国外电视台反复播放。重点客源国更要加大宣传推介力度。要把吸引国外游客同招商引资和建立友好国家、友好城市活动结合起来。要经常征求国外游客的意见，根据他们的抱怨和希望改进旅游接待工作。通过坚持不懈的努力，使国外游客数量保持稳定增长。

6. 推动旅游产业发展方式转变

我国正处在加快转变经济发展方式的过程中。对旅游业来说，也应当通过转变发展方式来促进增长。一方面，要抓住整个国民经济转变发展方式的机遇；另一方面，旅游业本身也要转变发展方式。转方式有两个重要要求：一是扩大消费对经济增长的拉动作用，二是加快发展第三产业。实现这两个转变，对旅游业的发展将创造良好的外部环境和机遇，一定要紧紧抓住。在抢抓机遇中，谁占得先机，谁就能成为旅游业发展的引领者。同时，发展旅游业也要注重要素结构的优化升级，通过发展集约化、标准化、网络化经营，提高劳动生产率和经济效益。旅游企业要建立现代产权制度，发展混合所有制经济，在股权多元化的基础上建立现代公司制度，完善公司治理结构。组建若干实力雄厚的骨干企业和跨国公司，带动一批中小企业为其提供配套服务。要提高对旅客的服务水平，实行系列化、一条龙、多样性、预约制、贴心式精细服务，在满足用户需求中提高旅游业的盈利能力。

四、把出境游作为展示民族风貌的重要举措

随着居民收入水平的提高和人民币的国际化，我国出境游已进入快速增长阶段，这是一件好事。应当把出境游作为展示改革开放之后我国人民精神面貌和中华文化的最好的机会予以利用，不能看成一般的旅游活动放任自流。为此，应针对目前出境游中出现的一些问题，认真做好有关工作：要加强对出境游客的文明和纪律教育。凡是初次出境游的人员，或在出境游中出现不良行为的人员，都应

由旅行社组织必要的有关目的地国家风俗习惯、文明规范和出境游纪律的集中教育，使出境游人员自觉肩负起维护国家、民族形象的责任，培养起民族自豪感，人人成为宣传民族形象的大使。

强化对旅行社的管理。旅行社必须切实负起对游客的教育、提醒、管理责任。对工作做得好的，应予表彰和鼓励。对不负责任、出现不文明行为较多的旅行社应给予批评直至取消其出境游组团的资格。要加强导游队伍建设，评选优秀导游。

鼓励对海外旅游产业的投资。当前，我国海外投资正处于快速增长阶段。瞄准未来中国游客可能去得比较多的地方的旅游设施进行投资，是海外投资方向的一个不错的选择。应鼓励国内有能力的企业特别是旅游企业到海外投资旅游产业，为未来中国旅游业的跨境发展及早布局。

要研究降低奢侈品进口关税。据海外有关机构统计，目前欧洲奢侈品销售的40%、北美奢侈品销售的三分之一都让中国游客买走了。日本、韩国也在大力吸引中国游客购物旅游。中国游客海外疯狂购物的重要原因，是我国对进口奢侈品征收的关税税率偏高，使国内市场与国际市场的奢侈品形成一个价差。对于这个问题，早在几年前，国内研究机构和商务部的不少管理干部就提出适度降低奢侈品进口关税的建议，逐步把这部分购买力引导到国内来，以繁荣国内市场，增加国内税收和就业。后来由于各部门意见不一致而搁置。反对降低奢侈品进口关税的理由，主要有两条：一是担心奢侈品进口税收减少；二是担心鼓励高端消费有悖于鼓励大众消费的原则。实际上，这两条理由都站不住脚。因为降低关税带来进口量的增加，进口关税不但不会降低反而会增加。再考虑增加的其他非关税税收，总体上计算，税收一定会增加。增加进口奢侈品消费，不会冲击国内大众消费市场。实际上，所谓的奢侈品，是20世纪80年代确定的标准，有许多商品例如化妆品早已成为大众消费品。我们应当根据国内消费水平的变化，适时修改奢侈品目录，调整进口关税，使国内外市场的商品价格大体拉平，从而改变因价格扭曲带来消费行为的畸形发展，这对人民和国家都是有利的。

要把出境游与到海外求学、访问、考察、会议、商务等活动有机结合起来，使之相互融合，共同发展，提高出境游的综合效益。争取更多国家给予我国公民出境游以签证的方便。驻外机构要保护出境游公民的安全，为出境游公民提供更多的服务。

我国旅游业的发展必将有力地促进国内民众与国外民众的相互了解和融合，有力地促进我国与世界各国贸易投资关系的发展，有力地促进全球化进程，成为我国经济、社会现代化的强有力的推进器。

用新视野系统研究疫后旅游振兴重塑①

突如其来的新冠肺炎疫情肆虐全球，病毒传播速度快、感染范围广、防控难度大、持续时间长，给人类生命安全和世界发展带来了严重危机，给我国经济社会带来严峻考验。旅游业是受冲击最大的产业之一。为应对疫情挑战，尽快实现旅游业的复苏和繁荣，南开大学现代旅游业发展省部共建协同创新中心主任石培华教授带领团队，就新冠肺炎疫情对中国旅游业发展的影响与对策进行了全面系统的研究，形成了及时有效、富有价值的成果。

首先，本书系统全面，针对性、实用性强。新冠肺炎疫情对我国旅游业造成全方位冲击，本书不仅从总体上分析了新冠疫情对我国旅游业的影响，研究了旅游业危机管理的综合对策，而且分门别类地对酒店、景区、会展节庆、旅游文化演艺、旅行社、民宿、海洋旅游、度假旅游、乡村旅游、出入境旅游、旅游OTA等不同细分市场进行了深入分析和专题研究，并与2003年“非典”对旅游业的影响进行比较，使得研究成果有很强的针对性、时效性和实用性。在各类旅游企业和地方政府正急于寻找对策的时候，本书无疑是一场“及时雨”。

其次，本书视野开阔，思路新颖。作者把旅游业放在国民经济和社会发展战略全局的高度，放在疫情对全球旅游经济发展影响的大背景下，进行多角度的综合分析研究。不仅研究了疫情对我国旅游业发展的直接影响与对策，还研究了我国旅游业疫后如何振兴重塑、如何创新旅游发展模式。新冠疫情对我国旅游业发展将产生一系列深刻影响，倒逼旅游业转型升级，旅游业未来发展面临着新形势、新机遇、新场景、新格局、新业态。本书不仅着眼于疫情对旅游业的直接影响，还着眼于对实现“六保六稳”、扶贫攻坚、全面建成小康社会、乡村振兴等所产生的影响与对策。

最后，本研究成果具有前瞻性思维，在旅游经济学理论上有所创新。新冠疫情在对旅游业造成巨大冲击的同时，也构建了一种特殊情景，为旅游业的突破和创新提供契机，为深入思考和探索旅游业本质特征和理论提供了契机。该书提出

① 本文是郑新立为《新冠疫情对中国旅游业影响与对策研究——振兴重塑与健康革命》作的序，2020年8月，中国旅游出版社。

了许多新问题、新观点、新思路，提出了许多新的理论构想。大规模、全球性的旅客流动给公共卫生防控体系建设带来新的挑战和要求，迫切需要构建常态化防控机制和提升旅游业健康保障能力。该书提出了全面提升旅游业健康保障能力的“八力”模型。分析了面对公共卫生事件时旅游业的敏感性、弹性、韧性，研究提出了疫后旅游振兴重塑的“五能”模型等。作者针对旅游业面临的困难和问题进行科学分析和理性思考，在旅游经济学理论上具有重要创新和贡献。

该书不仅对当前旅游业恢复和振兴有现实价值，对未来推动旅游业升级和高质量发展也有重要意义。应对疫情冲击，要发挥旅游业综合功能和作用，增强我国发展的新动能。重振、重塑旅游业，促进旅游业扩容、提质、增效，全面推广健康旅游消费，拓展旅游消费新增长点，将为整个国民经济走出疫情影响和持续健康高质量发展做出重要贡献。构建旅游产业链协同复工的“高速路”，咬定旅游“创新”不放松，坚持旅游“升级”不泄劲，让旅游自身“筋骨”更强劲，可增强旅游业抗风险能力。稳中求进，危中寻机，变压力为动力，化危机为契机，旅游业发展的新动能、新业态才能有源头活水，才能在狂风骤雨中站稳脚跟，妥善应对各种难以预见的困难，实现更高质量、更有效率、更可持续的发展。我国居民消费正处于由生存型消费向发展型、享受型消费升级的过程中。2020 年国内市场销售总额超过美国，居全球第一位。旅游业作为一个朝阳产业，方兴未艾。

我与培华教授相识多年。20 世纪 90 年代，我在国家计划委员会政策研究室工作时，培华在国家计委（国家发展和改革委员会）国土开发与地区经济研究所工作，我们常在一起开会、讨论问题，我一直很欣赏他的勤奋和才华。培华教授长期致力于旅游经济规划和研究，担任过国家发展和改革委员会国土开发地区经济研究所研究室主任、中国旅游研究院创始副院长，原国家旅游局中国旅游智库秘书长和委员，是一位创新能力很强、实践经验很丰富、理论素养很高、在旅游领域知名度很高、很有贡献的专家。培华教授参与起草了国家不少关于旅游发展的重要文件，作为专家组长和执笔人，编制了全部三期全国红色旅游发展规划纲要，参与起草了国家旅游业“十一五”“十二五”“十三五”发展规划，并参与了全国旅游工作会议报告的起草。培华教授调入南开大学工作 3 年多，担任南开大学现代旅游业发展省部共建协同创新中心主任。2019 年 9 月，该中心通过了教育部认定，成为我国旅游领域唯一的国家协同创新中心。近几年我受邀担任南开大学现代旅游业发展省部共建协同创新中心学术委员会主任，对此深感欣慰。最近培华教授又带领由南开大学博士研究生、硕士研究生、访问学者、本科生组成的团队，就疫情对我国旅游业的影响与对策开展研究，很快就拿出成果，体现了对国家、人民和社会高度负责的担当精神，践行了南开大学倡导的“知中国、服务中国”的公能文化。

本书认为，确保生命健康既是旅游业发展必须坚守的底线，也是旅游业疫后振兴重塑的动力线，并提出了一个很有价值的倡议——旅游业要开展一场“健康变革”，提出要全面推进旅游健康教育，全面提升旅游业健康保障能力。努力使旅游业成为全社会健康安全观念和健康生活方式的引领者、传播者、践行者，成为“健康中国”建设的重要载体和先行领域。可以预见，健康旅游是未来旅游业发展的重要方向，健康旅游学将成为文科、理工科、医科相互融合的新学科。

习近平总书记指出，要坚持用全面、辩证、长远的眼光分析当前经济形势，努力在危机中育新机、于变局中开新局。开展疫情对旅游业影响与对策的研究，应按照这一指导思想，进行辩证的研究和思考。疫后我国旅游业的发展，不能是简单的恢复性发展，需要重新审视旅游新价值，转变旅游发展模式，努力构建现代旅游新体系、新模式，加快推进旅游业的振兴重塑，实现旅游业高质量发展。

希望本书的出版能成为疫后中国旅游业创造新的辉煌的助推剂。

旅游健康双向赋能　小康健康全面共建[①]

生命健康是人类的永恒追求，卫生健康事业是造福全人类的崇高事业。新冠肺炎疫情传播速度之快、感染范围之广、防控难度之大，在世界公共卫生史上罕见，给人类生命安全健康带来巨大威胁，给全球公共卫生安全带来巨大挑战。中国采取坚决有力的防控措施，展现出色的领导能力、组织动员能力、危机应对能力、贯彻执行能力，为世界防疫树立了典范，为全球战疫贡献了中国智慧，为构建人类健康命运共同体贡献了中国方案，中医药治疗也成为抗疫的重要力量。

突如其来的新冠肺炎疫情，给旅游业带来了巨大冲击，也给旅游生活方式带来深远的影响，让我们注重审视旅游的健康价值，更加关注如何提升旅游的健康保障能力，加快推进旅游与健康双向赋能和深度融合。正是在此背景下，南开大学现代旅游业发展省部共建协同创新中心主任石培华教授、联合主任白长虹教授带领团队，抓紧组织力量编写了《公共卫生防控与健康旅游发展指南》，系统研究如何发展健康旅游和如何强化旅行卫生健康保障，并全面系统介绍公共卫生防控和健康旅游的相关知识、法规、标准等。分别针对旅游企业和行业如何防控公共卫生疫情、提高卫生健康保障能力提供专业指南；针对游客如何有效进行公共卫生防控与更好的健康旅行提供专业指南；为旅游企业如何开发健康旅游新业态新产品提供专业指南。

该书既能用于疫后复游复工，更能持续用于全面提升旅游者的卫生健康知识和培养行为规范、全面提升旅游行业的公共卫生防控和卫生健康保障能力，既是健康旅游的小百科全书、也是健康旅游发展的操作实用指南、也是保障旅行健康的攻略手册。该书的主要价值可以概括为五个引领。一是引领健康旅游新理念，传播公共卫生防控和健康的知识。该书不仅系统介绍公共卫生防控的要点、措施，还普及健康生活的常识，同时全方位阐述了旅游者旅游过程中的卫生防控注意事项和健康安全保障要领。二是引领旅游者梳理健康旅游和健康生活方式，提供健康旅游行为规范。经过疫情的洗礼，人们的生活方式变得更加卫生、更加健

① 本文是郑新立为《公共卫生防控与健康旅游发展指南》作的序，2020 年 8 月，中国旅游出版社。

康。人居环境、饮食习惯、社会心理健康、公共卫生设施等方面逐渐得到重视，如“宅”健身、“云”学习等，实现健康产业和日常生活的良好互动。三是引领旅游企业加强健康卫生保障能力建设，提供指南培育公共卫生常态化防控能力。疫情使人们打开生活的方式更健康、更卫生，如厕所革命、垃圾分类等革新举措落地生根；“公筷制”“分餐制”“阳光厨房”等倡议进入公众视野；福建、四川、江西、广西、江苏、山东等省加大“野味产业”的管控。该书还对旅游景区、文博场馆、酒店民宿、旅行社、餐饮美食、旅游购物、娱乐活动、旅游交通、目的地政府及行业协会等进行了详细而系统的阐述，为做好旅游卫生保障提供参考和指引。四是引领开发健康旅游新业态，提供开发指南。该书中“健康旅游新业态与新产品开发手册”系统介绍了健康旅游产业新业态，健康旅游要借助互联网、大数据的发展潮流，大力发展新业态，推动健康旅游转型升级，形成以创新驱动为引领，产业链条完整、竞争力强的健康旅游产业体系。五是引领建设健康旅游目的地，构建旅游业健康发展方式。2017 年，中国国家卫生计生委、发展改革委、财政部、旅游局、中医药局 5 部门联合印发《关于促进健康旅游发展的指导意见》，要求到 2020 年打造一批国际健康旅游目的地。该书对旅游行业健康保障能力和健康旅游新业态等内容的概括，强调要着力构建“大健康、大旅游、产业大发展”现代旅游发展新格局；不同类型、不同年龄的旅游者在不同季节、不同环境、不同项目中要树立健康旅游新理念和新风尚。

健康是人类永恒的主题，也是社会进步的重要标志，本人也一直关注研究和推进大健康产业、医疗旅游、健康旅游等发展。曾经牵头研究推进海南博鳌乐城国际医疗旅游先行区相关政策，研究博鳌一龄生命养护中心的“一龄创新型生命养护模式研究”——“健康中国”国家战略的示范工程等，希望研究加快推进健康旅游、医疗旅游等的发展。因此，很高兴看到石培华教授、白长虹教授团队完成本书。

该书为我们树立和强化了几个基本而重要的观念：一是健康和幸福是人类发展的最根本的目标，健康社会是建设全面小康社会的基石和重要标志之一；二是大健康和大旅游，是全球未来最有发展前景的最大产业；三是健康和旅游相互赋能，是旅游业发展中最具活力的发展方向，也是大健康产业发展最富活力的先行领域；四是发展健康旅游，是推进社会健康教育的重要窗口和方式，推进全民健康教育；五是要坚持生命健康放在首位，提升旅游行业和旅游目的地的健康保障能力；六是挖掘放大旅游的健康价值，加快培育健康旅游新业态。本书提出了将生命健康作为旅游发展的生命线、动力线和价值线，这些新理念对促进健康中国建设和健康旅游发展都具有重要价值。

很高兴近几年受邀兼任了南开大学现代旅游业发展省部共建协同创新中心学

术委员会主任，该中心从 2015 年开始建设，历经四年努力，于 2019 年通过了教育部认定，成为我国目前旅游领域唯一的国家旅游协同创新中心。旅游协同中心在主任石培华教授、白长虹教授等同志的努力下，服务国家旅游发展重大战略需求，在推进全域旅游、旅游厕所革命、红色旅游、旅游扶贫、旅游外交等方面做出了积极贡献，参与研究一系列旅游发展重要文件和重大行动。这次面对疫情，石培华、白长虹、李中、陈晔、杨德进等同志积极行动，编写完成了《公共卫生防控与健康旅游发展指南》，可喜可敬，这既践行了将科研写在中国大地上的要求，也体现了南开大学“知中国、服务中国”的理念和“允公允能、日新月异”的传统。让我们不忘共同守护人类生命健康的初心，牢记新时代赋予旅游业的新使命。

疫情过后的旅游业必将以崭新的面貌焕发出勃勃生机，走向新的繁荣！

在南开大学现代旅游业发展省部共建协同创新中心会议上的讲话①

龚克校长，老师们、同学们：

大家上午好。

首先祝贺现代旅游业发展省部共建协同创新中心在南开大学设立！

南开大学是百年名校，在中国近现代史上都发挥了重要的影响，是我们敬爱的周恩来总理的母校。刚才我们看了校史展览，出了那么多历史名人。南开大学又是第一个设立旅游专业的重点大学。这是非常难得的。现在又是第一个设立了现代旅游业发展省部共建协同创新中心。这个中心设立之后，希望一方面它在培养旅游业高水平专业人才方面继续发挥作用，特别是培养创新型、管理型、复合型人才方面，为旅游业的发展提供人才支撑。另一个方面，希望这个创新中心要发挥旅游智库的作用，为推动中国旅游业的发展献计献策，提供智力支持。要充分发挥南开大学专业比较齐全、人才众多的优势，把智库搞好，争取成为一个高端智库。现在中宣部评选高端智库，已经评出了 20 个，以后每年都要评选，有很多硬指标。在旅游行业创建一个高端智库，可发挥重要作用。

当今世界正处于百年未有之大变局中。中美之间由于特朗普政府推行产业链去中国化和美中经济脱钩，打压中国，使我们经济发展的外部环境出现了很大变化。受疫情影响，旅游业首当其冲，遭受到巨大冲击，全世界旅游业的损失上千亿美元，中国旅游业也是损失严重。在此，我对创新中心提几点希望：

第一，希望创新中心在扩大内需中发挥重要作用。习近平总书记提出我们要建立以内循环为主体，内外循环相互促进的新发展格局，内循环为主体，主要就是扩大内需，发展旅游业是扩大内需的一个重要内容。根据我国消费结构升级的需要，旅游业面临着发展机遇和广阔的空间。发达国家现在消费结构里面，大体上吃穿用占居民消费的 1/4，住房占 1/4，交通和旅游占 1/4，医疗教育文化信息

① 2020 年 8 月 26 日。

方面的支出占1/4，而且随着收入水平的提高，用于文化旅游信息健康教育方面的支出比重不断提高。吃穿用的比重不断下降，“十三五”以来，全国的恩格尔系数平均下降2.7%，城市下降了15%左右。发展旅游现在正是非常好的时机。通过旅游业的发展为扩大内需做出贡献。

第二，希望创新中心为稳就业做出贡献。中央提出“六稳六保”，把稳就业放在第一位。旅游业是一个劳动密集型产业，旅游业的发展可以提供大量的就业岗位。所以我们协同创新中心应当研究如何通过旅游业的发展，创造更多就业机会。

第三，希望创新中心为扭转服务贸易逆差做出贡献。今年北京要开服务贸易展销会，服务贸易是我们的一个短板，我们在商品的出口方面世界第一，货物贸易进口很快也要超过美国，但是服务贸易一年有两三千亿美元的逆差。改变服务贸易逆差的一个非常重要的途径，就是吸引国际游客到中国来旅游，扩大我们服务贸易的出口。近几年由于出国旅游购物的人比较多，呈现爆发式增长，在旅游方面走出去和到国内来的人数及购物，我们也是逆差。过去多年在旅游方面都是顺差，现在变成逆差了。这与我们丰富的旅游资源和广阔的国土是不相称的。改善我们的旅游环境，提升服务水平，吸引更多的游客到中国来旅游，以扩大服务贸易出口，可为改变服务贸易逆差做出贡献。

第四，希望创新中心为提升中华民族的文明素质做出贡献。旅游是一种文明的传播。像西安兵马俑在搞了旅游之后，当地老百姓看到外国游客，人家不随地吐痰、不乱扔垃圾，慢慢地老百姓的文明水平也提高了。现在国内哪个地方是旅游区，那个地方的老百姓素质就不一样，讲究礼貌，环境卫生也搞好了，所以我们要通过发展旅游业来提升整个民族的文明水平。要通过走出去到海外旅游，学习国外的先进经验，良好的生活习惯，把文明吸收进来。通过国内旅游业的发展，把几千年的中华文明传播出去，增强中国对全世界的吸引力。

省部共建协同创新中心担负着重要的职责，具有重大的历史使命，应当在以上四个方面发挥更大的作用，把这个创新中心搞好。借这个机会我还想特别推荐一下石培华同志，他担任这个中心的主任，我特别有信心。我是看着他成长起来，20年前我当国家计委研究室主任，他刚从大学研究生毕业，来到国家计委研究中心地区经济研究所当一名研究人员，在杜平所长的直接领导下工作。由于没有旅游研究室，研究所专门为他设了一个机构，一个岗位，他在这个方面非常执着，几十年如一日，钻研旅游，到全国各地考察，特别是参加一些重要的旅游项目的策划，现在成为国内旅游界很有影响的专家。我的家乡是河南南阳，北部靠近太行山，过去是穷山恶水，但是焦作有个云台山，过去没有听说过旅游，黑乎乎脏兮兮的，山上光秃秃的，石培华去给他们搞了旅游项目策划，现在成为

5A 级景区，一年接待游客 500 多万人次。石培华可以说在这个项目中起到了点石成金的作用。一炮打响以后，到处请他去做策划。在旅游业方面，他第一有情怀，第二有水平，第三有韧劲。长期专注于这一行，久久为功。所以石培华当这个主任，我相信创新中心一定能搞好。希望大家帮助他工作，因为一个人再有本事也打不出几个铁钉。省部共建就是要主动接受文旅部和天津市的领导和支持，还要争取南开大学的领导的支持，得到同志们的支持，共同努力把这个协同创新中心办好。

附：

现代旅游业发展协同创新中心简介

“现代旅游业发展协同创新中心”由南开大学牵头 2015 年 7 月成立，2019 年 9 月教育部正式认定为省部共建协同创新中心，成为全国旅游领域首个、目前也是唯一经国家认定的协同创新中心。中心由南开大学原校长龚克教授任理事长、中央政策研究室原副主任郑新立教授任学术委员会主任，原国家旅游局副局长王志发先生、国家信息中心原常务副主任杜平研究员、中山大学副校长马骏教授等任副理事长。南开大学石培华教授任中心主任，南开大学商学院院长白长虹教授、中山大学保继刚教授任联合主任。中心服务国家重大战略需求，在幸福产业、全域旅游、厕所革命、红色旅游、丝路旅游、万里茶道、国家公园、国家旅游形象、旅游扶贫、乡村旅游、海洋旅游、文旅融合、旅游外交、京津冀协同发展、旅游 MTA 教育等方面取得创新成果，结集出版“国家旅游智库研究专辑”。主持 2020 年度国家社科基金艺术学重大项目“文化产业和旅游业提升国民幸福指数研究”、2017 年度国家社科基金重点项目“全域旅游内涵特征、实现路径与促进政策的分类分层系统化研究”。中心连续成功指导举办“亚洲旅游产业年会”，聚焦智能时代、文旅融合、“一带一路”等重大背景下亚洲旅游业新机遇，设立亚洲旅游“红珊瑚”奖，树立文旅行业新标杆。2016 年 5 月，中国政府和联合国世界旅游组织联合主办首届世界旅游发展大会，中心负责研究起草大会宣言和发展报告。为第八届 APEC 旅游部长会、中美旅游对话、中俄蒙旅游部长会、中日韩旅游部长会等重大旅游外交活动提供研究支持。

发展现代旅游业必须确立的几个理念[①]

同志们：

下午好！上午把想说的都说完了，下午我想作为一个旅游爱好者，谈几点看法。

最近石培华等同志写了两本书，我觉得写得很及时、很好。一本是《公共卫生防控与健康旅游发展指南》，另一本是《新冠疫情对中国旅游业影响与对策研究——振兴重塑与健康革命》。这是许多同志在疫情期间加班加点写出来的。龚克校长和我做了推介。这两本书是在新形势下对旅游业怎么发展做出的深入思考，提出了非常好的对策，值得从事旅游业研究管理教学工作的同志学习参考。在疫情影响下如何把中国旅游业搞上去，使我国旅游业成为具有国际竞争力的产业，我觉得应确立以下理念。

第一是服务至上。旅游业是个服务业。旅游业能否吸引人，人家来了一次下次还愿意来，要靠热情周到的服务来打动人。杜平同志说他到日本24趟，去了还想去，因为去了感到舒服，感到有尊严。服务理念应作为中国旅游业最重要的理念切实树立起来。我们搞旅游教学研究管理的同志，要把服务的理念加以挖掘，把它的必要性，把服务的标准化，把服务作为一个贯彻于旅游业始终和每一个角落的重要理念确立起来。毛主席说中国共产党就是为人民服务，讲了几十年了，为什么现在还要这么强调服务？我认为，过去我们在强调社会主义主人翁精神时，没有把道理讲透彻，产生了一些误导。强调主人翁精神，首先是要把本职工作做好，尽心尽力地在本职岗位上为别人提供服务，不是对自己的服务对象显示主人的傲气。要像王府井百货大楼的张秉贵一样，对顾客心中始终要有一团火。这样，上班时热心为别人服务，下班时也能享受到别人的热心服务。我觉得应当把这种我为人人、人人为我的社会观念深深地发掘一下，在全社会树立服务理念。东京把迪士尼引进以后，刚开张时我去过，带我去的日本朋友讲，引入迪士尼重要的是引入迪士尼的服务理念，日本人觉得自己在这方面还有差距。比如

① 本文为郑新立2020年8月26日下午在南开大学现代旅游业发展省部共建协同创新中心会议上的发言。

说逛迪士尼的儿童比较多，这就要求工作人员讲话的时候，不能声音很大，更不能训人，需要蹲下来与儿童平视，每项服务都有具体明确的标准。

第二是精品战略。要打造旅游业的精品。随着人们收入水平的提高和旅游经历的增多，对旅游产品的质量要求越来越高。真正的旅游精品，收费高一些，顾客也能够接受。旅游企业只有开发出新、奇、特的旅游产品和高质量的服务，才能吸引到顾客。世界之大，无奇不有。把目光放在全国全球，研究不同类型用户的需求，就能不断开发出新的旅游产品。

第三是数字赋能。旅游业要运用互联网带来的便利，包括市场推介，网上支付、需求调查等，都应努力把旅游业数字化。云南、贵州大山沟里面居住的少数民族，有独特的风景和民俗，旅游资源丰富。过去藏在深闺人未知，借助互联网传播，可覆盖全球，一下子就把旅游就搞活了。所有的传统产业，只要善于借助互联网工具，就可以登上一个新台阶。旅游业应率先成为数字经济。

第四是康养结合。要把健康、养老、医疗同旅游业结合起来。三四年前，我们帮海南省博鳌乐城做了一个课题。博鳌盖了许多宾馆，一年只开十几天的会，其余时间闲置。我们经过研究，想来想去，还是搞高端医疗旅游。课题做完后，形成 9 条建议，允许进口尚未全面放开的国外的药品，报国务院批准，为把乐城建成国际医疗旅游先行试验区提供了政策支持。遗憾的是，时间过去了几年，这个优惠政策尚未利用。直到现在，刚刚开始利用。

第五是文化铸魂。旅游业一定要有文化。改革开放 30 年的时候，我曾带队总结丽江旅游的经验。云南丽江过去搞以粮为纲，结果毁林开荒，造成水土流失。后来搞乡镇企业，由于远离市场，也失败了。最后选择发展旅游，成功了。现在全省形成了以昆明为枢纽机场，其他旅游点为分支机场的旅游航空网络。丽江打造了两个文化精品，一个是纳西古乐，一个是舞台剧丽江金沙，这两台文艺节目连续演了 10 多年了，每天晚上演一场，一张门票 50 元，天天爆满。到丽江旅游不光是看绮丽的风光，其世外桃源般的环境对人也是一种心灵抚慰。遇到不顺心的事情，来这里旅游一次，情绪可以恢复正常。有些欧洲游客，每年都要来。

项目策划：段向民
责任编辑：孙妍峰
责任印制：孙颖慧
封面设计：武爱听

图书在版编目（CIP）数据

郑新立论消费 ：1980—2020 / 郑新立著. -- 北京 ：中国旅游出版社，2021.4

ISBN 978-7-5032-6703-1

Ⅰ. ①郑… Ⅱ. ①郑… Ⅲ. ①居民消费－研究－中国－1980-2020 Ⅳ. ①F126.1

中国版本图书馆CIP数据核字(2021)第067946号

书　　名：郑新立论消费（1980—2020）

作　　者：郑新立
出版发行：中国旅游出版社
（北京静安东里 6 号　邮编：100028）
http://www.cttp.net.cn　E-mail:cttp@mct.gov.cn
营销中心电话：010-57377108，010-57377109
读者服务部电话：010-57377151
排　　版：北京旅教文化传播有限公司
经　　销：全国各地新华书店
印　　刷：北京工商事务印刷有限公司
版　　次：2021 年 4 月第 1 版　2021 年 4 月第 1 次印刷
开　　本：787 毫米 ×1092 毫米　1/16
印　　张：31.75
字　　数：606 千
定　　价：69.80 元
ISBN　978-7-5032-6703-1